U0147996

新文京開發出版股份有限公司

NEW
WCDP

新世紀・新視野・新文京 — 精選教科書・考試用書・專業參考書

New Wun Ching Developmental Publishing Co., Ltd.
New Age · New Choice · The Best Selected Educational Publications — NEW WCDP

第八版

民法

本土案例式教材

CIVIL
LAW

EIGHTH EDITION

王國治、徐名駒、鄭錦鳳——著

適用地政士與不動產經紀人考試

國家圖書館出版品預行編目資料

民法：本土案例式教材/王國治, 徐名駒, 鄭錦鳳編著.--
八版. -- 新北市：新文京開發出版股份有限公司,
2024.09
面；　公分

ISBN　978-626-392-057-6（平裝）

1.CST：民法 2.CST：判例解釋例

584　　　　　　　　　　　　　　　　　113012364

民法－本土案例式教材（第八版）　　　（書號：E349e8）

作　　者	王國治　徐名駒　鄭錦鳳
出 版 者	新文京開發出版股份有限公司
地　　址	新北市中和區中山路二段 362 號 9 樓
電　　話	(02) 2244-8188（代表號）
Ｆ Ａ Ｘ	(02) 2244-8189
郵　　撥	1958730-2
初　　版	西元 2009 年 09 月 25 日
二　　版	西元 2012 年 03 月 20 日
三　　版	西元 2016 年 09 月 09 日
四　　版	西元 2017 年 09 月 01 日
五　　版	西元 2018 年 09 月 01 日
六　　版	西元 2020 年 08 月 01 日
七　　版	西元 2022 年 08 月 10 日
八　　版	西元 2024 年 09 月 01 日

法律顧問：蕭雄淋律師
ISBN　978-626-392-057-6

　　民法是規範我國人民的財產與身分關係之法律，本書由王國治、徐名駒及鄭錦鳳老師共同完成。此次改版重點為更新民法的精華內容，提供案例解析的參考答案，以及補充不動產經紀人與地政士之歷屆試題。本書拋棄傳統的體系式教學，從生活法律、司法裁判與司法院大法官釋字的案例式教學，進一步啟發讀者對民法的了解與興趣，為一本理論與實務兼備之民法參考書籍。

　　本書提供不動產經紀人與地政士民法考試之重點，讓讀者充分知悉與掌握民法之口訣，以達事半功倍之成效。感謝陳志豪先生提供生動活潑的繪圖，在大家共同努力之下完成本書，以提供學術界在民法本土案例上的教學模式。

王國治　徐名駒　鄭錦鳳　謹識

作者簡介

王國治

- 中國文化大學法學博士
- 銘傳大學犯罪防治學系副教授
- 前亞洲大學財經法律學系副教授兼系主任
- 前崇右影藝科技大學財經法律學系副教授兼系主任
- 考試院考選部國家考試命題兼閱卷委員
- 法務部評鑑委員
- 基隆地方法院調解委員、刑事補償事件求償委員
- 財團法人犯罪被害人保護協會基隆分會委員
- 財團法人法律扶助基金會基隆分會審查委員
- 經濟部智慧財產局智慧財產專業人員培訓計畫之智慧財產管理班結訓合格
- 大專校院校園性侵害或性騷擾調查專業人員進階培訓合格
- 95 年基隆市優秀社會青年
- 中華人權協會理事

徐名駒

- 國立臺灣大學法學碩士、中國文化大學法學博士
- 律師、司法人員、地政士、不動產經紀人考試及格
- 中國文化大學法律學系副教授
- 國立臺北教育大學助理教授

鄭錦鳳

- 日本名城大學法學博士／碩士
- 得耀法律事務所執行長
- 前中國法制史學會財務長
- 前真理大學財稅系主任
- 前真理大學人事室主任
- 前真理大學主任祕書
- 前真理大學法律學系副教授

民 法 命 題 分 析

一、歷年不動產經紀人報考人數暨錄取率

年度	應考人數	各科目均到考人數	及格標準	錄取人數	錄取率(%)
112 年	10,342	5,678	60.00	329	5.79
111 年	10,302	5,434	60.00	1,158	21.31
110 年	7,360	3,897	60.00	384	9.85
109 年	6,591	3,522	60.00	285	8.09
108 年	5,599	2,937	60.00	637	21.69
107 年	5,390	2,838	60.00	563	19.84
106 年	5,476	2,993	60.00	204	6.82
105 年	6,302	3,710	60.00	1,051	28.33
104 年	8,667	5,039	60.00	587	11.65
103 年	10,991	6,586	60.00	695	10.55
102 年	10,798	5,803	60.00	944	16.27
101 年	9,821	4,121	60.00	1,221	25.3
100 年	10,707	5,344	60.00	502	9.39
99 年	10,180	4,944	60.00	497	10.05
98 年	7,604	3,769	60.00	1,129	29.95
97 年第 2 次	8,124	3,972	60.00	853	21.48
97 年第 1 次	6,794	3,725	60.00	436	11.70
96 年第 2 次	11,662	5,645	60.00	1,050	18.6
96 年第 1 次	9,985	5,168	60.00	980	18.96
95 年	11,361	5,854	60.00	676	11.55
94 年	4,624	1,922	60.00	35	1.82
93 年	3,881	1,620	60.00	110	6.79
92 年	4,298	1,723	60.00	78	4.93
91 年	4,799	2,069	60.00	110	5.32
90 年第 2 次	2,547	1,561	60.00	529	33.89
90 年第 1 次	2,444	1,737	60.00	540	31.09

二、歷年不動產經紀人民法命題分析

章節	96年	97年	98年	99年	100年	101年	102年	103年	104年	105年	106年	107年	108年	109年	110年	111年	112年	重要
總則編：第四章為「法律行為」				申論	申論			申論				申論	申論	申論	申論			※※※※※※※
第一章「通則」：債之效力					申論			申論		申論		申論	申論			申論	申論	※※
第一章「通則」：多數債務人及債權人																		※※※※※
第一章「通則」：債之消滅						申論												※
第二章各種之債：買賣											申論							※
第二章各種之債：租賃		申論	申論			申論										申論	申論	※※※※※
第二章各種之債：居間								申論								申論		※※
物權：通則														申論				※
物權：所有權				申論	申論		申論	申論		申論			申論	申論	申論			※※※※※※※
物權：地上權									申論		申論			申論				※※※
物權：占有									申論						申論			※※
物權：抵押權	申論			申論		申論	申論	申論	申論	申論	申論							※※※※※※※※
繼承：遺產之繼承	申論	申論	申論	申論	申論	申論					申論							※※※※※※※

三、歷年不動產經紀人民法選擇命題分析

	98年	99年	100年	101年	102年	103年	104年	105年	106年	107年	108年	109年	110年	111年	112年
民法總則	4題	5題	8題	9題	5題	9題	3題	6題	6題	4題	4題	3題	7題	6題	5題
民法債編	16題	15題	13題	19題	13題	9題	18題	14題	16題	6題	7題	7題	7題	9題	6題
民法物權編	10題	10題	8題	6題	13題	10題	12題	10題	10題	10題	6題	9題	2題	4題	8題
民法親屬編	7題	5題	6題	3題	6題	4題	3題	6題	4題	3題	4題	3題	4題	2題	3題
民法繼承編	3題	5題	5題	2題	3題	6題	4題	4題	4題	1題	4題	3題	3題	4題	3題

四、歷年地政士報考人數暨錄取率

年度	報考人數	到考人數	錄取或及格人數	到考率(%)	錄取或及格率(%)
113	7,636	3,940	200	51.60	5.08
112	7,100	3,662	157	51.58	4.29
111	6,641	3,116	347	46.92	11.14
110	6,325	2,943	209	46.53	7.10
109	5,392	2,728	264	50.59	9.68
108	5,134	2,797	224	54.48	8.01
107	4,868	2,688	141	55.22	5.25
106	5,478	3,268	370	59.66	11.32
105	5,661	3,144	161	55.44	5.12
104	6,568	3,708	373	56.46	10.06
103	7,183	3,768	273	52.46	7.25
102	6,607	2,012	195	54.90	5.38
101	6,101	3,258	320	53.40	9.82
100	6,498	3,420	221	52.63	6.46
99	6,401	3,356	231	52.43	6.88
98	4,975	2,741	176	55.10	6.42
97	4,363	2,328	121	53.36	5.20
96	4,537	2,284	209	50.34	9.15
95	5,026	2,281	135	45.38	5.92
94	4,630	2,174	113	46.95	5.20
93	4,128	2,097	219	50.80	10.44
92	4,298	1,723	212	40.09	12.30

五、歷年地政士民法命題分析

民法章節	95年	96年	97年	98年	99年	100年	101年	102年	103年	104年	105年	106年	107年	108年	109年	110年	111年	112年	113年	重要
總則編：第二章為「人」			※			※										※				※※※
總則編：第四章為「法律行為」	※	※	※	※	※		※			※						※	※		※	※※※※※※※※
第一章「通則」：債之發生	※	※					※			※	※						※			※※※※
第一章「通則」：債之效力	※			※	※			※		※				※		※				※※※※※※※
第一章「通則」：債之移轉			※																	※
第二章各種之債：買賣	※			※						※	※			※						※※※※
第二章各種之債：租賃		※																		※
物權：通則	※																※			※※
物權：所有權	※		※	※	※		※			※	※	※		※	※※	※			※	※※※※※※※※※※
物權：地上權												※								※
物權：抵押權	※			※	※	※		※		※				※						※※※※※※
物權：占有		※										※								※※
親屬：結婚													※							※
親屬：離婚								※		※										※※
親屬：父母子女		※																		※
親屬：監護					※										※			※		※※
親屬：法定財產制											※	※					※			※※※
親屬：夫妻財產分配請求權													※	※			※			※※※
繼承：遺產繼承人			※	※	※			※		※		※				※				※※※※※※※
繼承：遺產之繼承	※		※	※	※	※	※					※								※※※※※※※※
繼承：遺囑			※				※										※	※		※※

六、歷年地政士民法最新修法命題分析

	民法總則	民法債編	民法物權	民法親屬	民法繼承	考最新修法或未來修法
113 年	1		3		4	大法官釋字第 349 號解釋、民法增訂第 826 條之 1
112 年	4	1		3		民法第 3 題考 108 年 6 月 19 日公布民法第 1113 條之 2、之 3、之 4（意定監護） 民法第 4 題考最高法院民事大法庭 109 年度台上大字第 908 號裁定 民法第 1 題考最高法院民事大法庭 110 年度台上大字第 1353 號裁定
111 年				3		民法第 1 題考 110 年 1 月 20 日修正民法第 1030 之 1（夫妻剩餘財產分配請求權）
110 年						無
109 年			2	1		民法第 1 題考 98 年 1 月 23 日公布新增民法第 799 條之 1（建築物費用之分擔） 民法第 3 題考 108 年 6 月 19 日公布新增民法第 1113 條之 2（意定監護）
108 年	1	0.5	1	1		民法第 3 題考 96 年 3 月 28 日公布修正民法第 876 條（法定地上權）、第 877 條（營造建築物之併付拍賣權）
107 年	1	1		1.5		民法第 1 題考 96 年 5 月 23 日公布修正民法第 988 條結婚之無效規定
106 年			2		1	
105 年			2	1		
104 年		2	1		1	
103 年		1	1		1	民法第 3 題考 96 年修正民法第 799 條專有部分
102 年		1	1		1	民法第 3 題考 96 年修正民法第 866 條
101 年	1		1		1	
100 年	0.5	0.5	1		0.5	民法第 1 題考 97 年 5 月 23 日公布修正第 14 條及第 15 條 民法第 2 題考 96 年 3 月 28 日公布增訂第 881 之 1 條至第 881 之 17 條
99 年	0.5	0.5	1	0	1	民法第 2 題考 98 年 1 月 12 日修正民法第 820 條及 826 之 1 條
98 年	0.5	1	1	0	1	民法第 2 題考 96 年 3 月 5 日修正民法第 862 條
97 年	1	0.5	1	0	1	無
96 年	1	1	1	1	0	民法第 4 題考 96 年 5 月 4 日修正民法第 1070 條、第 1067 條、第 1068 條
95 年	1		2		1	民法第 4 題考 98 年 5 月 22 日民法第 1148 條
重要	*****	*******	***********	*	********	

七、不動產經紀人與地政士之民法歷屆申論試題重點

考題	不動產經紀人	地政士
1. 同時死亡	99 年第 2 題	103 年第 4 題
2. 監護宣告		91 年第 2 題、100 年第 1 題
3. 通謀虛偽意思表示	99 年第 1 題、108 年第 1 題、110 年第 2 題	99 年第 1 題、108 年第 1 題
4. 契約解除與契約終止	93 年第 2 題	92 年第 2 題、95 年第 1 題、112 年第 4 題
5. 契約解除與撤銷法律行為	95 年第 1 題、107 年第 2 題	103 年第 1 題、111 年第 1 題
6. 給付不能		93 年第 3 題、98 年第 2 題、102 年第 2 題、103 年第 2 題、104 年第 2 題、108 年第 2 題
7. 給付遲延	93 年第 3 題	92 年第 4 題
8. 出賣人之瑕疵擔保	93 年第 3 題、94 年第 1 題	103 年第 2 題、105 年第 1 題
9. 買賣不破租賃	92 年第 2 題、97 年第 1 次第 2 題、101 年第 2 題	94 年申論題第 2 題
10. 居間	104 年第 1 題、112 年第 1 題	
11. 不動產物權變動之要件	102 年第 2 題、104 年第 2 題、107 年第 1 題、109 年第 1 題、110 年第 2 題	91 年第 3 題、111 年申論題第 4 題
12. 分別共有人逾越應有部分使用		94 年第 3 題、97 年第 2 題

考題	不動產經紀人	地政士
13. 物上請求權	94 年第 3 題、103 年第 2 題、104 年第 1 題、107 年第 2 題、110 年第 2 題	104 年第 2 題、111 年第 3 題、113 年第 1 題
14. 多數決管理	102 年第 1 題	99 年第 2 題、110 年第 2 題、113 年第 3 題
15. 共有人對第三人之權利	102 年第 1 題	101 年第 2 題、110 年第 2 題
16. 專有部分		103 年第 2 題、109 年第 1 題
17. 共有物分割之方法		92 年第 3 題、101 年第 2 題、109 年第 2 題
18. 抵押權次序讓與		98 年第 2 題、102 年第 1 題
19. 抵押權與地上權先後設定	90 年第 2 題、92 年第 3 題、104 年第 2 題	102 年第 3 題
20. 最高限額抵押權	108 年第 2 題	93 年申論題第 4 題、100 年申論題第 2 題
21. 法定財產制（夫妻剩餘財產分配請求權）	109 年第 2 題	106 年申論題第 4 題、107 年申論題第 1 題、108 年第 4 題、111 年第 4 題
22. 遺產繼承人	94 年第 4 題、96 年第 2 次第 2 題、99 年第 2 題	93 年第 5 題、99 年第 3 題、102 年第 4 題、103 年第 2 題、104 年第 3 題、106 年第 4 題、109 年第 4 題
23. 遺囑		112 年第 2 題、113 年第 4 題

考題	不動產經紀人	地政士
24.應繼分	100 年第 2 題	94 年第 4 題、98 年第 4 題、103 年第 4 題、106 年第 4 題
25.限定繼承	96 年第 2 次第 1 題、96 年第 1 題、98 年第 1 題	
26.撤銷拋棄繼承	93 年第 5 題、99 年第 2 題、101 年第 1 題	100 年第 3 題
27.代位繼承	99 年第 2 題	99 年第 3 題、104 年第 2 題、110 年第 2 題
28.特種贈與（歸扣、扣還、扣減）	91 年第 4 題	91 年第 4 題、98 年第 4 題、101 年第 3 題、110 年第 2 題

※民法重點

一、 最新修法條文。

二、 大法官解釋。

三、 最高法院民事大法庭

1. 112 年度台抗大字第 630 號（113 年 2 月 20 日）

債權人本於同種類原因事實所生之請求權，以二人以上之多數債務人為共同被告，就非屬連帶或不可分之可分債務，合併提起普通共同訴訟，經法院判決敗訴並提起上訴後，僅就部分債務人撤回起訴時，得依修正後民事訴訟法第 83 條第 3 項規定，聲請退還該撤回部分之上訴審裁判費。

2. 111 年度台上大字第 1706 號（112 年 06 月 16 日）

國家賠償法第二條第二項前段所保護之法益，不以民法第一百八十四條第一項前段所定之權利為限；公務員因故意違背對於第三人應執行之職務，或執行職務行使公權力時，故意以

背於善良風俗之方法，侵害人民之利益，人民得依該規定請求國家賠償。

3. 110 年度台上大字第 279 號（112 年 06 月 16 日）

　　最高法院 110 年度台上字第 279 號民事提案裁定原本及正本「一、本案基礎事實」欄所載內容，應更正為「原告甲於民國 105 年 4 月 15 日將 A 不動產出售予被告乙，因乙未依約給付第 4 期之分期價金，於扣除甲負欠乙之損害賠償債權新臺幣（下同）9687 元後，依買賣契約關係及民法第 367 條規定，請求乙給付第 4 期價金 249 萬 313 元之本息。乙除否認甲有上開價金債權外，並以對甲有損害賠償(1)425 萬元、(2) 399 萬 6408 元；違約金(1)300 萬元、(2)48 萬 2500 元；不當得利 60 萬元等債權，主張與上開價金債權為抵銷，抗辯甲不得為請求。經法院審理結果，認甲之請求為有理由，乙所為抵銷抗辯之主動債權均不存在，而判命乙應給付甲 249 萬 313 元本息。」。

4. 110 年度台上大字第 3017 號（112 年 1 月 6 日）

　　因登記錯誤遺漏或虛偽致受損害者，除非該地政機關能證明其原因應歸責於受害人，否則即應負損害賠償責任，不以登記人員有故意或過失為要件。

5. 110 年度台上大字第 1353 號（111 年 12 月 30 日）

　　出賣人依買賣契約將買受人給付之價金沒收充為違約金，經法院依民法第二百五十二條規定酌減至相當數額後，就出賣人應返還之金額，屬不當得利性質，買受人得類推適用民法第二百六十四條規定，與自己因買賣契約解除後所負回復原狀之給付義務，為同時履行之抗辯。

6. 108 年度台抗大字第 897 號（111 年 12 月 9 日）

　　最高法院民事第二庭就執行法院能否核發執行命令逕予終止債務人為要保人之人壽保險契約，命第三人保險公司償付解約金？經評議後認採為裁判基礎之法律見解，具有原則重要性，經徵詢其他各庭意見後，見解仍有歧異，爰依法提案予民事大法庭裁判。

7. 110 年度台簡抗大字第 33 號（111 年 11 月 11 日）

　　關於成年養子女之宣告終止收養事件，屬家事非訟事件。

8. 110 年度台抗大字第 1069 號（111 年 10 月 21 日）

　　最高限額抵押權之債權人，持拍賣抵押物裁定為執行名義，聲請強制執行，其取得執行名義所憑之債權，經法院判決確認不存在確定，倘執行法院就其提出之其他債權證明文件，依形式審查結果，足認尚有其他已屆清償期之擔保債權存在時，即不得依債務人之聲明異議，駁回強制執行之聲請。

9. 108 年度台上大字第 1652 號（111 年 4 月 01 日）

　　最高法院民事第四庭就 89 年 5 月 5 日民法第 244 條第 3 項修正施行後，甲基於借名契約終止後對乙之特定物返還（下稱特定物債權）請求權，於未轉換為金錢損害賠償債權（下稱金錢債權）請求權前，倘乙陷於無資力，甲得否依民法第 244 條第 1 項及第 4 項規定請求撤銷乙、丙間系爭應有部分之贈與契約及贈與登記，並請求丙塗銷贈與登記？經評議後擬採之法律見解與最高法院先前裁判歧異，經徵詢其他各庭意見後，見解仍有歧異，爰依法提案予最高法院大法庭裁判。

10. 110 年度台上大字第 1153 號（111 年 3 月 18 日）

　　最高法院民事第八庭就日治時期已登記之不動產，是否因光復後未依我國法律辦理土地總登記，而有消滅時效之適用？經評議後擬採之法律見解與最高法院先前裁判歧異，經徵詢其他各庭意見後，見解仍有歧異，爰依法提案予最高法院大法庭裁判。

11. 108 年度台上大字第 1636 號（110 年 9 月 17 日）

　　最高法院民事第四庭就 A 地為原住民保留地，非原住民乙為經營民宿而出資購買，與原住民丙成立借名登記契約，並以丙之名義與甲簽訂買賣契約，該借名登記契約、買賣契約有無違反禁止規定之情形？甲將 A 地所有權移轉登記予丙，該移轉登記行為有無違反禁止規定之情形？甲於 A 地為乙設定地上權，該設定地上權行為有無違反禁止規定之情形？其效力如何？擬採為裁判基礎之法律見解具有原則重要性，並徵詢其他各庭意見而有歧異見解，是依法提案予最高法院民事大法庭裁判。

12. 109 年度台抗大字第 1196 號（110 年 9 月 3 日）

　　股份有限公司與董事間訴訟，於訴訟進行中，代表公司之監察人聲明承受訴訟者，法院毋庸審酌其與該董事間之利害關係。

13. 109 年度台上大字第 908 號（110 年 6 月 11 日）

　　表意人將其意思表示以書面郵寄掛號寄送至相對人之住所地，郵務機關因不獲會晤相對人，而製作招領通知單通知相對人領取者，除相對人能證明其客觀上有不能領取之正當事由外，應認相對人受招領通知時，表意人之意思表示已到達相對人而發生效力，不以相對人實際領取為必要。

14. 109 年度台上大字第 2169 號（110 年 5 月 28 日）

　　土地共有人依土地法第三十四條之一第一項規定出賣共有之土地，未依同條第二項規定通知他共有人，並辦畢所有權移轉登記，他共有人於移轉登記後知悉上情，不得依給付不能之法律關係，請求出賣土地之共有人賠償損害。

15. 109 年度台抗大字第 94 號（110 年 5 月 14 日）

　　執行債權人對分配表所載各債權人之債權或分配金額有不同意，於分配期日一日前，具狀向執行法院聲明異議。嗣分配期日無人到場，執行法院亦未更正分配表時，該債權人如未於分配期日起十日內向執行法院為起訴之證明，應視為撤回其異議之聲明。

16. 108 年度台上大字第 2470 號（110 年 4 月 23 日）

　　耕地三七五減租條例第二十六條第一項所稱因耕地租佃發生爭議，係指出租人與承租人間因耕地租佃關係所發生之一切爭議而言。當事人間原訂有耕地租約，嗣發生租約是否無效或經終止，出租人得否請求承租人除去地上物返還耕地之爭議者，亦包括在內。出租人主張原訂耕地租約無效，依民法第七百六十七條規定請求承租人除去地上物返還耕地，屬耕地租佃爭議，應免收裁判費用。

17. 108 年度台聲大字第 1525 號（110 年 4 月 16 日）

　　被上訴人於上訴人具狀撤回第三審上訴前，已委任律師為訴訟代理人並代為提出答辯狀者，縱其未依民事訴訟法第九十條第二項規定，於訴訟終結後二十日之不變期間內聲請法院為訴訟費用之裁判，亦得聲請本院核定其第三審律師之酬金。

18. 109 年度台上大字第 495 號（110 年 4 月 16 日）

中華民國一〇八年五月二十二日政府採購法第五十九條修正公布前，機關以選擇性招標或限制性招標辦理採購，廠商違反同條第二項規定，以支付他人佣金、比例金、仲介費、後謝金或其他利益為條件，促成採購契約之簽訂，機關依同條第三項規定，自契約價款中扣除廠商所支付之佣金、比例金、仲介費、後謝金或其他利益者，不以採購契約之價款高於市價為要件。

19. 108 年度台上大字第 2680 號（110 年 2 月 26 日）

企業經營者所提供之服務，違反消費者保護法第七條第一項、第二項規定，致生損害於消費者之身體、健康，消費者依民國一〇四年六月十七日修正公布前同法第五十一條規定請求懲罰性賠償金時，該法條所稱損害額，包括非財產上損害之賠償金額。

20. 108 年度台上大字第 980 號（109 年 07 月 03 日）

載貨證券背面所記載有關準據法之約款，對於託運人、運送人及載貨證券持有人均有拘束力。

21. 108 年度台上大字第 1719 號（109 年 07 月 31 日）

中華民國七十四年六月三日民法第一〇七九條修正公布前，以收養之意思，收養他人未滿七歲之未成年人為子女者，如未成年人有法定代理人，且該法定代理人事實上能為意思表示時，應由其代為並代受意思表示，始成立收養關係。

最高法院民事第二庭就於 74 年 6 月 5 日民法第 1079 條規定修正生效前，以收養之意思，自幼扶養他人未滿 7 歲之未成年人為子女，如該子女有法定代理人，且事實上無不能為意思表示者，是否須由其法定代理人代為並代受意思表示，始得成立收養關係，經評議後擬採之法律見解與最高法院先前裁判歧異，經徵詢其他各庭意見後，見解仍有歧異，爰依法提案予民事大法庭裁判。

22. 108 年度台抗大字第 953 號（109 年 08 月 25 日）

刑事附帶民事訴訟，經刑事庭依刑事訴訟法第 504 條第 1 項規定裁定移送於同院民事庭後，民事庭如認其不符同法第 487 條第 1 項規定之要件時，應許原告得繳納裁判費，以補正起訴程式之欠缺。

四、社會新聞發生案例涉及民法。

五、歷屆考題。

※民法申論題答題技巧

一、先說明題目中所涉及名詞的解釋。

二、列舉標題說明可主張的權利依據：法條及關鍵字。

三、大前提：行為事實。

四、小前提：法條內容。

五、學說有爭議：肯定說及否定說。

六、實務見解及案例說明。

七、結論。

CHAPTER **00** · **概論**

目錄

CHAPTER **01** · **民法總則編**

CHAPTER **02** ‧ **債編總論**

CHAPTER 03 · 債編各論

CHAPTER 04　物權編

CHAPTER 05　親屬編

CHAPTER 06　繼承編

CONTENTS

概　　論

📖 一、民法之意義

民法係規範私人生活關係之法律，即規範私人之財產及身分關係之普通的私法。

📖 二、民法之架構

(一) 財產法與身分法

1. 財產法：以契約及所有權為中心，包括債權、物權編皆屬之。

2. 身分法：以夫妻婚姻、父母子女、親族血統為中心，包括親屬編、繼承權編皆屬之。

(二) 五編

1. 總則編：第一章為「法例」、第二章為「人」、第三章為「物」、第四章為「法律行為」、第五章為「期日及期間」、第六章為「消滅時效」、第七章為「權利之行使」。

2. 債編：第一章為「通則」債之發生、債之標的、債之效力、多數債務人及債權人、債之移轉、債之消滅；第二章為「各種之債」買賣、互易、交互計算、贈與、租賃、借貸、僱傭、承攬、旅遊、出版、委任、經理人及代辦商、居間、行紀、寄託、倉庫、運送、承攬運送、合夥、隱名合夥、合會、指示證券、無記名證券、終身定期金、和解、保證、人事保證。

3. 物權編：第一章為「通則」、第二章為「所有權」、第三章為「地上權」、第四章為「農育權」、第五章為「不動產役權」、第六章為「抵押權」、第七章為「質權」、第八章為「典權」、第九章為「留置權」、第十章為「占有」。

4. 親屬編：第一章為「通則」、第二章為「婚姻」、第三章為「父母子女」、第四章為「監護」、第五章為「扶養」、第六章為「家」、第七章為「親屬會議」。

5. 繼承編：第一章「遺產繼承人」、第二章「遺產之繼承」、第三章「遺囑」。

三、民法之性質

(一) 國內法：係施行於主權效力所及之法域的法律，所以為國內法。

(二) 私法：係規範私人間生活之權利義務關係之法律，所以是私法。

(三) 普通法：係一體適用於全國一般人民間私權關係之法律，故為普通法。

(四) 實體法：係規範私人生活間之權利義務關係之實質與範圍之法律，故為實體法。

(五) 任意法：民法關於人民權利義務關係之規定，多為任意法之性質。

四、民法上三大原則及其修正

(一) 三大原則

1. 契約自由原則：私法上權利義務關係之創設及其內容，原則上以個人之自由意思加以決定，國家不得干涉。

2. 過失責任主義：負損害賠償責任者，以具有故意或過失為前提，以保護個人之行動自由。

3. 所有權絕對原則：主張所有權為天賦人權之一，可自由行使，法律不得加以干涉。

(二) 三大原則之修正

1. 契約自由之限制：民法第 247 條之 1 附合契約規定：「依照當事人一方預定用於同類契約之條款而訂定之契約，為下列各款之約定，按其情形顯失公平者，該部分約定無效：一、免除或減輕預定契約條款之當事人之責任者。二、加重他方當事人之責任者。三、使他方當事人拋棄權利或限制其行使權利者。四、其他於他方當事人有重大不利益者。」例如不動產委託銷售契約書範本。

2. 過失責任主義之修正：

   (1) 推定過失責任（中間責任）：如民法第 191 條之 1 商品製造人之責任規定：「商品製造人因其商品之通常使用或消費所致他人之損害，負賠償責任。但其對於商品之生產、製造或加工、設計並無欠缺或其損害非因該項欠缺所致或於防止損害之發生，已盡相當之注意者，不在此限。前項所稱商品製造人，謂商品之生產、製造、加工業者。其在商品上附加標章或其他文字、符號，足以表彰係其自己所生產、製造、加工者，視為商品製造人。商品之生產、製造或加工、設計，與其說明書或廣告內容不符者，視為有欠缺。商品輸入業者，應與商品製造人負同一之責任。」2006 年 3 月 5 日據報晶工牌開飲機突然爆炸，業者調查發現是已停產的舊機型，因為沒有安全裝置才發生意外，除承諾負責外，也呼籲民眾要檢修保養。

   (2) 無過失責任

   ① 大眾捷運法第 46 條：「大眾捷運系統營運機構，因行車及其他事故致旅客死亡或傷害，或財物毀損喪失時，應負損害賠償責任。前項事故之發生，非因大眾捷運系統營運機構之過失者，對於非旅客之被害人死亡或傷害，仍應酌給卹金或醫療補助費。但事故之發生係出於被害人之故意行為者，不予給付。前項卹金及醫療補助費發給辦法，由中央主管機關定之。」如「捷運掀頭皮事件」發生於 2004 年 12 月 31 日晚間，臺北車站湧入了大量前往市政府站參與跨年活動的人潮，通往臺北捷運藍線（南港線、板南線）月臺的電扶梯十

分擁擠。結果因為電扶梯的速度過快，導致乘客跌倒於梯內，造成5人受傷，結果以3百多萬元和解。

② 民用航空法第 89 條規定：「航空器失事致人死傷，或毀損他人財物時，不論故意或過失，航空器所有人應負損害賠償責任；其因不可抗力所生之損害，亦應負責。自航空器上落下或投下物品，致生損害時，亦同。」例如 1998 年 2 月 16 日中華航空公司一架從峇里島返臺載著 196 名乘客的班機在降落時失速墜毀，包括地面人員，總計 202 人罹難。原則上每位罹難者賠償新臺幣 990 萬元。

③ 消費者保護法第 7 條規定：「從事設計、生產、製造商品或提供服務之企業經營者，於提供商品流通進入市場，或提供服務時，應確保該商品或服務，符合當時科技或專業水準可合理期待之安全性。商品或服務具有危害消費者生命、身體、健康、財產之可能者，應於明顯處為警告標示及緊急處理危險之方法。企業經營者違反前 2 項規定，致生損害於消費者或第三人時，應負連帶賠償責任。但企業經營者能證明其無過失者，法院得減輕其賠償責任。」例如 2007 年 3 月 20 日董小妹在臺北市林森南路麥當勞樓梯間跌倒，撞到走道旁麥當勞叔叔塑像鞋頭，受傷縫了四針，臺北地院判決麥當勞應賠 3 萬元。

④ 核子損害賠償法第 17 條：「同一經營者之數核子設施，涉及於一核子事故者，應就每一核子設施負賠償責任。」

3. 所有權社會化：法律明定權利濫用的禁止，及誠實信用原則，皆為所有權社會化之表徵。

※ 權利失效（德語：Verwirkung），又有譯為「失權」，屬於德國及受其影響的其他法律體系中之民法上的概念之一。其乃指權利人在相當期間內不行使其權利，致使義務人依該情況正當信賴權利人已不欲其履行義務時，則基於誠信原則，權利人將不能再行使該權利。關於民法上權利的行使，民法對之本來及設有相當的限制，除了其權利之行使不能以損害他人為目的之外，在時間方面，則是設有消滅時效和除斥期間來加以控制[1]。而權利失效的制度則是建構在民法的根本原則─誠信原則之上，另一種對於權

---

[1] 王澤鑑，民法學說與判例研究（一），第 338-339 頁。

利行使的限制。蓋因法律禁止權利人行使權利時，前後行為矛盾(venire contra factum proprium)。在權利人長期不行使其權利，並且導致義務人有正當理由信賴權利人已不會再行使其權利，其後卻又突然主張其權利時，將會有權利人前後行為矛盾之現象，此種現象被認為是違反誠信原則，進而不再允許權利人主張該權利[2]。

最高法院就權利失效所做出的判決可以追溯到最高法院 61 年台上 2400 號判決，該號判決中認為，該案土地的出租人明知承租人之轉租行為無效，本得請求取回土地，但長期沉默未為主張，且每隔 6 年仍與承租人換訂租約一次，「似此行為，顯已引起上訴之人之正當信任，以為被上訴人當不欲其履行義務，而今忽貫徹其請求權之行使，致令上訴人陷於窘境，期有違誠實信用原則，尤為明顯。」[3]最高法院在此判決中援用了權利失效的概念，使被上訴人（出租人）不能再行使本能行使的返還請求權。

---

[2]　https://zh.wikipedia.org/zh-tw/%E6%AC%8A%E5%88%A9%E5%A4%B1%E6%95%88。
（最後瀏覽日期：2017 年 6 月 18 日）

[3]　王澤鑑，民法學說與判例研究（一），第 337 頁。

民法總則編

Civil Law

📺 一、法源

民法第 1 條規定：「民事，法律所未規定者，依習慣；無習慣者，依法理。」故適用之順序：依次為法律、習慣，最後為法理。

※ 習慣法之要件：

1. 在社會上有反覆實施之事實。

2. 一般人確信其有法律效果。

3. 須為現行法律未規定之事項（沒有或未有明文條例）。

4. 須與現行法律規定不牴觸。

5. 須不背於公共秩序及善良風俗。

※ 內政部函釋「凶宅」之認定標準及資料如何查詢一案：

函釋內容：查本部訂頒之不動產說明書應記載事項，尚無應記載「凶宅」事宜，且「凶宅」非為法律名詞。惟按本部92年6月間公告修正之「不動產委託銷售契約書範本」附件一「不動產標的現況說明書」項次 11 內容，「本建築改良物（專有部分）於賣方產權是否曾發生凶殺或自殺致死之情事」，係指賣方產權持有期間，於其建築改良物之專有部分（包括主建物及附屬建物），曾發生凶殺或自殺而死亡（不包括自然死亡）之事實（即陳屍於專有部分），及在專有部分有求死行為致死（如從該專有部分跳樓）；但不包括在專有部分遭砍殺而陳屍他處之行為（即未陳屍於專有部分）。另「不動產標的現況說明書」未納入「不動產委託銷售定型化契約應記載及不得記載事項」，尚無強制性，一併敘明。

※ 不動產說明書應記載及不得記載事項修正規定（104 年 10 月 1 日生效）。

壹、應記載事項：

二、成屋　（四）其他重要事項：

1. 周邊環境，詳如都市計畫地形圖或相關電子地圖並於圖面標示周邊半徑三百公尺範圍內之重要環境設施【包括：公（私）有市場、超級市場、學校、警察局（分駐所、派出所）、行政機關、體育場、醫院、飛機場、台電變電所用地、地面高壓電塔（線）、寺廟、殯儀館、公墓、火化場、骨灰（骸）存放設施、垃圾場（掩埋場、焚化場）、顯見之私人墳墓、加（氣）油站、瓦斯行（場）、葬儀社】。

2. 是否已辦理地籍圖重測，若否，主管機關是否已公告辦理？

3. 是否公告徵收，若是，應敘明其範圍。

4. 是否為直轄市或縣（市）政府列管之山坡地住宅社區，若是，應敘明。

5. 本建物（專有部分）於產權持有期間是否曾發生凶殺、自殺、一氧化碳中毒或其他非自然死亡之情形，若有，應敘明。（注意：民國 104 年內政部函將賣方產權持有期間改為建物（專有部分）於產權持有期間）

※ 上述修正已將內政部 97 年 7 月 14 日內授中辦地字第 0970048190 號函的賣方產權持
  有期間更改為建物（專有部分）於產權持有期間。

※ 凶宅買賣技巧：告知、書面及降價。

二、使用文字

　　依民法第 3 條規定：「依法律之規定，有使用文字之必要者，得不由
本人自寫，但必須簽名(I)。如有用印章代簽名者，其蓋章與簽名生同等之
效力(II)。如以指印、十字或其他符號代簽名者，在文件上，經 2 人簽名
證明，亦與簽名生同等之效力(III)。」

※ 自書遺囑：民法第 1190 條前段規定：「自書遺囑者，應自書遺囑全文，說明年、
  月、日，並親自簽名。」

※ 不動產經紀人 103 年選擇題第 1 題

(B) 1. 依法律之規定，有使用文字之必要者，下列敘述何者正確？　(A)須本人自寫，
      並親自簽名或蓋章　(B)得不由本人自寫，但必須親自簽名或蓋章　(C)如以指
      印、十字或其他符號代簽名者，在文件上，經一人簽名證明，亦與簽名生同等
      之效力　(D)如以指印、十字或其他符號代簽名者，在文件上，經一人以指印、
      十字或其他符號代簽名者證明，亦與簽名生同等之效力。

※ 本票發票人名義人是太太，卻由先生簽太太姓名，太太按指印，夫妻不負票據上責
  任，先生負刑法第 201 條偽造有價證券罪及民法第 184 條侵權行為。

三、確定數量

(一) **民法第 4 條規定**：「關於一定之數量，同時以文字及號碼表示者，其
    文字與號碼有不符合時，如法院不能決定何者為當事人之原意，應以
    文字為準。」

(二) **民法第 5 條規定**：「關於一定之數量，以文字或號碼為數次之表示
    者，其表示有不符合時，如法院不能決定何者為當事人之原意，應以
    最低額為準。」

※ 不動產經紀人 110 年選擇題第 1 題

(B) 1. 甲與乙訂立買賣契約，契約條款記載「…價金新臺幣陸拾捌萬元整 (NT$860,000)。前揭捌拾陸萬元價金應於訂約後 10 日內支付。」 若嗣後雙方就價金金額爭訟時，法院應如何決定價金？　(A)應認為價金為最後書寫之文字：捌拾陸萬元　(B)應先探求當事人原意　(C)應認為價金為兩項金額之平均值：柒拾柒萬元　(D)如法院不能決定當事人原意，應以數字為準：NT$860,000。

※ 不動產經紀人 106 年選擇題第 25 題

(D) 25. 依民法規定，關於一定之數量有文字與號碼不符合之情形時，下列敘述何者錯誤？　(A)若能探求出當事人原意，應以原意為準　(B)若不能探求出當事人原意，而契約文書上對於同一數量同時以文字及號碼表示有不相符合之情形，應以文字為準　(C)若不能探求出當事人原意，契約文書上對於同一數量同時以文字及號碼為數次表示時，應以文字最低額為準　(D)若不能探求出當事人原意，契約文書上對於同一數量同時以文字及號碼為數次表示時，依實務見解，應以數字最低額為準。

四、權利能力、行為能力、民事責任能力

(一) 權利能力

1. 意義：即是享受權利，負擔義務的資格，凡是自然人皆有權利能力。

　　我國民法第 6 條規定：「人之權利能力，始於出生，終於死亡。」權利能力的始期，依學者通說，係採「獨立呼吸說」；終期，則以「腦波停止說」為多數說。但因該條規定對於胎兒權利的保護有所不足，故我國民法第 7 條特別規定：「胎兒以將來非死產者為限，關於其個人利益之保護，視為既已出生。」

※ 行政院 105 年 3 月 31 日，立法院 106 年 5 月修正草案：「胎兒為繼承人時，應於胎兒出生後，始得分割遺產。」修正理由：避免是否順產或人數變動而須重新分割。

※ 不動產經紀人 112 年選擇題第 1 題

(A) 1. 有關權利能力之敘述，下列何者錯誤？　(A)人的權利能力始於出生終於死亡，因此胎兒尚未出生所以沒有權利能力　(B)人的權利能力不得拋棄，更不得轉讓　(C)法人除於法令或性質上之限制外，仍享有權利能力　(D)植物人仍享有權利能力。

※ 不動產經紀人 110 年選擇題第 2 題

(B) 2. 關於胎兒的敘述,下列何者正確？ (A)人之權利能力,始於出生,終於死亡。胎兒無權利能力 (B)胎兒以將來非死產者為限,關於其個人利益之保護,視為既已出生 (C)胎兒為繼承人時,於胎兒出生前,他繼承人不得分割遺產 (D)胎兒為繼承人時,以其母為繼承人。

※ 不動產經紀人 110 年選擇題第 4 題

(D) 4. 關於行為能力之敘述,下列何者錯誤？ (A)受監護宣告之人之意思表示,無效,應由其法定代理人代為意思表示,並代受意思表示 (B)限制行為能力人未得法定代理人之允許,所為之單獨行為,無效 (C)未滿法定結婚年齡之男女,其結婚之法律效果並非無效,而是得撤銷 (D)為保障胎兒之行為能力,胎兒以將來非死產者為限,關於其個人利益之保護,視為既已出生。

※ 不動產經紀人 101 年選擇題第 17 題

(D) 17. 甲懷胎乙 5 個月時,其丈夫丙因病過世,留下一棟房屋與現金 200 萬元之遺產,下列敘述何者最正確？ (A)乙尚未出生,不具有權利能力,不得繼承丙之遺產 (B)乙雖尚未出生,但關於利益之享有具有部分行為能力,得繼承丙之遺產 (C)乙以將來非死產者為限,關於個人利益之保護享有行為能力,在出生後得溯及繼承開始時繼承丙之遺產 (D)乙以將來非死產者為限,關於個人利益之保護享有權利能力,得繼承丙之遺產。

※ 民法第 1166 條:胎兒為繼承人時,非保留其應繼分,他繼承人不得分割遺產。胎兒關於遺產之分割,以其母為代理人。

民法第 1147 條:繼承,因被繼承人死亡而開始。

※ 不動產經紀人 101 年選擇題第 22 題

(D) 22. 甲發生車禍傷及腦部,成為植物人,下列敘述何者最正確？ (A)甲成為植物人喪失權利能力 (B)甲雖成為植物人,但關於個人利益之享受仍具有部分權利能力 (C)植物人為無行為能力人,並且不具有權利能力 (D)甲雖成為植物人,仍具有權利能力。

2. 失蹤人失蹤滿 7 年者,法院得因利害關係人或檢察官之聲請為死亡宣告,失蹤人為 80 歲以上者,於失蹤 3 年後;失蹤人為遭遇特別災難者,於特別災難終結 1 年後,得為死亡宣告,而推定其死亡(民§8~11)。

※ 民法第 9 條:受死亡宣告者,以判決內所確定死亡之時,推定其為死亡。前項死亡之時,應為前條各項所定期間最後日終止之時。但有反證者,不在此限。

※ 民法第 10 條（失蹤人財產之管理）：104.6.10 修正

失蹤人失蹤後，未受死亡宣告前，其財產之管理，除其他法律另有規定者外，依家事事件法之規定。

※ 民法第 11 條：二人以上同時遇難，不能證明其死亡之先後時，推定其為同時死亡。

※ 不動產經紀人 112 年選擇題第 14 題

(B) 14. 民法關於死亡宣告的規定，下列何者正確？　(A)失蹤人失蹤滿三年後，法院得因利害關係人之聲請，為死亡之宣告　(B)受死亡宣告者，以判決內所確定死亡之時，推定其為死亡　(C)遺產稅捐徵收機關得為失蹤人向法院聲請死亡宣告　(D)死亡宣告會剝奪失蹤人之權利能力。

※ 不動產經紀人 110 年選擇題第 3 題

(A) 3. 關於失蹤人的敘述，下列何者正確？　(A)失蹤人失蹤滿七年後，法院得因利害關係人或檢察官之聲請，為死亡之宣告　(B)失蹤人為八十歲以上者，得於失蹤滿五年後，為死亡之宣告　(C)失蹤人為遭遇特別災難者，得於特別災難終了滿三個月後，為死亡之宣告　(D)失蹤人失蹤後，未受死亡宣告前，其財產之管理，除其他法律另有規定者外，依破產法之規定。

※ 不動產經紀人 100 年選擇題第 15 題

(A) 15. 關於死亡宣告，下列敘述何者錯誤？　(A)得聲請死亡宣告者，僅限於失蹤人之利害關係人　(B)死亡宣告係私法上的制度，不生公法上的效力　(C)死亡宣告在於結束失蹤人原住居所為中心之法律關係，而不在剝削失蹤人之權利能力　(D)死亡宣告為推定死亡，故允許提出反證而撤銷死亡宣告。

※ 不動產經紀人 100 年選擇題第 20 題

(D) 20. 甲男於民國 90 年 3 月 1 日離開住所，從此失蹤，其妻乙依法聲請死亡宣告，經法院判決宣告死亡。若甲實際上並未死亡，請問下列敘述，何者正確？　(A)推定甲於民國 90 年 3 月 1 日死亡　(B)受死亡宣告後，甲所為之法律行為均無效　(C)若甲安然生還，該死亡宣告即自動失去效力　(D)乙繼承甲之財產，善意處分之部分不受甲生還影響。

※ 民事訴訟法第 640 條規定：「撤銷死亡宣告或更正死亡之時之判決，不問對於何人均有效力。但判決確定前之善意行為，不受影響。因宣告死亡取得財產者，如因前項判決失其權利，僅於現受利益之限度內，負歸還財產之責。」

※ 地政士 103 年申論題第 4 題

四、甲男、乙女為夫妻，生有丙女、丁男，均已成年。丙女與戊男同居生己男後，丙人始結婚，婚後又生庚女。某日，甲、乙、丙一起出外旅行，因所乘客輪翻覆，甲、丙同時溺水死亡，乙僅受嗆傷。設甲留有遺產 1,800 萬元，應由何人繼承？其應繼

分如何？若翻船事故發生後，甲、丙被分別送到醫院，甲先死亡，丙後死亡時，甲之繼承人與應繼分為何？與上述情形是否相同？

解析

(一) 甲死亡時之遺產繼承人為乙、丁、己、庚四人。而甲之遺產由乙、丁各分配 600 萬元，己、庚各分配 300 萬元。

    1. 乙為甲之配偶，依民法第 1138 條規定乙為甲死亡時之遺產繼承人。丙、丁依民法第 1138 條第 1 款及第 1139 條規定，丙、丁應為甲死亡時之第一順序血親繼承人。

    2. 通說認為，原有相互繼承權之親屬同時遇難，經推定為同時死亡者（第 11 條），因不具備同時存在原則，故彼此間相互無繼承權。甲、丙同時溺水死亡，推定甲、丙為同時死亡，不具備同時存在原則，甲死亡時丙無繼承人之資格。

    3. 庚為丙、戊婚後所生，故庚為丙之婚生子女，至於己為丙、戊未婚同居所生，故己應為丙、戊之非婚生子女。

    4. 丙為己之生母，依民法第 1065 條第 2 項規定，己視為丙之婚生子女。

    5. 民法第 1140 條規定，第一順序之血親繼承人，有於繼承開始前死亡或喪失繼承權者，由其直系血親卑親屬代位繼承其應繼分。甲死亡時丙雖無繼承人之資格，但其直系血親卑親屬己、庚得依代位繼承之規定，承襲丙之繼承順序，直接繼承甲之遺產。

    6. 綜上所述，甲死亡時之遺產繼承人為乙、丁、己、庚共四人。至其應繼分，依民法第 1144 條第 1 款規定，乙、丁各為甲遺產之三分之一，己、庚則共同代位丙之應繼分，各為甲遺產之六分之一（第 1141 條）。題示甲留有遺產 1,800 萬元，故乙、丁各分配 600 萬元，己、庚各分配 300 萬元。

(二) 甲先死亡，丙後死亡時，則甲死亡時之遺產繼承人為乙、丙、丁三人。甲之遺產由乙、丙、丁各分配 600 萬元。

    1. 若甲先死亡，丙後死亡，則因甲死亡時丙尚生存，具備同時存在原則，故丙得為甲死亡時之遺產繼承人。

    2. 甲之遺產繼承人為乙、丙、丁三人，至其應繼分各為甲遺產之三分之一，即甲之遺產由乙、丙、丁各分配 600 萬元。

※ 民用航空法第 98 條：因航空器失事，致其所載人員失蹤，其失蹤人於失蹤滿 6 個月後，法院得因利害關係人或檢察官之聲請，為死亡之宣告。

※ 法務部 2009 年 8 月 21 日函頒「檢察機關辦理 98 年莫拉克颱風失蹤之人核發死亡證明書程序」中第四項：「失蹤人，以死亡證明書所載死亡之時，推定其為死亡。同一災區地點之失蹤人，推定為同一時間死亡，但有反證者，不在此限。」第五項：「檢察機關核發之死亡證明書應於死亡原因欄下加註本件死者係民國 98 年莫拉克颱風失

蹤之人，經政府及民間全力搜尋，且經檢察機關為詳實調查後，有事實足認其確已因災死亡而未發現其屍體，所核發之死亡證明書。」

(二) 行為能力

1. 意義：即得獨立為法律行為，並使其對已發生法律效果之能力。

2. 種類：

    (1) 完全行為能力人：滿 20 歲之成年人（民法第 12 條）（2023 年 1 月 1 日改 18 歲）及未成年人已結婚均有行為能力（民法第 13 條第 3 項）（2023 年 1 月 1 日刪除未成年人已結婚均有行為能力）。

※ 民法第 1049 條：夫妻兩願離婚者，得自行離婚。但未成年人，應得法定代理人之同意。（2023 年 1 月 1 日刪除但未成年人，應得法定代理人之同意）

※ 住所與居所

    (1) 住所之設定：民法第 20 條：依一定事實，足認以久住之意思，住於一定之地域者，即為設定其住所於該地。一人同時不得有兩住所。（住所即指戶籍地）

    (2) 居住視為住所：民法第 23 條：因特定行為選定居所者，關於其行為，視為住所。

    (3) 夫妻之住所：民法第 1002 條：夫妻之住所，由雙方共同協議之；未為協議或協議不成時，得聲請法院定之。

※ 不動產經紀人 111 年選擇題第 10 題

(C) 10. 依現行民法有關住所之規定，下列何者錯誤？　(A)夫妻於雙方共同協議前，推定以共同戶籍地為其法定之住所　(B)意定住所之設定須具備久住之意思及居住之事實　(C)因特定行為選定居所，關於其行為，不得視為住所(D)16 歲之年輕人，僅能以其父母之住所為法定住所。

※ 法人

    (1) 定義：民法第 26 條：法人於法令限制內，有享受權利負擔義務之能力。但專屬於自然人之權利義務，不在此限。

    (2) 法人代表：民法第 27 條：法人應設董事。董事有數人者，法人事務之執行，除章程另有規定外，取決於全體董事過半數之同意。董事就法人一切事務，對外代表法人。董事有數人者，除章程另有規定外，各董事均得代表法人。

    (3) 法人侵權責任：民法第 28 條：法人對於其董事或其他有代表權之人因執行職務所加於他人之損害，與該行為人連帶負賠償之責任。

※ 注意民§28 董事、民§188 受僱人、民§224 代理人或使用人之連帶損害賠償比較。

(4) 法人住所：民法第 29 條：法人以其主事務所之所在地為住所。

(5) 清算人之職務：民法第 40 條：清算人之職務如左：一、了結現務。二、收取債權、清償債務。三、分派盈餘或虧損。四、分派賸餘財產。

※ 不動產經紀人 107 年選擇題第 15 題

(C) 15. 民法關於法人之規定，下列敘述，何者錯誤？ (A)法人可分為財團法人與社團法人 (B)法人於法令限制內，有享受權利負擔義務之能力。但專屬於自然人之權利義務，不在此限 (C)法人應設董事與監察人 (D)法人對於其董事或其他有代表權之人因執行職務所加於他人之損害，與該行為人連帶負賠償之責任。

※ 不動產經紀人 103 年選擇題第 4 題

(A) 4. 關於社團法人解散時，清算人的職務內容，下列何者正確？①了結現務②收取債權③清償債務④變更章程 (A)①②③ (B)①②④ (C)①③④ (D)②③。

※ 不動產經紀人 103 年選擇題第 6 題

(B) 6. 關於住所，下列敘述何者正確？ (A)限制行為能力人，因特定行為選定居所者，關於其行為，視為住所 (B)法人，以其主事務所之所在地為住所 (C)妻，以夫之住所為住所 (D)一人同時僅得有兩住所。

※ 不動產經紀人 102 年選擇題第 24 題

(C) 24. A 公司的董事甲前往與客戶簽約時，不慎撞傷路人乙。下列敘述何者正確？ (A)屬車禍事故，由董事甲自行負損害賠償責任 (B)由 A 公司負損害賠償責任，但是 A 公司對董事甲有求償權 (C)由 A 公司與董事甲連帶負損害賠償責任 (D)A 公司若已盡監督職務執行之責，可舉證免責。

※ 不動產經紀人 101 年選擇題第 24 題

(B) 24. 甲為幫助清寒家庭學生求學，捐助三千萬元成立 A 教育基金會，經主管機關許可後，登記為法人，下列敘述何者最正確？ (A)甲之捐助行為為事實行為 (B)A 教育基金會應設董事 (C)A 教育基金會為公益社團法人 (D)A 教育基金會應設總會，作為基金會之最高意思機關。

※ 不動產經紀人 101 年選擇題第 1 題

(D) 1. 下列有關法人之敘述，何者錯誤？ (A)社團法人應設章程 (B)以遺囑捐助設立財團法人者，不以訂立捐助章程為必要 (C)應設董事 (D)應設監察人。

(三) 民事責任能力

1. 意義：指權利主體為其違法行為負起責任而受法律制裁之能力。

2. 種類：以行為時是否具有識別能力為斷。又分為：

(1) 侵權行為責任能力：依民法第 187 條之規定，以行為時有識別能力為斷。

(2) 債務不履行能力：依民法第 221 條準用第 187 條之規定，亦以識別能力為斷。

※ 民法第 187 條：無行為能力人或限制行為能力人，不法侵害他人之權利者，以行為時有識別能力為限，與其法定代理人連帶負損害賠償責任。行為時無識別能力者，由其法定代理人負損害賠償責任。

※ 民法第 188 條（僱用人之責任）

受僱人因執行職務，不法侵害他人之權利者，由僱用人與行為人連帶負損害賠償責任。但選任受僱人及監督其職務之執行，已盡相當之注意或縱加以相當之注意而仍不免發生損害者，僱用人不負賠償責任。

如被害人依前項但書之規定，不能受損害賠償時，法院因其聲請，得斟酌僱用人與被害人之經濟狀況，令僱用人為全部或一部之損害賠償。

僱用人賠償損害時，對於為侵權行為之受僱人，有求償權。

※ 法定代理人賠償損害時，對於無行為能力人或限制行為能力人，是否有求償權？

1. 肯定說（通說）：類推適用民法第 188 條第 4 項規定，法定代理人賠償損害時，對於無行為能力人或限制行為能力人有求償權。（基於於行為人終局負責之法理）

2. 否定說：民法第 187 條於立法時已經明確排除法定代理人賠償損害時，對於無行為能力人或限制行為能力人有求償權。

3. 折衷說：

(1) 無行為能力人或限制行為能力人行為時無識別能力者，由其法定代理人負損害賠償責任。

(2) 無行為能力人或限制行為能力人行為時有識別能力者，由其法定代理人負損害賠償責任後，類推適用民法第 188 條第 4 項規定，對於無行為能力人或限制行為能力人有求償權。

※ 不動產經紀人 104 年選擇題第 11 題

(C) 11. 甲為成年人，因精神障礙而受監護之宣告，某日甲精神回復而有識別能力，向乙購買手機一只，惟因過失打破櫃臺玻璃。下列敘述，何者正確？ (A)甲與乙之手機買賣契約無效，關於打破櫃臺玻璃不成立侵權行為 (B)甲與乙之手機買賣契約有效，關於打破櫃臺玻璃成立侵權行為 (C)甲與乙之手機買賣契約無效，關於打破櫃臺玻璃成立侵權行為 (D)甲與乙之手機買賣契約效力未定，關於打破櫃臺玻璃不成立侵權行為。

※ 不動產經紀人 101 年選擇題第 4 題

(B) 4. 下列有關加害人應負損害賠償責任之敘述，何者最正確？ (A)受僱人甲因執行職務不法侵害第三人乙之權利時，原則上僅由甲對乙負損害賠償責任 (B)限制行為能力人甲不法侵害第三人乙之權利時，即使甲於行為時有識別能力，原則上由甲及其法定代理人對乙連帶負損害賠償責任 (C)法人甲之董事丙因執行職務對第三人乙造成損害時，因甲無實體存在，故僅由丙單獨對乙負損害賠償責任 (D)甲、丙、丁三人共謀聯手圍毆乙，實際下手時，如丁僅在一旁叫囂助陣，則丁不須對乙因被毆所生損害負賠償責任。

五、物

(一) 物之意義－不動產：稱不動產者，謂土地及其定著物。不動產之出產物，尚未分離者，為該不動產之部分。（民法第 66 條）

※ 定著物是指「固定」並「附著」於土地，具一定經濟上之目的，不易移動之物，足避風雨而不屬於土地構成之部分。（二實務二法條）

※ 63 年第 6 次民事庭會議決議：「民法第 66 條第 1 項所謂定著物，係指非土地之構成部分，繼續附著於土地，而達一定經濟上目的，不易移動其所在之物而言。凡屋頂尚未完全完工之房屋，其已足避風雨，可達經濟上使用之目的者，即屬土地之定著物，買受此種房屋之人，乃係基於法律行為，自須辦理移轉登記，始能取得所有權。如買受人係基於變更建築執照起造人名義之方法，而完成保存登記時，在未有正當權利人表示異議，訴經塗銷登記前，買受人登記為該房屋之所有權人，應受法律之保護，但僅變更起造人名義，而未辦理保存或移轉登記時，當不能因此項行政上之權宜措施，而變更原起造人建築之事實，遽認該買受人為原始所有權人。」

※ 司法院大法官會議釋字第 93 號：「輕便軌道除係臨時敷設者外，凡繼續附著於土地而達其一定經濟上之目的者，應認為不動產。」一般最常見的定著物就是房屋、牌坊（類似廟前面的那種）、鐵道等等，反之像水井、堤防、水溝、駁崁等就不是定著物，因為它們是屬於土地構成之一部分，不是「物」；花草樹木依據民法 66 條第 2 項及最高法院上字第 1678 號判例解釋：「未與土地分離之樹木，依民法第 66 條第 2 項之規定，為土地之構成部分，與同條第 1 項所稱之定著物為獨立之不動產者不同。」

※ 民法第 66 條：「稱不動產者，謂土地及其定著物。不動產之出產物，尚未分離者，為該不動產之部分。」

※ 土地法第 5 條：「本法所稱土地改良物，分為建築改良物及農作改良物二種。附著於土地之建築物或工事，為建築改良物，附著於土地之農作物及其他植物與水利土壤之改良，為農作改良物。」

※ 不動產經紀人 112 年選擇題第 2 題

(C) 2. 有關權利客體之敘述，下列何者錯誤？ (A)甲未經乙的同意在乙的土地上種植樹木，該樹木為乙土地上之部分 (B)甲飼養一頭母牛，後來該母牛生下一頭小牛，小牛所有權仍屬於甲所有 (C)為收容災民而臨時拼裝之貨櫃屋，仍為定著物，性質上為不動產 (D)主物之處分效力及於從物，所以購買汽車之契約效力及於備胎。

※ 不動產經紀人 108 年選擇題第 1 題

(C) 1. 下列何者非屬我國民法上所稱之「土地的定著物」？ (A)燈塔 (B)房屋 (C)柏油馬路 (D)蓄水池。

(二) 物之意義－動產： 稱動產者，為前條所稱不動產以外之物。（民法第 67 條）

(三) 主物： 乃具有獨立效用之物。

(四) 從物： 非主物之成分，常助主物之效用，而同屬於一人者。

(五) 主物與從物： 非主物之成分，常助主物之效用，而同屬於一人者，為從物。但交易上有特別習慣者，依其習慣。主物之處分，及於從物。（民法第 68 條）例如備胎之於汽車，則居於從物之地位。又如電視機買賣契約效力及於搖控器。

(六) 天然孳息與法定孳息： 稱天然孳息者，謂果實、動物之產物及其他依物之用法所收穫之出產物。稱法定孳息者，謂利息、租金及其他因法律關係所得之收益。（民法第 69 條）

(七) 孳息之歸屬： 有收取天然孳息權利之人，其權利存續期間內，取得與原物分離之孳息。有收取法定孳息權利之人，按其權利存續期間內之日數，取得其孳息。（民法第 70 條）

※不動產經紀人 109 年選擇題第 1 題

(A) 1. 下列關於法律上之物的敘述，何者正確？ (A)從物在客觀上需常助主物之效用，且與主物為各自獨立之兩個物，動產或不動產均可為從物 (B)物之成分或

其天然孳息,分離後原則上屬於該成分或天然孳息之占有人　(C)無權占有他人土地建築房屋,建築完成時,該房屋原則上屬於土地所有人所有　(D)已足避風雨,可達經濟上使用目的,但屋頂尚未完全完工之房屋,屬土地之成分。

※ 不動產經紀人 106 年選擇題第 2 題

(B) 2. 下列有關從物之敘述,何者錯誤?　(A)所有權狀為房地不動產之從物　(B)屋頂平台為主物大樓建築之從物　(C)土地共有人出賣房地全棟時,買賣契約效力及於另一共有人原所同意之同宗建築基地依法留設法定保留空地及退縮地之使用權等從權利在內　(D)主物之處分及於從物,於主物與從權利之關係,亦可適用。

※ 在我國法院係將公寓大廈的屋頂平台,以性質上不可分割而無法獨立成為一物為理由,認為有民法第 799 條的適用,亦即將屋頂平台視為公寓大廈各區分所有的共有。

※ 不動產經紀人 103 年選擇題第 7 題

(C) 7. 關於天然孳息,下列敘述何者正確?　(A)稱天然孳息者,謂利息、租金及其他因法律關係所得之收益　(B)有收取天然孳息權利之人,按其權利存續期間內之日數,取得其孳息　(C)物之成分及其天然孳息,於分離後,除法律另有規定外,仍屬於其物之所有人　(D)抵押權之效力,及於抵押物扣押後抵押人就抵押物得收取之天然孳息。但抵押權人,非以扣押抵押物之事情,通知應清償天然孳息之義務人,不得與之對抗。

※ 民法第 864 條:抵押權之效力,及於抵押物扣押後抵押人就抵押物得收取之法定孳息。但抵押權人,非以扣押抵押物之事情,通知應清償法定孳息之義務人,不得與之對抗。

※ 不動產經紀人 102 年選擇題第 23 題

(B) 23. 甲向乙承租 A 地種植柚子樹,後來政府公告將徵收 A 地。下列敘述何者錯誤?　(A)柚子樹為不動產之出產物,屬於乙所有　(B)柚子為天然孳息,天然孳息的收取權為土地所有權人乙　(C)政府徵收乙所有的 A 地,範圍包括甲在 A 地上種植的柚子樹　(D)政府徵收 A 地之補償金歸屬於乙。

※ 民法第 66 條:稱不動產者,謂土地及其定著物。

不動產之出產物,尚未分離者,為該不動產之部分。

※ 民法第 69 條:稱天然孳息者,謂果實、動物之產物及其他依物之用法所收穫之出產物。

稱法定孳息者,謂利息、租金及其他因法律關係所得之收益。

※ 民法第 70 條:有收取天然孳息權利之人,其權利存續期間內,取得與原物分離之孳息。

有收取法定孳息權利之人,按其權利存續期間內之日數,取得其孳息。

(八) 區分實益：主物之處分，及於從物。（民法第 68 條第 2 項）

※ 不動產經紀人 90 年申論題第 1 題

一、何謂「主物」？何謂「從物」？兩者區別之實益何在？試申述之。

解析

(一) 主物：乃具有獨立效用之物。

(二) 從物：非主物之成分，常助主物之效用，而同屬於一人者。

(三) 主物與從物：非主物之成分，常助主物之效用，而同屬於一人者，為從物。但交易上有特別習慣者，依其習慣。主物之處分，及於從物。

※ 不動產經紀人 107 年選擇題第 18 題

(B) 18. 下列敘述所涉及之物，何者不能單獨作為物權之客體？ (A)醫療器材店所販售之大腿義肢 (B)已被安裝置入大廈內運作的客製化電梯 (C)區分所有建築物（如大廈）之專有部分 (D)足以遮風避雨的違章建築物。

六、監護宣告與輔助宣告

　　民國 97 年 5 月 23 日公布民法修正第 14、15、22 條；增訂第 15 之 1、15 之 2 條，於 98 年 11 月 23 日施行，其中最令人重視的應該是徹底翻修了現行法規定的「禁治產」制度，改為成年監護的新制度，尤其是新增訂的輔助監護的新制，將民法實施多年所採取的「禁治產」一級制，一舉改為成年監護的二級制，的確造福了許許多多精神障礙、心智缺陷的不幸人！因為依據修正前的舊法所規定的禁治產單軌制，如果被認定合於禁治產的要件，法院唯有依法宣告禁治產。別無他法可循。而禁治產人無行為能力，為修法前第 15 條所明定，人一旦被宣告為禁治產人，即成為無行為能力人，中間毫無彈性，禁治產人無行為能力，除了不能治理自己的財產以外，有些法令還特別規定，禁治產人不得擔任某些職務，像公務人員與一些專業技師職業與一些團體的會員，且無選舉權便是，這對一個本具有行為能力人的權利影響至大。民法就自然人的行為能力來說，也分成無行為能力人、限制行為能力人以及有完全行為能力人三個層次，接受監護宣告的人精神狀態，也不是單純的只有健全或不健全的兩極關係，應該還

有中間地帶的存在。使這些精神有欠缺的人也享有三個等級分的行為能力，才符合社會的需求與維護他們的權益[1]。

本次修正「成年監護制度」，重在保護受監護宣告之人，維護其人格尊嚴，並確保其權益。鑒於原「禁治產」之用語，僅有「禁止管理自己財產」之意，無法顯示修法意旨，爰將本條「禁治產」，修正為「監護」。另第 15 條「禁治產人」，並配合修正為「受監護宣告之人」。原民法第 14 條第 1 項前段「心神喪失或精神耗弱致不能處理自己事務」之規定，語意極不明確，適用易滋疑義，爰參酌行政罰法第 9 條第 3 項及刑法第 19 條第 1 項規定，修正為「因精神障礙或其他心智缺陷，致不能為意思表示或受意思表示，或不能辨識其意思表示之效果」，俾資明確。

受輔助宣告之人僅係因精神障礙或其他心智缺陷，致其為意思表示或受意思表示，或辨識其所為意思表示效果之能力，顯有不足，並不因輔助宣告而喪失行為能力，惟為保護其權益，於為重要之法律行為時，應經輔助人同意，爰於民法第 15 條之 1 第 1 項列舉應經輔助人同意之行為。但純獲法律上利益，或依其年齡及身分、日常生活所必需者，則予排除適用，以符實際。

(一) 監護之宣告（民法第 14 條）（民國 108 年 6 月 19 日公布）（內 4 外 6）
　　增加：輔助人、意定監護受任人或其他利害關係人

對於因精神障礙或其他心智缺陷，致不能為意思表示或受意思表示，或不能辨識其意思表示之效果者，法院得因本人、配偶、四親等內之親屬、最近一年有同居事實之其他親屬、檢察官、主管機關、社會福利機構、輔助人、意定監護受任人或其他利害關係人之聲請，為監護之宣告。

受監護之原因消滅時，法院應依前項聲請權人之聲請，撤銷其宣告。

---

[1] 葉雪鵬，「輔助成年監護的新法制」，http://www.sfb.gov.tw/reference/ magazine/9806/05-%E5%8F%B8%E6%B3%95%E5%B8%B8%E8%AD%98.pdf（最後流覽日期：2009 年 8 月 17 日）

法院對於監護之聲請，認為未達第一項之程度者，得依第十五條之一第一項規定，為輔助之宣告。

受監護之原因消滅，而仍有輔助之必要者，法院得依第十五條之一第一項規定，變更為輔助之宣告。

理由

一、依第十五條之一第一項規定，對於因精神障礙或其他心智缺陷，致其為意思表示或受意思表示，或辨識其意思表示效果之能力，顯有不足者，法院得依聲請為輔助宣告，置輔助人，協助受輔助宣告人為重要行為。是以，輔助人對於受輔助人之精神或心智狀況，知之最稔，故倘受輔助人已達因精神障礙或其他心智缺陷，致不能為意思表示或受意思表示，或不能辨識其意思表示效果之程度，而有依第十五條之一第三項規定受監護宣告之必要者，自宜許由輔助人向法院聲請對原受輔助人為監護宣告，爰於第一項增訂輔助人得為監護宣告之聲請人。

二、又第一千零九十四條第三項有關選定監護人之規定，及第一千零九十八條第二項有關選任特別代理人之規定，均定有「其他利害關係人」得向法院聲請之規定，爰參考於第一項增訂其他利害關係人得為監護宣告之聲請人。

三、另配合親屬編第四章「監護」增訂第三節「成年人之意定監護」，本人得於意思能力尚健全時，與受任人約定，於本人受監護宣告時，受任人允為擔任監護人，是以，自亦應得由意定監護受任人於本人有因精神障礙或其他心智缺陷，致不能為意思表示或受意思表示，或不能辨識其意思表示之效果之情形時，向法院聲請為本人之監護宣告，爰併於第一項增訂。

四、第二項至第四項未修正。

※ 不動產經紀人 102 年選擇題第 25 題

(C) 25. 某甲 25 歲，為受輔助宣告之人。下列敘述何者正確？　(A)甲之輔助宣告可由其表哥向社會福利機構提出聲請　(B)甲受輔助宣告後，自行購買不動產的行為，

無效　(C)甲之輔助人乙，不得受讓甲所有的 A 屋　(D)甲受輔助宣告後，自行將其所有的智慧型手機贈與好友丙的行為，有效。

※ 民法第 15 條之 2

受輔助宣告之人為下列行為時，應經輔助人同意。但純獲法律上利益，或依其年齡及身分、日常生活所必需者，不在此限：五、為不動產、船舶、航空器、汽車或其他重要財產之處分、設定負擔、買賣、租賃或借貸。

※ 民法第 1102 條：監護人不得受讓受監護人之財產。（可以推出輔助人不得受讓受輔助宣告之人之財產。）

※ 地政士 100 年申論題第 1 題

一、監護宣告應具備什麼要件？設甲為已成年而受監護宣告之人，有一筆土地，乙欲購買之。乙應如何為意思表示，始得成立有效之買賣契約？

解析

※ 民法第 1101 條監護人對於受監護人之財產，非為受監護人之利益，不得使用、代為或同意處分監護人為下列行為，非經法院許可，不生效力：一、代理受監護人購置或處分不動產。二、代理受監護人，就供其居住之建築物或其基地出租、供他人使用或終止租賃。監護人不得以受監護人之財產為投資。但購買公債、國庫券、中央銀行儲蓄券、金融債券、可轉讓定期存單、金融機構承兌匯票或保證商業本票，不在此限。

(二) 受監護宣告之人，無行為能力（民法第 15 條）

※ 不動產經紀人 103 年選擇題第 25 題

(C) 5. 下列何者不具有民法上之權利能力？　(A)植物人　(B)受破產宣告之法人　(C)合夥　(D)受監護宣告之自然人。

(三) 輔助之宣告（民法第 15 條之 1）（內 4 外 3）

對於因精神障礙或其他心智缺陷，致其為意思表示或受意思表示，或辨識其意思表示效果之能力，顯有不足者，法院得因本人、配偶、四親等內之親屬、最近一年有同居事實之其他親屬、檢察官、主管機關或社會福利機構之聲請，為輔助之宣告。受輔助之原因消滅時，法院應依前項聲請權人之聲請，撤銷其宣告。受輔助宣告之人有受監護之必要者，法院得依第 14 條第 1 項規定，變更為監護之宣告。

※ 不動產經紀人 99 年選擇題第 5 題

(D) 5. 有一年約 70 歲之老翁甲，因已有初期失智之現象，其子乙乃向法院聲請對其為輔助宣告，並以乙為其輔助人。則下列敘述何者錯誤？　(A)甲在路上行走時，被超速行駛的機車駕駛丙撞傷，甲如欲與丙和解，應得乙之同意　(B)甲擅自移轉其所有房屋一棟之所有權給女兒丁，其法律效果為效力未定　(C)甲平常喜歡與老友上餐館小酌一番，受輔助宣告之後仍然可以自由為之　(D)甲為無行為能力人。

(四) 受輔助宣告之人應經輔助人同意之行為（民法第 15 條之 2）

（口訣：消、獨、指、訴、不、和、遺）

　　受輔助宣告之人為下列行為時，應經輔助人同意。但純獲法律上利益，或依其年齡及身分、日常生活所必需者，不在此限：一、為獨資、合夥營業或為法人之負責人。二、為消費借貸、消費寄託、保證、贈與或信託。三、為訴訟行為。四、為和解、調解、調處或簽訂仲裁契約。五、為不動產、船舶、航空器、汽車或其他重要財產之處分、設定負擔、買賣、租賃或借貸。六、為遺產分割、遺贈、拋棄繼承權或其他相關權利。七、法院依前條聲請權人或輔助人之聲請，所指定之其他行為。第 78 條至第 83 條規定，於未依前項規定得輔助人同意之情形，準用之。第 85 條規定，於輔助人同意受輔助宣告之人為第 1 項第 1 款行為時，準用之。第 1 項所列應經同意之行為，無損害受輔助宣告之人利益之虞，而輔助人仍不為同意時，受輔助宣告之人得逕行聲請法院許可後為之。

※ 不動產經紀人 102 年選擇題第 25 題

(C) 25. 某甲 25 歲，為受輔助宣告之人。下列敘述何者正確？　(A)甲之輔助宣告可由其表哥向社會福利機構提出聲請　(B)甲受輔助宣告後，自行購買不動產的行為，無效　(C)甲之輔助人乙，不得受讓甲所有的 A 屋　(D)甲受輔助宣告後，自行將其所有的智慧型手機贈與好友丙的行為，有效。

七、人格權之保護

(一) **人格權**：乃存在於權利人自己人格之權利。如生命、身體、自由、貞操、名譽、肖像、姓名、信用等權利。

(二) 人格權之保護（※不動產經紀人 91 年申論題第 1 題）

1. 一般性規定：（口訣：賠、除、防）

  (1) 侵害之除去：依民法第 18 條第 1 項規定：人格權受侵害時，得請求法院除去侵害。

  (2) 侵害之防止：依民法第 18 條第 1 項規定：有受侵害之虞時，得請求防止之。

  (3) 損害之賠償：依民法第 18 條第 2 項規定：「前項情形，以法律有特別規定者為限，得請求損害賠償或慰撫金。」人格權遭不法侵害時，被害人可依下列規定請求賠償損害。而損害賠償之範圍，除財產上損害之外，尚包括非財產上損害。

2. 特別規定：（口訣：**自、姓、能**）

  (1) 姓名權之保護：依民法第 19 條規定：姓名權受侵害者，得請求法院除去其侵害，並得請求損害賠償。

  (2) 自由之保護：依民法第 17 條規定：自由不得拋棄。自由之限制，以不背於公共秩序或善良風俗者為限。

  (3) 能力之保護：依民法第 16 條規定：權利能力及行為能力，不得拋棄。

※ 不動產經紀人 107 年選擇題第 16 題

(C) 16. 關於人格權保護，下列敘述，何者錯誤？ (A)人格權受侵害時，得請求法院除去其侵害；有受侵害之虞時，得請求防止之 (B)名譽權受侵害時，若法院採取命被告登報道歉作為回復名譽之適當處分，依現行司法實務見解，仍屬合憲 (C)債務人因債務不履行，致債權人之人格權受侵害者，不得請求損害賠償 (D)生命權受侵害時，配偶得請求損害賠償與慰撫金。

※ 不動產經紀人 106 年選擇題第 40 題

(C) 40. 下列有關人格權之敘述，何者錯誤？ (A)姓名乃用以區別人己之一種語言標誌，將人個別化，以確定其人之同一性 (B)法人在法令限制與性質範圍內，亦享有人格權 (C)公司名稱用以識別企業之主體性，此時姓名權等於商標權 (D)針對無涉公益之報導，若不當揭載足資識別當事人資料，侵害其名譽權者，得依民法第 18 條請求排除侵害。

※ 公司一經設立登記，即取得公司名稱之專用權，其目的在於得與其他公司為適度區別，此與自然人姓名同名同姓者所在多有的情況，有所迥異。依據公司法第 18 條的規定：「公司名稱，不得與他公司名稱相同。二公司名稱中標明不同業務種類或可資

區別之文字者，視為不相同。」公司名稱是否類似，應以一般客觀的交易上有無使人混同誤認之虞為標準。倘兩公司用以表明其特性，以與他人營業相區別之特許部分名稱，相同或類似時，即屬使用相同或類似之名稱，其他表示營業或公司種類之文字，是否相同或類似再所不問。商標法第 30 條：「商標有下列情形之一，不得註冊：十三、有他人之肖像或著名之姓名、藝名、筆名、字號者。但經其同意申請註冊者，不在此限。」

八、意思表示

(一) 意義：即表意人將其內心所欲發生一定法律上效果之意思表示於外部之行為。

(二) 成立要件

1. 主觀要件：法效意思。

2. 客觀要件：表示行為。

3. 意思與表示一致。

4. 意思表示之自由：受詐欺、脅迫而為之意思表示，為意思表示之不自由，表意人亦得撤銷之。

(三) 生效

1. 無相對人：完成時。

2. 有相對人：

   (1) 對話：相對人了解時生效，採「了解主義」（民法第 94 條）。

   (2) 非對話：意思表示通知到達相對人時生效，採「達到主義」（民法第 95 條第 1 項）。

※ 不動產經紀人 97 年第 1 次選擇題第 3 題

(B) 3. 民法第九十五條規定，非對話而為意思表示者，其意思表示何時發生效力？
(A)發出通知時生效　(B)通知到達時生效　(C)通知到達二十四小時起生效　(D)通知經相對人了解時生效。

※ 不動產經紀人 98 年選擇題第 2 題

(D) 2. 書商甲寄當季書單價目表給乙，乙經過審慎考慮，勾選自己所需要的書單，並將該書單放進信封，之後放置書桌上。隔天乙上班途中，經過郵局時，將該信件投入信箱。該信件於三日後到達書商甲處。乙發出之要約何時發生效力？(A)勾選書單完畢時　(B)書單放進信封時　(C)信件投入信箱時　(D)信件到達書商甲時。(民§95)

※ 112 年地政士申論題第 4 題

四、甲擬出售名下 A 地，與房屋仲介乙相談甚歡後，當場簽署出售不動產委託銷售契約書給乙，契約中約定自簽署之日起 3 個月內有效，惟雙方特約優惠甲得自簽署次日起算 7 日內，不附理由解除契約；若成交，乙的服務報酬為實際成交價的 5%；相關洽商或通知辦理事項，如以書面通知時，均依雙方於契約所登載的地址為準。甲返家後覺得與乙簽約太草率，次日即赴郵局寄發解除該委託銷售契約的存證信函（雙掛號）予乙。惟 3 日後，郵差將存證信函寄送至契約上乙所登載的地址時，因乙外出而無法會晤，郵差製作招領通知單置於乙的信箱，經招領逾期而由郵局加蓋「招領逾期退回」而退回。甲認為已與乙解除契約，於是在 1 個月後自行將 A 地出售並移轉所有權予丙。乙知悉此事後找上甲，主張甲未依契約約定方式解除契約，甲仍需依契約規定，視為乙已完成仲介義務，甲仍應支付雙方約定的服務報酬予乙。請問甲的解除契約效力如何？乙的主張是否有理由？

解析

(一) 甲依據民法第 95 條非對話意思表示之生效時期規定解除契約有效

1. 民法第 95 條規定：「非對話而為意思表示者，其意思表示，以通知達到相對人時，發生效力。但撤回之通知，同時或先時到達者，不在此限。表意人於發出通知後死亡或喪失行為能力或其行為能力受限制者，其意思表示，不因之失其效力。」

2. 54 年台上字第 952 號：「民法第九十五條第一項規定：「非對話而為意思表示者，其意思表示以通知達到相對人時發生效力」，所謂達到，係僅使相對人已居可了解之地位即為已足，並非須使相對人取得占有，故通知已送達於相對人之居住所或營業所者，即為達到，不必交付相對人本人或其代理人，亦不問相對人之閱讀與否，該通知即可發生為意思表示之效力。」

3. 最高法院民事大法庭 109 年度台上大字第 908 號裁定：「表意人將其意思表示以書面郵寄掛號寄送至相對人之住所地，郵務機關因不獲會晤相對人，而製作招領通知單通知相對人領取者，除相對人能證明其客觀上有不能領取之正當事由

外，應認相對人受招領通知時，表意人之意思表示已到達相對人而發生效力，不以相對人實際領取為必要。」

4. 本題甲乙雙方特約優惠甲得自簽署次日起算 7 日內，不附理由解除契約。甲返家後覺得與乙簽約太草率，次日即赴郵局寄發解除該委託銷售契約的存證信函（雙掛號）予乙。惟 3 日後，郵差將存證信函寄送至契約上乙所登載的地址時，因乙外出而無法會晤，郵差製作招領通知單置於乙的信箱，經招領逾期而由郵局加蓋「招領逾期退回」而退回。依最高法院民事大法庭 109 年度台上大字第 908 號裁定，除乙能證明其客觀上有不能領取之正當事由外，應認乙受招領通知時，甲之意思表示已到達乙而發生效力，不以乙實際領取為必要。因此甲對乙解除其不動產委託銷售契約係屬有效。

(二) 乙主張甲仍應支付雙方約定的服務報酬並無理由：

1. 解除契約係當事人一方行使解除權，致使契約效力從契約之始即歸於消滅。

2. 本題原則上甲對乙行使契約解除權之意思表示已發生效力，甲、乙間之不動產委託銷售契約已溯及消滅，甲對乙不負給付報酬之義務，故乙主張甲仍應支付雙方約定的服務報酬並無理由。

3. 例外除乙能證明其客觀上有不能領取之正當事由外，甲對乙行使契約解除權之意思表示不發生效力，甲、乙間之不動產委託銷售契約仍為有效，甲對乙負給付報酬之義務，故乙主張甲仍應支付雙方約定的服務報酬有理由。

(四) 意思表示之瑕疵（1.意思表示不一致、2.意思表示不自由）

1. 意思表示不一致：表意人內心意思，與外部表示不一致的情形包括：（(1)故意之不一致、(2)偶然之不一致）

   (1) 故意之不一致：（口訣：獨、通）

   ① 單獨虛偽表示（亦稱為心中保留）：即表意人無欲為其意思表示所拘束之意，而為意思表示者，其意思表示，不因之無效。但其情形為相對人所明知者，不在此限（民法第 86 條）。

※ 不動產經紀人 111 年選擇題第 25 題

(A) 25. 下列何者屬於當然無效之法律行為？ (A)單獨虛偽意思表示而該情形為相對人所明知者 (B)詐欺之意思表示係由第三人所為，而相對人明知其事實或可得而知者 (C)無權利人就權利標的物為處分後，取得其權利者 (D)限制行為能力人用詐術使人信其為有行為能力人，所為之法律行為。

※ 不動產經紀人 108 年選擇題第 13 題

(B) 13. 甲並無將其所有價值十萬元之 A 手錶出售的意思，卻向乙表示欲以五千元出售之，乙明知甲無出售 A 手錶之意思，仍當場表示願意以五千元購買時，甲出售 A 手錶之意思表示的效力如何？ (A)有效 (B)無效 (C)甲得撤銷 (D)效力未定。

② 通謀虛偽意思表示：即表意人與相對人通謀而為虛偽的意思表示，其意思表示無效（民法第 87 條第 1 項）。如債務人為免其財產被債權人扣押，而與其友人通謀，偽為贈與財產於友人。蓋通謀虛偽意思表示雙方均為虛偽表示，故意思表示無效，但不得以其無效對抗善意第三人（民法第 87 條第 1 項但書）。虛偽意思表示，隱藏他項法律行為者，適用關於該項法律行為之規定（民法第 87 條第 2 項）。

※不動產經紀人 110 年選擇題第 7 題

(D) 7. 關於意思表示不一致的敘述，下列何者正確？ (A)表意人無欲為其意思表示所拘束之意，而為意思表示者，其意思表示無效 (B)表意人無欲為其意思表示所拘束之意，而為意思表示，其情形為相對人所明知者，其意思表示有效 (C)表意人與相對人通謀而為虛偽意思表示者，其意思表示不因之無效 (D)虛偽意思表示，隱藏他項法律行為者，適用關於該項法律行為之規定。

※ 不動產經紀人 104 年選擇題第 1 題

(B) 1. 甲與乙通謀虛偽意思表示，將甲所有之 A 地賣予乙並移轉登記為乙所有。嗣後乙擅自將 A 地出賣丙，並完成移轉登記，惟丙不知甲、乙通謀虛偽意思表示之事。下列敘述，何者正確？ (A)甲與乙間關於 A 地之買賣契約效力未定 (B)甲與乙間關於 A 地之買賣契約無效 (C)甲與乙間關於 A 地之買賣契約有效 (D)乙與丙間關於 A 地之買賣契約無效。

※ 不動產經紀人 104 年選擇題第 2 題

(D) 2. 承上題，嗣後丙將 A 地又賣給丁，並完成移轉登記。A 地之所有權應屬何人？ (A)甲 (B)乙 (C)丙 (D)丁。

※ 不動產經紀人 104 年選擇題第 3 題

(AC) 3. 甲對乙表示，如不贈與家傳骨董，即告發其走私之事，乙被迫贈與之。該贈與契約之效力為： (A)有效 (B)無效 (C)得撤銷 (D)效力未定。

※ 不動產經紀人 101 年選擇題第 34 題

(D) 34. 甲與乙通謀虛偽買賣甲所有之 A 土地一筆，並將 A 地所有權移轉給乙，下列敘述何者最正確？ (A)甲與乙所為之通謀虛偽意思表示效力未定 (B)甲與乙所為

之通謀虛偽買賣有效，但所有權之移轉無效　(C)乙將 A 地出賣給丙，締結買賣契約，乙與丙之買賣構成無權處分　(D)乙將 A 地出賣給丙，締結買賣契約，乙與丙之買賣契約有效。

※ 99 年地政士申論題第 1 題

一、債務人甲因恐其債權人乙對其財產為強制執行，將其僅有的房屋一棟贈與知情之友人丙，並完成所有權移轉登記。請問甲、丙之間的贈與行為因虛偽表示與真實表示之不同，乙應如何適用法條主張權利？

解析

(一) 甲、丙之間的贈與行為因虛偽表示而無效（民法第 87 條＋民法第 184 條＋民法第 213 條）

1. 乙應主張甲丙之贈與契約及所有權移轉行為均屬通謀虛偽意思表示而無效。（債權行為與物權行為均無效）

　(1) 民法第 87 條第 1 項規定：表意人與相對人通謀而為虛偽意思表示者，其意思表示無效。但不得以其無效對抗善意第三人。

　(2) 甲因恐債權人乙對其財產為強制執行，將其房屋一棟贈與知情之友人丙，並完成所有權移轉登記。甲丙之間的意思表示均屬通謀虛偽意思表示，主觀上無贈與及移轉房屋所有權之意思，故其贈與之債權行為及移轉房屋所有權之物權行為均屬通謀而為虛偽意思表示而屬無效。

2. 乙可依民法第 184 條第 1 項後段侵權行為訴請丙塗銷所有權之登記與民法第 213 條第 1 項請求丙回復房屋所有權登記給甲。

　(1) 丙明知甲以侵害債權人乙之目的而為虛偽之贈與契約及移轉房屋所有權，卻與甲通謀，乙得依民法第 184 條第 1 項後段：「故意以背於善良風俗之方法，加損害於他人者亦同。」之侵權行為規定，對丙訴請塗銷房屋所有權登記。

　(2) 乙依民法第 213 條第 1 項規定：「負損害賠償責任者，除法律另有規定或契約另有訂定外，應回復他方損害發生前之原狀。」請求丙回復原狀，將房屋所有權登記於甲。

3. 乙可依民法第 242 條債權人代位權，代位甲向丙訴請塗銷所有權登記。

　(1) 民法第 242 條：「債務人怠於行使其權利時，債權人因保全債權，得以自己之名義，行使其權利。但專屬於債務人本身者，不在此限。」

　(2) 甲丙通謀虛偽意思表示之債權行為及物權行為均屬無效，甲仍為實質上房屋所有權人，丙為形式上房屋所有權人，甲對丙可主張民法第 767 條物上請求權規定請求丙塗銷房屋所有權登記。

(3) 若甲怠於行使者，乙自得以債權人之身分代位甲向丙行使物上請求權，請求丙塗銷房屋所有權登記，將房屋回復登記給甲。

(4) 最高法院 73 年台抗字第 472 號判例：「債務人欲免其財產被強制執行，與第三人通謀而為虛偽意思表示，將其所有不動產為第三人設定抵押權者，債權人可依侵權行為之法則，請求第三人塗銷登記，亦可行使代位權，請求塗銷登記。二者之訴訟標的並不相同。」

(二) 甲、丙之間的贈與行為因真實表示，乙得主張民法第 244 條撤銷並回復原狀（民法第 244 條第 1 項撤銷+第 4 項回復原狀）

1. 乙依民法第 244 條第 1 項規定訴請撤銷甲丙之贈與行為。

民法第 244 條第 1 項規定：「債務人所為之無償行為，有害及債權者，債權人得聲請法院撤銷之。」甲丙之贈與行為屬無償行為，有害債權人乙受領清償之法律地位，故乙得訴請法院撤銷甲丙詐害債權之贈與行為。

2. 乙依民法第 244 條第 4 項規定回復房屋所有權登記為甲之原狀。

乙依民法第 244 條第 4 項規定：「債權人依第 1 項或第 2 項之規定聲請法院撤銷時，得並聲請命受益人或轉得人回復原狀。」丙為贈與行為之受益人，乙自得請求丙回復房屋所有權登記甲之原狀。

※ 債權人可先假扣押或公證可避免取得勝訴判決及執行名義前債務人先脫產。

(2) 偶然之不一致：（口訣：錯、誤）

① 錯誤：指意思表示之內容有錯誤，或表意人若知其情事即不為表示者，得撤銷之。但以其錯誤或不知情事，非由表意人自己之過失者為限。（表意人有過失不得撤銷）又當事人之資格或物之性質，若交易上認為重要者，其錯誤視為意思表示內容之錯誤（民法第 88 條）。

※ 目前電商已無網路標錯價主張錯誤得撤銷的空間

零售業等網路交易定型化契約應記載及不得記載事項

五、確認機制及契約履行

企業經營者應於消費者訂立契約前，提供商品之種類、數量、價格及其他重要事項之確認機制，並應於契約成立後，確實履行契約。

※ 不動產經紀人 106 年選擇題第 5 題

(A) 5. 關於意思表示錯誤，下列敘述何者正確？　(A)當事人資格之錯誤，可能得撤銷之　(B)表意人得向相對人請求損害賠償　(C)動機錯誤，均為意思表示內容之錯誤　(D)表示行為錯誤，不得撤銷。

② 誤傳：意思表示因傳達人或傳達機關傳達不實者。（民法第 89 條）。

※ 不動產經紀人106 年選擇題第35 題

(A)35. 下列有關意思表示之敘述，何者錯誤？　(A)因錯誤或被詐欺而締結契約者，在表意人依法撤銷其意思表示之前，契約效力未定　(B)當事人之意思表示未合致者，其契約自始未成立　(C)買賣為諾成契約，除當事人另有約定外，縱使未訂立書面，亦不影響契約之成立　(D)非定期行為之契約，當事人一方遲延給付者，他方當事人得定相當期限催告其履行，如債務人仍不履行時，債權人仍需另為解約之意思表示。

※ 因錯誤或被詐欺而締結契約者，在表意人依法撤銷其意思表示之前，契約仍為有效（86 年台上字第 1357 號）。

※ 地政士101 年申論題第1 題

一、民法上規定之過失有幾種？請分別說明其意義並比較其責任之輕重。又民法第 88 條第 1 項規定，意思表示之內容有錯誤，表意人得將其意思表示撤銷之。但以其錯誤非由表意人自己之過失為限。茲所稱過失，係指何種過失？

解析

民法第 88 條第 1 項：「意思表示之內容有錯誤，或表意人若知其事情即不為意思表示者，表意人得將其意思表示撤銷之。但以其錯誤或不知事情，非由表意人自己之過失者為限。」本條所謂之「過失」應如何解釋？

(一) 學者見解不一，有主張：

　　1. 抽象輕過失：表意人欠缺與善良管理人同一之注意義務。

　　2. 具體輕過失：表意人欠缺與處理自己事務同一之注意義務。

　　3. 重大過失：欠缺一般人之注意。

　　4. 利益衡量說：在認定過失之前，應先針對個案為符合當事人利益衡量之判斷。例如應以同年齡、具有相當智慧及經驗之未成年人所具注意能力為標準，以及出於熱心無償助人且攸關公共利益者之特性。

　　（景文高中玻璃娃娃事件（民國 89~95 年）：高等法院判決應以同年齡、具有相當智慧及經驗之未成年人所具注意能力為標準，以及出於熱心無償助人且攸關公共利益者之特性，應從輕酌定，以免傷及青少年學生愛心之滋長。）

(二) 小結：

　　1. 依最高法院 62 年台上字第 140 號判決：「在學說上諸說併存，並無判解可據者，不得指為用法錯誤。民法第 88 條第 1 項但書所謂之過失，究何所指，在學說上，雖有抽象之輕過失、具體之輕過失及重大過失諸說之存在，但採抽象之輕過失說者，在現存判解中，尚難覓其依據，原確定判決對此過失之見解，不

採抽象之輕過失說，自不得指為用法錯誤。況抽象之輕過失說，對於表意人未免失之過苛，致使表意人無行使撤銷權之機會，本為多數學者所不採。」基於前述判決我國實務不採抽象之輕過失說。

2. 採「具體輕過失」說，理由如下：「蓋錯誤之發生，大抵皆由於表意人之過失所致者，如解為抽象輕過失，則表意人幾無行使撤銷權之機會；若解為重大過失，則表意人行使撤銷權之機會過多，均非持平之道」，故應採具體輕過失說較為適當。臺灣高等法院暨所屬法院 84 年法律座談會提案，民事類第一號研討結果，也採具體輕過失說。

※ 不動產經紀人106年選擇題第27題

(D) 27. 關於撤銷權之性質，下列敘述何者錯誤？ (A)撤銷權屬於形成權之一種，得因撤銷權人單方之意思表示到達相對人時，即生法律關係生效，變更或消滅之效力 (B)撤銷權之行使期間，不受到消滅時效規定之限制 (C)撤銷權行使後，其撤銷之客體視為自始無效 (D)撤銷權需法律明文規定始得發生，當事人間不得以契約約定，由一方當事人因特定事由之發生而取得撤銷權。

※ 撤銷權之發生，原則上係因表意人之意思表示有瑕疵，故撤銷之要件全都基於法律規定而來，當事人不可能自行約定嗣後撤銷權發生之事由。縱令當事人契約之約定解除事由，卻使用「撤銷」之用語，解釋上該用語，應屬「解除」而非「撤銷」。

※ 不動產經紀人98年選擇題第4題

(C) 4. 下列對於得撤銷的法律行為之論述，何者正確？ (A)財產法律行為一經撤銷，自撤銷意思表示時起，向後發生效力 (B)錯誤意思表示，表意人得於發現錯誤後 2 年內，撤銷其法律行為 (C)撤銷權為形成權，撤銷權之行使為單獨行為，所以表意人得單方對相對人為撤銷之意思表示，不須經相對人之同意 (D)錯誤意思表示之撤銷，表意人對於撤銷原因明知或可得而知之相對人，仍負有損害賠償責任。（民§114，§88，§91）

※ 法律行為分類

(一) 單獨行為、契約行為、共同行為

1. 單獨行為：一方當事人之意思表示即可成立之法律行為。例如：撤銷、承認、拋棄、遺囑、解除權之行使。

    (1) 有相對人：如撤銷意思的表示（民§88）、無權處分之承認（民§144）、選擇權之行使（民§208）、拋棄繼承、債權拋棄、動產所有權之拋棄、解除契約等。

    (2) 無相對人：如遺囑、物權拋棄。

2. 契約行為：依雙方當事人互相之意思表示合致成立之法律行為。例如：訂立買賣契約。

3. 共同行為：依多數當事人平行之意思表示一致成立之法律行為。例如：社團總會之決議。

※ 民法第 90 條：「前二條之撤銷權，自意思表示後，經過 1 年而消滅。」

※ 民法第 91 條：「依第 88 條及第 89 條之規定撤銷意思表示時，表意人對於信其意思表示為有效而受損害之相對人或第三人，應負賠償責任。但其撤銷之原因，受害人明知或可得而知者，不在此限。」

※ 不動產經紀人 100 年申論題第 1 題

一、何謂信賴利益？我國民法關於信賴利益之損害賠償規定有那些？請列舉說明之。

解析

※ 民法信賴利益的損害賠償

(一) 信賴利益：所謂信賴利益，係指簽約雙方，其中一方當事人因信賴對方，且相信契約必將成立，在契約生效後所可能取得之利益稱之。

(二) 信賴利益之損害賠償規定：信賴利益之損害賠償，主要係因當事人因信賴對方，相信契約必將成立、生效，而於締約前所做之各準備工作所支出的勞力、時間、費用後，但契約卻因自始無效或被撤銷、被解除，因此可請求賠償；惟信賴利益之損害賠償範圍以不超過實際契約履行後可能取得之利益（亦就是履行利益）之損害賠償額。

※ 我國民法關於信賴利益之損害賠償規定，計有下列項目：（口訣：錯、無、效、撤、過、給）

1. 錯誤表意人之賠償責任：（民法第 91 條）
   依民法第 88 條及第 89 條之規定撤銷意思表示時，表意人對於信其意思表示為有效而受損害之相對人或第三人，應負賠償責任。但其撤銷之原因，受害人明知或可得而知者，不在此限。

2. 無權代理人之賠償責任：（民法第 110 條）
   無代理權人，以他人之代理人名義所為之法律行為，對於善意之相對人，負損害賠償之責。

3. 無效行為當事人之賠償責任：（民法第 113 條）
   無效法律行為之當事人，於行為當時知其無效，或可得而知者，應負回復原狀或損害賠償之責任。

4. 無效行為經撤銷之賠償責任：（民法第 114 條）
   法律行為經撤銷者，視為自始無效。當事人知其得撤銷或可得而知者，其法律行為撤銷時，準用前條之規定。

5. 締約過失之賠償責任：
   (1) 契約未成立時，當事人為準備或商議訂立契約而有下列情形之一者，對於非因過失而信契約能成立致受損害之他方當事人，負賠償責任：（民法第 245 條之 1 第 1 項）

① 就訂約有重要關係之事項，對他方之詢問，惡意隱匿或為不實之說明者。

② 知悉或持有他方之祕密，經他方明示應予保密，而因故意或重大過失洩漏之者。

③ 其他顯然違反誠實及信用方法者。

(2) 前項損害賠償請求權，因 2 年間不行使而消滅。（民法第 245 條之 1 第 2 項）

6. 因契約標的給付不能之賠償責任：

(1) 契約因以不能之給付為標的而無效者，當事人於訂約時知其不能或可得而知者，對於非因過失而信契約為有效致受損害之他方當事人，負賠償責任。（民法第 247 條第 1 項）

(2) 給付一部不能，而契約就其他部分仍為有效者，或依選擇而定之數宗給付中有一宗給付不能者，準用前項之規定。（民法第 247 條第 2 項）

(3) 前 2 項損害賠償請求權，因 2 年間不行使而消滅。（民法第 247 條第 3 項）

2. 意思表示不自由：（口訣：詐、迫）

(1) 詐欺：表意人為詐欺人所詐欺，因此陷於錯誤，而為意思表示者（參民法第 92 條）。為保護被詐欺的表意人，法律規定表意人得撤銷其意思表示，但不得對抗善意第三人。

(2) 脅迫：故意以惡害相告，使他人心生恐懼，而為意思表示者（參民法第 92 條）。為保護被脅迫的表意人，法律規定表意人得撤銷其意思表示，且得對抗善意第三人。

※ 不動產經紀人 101 年選擇題第 2 題

(C) 2. 甲於 98 年 6 月 1 日受乙脅迫，約定將甲所有之動產以遠低於市價之價格出售予乙。事經 2 年餘後，乙請求甲依約交付該動產。下列敘述何者正確？　(A)甲得於撤銷原先受脅迫所為之意思表示後，拒絕給付　(B)甲得撤銷受脅迫意思表示之權利行使期間已過，應為給付　(C)即使甲未撤銷受脅迫所為之意思表示，仍得拒絕給付　(D)甲得主張與乙所締結之氣約自始無效，拒絕給付。

※ 地政士 113 年申論題第 1 題

一、甲為購買屬意區域之不動產，乃委託具有不動產交易專業經驗之乙代為尋找在一定金額以下之適當物件，並授與乙於尋得適當物件時即辦理相關締約及辦理移轉登記手續之代理權。乙為獲取甲應允之高額報酬，於尋找過程中詐騙丙，以低於市價甚多之金額購得丙所有之 A 地。甲、丙雙方履行各自支付價金及交付 A 地及移轉登記義務後，丙始得知受乙詐騙之情事。丙得如何主張以取回 A 地所有權？甲得否以自身並未為任何詐騙行為、且全然不知乙之詐騙行為，主張丙之請求無理由？

解析

丙主張民法第 92 條意思表示之不自由對甲撤銷 A 地買賣契約及移轉之物權行為，依據民法第 767 條物上請求權請求塗銷登記回復所有權及民法第 179 條不當得利請求返還 A 地所有權：

(一) 依據民法第 92 條第 1 項規定：「因被詐欺或被脅迫而為意思表示者，表意人得撤銷其意思表示。但詐欺係由第三人所為者，以相對人明知其事實或可得而知者為限，始得撤銷之。被詐欺而為之意思表示，其撤銷不得以之對抗善意第三人。」

(二) 依據民法第 105 條規定：「代理人之意思表示，因其意思欠缺、被詐欺、被脅迫，或明知其事情或可得而知其事情，致其效力受影響時，其事實之有無，應就代理人決之。但代理人之代理權係以法律行為授與者，其意思表示，如依照本人所指示之意思而為時，其事實之有無，應就本人決之。」代理人為意思表示，有無瑕疵事實應就代理人決之，而與本人無關。

(三) 代理人乙對於契約相對人丙為詐欺或脅迫行為，而本人甲並不知情時，相對人丙可否依民法第 92 條第 1 項對本人甲撤銷被詐欺或脅迫的意思表示？學說認為民法第 105 條規定對於代理人之其他行為亦有其適用。例如本題代理人乙對相對人丙為詐欺者，相對人丙亦得對本人甲撤銷其被詐欺的意思表示。

(四) 甲授權乙，由乙代理甲與丙簽訂 A 地買賣契約及辦理移轉登記之物權行為，代理人乙對相對人丙有詐欺行為，而本人甲並不知情。丙得依民法第 105 條及第 92 條第 1 項規定，對甲撤銷 A 地買賣契約及辦理移轉登記之物權行為。甲不得以自身並未為任何詐騙行為且全然不知乙之詐騙行為，作為抗辯。

(五) 丙對甲行使撤銷權後，依據民法第 114 條第 1 項：「法律行為經撤銷者，視為自始無效。」A 地買賣契約及辦理移轉登記之物權行為即自始無效：

1. 甲取得 A 地所有權之登記，丙得依民法第 179 條不當得利返還請求權或第 767 條第 1 項所有人之除去妨害請求權，請求甲塗銷登記回復為丙所有。

2. 丙取得 A 地買賣價金亦屬不當得利，甲得依民法第 179 條規定請求返還。

3. 乙之詐欺行為導致丙受有損害時，丙得依民法第 184 條第 1 項：「因故意或過失，不法侵害他人之權利者，負損害賠償責任。故意以背於善良風俗之方法，加損害於他人者亦同。」對乙主張侵權行為損害賠償。

※ 地政士 111 年申論題第 1 題

一、農夫甲因年事已高，不想繼續從事農務耕作，乃委託乙代理出售其所有 A 農地之相關事宜。丙臺商擬退休後返臺到郊區購買農地蓋農舍過遠離塵囂的田園生活。丙向乙表示，A 農地位置不錯若可蓋合法農舍，即願購買，乙明知申請蓋造合法農舍不易，條件限制愈來愈嚴，但為求快速成交，仍拍胸脯說：A 地這麼大，蓋合

法農舍當然沒有問題，但甲並不知情乙對丙的保證。嗣後甲、丙即進行簽約、移轉登記並支付價金等相關事宜。半年後，丙退休返臺，並開始進行農舍蓋造，提出申請時才發現 A 農地無法蓋造合法農舍。試問：丙得否以受詐欺為由，主張撤銷與甲之間的 A 農地買賣契約？

解析

(一) 農夫甲依據民法第 167 條意定代理權之授與規定授權乙為代理人

農夫甲因年事已高，不想繼續從事農務耕作，乃委託乙代理出售其所有 A 農地之相關事宜。農夫甲依據民法第 167 條規定：「代理權係以法律行為授與者，其授與應向代理人，以意思表示為之。」授權乙為代理人。

(二) 乙代理人對於 A 農地是否蓋農舍之事有過失責任

1. 丙向甲之代理人乙表示附有一個停止條件之農地買賣契約

丙向甲之代理人乙表示 A 農地可蓋合法農舍即願購買，即附有一個停止條件之農地買賣契約。

2. 代理人乙對於 A 農地無法蓋合法農舍有過失之責任

乙明知申請蓋造合法農舍不易，條件限制愈來愈嚴，但為求快速成交，仍拍胸脯說：A 地這麼大，蓋合法農舍當然沒有問題，嗣後提出申請時才發現 A 農地無法蓋造合法農舍之事有過失責任，包括抽象輕過失（表意人欠缺與善良管理人同一之注意義務）或具體輕過失（表意人欠缺與處理自己事務同一之注意義務）。乙之過失行為致丙陷於錯誤，以為 A 農地可興建農舍因而與甲簽約，故乙對丙構成詐欺之行為。

(三) 債務人甲對於代理人乙之過失依據民法第 244 條規定須負同一責任

債務人甲對於代理人乙對丙保證 A 農地可蓋合法農舍卻嗣後發現 A 農地無法蓋造合法農舍之事有過失，依據民法第 224 條履行輔助人之故意過失規定：「債務人之代理人，關於債之履行有故意或過失時，債務人應與自己之故意或過失負同一責任。」即債務人甲對於代理人乙未調查 A 農地不可蓋合法農舍之過失，依據民法第 244 條規定須負過失之詐欺同一責任。

(四) 丙依據民法第 92 條第 1 項本文規定主張被詐欺得撤銷與甲之 A 農地買賣契約

丙依據民法第 92 條第 1 項本文規定：「因被詐欺而為意思表示者，表意人得撤銷其意思表示。」即丙因被甲代理人乙詐騙 A 農地可蓋合法農舍而與甲簽約、移轉登記並支付價金等相關事宜，甲須負乙過失之詐欺同一責任。因此丙得向甲主張撤銷 A 農地買賣契約。

(五) 甲不得主張因不知乙有詐欺之事由來對抗丙之撤銷與甲之間的 A 農地買賣契約

1. 民法第 92 條 1 項但書規定：「但詐欺係由第三人所為者，以相對人明知其事實或可得而知者為限，始得撤銷之。」對於代理人所為詐欺行為，是否屬民法第 92 條第 1 項但書「詐欺係由第三人所為」？學說有不同主張，我國通說見解認為，民法第 92 條第 1 項之第三人應限縮解釋，不包含民法第 224 條債務人之代理人及使用人在內。

2. 代理人乙對丙之詐欺行為，甲雖然因不知情，但不得主張適用民法第 92 條第 1 項但書：「但詐欺係由第三人所為者，以相對人明知其事實或可得而知者為限，始得撤銷之。」即甲不得因不知而向丙主張不得撤銷 A 農地買賣契約。

(六) 丙依據民法第 114 條及第 113 條規定主張撤銷與甲之 A 農地買賣契約後自始無效且雙方互負回復原狀之義務

丙依據民法第 114 條第 1 項規定：「法律行為經撤銷者，視為自始無效。」及民法第 113 條：「無效法律行為之當事人，於行為當時知其無效，或可得而知者，應負回復原狀或損害賠償之責任。」即丙撤銷與甲之 A 農地買賣契約且雙方互負回復原狀之義務，丙須將 A 農地過戶返還給甲，甲須返還價金給丙。

※ 不動產經紀人99年申論題第 1 題

一、甲乙共謀，由甲出面詐欺丙，使丙將其所有之 A 地廉價售予乙，已為交付並辦妥所有權移轉登記。乙即以 A 地向丁貸款，為丁設定抵押權。請附理由分別說明丙於發現被詐欺後，可否請求乙返還土地所有權？並請求丁塗銷抵押權登記？

解析

(一) 丙依民法第 92 條第 1 項主張撤銷受詐欺而為意思表示請求乙返還 A 地所有權：丙主張撤銷與乙的買賣契約之債權行為及移轉土地所有權之物權行為。(民法第 92 條撤銷＋民法第 114 條自始無效＋民法第 179 條不當得利＋民法第 767 條物上請求權)

1. 民法第 92 條第 1 項：「因被詐欺或被脅迫而為意思表示者，表意人得撤銷其意思表示。但詐欺係由第三人所為者，以相對人明知其事實或可得而知者為限，始得撤銷之。」

2. 甲乙共謀，由甲出面詐欺丙，使丙將其所有之 A 地廉價售予乙，已為交付並辦妥所有權移轉登記。丙因被甲乙詐欺而為意思表示，雖其詐欺為甲所為，但乙與甲共謀，符合民法第 92 條第 1 項但書規定，故丙得撤銷之。

3. 丙依民法第 114 條第 1 項規定視為自始無效，主張民法第 179 條不當得利及第 767 條物上請求權，請求乙返還已為交付並辦妥所有權移轉登記之 A 地。

(二) 丙是否請求丁塗銷抵押權登記，應視丁是否為善意或惡意。

1. 依民法 92 條第 2 項規定：「被詐欺而為之意思表示，其撤銷不得以之對抗善意第三人。」丙雖得依法撤銷 A 地之買賣契約並請求乙返還 A 地所有權，乙本無權將 A 地為丁設定抵押權，但丁係善意第三人，丙之撤銷不得對抗善意第三人丁，即丙不得請求丁塗銷抵押權登記。

2. 丁仍得主張民法第 759 條之 1 規定：「因信賴不動產登記之善意第三人，已依法律行為為物權變動之登記者，其變動之效力，不因原登記物權之不實而受影響。」土地法第 43 條規定：「依本法所為之登記，有絕對效力。」為保護善意信賴登記之受讓人丁，故丁取得抵押權，丙不得請求丁塗銷抵押權登記。

3. 若丁為惡意，丙依據民法第 92 條第 2 項規定：「被詐欺而為之意思表示，其撤銷不得以之對抗善意第三人。」得請求丁塗銷抵押權登記。（反面解釋，撤銷得以之對抗惡意第三人）（反面解釋，撤銷得以之對抗惡意第三人）

(五) 解釋

依我國民法第 98 條規定：「解釋意思表示，應探求當事人之真意，不得拘泥於所用之辭句。」是為解釋意思表示之主要方法。

九、法律行為

(一) 意義： 指以意思表示為基礎，依意思表示之內容而發生一定法律效果之行為。

1. 違反強行規定之效力：民法第 71 條：「法律行為，違反強制或禁止之規定者，無效。但其規定並不以之為無效者，不在此限。」

2. 違背公序良俗之效力：民法第 72 條：「法律行為，有背於公共秩序或善良風俗者，無效。」

※ 不動產經紀人 102 年選擇題第 6 題

(D)6. 甲男乙女結婚時約定，雙方婚後若有婚外情之情事發生，雙方無條件離婚，並賠償對方新臺幣 1,000 萬元。此約定的法律效力為何？ (A)此約定為停止條件，條件成就時，離婚發生效力 (B)此約定為解除條件，條件成就時，婚姻失其效力 (C)此約定為不法條件，約定條件無效 (D)此約定為不許附條件之法律行為，約定條件無效。

※ 民法第 72 條：法律行為，有背於公共秩序或善良風俗者，無效。

※ 不動產經紀人 100 年選擇題第 18 題

(C) 18. 甲到乙所開設之賭場賭博，賭輸了 10 萬元，下列敘述何者正確？ (A)賭博為甲乙間債務發生之原因關係，所以甲應支付乙 10 萬 (B)如甲已經付款給乙，則甲得主張賭博行為違反公序良俗無效，依不當得利向乙請求返還 (C)如甲已經付款給乙，雖甲得主張賭博行為違反公序良俗無效，但甲之給付為出於不法原因之給付，所以不得向乙請求返還 (D)如甲已經付款給乙，甲得主張侵權行為，向乙請求損害賠償。

※ 不得請求返還之不當得利（民法第 180 條）

給付，有下列情形之一者，不得請求返還：(1)給付係履行道德上之義務者。(2)債務人於未到期之債務因清償而為給付者。(3)因清償債務而為給付，於給付時明知無給付之義務者。(4)因不法之原因而為給付者。但不法之原因僅於受領人一方存在時，不在此限。

3. 不依法定方式之效力：民法第 73 條：「法律行為，不依法定方式者，無效。但法律另有規定者（民法第 1193 條密封遺囑之轉換），不在此限。」民法第 1193 條：密封遺囑，不具備前條所定之方式，而具備第一千一百九十條所定自書遺囑之方式者，有自書遺囑之效力。

4. 暴利行為：民法第 74 條：「法律行為，係乘他人之急迫、輕率或無經驗，使其為財產上之給付或為給付之約定，依當時情形顯失公平者，法院得因利害關係人之聲請，撤銷其法律行為或減輕其給付。前項聲請，應於法律行為後 1 年內為之。」（通常是幫忙剛成年的年輕人不懂事而購物或簽約）

※ 不動產經紀人 112 年選擇題第 4 題

(D) 4. 下列情形，哪一行為需向法院聲請撤銷，才會發生撤銷之效力？ (A)通謀虛偽意思表示所為之法律行為 (B)因錯誤或誤傳之意思表示而為法律行為 (C)被詐欺而為意思表示之法律行為 (D)因暴利行為所為之法律行為。

※ 不動產經紀人 111 年選擇題第 11 題

(A) 11. 關於民法第 74 條暴利行為之規定，下列敘述何者正確？ (A)當事人無論於財產給付前或給付後，均得聲請撤銷該暴利行為 (B)撤銷權自該法律行為成立時起一年內不行使，罹於消滅時效而消滅 (C)行使暴利行為之撤銷權時，應以意思表示向相對人為之 (D)暴利行為自始當然無效。

※ 不動產經紀人 103 年選擇題第 12 題

(A 或 B 或 AB)12. 下列關於暴利行為之敘述，何者錯誤？　(A)雖違反公序良俗，但有效　(B)利害關係人得行使撤銷權　(C)並非詐害債權行為　(D)應於法律行為後 1 年內提起救濟。

(二) 要件

1. 成立要件：
   (1) 一般成立要件：①當事人。②意思表示。③標的。
   (2) 特別成立要件：①一定之方式：要式行為（民法第 758 條）。
   　　　　　　　　　②物之交付：要物行為（民法第 464 條）。

2. 生效要件：
   (1) 一般生效要件：①當事人須有行為能力。②當事人之意思表示須健全而無瑕疵。③法律行為之標的，必須可能、確定、合法及正當。
   (2) 特別生效要件：如附條件或期限之法律行為（民法第 99 條、第 102 條）。

(三) 法律行為之瑕疵

1. 意義：指法律行為無法發生應有之效力而言。

2. 種類：
   (1) 無效：指自始、當然、確定、絕對的不發生效力。
   ① 原則：一部無效，全部無效。
   ② 例外：除去該無效部分，法律行為仍可以成立者，則其他部分仍為有效。
   (2) 得撤銷：指法律行為成立時有得撤銷之原因，則因撤銷權之行使，使已生效之法律行為其效力溯及既往歸於消滅。（※不動產經紀人 90 年第 2 次選擇題第 7 題。）
   (3) 效力未定：指法律行為是否發生效力，須待承認或拒絕，始得確定。

(四) 效力

1. 完全行為能力人之法律效果：完全有效。

2. 限制行為能力人之法律效果：

    (1) 原則上：事前需要得到法定代理人之允許。

    (2) 例外：（口訣：純、詐、處、獨）

    ① 純獲法律上利益或依其年齡及身分或日常生活所必須者，其法律行為有效（民法第 77 條但書）。若未得到法定代理人允許，則所為之單獨行為（免除債務），無效（民法第 78 條）；若是契約行為，則是效力未定，須得到法定代理人事後承認後，始為有效。

※ 不動產經紀人 111 年選擇題第 23 題

(D) 23. 滿 17 歲且未受監護或輔助宣告之甲男，其所為之下列何種行為，依法須得法定代理人之同意始為有效？ (A)訂立遺囑為遺贈之行 (B)純獲法律上利益之行為 (C)就他人之物所為之無權處分行為 (D)授予他人代理權之行為。

※ 不動產經紀人 107 年選擇題第 1 題

(D) 1. 甲有 A、B、C 三台車，以總價 50 萬元出售給乙，其後甲將其對乙的債權贈與於丙，並讓與之。於乙將 50 萬元現金支付於丙後，甲將 A、B、C 三台車交付給乙並移轉所有權。試問甲、乙、丙間共有多少法律行為？ (A)4 (B)5 (C)6 (D)7。

※ 不動產經紀人 107 年選擇題第 18 題

(A) 13. 18 歲之甲考取大學後，拿著父母親給的住宿費、生活費至北部求學，擬向乙承租 A 屋一年。關於甲乙間租賃契約之效力，下列敘述，何者錯誤？ (A)甲為限制行為能力人，故甲所締結之租賃契約無效 (B)甲得主張關於租賃契約之意思表示，在現代社會中可認為係依其年齡及身分、日常生活所必需者，例外無須得法定代理人允許，契約仍可成立生效 (C)甲得提出法定代理人就租屋之書面允許，以使契約成立生效 (D)乙得定期限催告法定代理人，確答是否承認甲乙間租賃契約，以使契約成立生效。

※ 不動產經紀人 103 年選擇題第 8 題

(D) 8. 18 歲之甲所為下列何種行為屬於無效？ (A)買賣他人之物 (B)買賣違章建築 (C)被脅迫所締結之買賣契約 (D)撤銷有關買賣之錯誤意思表示。

※ 不動產經紀人 102 年選擇題第 38 題

(A) 38. 19 歲之甲與 20 歲之乙訂立買賣契約，將一宗土地賣給乙，並將土地所以權移轉登記給乙。下列敘述何者正確？ (A)買賣契約及所有權移轉契約，均需得甲之

法定代理人書面或非書面之允許，始生效力　(B)買賣契約及所有權移轉契約，均需得甲之法定代理人書面允許，一定要書面允許始生效　(C)買賣契約需得甲之法定代理人書面允許，始生效力；所有權移轉契約則無須書面允許，亦生效力　(D)所有權移轉契約需得甲之法定代理人書面允許，始生效力；買賣契約則無須書面允許，亦生效力。

※　不動產經紀人 101 年選擇題第 26 題

(B) 26. 甲 18 歲，已婚，下列敘述何者最正確？　(A)甲已成年　(B)甲得獨立為有效之單獨行為　(C)甲授與代理權給乙，其授權行為效力未定　(D)甲如欲與其配偶兩願離婚，得自行為之，無須得法定代理人之同意。

※　不動產經紀人 106 年申論題第 2 題

二、甲現年 18 歲、未婚、富二代，離家赴某市就讀，未經其法定代理人同意，即與乙建設公司簽定買賣契約，購買時價 500 萬元之 A 套房，並辦理移轉登記。問：(一)該屋債權及物權契約效力如何？

解析

(一) 甲購買 A 套房之債權行為屬於效力未定，物權契約應屬有效

　1. 債權行為屬於效力未定

　　(1) 甲現年 18 歲未婚，依據民法第 13 條第 2 項與第 3 項規定：「滿七歲以上之未成年人，有限制行為能力。未成年人已結婚者，有行為能力。」屬於限制行為能力人。

　　(2) 甲與乙建設公司簽定買賣契約，依據民法第 77 條之規定：「限制行為能力人為意思表示及受意思表示，應得法定代理人之允許。但純獲法律上利益，或依其年齡及身分、日常生活所必需者，不在此限。」甲未經其法定代理人之允許與乙公司簽訂 A 套房買賣契約並辦理移轉登記，該買賣契約依民法第 79 條規定：「限制行為能力人未得法定代理人之允許，所訂立之契約，須經法定代理人之承認，始生效力。」應屬於效力未定，須經甲之法定代理人承認始生效力，若甲之法定代理人不承認即不發生效力。

　2. 物權契約應屬有效

　　　乙建設公司將 A 套房辦理移轉登記為甲所有之物權契約，甲取得所有權之行為屬於純獲法律上之利益，而不負擔任何法律上義務，依民法第 77 條但書規定，應屬有效。

　　② 限制行為能力人以詐術使人相信其為有行為能力人或已得到法代理人之允許，其法律行為亦有效（民法第 83 條）。

※ 不動產經紀人 112 年選擇題第 3 題

(B) 3. 有關限制行為能力之敘述，下列何者正確？　(A)滿 16 歲之未成年人寫遺囑時，仍須經法定代理人同意，否則效力未定　(B)16 歲之甲偽造身分證，使相對人乙誤信甲已滿 18 歲，而與甲簽訂買賣契約，該買賣契約有效　(C)限制行為能力人為代理人時，代理人受領代理權仍須經法定代理人之同意　(D)法定代理人可以概括允許限制行為能力人為法律行為。

③ 法定代理人允許限制行為能力人 處 分其財產（民法第 84 條）。

④ 法定代理人允許限制行為能力人 獨 立營業，關於其營業有行為能力（民法第 85 條）。

※ 不動產經紀人 98 年選擇題第 6 題

(C) 6. 甲乙訂立電腦買賣契約，但買受人甲才 15 歲，甲的父母事後拒絕承認該契約。試問甲乙間的法律關係如何？　(A)乙可以契約無效，主張甲的占有電腦為無權占有，而主張所有物返還請求權　(B)乙可以契約無效，主張甲的占有電腦為侵權行為，而主張回復原狀的損害賠償責任　(C)乙可以契約無效，主張甲的占有電腦為不當得利，而主張不當得利的返還　(D)乙可以契約無效，主張甲的占有電腦為無因管理。（民§767）

※ 法律事實：生活事實中會發生民法上權利得喪變更者，稱為法律事實。其種類可分為與人之行為有關的行為事實及與人之行為無關的法律事實。在行為事實中分為適法行為與違法行為。適法行為再分為法律行為、準法律行為及事實行為。

※ 事實行為：係因自然人的事實上動作而發生一定法律效果的行為。例如無主物的先占（民§802）、遺失物的拾得（民§803）、埋藏物的發現（民§808）。

```
                  ┌ 與人之行為有關的行為事實 ┬ 適法行為 ┬ 法律行為
法律事實 ─┤                              └ 違法行為 ├ 準法律行為
                  └ 與人之行為無關的法律事實               └ 事實行為
```

※ 地政士 98 年申論題第 1 題

一、何謂法律行為之絕對無效與相對無效？試舉例說明之。

解析

　　絕對無效：指法律行為欠缺成立生效要件，自始、確定、當然不生法律行為所應產生之效力，任何人均得主張該法律行為無效，如民法第 72 條，違背公序良俗之法律行為無效。

　　　相對無效：指法律行為原則上為無效，但遇有法律所規定之情形時，則第三人可選擇主張該法律行為有效或仍維持無效，如民法第 87 條第 1 項通謀虛偽意思表示之規定。

※ 高考戶政 98 年申論題第 2 題

二、法律行為之無效、得撤銷與效力未定，就民法總則編之規定歸類說明如下：

(一) 法律行為之無效（口訣：**無、強、虛、公、保、單**）

　　指法律行為因欠缺有效要件，自始的、當然的、確定的不發生法律行為之效力。例如民法第 71 條（違反強行法之效力）、第 72 條（違背公序良俗之效力）、第 75 條（無行為能力人及無意識能力人之意思表示）、第 78 條（限制行為能力人為單獨行為之效力）、第 86 條但書（真意保留相對人所明知）、第 87 條（虛偽意思表示）。

(二) 法律行為之得撤銷（口訣：**傳、錯、不、營、利**）

　　指行使撤銷權使其法律行為之效力溯及的消滅。例如民法第 74 條（暴利行為）、第 85 條（獨立營業之允許）、第 88 條（錯誤之意思表示）、第 89 條（傳達錯誤）、第 92 條（意思表示之不自由）。

(三) 法律行為之效力未定（口訣：**限**）

　　指法律行為之發生效力與否尚未確定。例如民法第 79 條。（限制行為能力人訂立契約之效力）

(五) 條件期限

1. 條件：係當事人以將來客觀上不確定事實的成就不成就，決定法律行為效力的發生或消滅的一種附款。

   (1) 停止條件：附停止條件的法律行為，於該條件成就時始發生效力（民法第 99 條第 1 項）。

   (2) 解除條件：附解除條件的法律行為，於該條件成就時失其效力（民法第 99 條第 2 項）。

※ 不動產經紀人 104 年選擇題第 6 題

(C) 6. 乙與甲約定，於甲大學畢業時，乙將贈與甲汽車一輛。此項贈與契約所附約款之性質如何？　(A)終期　(B)始期　(C)停止條件　(D)解除條件。

※ 不動產經紀人 103 年選擇題第 10 題

(D) 10. 關於附條件的法律行為，下列敘述何者正確？　(A)附停止條件之法律行為，於條件成就時，失其效力　(B)附條件的法律行為，其條件成就之效果於條件成就之時發生，不得依當事人之特約變更　(C)因條件成就而受不利益之當事人，如

以不正當行為促其條件之成就者，視為條件已成就　(D)附條件之法律行為當事人，於條件成否未定前，若有損害相對人因條件成就所應得利益之行為者，負賠償損害之責任。

※ 不動產經紀人 102 年選擇題第 37 題

(D)37. 甲死亡時，遺有財產新臺幣 500 萬元。甲有子女乙、丙二人為其法定繼承人，甲生前立有遺囑，載明若乙之兒子丁考上不動產經紀人，無償給與丁新臺幣 100 萬元。甲死亡時，丁尚未考上不動產經紀人。下列敘述何者正確？　(A)遺囑於甲死亡時發生效力，丁取得新臺幣 100 萬元之所有權　(B)遺囑於丁考上不動產經紀人時發生效力，丁取得新臺幣 100 萬元之所有權　(C)遺囑於甲死亡時發生效力，丁取得請求給付新臺幣 100 萬元之債權　(D)遺囑於丁考上不動產經紀人時發生效力，丁取得請求給付新臺幣 100 萬元之債權。

※ 民法第 99 條：附停止條件之法律行為，於條件成就時，發生效力。

※ 不動產經紀人 100 年選擇題第 14 題

(C)14. 下列何者為附解除條件之法律行為？　(A)甲如能考 100 分，乙就能給 100 元　(B)甲向乙借 1 萬元，約定乙每月支付利息 100 元　(C)當甲大學畢業時，乙的房子就不再出租給甲　(D)甲乙間約定於民國 105 年時，兩人即結婚。

※ 隨意條件：依當事人一方之意思，可決定成就與否之條件。

※ 偶成條件：條件成否不關乎當事人之意思而取決於其他事實。

※ 混合條件：條件成就與否取決於當事人及第三人之意思。

※ 院解字第 3489 號（民國 36 年 06 月 11 日）：「土地法第 100 條之規定非禁止房屋租賃契約之附有解除條件或定有租賃期限，亦不排除民法所定解除條件成就或租賃期屆滿之效果，出租人某甲與承租人某乙約定如第三人某丙需用租賃之房屋時，租賃契約當然終止者，應解為附有解除條件，條件成就時某甲自得收回房屋，至約定承租人某乙死亡時租賃契約當然終止者，應解為以某乙死亡時為其租賃期限屆滿之時，期限屆滿時某甲亦得收回房屋。」

※ 附條件利益之保護：附條件之法律行為當事人，於條件成否未定前，若有損害相對人因條件成就所應得利益之行為者，負賠償損害之責任。（民法第 100 條）

※ 條件成就或不成就之擬制：因條件成就而受不利益之當事人，如以不正當行為阻其條件之成就者，視為條件已成就。例如甲乙約定以若考取不動產經紀人即送汽車 1 輛，甲將以拘禁使乙無法參加考試阻止條件成就，應視為不動產經紀人考試及格。因條件成就而受利益之當事人，如以不正當行為促其條件之成就者，視為條件不成就。（民法第 101 條）例如甲乙約定以若考取不動產經紀人即送汽車 1 輛，以考試舞弊錄取，視為不及格。

2. 期限：係當事人以將來確定事實（期限）的到來，決定法律行為效力的發生或消滅的一種附款。

   (1) 始期：法律行為效力發生的起點稱為始期（民法第 102 條第 1 項）。

   (2) 終期：法律行為效力消滅的終點稱為終期（民法第 102 條第 2 項）。

🖥 十、時效

(一) 意義：係指一定之事實狀態，繼續經過一段時間，即發生取得權利或請求權減損之的制度。

(二) 種類

1. 取得時效：因時效之經過取得財產權。

※ 司法院大法官會議釋字第 291 號：「取得時效制度，係為公益而設，依此制度取得之財產權應為憲法所保障。內政部於中華民國 77 年 8 月 17 日函頒之時效取得地上權登記審查要點第 5 點第 1 項規定：「以建物為目的使用土地者，應依土地登記規則第 70 條提出該建物係合法建物之證明文件」，使長期占有他人私有土地，本得依法因時效取得地上權之人，因無從提出該項合法建物之證明文件，致無法完成其地上權之登記，與憲法保障人民財產權之意旨不符，此部分應停止適用。至於因取得時效完成而經登記為地上權人者，其與土地所有權人間如就地租事項有所爭議，應由法院裁判之，併此說明。」

※ 司法院大法官會議釋字第 451 號：「時效制度係為公益而設，依取得時效制度取得之財產權應為憲法所保障，業經本院釋字第 291 號解釋釋示在案。地上權係以在他人土地上有建築物，或其他工作物，或竹木為目的而使用其土地之權，故地上權為使用他人土地之權利，屬於用益物權之一種。土地之共有人按其應有部分，本於其所有權之作用，對於共有物之全部雖有使用收益之權，惟共有人對共有物之特定部分使用收益，仍須徵得他共有人全體之同意。共有物亦得因共有人全體之同意而設定負擔，自得為共有人之 1 人或數人設定地上權。於公同共有之土地上為公同共有人之 1 人或數人設定地上權者亦同。是共有人或公同共有人之 1 人或數人以在他人之土地上行使地上權之意思而占有共有或公同共有之土地者，自得依民法第 772 條準用同法第 769 條及第 770 條取得時效之規定，請求登記為地上權人。內政部中華民國 77 年 8 月 17 日台內地字第 621464 號函發布時效取得地上權登記審查要點第 3 點

第 5 款規定，共有人不得就共有土地申請時效取得地上權登記，與上開意旨不符，有違憲法保障人民財產權之本旨，應不予適用。」

2. 消滅時效：因時效之經過使請求權無法行使。

§ 表一：消滅時效 VS 除斥期間（口訣：意、制、適、中、起、期、成、時）

	消滅時效	除斥期間
意義	因長時間不行使權利而使請求權減損效力，為喪失請求權之原因。	法律對某種權利所預定的行使期間，期間一經過，權利即行消滅，以求法律關係早日確定。
制度目的	1. 尊重現存秩序，維護交易安全。 2. 簡化法律關係，避免訴訟舉證困難。 3. 權利上睡眠者，法律不宜長期保護。	因法律行為有瑕疵或其他不正常情形，以致影響法律行為之效力，當事人得為撤銷或其他補救行為之期間。
適用對象	僅適用於請求權，時效期間經過，債務人得拒絕履行。	適用於形成權（撤銷權），排除有瑕疵原因之法律行為，除斥期間經過，形成權歸於消滅，法律行為有效。（※不動產經紀人 96 年第 2 次選擇題第 34 題）
中斷或不完成	由於障礙事由的發生，有中斷或不完成的問題。	係預定的存續期間，不發生中斷或不完成之問題。
起算時點	自請求權可行使時計算，以不行為為目的之請求權，自行為時起算。	自權利成立時起算，如暴利行為的撤銷應自法律行為時起算。
期間	一般期間為 15 年。（較長）（※不動產經紀人 96 年第 2 次選擇題第 15 題）	最長不超過 10 年。（較短）
完成	消滅時效完成後請求權不消滅，當事人得提出抗辯。	除斥期間經過後形成權消滅，法院得依職權作為裁判資料。
時效利益	消滅時效完成後當事人得拋棄時效利益，使時效完成之效力歸於無效。	除斥期間經過後形成權當然消滅，無利益拋棄可言。

資料來源：http://blog.xuite.net/hglue/001/24867969

※ 消滅時效完成後請求權不消滅，債務人如不提出抗辯，法院不得依職權審酌；除斥
　期間經過後，形成權消滅，法院可不待當事人主張而依職權審酌。

※ 時效中斷及於時之效力

　　時效中斷者，自中斷之事由終止時，重行起算。因起訴而中斷之時效，自受確定判
決，或因其他方法訴訟終結時，重行起算。經確定判決或其他與確定判決有同一效力之
執行名義所確定之請求權，其原有消滅時效期間不滿五年者，因中斷而重行起算之時效
期間為五年。（民法第 137 條）

※ 不動產經紀人 112 年選擇題第 15 題

(D) 15. 甲於民國（下同）107 年 9 月間向乙租車公司租用自小客車環島，然卻積欠乙租
　　　金新臺幣 3 萬元，乙於 108 年 9 月催告後甲仍不為給付，乙便於 109 年 8 月訴
　　　請甲給付租金，於 110 年 9 月獲勝訴判決確定。下列何者正確？　(A)乙租車公
　　　司的租金請求權時效本為 5 年　(B)乙於 108 年 9 月催告後 6 個月內未起訴，仍
　　　生中斷時效之效力　(C)乙於 109 年 8 月訴請甲給付租金時，時效不完成　(D)判
　　　決確定後，時效重新起算 5 年。

※ 不動產經紀人 97 年第 1 次選擇題第 23 題

(D) 23. 下列對於消滅之時效與除斥期間之敘述何者正確？　(A)消滅時效適用於形成
　　　權；除斥期間適用於請求權　(B)消滅時效自始固定不變；除斥期間有中斷或不
　　　完成　(C)消滅時效完成後，形成權消滅，無利益拋棄；除斥期間經過後，當事
　　　人得拋棄時效利益　(D)消滅時效完成後請求權不消滅，債務人如不提出抗辯，
　　　法院不得依職權審酌；除斥期間經過後，形成權消滅，法院可不待當事人主張
　　　而依職權審酌。

※ 院解字第 3997 號（民國 37 年 6 月 14 日）：「自命為繼承人之人於民法第 1146 條第
　2 項之消滅時效完成後使其抗辯權者，其與繼承權被侵害人之關係即與正當繼承
　人無異，後繼承人財產上之權利應認為繼承開始時已為該自命為繼承人之人所承
　受，如因繼承權被侵害人出而爭執對之提起確認所有權存在之訴，自不得謂為無理
　由。」

※ 釋字第 771 號【繼承回復請求權時效完成之效果案】民國 107 年 12 月 14 日 院
　台大二字第 1070033877 號
　　繼承回復請求權與個別物上請求權係屬真正繼承人分別獨立而併存之權利。繼承回
　復請求權於時效完成後，真正繼承人不因此喪失其已合法取得之繼承權；其繼承財
　產如受侵害，真正繼承人仍得依民法相關規定排除侵害並請求返還。然為兼顧法安
　定性，真正繼承人依民法第 767 條規定行使物上請求權時，仍應有民法第 125 條等
　有關時效規定之適用。於此範圍內，本院釋字第 107 號及第 164 號解釋，應予補
　充。最高法院 40 年台上字第 730 號民事判例：「繼承回復請求權，……如因時效完

成而消滅，其原有繼承權即已全部喪失，自應由表見繼承人取得其繼承權。」有關真正繼承人之「原有繼承權即已全部喪失，自應由表見繼承人取得其繼承權」部分，及本院 37 年院解字第 3997 號解釋：「自命為繼承人之人於民法第 1146 條第 2 項之消滅時效完成後行使其抗辯權者，其與繼承權被侵害人之關係即與正當繼承人無異，被繼承人財產上之權利，應認為繼承開始時已為該自命為繼承人之人所承受。……」關於被繼承人財產上之權利由自命為繼承人之人承受部分，均與憲法第 15 條保障人民財產權之意旨有違，於此範圍內，應自本解釋公布之日起，不再援用。本院院字及院解字解釋，係本院依當時法令，以最高司法機關地位，就相關法令之統一解釋，所發布之命令，並非由大法官依憲法所作成。於現行憲政體制下，法官於審判案件時，固可予以引用，但仍得依據法律，表示適當之不同見解，並不受其拘束。本院釋字第 108 號及第 174 號解釋，於此範圍內，應予變更。

※ 民法第 1146 條：「繼承權被侵害者，被害人或其法定代理人得請求回復之。前項回復請求權，自知悉被侵害之時起，二年間不行使而消滅；自繼承開始時起逾十年者亦同。」

※ 不動產經紀人 103 年選擇題第 2 題

(B) 2. 關於形成權，下列敘述何者正確？ (A)所謂形成權係指當事人得依據雙方自由意志，形成法律關係之權利 (B)形成權的行使，原則上不得附條件或期限 (C)形成權的行使期間，法律多設有消滅時效 (D)同意權、抗辯權與解除權均屬形成權。

※ 比較請求權時效完成抵押權之實行

1. 民法第 145 條第 1 項：（附有擔保物權之請求權時效完成之效力）
   以抵押權、質權或留置權擔保之請求權，雖經時效消滅，債權人仍得就其抵押物、質物或留置物取償。

2. 民法第 880 條：（時效完成後抵押權之實行）
   以抵押權擔保之債權，其請求權已因時效而消滅，如抵押權人，於消滅時效完成後，5 年間不實行其抵押權者，其抵押權消滅。

3. 民法第 881 條之 15：（最高限額抵押權擔保債權之請求權消滅後之效力）
   最高限額抵押權所擔保之債權，其請求權已因時效而消滅，如抵押權人於消滅時效完成後，5 年間不實行其抵押權者，該債權不再屬於最高限額抵押權擔保之範圍。

※ 不動產經紀人 97 年第 2 次申論題第 1 題

一、以一定事實狀態繼續存在於一定期間，而發生特定之法律效果之制度，稱為時效制度。基於此，請問：

(一) 民法之時效制度有那兩種？請申述之。

(二) 甲向乙借款 500 萬元，約定於民國 82 年 10 月 30 日清償，並以甲所有之土地為乙設定抵押權。甲一直未予清償，乙於 97 年 12 月 1 日猛然憶起，遂發存證信函向甲請求清償債務，甲依據民法規定是否得主張時效抗辯？又乙應於何時實行抵押權，以免抵押權消滅？

解析

(一) 民法之時效制度有兩種：

1. 取得時效：指占有他人之物，繼續達一定期間而取得其所有權或其他財產權之制度。

2. 消滅時效：請求權因一定期間不行使而罹於消滅之制度。

(二) 甲依據民法第 125 條主張時效抗辯

1. 民法第 125 條：「請求權，因 15 年間不行使而消滅。但法律所定期間較短者，依其規定。」

2. 甲向乙借款 500 萬元，約定於民國 82 年 10 月 30 日清償，甲一直未予清償，乙於 97 年 12 月 1 日憶起，遂發存證信函向甲請求清償債務，乙請求權期間已經超過 15 年，甲依據民法第 144 條：「時效完成後，債務人得拒絕給付。」取得消滅時效抗辯權，得拒絕給付借款。

(三) 乙依據民法第 145 條第 1 項及第 880 條主張實行抵押權

1. 民法第 145 條第 1 項：以抵押權、質權或留置權擔保之請求權，雖經時效消滅，債權人仍得就其抵押物、質物或留置物取償。

2. 民法第 880 條：以抵押權擔保之債權，其請求權已因時效而消滅，如抵押權人，於消滅時效完成後，5 年間不實行其抵押權者，其抵押權消滅。

3. 乙的請求權雖然已經因時效消滅，但其債權仍然存在，其消滅時效完成後，仍有 5 年時間得行使其抵押權。

4. 乙實行抵押權之期限自 82 年 10 月 30 日起算 20 年期限，依民法第 121 條第 2 項本文規定：「期間不以星期、月或年之始日起算者，以最後之星期、月或年與起算日相當日之前一日，為期間之末日。」故乙實行抵押權之期限至 102 年 10 月 29 日。

※不動產經紀人 107 年申論題第 2 題

二、消滅時效與除斥期間之區別何在？設甲有一筆登記在其名下之 A 地及一棟未辦理保存登記之 B 屋，於民國 92 年 5 月 1 日被乙擅自占用，甲直到 107 年 10 月 25 日始向乙請求返還，乙抗辯甲之請求權已罹於時效而消滅，其抗辯是否有理由？

解析

(一) 消滅時效與除斥期間之區別（口訣：法、客、起、中、效、拋）

	消滅時效	除斥期間
立法目的不同	在於維持「新建立之秩序」。例如甲出賣某地與乙，乙達十五年以上未行使權利，其請求權罹於消滅時效時，甲得主張抗辯權拒絕給付，以繼續維持乙未行使其權利而形成之新秩序。	在於維持「繼續存在之原秩序」。例如甲因錯誤而與乙訂立買賣契約，嗣其撤銷權自意思表示後經過一年而消滅時，甲與乙原有之買賣關係即繼續存在。
適用之權利客體不同	消滅時效之客體為請求權，但並非所有的請求權均受消滅時效之規範。	除斥期間之客體為形成權，但並非所有的形成權民法皆設有除斥期間之規定。若干形成權，民法規定相對人有催告權，有的則根本無行使期間之限制。
期間行使之起算點不同	消滅時效，自請求權可行使時起算，以不行為為目的之請求權，自為行為時起算（第128條）。	除斥期間除法律別有規定外，自權利成立時起算。
期間得否中斷不同	消滅時效期間內，由於障礙事由之發生，有中斷或不完成之問題。	除斥期間係權利所預定之存續期間，為不變期間，不發生中斷或不完成之問題。
效力不同	消滅時效完成後請求權不消滅變成自然債權，故非經當事人援用，法院不得依職權作為裁判之依據。	除斥期間經過後，權利當然消滅，當事人縱不加以援用，法院亦應依職權調查並作為裁判之資料。
利益得否拋棄不同	消滅時效完成後當事人得拋棄時效之利益，使時效完成之效力歸於無效。	除斥期間經過後，權利當然消滅，無利益拋棄之問題。

(二) 甲得依據民法第 767 條物上請求權規定對乙主張返還 A 地，但不得請求乙返還 B 屋：

　　1. 甲有一筆登記在其名下之 A 地及一棟未辦理保存登記之 B 屋，於民國 92 年 5 月 1 日被乙擅自占用，甲於 107 年 10 月 25 日始向乙請求返還，乙則抗辯甲之請求權已罹於時效而消滅。

　　2. 民法第 125 條規定，請求權因 15 年不行使而消滅。但大法官釋字第 107 號解釋「已登記不動產所有人回復請求權，無民法第 125 條消滅時效規定之適用，應予補充解釋。」已登記不動產之回復請求權，無第 125 條消滅時效規定之適用。乙占有 A 地，亦屬無權占有，惟 A 地已登記甲為所有，依釋字第 107 號解釋，就乙無權占有 A 地之部分，甲之所有物返還請求權不適用消滅時效之規定，故乙不得拒絕返還 A 地。故甲得依據民法第 767 條物上請求權規定對乙主張返還 A 地。

　　3. 乙雖無權占有 B 屋，但未登記之不動產，仍適用消滅時效之規定，由於甲請求乙返還 B 屋時，已逾 15 年之消滅時效，故乙得依民法第 144 條第 1 項規定：「時效完成後，債務人得拒絕給付。」，乙可拒絕返還 B 屋。

　　4. 最高法院 83 年度第 7 次民事庭會議謂，無權占有基地上之建物，自亦無權占有建物之基地。基地所有人對該建物之回復請求權縱罹於時效而消滅，然占有人亦僅取得拒絕交還建物之抗辯權，非謂其對基地之無權占有，即變為合法占有。其占有建物之時效利益，不能擴及於基地之占有，進而拒絕交還基地。準此見解，乙雖得拒絕返還 B 屋，但不得拒絕返還 A 地。甲亦得主張乙占有 B 屋妨害其對 A 地之所有權，依民法第 767 條第 1 項中段妨害除去請求權之規定，請求乙拆除 B 屋並返還 A 地。

※ 『權利』因作用之不同，可以分為支配權、請求權、形成權與抗辯權等四大類。

※ 權利之作用：(口訣：求、配、成、辯)

一、請 求 權：

(一) 意義：得要求當事人為特定行為（作為及不作為）的權利。

(二) 種類：

　　1. 財產上的請求權：

　　　(1) 債權請求權：侵權行為損害賠償、不當得利請求權。

　　　(2) 物上請求權：所有人物上請求權、占有人物上請求權。

　　2. 身分上的請求權：同居義務請求權、扶養義務請求權、繼承回復請求權。

二、支配權：

(一) 意義：得直接支配權利客體之權利。(人格權、身分權、物權、準物權、無體財產權)

(二) 種類：

1. 積極作用：對標的物之占有、使用、管理、處分等行為。

2. 消極作用：禁止他人干涉或妨害。

三、形成權：

(一) 意義：因權利人單方之意思表示，即可使法律關係直接發生、變更或消滅的權利。

(二) 種類：

1. 直接使法律關係發生：如承認權。

2. 直接使法律關係變更：如選擇權。

3. 直接使法律關係消滅：如撤銷權。

四、抗辯權：

(一) 意義：對抗權利人行使權利之權利。

(二) 種類：

1. 永久抗辯權：得永久阻止或拒絕履行之對抗權。

   (1) 消滅時效抗辯權。(民法第 144 條：「時效完成後，債務人得拒絕給付。請求權已經時效消滅，債務人仍為履行之給付者，不得以不知時效為理由，請求返還；其以契約承認該債務或提出擔保者亦同。」)

   (2) 侵權行為取得債權之拒絕履行權。(民法第 198 條：「因侵權行為對於被害人取得債權者，被害人對該債權之廢止請求權，雖因時效而消滅，仍得拒絕履行。」)

2. 一時抗辯權：只能短暫拒絕履行或阻止之對抗權。

   (1) 同時履行抗辯權：民法第 264 條第 1 項：「因契約互負債務者，於他方當事人未為對待給付前，得拒絕自己之給付。但自己有先為給付之義務者，不在此限。」

   (2) 不安抗辯權：民法第 265 條：「當事人之一方，應向他方先為給付者，如他方之財產，於訂約後顯形減少，有難為對待給付之虞時，如他方未為對待給付或提出擔保前，得拒絕自己之給付。」

   (3) 窮困抗辯權：民法第 418 條：「贈與人於贈與約定後，其經濟狀況顯有變更，如因贈與致其生計有重大之影響，或妨礙其扶養義務之履行者，得拒絕贈與之履行。」

   (4) 保證人之拒絕清償權：民法第 744 條：「主債務人就其債之發生原因之法律行為有撤銷權者，保證人對於債權人，得拒絕清償。」

(5) 保證人之先訴抗辯權：民法第 745 條：「保證人於債權人未就主債務人之財產強制執行而無效果前，對於債權人得拒絕清償。」

※ 99 年 5 月 26 日修正公布民法第 746 條：「有下列各款情形之一者，保證人不得主張前條之權利：一、保證人拋棄前條之權利。二、主債務人受破產宣告。三、主債務人之財產不足清償其債務。」

※ 形成權係「賦予權利人得依其意思而形成一定法律效果的法律之力，相對人不因此負有相對應之義務，只是受到拘束，須容忍此項形成及其法律效果」，依此定義，我國現行法上的形成權，舉其犖犖大者，例如因法定代理人或本人為承認之意思表示，使效力未定之法律行為積極地發生效力（民法第 79 條與第 170 條）；次如因行使選擇權，讓選擇之債直接變更為單純之債（民法第 208 條）；復如因行使解除權、撤銷權、終止權或抵銷權，使相關之法律關係產生消滅之效力等。這當中又以撤銷權與解除權之行使，在實務上最屬常見，堪稱為典型的形成權。

※ 不動產經紀人 99 年選擇題第 9 題

(C) 9. 下列何種情形，係行使形成權之行為？ (A)贈與人交付贈與物 (B)共有人出賣應有部分 (C)受僱人依法提出辭呈 (D)買賣雙方合意解除契約。

※ 不動產經紀人 99 年選擇題第 3 題

(D) 3. 甲向乙影視事業公司租借 10 片電影 DVD 片，10 天共計租金為 1,000 元，則乙對甲之請求權消滅時效期間為何？ (A)15 年 (B)10 年 (C)5 年 (D)2 年。

※ 民法第 125 條：「請求權，因 15 年間不行使而消滅。但法律所定期間較短者，依其規定。」

※ 配合民法第 144 條（時效完成之效力－發生抗辯權）：「時效完成後，債務人得拒絕給付。請求權已經時效消滅，債務人仍為履行之給付者，不得以不知時效為理由，請求返還；其以契約承認該債務或提出擔保者亦同。」

※ 民法第 126 條：「利息、紅利、租金、贍養費、退職金及其他 1 年或不及 1 年之定期給付債權，其各期給付請求權，因 5 年間不行使而消滅。」（**口訣：利、紅、租、養、退、債**）

※ 不動產經紀人 106 年選擇題第 7 題

(D) 7. 關於消滅時效，下列敘述何者正確？ (A)消滅時效之規定，已登記不動產之回復請求權，亦有適用 (B)一般消滅時效期間，乃 20 年 (C)請求權因其消滅時效完成而消滅 (D)以租賃動產為營業者之租價請求權，其消滅時效時間為 2 年。

※ 民法第 127 條：「下列各款請求權，因 2 年間不行使而消滅：
一、 旅店、飲食店及娛樂場之住宿費、飲食費、座費、消費物之代價及其墊款。

二、 運送費及運送人所墊之款。

三、 以租賃動產為營業者之租價。

四、 醫生、藥師、看護生之診費、藥費，報酬及其墊款。

五、 律師、會計師、公證人之報酬及其墊款。

六、 律師、會計師、公證人所收當事人物件之交還。

七、 技師、承攬人之報酬及其墊款。

八、 商人、製造人、手工業人所供給之商品及產物之代價。」

※ 民法第 128 條：「消滅時效，自請求權可行使時起算。以不行為為目的之請求權，自為行為時起算。」

(三) 民法時效制度： 計有條文 23 條，各條基於公益上的理由，均係強行規定，故不得由當事人以法律行為延長或縮短之，且不得預先拋棄（民法第 147 條）。

(四) 時效中斷

1. 意義：係指在消滅時效期間進行中，由於有與時效進行相反的事實發生，致已進行期間歸於無效，並自中斷事由終止時重行起算之制度。

2. 事由（民法第 129 條）：(1)請求。(2)承認。(3)起訴。(4)下列事項，與起訴有同一效力：
①依督促程序，聲請發支付命令。②聲請調解或提付仲裁。③申報和解債權或破產債權。④告知訴訟。⑤開始執行行為或聲請強制執行。（口訣：支、調、和、告、行）（注意民法第 131 條規定因訴之撤回或駁回而視為不中斷）

📖 十一、代理

(一) 代理之意義： 代理者，乃代理人於代理權限內，以本人名義所為或所受之意思表示，直接對本人發生效力之行為（民法第 103 條）。

※ 不動產經紀人 99 年選擇題第 4 題

(C) 4. 以下關於代理制度之敘述，何者正確？ (A)無權代理人所為之法律行為屬無效之法律行為 (B)甲為乙之代理人，乙在學校被其他同學霸凌，甲憤而到學校為

乙出氣毆打霸凌之同學，則應由乙負賠償責任　(C)代理人於代理權限內以本人名義所為之法律行為對本人有效　(D)代理人在代理期間，因為無從辨識之故，只能為本人服務，禁止從事自己的法律行為。

(二) 代理之要件（口訣：名、代、法、效）

1. 須以本人名義：代理須以本人名義為之，即表示依其行為取得權利負擔義務者為本人。學者稱之為顯名主義。若代理人以自己名義為之，即所謂隱名代理者，除非相對人明知，否則為僅於代理人與第 3 人生效，對本人不生效力。

2. 須本於代理權：否則即屬無權代理或越權代理。對於本人不生效力，但得經本人事後之承認，對本人發生效力（民法第 170 條）。

3. 須關於法律行為：故事實行為（如拾得遺失物）、侵權行為及身分行為均不得代理。（※不動產經紀人 95 年選擇題第 32 題。）

4. 須直接對本人發生效力：代理之作用，乃使其效果直接對本人發生，所以代理人不須具有完全行為能力，限制行為能力人亦得為代理人（民法第 105 條）。

※ 不動產經紀人 111 年選擇題第 8 題

(A) 8. 有關現行民法代理制度之介紹，下列何者錯誤？　(A)未經本人事前同意之自己代理，對於本人而言，係無效之代理行為　(B)民法第 169 條表見代理效力之發生，須無本人之授予代理權為其要件　(C)間接代理人之代理行為不會對本人直接發生效力　(D)代理人為代理行為時，被相對人詐欺，本人得自行撤銷該代理行為。

※ 不動產經紀人 108 年選擇題第 14 題

(A) 14. 甲授與甫滿十八歲之乙代理權，由乙處理出售甲所有之 A 機車的事宜。乙乃以甲之代理人的名義，以一萬元價金與丙訂立買賣 A 機車的契約。乙與丙所締結之買賣契約的效力如何？　(A)對甲發生效力　(B)甲未承認前，效力未定　(C)乙之法定代理人未承認前，效力未定　(D)乙之法定代理人得撤銷之。

※ 地政士 107 年申論題第 4 題

四、乙未經甲授與代理權，於 107 年 4 月 10 日，以甲代理人身分與丙訂立價值 1 千萬元甲所有之 A 屋之買賣契約。丙於 107 年 5 月 10 日方知乙無代理權限。試述若甲拒絕承認乙代理訂立之買賣契約，丙可否要求甲給付價金？如乙僅 18 歲，情況有無不同？又如乙以詐術使丙信其為成年人時，法律關係是否不同？

解析

(一) 若甲拒絕承認乙代理訂立之買賣契約，丙不得請求甲給付價金

1. 乙未經甲授與代理權，於 107 年 4 月 10 日以甲之名義代理甲將其所有之 A 屋出賣於丙。乙為無權代理人，依據民法第 170 條第 1 項規定：「無代理權人以代理人之名義所為之法律行為，非經本人承認，對於本人不生效力。」依據民法第 170 條反面解釋，若甲拒絕承認乙代理訂立之買賣契約，則該買賣契約自始對甲不生效力，故丙不得請求甲給付價金。

2. 丙於 107 年 5 月 10 日方知乙無代理權限，丙可依據民法第 170 條第 2 項規定：「前項情形，法律行為之相對人，得定相當期限，催告本人確答是否承認，如本人逾期未為確答者，視為拒絕承認。」當丙催告本人甲確答拒絕承認時，對於本人甲不生效力，故丙不可要求甲給付價金。

(二) 如乙僅 18 歲，情況並無不同

1. 若乙僅 18 歲，依據民法第第 13 條第 2 項規定：「滿七歲以上之未成年人，有限制行為能力。」乙為限制行為能力人。

2. 依據民法第 77 條本文規定：「限制行為能力人為意思表示及受意思表示，應得法定代理人之允許。」及民法第 104 條規定：「代理人所為或所受意思表示之效力，不因其為限制行為能力人而受影響。」因代理行為之效力係直接歸屬於本人，代理人並不因此享有或負擔其所為代理行為之權利或義務，對於限制行為能力人而言並無損益，學說上稱為中性行為。乙僅為 18 歲之限制行為能力人，其所為代理行為之意思表示，亦無須得法定代理人之允許。

3. 乙未經甲授與代理權，故乙所為之代理行為應屬無權代理，非經甲之承認，對於甲不生效力，如乙僅 18 歲與乙為完全行為能力人並無不同，故丙仍不得請求甲給付價金。

(三) 如乙以詐術使丙信其為成年人時，其法律關係仍然相同

1. 乙以詐術使丙信其為成年人時，依據民法第 83 條規定：「限制行為能力人用詐術使人信其為有行為能力人或已得法定代理人之允許者，其法律行為為有效。」足見乙已具有相當之意思能力，無再加以保護之必要，故法律規定其行為為有效，除保障交易安全外，尚有懲罰限制行為能力人之意義。

2. 乙僅 18 歲卻以詐術使丙信其為成年人，而乙僅為 A 屋之買賣契約之無權代理人，乙所為無權代理行為之效力，不適用民法第 83 條規定。其無權代理行為之法律效力仍屬未定，依據民法第 170 條第 1 項規定：「無代理權人以代理人之名義所為之法律行為，非經本人承認，對本人不生效力。」非經甲之承認，對於甲不生效力。

3. 丙依據民法第 110 條規定:「無代理權人,以他人之代理人名義所為之法律行為,對於善意之相對人,負損害賠償之責。」可對乙主張損害賠償,因為乙僅18 歲,丙可依據民法第 187 條規定:「無行為能力人或限制行為能力人,不法侵害他人權利者,以行為時有識別能力為限,與其法定代理人連帶負損害賠償責任。行為時無識別能力者,由法定代理人負損害賠償責任。前項情形,法定代理人如其監督並未疏懈,或縱加以相當之監督,而仍不免發生損害者,不負賠償責任。如不能依前二項規定受損害賠償時,法院因被害人之聲請,得斟酌行為人及其法定代理人與被害人之經濟狀況,令行為人或其法定代理人為全部或一部之損害賠償。」主張對乙與其法定代理人連帶負損害賠償責任。

※ 不動產經紀人 104 年選擇題第 5 題

(C) 5. 甲授權乙為代理人,由乙代為與丙協議及締結房屋買賣事宜。下列敘述,何者正確? (A)乙明知該房屋有瑕疵仍與丙締約時,甲得對丙主張瑕疵擔保責任 (B)乙受甲之授權後,得再另受丙之授權,同時代理甲、丙締結賣契約 (C)乙死亡時,代理權消滅,不能為繼承之標的 (D)乙不得為限制行為能力人。

※ 89 年台上字第 222 號:代理權僅使代理人所為代理行為之法律上效果直接歸屬於本人之法律上地位或資格而已,故代理權本質並非權利,自不得為繼承之標的,而代理權因本人或代理人一方之死亡而歸於消滅。

※ 民法第 103 條:代理人於代理權限內,以本人名義所為之意思表示,直接對本人發生效力。

　前項規定,於應向本人為意思表示,而向其代理人為之者,準用之。

※ 民法第 108 條:代理權之消滅,依其所由授與之法律關係定之。代理權,得於其所由授與之法律關係存續中撤回之。但依該法律關係之性質不得撤回者,不在此限。

※ 民法第 550 條:委任關係,因當事人一方死亡、破產或喪失行為能力而消滅。但契約另有訂定,或因委任事務之性質不能消滅者,不在此限。

※ 不動產經紀人 102 年選擇題第 22 題

(B) 22. 甲未將代理權授與給乙,乙卻以甲之代理人名義與善意之丙訂立買賣契約,甲不承認乙之無權代理行為。下列敘述何者正確? (A)乙與丙簽訂之買賣契約,效力雖不及於甲,但在乙丙之間有效 (B)乙與丙簽訂之買賣契約,對甲丙、乙丙均無效,丙得請求乙損害賠償 (C)乙與丙簽訂之買賣契約,對甲丙、乙丙均無效,丙得請求甲損害賠償 (D)乙與丙簽訂之買賣契約,對甲丙、乙丙均有效,但丙得撤銷買賣契約。

※ 民法第 170 條第 1 項:無代理權人以代理人之名義所為之法律行為,非經本人承認,對於本人不生效力。無權代理人所做出的代理行為,原則上處於一種效力未定的情形,亦即,非經本人同意,對本人不生效力。

※ 不動產經紀人 101 年選擇題第 31 題

(B) 31. 甲為乙之代理人，下列敘述何者最正確？　(A)若甲為意定代理人，其被相對人丙詐欺所為之代理行為，應由甲自行撤銷　(B)甲逾越代理權限所為之代理行為，得因乙之承認而確定生效　(C)若甲僅 16 歲，甲所為之代理行為無效　(D)若甲為乙之法定代理人，得因乙之同意，為雙方代理行為。

※ 不動產經紀人 100 年選擇題第 19 題

(B) 19. 甲僱傭 17 歲未婚之乙為店員，並授與代理權以甲之名義販售物品，若乙之法定代理人均不同意。則：　(A)僱傭契約無效，代理權授與有效　(B)僱傭契約無效，代理權授與亦無效　(C)僱傭契約有效，代理權授與無效　(D)僱傭契約有效，代理權授與亦有效。

※ 若未得到法定代理人允許，則所為之單獨行為（代理權授與），無效（民法第 78 條）

(三)代理之種類

1. 有權代理：
   (1) 法定代理、意定代理。
   (2) 直接代理、間接代理。
   (3) 一般代理、特別代理。
   (4) 單獨代理、共同代理。
   (5) 積極代理、消極代理。
   (6) 雙方代理、復代理。

2. 無權代理：
   (1) 狹義無權代理。
   (2) 表見代理。

各種代理說明如下：

1. 有權代理
   (1) 法定代理與意定代理：前者代理權係依法律規定而發生，如父母與未成年子女間（民法第 1086 條）。後者代理權係依本人之授權行為而發生，如經理權之授與（民法第 553 條）。

※ 不動產經紀人 99 年選擇題第 7 題

(D) 7. 意定代理權之授與,其法律性質為何? (A)雙方行為 (B)共同行為 (C)無相
對人之單獨行為 (D)有相對人之單獨行為。

(2) 直接代理與間接代理:前者乃代理人在代理權限內,以本人名義所
為之意思表示或所受之意思表示,直接對本人發生效力之代理。後
者乃以自己之名義為他人為法律行為,而以效果移轉於他人,如行
紀(民法第 576 條)。

(3) 一般代理與特別代理:前者其代理權之範圍,無特別限制。後者代
理權之範圍,受有特別限制。

(4) 單獨代理與共同代理:前者數代理人各得單獨行使代理權而不必共
同之。後者即其代理行為應共同為之。

(5) 積極代理與消極代理:前者代理以代理人係代為意思表示。後者代
理以代理人係代受意思表示。

(6) 雙方代理與複代理:前者為本人與自己之法律行為或既為第三人之
代理人,而為本人與第三人之法律行為。後者代理人為處理其權限
內事務之全部或一部,而另選他人代理之代理。

※ 民法第 106 條:代理人非經本人之許諾,不得為本人與自己之法律行為,亦不得既
為第三人之代理人,而為本人與第三人之法律行為。但其法律行為,係專履行債務
者,不在此限。

※ 不動產經紀人 103 年選擇題第 14 題

(A) 14. 關於代理,下列敘述何者正確? (A)代理人非經本人之許諾,不得既為第三人
之代理人,而為本人與第三人之法律行為。但其法律行為,係專履行債務者,
不在此限 (B)代理權之限制及撤回,不得以之對抗善意第三人。至於該第三人
有無過失而不知其事實者,則非所問 (C)代理人於代理權限內,以代理人名義
所為之意思表示,直接對本人發生效力 (D)代理人所為或所受意思表示之效
力,不因其為無行為能力人而受影響。

※ 不動產經紀人 99 年選擇題第 12 題

(B) 12. 甲為房屋仲介公司之員工,經甲之斡旋乙同意將其所有房屋出售於丙,乙丙雙
方皆委任甲處理登記及付款事宜並授與代理權,事成之後乙丙應支付甲相當之
報酬。以下敘述何者錯誤? (A)此時雖屬所謂雙方代理,但因已經本人許諾,
故可有效 (B)甲有要事需出國,乃將辦理登記事宜委託同事丁代為處理,因丁

之疏失致丙受損害，由於甲並無過失可以無庸負責　(C)由於委任之事項中包含不動產登記事宜，就此部分包含代理權之授與應做成書面契約　(D)甲處理相關事務時，應以善良管理人之注意程度，謹慎為之。

※ 民法第 537 條：受任人應自己處理委任事務。但經委任人之同意或另有習慣或有不得已之事由者，得使第三人代為處理。民法第 538 條：受任人違反前條之規定，使第三人代為處理委任事務者，就該第三人之行為，與就自己之行為，負同一責任。

※ 不動產經紀人 98 年選擇題第 3 題

(C) 3. 下列對於代理的論述，何者錯誤？　(A)以本人名義所為的法律行為，直接對本人發生法律效力　(B)法定代理人有受領清償的權限　(C)所謂的復代理，係指代理人以其名義將代理權再授與他人，為我國法律所允許並無例外　(D)有代理權的甲，以自己名義幫委任人乙購買一部腳踏車，雖然甲有代理權，但該購買行為仍不屬代理行為，對於乙不生效力。（民§103、§1092）

※ 轉委託是指代理人為了被代理人的利益需要，將其享有的全部或一部分轉委託給他人行使的行為。其中，接受轉委託的人叫做復代理人或再代理人。相應地，代理人選任復代理人，並向其轉授代理權的權利稱為復任權。從各方當事人之間權利義務關係的總體講，稱做復代理關係。

　　所謂的復代理即代理人以其名義授予第三人代理本人的權限，此時該第三人即為復代理人。民法上，原則上不允許復代理。本人之代理人以自己名義選任復代理人，使復代理人以本人名義為代理行為，然復代理人須具備代理及復代理權，且須以本人名義為之，除本人同意或特別約定外，不得為復代理。

　　民§1092：「父母對其未成年之子女，得因特定事項，於一定期限內，以書面委託他人行使監護之職務。」

※不動產經紀人 108 年選擇題第 6 題

(B) 6. 依我國民法之規定，下列關於監護之敘述，何者正確？　(A)已結婚的未成年人而無父母，或父母均不能行使、負擔對於其未成年子女之權利、義務時，應置監護人　(B)父母對其未成年之子女，得因特定事項，於一定期限內，以書面委託他人行使監護之職務　(C)為保護未成年子女之權益，監護人不得辭任其職務　(D)監護人得受讓受監護人之財產。

2. 無權代理

 (1) 表見代理：無代理權人，而有相當理由，足令人信其有代理權時，法律遂使本人負責授權責任之代理。

※ 不動產經紀人 97 年第 1 次選擇題第 25 題

(D) 25. 甲夫將其蓋有本人私章及其所有房屋之出售空白合約，交由其妻乙向丙簽訂買賣房屋契約及收取定金，則：　(A)甲可以主張乙無權代理而對抗丙　(B)甲可以主張乙為越權代理而對抗丙　(C)甲可以主張乙為無權處分而對抗丙　(D)乙為表見授權因此甲無法對抗丙。

※ 不動產經紀人 96 年第 2 次選擇題第 31 題

(A) 31. 下列何者非代理權之限制？　(A)表見代理　(B)雙方代理　(C)自己代理　(D)共同代理。

   (2) 狹義的無權代理：指表見代理以外之無權代理。包括①根本無權代理；②授權行為無效；③逾越代理權之範圍者；④代理權消滅者。

※ 不動產經紀人 97 年第 1 次選擇題第 28 題

(B) 28. 乙借用甲之手錶，而以自己的名義將手錶出賣並交付給丙，乙的行為稱為：　(A)無權代理　(B)無權處分　(C)無權管理　(D)無權占有。

3. 無權代理之法律效果：關於無權代理所會產生的法律效果，主要有被本人的「承認權」、相對人的「催告權」以及相對人的「撤回權」，民法分別於第 170 條及 171 條做出規定[2]：

   (1) 本人的承認權：無權代理人所做出的代理行為，原則上處於一種效力未定的情形，亦即，非經本人同意，對本人不生效力。（民法第 170 條第 1 項）這意味著本人對於該無權代理行為具有「承認權」，也就是本人可以決定是否使該無權代理行為對其發生效力。而這種承認屬於一種「形成權」，就其性質而言，為一種「單獨行為」。承認所會發生的效果，將使該無權代理行為溯及於代理人行為時即對本人發生效力。

   (2) 相對人的催告權：由於無權代理行為再經本人決定是否承認以前，處於一種效力未定的狀態，而這將使法律關係處於一種不確定的狀態，對於相對人而言實屬不利，為了使法律關係能盡早明確，故法律在此賦予相對人有「催告」的權利，使其得向本人為催告，而若本人於其

2　http://zh.wikipedia.org/wiki/%E7%84%A1%E6%AC%8A%E4%BB%A3%E7%90%86

所定的時間內未對之確答承認與否，則視為本人拒絕承認（民法第170條），此時將使該無權代理行為自始對本人不發生效力。

(3) 相對人的撤回權：對於無權代理行為，相對人除了可以行使「催告權」外，在本人未承認以前，尚可行使「撤回權」，撤回該無權代理行為，使其不會因為本人的承認而發生效力。而此種撤回權只要於本人未承認以前皆可行使，縱使其已向本人為「催告」，於本人未確答以前，仍得行使。但若是相對人於做出法律行為時，即明知代理人無代理權時，則此時相對人不能行使撤回權，而僅能向本人行使催告權而已，此乃是因為撤回權是在保護善意的相對人，故相對人為惡意時，不得行使此種權利。

§ 表二：無權代理 VS 無權處分（※不動產經紀人 92 年申論題第 1 題）

	無權代理	無權處分
意義	1. 表見代理：無權代理人具有代理權存在之外觀，令人信其有代理權時，法律規定本人應負授權責任。（表見代理要件：行為人有權利外觀的存在、本人的可歸責性、相對人的正當信賴） 2. 狹義無權代理：未經本人授與代理權而以本人名義所為之代理行為。	無權利人以自己名義，就權利標的物所為之處分行為。（※不動產經紀人 95 年選擇題第 34 題）
要件	1. 須為法律行為。 2. 須以本人名義。 3. 須欠缺代理權。	1. 無處分權人（無權利人）。 2. 以自己名義。 3. 處分行為。
效力	1. 本人與相對人間：效力未定。（※不動產經紀人 96 年第 2 次選擇題第 1 題） 　(1)本人之承認權： 　　① 生效：本人承認。 　　② 無效：本人拒絕承認、視為拒絕承認、相對人撤回權。 　(2)善意相對人催告權及撤回權。	1. 有權利人承認：經承認始生效力。（※不動產經紀人 90 年第 2 次選擇題第 27 題） 2. 無權利人事後取得權利：自始有效。 3. 無權處分人繼承被繼承人。 4. 物權法上之效果：善意受讓制度。 5. 無權處分與侵權行為之競合：侵權行為優先。

§ 表二：無權代理 VS 無權處分（續）

	無權代理	無權處分
效力（續）	2. 無權代理人損害賠償責任。 3. 代理人與本人間之法律關係：倘本人與無權代理人有委任、無因管理或類此關係時，依各該規定決定本人與無權代理人之權義關係。	
名義	以本人名義為法律行為。	以自己名義為法律行為。
效力範圍	包括負擔行為（如買賣契約）與處分行為。	僅及於處分行為。
效力未定	若代理人同時為債權行為與物權行為，兩者皆效力未定。	債權行為有效，物權行為效力未定。（※不動產經紀人 99 年選擇題第 20 題）
生效	經本人承認後，始生效力。	經有權利人承認後，始生效力。
效力歸屬	須經本人承認後，效力歸屬於本人。	經有權利人承認後，效力直接歸屬於無處分權人。
其他（善意第三人）	無代理權人對於善意第三人應負損害賠償責任。 無權代理保護善意第三人之制度乃「表見代理」（不能主張「善意取得」），若代理人具有代理權存在之權限外觀，則善意第三人因信賴其有代理權而與之為代理行為，該善意第三人得依民法第 107 條或第 169 條規定而受保護，即要求本人應負授權人之責任，係代理行為有效。 1. 民法第 107 條（代理權之限制及撤回）：代理權之限制及撤回，不得以之對抗善意第三人。但第三人因過失而不知其事實者，不在此限。	對於善意第三人有善意取得制度。 無權處分保護善意第三人之制度乃「善意取得」，若無權處分行為之客體為： 1. 動產： 善意信賴無權處分人之占有外觀之第三人，得依民法第 801 條及第 948 條規定主張善意取得。例如乙未得甲之同意，無權處分甲所有之 A 物予丙，丙依民法第 801 條及第 948 條規定取得所有權，甲對乙主張： (1) 不當得利所得相當物之價值依民法第 179 條不當得利。

§表二：無權代理 VS 無權處分（續）

	無權代理	無權處分
其他 （善意第 三人） （續）	2. 民法第 169 條（表見代理）：由自己之行為表示以代理權授與他人，或知他人表示為其代理人而不為反對之表示者，對於第三人應負授權人之責任。但第三人明知其無代理權或可得而知者，不在此限。	(2) 不當得利所得超過物之價值依民法第 181 條：不當得利之受領人，除返還其所受之利益外，如本於該利益更有所取得者，並應返還。但依其利益之性質或其他情形不能返還者，應償還其價額。 (3) 不當得利所得低於物之價值依民法第 184 條侵權行為損害賠償請求權。 2. 不動產： 善意信賴無權處分人之登記外觀之第三人，得依民法第 759 條之 1 或土地法第 43 條規定主張善意取得。
		例如乙未得甲之同意，無權處分甲所有之 A 物予丙，如下情形： 1. 有償出售予丙並移轉所有權： (1) 丙為善意：丙得依民法第 801 條及第 948 條規定主張善意取得。 (2) 丙為惡意： 　a. 甲向丙主張：甲依據第 118 條規定不承認乙所為無權處分行為之效力，丙不得取得所有權，甲仍是所有權人，甲得依民法第 767 條物上請求權向丙請求返還。 　b. 丙向乙主張：依買賣契約主張權利瑕疵擔保之債務不履行之損害賠償請求權： 　(a) 民法第 349 條權利瑕疵擔保規定：「出賣人應擔保第三人就買賣之標的物，對於買受人不得主張任何權利。」

> 表二：無權代理 VS 無權處分（續）

	無權代理	無權處分
其他 （善意第三人） （續）		(b)民法第 353 條權利瑕疵擔保不履行之處置規定：「出賣人不履行第三百四十八條至第三百五十一條所定之義務者，買受人得依關於債務不履行之規定，行使其權利。」 (c)民法第 226 條第 1 項給付不能之效力－損害賠償規定：「因可歸責於債務人之事由，致給付不能者，債權人得請求賠償損害。」 2. 無償贈與丙並移轉所有權： 　(1)丙為善意：乙丙贈與契約有效，丙得依民法第 801 條及第 948 條規定主張善意取得。 　(2)丙為惡意： 　　a. 甲向丙主張：甲依據第 118 條規定不承認乙所為無權處分行為之效力，丙不得取得所有權，甲仍是所有權人，甲得依民法第 767 條物上請求權規定向丙請求返還。 　　b. 丙原則上無法向乙主張權利瑕疵擔保請求權：民法第 411 條瑕疵擔保責任規定：「贈與之物或權利如有瑕疵，贈與人不負擔保責任。但贈與人故意不告知其瑕疵或保證其無瑕疵者，對於受贈人因瑕疵所生之損害，負賠償之義務。」

資料來源：參考 http://blog.xuite.net/hglue/001/24867969（最後瀏覽期：2020 年 7 月 6 日）

※ 不動產經紀人 109 年申論題第 1 題

一、甲男、乙女結婚十餘年，未約定夫妻財產制度。婚後甲出資購買 A 屋一棟，登記在乙女名下。嗣後因故，甲、乙雙方乃協議離婚，協議離婚期間甲男未經乙女同意，擅自拿走 A 屋所有權狀與乙的印章，與丙簽訂 A 屋買賣契約，但尚未完成產權移轉登記。試問：(二)甲、丙間 A 屋買賣契約之效力為何？

解析

(二) 甲、丙間 A 屋買賣契約之效力須視甲以什麼名義與丙簽訂 A 屋買賣契約，可區分兩種情形：

1. 甲以乙之名義與丙簽訂 A 屋買賣契約效力未定（無權代理）

　　甲男未經乙女同意，擅自拿走 A 屋所有權狀與乙的印章，與丙簽訂 A 屋買賣契約，甲未經乙本人授與代理權而以乙本人名義所為之法律行為。依據民法第 170 條規定：「無代理權人以代理人之名義所為之法律行為，非經本人承認，對於本人不生效力。前項情形，法律行為之相對人，得定相當期限，催告本人確答是否承認，如本人逾期未為確答者，視為拒絕承認。」甲無權代理人同時為債權行為與物權行為，兩者皆效力未定。經乙本人承認後，始生效力。故本題甲未經乙本人授與代理權、卻以乙本人名義與丙簽約之 A 屋買賣契約之債權行為效力未定。

2. 甲以自己之名義與丙簽訂 A 屋買賣契約有效（無權處分）

　　買賣契約屬於法律行為中之負擔行為，負擔行為不以有處分權為必要，甲無權利人以自己名義，就權利標的物 A 屋所為之無權處分行為，須經有權利人乙承認始生效力。故甲與丙簽訂 A 屋買賣契約之債權行為有效，物權行為效力未定。

※不動產經紀人 108 年申論題第 1 題

一、甲向乙購買 A 農地，為掩人耳目，借用丙的名義，登記在丙的名下，交給丙無償使用，雙方協議丙不得處分。丙將 A 農地出售給不知情的丁，並辦理所有權移轉登記。試問：無權處分的意義及效力如何？丙是否為無權處分？

解析

(一) 無權處分的意義：無權利人以自己名義，就權利標的物所為之處分行為。

(二) 無權處分的效力：民法第 118 條規定：「無權利人就權利標的物所為之處分，經有權利人之承認始生效力。無權利人就權利標的物為處分後，取得其權利者，其處分自始有效。但原權利人或第三人已取得之利益，不因此而受影響。前項情形，若數處分相牴觸時，以其最初之處分為有效。」

1. 效力未定之法律行為：經有權利人之承認始生效力。

2. 無權利人事後取得權利或繼承被繼承人：其處分自始有效。

3. 若數處分相牴觸時：以其最初之處分為有效。

4. 有善意受讓制度。

    (1) 動產：善意信賴無權處分人之占有外觀之第三人，得依民法第 801 條及第 948 條規定主張善意取得。

    (2) 不動產：善意信賴無權處分人之登記外觀之第三人，得依民法第 759 條之 1 或土地法第 43 條規定主張善意取得。

5. 無權處分與侵權行為之競合：侵權行為優先。

6. 債權行為有效，物權行為效力未定。

(三) 本題為借名登記，借名登記契約係由司法實務運作中所產生之法律行為類型，並非立法者之預設概念。在出名人並非不動產物權真正權利人之情形下，如其違反內部與借名人間借名登記契約之約定而擅自處分借名登記之不動產予第三人時：

1. 出名人丙違反借名登記契約訂立債權契約之效力：應屬有效。基於債權之相對性而言，行為人丙不以有處分權為必要，債權契約僅在當事人丙與丁間發生效力，不會產生民法第 118 條無權處分之問題。

2. 出名人丙違反借名登記契約訂立物權契約之效力：

    (1) 實務見解：最高法院 106 年度第 3 次民事庭會議決議。

        ① 甲說（有權處分說）：不動產借名登記契約為借名人與出名人間之債權契約，出名人依其與借名人間借名登記契約之約定，通常固無管理、使用、收益、處分借名財產之權利，然此僅為出名人與借名人間之內部約定，其效力不及於第三人。出名人既登記為該不動產之所有權人，其將該不動產處分移轉登記予第三人，自屬有權處分。

        ② 乙說（原則上有權處分，例外於第三人惡意時無權處分）：借名登記契約乃當事人約定，一方（借名者）經他方（出名者）同意，而就屬於一方現在或將來之財產，以他方之名義，登記為所有人或其他權利人。出名人在名義上為財產之所有人或其他權利人，且法律行為之相對人係依該名義從形式上認定權利之歸屬，故出名人就該登記為自己名義之財產為處分，縱其處分違反借名契約之約定，除相對人係惡意外，尚難認係無權處分，而成立不當得利。

        ③ 丙說（無權處分說）：出名者違反借名登記契約之約定，將登記之財產為物權處分者，對借名者而言，即屬無權處分，除相對人為善意之第三人，

應受善意受讓或信賴登記之保護外，如受讓之相對人係惡意時，自當依民法第一百十八條無權處分之規定而定其效力，以兼顧借名者之利益。

以上三說，應以何說為當？請公決。

決議：採甲說（有權處分說）。

(2) 學說上：

① 無效說：借名登記的出名人無積極管理財產的義務，即屬消極信託與脫法行為，為對社會無益之不法行為，其效力應屬無效。借名登記大多是有目的的脫法行為，應可直接否認其合法性。

② 有效說：不論第三人善意或惡意，均屬有權處分，借名登記契約上，土地登記簿上登記名義人之公示外觀與效力，理應予以較強之貫徹，以免立法者之價值判斷失衡。

③ 折衷說：原則上屬有權處分，例外於第三人惡意時適用無權處分。出名人在名義上，既為登記財產之所有人或其他權利人，且一般人僅得依據該名義，從形式上認定其權利之歸屬，故出名人就該財產為處分者，縱其處分違反借名登記契約之約定，仍應以有權處分看待為原則；但相對人惡意時，則應依無權處分規定處理，以兼顧借名人之利益。

※ 地政士 94 年申論題第 1 題

一、甲之祖父遺贈金錶一只給甲，該金錶由甲之父乙保管。某日乙竟以自己名義，將該金錶出賣給丙，並交付之。試問丙是否取得該金錶之所有權？

解析

參考表二內容。

※ 不動產經紀人 91 年申論題第 2 題

二、甲出國旅遊，將自己所有之名貴首飾託友人乙保管，乙竟然據為己有，出售給不知情的丙。請問：乙、丙之間的買賣契約在法律上是否有效？甲請求丙返還該名貴首飾是否有理由？甲對於乙可以主張何種權利？

解析

參考表二內容。

※ 不動產經紀人 104 年選擇題第 16 題

(C) 16. 甲因長期出國，將其所有名貴青花瓷一只交由乙代為保管。乙向丙偽稱該瓷為己有，欲以該瓷與丙所有之名車互易，雙方達成讓與合意並互相交付完畢。下列敘述，何者錯誤？ (A)該互易契約有效 (B)丙得主張因善意受讓而取得該只青花瓷之所有權 (C)丙移轉名車所有權之行為於甲承認之前為效力未定 (D)甲得向乙請求損害賠償。

※ 不動產經紀人 104 年選擇題第 22 題

(D) 22. 甲有名筆一枝,其子乙將甲之筆賣給知情之丙,乙、丙於民國 104 年 9 月 28 日簽訂買賣契約,惟尚未交付。嗣後,乙又於 104 年 10 月 10 日將甲之筆賣給不知情之丁並交付之。甲於 104 年 11 月 1 日死亡,乙是甲之唯一繼承人。試問何人取得該筆之所有權? (A)甲 (B)乙 (C)丙 (D)丁。

※ 不動產經紀人 99 年選擇題第 20 題

(D) 20. 甲將其所有機車 1 部,寄託於乙處,乙擅自將之以價金新臺幣 3 萬元讓售給知情的丙,並將該車交付給丙。下列有關乙丙間法律關係之敘述,何者正確? (A)債權行為有效,物權行為無效 (B)債權行為無效,物權行為有效 (C)債權行為效力未定,物權行為無效 (D)債權行為有效,物權行為效力未定。

※ 地政士 97 年申論題第 1 題

一、試說明代理權之限制與代理權之逾越兩無權代理之概念及效力上之差別,並以所說判斷下列事實之法律效力。甲為 A 有限公司之經理人,某年甲將 A 公司現有在市區之零散土地以高價賣出,再以所得買入位於郊區,但面積較所賣土地大三倍之建地,但 A 公司股東會以甲所為土地買賣行為為無權代理行為,主張對 A 公司並不生效力。

解析

(一) 代理權之限制與代理權之逾越

　　1. 代理權之限制:本人將代理權授與代理人之後再加以限制。通說將其擴張解釋為指一般應有或已有之代理權限,依法律規定或本人之意思表示,特加限制而言。

　　2. 代理權之逾越:本人曾經授與有限制之代理權,但代理人卻越權代理,實屬代理權之逾越。

　　3. 兩者概念及效力之差別:

　　　(1) 性質不同:前者是表見代理之類型,後者是狹義之無權代理權。

　　　(2) 效果不同:前者是民法第 107 條代理權之限制及撤回,不得以之對抗善意第三人。但第三人因過失而不知其事實者,不在此限。後者是民法第 170 條第 1 項無代理權人以代理人之名義所為之法律行為,非經本人承認,對於本人不生效力。乃屬效力未定之行為,本人承認為有效,本人不承認時,依據民法第 110 條無代理權人,以他人之代理人名義所為之法律行為,對於善意之相對人,負損害賠償之責。

(二) 甲之行為是否對 A 公司發生效力，應區分 A 公司對經理人之權限有無限制：

    1. A 公司對經理人之買賣不動產行為未加以限制者，甲有權代理土地買賣行為對 A 公司發生效力。

    2. A 公司對經理人之買賣不動產行為有限制者，甲之行為屬代理權限制，若交易行為之相對人為善意無過失者，則不得對抗該交易之相對人，相對人可主張買賣行為有效。

    3. A 公司章程內所載內容無賦予經理人買賣不動產之權限，甲之行為屬狹義之無權代理，股東會若不承認者，該兩次土地買賣之行為對公司均屬無效，因此造成相對人受有損害時，甲須依民法第 110 條規定負損害賠償責任。

※ 地政士 96 年申論題第 1 題

一、代理人與使者、代表，均為不同之法律概念。試分別舉例說明代理人與使者，代理人與代表之區別。

解析

※ 代理與代表：

1. 代理為代理人之行為與本人是兩個獨立的權利主體。只有其效果直接歸屬於本人；而代表則為代表人的行為，視為本人的行為。例如董事為法人之代表（民法第 27 條第 2 項），董事就法人之事務，對外所為之行為，即為法人之行為，並沒有效力歸屬問題。因此由上所述，他們（代表與代理）最大的差別即在於「效力歸屬」的問題。例如小華是小明的代理人，小華跟甲買車，則依民法第 103 條，其效力「歸屬」於小明；而如果是代表，則例如張忠謀（台積電的董事長），他跟甲廠商所為之買賣，其直接等於是台積電所為之行為，並無發生效力歸屬的問題。

2. 代理以代為「法律行為」或「準法律行為」為限（事實行為不行）；而代表則就法律行為以外的事實行為也可以。

※ 使者與代理：

(一) 使者定義：傳達人即所謂的使者，其性質上係屬傳達機關，僅表示或傳達他人已決定之意思表示，亦屬本人之使用人、執行人。

(二) 與代理之比較：

    1. 使者即屬使用執行人，因此其雖無行為能力亦可為之。而代理人則自為決定意思並進而表示於相對人，故代理人至少須為限制行為能力人，無行為能力人不得代理。

    2. 使者係在傳達他人意思表示，本身不自為意思表示，因此無須有意思能力，意思表示有無瑕疵等情事，應就本人決之；代理人得自為意思表示，故須有意思能力，意思表示有無瑕疵，則應就代理人決之（參照民法第 105 條）。

3. 身分行為本須尊重當事人之意思，原則上不許代理，但得以使者作為傳達機關或表示機關，代辦其手續。

※不動產經紀人 108 年選擇題第 3 題

(C) 3. 下列有關使者之敘述，何者錯誤？ (A)使者係在傳達他人的意思表示 (B)使者得為無行為能力人 (C)身分行為不可藉使者傳達其意思表示 (D)使者未適時傳達的危險由表意人承擔。

十二、財團法人與社團法人之區別

（口訣：意、成、目、機、設、散）

(一) 意義不同

1. 財團法人：係依財產之集合而成立者，即以捐助財產供一定目的而成立的組織體。例如長庚醫院、龍山寺、私立學校。

2. 社團法人：依人之集合而設立而成者，即以所有社員為組織基礎者，其種類如下：(1)公益社團：以公益為目的的社團，例如臺北市盲人福利協進會。(2)營利社團：以營利為目的的社團，例如鴻海精密工業股份有限公司、臺灣塑膠工業股份有限公司。(3)中間社團：係指在社團中，既非公益，又非營利為目的者，如臺北市雲林同鄉會、陳氏宗親會。

(二) 成立基礎不同

1. 財團法人：以捐助財產為基礎。

2. 社團法人：以人為基礎。

(三) 目的不同

1. 財團法人：財團法人只能以公益為目的。（長庚醫院非營利法人）

2. 社團法人：社團法人之目的較廣。

(四) 活動機關不同

1. 財團法人：財團法人僅有執行機關。

2. 社團法人：社團法人有意思機關（社員總會）與執行機關（董事）。

※ 不動產經紀人 97 年第 1 次選擇題第 27 題

(A) 27. 社團最高意思決定機關為： (A)社員總會 (B)捐助章程 (C)董事會 (D)監察人。

(五) 設立方式不同

1. 財團法人：財團法人性質上皆屬公益，於登記前，應得主管機關許可（民法第 59 條）。

2. 社團法人：(1)營利社團其取得法人資格依特別法規定（民法第 45 條）。(2)公益社團於登記前，應得主管機關之許可（民法第 46 條）。

※ 不動產經紀人 111 年選擇題第 24 題

(B) 24. 關於財團法人之敘述，下列何者正確？ (A)財團法人得為公益或營利之目的而設立 (B)財團法人於設立登記前，應得主管機關之許可 (C)財團法人之最高意思機關為總會，且為必設之機關 (D)財團法人若以營利為目的設立，其取得法人資格，依特別法之規定。

(六) 法人解散不同

1. 財團法人：財團法人之捐助人無解散財團之權；財團只能在目的不能達到時，由主管機關宣告解散（民法第 65 條）。

2. 社團法人：(1)社團法人得經社員三分之二以上之可決，得為解散。(2)社團之事務無從依章程所定進行時，法院得因主管機關、檢察官或利害關係人之聲請解散（民法第 58 條）。

★ 財團法人法第 7 條（財團法人之設立）

　　財團法人之設立，應訂立捐助章程。但以遺囑捐助者，不在此限。

　　以遺囑捐助設立財團法人者，如無遺囑執行人時，法院得依主管機關、檢察官或利害關係人之聲請，指定遺囑執行人。

※ 不動產經紀人 111 年選擇題第 9 題

(C) 9. 對於民法上有關法人規定之說明，下列何者正確？ (A)財團法人具有自律法人之性質 (B)社員資格須經社團之董事會特別決議同意，且有正當理由時，方能開除之 (C)財團法人之設立，得以遺囑為之 (D)社團法人以社團董事會為其最高意思機關。

※ 不動產經紀人 100 年選擇題第 16 題

(C) 16. 關於財團法人之敘述，何者正確？　(A)其權利能力始於訂立捐助章程，終於清算解散　(B)財團為公益法人，其設立須經地方法院許可　(C)董事有數人者，除章程另有規定外，各董事均得代表法人　(D)財團法人非自然人，無侵權行為能力。

※ 不動產經紀人 100 年選擇題第 17 題

(B) 17. 關於法人依其性質，不得享有下列何種權利？　(A)姓名權　(B)自由權　(C)專利權　(D)名譽權。

※ 不動產經紀人 99 年選擇題第 1 題

(C) 1. 法人社員總會決議之內容違反法令或章程者，其決議之效力：　(A)有效　(B)得撤銷　(C)無效　(D)效力未定。

※ 民法第 56 條：總會之召集程序或決議方法，違反法令或章程時，社員得於決議後 3 個月內請求法院撤銷其決議。但出席社員，對召集程序或決議方法，未當場表示異議者，不在此限。

總會決議之內容違反法令或章程者，無效。

※ 民§28 董事、民§188 受僱人、民§224 代理人或使用人之連帶損害賠償比較。

十三、權利之行使

(一) 權利行使之界限：權利之行使，不得違反公共利益，或以損害他人為主要目的。行使權利，履行義務，應依誠實及信用方法。（民法第 148 條）

(二) 正當防衛：對於現時不法之侵害，為防衛自己或他人之權利所為之行為，不負損害賠償之責。但已逾越必要程度者，仍應負相當賠償之責。（民法第 149 條）

※ 不動產經紀人 97 年第 1 次選擇題第 29 題

(A) 29. 對於現時不法之侵害，為防衛自己或他人之權利所為之行為，稱之為　(A)正當防衛　(B)緊急避難　(C)自助行為　(D)自救行為。

(三) 緊急避難：因避免自己或他人生命、身體、自由或財產上急迫之危險所為之行為，不負損害賠償之責。但以避免危險所必要，並未逾越危

險所能致之損害程度者為限。前項情形，其危險之發生，如行為人有責任者，應負損害賠償之責。(民法第 150 條)

(四) 自助行為：為保護自己權利，對於他人之自由或財產施以拘束、押收或毀損者，不負損害賠償之責。但以不及受法院或其他有關機關援助，並非於其時為之，則請求權不得實行或其實行顯有困難者為限。(民法第 151 條)

(五) 自助行為人之義務及責任：依前條之規定，拘束他人自由或押收他人財產者，應即時向法院聲請處理。前項聲請被駁回或其聲請遲延者，行為人應負損害賠償之責。(民法第 152 條)

案例一：胎兒之權利能力

朱太郎的好朋友林戶川因經商失敗負債累累為避免牽連妻子陳秀子，遂於 97 年 4 月 7 日辦理離婚後，隔日後就自殺死亡，前妻卻發現已懷胎 2 個月，林戶川僅剩有兄弟姊妹林冬川、林春梅、林夏田、林秋竹 4 人，得知林戶川有積欠臺灣銀行債務新臺幣 5,000 萬元，為避免成為林戶川之繼承人，於 97 年 5 月 6 日連同陳秀子向法院聲請拋棄繼承，試述下列問題

一、胎兒是否可以由法定代理人代為聲請拋棄繼承？

二、法院是否會裁定准許林冬川、林春梅、林夏田、林秋竹聲請拋棄繼承呢？

分析

當事人分析圖

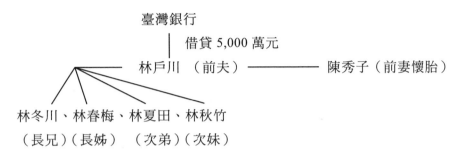

臺灣銀行
｜ 借貸 5,000 萬元
林戶川 （前夫） ──────── 陳秀子（前妻懷胎）

林冬川、林春梅、林夏田、林秋竹
（長兄）（長姊） （次弟）（次妹）

一、 胎兒之權利能力

(一) 按「人之權利能力，始於出生，終於死亡」、「胎兒以將來非死產者為限，關於其個人利益之保護，視為既已出生」、「遺產繼承人，除配偶外，依下列順序定之：一、直系血親卑親屬。二、父母。三、兄弟姊妹。四、祖父母」、「前條所定第一順序之繼承人，以親等近者為先」、「繼承人得拋棄其繼承權」民法第 6 條、第 7 條、第 1138 條、第 1139 條、第 1174 條第 1 項定有明文。至胎兒將來是否死產，就民法第 7 條規定文義觀之，顯係以胎兒為限制人格，於胎兒中既已取得權利能力，惟以死產為其解除條件，權利能力從而溯及消滅。（參見(46)台函民字第 4627 號）。

(二) 本件陳秀子之胎兒為尚未出生之胎兒，依上開民法之規定，關於其個人利益之保護，視為既已出生，故陳秀子之胎兒就繼承權而言，其享有權利能力，仍為被繼承人林戶川之繼承人；然拋棄繼承之意思表示，非當屬有關胎兒利益之保護，即無民法第 7 條之適用，故其法定代理人代為聲明拋棄繼承，於法不合，應予駁回。

(三) 內政部繼承登記法令補充規定第 51 點：「胎兒繼承權之拋棄，應俟其出生後，由其法定代理人自知悉得繼承之時起 2 個月內代為辦理。」（原繼承登記法令補充規定 2 個月內應配合民法第 1174 條最

新修正更改為 3 個月內，民法第 1174 條：「繼承人得拋棄其繼承權。前項拋棄，應於知悉其得繼承之時起 3 個月內，以書面向法院為之。拋棄繼承後，應以書面通知因其拋棄而應為繼承之人。但不能通知者，不在此限。」）故陳秀子之胎兒如欲聲明拋棄繼承，應由其法定代理人於其出生後 3 個月內代為辦理，併予指明。

二、親等在前之第一順序繼承人存在，親等在後之繼承人自無繼承權存在，林戶川死亡後，其第一順序繼承人親等在前之繼承人即陳秀子之胎兒尚未聲明拋棄繼承，換言之，被繼承人目前仍有親等在前之第一順序繼承人即陳秀子之胎兒存在，是林冬川、林春梅、林夏田、林秋竹自無繼承權存在，其聲請拋棄繼承更屬無從予以准許。因此本件所為聲明拋棄繼承之主張，為無理由，應予駁回。

案例二：簽名與蓋章

（參考臺灣臺北地方法院民事判決 91 年重訴字第 745 號）

外公櫻爺爺以左茂男為連帶保證人，於民國 88 年 4 月 30 日向臺灣土地銀行借款新臺幣貳仟捌佰陸拾玖萬元，約定借款期間為 20 年，利息按年息百分之八機動計算，借款前 5 年按月付息，第 6 年起按月平均攤還本息，如任 1 期債務未按期清償，被告即喪失期限利益，借款視為全部到期；逾期清償在 6 個月以內者，按上開利率百分之十，超過 6 個月者，按上開利率百分之二十計付違約金。詎櫻爺爺自 89 年 10 月 30 日起，即未依約攤還本息，依約債務全部到期，尚欠如聲明所示之本金及利息、違約金迄未清償，茂男承認有在空白借據上之連帶保證人欄簽名，但是為吳秀之做保證而非櫻爺爺，且辯稱借據上「左茂男」之印文並非真正屬實之抗辯是否有理由？

分析

當事人分析圖

臺灣土地銀行（債權人）——— 櫻爺爺（債務人）—— 左茂男（連帶保證人）

消費借貸 28,690,000元 　　　未攤還本息 　　　約定借款到期日
※———————————※———————————※
88.4.30 　　　　　　　89.10.30 　　　　　　108.4.30

　　依據民法第 3 條第 2 項規定，簽名與蓋章生同樣之法律效力，左茂男既已自承有在借據上之連帶保證人欄簽名，則縱其辯稱借據上「左茂男」之印文並非真正屬實，亦不影響其真正簽名所生之法律效果。

　　借據既經櫻爺爺借款人欄簽名，並經左茂男於連帶保證人欄簽名，則衡諸常情，左茂男自以係為櫻爺爺擔任連帶保證人為常態，而以不知係為櫻爺爺擔任連帶保證人為變態，從而左茂男抗辯伊當初係在空白借據上簽名，是要為訴外人吳秀之保證，不知係為櫻爺爺保證乙節，屬變態事實，自應由其負舉證之責。

　　簡言之，左茂男既未能舉證其確不知係為櫻爺爺擔任保證人，是其抗辯尚難遽採。從而，臺灣土地銀行依消費借貸及連帶保證契約請求被告給付借款貳仟捌佰陸拾玖萬元，及如所示之利息、違約金，法院會認為有理由，應予准許。所以，我們可以得到一項啟發，今後在為人作借款保證人時，一定要詳細閱讀借據之內容及當事人與保證人之權利義務關係，千萬不要在空白借據上任意簽名，以免承受天上掉下來的債務。

案例三：落海失蹤之死亡宣告

朱太郎的同事陳長谷計畫在 45 歲時至屏東七星巖海域浮潛，遂於民國 86 年 7 月 7 日在屏東後壁湖漁港出發，在七星岩下海後，卻被往北流的強勁黑潮沖走，長谷家屬雖然抱著一絲希望，但是一直沒有獲救消息，試問需要經過什麼程序才可以推定其死亡及死亡宣告的期間？

分析

當事人分析圖

86.7.7.失蹤 93.7.7. 死亡宣告

※————————————※

陳長谷

依據民法第 8 條規定：「失蹤人失蹤滿 7 年後，法院得因利害關係人或檢察官之聲請，為死亡之宣告。失蹤人為 80 歲以上者，得於失蹤滿 3 年後，為死亡之宣告。失蹤人為遭遇特別災難者，得於特別災難終了滿 1 年後，為死亡之宣告。」長谷家屬必須向法院聲請死亡宣告，才能推定長谷已經死亡。

失蹤人陳長谷自 86 年 7 月 7 日失蹤後，未據失蹤人陳報其生存，或知失蹤人生死者陳報其所知計至 93 年 7 月 7 日，長谷家屬在申報期屆滿時向法院聲請死亡宣告，法院依上開規定，得於失蹤屆滿 7 年後為死亡宣告，自應推定其於是日下午 12 時為死亡之時，准予依法宣告。

案例四：性愛協議書抵債

曾女到曹男經營的仲介外勞公司應徵業務員，與曹男發生婚外情，從 97 年 2 月間開始，先後到曹男的住處及汽車旅館等處偷情。直到 98 年 1 月間，曾女有意結束婚外情，但因無力償還積欠曹男的 120 萬元仲介費，曹男竟出具「性愛協議書」抵債威脅她，載明「每性愛 1 次，折抵 1 萬元，無須付現，折抵總額以性愛次數為準，期滿再總結。每次性愛後，在協議書後方詳細記錄次數，雙方並簽名為憑」。簽立協議書 3 個月內，兩人共發生 8 次性關係，協議書上留下

一「正」字和「下」，並有曾姓女子在每次性愛過後的親筆簽名。不過曹男這份性愛契約於 98 年 3 月間被他太太發現，追問之下，他才說出事情始末。試問：

一、 性愛協議書是否有民事法律上之效力？

二、 曾女積欠曹男的 120 萬元仲介費是否可折抵後歸還？

分析

當事人分析圖

婚外情
曾女 ————————— 曹男

婚外情	性愛協議書	8 次性關係	被太太發現
※	※		※
97.2	98.1		98.3

一、 性愛協議書無民事法律上之效力

(一) 依照民法第 153 條第 1 項規定：「當事人互相表示意思一致者，無論其為明示或默示，契約即為成立。」換句話說，基於契約自由原則，原則上只要曾女與曹男當事人之間對於性愛協議書契約的內容達成共識，契約就算成立。但是契約自由並不是毫無限制，依據民法第 72 條規定：「法律行為，有背於公共秩序或善良風俗者，無效。」所謂「公共秩序及善良風俗」是國家公共利益的要求，國民倫理道德的表現。因此，法律行為若違背此規定，絕對不發生法律效力，故學說上稱之為「帝王條款」。

(二) 一般民眾因缺少法律知識或社會經驗不足，竟然遭有心人士利用，以「性愛協議書」的方式來箝制他人的性自主權，用來滿足己身之私欲。此種法律行為違反國家社會的一般利益或是社會倫理之道德觀念，本身就是違反善良風俗，男女雙方都不需要遵守，也不可以此契約威脅對方履行，即使有一方反悔，也沒有產生違約的問題。所以「性愛協議書」在民事法律上根本沒有效力及拘束力。

二、 曾女積欠曹男的 120 萬元仲介費不可折抵後歸還

曾女與曹男兩人在 3 個月內共發生 8 次性關係，雖然依據性愛協議書可以折抵 8 萬元，但是因為性愛協議書之契約內容是無法律上效力。曾女積欠曹男的 120 萬元仲介費之債務不可能因此消失或折抵，而且還繼續存在著。所以曾女依據性愛協議書之內容履行條件卻又無法折抵債務，可說是賠了夫人又折兵。

案例五：孫吉祥連長死後取精所衍生的法律問題

　　94 年 9 月 7 日陸軍裝甲旅戰車營營部連連長孫吉祥，遭受中士張元翔駕駛戰車 M60A3 撞死。軍方對於因公殉職的孫吉祥，核發九百多萬元撫卹金、追贈少校並入祀忠烈祠。未婚妻李幸育為孫吉祥連長留後而四處求助，雖然行政院衛生署（今衛生福利部）於 94 年 9 月 9 日改變原本禁止之態度，同意孫吉祥之家屬在黃金時期取下孫之精子，但是嗣後卻表達保守反對李幸育進行後續人工生殖手術立場。94 年 12 月 17 日，

孫吉祥連長的父親傳真給儲存精子的診所李茂盛醫師，要求銷毀孫吉祥的精子，希望可以恢復多日以來的紛紛擾擾，並以存證信函告知。最後，精子於 94 年 12 月 22 日在親友及律師見證下全部銷毀，終於畫下休止符。從取精到毀精，婦產科醫師李茂盛說，他的心情和李幸育一樣，都歷經了喜悅、辛苦、期待、遺憾的過程。試問：

一、 孫吉祥的屍體在法律上的性質為何？

二、 孫吉祥的屍體誰有處分的權利？

三、 從法律觀點分析李幸育在當時為何無法進行人工生殖？

四、 國內醫師冒然進行人工生殖會受到什麼處罰？

五、 人工生殖子女之法律上地位？

六、 人工生殖法中限制「夫妻」之規定是否妥適？

當事人分析圖

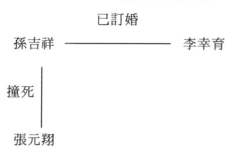

民法第 6 條規定：「人之權利能力，始於出生，終於死亡。」理論上自然人只要發生死亡的事實，所有的權利能力就歸於消滅，一切紛爭，也就畫下句點。但是，民法上另訂有繼承制度，如果死亡者有法定繼承人時，死亡者生前所有的權利與義務，依法都由繼承人概括繼承，除非繼承人為限定繼承或者拋棄繼承。所以當死亡者遺留有遺產時，可能會因為無法運用協議分割遺產之方式而產生民事紛爭。

一、 孫吉祥的屍體在法律上的性質為物

　　人成為屍體以後，可不可以作為權利標的的客體，民法學者之間向無定論，有人認為屍體是一種無主物，但不得作為民法上「先占」的動產歸屬的標的；也不是繼承人的遺產，所以繼承人不得對屍體作為使用、收益、處分的標的。德、日學者關於屍體是否為物，歸納起來約有四種學說[3]：

---

[3] 葉雪鵬，「屍體或骨灰也是『物』嗎？」，參考臺灣法律網，http://www.lawtw.com/article.php?template=article_content&area=free_browse&parent_path=,1,1648,&job_id=139119&article_category_id=1588&article_id=71301

(一) 甲說：認為屍體為物，可以作為所有權的客體，歸屬於繼承人。但其所有權的行使，則受到顯著的限制。不容許有使用、收益的權利。

(二) 乙說：認為屍體為物，但非所有權的客體；並不得作為遺產，只能作為一定親屬間的埋葬標的。

(三) 丙說：認為屍體為物，但只是遺族間的人格權的標的或親屬權的標的而已。

(四) 丁說：認為屍體不是物，只能作為特定親屬間埋葬權的標的，原因是人的死亡，人格權並非因死亡而完全消滅。

※ 不動產經紀人 100 年選擇題第 21 題

(B)21. 下列何者，屬於民法上之物？ (A)活人胸腔中跳動之心臟 (B)博物館中展示之木乃伊 (C)天上飄浮的雲層 (D)植入身體的人造關節。

二、 孫吉祥的屍體法定繼承人有處分的權利

　　史尚寬教授認為「屍體亦不妨為物，其上得成立所有權。習慣法上屬於繼承人，其內容依公序良俗在公法或私法上受有特別的限制，非如普通所有權為收益使用處分，乃專以為埋葬祭祀供養之權能及義務為內容之特殊的權利，除死者有授權外，不得為其他目的之行為。屍體的處分，於不違背公序良俗的範圍內，由死者自由決定。繼承者須依死者遺志為之。對於屍體的不法占有，有占有回復及基於本權之返還請求權。」多數學者贊成屍體為物之性質，贊成者中多數認為所有權應歸屬於繼承人，歸屬原因除史尚寬認為基於習慣法之理由外，其他學者採取繼承說之見解。繼承人取得屍體所有權之原因：[4]

(一) 繼承說：此說認對屍體之權利（所有權），與被繼承人之其他財產相同，因繼承而歸屬於繼承人。此說主張依據繼承而取得權利之立論，將屍體所有權之取得認係權利之繼受取得。

---

[4] 「死後取精之法律問題分析－以孫吉祥及楊凱偉案例為中心」，參考
http://www.license.com.tw/lawyer/practice/news/pl112.shtml

(二) 習慣法說：繼承人取得屍體係基於習慣，而原始取得被繼承人之屍體所有權，並非繼受取得。理由如下[5]：

1. 屍體的形成是在死亡的一瞬間產生，並非死亡前以存在之物，故屍體無法成為民法第 1148 條中得繼承之權利。

2. 雖說是繼承人依照民法第一條之習慣原始取得屍體所有權，解釋上應認為其不得拋棄屍體所有權，此一拋棄之行為違背公序良俗。

3. 此外，稱屍體為物有違社會大眾認知，在感情上及實際生活上仍認為屍體係「殘存著死者之人格」，非單純之物，應認為是「具人格之物」。

三、民國 94 年 9 月死後取精應處於無法可管之法律空窗期

在民國 94 年 9 月時，人工生殖法草案尚未經過立法院通過，因此沒有法源的約束，所以不須通報，也無違法之虞慮。人工生殖涉及生理、倫理、道德、婚姻、血統、法律等問題，其立法精神認為基於人工生殖技術屬醫療行為係以治療不孕為目的，非作為創造生命之方法。因此死後取精生子已經超出醫學倫理之範圍，過去有關人工生殖規定有人工協助生殖技術管理辦法及人工生殖技術倫理指導綱領僅屬行政命令，因為依據中央法規標準法第 5 條第 2 款規定：關於人民之權利義務者應以法律定之。人工生殖涉及人民之權利義務，所以立法院應完成人工生殖立法工作以資規範，但是當時立法院一直未完成此項立法工作，死後取精的法律問題應處於無法可管之法律空窗期。

四、國內醫師冒然進行人工生殖受會受最重廢止執業執照、廢止醫師證書之處罰

因為當時在人工生殖法草案尚未經立法院通過前，國內任何醫師貿然逕行人工生殖，可能違反醫師法第 25 條第 4 款規定：「醫師有執行業務違背醫學倫理者，由醫師公會或主管機關移付懲戒。」而且

---

[5] 李悌愷，論屍體（骨）之法律性質，台灣本土法學，第 56 期，第 20 頁。

會受到懲戒之方式根據醫師法第 25 條之 1 規定：「有警告、命接受額外之一定時數繼續教育或臨床進修、限制執業範圍或停業 1 個月以上 1 年以下、廢止執業執照、廢止醫師證書。」所以國內醫師不敢進行人工生殖手術，唯一解套方式就是去國外進行人工生殖，但是還要考量精子在死後 72 小時取出後冷凍，其基因是否受損或懷孕機率可能性都存在著許多不確定因素。

五、 人工生殖子女之法律上地位區分三類

(一) 接受捐贈精子之人工生殖子女法律地位：依據人工生殖法第 23 條規定：「妻於婚姻關係存續中，經夫同意後，與他人捐贈之精子受胎所生子女，視為婚生子女。前項情形，夫能證明其同意係受詐欺或脅迫者，得於發見被詐欺或被脅迫終止後 6 個月內提起否認之訴。但受詐欺者，自子女出生之日起滿 3 年，不得為之。民法第 1067 條規定，於本條情形不適用之。」

(二) 接受捐贈卵子之人工生殖子女法律地位：依據人工生殖法第 24 條規定：「妻於婚姻關係存續中，同意以夫之精子與他人捐贈之卵子受胎所生子女，視為婚生子女。前項情形，妻能證明其同意係受詐欺或脅迫者，得於發見被詐欺或被脅迫終止後 6 個月內提起否認之訴。但受詐欺者，自子女出生之日起滿 3 年，不得為之。」

(三) 發見有婚姻撤銷、無效情形之人工生殖子女法律地位：依據人工生殖法第 25 條規定：「妻受胎後，如發見有婚姻撤銷、無效之情形，其分娩所生子女，視為受術夫妻之婚生子女。」

六、 建議放寬人工生殖法中「夫妻」之限制規定

雖然人工生殖法終於在民國 96 年 3 月 21 日公布施行，但是人工生殖法第 1 條規定：「為健全人工生殖之發展，保障不孕夫妻、人工生殖子女與捐贈人之權益，維護國民之倫理及健康，特制定本法。」因此，實施人工生殖對象僅限於「夫妻」，即使同居男女、事實上夫妻、已訂婚但未結婚之準夫妻，即使一方意外亡故，也不能要求適用。

會導致越來越多國人被迫出國或從事私下受孕的事情發生，全世界僅英國、比利時、南非、西班牙、希臘、委內瑞拉、以色列等國有條件地同意運用死者精子做人工生殖，美國、澳洲則是一國兩制，有些州可以、有些州不行。我國應該參考外國立法例，放寬人工生殖法中凡有「夫妻」之規定，增加「夫妻、遭遇重大變故之男女經法院裁定認可」，例如修訂人工生殖法第 1 條規定：「為健全人工生殖之發展，保障不孕夫妻、遭遇重大變故之男女經法院裁定認可及人工生殖子女與捐贈人之權益，維護國民之倫理及健康，特制定本法。」就可以提供所有非夫妻關係之男女從事人工生殖之正當性。

總之，真愛的力量感動了在臺灣社會上相信有真愛存在的人，也許這個事件只是冰山的一角，隨著時間的淡忘而失去新聞的價值，但是她喚醒了立法怠惰、行政官僚與人民受害的事實，希望藉此事件拋磚引玉，提供立法院將來修法之建議，為她們的堅貞的愛情留下法律改革的見證。

案例六：擅幫未成年刺青店家賠很大

新竹縣一名 17 歲王姓少女認識擔任刺青學徒的學弟，民國 98 年 5 月 2 日，王女私下花了 8,000 元刺青。王女家長在民國 98 年 5 月 6 日事後發現女兒右手虎口有一個約 6 平方公分的太陽形狀刺青，右小腿側有一個長約 10 公分、寬約 5 公分的龍形圖案，背部則有一個約 7 平方公分的十字圖案，隔日找上刺青店家理論。黃姓店長表示有標準格式的紋身刺青同意書，其中載明「未滿 18 歲者需法定監護人陪同，滿 18 歲未滿 20 歲者法定監護人需簽名蓋章」，但少女是跟學徒一起進來的，他一不小心就疏忽了這一點，店家坦承當初確未見王女家長陪同或取得同意，願向家長道歉。估算要除去王女的刺青，最少要花費約 20 萬元。試問：王女父母可主張什麼權利？

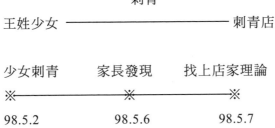

當事人分析圖
刺青

王姓少女 ———————— 刺青店

少女刺青　　　家長發現　　　找上店家理論
※————————※————————※
98.5.2　　　　98.5.6　　　　98.5.7

　　依據民法第 13 條第 2 項規定：「滿 7 歲以上之未成年人，有限制行為能力。」本題王女年齡為 17 歲之限制行為能力人，然而限制行為能力人所為之意思表示應得法定代理人之允許，依據民法第 77 條規定：「限制行為能力人為意思表示及受意思表示，應得法定代理人之允許。」黃姓店長坦承當初確未見王女家長陪同或取得同意即幫王女刺青，就算王女是出於自願，但如果法定代理人事後不同意，其刺青的承攬契約行為，仍舊溯及既往不發生任何法律上效力。

　　店家除非能證明 17 歲王女的刺青行為，依據民法第 77 條但書規定，依其年齡及身分、日常生活所必需者外，否則將視為無效之法律行為。一般社會大眾的觀念，並不會將 17 歲王女的刺青行為視為日常生活所必需。

　　王女的父母確可依據民法第 113 條規定：「無效法律行為之當事人，於行為當時知其無效，或可得而知者，應負回復原狀或損害賠償之責任。」要求店家為女兒去除刺青。未來若王女復原狀況不良，還可提出刑事傷害告訴並附帶民事求償。所以擅幫未成年刺青的店家雖然賺了 8,000元，卻可能要花費約 20 萬元的清除費用，真是賠很大。

 MEMO

債編總論

案例一：未授權買賣之表見代理
案例二：車禍案件之侵權行為損害賠償

Civil Law

🖥 一、債之意義

　　係指特定人對特定人得請求特定行為之法律關係，得請求特定行為之權利謂之「債權」，滿足其請求之義務謂之「債務」。

🖥 二、債之發生原因

（口訣：契、理、因、不、侵）

（一）契約（民法第 153 條～第 166 條之 1）

1. 契約之成立（民法第 153 條）VS 民法第 345 條（買賣契約成立）
   當事人互相表示意思一致者，無論其為明示或默示，契約即為成立。當事人對於必要之點，意思一致，而對於非必要之點，未經表示意思者，推定其契約為成立，關於該非必要之點，當事人意思不一致時，法院應依其事件之性質定之。

※ 不動產經紀人 109 年選擇題第 4 題

(C) 4. 下列有關契約成立之敘述，何者錯誤？　(A)契約得以要約與承諾之意思表示合致而成立　(B)契約得以要約交錯之方式而成立　(C)契約得以承諾交錯之方式而成立　(D)契約得以要約與意思實現方式而成立。

※ 不動產經紀人 105 年選擇題第 11 題

(B) 11. 有關契約之敘述，下列何者正確？　(A)契約為事實行為的一種　(B)契約得因要約交錯之方式成立　(C)契約皆須以書面方式為之，方得以成立　(D)基於契約自由原則，醫生得拒絕醫治病情危急的情敵。

※ 1.買賣契約屬於諾成、非要式行為，所以只要口頭上達成協議，就是成立。2.不當得利係以沒有法律上原因獲得利益致他人受損害為要件，買賣契約即乙受領價金之法律上原因，不成立不當得利。3.買賣契約的生效就是以不動產及價金的交付為要，但是不動產交付行為又非得透過書面為之。民法第 345 條稱買賣者，謂當事人約定一方移轉財產權於他方，他方支付價金之契約。當事人就標的物及其價金互相同意時，買賣契約即為成立。

※ 所謂要約交錯者，乃雙方當事人偶然互為內容相同之要約，可以構成實質上之合意，通說認為契約已成立，符合民法第 153 條之規定。由要約交錯成立之契約，與一般契約之成立要件不同：在一般契約之場合，有要約與承諾二對待意思表示之合

致，契約方為成立；而在要約交錯之場合，雙方當事人相互為要約，均在訂立同一
內容之契約，而其內容在實質上符合意思表示之合致，故應能成立契約。

※ 不動產經紀人 99 年選擇題第 11 題

(C) 11. 甲欲購買乙所有房屋 1 棟，經數次與乙磋商之後，雙方同意該屋以 500 萬元成
交，並詳細約定付款及交屋、移轉所有權方式，為求慎重並由丙丁 2 人擔任見
證人，且言明為免日後爭議，應將約定內容寫成契約書。嗣後因乙反悔，結果
連契約書都無法完成。則下列敘述何者正確？ (A)因為無法完成契約書，因此
甲乙之契約不成立 (B)甲如果已經給付部分價金，應以不當得利請求返還 (C)
甲如能證明與乙已有訂立契約之合意，仍得請求乙履行 (D)甲為了使乙履行契
約，應先請求乙完成契約書。

2. 要約之拘束力、要約引誘（民法第 154 條）：契約之要約人，因要約而
受拘束。但要約當時預先聲明不受拘束，或依其情形或事件之性質，可
認當事人無受其拘束之意思者，不在此限。貨物標定賣價陳列者，視為
要約。但價目表之寄送，不視為要約。

3. 承諾通知之遲到及遲到之通知（民法第 159 條）：承諾之通知，按其傳
達方法，通常在相當時期內可達到而遲到，其情形為要約人可得而知
者，應向相對人即發遲到之通知。要約人怠於為前項通知者，其承諾視
為未遲到。

4. 遲到之承諾：民法第 160 條：「遲到之承諾，除前條情形外，視為新要
約。將要約擴張、限制或為其他變更而承諾者，視為拒絕原要約而為新
要約。」

※ 不動產經紀人 112 年選擇題第 5 題

(C) 5. 甲向乙推銷一只古董錶，甲出價新臺幣（下同）10 萬元問乙要不要買，乙答覆
說：「如果 8 萬元我就買」，請問乙的答覆性質上為何？ (A)要約之引誘 (B)承
諾 (C)要約 (D)意思實現。

※ 不動產經紀人 102 年選擇題第 2 題

(C) 2. 甲將其所有 A 屋委託乙仲介公司銷售，定價新臺幣 980 萬元，丙經乙仲介公司
銷售人員帶看之後，對 A 屋甚是滿意，但是希望價格能為新臺幣 950 萬元，乃
給付新臺幣 20 萬元斡旋金予乙仲介公司作為與屋主斡旋差價之用。下列敘述何
者正確？ (A)丙交付新臺幣 20 萬元斡旋金，為定金之給付，推定該買賣契約成

立　(B)丙交付新臺幣 20 萬元斡旋金，為要約之引誘，買賣契約尚未成立　(C)丙交付新臺幣 20 萬元斡旋金，為新要約，買賣契約尚未成立　(D)丙交付新臺幣 20 萬元斡旋金，為要約之承諾，買賣契約成立。

5. 民法第 248 條：訂約當事人之一方，由他方受有定金時，推定其契約成立。

※ 不動產經紀人 101 年選擇題第 3 題

(D) 3. 甲當面向乙表示願以 1,000 萬元出售甲所有之 A 房屋予乙，乙當場未置可否，經 3 日後乙回覆甲願以 1,000 萬元購買 A 屋。就甲、乙各自之意思表示，下列敘述何者最正確？　(A)甲之意思表示為要約，乙之意思表示為承諾　(B)甲之意思表示為要約引誘，乙之意思表示為要約　(C)甲之意思表示為要約，乙之意思表示為要約引誘　(D)甲之意思表示為要約，乙之意思表示為新要約。

※ 不動產經紀人 100 年選擇題第 11 題

(D) 11. 下列敘述，何者正確？　(A)契約之要約人，因要約而受拘束，不可預先聲明不受拘束　(B)貨物標定賣價陳列者，視為要約之引誘　(C)對話為要約者，非立時承諾，即失其拘束力，因此不得定承諾期限　(D)將要約變更而承諾者，視為拒絕原要約而為新要約。

※ 不動產經紀人 90 年選擇題第 28 題

(C) 28. 甲欲將其所有之機車以新臺幣 3 萬元之價格售予乙，乙頗喜歡該機車，但覺得價格太貴，因此，乙向甲提出是否能夠以 25,000 元出售。請問乙之行為稱之為：　(A)承諾　(B)意思實現　(C)新要約　(D)要約交錯。

6. 意思實現（民法第 161 條）：例如自動販賣機。
依習慣或依其事件之性質，承諾無須通知者，在相當時期內，有可認為承諾之事實時，其契約為成立。前項規定，於要約人要約當時預先聲明承諾無須通知者準用之。

7. 民法第 164 條之 1：「因完成前條之行為而可取得一定之權利者，其權利屬於行為人。但廣告另有聲明者，不在此限。」

※ 不動產經紀人 99 年選擇題第 6 題

(B) 6. 甲醫師對於急症患者拒絕醫療，違反契約法上的何種義務？　(A)次給付義務　(B)強制締約義務　(C)附隨義務　(D)從給付義務。

8. 強制締約，又稱為強制契約、契約強制、契約締結之強制或強制性契約，一般有廣義與狹義之分，廣義的強制締約不僅包括受要約人對要約人的要約有承諾的義務的情形，而且也包括特定的主體有向他人發出要約的義務的情形，如法律規定汽機車車主應當辦理強制險，而狹義的強制締約則僅指前者，由於狹義的強制締約在各國立法上更為普遍，並且在實踐中也更為重要，探討狹義的強制締約，即個人或企業負有應相對人之請求，與其訂立契約的義務，即對相對人之要約，非有正當理由不得拒絕承諾。

　　強制締約可以被區分為直接的強制締約與間接的強制締約兩個基本類型。

(1) 直接的強制締約：一般包括越界建築、法定地上權的成立、法定租賃權的成立、承攬人抵押權的成立、典權人的留買權、共有人以及承租人優先購買權、土地所有人對地上權人工作物的購買權等具體類型。

(2) 間接的強制締約：間接的強制締約義務主要包括以下類型：

　　第一，公用事業的強制締約義務，如我國「電業法」第 47 條規定：「電業在其營業區域內對於請求供電者，非有正當理由，不得拒絕」，「郵政法」第 19 條規定，「郵政機關非依法令，不得拒絕郵件之接受及遞送」。

　　第二，基於特定身分或職業而發生強制締約義務，如我國「醫師法」第 21 條規定：「醫師對於危急之病人，應即依其專業能力予以救治或採取必要措施，不得無故拖延」，「藥師法」第 12 條規定：「藥師執行調劑業務，非有正當理由，不得拒絕為調劑」。

※ 不動產經紀人99年選擇題第 8 題

(B) 8. 下列何者，非屬事實行為？　(A)無主物的先占　(B)對要約的拒絕　(C)無因管理　(D)埋藏物的發現。

※ 生活事實中會發生民法上權利得喪變更者，稱為法律事實。其種類可分為與人之行為有關的行為事實及與人之行為無關的法律事實。在行為事實中分為適法行為與違法行為。適法行為再分為法律行為、準法律行為及事實行為。

事實行為：係因自然人的事實上動作而發生一定法律效果的行為。例如無主物的先占（民§802）、遺失物的拾得（民§803）、埋藏物的發現（民§808）。

9. 懸賞廣告：

(1) 懸賞廣告乃廣告人以廣告聲明，對於完成一定行為之人，給予報酬之法律事實。例如登報尋找遺失之馬爾濟斯犬，尋獲者酬金 1 萬元。

(2) 懸賞廣告之效力（民法第 164 條）：以廣告聲明對完成一定行為之人給與報酬者，為懸賞廣告。廣告人對於完成該行為之人，負給付報酬之義務。數人先後分別完成前項行為時，由最先完成該行為之人，取得報酬請求權；數人共同或同時分別完成行為時，由行為人共同取得報酬請求權。前項情形，廣告人善意給付報酬於最先通知之人時，其給付報酬之義務，即為消滅。前 3 項規定，於不知有廣告而完成廣告所定行為之人，準用之。

(3) 懸賞廣告之撤回（民法第 165 條）：預定報酬之廣告，如於行為完成前撤回時，除廣告人證明行為人不能完成其行為外，對於行為人因該廣告善意所受之損害，應負賠償之責。但以不超過預定報酬額為限。廣告定有完成行為之期間者，推定廣告人拋棄其撤回權。

※ 不動產經紀人 97 年第 1 次選擇題第 8 題

(A) 8. 甲將其屋贈與乙，並完成不動產移轉登記，但因雙方疏忽未經公證人做成公證書，該贈與行為　(A)有效　(B)無效　(C)效力未定　(D)經補正公證行為即有效。

10. 民法第 166 條契約當事人約定其契約須用一定方式者，在該方式未完成前，推定其契約不成立。

11. 民法第 166 條之 1 契約以負擔不動產物權之移轉、設定或變更之義務為標的者，應由公證人作成公證書。
未依前項規定公證之契約，如當事人已合意為不動產物權之移轉、設定或變更而完成登記者，仍為有效。

12. 民法債編施行法第 36 條第 2 項：中華民國 88 年 4 月 21 日修正公布之民法債編修正條文及本施行法修正條文，自 89 年 5 月 5 日施行。但民法第 166 條之 1 施行日期，由行政院會同司法院另定之。

(二) 代理權之授與（民法第 167 條～第 171 條）

1. 意定代理權之授與（民法第 167 條）：代理權係以法律行為授與者，其授與應向代理人或向代理人對之為代理行為之第三人，以意思表示為之。

2. 共同代理（民法第 168 條）：代理人有數人者，其代理行為應共同為之。但法律另有規定或本人另有意思表示者，不在此限。

3. 表見代理（民法第 169 條）：（口訣：可、當、觀）

   由自己之行為表示以代理權授與他人，或知他人表示為其代理人而不為反對之表示者，對於第三人應負授權人之責任。但第三人明知其無代理權或可得而知者，不在此限。（**表見代理要件：本人的可歸責性、相對人的正當信賴、行為人權利外觀的存在**）

※ 不動產經紀人 110 年選擇題第 5 題

(C) 5. 關於代理的敘述，下列何者正確？　(A)代理權係以法律行為授與者，其授與應向代理人或向代理人對之為代理行為之第三人，以書面授權方式代理為之　(B)代理人有數人者，其代理行為應單獨為之。但法律另有規定或本人另有意思表示者，不在此限　(C)由自己之行為表示以代理權授與他人，或知他人表示為其代理人而不為反對之表示者，對於第三人應負授權人之責任。但第三人明知其無代理權或可得而知者，不在此限　(D)代理人於代理權限內，以本人名義所為之意思表示，直接對本人發生效力。而無代理權人以代理人之名義所為之法律行為則為無效。

4. 無權代理（民法第 170 條）：無代理權人以代理人之名義所為之法律行為，非經本人承認，對於本人不生效力。前項情形，法律行為之相對人，得定相當期限，催告本人確答是否承認，如本人逾期未為確答者，視為拒絕承認。

5. 無權代理相對人之撤回權（民法第 171 條）：無代理權人所為之法律行為，其相對人於本人未承認前，得撤回之。但為法律行為時，明知其無代理權者，不在此限。

(三) 無因管理（民法第 172 條～第 178 條）

1. 無因管理人之管理義務（民法第 172 條）：未受委任，並無義務，而為他人管理事務者，其管理應依本人明示或可得推知之意思，以有利於本人之方法為之。

※ 不動產經紀人 105 年選擇題第 10 題

(A) 10. 甲於出國遊玩期間，適逢颱風來襲，甲家的大門因此破損，門戶洞開。鄰居乙擔心甲家遭遇盜賊，乃好心召來工匠為其修繕，支出 8 千元。試問乙得依下列何種法律關係向甲請求返還 8 千元？　(A)無因管理　(B)侵權行為　(C)不當得利　(D)債務不履行。

※ 不動產經紀人 98 年選擇題第 5 題

(B) 5. 甲上班途中，見乙受傷昏迷在地，甲雖不認識乙，但仍非常熱心開車載乙到醫院急救。請問甲乙間之法律關係如何？　(A)委任關係　(B)無因管理　(C)不當得利　(D)無權代理（民§172）

2. 管理人之無過失責任（民法第 174 條）：管理人違反本人明示或可得推知之意思，而為事務之管理者，對於因其管理所生之損害，雖無過失，亦應負賠償之責。前項之規定，如其管理係為本人盡公益上之義務，或為其履行法定扶養義務，或本人之意思違反公共秩序善良風俗者，不適用之。

※ 不動產經紀人 99 年選擇題第 18 題

(A) 18. 銀行對於肉眼顯能辨識之票據印文真偽，而未為辨識，其責任係屬何種性質之責任？　(A)屬重大過失之責任　(B)屬抽象輕過失之責任　(C)屬具體輕過失之責任　(D)無過失責任。

※ 地政士 101 年申論題第 1 題

一、民法上規定之過失有幾種？請分別說明其意義並比較其責任之輕重。又民法第 88 條第 1 項規定，意思表示之內容有錯誤，表意人得將其意思表示撤銷之。但以其錯誤非由表意人自己之過失為限。茲所稱過失，係指何種過失？

解析

參考民法總則第 88 條規定，前述已經說明答案。

3. 過失責任的種類：

(1) 重大過失責任：即顯然欠缺普通人之注意者。有明定就重大過失負責任者，如民法第 175 條（因急迫危險而為管理之免責），第 237

條（受領遲延時債務人責任），均從其所定。又依民法第 222 條規定，重大過失之責任，不得預先免除，以其有背於強行法規及公序良俗也。但事後之拋棄，則非法之所禁。

(2) 具體輕過失責任：即應與處理自己事務為同一注意，而欠缺者。明定就具體過失負責任者，如民法第 535 條前段（受任人之依從指示及注意義務），第 590 條前段（受寄人之注意義務）。

(3) 抽象輕過失責任：即應盡善良管理人之注意，亦即依交易上一般觀念認為有相當知識經驗及誠意之人之注意，而欠缺者。民法有明定就抽象過失負責任者，如民法第 432 條第 1 項（承租人之保管義務），第 468 條第 1 項（借用人之保管義務）。

(4) 無過失責任：指在損害發生的情況下，即使不存在故意或者過失，也需要承擔損害賠償責任。民法第 1057 條（贍養費）：「夫妻無過失之一方，因判決離婚而陷於生活困難者，他方縱無過失，亦應給與相當之贍養費。」

※ 不動產經紀人 106 年選擇題第 10 題

(A) 10. 依民法規定，關於受任人之權利及義務，下列敘述何者正確？　(A)受任人受有報酬者，應以善良管理人之注意，處理委任事務　(B)受任人為處理委任事務前，不得向委任人請求預付處理委任事務之必要費用　(C)受任人必有代理權　(D)受任人不得隨時終止委任契約。

4. 何謂「過失責任」、「無過失責任」、「中間責任」與「衡平責任」？請就民法之規定，舉例說明之。

(1) 過失責任：乃行為人就自己行為所導致之損害，負賠償責任，反之若行為非出於過失，行為人已盡注意之能事時，縱有損害亦不負賠償責任。如民法 184 條第 1 項前段「因故意或過失，不法侵害他人之權利者，負損害賠償責任」。行為人需有故意或過失致他人權利受損時，方負損害賠償責任。

(2) 無過失責任：指在損害發生的情形下，既使行為人不存在故意或過失，也需要承擔損害賠償責任。民法第 1057 條（贍養費）。

5. 中間責任（又稱推定過失責任）：為介於過失責任與無過失責任間之一種責任類型。中間責任先推定加害人有過失，而加害人就其無過失負舉證責任，為舉證責任之倒置。例如依民法第 187 條第 1 項規定，法定代理人之負賠償責任，並不以故意過失為積極要件，近似無過失責任。然依同條第 2 項規定，法定代理人又可舉證其監督並未疏懈或監督之疏懈與損害之發生無因果關係，以求免責，則近似過失責任。故民法 187 條第 1、2 項之規定為中間責任適例也。再者如民法第 191 條工作物之所有人責任亦屬中間責任之責任類型。

※ 不動產經紀人 103 年選擇題第 11 題

(C) 11. 甲糕餅業者向乙原料供應商購買食用油，用以添加於糕餅之製造，但該油之品質發生問題，經查該油係製油業者丙所生產，丙就其產品應對甲負何種責任？

　　 (A)無過失責任　 (B)故意責任　 (C)中間責任　 (D)不須負責。

(四) 衡平責任

係指行為人雖無過失，然為平衡雙方當事人之利益，仍令行為人負責之規定。衡平責任之立法目的乃在保障經濟弱勢者，乃立法政策之結果。如民法第 187 條第 3 項「如不能依前兩項規定受損害賠償時，法院因被害人之聲請，得斟酌行為人及其法定代理人與被害人之經濟狀況，令行為人或其法定代理人為全部或一部之損害賠償。」民法 188 條第 2 項「如被害人依前項但書之規定，不能受損害賠償時，法院因其聲請，得斟酌僱用人與被害人之經濟狀況，令僱用人為全部或一部之損害賠償。」均為適例。

1. 因急迫危險而為管理之免責（民法第 175 條）：管理人為免除本人之生命、身體或財產上之急迫危險，而為事務之管理者，對於因其管理所生之損害，除有惡意或重大過失者外，不負賠償之責。

2. 適法管理時管理人之權利（民法第 176 條）：管理事務，利於本人，並不違反本人明示或可得推知之意思者，管理人為本人支出必要或有益之費用，或負擔債務，或受損害時，得請求本人償還其費用及自支出時起之利息，或清償其所負擔之債務，或賠償其損害。第 174 條第 2 項規定之情形，管理人管理事務，雖違反本人之意思，仍有前項之請求權。

※ 不動產經紀人 111 年選擇題第 7 題

(D) 7. 在無因管理之規定中，若管理人管理事務時，利於本人，且不違反本人明示或可得推知之意思者，管理人不得向本人主張下列那種請求權？　(A)管理人管理本人事務之有益費用支出償還請求權　(B)清償管理人因管理事務所負債務之請求權　(C)管理人因管理事務所受損害之賠償請求權　(D)管理人管理本人事務之報酬請求權。

3. 非適法管理本人之權利義務（民法第 177 條）：管理事務不合於前條之規定時，本人仍得享有因管理所得之利益，而本人所負前條第 1 項對於管理人之義務，以其所得之利益為限。前項規定，於管理人明知為他人之事務，而為自己之利益管理之者，準用之。

※ 55 年台上字第 228 號（民國 55 年 02 月 04 日）：「無因管理成立後，管理人因故意或過失不法侵害本人之權利者，侵權行為仍可成立，非謂成立無因管理後，即可排斥侵權行為之成立。」

※ 地政士 107 年申論題第 3 題

三、甲、乙各有房屋 A、B 相互毗鄰，但乙長年未居住 B 屋，且有重建之打算。某年颱風 A、B 兩屋同時受創，甲基於經濟考量，未商請乙同意，即請丙同時對 A、B 兩房屋進行整修，共花費新台幣 50 萬元，其中 A 屋之整修費用為 30 萬元，B 屋必要之整修費用為 20 萬元。試述丙可向何人請求整修費用？

解析

　　丙應向甲請求 50 萬元之整修費用：

(一) 甲與丙簽訂承攬契約

　　　　甲基於經濟考量，未商請乙同意，請丙同時對 A、B 兩房屋進行整修。甲乃以自己之名義與丙訂立承攬契約，依據民法第 490 條：「當事人約定，一方為他方完成一定之工作，他方俟工作完成，給付報酬之契約。」由於承攬契約之當事人為甲、丙，依據債權相對性原則，承攬人丙應向定作人甲請求給付 50 萬元之修繕報酬。

(二) 甲未商請乙同意，請丙對 B 房屋進行整修，對乙成立無因管理

　　1. 無因管理之意義，依據民法第 172 條規定：「未受委任，並無義務，而為他人管理事務者，其管理應依本人明示或可得推知之意思，以有利於本人之方法為之。」

　　2. 無因管理之要件：

　　(1) 主觀上，管理人須有將管理行為所生之利益，歸屬於他人之管理意思。

(2) 客觀上，須有管理他人事務之行為，且無法律上義務而為管理。

3. 通說認為，為他人管理之意思與為自己管理之意思通常可以併存。甲請丙對 B 屋整修，客觀上乃無法律上之義務而為乙管理財產事務，主觀上甲整修 A 屋有為自己管理之意思，同時整修 B 屋亦有為乙管理事務之意思，故甲與乙間應成立無因管理。

(三) 因為乙長年未居住 B 屋，且有重建之打算，甲對 B 屋整修是否符合對乙為適法管理或非適法管理，有討論之必要性：

1. 適法管理時管理人之權利

依據民法第 176 條：「管理事務，利於本人，並不違反本人明示或可得推知之意思者，管理人為本人支出必要或有益之費用，或負擔債務，或受損害時，得請求本人償還其費用及自支出時起之利息，或清償其所負擔之債務，或賠償其損害。第 174 條第 2 項規定之情形，管理人管理事務，雖違反本人之意思，仍有前項之請求權。」管理甲人為本人乙管理事務所支出必要或有益之費用 20 萬及自支出時起之利息，得請求本人乙償還。

2. 非適法管理本人之權利義務

依據民法第 177 條：「管理事務不合於前條之規定時，本人仍得享有因管理所得之利益，而本人所負前條第 1 項對於管理人之義務，以其所得之利益為限。前項規定，於管理人明知為他人之事務，而為自己之利益管理之者，準用之。」管理甲人為本人乙管理事務，以其所得之利益 20 萬為限得請求本人乙償還。

(五) 不當得利（民法第 179 條～第 183 條）

1. 不當得利之效力（民法第 179 條）：無法律上之原因而受利益，致他人受損害者，應返還其利益；雖有法律上之原因，而其後已不存在者亦同。

※ 不動產經紀人 101 年選擇題第 36 題

(C) 36. 甲將自己之汽車停在乙的停車格內多日，乙自己沒有汽車，停車格也未出租給他人使用，甲在乙的要求下將汽車開走，下列敘述何者最正確？ (A)乙仍得對甲主張無因管理，請求必要費用之返還 (B)乙仍得對甲主張債務不履行之損害賠償責任 (C)乙仍得對甲主張不當得利，請求甲返還利益 (D)乙仍得對甲主張無權代理之損害賠償責任。（臨停在別人停車位原則上不構成竊占罪，可主張不當得利停車位租金以及管理費，比照附近市價）

※ 不動產經紀人 100 年選擇題第 13 題

(A) 13. 下列關於不當得利之敘述，何者正確？　(A)無法律上之原因而受利益，致他人
受損害者，應返還其利益　(B)因清償債務而為給付，於給付時明知無給付之義
務者，得請求返還　(C)不當得利之受領人，只須返還其所受之利益，如本於該
利益更有所取得者，無須返還　(D)不當得利之受領人，不知無法律上之原因，
縱其所受之利益已不存在者，仍應負返還之責任。

※ 不動產經紀人 111 年申論題第 1 題

一、甲出國進修期間將其名下 A 屋委託好友乙打掃照看，但乙卻未經甲同意，私自以
自己名義將 A 屋出租給不知情的丙並按月收取租金一萬元，租期五年。三年後甲
學成歸國，發現此事非常生氣，主張丙無權占有 A 屋，向丙請求返還 A 屋，並要
求丙支付占有使用 A 屋三年之租金 36 萬元作為補償。丙認為自己是合法承租 A
屋且已按時向乙支付租金，斷然拒絕甲之請求。請問丙之主張是否有理由？

解析

丙無權占有甲之 A 屋，丙之主張並無理由：

(一) 甲可依據民法第 767 條第 1 項所有物返還請求權向丙主張返還 A 屋

　1. 民法第 767 條第 1 項規定：「所有人對於無權占有或侵奪其所有物者，得請求返
還之。對於妨害其所有權者，得請求除去之。有妨害其所有權之虞者，得請求
防止之。」甲為 A 屋所有人符合民法第 767 條第 1 項構成要件。

　2. 民法第 940 條規定：「對於物有事實上管領之力者，為占有人。」丙為現在占有
A 屋之直接占有人符合民法第 940 條構成要件。

　3. 丙之占有須為無權占有：所謂無權占有係指無占有之正當權源而仍占有其物。
若占有人對所有人有正當之權利者，即無民法第 767 條之適用。

　4. 本題乙擅自將甲所有之 A 屋出租丙，因租賃屬債權行為而非物權行為（處分行
為），雖然乙出租人不必具備處分權，乙與丙之 A 屋租賃契約固然有效，因租賃
乃債之關係僅具有相對效力，不得對抗所有權人甲，且丙不符合民法第 425 條
買賣不破租賃之規定。故丙占有 A 屋，對甲而言乃是無權占有。

　5. 小結：丙係無權占有甲之 A 屋，甲得依民法第 767 條所有物返還請求權對丙主
張返還 A 屋。

(二) 甲不可依據民法第 179 條不當得利向丙主張返還租金 36 萬元

　1. 民法第 179 條規定：「無法律上之原因而受利益，致他人受損害者，應返還其利
益。雖有法律上之原因，而其後已不存在者，亦同。」

2. 甲主張民法第 179 條之 36 萬元租金不當得利，參照最高法院 104 年度台上字第 2252 號判決意旨：「所有人得否依不當得利之法律關係，向承租人請求返還占有使用租賃物之利益，應視承租人是否善意而定，倘承租人為善意，依民法第 952 條規定，得為租賃物之使用及收益，其因此項占有使用所獲利益，對於所有人不負返還之義務，自無不當得利可言。」如丙善意不知乙係無權出租 A 屋，依民法第 952 條規定：「善意占有人於推定其為適法所有之權利範圍內，得為占有物之使用、收益。」得對 A 屋為使用收益，丙對甲應無不當得利可言，其拒絕返還相當於租金之 36 萬元為有理由。

2. **不得請求返還之不當得利（民法第 180 條）**：給付，有下列情形之一者，不得請求返還：(1)給付係履行道德上之義務者。(2)債務人於未到期之債務因清償而為給付者。(3)因清償債務而為給付，於給付時明知無給付之義務者。(4)因不法之原因而為給付者。但不法之原因僅於受領人一方存在時，不在此限。

※ 不動產經紀人 104 年選擇題第 18 題

(A) 18. 下列關於民法規定之贈與契約的敘述，何者正確？ (A)為履行道德上之義務的贈與契約，不得撤銷 (B)為確認贈與意思，贈與契約須以書面定之 (C)贈與契約為無償契約，贈與人不負瑕疵擔保責任 (D)贈與人就其重大過失，對於受贈人不負給付不能之責任。

※ 不動產經紀人 102 年選擇題第 19 題

(C) 19. 甲與女祕書乙發生婚外情，甲與乙約定以繼續維繫婚外情為前提，贈與乙 A 屋一棟，1 年後乙不欲繼續維持不倫關係，A 屋該如何處理？ (A)A 屋係以解除條件為前提的贈與契約，條件成就，贈與契約解除，A 屋須返還給甲 (B)甲與乙之間的贈與契約係以維繫婚外情為前提，贈與契約內容違反公序良俗無效，A 屋須返還給甲 (C)乙受贈 A 屋係屬不法原因而為給付者，甲事後不能請求返還 A 屋 (D)甲贈與乙 A 屋為無償行為，故贈與人甲可隨時撤銷該贈與契約，請求返還 A 屋。

※ 民法第 180 條：給付，有下列情形之一者，不得請求返還：

一、給付係履行道德上之義務者。

二、債務人於未到期之債務因清償而為給付者。

三、因清償債務而為給付，於給付時明知無給付之義務者。

四、因不法之原因而為給付者。但不法之原因僅於受領人一方存在時，不在此限。

※ 不動產經紀人 101 年選擇題第 9 題

(D) 9. 甲借款 10 萬元予乙，約定於半年後清償。下列敘述何者最正確？ (A)對於乙之期前清償，甲不得為反對之意思表示 (B)甲請求乙為期前清償時，乙不得拒絕 (C)乙之期前清償縱經甲受領，乙仍得以其期限利益受損，向甲主張不當得利返還請求權 (D)乙之期前清償如經甲受領，則乙不得再向甲主張不當得利返還請求權。

3. 不當得利返還標的物（民法第 181 條）：不當得利之受領人，除返還其所受之利益外，如本於該利益更有所取得者，並應返還。但依其利益之性質或其他情形不能返還者，應償還其價額。

※ 不動產經紀人 102 年選擇題第 18 題

(B) 18. 甲有一幅臺灣著名畫家之名畫，市值新臺幣 500 萬元，借給乙在畫展中展覽，並未委託乙出售。丙觀賞該名畫，愛不釋手，不知該畫是乙向甲借的，於是向乙表示願出新臺幣 700 萬元請乙割愛，乙就以新臺幣 700 萬元將該畫賣給丙，並以移轉所有權之意思交付給丙。下列敘述何者正確？ (A)甲得請求丙返還該畫 (B)甲得請求乙新臺幣 700 萬元 (C)甲最多只能請求乙新臺幣 500 萬元 (D)甲最多只能請求乙新臺幣 600 萬元。

※ 民法第 181 條：不當得利之受領人，除返還其所受之利益外，如本於該利益更有所取得者，並應返還。但依其利益之性質或其他情形不能返還者，應償還其價額。

4. 不當得利受領人之返還範圍（民法第 182 條）：不當得利之受領人，不知無法律上之原因，而其所受之利益已不存在者，免負返還或償還價額之責任。受領人於受領時，知無法律上之原因或其後知之者，應將受領時所得之利益，或知無法律上之原因時所現存之利益，附加利息，一併償還；如有損害，並應賠償。

※ 不動產經紀人 105 年選擇題第 13 題

(C) 13. 有關不當得利所應返還之客體，下列何者錯誤？ (A)原物所生之孳息 (B)受領之原物或原權利 (C)原物因受領人特殊能力導致之增值 (D)原物毀損後，受益時之價額。

※ 司法院大法官會議釋字 186 號：「宣告股票無效之除權判決經撤銷後，原股票應回復其效力。但發行公司如已補發新股票，並經善意受讓人依法取得股東權時，原股票之效力，即難回復。其因上述各情形喪失權利而受損害者，得依法請求損害賠償或為不當得利之返還。本院院字第 2811 號解釋，應予補充。」

(六) 侵權行為（民法第 184 條～第 198 條）

1. 獨立侵權行為之責任（民法第 184 條）：（第 1 項）因故意或過失，不法侵害他人之權利者，負損害賠償責任。故意以背於善良風俗之方法，加損害於他人者亦同。（第 2 項）違反保護他人之法律，致生損害於他人者，負賠償責任。但能證明其行為無過失者，不在此限。

★ 折舊自動試算表

https://gdgt.judicial.gov.tw/judtool/wkc/GDGT02.htm

※ 不動產經紀人 105 年選擇題第 14 題

(A) 14. 甲欲向乙租屋 3 年，雙方僅用通訊軟體 Line 互相協商，乙已於對話中允諾，但後來丙出更高租金，於是乙改將該屋出租給丙並交付之，後來丙得乙之同意將該屋再出租給丁，某日丁因大意未關爐火將該屋燒毀，下列敘述何者正確？ (A)乙可以向丁主張侵權行為責任　(B)甲可主張乙丙之租賃契約未以書面簽訂，因此無效　(C)丙可以向丁主張侵權行為責任　(D)甲可以向丙主張有優先締約權，因此乙丙之租賃契約對甲係屬無效。（民法第 434 條：租賃物因承租人之重大過失，致失火而毀損、滅失者，承租人對於出租人負損害賠償責任）

※ 不動產經紀人 105 年選擇題第 15 題

(D) 15. 依侵權行為請求損害賠償之說明，下列敘述何者正確？　(A)純粹經濟上之損失亦屬於一種損害，與權利受損一樣，得依民法第 184 條第 1 項前段主張之（學界有力說認「權利」不包括經濟上利益。實務有爭議）　(B)債權亦屬於一種財產權，被侵害時，只得依民法第 184 條第 1 項前段主張，而不得依同條項後段主張之　(C)我國侵權行為之保護客體僅限於權利，未及於利益　(D)故意以背於善良風俗之方法加損害於他人之利益，受害人亦得依侵權行為主張之。

※ 不動產經紀人 103 年選擇題第 15 題

(B) 15. 甲駕駛機車載乙，與丙發生車禍，致乙跌落機車，身體多處受傷，經查甲、丙均有過失。下列敘述，何者錯誤？　(A)乙得向丙請求損害賠償　(B)丙不得主張乙應承擔甲之過失　(C)乙得向甲請求損害賠償　(D)甲丙為共同侵權行為人。

※ 不動產經紀人 101 年選擇題第 23 題

(C) 23. 甲被酒醉駕車之乙撞傷住院，甲所駕駛之汽車亦因此受損，下列敘述何者最正確？　(A)甲對於汽車所受之損害，僅得請求乙將汽車修復原狀，不得主張修復原狀所必要之費用以代替回復原狀　(B)甲受傷住院，得因人格權受侵害對乙請求非財產上之損害賠償，其請求之數額限於甲實際所受之損害　(C)甲對於汽車所受之損害，得對加害人乙請求汽車因毀損所減少之數額　(D)被害人甲若對第三人負有法定扶養義務者，加害人乙對該第三人亦應負損害賠償責任。

※ 不動產經紀人 98 年選擇題第 7 題

(D) 7. 甲酒駕，不慎撞傷路人乙，乙因此必須住院治療，1 個月無法工作，試問下列對於甲乙關係的論述何者錯誤？ (A)甲因酒駕撞傷乙，致乙受有身體傷害住院，甲對乙構成侵權行為責任 (B)乙對甲可以要求醫療費用之損害賠償 (C)乙住院期間，需要僱用看護照顧，乙可以請求甲負擔該費用 (D)乙為藝術工作者，因為受傷而無法開演唱會，乙的經紀人丙因無法開演唱會，而受有嚴重損失。丙可以對甲請求丙因乙無法開演唱會所受的損失賠償。(民§184、§193)

※ 地政士 99 年申論題第 1 題

一、債務人甲因恐其債權人乙對其財產為強制執行，將其僅有的房屋一棟贈與知情之友人丙，並完成所有權移轉登記。請問甲、丙之間的贈與行為因虛偽表示與真實表示之不同，乙應如何適用法條主張權利？

解析

甲、丙之間的贈與行為因虛偽表示而無效。

1. 乙應主張甲丙之贈與契約及所有權移轉行為均屬通謀虛偽意思表示而無效。

(1) 民法第 87 條第 1 項規定：表意人與相對人通謀而為虛偽意思表示者，其意思表示無效。但不得以其無效對抗善意第三人。

(2) 甲因恐債權人乙對其財產為強制執行，將其房屋一棟贈與知情之友人丙，並完成所有權移轉登記。甲丙之間的意思表示均屬通謀虛偽意思表示，主觀上無贈與及移轉屋所有權之意思，故其贈與之債權行為及移轉房屋所有權之物權行為均屬通謀而為虛偽意思表示而屬無效。

2. 乙可依民法第 184 條第 1 項後段侵權行為訴請丙塗銷所有權之登記與民法第 213 條第 1 項請求丙回復房屋所有權登記給甲。

(1) 丙明知甲以侵害債權人乙之目的而為虛偽之贈與契約及移轉房屋所有權，卻與甲通謀，乙得依民法第 184 條第 1 項後段：「故意以背於善良風俗之方法，加損害於他人者亦同。」之侵權行為規定，對丙訴請塗銷房屋所有權登記。

(2) 乙依民法第 213 條第 1 項規定：「負損害賠償責任者，除法律另有規定或契約另有訂定外，應回復他方損害發生前之原狀。」請求丙回復原狀，將房屋所有權登記於甲。

3. 乙可依民法第 242 條債權人代位權，代位甲向丙訴請塗銷所有權登記。

(1) 民法第 242 條：「債務人怠於行使其權利時，債權人因保全債權，得以自己之名義，行使其權利。但專屬於債務人本身者，不在此限。」

(2) 甲丙通謀虛偽意思表示之債權行為及物權行為均屬無效，甲仍為實質上房屋所有權人，丙為形式上房屋所有權人，甲對丙可主張民法第 767 條物上請求權規定請求丙塗銷房屋所有權登記。

(3) 若甲怠於行使者，乙自得以債權人之身分代位甲向丙行使物上請求權，請求丙塗銷房屋所有權登記，將房屋回復登記給甲。

(4) 最高法院 73 年台抗字第 472 號判例：「債務人欲免其財產被強制執行，與第三人通謀而為虛偽意思表示，將其所有不動產為第三人設定抵押權者，債權人可依侵權行為之法則，請求第三人塗銷登記，亦可行使代位權，請求塗銷登記。二者之訴訟標的並不相同。」

2. 共同侵權行為責任（民法第 185 條）：數人共同不法侵害他人之權利者，連帶負損害賠償責任；不能知其中孰為加害人者亦同。造意人及幫助人，視為共同行為人。

※ 不動產經紀人 108 年選擇題第 11 題

(D) 11. 16 歲之甲於騎車上學時，與正在送貨之某公司送貨員乙（30 歲）擦撞，並導致路人丙受傷。若甲與乙均為違規駕駛，下列敘述何者正確？ (A)丙僅得請求財產上之損害賠償，不得主張非財產上損害賠償 (B)甲為有識別能力人，故丙僅得向甲單獨請求損害賠償，不得向甲之父母求償 (C)我國並無僱傭人責任之規範，僱傭乙之公司不必負損害賠償責任 (D)甲與乙對丙構成共同侵權行為，均須對丙負連帶損害賠償責任。

※ 不動產經紀人 104 年選擇題第 15 題

(A 或 B 或 AB) 15. 甲有 A 車一輛借乙使用，乙因滑手機未注意車前狀況，而與丙酒駕闖紅燈之 B 車相撞，乙重傷，A 車全毀。下列敘述，何者正確？ (A)甲若向丙請求 A 車之損害賠償，丙不得主張甲就 A 車投有保險，應扣除保險金 (B)乙及丙對 A 車之損害，應負連帶賠償責任 (C)乙母可向丙請求精神慰藉金 (D)乙向丙請求賠償時，丙不得主張因乙與有過失，應減輕賠償金額。

3. 公務員之侵權責任（民法第 186 條）：公務員因故意違背對於第三人應執行之職務，致第三人受損害者，負賠償責任。其因過失者，以被害人不能依他項方法受賠償時為限，負其責任。前項情形，如被害人得依法律上之救濟方法，除去其損害，而因故意或過失不為之者，公務員不負賠償責任。

4. 法定代理人之責任（民法第 187 條）：無行為能力人或限制行為能力人，不法侵害他人權利者，以行為時有識別能力為限，與其法定代理人連帶負損害賠償責任。行為時無識別能力者，由法定代理人負損害賠償

責任。前項情形，法定代理人如其監督並未疏懈，或縱加以相當之監督，而仍不免發生損害者，不負賠償責任。如不能依前 2 項規定受損害賠償時，法院因被害人之聲請，得斟酌行為人及其法定代理人與被害人之經濟狀況，令行為人或其法定代理人為全部或一部之損害賠償。前項規定，於其他之人，在無意識或精神錯亂中所為之行為致第三人受損害時，準用之。

※ 不動產經紀人 108 年選擇題第 12 題

(A) 12. 10 歲的男童 A 去同學 B 家中一起打電動遊戲時，因一言不合吵起來，一氣之下摔壞 B 父甲新購買的筆電。請問下列敘述何者錯誤？　(A)若摔壞筆電時 A 有識別能力，則由 A 單獨負責，甲不可向 A 之法定代理人乙求償　(B)若摔壞筆電時 A 有識別能力，則 A 和其法定代理人乙必須連帶負賠償責任　(C)若摔壞筆電時 A 無識別能力，則 A 無須負責　(D)若摔壞筆電時 A 無識別能力，則由其法定代理人乙單獨負責，但乙可舉證免責。

※ 不動產經紀人 106 年選擇題第 30 題

(A) 30. 19 歲之甲經父母同意受僱於乙公司，某日甲受乙公司之吩咐，將貨物送到客戶手中。途中行經十字路口，甲闖紅燈致丙在綠燈穿越時受傷，經該地區行車事故鑑定委員會認定，認定甲應負全部之筆事責任。就此情形，下列敘述何者錯誤？　(A)甲是未成年人，對於丙之損害，無須負賠償責任　(B)丙得主張乙與甲負連帶損害賠償責任　(C)丙得主張甲及其父母負連帶損害賠償責任　(D)乙賠償丙之損害後，得向甲求償。

※ 不動產經紀人 102 年選擇題第 20 題

(D) 20. 18 歲的甲騎機車上學途中撞傷騎腳踏車的乙。下列敘述何者正確？　(A)甲未成年，所以不須負損害賠償之責　(B)由甲的法定代理人負損害賠償之責　(C)以甲行為時有意思能力為限，與其法定代理人連帶負損害賠償責任　(D)法定代理人如其監督並未疏懈，或縱加以相當之監督，而仍不免發生損害者，得主張免責。

※ 民法第 187 條：無行為能力人或限制行為能力人，不法侵害他人之權利者，以行為時有識別能力為限，與其法定代理人連帶負損害賠償責任。行為時無識別能力者，由其法定代理人負損害賠償責任。前項情形，法定代理人如其監督並未疏懈，或縱加以相當之監督，而仍不免發生損害者，不負賠償責任。

5. 僱用人之責任（民法第 188 條）：受僱人因執行職務，不法侵害他人之權利者，由僱用人與行為人連帶負損害賠償責任。但選任受僱人及監督

其職務之執行，已盡相當之注意或縱加以相當之注意而仍不免發生損害者，僱用人不負賠償責任。如被害人依前項但書之規定，不能受損害賠償時，法院因其聲請，得斟酌僱用人與被害人之經濟狀況，令僱用人為全部或一部之損害賠償。僱用人賠償損害時，對於為侵權行為之受僱人，有求償權。（民§28 董事、§188 受僱人、§224 代理人或使用人之連帶損害賠償比較）

※ 不動產經紀人 101 年選擇題第 38 題

(C) 38. 甲與乙締結 A 畫的買賣契約，約定由出賣人甲在兩天內將 A 畫送至乙處；甲將 A 畫交由店員丙送至乙處，因丙之過失，A 畫滅失。下列敘述何者最正確？ (A)甲免給付義務 (B)乙得向丙主張侵害所有權之損害賠償責任 (C)甲應對乙負擔給付不能之損害賠償責任 (D)丙應對乙負擔給付不能之損害賠償責任。

※ 不動產經紀人 99 年選擇題第 14 題

(D) 14. 甲受僱於乙客運公司擔任公車司機，某日在依照路線載客途中，因過失撞傷路人丙。下列敘述何者錯誤？ (A)丙可以只向甲請求賠償 (B)丙可以只向乙請求賠償 (C)乙賠償之後，原則上可以向甲主張求償 (D)甲乙對丙負不真正連帶債務之關係。

※ 不真正連帶債務是指多個債務人就各自立場，基於不同的發生原因而偶然產生的同一內容的給付，各自獨立地對債權人負全部履行的義務，並因其一債務人的履行而使全體債務人的債務歸於消滅的債務。例如：甲與乙、丙分別約定，乙提供工作材料，丙以該工作材料為甲完成工作物，如乙所提供的原材料和丙完成的工作物均不符合約定，則乙與丙對甲負不真正連帶債務。

※ 不動產經紀人 96 年第 1 次申論題第 1 題

一、乙需錢孔急，乃委託丁公司銷售乙所有之房屋、車庫及中古車一輛，售價 1,000 萬元。丁之職員丙一時疏忽，未能詳加檢查該輛中古車性能，見甲有購買意願，乃與甲訂立買賣契約。然該車加油指示表儀故障，一直指著全滿，甲支付部分價款後，丁交付甲該屋及汽車鑰匙，並言明待房屋所有權移轉完成後，甲再付清餘款。甲旋即開車上高速公路，因未加油致汽車拋錨，撞上分隔島翻覆全毀，甲該如何求償？

解析

(一) 甲依據民法第 184 條第 1 項前段規定向丙主張侵權行為損害賠償

1. 民法第 184 條第 1 項前段規定：因故意或過失，不法侵害他人之權利者，負損害賠償責任。

2. 丙一時疏忽，未能詳加檢查該輛中古車之加油指示表儀故障，卻交付甲汽車鑰匙，甲旋即開車上高速公路，因未加油致汽車拋錨，撞上分隔島翻覆全毀，丙

過失之行為不法侵害甲之權利致生損害，故甲依民法第 184 條第 1 項前段規定
向丙主張侵權行為損害賠償。

(二) 甲依據民法第 188 條第 1 項規定向丁主張僱傭人侵權行為損害賠償

1. 民法第 188 條第 1 項規定受僱人因執行職務，不法侵害他人之權利者，由僱用
人與行為人連帶負損害賠償責任。但選任受僱人及監督其職務之執行，已盡相
當之注意或縱加以相當之注意而仍不免發生損害者，僱用人不負賠償責任。

2. 丙為丁公司之職員，其與甲訂立買賣契約並交付汽車之行為乃職務上之行為，故
其過失不法侵害甲權利之侵權行為，除可舉證免責外，丁應連帶負損害賠償責
任，故甲得依民法第 188 條第 1 項規定向丁主張僱傭人侵權責任之損害賠償。

(三) 甲依據民法第 224 條規定向乙主張履行輔助人之過失責任

1. 民法第 224 條規定：債務人之代理人或使用人，關於債之履行有故意或過失
時，債務人應與自己之故意或過失負同一責任。但當事人另有訂定者，不在此
限。履行輔助人責任，其使用人乃指債務人使用於履行債務之人。

2. 乙委託丁公司銷售乙所有之房屋、車庫及中古車一輛，售價 1,000 萬元。丁之職
員丙乃與甲訂立買賣契約，丙乃為乙之履行輔助人，故乙應負履行輔助人丙之
過責任。

(四) 甲依據民法第 227 條規定向乙主張債務不履行之損害賠償責任

1. 民法第 227 條：因可歸責於債務人之事由，致為不完全給付者，債權人得依關
於給付遲延或給付不能之規定行使其權利。因不完全給付而生前項以外之損害
者，債權人並得請求賠償。

2. 乙賣給甲汽車加油指示表儀故障之瑕疵，丙一時疏忽，未能詳加檢查該輛中古
車性能，其瑕疵造成甲汽車拋錨，撞上分隔島翻覆全毀，應可歸責乙債務人之
事由所為之瑕疵給付致生之損害，債權人甲得向乙主張債務不履行之損害賠償
責任。

6. 定作人之責任（民法第 189 條）：承攬人因執行承攬事項，不法侵害他
人之權利者，定作人不負損害賠償責任。但定作人於定作或指示有過失
者，不在此限。

7. 動物占有人之責任（民法第 190 條）：動物加損害於他人者，由其占有
人負損害賠償責任。但依動物之種類及性質已為相當注意之管束，或縱
為相當注意之管束而仍不免發生損害者，不在此限。動物係由第三人或

他動物之挑動，致加損害於他人者，其占有人對於該第三人或該他動物之占有人，有求償權。

※ 民法第942條：「受僱人、學徒、家屬或基於其他類似之關係，受他人之指示，而對於物有管領之力者，僅該他人為占有人。」（雇主為占有人）

※ 不動產經紀人99年選擇題第26題

(A) 26. 以下關於占有之敘述何者錯誤？　(A)寵物店之店員甲照顧顧客乙寄放之寵物狗，帶該隻寵物狗出外散步時，咬傷在公園遊玩之幼童，此時甲應負損害賠償責任　(B)動產善意受讓人必須善意且無重大過失始可　(C)占有人由拍賣或公共市場以善意買得盜贓遺失物時，真正權利人得於2年內，償還支出之價金後，請求回復其物　(D)占有人之占有被侵奪者，占有人之返還請求權自侵奪時起，1年間不行使而消滅。

8. 工作物所有人之責任（民法第191條）：土地上之建築物或其他工作物所致他人權利之損害，由工作物之所有人負賠償責任。但其對於設置或保管並無欠缺，或損害非因設置或保管有欠缺，或於防止損害之發生，已盡相當之注意者，不在此限。前項損害之發生，如別有應負責任之人時，賠償損害之所有人，對於該應負責者，有求償權。

9. 商品製造人之責任（民法第191條之1）：商品製造人因其商品之通常使用或消費所致他人之損害，負賠償責任。但其對於商品之生產、製造或加工、設計並無欠缺或其損害非因該項欠缺所致或於防止損害之發生，已盡相當之注意者，不在此限。前項所稱商品製造人，謂商品之生產、製造、加工業者。其在商品上附加標章或其他文字、符號，足以表彰係其自己所生產、製造、加工者，視為商品製造人。商品之生產、製造或加工、設計，與其說明書或廣告內容不符者，視為有欠缺。商品輸入業者，應與商品製造人負同一之責任。（消保法第7條商品製造人採無過失責任）

10. 動力車輛駕駛人之責任（民法第191條之2）：汽車、機車或其他非依軌道行駛之動力車輛，在使用中加損害於他人者，駕駛人應賠償因此所生之損害。但於防止損害之發生，已盡相當之注意者，不在此限。（須配合民法第184條規定）

11. 一般危險之責任（民法第 191 條之 3）：經營一定事業或從事其他工作或活動之人，其工作或活動之性質或其使用之工具或方法有生損害於他人之危險者，對他人之損害應負賠償責任。但損害非由於其工作或活動或其使用之工具或方法所致，或於防止損害之發生已盡相當之注意者，不在此限。

12. 侵害生命權之損害賠償（民法第 192 條）：不法侵害他人致死者，對於支出醫療及增加生活上需要之費用或殯葬費之人，亦應負損害賠償責任。被害人對於第三人負有法定扶養義務者，加害人對於該第三人亦應負損害賠償責任。第 193 條第 2 項之規定，於前項損害賠償適用之。（**須配合民法第 194 條**）

13. 侵害身體、健康之財產上損害賠償（民法第 193 條）：不法侵害他人之身體或健康者，對於被害人因此喪失或減少勞動能力或增加生活上之需要時，應負損害賠償責任。前項損害賠償，法院得因當事人之聲請，定為支付定期金。但須命加害人提出擔保。（**配合民法第 195 條**）

★ 憲法法庭 111 年憲判字第 2 號【強制道歉案（二）】

一、民法第 195 條第 1 項後段規定：「其名譽被侵害者，並得請求回復名譽之適當處分。」所稱之「適當處分」，應不包括法院以判決命 加害人道歉之情形，始符憲法保障人民言論自由及思想自由之意旨。司法院釋字第 656 號解釋，於此範圍內，應予變更。

二、本件聲請人均得自本判決送達之日起 30 日內，依法提起再審之訴。

三、本件各原因案件之確定終局判決命各該聲請人公開道歉部分，如已執行，再審之訴判決應依本判決意旨廢棄上開命加害人公開道歉部分，並得依被害人之請求，改諭知回復名譽之其他適當處分，然應不適用民事訴訟法第 505 條之 1 規定，亦不得命被害人回復執行前原狀；上開改諭知之其他適當處分亦不得強制執行。

14. 侵害生命權之非財產上損害賠償（民法第 194 條）：不法侵害他人致死者，被害人之父、母、子、女及配偶，雖非財產上之損害，亦得請求賠償相當之金額。

※ 不動產經紀人 102 年選擇題第 16 題

(D) 16. 甲男與乙女已經訂婚，而且同居，雖尚未結婚，但感情非常好。甲男某日外出工作，遭無照駕駛之丙喝酒闖紅燈撞擊，當場死亡。下列敘述何者正確？　(A)因乙女與甲男有訂婚之關係，故乙女得請求丙賠償慰撫金　(B)因乙女與甲男已經同居，故乙女得請求丙賠償慰撫金　(C)因乙女與甲男感情非常好，故乙女得請求丙賠償慰撫金　(D)因乙女與甲男尚未結婚，故乙女不得請求丙賠償慰撫金。

※ 民法第 194 條：不法侵害他人致死者，被害人之父、母、子、女及配偶，雖非財產上之損害，亦得請求賠償相當之金額。

※ 地政士 93 年申論題第 2 題

二、依民法之規定，於生命權被不法侵害時，何人有財產上損害賠償請求權？何人有非財產上損害賠償請求權？又請求權人得請求損害賠償之範圍各為如何？

解析

(一) 依據民法第 192 條規定：不法侵害他人致死者，對於支出醫療及增加生活上需要之費用或殯葬費之人，被害人對於第三人負有法定扶養義務者，加害人對於該第三人亦應負損害賠償責任。

(二) 依據民法第 194 條規定：不法侵害他人致死者，被害人之父、母、子、女及配偶，雖非財產上之損害，亦得請求賠償相當之金額。

15. 侵害身體健康名譽或自由之非財產上損害賠償（民法第 195 條）：不法侵害他人之身體、健康、名譽、自由、信用、隱私、貞操，或不法侵害其他人格法益而情節重大者，被害人雖非財產上之損害，亦得請求賠償相當之金額。其名譽被侵害者，並得請求回復名譽之適當處分。前項請求權，不得讓與或繼承。但以金額賠償之請求權已依契約承諾，或已起訴者，不在此限。前 2 項規定，於不法侵害他人基於父、母、子、女或配偶關係之身分法益而情節重大者，準用之。

16. 損害賠償請求權之消滅時效與不當得利之返還（民法第 197 條）：因侵權行為所生之損害賠償請求權，自請求權人知有損害及賠償義務人時起，2 年間不行使而消滅；自有侵權行為時起，逾 10 年者亦同。損害賠償之義務人，因侵權行為受利益，致被害人受損害者，於前項時效完成後，仍應依關於不當得利之規定，返還其所受之利益於被害人。

※ 72 年台上字第 738 號（民國 72 年 02 月 25 日）：「關於侵權行為損害賠償請求權之消滅時效，應以請求權人實際知悉損害及賠償義務人時起算，非以知悉賠償義務人因侵權行為所構成之犯罪行為經檢察官起訴，或法院判決有罪為準。」

※ 民法侵權行為請求權時效與責任保險的主張請求權時效（知悉說與責任確定說）

※ 不動產經紀人 97 年第 1 次選擇題第 18 題

(C) 18. 某 A 仲介公司不動產經紀人甲，在介紹房屋過程中隱瞞該屋為海砂屋之事實，買受人知情後憤而追訴求償，請問誰應負起責任： (A)A 仲介公司 (B)不動產經紀人甲 (C)A 仲介公司與不動產經紀人甲連帶負責 (D)基於契約自由原則買受人自行承擔損失。

※ 僱用人之責任（民法第 188 條）：受僱人因執行職務，不法侵害他人之權利者，由僱用人與行為人連帶負損害賠償責任。

※ 不動產經紀人 97 年第 1 次選擇題第 31 題

(B) 31. 甲、乙、丙共同將丁毆打成傷，丁花費醫療費用新臺幣 15 萬元，嗣後丁免除其對甲之債務，請問乙、丙應如何負責： (A)乙、丙共同承擔 15 萬元責任 (B)乙、丙共同承擔 10 萬元責任 (C)乙、丙共同承擔 5 萬元責任 (D)乙、丙同時免責。

※ 民法第 276 條（免除與時效完成之限制絕對效力）：「債權人向連帶債務人中之一人免除債務，而無消滅全部債務之意思表示者，除該債務人應分擔之部分外，他債務人仍不免其責任。」

※ 不動產經紀人 97 年第 1 次選擇題第 39 題

(C/D) 39. 甲向乙購買房屋一棟，豈料該房屋竟然為輻射屋，乙卻明知而未告知，甲並因此罹患癌症，甲可以何種理由向乙請求賠償？ (A)不當得利 (B)無因管理 (C)侵權行為 (D)債務不履行。

三、債之種類

（口訣：類、貨、利、選、害）

（一）種類之債： 以某種類之物的一定數量為給付標的之債（民法第 200 條）

給付物僅以種類指示者，依法律行為之性質或當事人之意思不能定其品質時，債務人應給以中等品質之物。前項情形，債務人交付其物之必要行為完結後，或經債權人之同意指定其應交付之物時，其物即為特定給付物。

補充

1. 種類之債：指以某種類之物之一定數量之給付為標的之債。種類之債於特定之後，成為特定之債，當事人間權利義務之處理則可明確。亦即若要處理種類之債的當事人間法律關係，則須先判斷標的物是否特定、於何時特定，才能處理債權債務人之關係。

2. 特定之債：種類之債特定後，則給付內容可茲特定，方產生給付不能之概念。其特定方法為交付其物之必要行為完結：指債務之履行，已完成一切應為之行為。可分為下列三種：

   (1) 往取之債（自取）：債權人至債務人之住所領取標的物者。此種交付方式，以債務人指定特定之物、通知債權人領取後，其交付行為完結、給付物特定。

   (2) 赴償之債（外送）：債務人將給付標的物送往債權人住所為清償之債。於債權人處於隨時可受領之狀態下，且將準備之情事通知債權人時，其給付方為特定。

   (3) 送赴之債（送第三地）：此種債務之清償地為債權人與債務人住所以外之地。應視債務人是否有送赴清償地之義務而定，若有，則與赴償之債無異。故所謂之送赴之債，指債務人依債權人之指定，好意送往該地者。此時一經向該地發送，則特定給付行為完成，給付物特定。

※ 不動產經紀人108年選擇題第4題

(B) 4. 種類之債係以不特定物之給付為標的，為使債之實現，於履行前應為特定。下列有關種類之債特定之方法，何者正確？　(A)種類之債只能依法定方法為特定　(B)往取之債於債務人具體指定給付物，並將準備給付之情事，通知債權人時，種類之債即為特定　(C)送赴之債於債務人將給付物送至債權人住所地，使債權人處於得隨時受領之狀態時，種類之債即為特定　(D)赴償之債於債務人交付其物於運送之人時，種類之債即為特定。

(二) 貨幣之債：以給付一定數額之貨幣為標的之債（民法第 201～第 202 條）

　　以特種通用貨幣之給付為債之標的者，如其貨幣至給付期失通用效力時，應給以他種通用貨幣。以外國通用貨幣定給付額者，債務人得按給付時、給付地之市價，以中華民國通用貨幣給付之。但訂明應以外國通用貨幣為給付者，不在此限。

※ 不動產經紀人 98 年選擇題第 8 題

(B) 8. 下列對於債之標的的論述何者正確？　(A)乙為出售中古屋的出售者，甲向乙購買乙所出售的 A 屋，甲乙間成立種類買賣（特定之債）　(B)甲乙訂立契約，約定甲對乙負有給付新臺幣 5,000 元的債務，甲對乙成立貨幣之債，亦稱金錢之債　(C)任意之債，係指債權人得於數宗給付中，自由選擇其中一種為給付標的（選擇之債）　(D)甲乙雖然訂立 A 畫的買賣契約，但約定債務人乙也可以 B 畫替代交付，甲乙間成立選擇之債。（民§201）（任意之債）

(三) 利息之債：以給付利息為標的之債（民法第 203 條～第 207 條）

1. 法定利率（民法第 203 條）：應付利息之債務，其利率未經約定，亦無法律可據者，週年利率為百分之五。

※ 不動產經紀人 98 年選擇題第 25 題

(B) 25. 應付利息之債務，其利率未經約定，亦無法律可據者，週年利率為何：　(A)百分之三　(B)百分之五　(C)百分之七　(D)百分之十。

※ 民法第 204 條：約定利率逾週年百分之十二者，經一年後，債務人得隨時清償原本。但須於一個月前預告債權人。前項清償之權利，不得以契約除去或限制之。

※ 不動產經紀人 109 年選擇題第 5 題

(B) 5. 下列關於利息之敘述，何者正確？　(A)應付利息之債務，其利率未經約定亦無法律可據者，原則上以週年利率為百分之六計算　(B)約定利率逾週年百分之十二者，經一年後，債務人得隨時清償原本。但須於一個月前預告債權人　(C)約定利率，超過週年百分之二十者，其約定當然無效，此時應以法定利率計算應給付之利息　(D)債權人受領超過最高利率之利息，對於超過部分之利息係不當得利，應返還債務人。

※ 當舖業法第 11 條：當舖業應於營業場所之明顯處，將下列事項揭示：一、許可證。二、負責人或營業人員之姓名。三、以年率為準之利率。四、利息計算方式。五、營業時間。前項第三款之年率，最高不得超過百分之三十。

2. 最高利率之限制（民法第 205 條）：約定利率，超過週年百分之 16 者，債權人對於超過部分之利息，無效。（110 年 7 月 20 日實施）

理由：一、鑑於近年來存款利率相較於本法制定時已大幅調降，本條所定最高約定利率之限制亦應配合社會現況作適度調整，另考量本條之適用範圍廣泛，仍須保留一定彈性容由當事人約定，不宜過低，爰將最高約定利率調降為週年百分之十六。二、約定利率如超過最高約定利率上限，原條文規定債權人對於超過部分之利息「無請求權」，並未規定超過部分之約定為「無效」，故司法實務見解均認為僅債權人對之無請求權，並非約定無效而謂其債權不存在，倘若債務人就超過部分之利息已為任意給付，經債權人受領後，不得謂係不當得利而請求返還。為強化最高約定利率之管制效果，保護經濟弱者之債務人，爰將本條法律效果修正為「超過部分之約定，無效」，以符立法原意。刑法第 344 條重利罪：「乘他人急迫、輕率、無經驗或難以求助之處境，貸以金錢或其他物品，而取得與原本顯不相當之重利者，處三年以下有期徒刑、拘役或科或併科三十萬元以下罰金。前項重利，包括手續費、保管費、違約金及其他與借貸相關之費用。」實務多數認為是 4%（四分利）

※ 不動產經紀人 112 年選擇題第 7 題

(B) 7. 依民法之規定，約定利率超過週年百分之多少，則超過之部分會無效？ (A)12 (B)16 (C)20 (D)25。

※ 不動產經紀人 100 年選擇題第 5 題

(C) 5. 甲向乙借了 50 萬，約定利息為週年利率百分之 30 計算，下列敘述何者正確？ (A)約定之利率過高，該消費借貸無效 (B)約定之利率過高，超過法定週年利率 20%部分之利息無效 (C)約定之利率過高，超過法定週年利率 20%部分之利息，乙無請求權 (D)依契約自由原則，該利率之約定有效，乙得向甲請求利息之支付。

3. 巧取利益之禁止（民法第 206 條）：債權人除前條限定之利息外，不得以折扣或其他方法，巧取利益。（借 100 萬先預扣利息 20 萬即約定利率百分之 20，實給 80 萬）

(四) 選擇之債（民法第 208 條～第 212 條）

指於數宗給付中，得選定其一為給付標的之債。

1. 於數宗給付中得選定其一者，其選擇權屬於債務人。但法律另有規定或契約另有訂定者，不在此限。（民法第 208 條）

2. 選擇權之行使（民法第 209 條）：債權人或債務人有選擇權者，應向他方當事人以意思表示為之。由第三人為選擇者，應向債權人及債務人以意思表示為之。

※ 不動產經紀人 94 年申論題第 2 題

二、乙有學生宿舍一棟（共 A、B 及 C 三間），甲向乙承租其中一間，哪一間則由乙決定，房租每月 1 萬元。今開學在即，乙遲未決定，甲遂逕自搬入較安靜之 A 號房間，乙以 A 房間已由丙預訂，請求甲遷出，問甲乙之法律關係如何。又甲為能省錢，並未告知乙而將 A 房間分租給丁，甲乙丁間之法律關係如何？

解析

(一) 甲乙之法律關係

　　1. 民法第 421 條：「稱租賃者，謂當事人約定，一方以物租與他方使用、收益，他方支付租金之契約。」乙有學生宿舍一棟（A、B 及 C 三間），甲向乙承租其中一間，甲乙成立租賃契約。

　　2. 民法第 208 條：（選擇之債）

　　　　「於數宗給付中得選定其一者，其選擇權屬於債務人。但法律另有規定或契約另有訂定者，不在此限。」學生宿舍一棟（A、B 及 C 三間），那一間則由乙決定，故屬選擇之債。

　　3. 民法第 210 條：（選擇權之行使期間與移轉）

　　　　「選擇權定有行使期間者，如於該期間內不行使時，其選擇權移屬於他方當事人。選擇權未定有行使期間者，債權至清償期時，無選擇權之當事人，得定相當期限催告他方當事人行使其選擇權，如他方當事人不於所定期限內行使選擇權者，其選擇權移屬於為催告之當事人。」

　　　　(1) 甲無催告乙行使其選擇權：選擇權屬乙，甲無權占有 A 號房間，乙主張民法第 767 條所有物返還請求權，請求甲遷出 A 號房間。

　　　　(2) 甲有催告乙行使其選擇權：選擇權屬甲，給付標的物確定，甲有權占有 A 號房間，乙不得請求甲遷出 A 號房間。

(二) 甲乙丁之法律關係

　　民法第 443 條：「承租人非經出租人承諾，不得將租賃物轉租於他人。但租賃物為房屋者，除有反對之約定外，承租人得將其一部分轉租於他人。承租人違反前項規定，將租賃物轉租於他人者，出租人得終止契約。」

1. 有禁止轉租約定：出租人乙得終止甲乙租賃契約。
2. 無禁止轉租約定：承租人甲得將其一部分轉租於他人丁。

(五) 損害賠償之債：以賠償損害為標的之債（民法第 213 條～第 218 條之 1）

1. 損害賠償之方法－回復原狀（民法第 213 條）：負損害賠償責任者，除法律另有規定或契約另有訂定外，應回復他方損害發生前之原狀。因回復原狀而應給付金錢者，自損害發生時起，加給利息。第一項情形，債權人得請求支付回復原狀所必要之費用，以代回復原狀。

2. 損害賠償之方法－金錢賠償（民法第 214 條）：應回復原狀者，如經債權人定相當期限催告後，逾期不為回復時，債權人得請求以金錢賠償其損害。

3. 法定損害賠償範圍（民法第 216 條）：損害賠償，除法律另有規定或契約另有訂定外，應以填補債權人所受損害及所失利益為限。依通常情形，或依已定之計畫、設備或其他特別情事，可得預期之利益，視為所失利益。

4. 損害賠償應損益相抵（民法第 216 條之 1）：基於同一原因事實受有損害並受有利益者，其請求之賠償金額，應扣除所受之利益。（強制險賠償之保險金應自被告受賠償請求之數額中扣除。強制汽車責任保險法第 32 條：「保險人依本法規定所為之保險給付，視為被保險人損害賠償金額之一部分；被保險人受賠償請求時，得扣除之。）

5. 過失相抵（民法第 217 條）：損害之發生或擴大，被害人與有過失者，法院得減輕賠償金額，或免除之。重大之損害原因，為債務人所不及知，而被害人不預促其注意或怠於避免或減少損害者，為與有過失。前二項之規定，於被害人之代理人或使用人與有過失者，準用之。（道路交通事故初步分析研判表[由警察機關判定不具有法律效力]與車禍鑑定報告[由專業人士擔任鑑定人員]有「肇事原因」、「無肇事因素」、「肇事主因」、「肇事次因」，法官判決時會參考的依據）

※ 不動產經紀人 97 年第 1 次選擇題第 37 題

(C)37. 甲搭乘乙所駕駛之計程車，因甲趕時間，遂指示乙盡量超速。乙因此不及閃避紅燈右轉之丙車，乙受重傷向丙請求賠償，丙得作下列何主張： (A)損益相抵 (B)窮困抗辯 (C)過失相抵 (D)代位求償。

※ 民法第 217 條（過失相抵）：「損害之發生或擴大，被害人與有過失者，法院得減輕賠償金額，或免除之。重大之損害原因，為債務人所不及知，而被害人不預促其注意或怠於避免或減少損害者，為與有過失。前 2 項之規定，於被害人之代理人或使用人與有過失者，準用之。」

※ 不動產經紀人 96 年第 2 次選擇題第 9 題

(C)9. 約定違約金過高者，契約當事人得如何處置： (A)拒絕給付 (B)窮困抗辯 (C)聲請法院酌減 (D)主張無效。

四、債之效力

（口訣：給、遲、保、契）

（一） 給付

1. 債務人責任之酌定（民法第 220 條）：債務人就其故意或過失之行為，應負責任。過失之責任，依事件之特性而有輕重，如其事件非予債務人以利益者，應從輕酌定。

2. 故意或重大過失責任之強制性（民法第 222 條）：故意或重大過失之責任，不得預先免除。

3. 具體輕過失之最低責任（民法第 223 條）：應與處理自己事務為同一注意者，如有重大過失，仍應負責。

4. 履行輔助人之故意過失（民法第 224 條）：債務人之代理人或使用人，關於債之履行有故意或過失時，債務人應與自己之故意或過失負同一責任。但當事人另有訂定者，不在此限。

※ 民§28 董事、民§188 受僱人、民§224 代理人或使用人之連帶損害賠償。

※ 不動產經紀人 99 年選擇題第 15 題

(B)15. 甲至乙家具行購買 1 組展示中之沙發，約定於隔日由乙送貨至甲指定之處所。乙之員工丙送貨途中，因精神不濟發生翻車事故，沙發全毀，以下敘述何者錯

誤？　(A)雖然沙發係因丙之過失而毀損，乙仍須負債務不履行之責任　(B)因為尚有另外 1 組圖案類似之沙發，甲可請求乙交付該組沙發替代　(C)乙可以向丙主張沙發毀損之損害賠償　(D)甲必須解除契約之後，才能免除給付價金之債務。

※ 地政士 111 年申論題第 1 題

一、農夫甲因年事已高，不想繼續從事農務耕作，乃委託乙代理出售其所有 A 農地之相關事宜。丙臺商擬退休後返臺到郊區購買農地蓋農舍過遠離塵囂的田園生活。丙向乙表示，A 農地位置不錯若可蓋合法農舍，即願購買，乙明知申請蓋造合法農舍不易，條件限制愈來愈嚴，但為求快速成交，仍拍胸脯說：A 地這麼大，蓋合法農舍當然沒有問題，但甲並不知情乙對丙的保證。嗣後甲、丙即進行簽約、移轉登記並支付價金等相關事宜。半年後，丙退休返臺，並開始進行農舍蓋造，提出申請時才發現 A 農地無法蓋造合法農舍。試問：丙得否以受詐欺為由，主張撤銷與甲之間的 A 農地買賣契約？

解析

(一) 農夫甲依據民法第 167 條意定代理權之授與規定授權乙為代理人

農夫甲因年事已高，不想繼續從事農務耕作，乃委託乙代理出售其所有 A 農地之相關事宜。農夫甲依據民法第 167 條規定：「代理權係以法律行為授與者，其授與應向代理人，以意思表示為之。」授權乙為代理人。

(二) 乙代理人對於 A 農地是否蓋農舍之事有過失責任

1. 丙向甲之代理人乙表示附有一個停止條件之農地買賣契約

丙向甲之代理人乙表示 A 農地可蓋合法農舍即願購買，即附有一個停止條件之農地買賣契約。

2. 代理人乙對於 A 農地無法蓋合法農舍有過失之責任

乙明知申請蓋造合法農舍不易，條件限制愈來愈嚴，但為求快速成交，仍拍胸脯說：A 地這麼大，蓋合法農舍當然沒有問題，嗣後提出申請時才發現 A 農地無法蓋造合法農舍之事有過失責任，包括抽象輕過失（表意人欠缺與善良管理人同一之注意義務）或具體輕過失（表意人欠缺與處理自己事務同一之注意義務）。乙之過失行為致丙陷於錯誤，以為 A 農地可興建農舍因而與甲簽約，故乙對丙構成詐欺之行為。

(三) 債務人甲對於代理人乙之過失依據民法第 244 條規定須負同一責任

債務人甲對於代理人乙對丙保證 A 農地可蓋合法農舍卻嗣後發現 A 農地無法蓋造合法農舍之事有過失，依據民法第 224 條履行輔助人之故意過失規定：「債務人之代理人，關於債之履行有故意或過失時，債務人應與自己之故意或過失負同一責任。」

即債務人甲對於代理人乙未調查 A 農地不可蓋合法農舍之過失，依據民法第 244 條規定須負過失之詐欺同一責任。

(四) 丙依據民法第 92 條第 1 項本文規定主張被詐欺得撤銷與甲之 A 農地買賣契約

丙依據民法第 92 條第 1 項本文規定：「因被詐欺而為意思表示者，表意人得撤銷其意思表示。」即丙因被甲代理人乙詐騙 A 農地可蓋合法農舍而與甲簽約、移轉登記並支付價金等相關事宜，甲須負乙過失之詐欺同一責任。因此丙得向甲主張撤銷 A 農地買賣契約。

(五) 甲不得主張因不知乙有詐欺之事由來對抗丙之撤銷與甲之間的 A 農地買賣契約

1. 民法第 92 條第 1 項但書規定：「但詐欺係由第三人所為者，以相對人明知其事實或可得而知者為限，始得撤銷之。」對於代理人所為詐欺行為，是否屬民法第 92 條第 1 項但書「詐欺係由第三人所為」？學說有不同主張，我國通說見解認為，民法第 92 條第 1 項之第三人應限縮解釋，不包含民法第 224 條債務人之代理人及使用人在內。

2. 代理人乙對丙之詐欺行為，甲雖然因不知情，但不得主張適用民法第 92 條第 1 項但書：「但詐欺係由第三人所為者，以相對人明知其事實或可得而知者為限，始得撤銷之。」即甲不得因不知而向丙主張不得撤銷 A 農地買賣契約。

(六) 丙依據民法第 114 條及第 113 條規定主張撤銷與甲之 A 農地買賣契約後自始無效且雙方互負回復原狀之義務

丙依據民法第 114 條第 1 項規定：「法律行為經撤銷者，視為自始無效。」及民法第 113 條：「無效法律行為之當事人，於行為當時知其無效，或可得而知者，應負回復原狀或損害賠償之責任。」即丙撤銷與甲之 A 農地買賣契約且雙方互負回復原狀之義務，丙須將 A 農地過戶返還給甲，甲須返還價金給丙。

5. 給付不能之效力－免給付義務與代償請求權之發生（民法第 225 條）：因不可歸責於債務人之事由，致給付不能者，債務人免給付義務。債務人因前項給付不能之事由，對第三人有損害賠償請求權者，債權人得向債務人請求讓與其損害賠償請求權，或交付其所受領之賠償物。

※ 不動產經紀人 104 年選擇題第 14 題

(B) 14. 甲賣 A 屋給乙，尚未移轉交付，嗣後 A 屋因可歸責於丙之事由失火滅失，然甲對 A 屋投有火災保險。下列敘述，何者錯誤？ (A)甲得主張免給付義務，乙亦得主張免對待給付 (B)此為給付不能，甲、乙間之買賣契約無效 (C)乙得履行對待給付後，請求甲讓與對失火肇事者丙之損害賠償請求權 (D)乙得依民法第 225 條第 2 項請求甲交付保險金。

※ 不動產經紀人 98 年選擇題第 10 題

(C) 10. 甲出售 A 屋給乙，其後又將該屋讓售給丙，並辦理所有權移轉登記給丙。下列有關甲乙丙間的法律關係論述何者正確？ (A)因甲乙買賣成立在先，乙得對甲主張甲丙間之買賣契約對其不生效力 (B)因為甲乙間之契約成立在先，所以乙得對甲、丙主張，甲應該將房屋移轉讓與給他，因為其債權有優先性 (C)丙已經取得所有權，甲無法再對乙履行交付房屋之債務，所以甲對乙成立給付不能之債務不履行責任 (D)一屋不得二賣，所以甲丙間的買賣契約侵害乙之債權，乙得以債權受到侵害，聲請法院撤銷甲與丙間的法律行為。(民§226)

※ 不動產經紀人 100 年選擇題第 8 題

(A) 8. 甲向乙承諾當民國 100 年 12 月 31 日那天，要將天上的某一顆星星送給乙，乙並允諾之。則甲乙間之約定效力如何？ (A)因自始客觀不能，故約定無效 (B)因雙方意思表示合致，故約定有效 (C)因嗣後客觀不能，故約定有效 (D)因嗣後主觀不能，故約定有效。

※ 不動產經紀人 105 年選擇題第 18 題

(A) 18. 甲將透天厝（不含基地）立約賣給乙後，尚未交付予乙前，即逢超級強烈颱風來襲，致透天厝完全倒塌。下列敘述何者正確？ (A)乙免給付價金予甲 (B)甲仍負有交屋之義務 (C)甲仍得請求乙支付價金 (D)乙得向甲主張侵權行為。

※地政士 108 年申論題第 3 題

二、甲具有原住民身分，為丙之利益，以丙為受益人將其所有之原住民保留地 A 地信託予不具原住民身分的自然人乙，依原住民保留地開發管理辦法第 18 條之規定，原住民保留地所有權移轉對象為具原住民身分者。另甲於 2019 年 5 月 1 日向乙購買 B 屋，於乙尚未移轉 B 屋所有權登記及交付予甲，同月 6 日因丁駕車不慎撞上 B 屋，致 B 屋全毀。試問：

(二) 乙對丁得為如何之主張？就甲、乙間的 B 屋買賣契約，甲、乙各自可以對契約相對人為如何之主張？

解析

原住民保留地申辦信託登記，其受託人應具原住民身分（內政部 90 年 9 月 28 日台內中地字第 9083448 號函）

(二) 乙得對丁主張侵權行為損害賠償請求權：依民法第 184 條第 1 項規定，因故意或過失，不法侵害他人之權利者，負損害賠償責任；故意以背於善良風俗之方法，加損害於他人者亦同。題示丁駕車不慎撞上乙所有之 B 屋，應屬過失不法侵害乙之所有權，該當民法第 184 條第 1 項前段之要件，丁應對乙負侵權行為損害賠償責任。

1. 按債權契約成立後，債務人不能依債之本旨而為給付者，稱之為給付不能。如因不可歸責於債務人之事由，致給付不能者，其效力如下：

   (1) 債務人免給付義務（民法第 225 條第 1 項）。

   (2) 債權人取得代償請求權：債務人因前項給付不能之事由，對第三人有損害賠償請求權者，債權人得向債務人請求讓與其損害賠償請求權，或交付其所受領之賠償物（民法第 225 條第 2 項）。

   (3) 債權人之對待給付義務：如債務人之給付不能亦不可歸責於債權人時，債權人（在買賣指買受人）可依民法第 266 條第 1 項規定免除對待給付義務，即不可歸責雙方之危險歸債務人（在買賣指出賣人）負擔，此稱為對待給付危險，在買賣關係亦得稱為「價金危險」。惟如債權人主張代償請求權時則仍應為對待給付。

2. 題示甲向乙購買 B 屋成立買賣契約，依債之效力，買受人甲得向出賣人乙請求移轉 B 屋並交付（民法第 348 條），乙則得向甲請求給付價金並受領（民法第 367 條）。惟乙尚未辦理移轉 B 屋所有權登記及交付予甲之前，即因丁駕車不慎毀損 B 屋，致乙不能依債之本旨而為給付，係屬因不可歸責債務人之事由致給付不能。甲、乙依法得主張之權利如下：

   (1) 出賣人乙得依民法第 225 條第 1 項規定，主張免給付義務。亦即乙不必對買受人甲負債務不履行之損害賠償責任。

   (2) 買受人甲得以亦不可歸責於己，主張依民法第 266 條第 1 項規定，免除價金之對待給付義務。

   (3) 另買受人甲得依民法第 225 條第 2 項規定，請求乙讓與其對丁之損害賠償請求權或交付其所受領之賠償物。惟如甲主張本項之代償請求權時，則仍應為價金之對待給付。

※ 地政士 98 年申論題第 2 題

二、甲出售房屋一棟於乙，請就：(一)因可歸責於甲之事由致給付不能，(二)因可歸責於乙之事由致給付不能，(三)因不可歸責於雙方當事人之事由致給付不能等三種情形，分別說明其法律效果。

解析

(一) 因可歸責於甲之事由致給付不能：

   1. 民法第 226 條：因可歸責於債務人之事由，致給付不能者，債權人得請求賠償損害。

2. 乙向甲請求履行利益之損害賠償：

   (1) 解除其契約：民法第 256 條：債權人於有第 226 條之情形時，得解除其契約。

   (2) 回復原狀：債權人解除契約，得依民法第 259 條規定契約解除時，當事人雙方回復原狀之義務。

   (3) 損害賠償：民法第 260 條：解除權之行使，不妨礙損害賠償之請求。

(二) 因可歸責於乙之事由致給付不能：（可歸責於買方，賣方請求債務不履行之損害賠償）

  1. 民法第 255 條第 1 項：因不可歸責於債務人之事由，致給付不能者，債務人免給付義務。

  2. 民法第 267 條第 1 項：當事人之一方因可歸責於他方之事由，致不能給付者，得請求對待給付。甲因可歸責於乙之事由致給付不能時，甲免給付義務，且得向乙請求對待給付。

  3. 類推適用民法第 225 條第 2 項：債務人因前項給付不能之事由，對第三人有損害賠償請求權者，債權人得向債務人請求讓與其損害賠償請求權，或交付其所受領之賠償物。

   (1) 解除其契約：民法第 256 條：債權人於有第 226 條之情形，得解除其契約。

   (2) 回復原狀：債權人解除契約，得依民法第 259 條規定契約解除時，當事人雙方回覆原狀之義務。

   (3) 損害賠償：民法第 260 條：解除權之行使，不妨礙損害賠償之請求。

(三) 因不可歸責於雙方當事人之事由致給付不能：

  1. 甲乙均免除給付與對待給付義務：

   (1) 民法第 255 條第 1 項：因不可歸責於債務人之事由，致給付不能者，債務人免給付義務。

   (2) 民法第 266 條第 1 項：因不可歸責於雙方當事人之事由，致一方之給付全部不能者，他方免為對待給付之義務。
     甲乙均免除給付及對待給付義務。甲乙皆不必負有移轉房屋所有權及給付價金之義務。

   (3) 民法第 373 條：買賣標的物之利益及危險，自交付時起，均由買受人承受負擔。甲已交付房屋於乙，價金之危險承擔轉由乙承受，如房屋滅失時，乙仍須支付價金。

2. 乙對甲可能有代償請求權：

　　民法第 225 條第 2 項：債務人因前項給付不能之事由，對第三人有損害賠償請求權者，債權人得向債務人請求讓與其損害賠償請求權，或交付其所受領之賠償物。甲因房屋毀損可對第三人享有損害賠償請求權，乙得請求甲讓與該項權利，若甲已受領賠償物時，乙尚可請求甲交付之。

※ 地政士 102 年申論題第 2 題

二、不動產經紀人甲與 A 屋所有人乙於民國 102 年 2 月 1 日簽訂專任委託銷售契約，約定由甲代乙銷售 A 屋，銷售價格訂為 2,200 萬元，期限從民國 102 年 2 月 2 日至 5 月 1 日。之後，不動產經紀人丙媒介丁向乙購屋，於同年 4 月 1 日簽訂買賣契約，並於 4 月 25 日辦理移轉登記完畢，甲發現後即向乙請求給付仲介費，問有無理由？

解析

(一) 按債的關係成立後，債權人基於債之關係，得向債務人請求給付（民法第 199 條），如債務人不能依債之本旨而為給付，即構成債務不履行之給付不能。有關給付不能之法律效果如下：

1. 因不可歸責於債務人之事由，致給付不能者：

　　(1) 債務人免給付義務（民法第 225 條第 1 項）。

　　(2) 債權人取得代償請求權（民法第 225 條第 2 項）。

　　(3) 債權人之對待給付義務：

　　　① 不可歸責於債權人時：原則上債權人可依民法第 266 條規定免除對待給付義務（即不可歸責雙方之危險歸債務人負擔），惟如債權人主張代償請求權時則仍應為對待給付。

　　　② 可歸責於債權人時：依民法第 267 條規定「當事人之一方因可歸責於他方之事由，致不能給付者，得請求對待給付，但其因免給付義務所得之利益，或應得之利益，均應由其所得請求之對待給付中扣除之」，故債權人仍須負對待給付義務。

2. 因可歸責於債務人之事由，致給付不能者：

　　(1) 債權人得請求履行利益的損害賠償：因可歸責於債務人之事由，致給付不能者，債權人得請求賠償損害（民法第 226 條第 1 項）。

　　(2) 債權人得請求解除契約（民法第 256 條）。另解除權之行使，不妨礙損害賠償之請求（民法第 260 條）。

(二) 本題不動產經紀人甲與 A 屋所有人乙簽訂專任委託銷售契約，二人成立債之關係，甲負有代為銷售義務，嗣在委託銷售契約存續中，因乙將 A 屋所有權出售並

移轉登記給丁，此時甲已無法依債之本旨履行債務而構成給付不能。雙方之法律關係如下：

1. 甲無須負賠償責任：債務不履行時，須有可歸責債務人之事由，債務人始負責任，如無歸責事由，即便債務人不履行債務，仍無庸負責（民法第 220 條）。依題示，甲之給付不能係因債權人乙違反專任委託銷售契約所致，甲並無故意或過失，係屬不可歸責甲之事由，依民法第 225 條第 1 項規定甲免給付義務，自無須負賠償責任。

2. 甲得向乙請求仲介費之報酬：如前述，甲之給付不能係因債權人乙違反專任委託銷售契約所致，係可歸責於債權人乙之事由，甲得依民法第 267 條規定，向乙請求仲介費報酬之對待給付，但其因免給付義務所得之利益，或應得之利益，均應由其所得請求之對待給付中扣除之。（不動產委託銷售契約書範本第 10 條規定（委託人終止契約之責任）：委託人應支付受託人必要之仲介銷售服務費用最高不得超過第五條原約定服務報酬之半數。）

※ 地政士 103 年申論題第 2 題

二、甲有房屋一棟，先後和乙、丙成立買賣契約，但卻將該屋交付予乙，而將其所有權移轉登記給丙。請附理由說明乙、丙得如何主張權利？

解析

　　乙與丙得依債務不履行（給付不能）之規定，請求甲負損害賠償責任，並主張解除買賣契約。茲說明理由如下：

1. 前已敘及，甲、乙及甲、丙間之買賣契約生效後，甲負有交付房屋並移轉其所有權於買受人乙之義務。題示甲雖已交付房屋予乙，惟其將房屋所有權移轉登記於丙，客觀上對乙及丙構成給付不能，且依其情形，應屬可歸責於債務人甲之事由致給付不能，依民法第 226 條第 1 項規定，乙及丙得請求甲負損害賠償責任。

2. 依民法第 256 條規定，因可歸責於債務人之事由致給付不能者，債權人得解除契約；且債權人行使契約解除權時，不妨礙已成立之損害賠償請求權（第 260 條）。準此規定可知，乙及丙得以可歸責於甲之事由致給付不能為由，主張解除買賣契約、回復原狀，並得請求甲賠償因其給付不能所生履行利益之損害。

※ 80 年台上字第 2504 號（民國 80 年 11 月 15 日）：「政府徵收土地給與上訴人（即出賣人）之補償地價，雖非侵權行為之賠償金，惟係上訴人於其所負債務陷於給付不能發生之一種代替利益，此項補償地價給付請求權，被上訴人（即買受人）非不得類推適用民法第 225 條第 2 項之規定，請求讓與。」

6. 給付不能之效力－損害賠償與一部履行之拒絕（民法第 226 條）：因可歸責於債務人之事由，致給付不能者，債權人得請求賠償損害。前項情形，給付一部不能者，若其他部分之履行，於債權人無利益時，債權人得拒絕該部之給付，請求全部不履行之損害賠償。

※ 不動產經紀人 109 年選擇題第 9 題

(D) 9. 甲將其名下之房屋出售並交付乙占有，惟尚未辦理所有權登記之前，甲又出售該屋於善意之丙且辦理所有權登記完畢。則乙對丙之主張，下列何者正確？ (A)乙得依據其與甲所訂立之買賣契約而請求丙塗銷房屋所有權登記 (B)乙得向丙主張不當得利而請求丙塗銷房屋所有權登記 (C)乙得向丙主張撤銷權而請求丙塗銷房屋所有權登記 (D)乙無法請求丙塗銷房屋所有權登記，只得向甲請求債務不履行之損害賠償。

※ 不動產經紀人 106 年選擇題第 31 題

(D) 31. 就賣方甲與買方乙訂立之買賣契約，下列敘述何者錯誤？ (A)該買賣標的物因可歸責於甲之事由而滅失，致給付不能者，乙得解除契約並請求損害賠償 (B)該買賣標的物因不可歸責甲乙之事由而滅失，致給付不能者，甲得免除該物之給付義務 (C)該買賣標的物因不可歸責甲益之事由而滅失，致給付不能者，乙得免除價金支付之義務 (D)該買賣標的物因可歸責乙之事由而滅失，致給付不能者，甲不得向乙請求價金之支付。

※ 不動產經紀人 103 年選擇題第 9 題

(A) 9. 甲與乙於民國（下同）103 年 10 月 1 日簽訂買賣契約將自有古董錶以新臺幣（下同）20 萬元出售予乙，約定同年 11 月 1 日交付該錶予乙。但同年 10 月 5 日不知情的丙向甲表示願以 25 萬元之價格購買該古董錶，甲同意出售，並當場銀貨兩訖。關於乙如何主張其權利，下列敘述何者正確？ (A)乙基於買賣契約所生之債權得向甲請求交付該錶，並移轉該錶所有權。甲對乙須負可歸責給付不能之損害賠償責任 (B)乙基於買賣契約所生之債權得向丙請求交付該錶，並移轉該錶所有權。甲對丙須負可歸責給付不能之損害賠償責任 (C)乙基於所有權得向甲請求交付該錶。甲對乙須負侵權行為之損害賠償責任 (D)乙基於所有權得向丙請求交付該錶。甲對丙須負侵權行為之損害賠償責任。

※ 補充

民法第 226 條須配合民法第 256 條：「債權人於有第 226 條之情形時，得解除其契約。」

※ 不動產經紀人 101 年選擇題第 6 題

(C) 6. 甲與乙締結將甲所有 A 屋出售予乙之買賣契約後，A 屋於甲依約交付予乙前因火災燒毀致不能給付。下列敘述何者最正確？ (A)如 A 屋之燒毀係可歸責於甲之事由所致，乙僅須支付二分之一之價金 (B)如 A 屋之燒毀係可歸責於乙之事由所致，甲僅得請求支付二分之一之價金 (C)如 A 屋之燒毀係可歸責於甲之事由所致，乙得解除契約 (D)如 A 屋之燒毀係可歸責於第三人丙之事由所致，乙仍須支付二分之一之價金。

7. 不完全給付之效果（民法第 227 條）：因可歸責於債務人之事由，致為不完全給付者，債權人得依關於給付遲延或給付不能之規定行使其權利。因不完全給付而生前項以外之損害者，債權人並得請求賠償。

※ 不動產經紀人 98 年選擇題第 9 題

(B) 9. 甲出賣一隻種豬給乙，交付的種豬有口蹄疫，致乙的豬群遭受感染，而全部銷毀。請問乙對甲可以請求何種損害賠償？ (A)給付遲延的損害賠償 (B)不完全給付的損害賠償 (C)受領遲延的損害賠償 (D)給付不能的損害賠償。（民 §227）

8. 債務不履行侵害人格權之賠償（民法第 227 條之 1）：債務人因債務不履行，致債權人之人格權受侵害者，準用第 192 條至第 195 條及第 197 條之規定，負損害賠償責任。

9. 情事變更之原則（民法第 227 條之 2）：契約成立後，情事變更，非當時所得預料，而依其原有效果顯失公平者，當事人得聲請法院增、減其給付或變更其他原有之效果。前項規定，於非因契約所發生之債，準用之。

★ 「疫」籌莫展下可要求房東降房租嗎？

一、現行法令對於調整租金及承租人提前終止租約，分別訂有哪些規定？

　　1. 現行法令有關調整租金的規定

　　　　(1) 民法第 227 條之 2（情事變更之原則）第 1 項規定：「契約成立後，情事變更，非當時所得預料，而依其原有效果顯失公平者，當事人得聲請法院增、減其給付或變更其他原有之效果。」

　　　　(2) 民法第 442 條規定（不動產租賃租金增減請求權）：「租賃物為不動產者，因其價值之昇降，當事人得聲請法院增減其租金。但其租賃定有期限者，不在此限。」

租賃未定有期限者，不動產價值之昇降，得聲請法院增減其租金。

租賃定有期限者，不動產價值之昇降，不得聲請法院增減其租金。

2. 現行法令有關承租人得提前終止租約的規定

  (1)「民法」：規定

    【法定終止】

    a. 第 424 條：租賃物為房屋或其他供居住之處所者，如有瑕疵，危及承租人或其同居人之安全或健康時。

    b. 第 430 條：租賃物有修繕之必要，出租人於承租人所定相當期限內不為修繕。

    c. 第 435 條：租賃物之一部滅失，承租人就其存餘部分不能達租賃之目的者。

    d. 第 436 條：承租人因第三人就租賃物主張權利，致不能為約定之使用、收益者。

    【意定終止】

    a. 第 453 條：定有期限之租賃契約，如約定當事人之一方於期限屆滿前，得終止契約者。

  (2)「租賃住宅市場發展及管理條例」第 11 條第 1 項（法定終止）：

    a. 因疾病、意外產生有長期療養之需要。

    b. 租賃住宅未合於居住使用，並有修繕之必要，經承租人定相當期限催告，而不於期限內修繕。

    c. 因不可歸責於承租人之事由，致租賃住宅之一部滅失，且其存餘部分難以繼續居住。

    d. 因第三人就租賃住宅主張其權利，致承租人不能為約定之居住使用。

  (3)「住宅租賃定型化契約應記載及不得記載事項」：

    【意定終止】

    第 11 點第 1 項：雙方勾選本契約於期限屆滿前，租賃雙方得任意終止租約。

    【法定終止】

    第 18 點規定：

    a. 租賃住宅未合於所約定居住使用，並有修繕之必要，經承租人定相當期限催告，仍不於期限內修繕。

    b. 租賃住宅因不可歸責承租人之事由致一部滅失，且其存餘部分不能達租賃之目的。

    c. 租賃住宅有危及承租人或其同居人之安全或健康之瑕疵。

d. 承租人因疾病、意外產生有長期療養之需要。

e. 因第三人就租賃住宅主張其權利，致承租人不能為約定之居住使用。

二、小羅可不可以向法院主張，因為受疫情影響，法院應該同意減少一部分租金？

依目前全台防疫三級警戒情形，似可認定此一情況已符合民法第 227 條之 2 第 1 項之「情事變更原則」規定，若房東不同意調降租金，小羅得依據前開規定請求法院減少租金給付金額：

此一議題之爭議點，在於店面承租人得否主張因疫情導致營運產生重大衰退，非屬訂定租約時可得預料情形，故此一情形可適用情事變更原則，法院應酌減原租賃契約之租金金額？

(一) 民法第 442 條及第 227 條之 2 第 1 項規定，皆有可能成為承租人主張適用情事變更原則之請求權基礎。

(二) 民法第 442 條但書規定，定期租賃契約不能請求增減租金，然而民法第 227 條之 2 第 1 項規定，則未存有此一限制。

此處涉及民法第 442 條但書是否為同法第 227 條之 2 第 1 項之特別規定，而應優先適用？亦即不動產定期租賃契約是否一律不得請求增減租金？

(一) 學者多認為：

如果符合第 227 條之 2 有情事變更之情形、依照原本的契約效果會顯失公平，就算是有定期限的租約，還是可以請求法院變更效果。

(二) 司法實務對上開問題目前未有定論

1. 否定說

法院判決認為，只有未定期限的不動產租賃才能適用情事變更原則，如果定有期限，應該要依照雙方租約所約定的租金計算方式（高等法院臺南分院 96 年重上字第 49 號民事判決）。

2. 肯定說

目前實務見解似較傾向定有期限之不動產租賃約，如果是基於價值昇降以外之因素者，仍可依據民法第 227 條之 2 第 1 項規定請求法院調整租金。

過去 SARS 時也曾有過主張調整租金的案件，法院雖然認為 SARS 的情況是無法預料的短期劇變，但認為需要證明影響到房屋或土地的價值、受影響而需要調整租金的期間有多久，而且要達到締約時無法預料、顯失公平的程度（臺北地方法院 93 年度北重訴字第 12 號民事判決）。

SARS 當時的幾個案件都是較大規模的公司請求調整租金，與房東的締約能力、評估風險的能力應該相當，也因此不容易被認定為顯失公平，而沒有請求成功。

相反地，考量一般承租人相較之下通常為較弱勢的一方，如果能證明在這波疫情下造成租賃物價值下跌、依照原本租金顯失公平的話，應該允許承租人向法院請求調整受影響期間內的租金。

綜上，小羅於簽訂定期租賃契約後，因受疫情提升至三級警戒影響營運，導致營收大幅衰退，此非屬訂約時可得預料之情形，若房東不同意調降租金，小羅似得依據前開規定請求法院減少租金給付金額。（舉證與成功機會不容易）。

(二) 遲延

1. 給付期限與債務人之給付遲延（民法第 229 條）：給付有確定期限者，債務人自期限屆滿時起，負遲延責任。給付無確定期限者，債務人於債權人得請求給付時，經其催告而未為給付，自受催告時起，負遲延責任。其經債權人起訴而送達訴狀，或依督促程序送達支付命令，或為其他相類之行為者，與催告有同一之效力。前項催告定有期限者，債務人自期限屆滿時起負遲延責任。

※ 民法第 231 條：債務人遲延者，債權人得請求其賠償因遲延而生之損害。前項債務人，在遲延中，對於因不可抗力而生之損害，亦應負責。但債務人證明縱不遲延給付，而仍不免發生損害者，不在此限。

※ 不動產經紀人 108 年選擇題第 15 題

(A) 15. 甲、乙締結買賣甲所有之 A 屋的契約，乙並先為部分價金之給付。其後，乙未依約定期限給付剩餘價金。就甲以乙履行遲延而解除 A 屋買賣契約之情形，下列敘述，何者正確？　(A)經甲定期間催告乙履行，甲得於經相當期限後，不須再為催告，即得解除契約　(B)甲僅限於法律規定之事由始得解除，不得與乙約定合意解除之事由　(C)契約經解除後，甲、乙互負回復原狀的義務，甲不得向乙請求損害賠償　(D)契約經解除後，因乙有可歸責事由，甲返還乙已給付之價金時，不須附加利息。

※ 不動產經紀人 104 年選擇題第 10 題

(D) 10. 甲、乙締結由甲出售 10 打市面上普遍流通之紅酒予乙之買賣契約，甲依約於約定期日將標的物運送至乙之住所地時，乙以自己尚未備妥儲藏場所為由拒絕受領。甲不得已乃將物品運回繼續保管，卻於保管期間中該等紅酒全數破裂。下列敘述，何者正確？　(A)即使紅酒之破裂係因甲之重大過失所致，乙亦不得向甲主張損害賠償　(B)如紅酒之破裂係因不可抗力所致，乙之價金債務消滅　(C)甲之種類債務尚未特定　(D)甲之債務成為給付不能。

※ 不動產經紀人101年選擇題第32題

(C) 32. 甲向乙提出給付，但給付遲延，下列敘述何者最正確？　(A)乙得向甲主張遲延之損害賠償以代替原定給付　(B)甲在遲延中，對於因不可抗力而生之損害，原則上毋須負責　(C)遲延之債務，以支付金錢為標的者，債權人乙得向債務人甲請求以法定利率計算之遲延利息　(D)對於甲之遲延給付，不論是否可歸責於甲，甲皆應負遲延之賠償責任。

※ 不動產經紀人96年第2次選擇題第6題

(C) 6. 甲向乙購買房屋一間，雙方約定房屋過戶後次日甲應給付剩餘款項，但甲並未依約付款，乙得如何主張其權利：　(A)立刻解除契約　(B)終止契約　(C)定期催告　(D)撤銷契約。

※ 不動產經紀人96年第2次選擇題第38題

(D) 38. 債務人給付遲延者，其責任應變更為：　(A)故意責任　(B)重大過失責任　(C)事變責任　(D)不可抗力責任。

2. 受領遲延（民法第 234 條）：債權人對於已提出之給付，拒絕受領或不能受領者，自提出時起，負遲延責任。

※ 不動產經紀人101年選擇題第12題

(A) 12. 出賣人甲依其與買受人乙間之動產買賣契約，於約定之日合法提出給付，卻遭乙拒絕受領。依實務見解，就乙拒絕受領之法律效果，下列敘述何者最正確？　(A)甲得解除契約　(B)甲不得向乙請求繼續保管給付物之必要費用　(C)甲得拋棄對該動產之占有　(D)甲對標的物之保管，僅就故意負其責任。

※ 民法第234條：債權人對於已提出之給付，拒絕受領或不能受領者，自提出時起，負遲延責任。

※ 民法第254條：契約當事人之一方遲延給付者，他方當事人得定相當期限催告其履行，如於期限內不履行時，得解除其契約。

※ 民法第240條：債權人遲延者，債務人得請求其賠償提出及保管給付物之必要費用。

※ 民法第231條：債務人遲延者，債權人得請求其賠償因遲延而生之損害。前項債務人，在遲延中，對於因不可抗力而生之損害，亦應負責。

※ 不動產經紀人93年申論題第3題

三、甲出售房屋一棟於乙。試問：甲故意遲延交屋時，乙向甲得主張何種權利？（口訣：遲、交、除、害）

解析

1. 遲延賠償

    民法第 231 條:「債務人遲延者,債權人得請求其賠償因遲延而生之損害。前項債務人,在遲延中,對於因不可抗力而生之損害,亦應負責。但債務人證明縱不遲延給付,而仍不免發生損害者,不在此限。」

2. 交付房屋義務

    當事人間之債之關係仍存在,債務人仍有給付義務,乙向甲得主張交付房屋並使其取得所有權。

    (1) 民法第 348 條:(出賣人之移轉財產權及交付標的物之義務)

        「物之出賣人,負交付其物於買受人,並使其取得該物所有權之義務。」

    (2) 民法第 367 條:(買受人之義務)

        「買受人對於出賣人,有交付約定價金及受領標的物之義務。」

3. 解除權(非定期行為給付遲延之解除契約)

    民法第 254 條:「契約當事人之一方遲延給付者,他方當事人得定相當期限催告其履行,如於期限內不履行時,得解除其契約。」

4. 損害賠償之請求

    民法第 260 條:「解除權之行使,不妨礙損害賠償之請求。」

(三) 保全

1. 債權人代位權(民法第 242 條):債務人怠於行使其權利時,債權人因保全債權,得以自己之名義,行使其權利。但專屬於債務人本身者,不在此限。

※ 不動產經紀人 104 年選擇題第 7 題

(B) 7. 債權人甲不得代位其債務人乙,行使乙對第三人丙之何項權利? (A)不動產登記請求權 (B)扶養請求權 (C)實行抵押權 (D)提起訴訟之權利。

※ 地政士 99 年申論題第 1 題

一、債務人甲因恐其債權人乙對其財產為強制執行,將其僅有的房屋一棟贈與知情之友人丙,並完成所有權移轉登記。請問甲、丙之間的贈與行為因虛偽表示與真實表示之不同,乙應如何適用法條主張權利?

解析

(一) 甲、丙之間的贈與行為之虛偽表示

    1. 乙應主張甲丙之贈與契約及所有權移轉行為均屬通謀虛偽意思表示而無效。

(1) 民法第 87 條第 1 項規定：表意人與相對人通謀而為虛偽意思表示者，其意思表示無效。但不得以其無效對抗善意第三人。

(2) 甲因恐其債權人乙對其財產為強制執行，將其僅有的房屋一棟贈與知情之友人丙，並完成所有權移轉登記。甲丙間均明知甲以脫產為目的，主觀上無贈與及移轉房屋所有權之意思，故其贈與之債權行為及移轉房屋所有權之物權行為均屬通謀而為虛偽意思表示而屬無效。

2. 乙可依民法第 184 條第 1 項後段侵權行為，訴請丙塗銷所有權之登記與民法第 213 條第 1 項請求丙回復房屋所有權登記給，甲、丙明知甲以侵害債權人乙之目的而為虛偽之贈與契約及移轉房屋所有權，卻與其通謀，屬於民法第 184 條第 1 項後段：「故意以背於善良風俗之方法，加損害於他人者亦同。」乙得依侵權行為規定，對丙訴請塗銷房屋所有權登記，並依民法第 213 條第 1 項規定：「負損害賠償責任者，除法律另有規定或契約另有訂定外，應回復他方損害發生前之原狀。」請求丙回復原狀，將房屋所有權登記於甲。

3. 乙可依民法第 242 條債權人代位權，代位甲向丙訴請塗銷所有權登記：

(1) 民法第 242 條：「債務人怠於行使其權利時，債權人因保全債權，得以自己之名義，行使其權利。但專屬於債務人本身者，不在此限。」

(2) 甲丙之債權行為及物權行為均屬無效，甲仍為實質上房屋所有權人，丙為形式上房屋所有權人，甲對丙可主張民法第 767 條物上請求權規定請求丙塗銷房屋所有權登記，若甲怠於行使者，乙自得以債權人之身分代位甲向丙行使物上請求權，請求丙塗銷房屋所有權登記，將房屋回復登記給甲。

(3) 最高法院 73 年台抗字第 472 號判例：「債務人欲免其財產被強制執行，與第三人通謀而為虛偽意思表示，將其所有不動產為第三人設定抵押權者，債權人可依侵權行為之法則，請求第三人塗銷登記，亦可行使代位權，請求塗銷登記。二者之訴訟標的並不相同。」

※ 不動產經紀人 107 年申論題第 1 題

一、甲將自己所有之一筆土地出賣於乙，尚未交付，亦未辦理所有權移轉登記，乙即將該土地轉賣於丙，屆清償期乙未依約將該土地所有權移轉登記於丙，丙一再催促，乙均置之不理，而該土地仍登記為甲所有。請問：丙得如何行使權利，取得該土地所有權？

解析

丙得主張民法第 242 條規定主張代位請求甲將土地所有權移轉登記於自己。

(一) 買賣契約之性質屬於債權行為或負擔行為

　1. 契約：民法第 153 條：當事人互相表示意思一致者，無論其為明示或默示，契約即為成立。

　2. 買賣：民法第 345 條規定：「稱買賣者，謂當事人約定一方移轉財產權於他方，他方支付價金之契約。當事人就標的物及其價金互相同意時，買賣契約即為成立。」

　3. 出賣人義務：民法第 348 條第 1 項：物之出賣人，負交付其物於買受人，並使其取得該物所有權之義務。

　4. 買受人義務：民法第 367 條：買受人對於出賣人，有交付約定價金及受領標的物之義務。

　5. 甲將其土地出賣於乙，縱使土地尚未交付及未辦理所有權移轉登記，雙方仍成立買賣契約。

(二) 買賣契約不以出賣人對於標的物有處分權為必要

　　　乙雖尚未取得土地所有權，卻又再轉賣給丙，乙與丙所訂立之買賣契約仍為有效。

(三) 丙得依據民法第 242 條規定主張代位乙請求甲將土地所有權移轉登記於自己

　1. 民法第 242 條規定：「債務人怠於行使其權利時，債權人因保全債權，得以自己之名義，行使其權利。」代位權的發生必須具備下列條件：

　　(1) 保全債權之必要性：代位權必須為保全債權之必要性，即債權有不能受清償之危險時，債權人才得代替債務人行使其對第三人之債權。

　　(2) 債務人怠於行使其債權時：債務人對於本身之債權，應當行使卻沒有行使，進而對債權人的債權產生不利影響。因此，當債務人怠於行使債權的行為，對債權人的債權有間接的損害時，即有行使「代位權」的必要。

　　(3) 須於債務人負遲延責任時：民法第 243 條規定：「前條債權人之權利，非於債務人負遲延責任時，不得行使。但專為保存債務人權利之行為，不在此限。」債權人以自己名義行使代位權。

　2. 實務及學者通說認為，於特定物債權，因與債務人之資力無關，故僅須特定物債權之實現發生障礙時，債權人即有保全債權之必要而得行使代位權。

(四) 甲與乙成立土地買賣契約後，乙依據民法第 348 條第 1 項規定得請求甲交付土地，並辦理所有權移轉登記，因乙怠於行使對甲之給付請求權且已負遲延責任（民法第 243 條）。因此，丙請求乙移轉土地所有權登記之特定物給付債權，得依民法第 242 條及第 348 條第 1 項規定，以自己之名義，代位乙請求甲移轉土地所有權登記給乙後，再將乙之土地所有權移轉登記於丙。

3. 債權人撤銷權（民法第 244 條）：債務人所為之無償行為，有害及債權者，債權人得聲請法院撤銷之。債務人所為之有償行為，於行為時明知有損害於債權人之權利者，以受益人於受益時亦知其情事者為限，債權人得聲請法院撤銷之。債務人之行為非以財產為標的，或僅有害於以給付特定物為標的之債權者，不適用前二項之規定。債權人依第一項或第二項之規定聲請法院撤銷時，得並聲請命受益人或轉得人回復原狀。但轉得人於轉得時不知有撤銷原因者，不在此限。

※地政士 108 年申論題第 1 題

一、甲有市價 500 萬元 A 地之所有權，為避免債權人追債，遂與友人乙聯繫，約定兩人假裝做成買賣，辦畢所有權移轉登記，並交 A 地予乙。其後，乙將 A 地出賣給不知前揭情事的丙，並將 A 地移轉登記且交付給丙。試問：

(一) 何謂負擔行為？何謂處分行為？甲、乙間所為的負擔行為及處分行為之效力為何？

(二) 乙、丙間的買賣契約是否有效？丙依法要如何才能取得 A 地所有權？

解析

(一) 1. 所謂負擔行為，指當事人僅約定為一定給付之法律行為；亦即以發生債權債務關係為其內容之行為，亦稱為債權行為或債務行為。負擔行為包括契約行為（如買賣、租賃等）及單獨行為（如捐助行為）。其主要特徵在於，負擔行為使債務人負有給付義務，惟物權尚未變動。

2. 所謂處分行為，指直接使某種權利發生、變更或消滅的法律行為，物權行為及準物權行為（例如債權讓與）均屬之。處分行為包括契約行為（如所有權移轉、抵押權設定等）及單獨行為（如所有權拋棄）。

3. 甲、乙間所為的負擔行為及處分行為均因通謀虛偽意思表示而無效：依民法第 87 條第 1 項規定，表意人與相對人通謀而為虛偽意思表示者，其意思表示無效，但不得以其無效對抗善意第三人。題示甲將所有之 A 地與乙通謀虛偽做成買賣及所有權移轉登記，其所為之負擔行為（買賣）及處分行為（所有權移轉登記）均屬無效，故縱然完成移轉登記，乙並未因而取得 A 地所有權。

(二) 無權處分：債權行為有效，物權行為效力未定

1. 乙、丙間的買賣契約仍屬有效：按處分行為以處分人就該標的物有處分權能為要件，否則將構成無權處分，依民法第 118 條第 1 項規定，無權利人就權利標的物所為之處分，經有權利人之承認始生效力，故無權處分屬效力未定行為。反之，負擔行為僅使債權人取得特定請求權，行為人不以有處分權能為要件，故負擔行為不致發生無權處分之問題。

　　本題乙雖未取得 A 地所有權，惟乙、丙間的買賣契約係屬負擔行為，行為人不以有處分權能為要件，故乙、丙間的買賣契約仍屬有效。

2. 丙得依法取得 A 地所有權之方式如下：（民法第 87 條第 1 項但書與民法第 759 條之 1 第 2 項）

  (1) 題示丙不知甲、乙間有通謀虛偽買賣 A 地及移轉登記之情事，丙得依民法第 87 條第 1 項但書，通謀虛偽意思表示無效但不得以其無效對抗善意第三人之規定，主張其係善意第三人，甲、乙間通謀虛偽買賣 A 地及移轉登記僅對甲、乙無效，對丙而言仍屬有效，因此乙將 A 地所有權移轉登記給丙，屬有權屬分，丙因而取得所有權。

  (2) 如乙未主張民法第 87 條第 1 項但書之保護，因乙並非 A 地之所有權人，其將 A 地所有權移轉登記給丙之處分行為屬無權處分，不生效力（民法第 118 條第 1 項：無權利人就權利標的物所為之處分，經有權利人之承認始生效力。），丙無法因乙之移轉登記取得所有權。惟另依民法第 759 條之 1 第 2 項不動產登記公信力之規定，因信賴不動產登記之善意第三人，已依法律行為為物權變動之登記者，其變動之效力，不因原登記物權之不實而受影響。題示乙已將 A 地出賣給善意的丙並完成移轉登記，丙得依上開不動產登記公信力之保護，善意取得 A 地所有權。

2. 債權人撤銷權（民法第 244 條）：債務人所為之無償行為，有害及債權者，債權人得聲請法院撤銷之。債務人所為之有償行為，於行為時明知有損害於債權人之權利者，以受益人於受益時亦知其情事者為限，債權人得聲請法院撤銷之。債務人之行為非以財產為標的，或僅有害於以給付特定物為標的之債權者，不適用前二項之規定。債權人依第一項或第二項之規定聲請法院撤銷時，得並聲請命受益人或轉得人回復原狀。但轉得人於轉得時不知有撤銷原因者，不在此限。

※ 地政士 108 年申論題第 1 題

一、甲有市價 500 萬元 A 地之所有權，為避免債權人追債，遂與友人乙聯繫，約定兩人假裝做成買賣，辦畢所有權移轉登記，並交 A 地予乙。其後，乙將 A 地出賣給不知前揭情事的丙，並將 A 地移轉登記且交付給丙。試問：

(一) 何謂負擔行為？何謂處分行為？甲、乙間所為的負擔行為及處分行為之效力為何？

(二) 乙、丙間的買賣契約是否有效？丙依法要如何才能取得 A 地所有權？

解析

(一) 1. 所謂負擔行為，指當事人僅約定為一定給付之法律行為；亦即以發生債權債務關係為其內容之行為，亦稱為債權行為或債務行為。負擔行為包括契約行為（如買賣、租賃等）及單獨行為（如捐助行為）。其主要特徵在於，負擔行為使債務人負有給付義務，惟物權尚未變動。

2. 所謂處分行為，指直接使某種權利發生、變更或消滅的法律行為，物權行為及準物權行為（例如債權讓與）均屬之。處分行為包括契約行為（如所有權移轉、抵押權設定等）及單獨行為（如所有權拋棄）。

3. 甲、乙間所為的負擔行為及處分行為均因通謀虛偽意思表示而無效：依民法第87條第1項規定，表意人與相對人通謀而為虛偽意思表示者，其意思表示無效，但不得以其無效對抗善意第三人。題示甲將所有之A地與乙通謀虛偽做成買賣及所有權移轉登記，其所為之負擔行為（買賣）及處分行為（所有權移轉登記）均屬無效，故縱然完成移轉登記，乙並未因而取得A地所有權。

(二) 無權處分：債權行為有效，物權行為效力未定

1. 乙、丙間的買賣契約仍屬有效：按處分行為以處分人就該標的物有處分權能為要件，否則將構成無權處分，依民法第118條第1項規定，無權利人就權利標的物所為之處分，經有權利人之承認始生效力，故無權處分屬效力未定行為。反之，負擔行為僅使債權人取得特定請求權，行為人不以有處分權能為要件，故負擔行為不致發生無權處分之問題。

　　本題乙雖未取得A地所有權，惟乙、丙間的買賣契約係屬負擔行為，行為人不以有處分權能為要件，故乙、丙間的買賣契約仍屬有效。

2. 丙得依法取得A地所有權之方式如下：（民法第87條第1項但書與民法第759條之1第2項）

(1) 題示丙不知甲、乙間有通謀虛偽買賣A地及移轉登記之情事，丙得依民法第87條第1項但書，通謀虛偽意思表示無效但不得以其無效對抗善意第三人之規定，主張其係善意第三人，甲、乙間通謀虛偽買賣A地及移轉登記僅對甲、乙無效，對丙而言仍屬有效，因此乙將A地所有權移轉登記給丙，屬有權處分，丙因而取得所有權。

(2) 如乙未主張民法第87條第1項但書之保護，因乙並非A地之所有權人，其將A地所有權移轉登記給丙之處分行為屬無權處分，不生效力（民法第118條第1項：無權利人就權利標的物所為之處分，經有權利人之承認始生效力。），丙無法因乙之移轉登記取得所有權。惟另依民法第759條之1第2項不動產登記公信力之規定，因信賴不動產登記之善意第三人，已依法律行為

為物權變動之登記者，其變動之效力，不因原登記物權之不實而受影響。題示乙已將 A 地出賣給善意的丙並完成移轉登記，丙得依上開不動產登記公信力之保護，善意取得 A 地所有權。

※ 不動產經紀人 101 年申論題第 1 題

一、父甲、母乙、子丙、女丁 4 人一家和樂，丙創業時向友人戊融資新臺幣（下同）1,000 萬元，由乙提供 A 地設定抵押擔保並由丁為連帶保證人；甲死亡時，留有 2,000 萬元之遺產，但未立有遺囑。試問：戊拋棄債權、抵押權及丁拋棄繼承權，其效力各如何？

解析

(一) 拋棄繼承權效力

1. 民法第 1175 條繼承之拋棄，溯及於繼承開始時發生效力。

2. 民法第 1176 條第 1 項：第 1138 條所定第一順序之繼承人中有拋棄繼承權者，其應繼分歸屬於其他同為繼承之人。

3. 繼承人之拋棄行為倘有害債權者，債權人可否依民法第 244 條規定聲請法院撤銷之，有不同學說：

    (1) 肯定說：拋棄繼承係屬處分遺產之行為（財產行為），而非拒絕利益之取得行為，既為單純無償之處分行為，為保護交易安全，如因而害及債權人之債權者，即得為撤銷權之標的。

    (2) 否定說：拋棄繼承為身分行為，以人格為基礎，且為拒絕利益之取得行為，民法第 244 條規定行使撤銷權，僅以債務人所為非以其人格為基礎之財產上行為為限，故繼承權之拋棄縱有害及債權，仍不許債權人撤銷之。

    學者通說及最高法院 73 年度第 2 次民庭會議決議採否定說。

4. 丁拋棄繼承權影響戊之償債能力，戊不能主張撤銷丁之拋棄繼承權。

5. 丁之拋棄繼承權不影響戊對主債務人丙、連帶保證人丁及物上保證人乙之權利。

※ 地政士 100 年申論題第 3 題

三、拋棄繼承之方式如何？設甲向乙貸款，已屆清償期，無力償還，適甲之父親丙病逝，留有遺產，甲卻拋棄繼承，該遺產由另一繼承人丁單獨繼承。請附理由說明乙可否以甲拋棄繼承有害其債權為由，依民法第 244 條規定聲請法院撤銷之？

解析

繼承人之拋棄行為倘有害債權者，債權人可否依民法第 244 條規定聲請法院撤銷之，有不同學說：

(一) 肯定說：拋棄繼承係屬處分遺產之行為，而非拒絕利益之取得行為，既為單純無常之處分行為，為保護交易安全，如因而害及債權人之債權者，即得為撤銷權之標的。

(二) 否定說：拋棄繼承為身分行為，以人格為基礎，且為拒絕利益之取得行為，民法第244 條規定行使撤銷權，僅以債務人所為非以其人格為基礎之財產上行為為限，故繼承權之拋棄縱有害及債權，仍不許債權人撤銷之。

學者通說及最高法院 73 年度第 2 次民庭會議決議採否定說。

※ 不動產經紀人 99 年申論題第 2 題

二、甲男、乙女是夫妻，育有子女丙、丁，並共同收養戊為養女。戊與己男結婚，婚後生有子女 A、B。某日，甲、乙、戊同車旅行，發生車禍，3 人同時死亡。請問：

(二) 設丙曾向庚借款 300 萬元，因恐繼承甲之遺產後，庚來查封，而拋棄繼承。庚可否以丙拋棄繼承之行為損害其債權為由，訴請法院撤銷之？理由何在？

解析同上。

※ 地政士 99 年申論題第 1 題

一、債務人甲因恐其債權人乙對其財產為強制執行，將其僅有的房屋一棟贈與知情之友人丙，並完成所有權移轉登記。請問甲、丙之間的贈與行為因虛偽表示與真實表示之不同，乙應如何適用法條主張權利？

解析

甲、丙之間的贈與行為之真實表示：

1. 乙依民法第 244 條第 1 項規定訴請撤銷甲丙之贈與行為民法第 244 條第 1 項規定：「債務人所為之無償行為，有害及債權者，債權人得聲請法院撤銷之。」甲丙之贈與行為屬無償行為，有害債權人乙受領清償之法律地位，故乙得訴請法院撤銷甲丙詐害債權之贈與行為。

2. 乙依民法第 244 條第 4 項規定回復房屋所有權登記為甲之原狀乙依民法第 244 條第 4 項規定：「債權人依第 1 項或第 2 之規定聲請法院撤銷時，得並聲請命受益人或轉得人回復原狀。」丙為贈與行為之受益人，乙自得請求丙回復房屋所有權登記甲之原狀。

(四) 契約

1. 締約過失之責任（民法第 245 條之 1）：契約未成立時，當事人為準備或商議訂立契約而有下列情形之一者，對於非因過失而信契約能成立致受損害之他方當事人，負賠償責任：一、就訂約有重要關係之事項，對他方之詢問，惡意隱匿或為不實之說明者。二、知悉或持有他方之祕密，經他方明示應予保密，而因故意或重大過失洩漏之者。三、其他顯然違反誠實及信用方法者。前項損害賠償請求權，因二年間不行使而消滅。

2. 契約標的給付不能之效力（民法第 246 條）：以不能之給付為契約標的者，其契約為無效。但其不能情形可以除去，而當事人訂約時並預期於不能之情形除去後為給付者，其契約仍為有效。附停止條件或始期之契約，於條件成就或期限屆至前，不能之情形已除去者，其契約為有效。

※ 不動產經紀人 104 年選擇題第 9 題

(D) 9. 甲、乙締結由甲出售其所有之建物予乙之買賣契約，但該建物實際上已於甲、乙締約前一日因火災而全部燒毀。該買賣契約效力如何？ (A)效力未定 (B)乙得解除契約 (C)乙得撤銷契約 (D)無效。

※不動產經紀人 98 年選擇題第 12 題

(D) 12. 甲因急需錢週轉，於是將其從乙繼承的 30 萬元債權，賣給丙 25 萬元。事後才發現在乙生前，債務人 A 經乙的同意已經清償該債務。以下對於甲丙間的法律關係論述何者正確？ (A)買賣契約以有形財產權為限，所以甲丙間所成立契約，非買賣契約 (B)該債權已經清償，所以甲丙間的買賣契約契約無效 (C)甲造成丙受有 25 萬元的損失，所以甲對丙有 25 萬元的侵害債權的侵權行為損害賠償責任 (D)甲對於丙負有權利瑕疵之損害賠償責任，應賠償 30 萬元。（民 §246）

3. 附合契約（民法第 247 條之 1）（定型化契約）：依照當事人一方預定用於同類契約之條款而訂定之契約，為下列各款之約定，按其情形顯失公平者，該部分約定無效：(1)免除或減輕預定契約條款之當事人之責任者。(2)加重他方當事人之責任者。(3)使他方當事人拋棄權利或限制其行使權利者。(4)其他於他方當事人有重大不利益者。

4. 收受訂金之效力（民法第 248 條）：訂約當事人之一方，由他方受有定金時，推定其契約成立。

5. 定金之效力（民法第 249 條）：定金，除當事人另有訂定外，適用下列之規定：(1)契約履行時，定金應返還或作為給付之一部。(2)契約因可歸責於付定金當事人之事由，致不能履行時，定金不得請求返還。(3)契約因可歸責於受定金當事人之事由，致不能履行時，該當事人應加倍返還其所受之定金。(4)契約因不可歸責於雙方當事人之事由，致不能履行時，定金應返還之。

※ 不動產經紀人 109 年選擇題第 6 題

(C) 6. 下列有關定金之敘述，何者正確？ (A)訂約當事人之一方，由他方受有定金時，其契約視為成立 (B)定金為諾成契約，於當事人約定時即成立 (C)契約因可歸責於付定金當事人之事由，致不能履行時，定金不得請求返還 (D)契約因不可歸責於雙方當事人之事由，致不能履行時，定金視為債務不履行損害賠償之總額。

※ 約定違約金之性質

民法第 250 條：「當事人得約定債務人於債務不履行時，應支付違約金。違約金，除當事人另有訂定外，視為因不履行而生損害之賠償總額。其約定如債務人不於適當時期或不依適當方法履行債務時，即須支付違約金者，債權人除得請求履行債務外，違約金視為因不於適當時期或不依適當方法履行債務所生損害之賠償總額。」

※ 約定違約金之種類

違約金係為確保契約之履行為目的，當事人約定當債務人不履行契約債務時，應支付之金額，又可分為「損害賠償預定性違約金」和「懲罰性違約金」。

※ 約定違約金之目的

1. 損害賠償預定性質違約金：以違約金作為債務不履行所生損害之賠償總額預定。僅具有「損害填補作用」。(不動產買賣違約金 15%，依據內政部成屋買賣契約應記載事項與預售屋買賣定型化契約應記載及不得記載事項所記載的買賣契約總價最高 15%違約金)

2. 懲罰性違約金：以強制債務之履行為目的。於債務人不履行債務時，債權人除得請求違約金外，並得請求原來之給付。(消保法第 51 條：故意 5 倍、重大過失 3 倍、過失 1 倍，公平法第 31 條：故意 3 倍)

※ 不動產經紀人 105 年選擇題第 16 題

(B) 16. 有關民法第 250 條規定之違約金類型有「損害賠償總額預定違約金」與「懲罰性違約金」兩種，下列敘述何者正確？ (A)「損害賠償總額預定違約金」，倘若債務人有債務不履行發生，惟債權人所受實際損害遠低於約定之額度時，債權人即不得請求此一違約金金額 (B)「懲罰性違約金」，只要債務人有債務不履行發生時，即便債權人未因此而受損害，債權人仍得請求此一違約金金額 (C)「損害賠償總額預定違約金」，債務人有債務不履行發生，導致債權人受損害時，債權人除此一違約金外，亦得請求其他損害賠償金額 (D)「懲罰性違約金」，債務人有債務不履行發生，導致債權人受損害時，債權人除此一違約金外，不得請求其他損害賠償金額。

6. 違約金

(1) 民法第 251 條（一部履行之酌減）

債務已為一部履行者，法院得比照債權人因一部履行所受之利益，減少違約金。

(2) 民法第 252 條（違約金額過高之酌減）

約定之違約金額過高者，法院得減至相當之數額。

★ 民法第 252 條規定，約定之違約金額過高者，法院得減至相當之數額。所謂「相當」，係不確定法律概念，於具體案件，應由法院斟酌一切情事，綜合判斷以定其金額。茲詳述司法實務見解如下：

1. 依一般客觀事實、社會經濟狀況及當事人所受損害情形

按違約金是否相當，應依一般客觀事實、社會經濟狀況及當事人所受損害情形，以為衡量之標準，若所約定之額數，與實際損害顯相懸殊者，法院自得酌予核減（最高法院 82 年度台上字第 2529 號判決意旨參照）按其約定之違約金過高者，得由法院依職權予以酌減。又就當事人所受損害情形，應依當事人實際上所受損害及債務人如能如期履行債務時，債權人可享受之一切利益為衡量標準。而債務已為一部履行者，法院亦得比照債權人所受利益，減少其數額。是當事人所受之一切消極損害（即可享受之預期利益）及積極損害，均應加以審酌（最高法院 84 年度台上字第 978 號判決意旨參照）。

2. 誠信原則

查行使債權，履行義務，應依誠實及信用方法，為民法第 148 條第 2 項所明定。再違約金之約定倘係過高，法院本得依職權酌減之。故當事人約定之違約金過高而顯失公平，即應依誠信原則予以檢驗（最高法院 91 年度台簡抗字第 9 號裁判要旨參照）。

3. 民法第 253 條（準違約金）

前三條之規定，於約定違約時應為金錢以外之給付者準用之。

※ 地政士 112 年申論題第 1 題

一、甲參觀即將落成的建案後，向乙建商購買 A 屋，買賣契約中約定：價金分 24 期，按月給付，每期應付 20 萬元；甲完成給付 18 期價金後，乙應先將 A 屋所有權移轉登記給甲，以利甲先裝潢施工；雙方特約若甲有一期未能如期支付價金，乙方即得解除契約外，並將甲方已支付的價金均沒收轉為違約金。未料，甲在原訂給付第 21 期價金時，卻因疫情被裁員無法繼續支付價金，乙依約解除契約，主張甲應移轉登記 A 屋所有權登記予乙，以回復原狀，並將甲所給付的價金全部沒收充為違

約金。甲認為其已繳納逾八成價金，卻全部被沒收，還失去 A 屋所有權，甚為不公，起訴請求法院減免違約金，請問法院審理時考量的因素為何？倘經法院審理後，認為甲應負擔的違約金以契約價金 30%為適當，在乙建商尚未返還溢收的違約金時，甲得如何維護自己權益？

解析

(一) 甲依據民法第 252 條請求法院酌減違約金

  1. 請求酌減違約金之依據

     依民法第 252 條規定：「約定之違約金額過高者，法院得減至相當之數額。」至於違約金是否過高，依據最高法院 109 年度台上字第 1031 號判決提出判斷基準：1.一般客觀事實。2.社會經濟狀況。3.當事人所受損害。4.債務已為一部履行時，得比照債權人所受利益減少其數額。5.若違約金為損害賠償總額預定性質，應審酌債權人實際所受之積極及消及損害。

  2. 甲得依民法第 252 條請求法院酌減違約金

    (1) 本題雙方特約若甲有一期未能如期支付價金，乙方即得解除契約外，並將甲方已支付的價金均沒收轉為違約金。乙依約解除契約，主張甲應移轉登記 A 屋所有權登記予乙，以回復原狀，並將甲所給付的價金全部沒收充為違約金。

    (2) 甲在原訂給付第 21 期價金時，卻因疫情被裁員無法繼續支付價金，甲認為其已繳納逾八成價金，卻全部被沒收，還失去 A 屋所有權，甚為不公。甲得依據民法第 252 條規定：「約定之違約金額過高者，法院得減至相當之數額。」請求乙酌減價金時，法院應考慮上開實務判斷基準決定是否酌減。

(二) 甲得依民法第 179 條不當得利請求乙返還溢收的違約金並主張民法第 264 條同時履行抗辯

  1. 依據最高法院民事大法庭 110 年度台上大字第 1353 號裁定：「出賣人依買賣契約將買受人給付之價金沒收充為違約金，經法院依民法第 252 條規定酌減至相當數額後，就出賣人應返還之金額，屬不當得利之性質，買受人得類推適用民法第 264 條規定，與自己因買賣契約解除後所負回復原狀之給付義務，為同時履行之抗辯。」

  2. 本題法院審理後認為甲應負擔的違約金以契約價金 30%為適當，因此乙建商已受領之價金，扣除該違約金之金額，甲得依民法第 259 條契約解除後之回復原狀規定請求乙返還溢收的價金。依據上述的大法庭見解，法院依民法第 252 條規定酌減價金 70%數額後，乙即喪失法律上原因而構成不當得利，故甲得依民法第 179 條請求乙返還之。買受人甲得類推適用民法第 264 條同時履行抗辯規

定，故甲得在乙建商未返還溢收的價金 70%前，甲得主張民法第 264 條同時履行抗辯權，拒絕返還 A 屋。

7. 解除權（非定期行為給付遲延之解除契約）

民法第 254 條：「契約當事人之一方遲延給付者，他方當事人得定相當期限催告其履行，如於期限內不履行時，得解除其契約。」

※ 不動產經紀人 104 年選擇題第 8 題

(C) 8. 下列關於因債務不履行而解除契約之敘述，何者正確？ (A)債權人解除契約者，即不得再向債務人請求損害賠償 (B)因債務人給付不能而為解除時，債權人仍須對債務人為履行之催告始得解除 (C)如債權人為履行之催告時未定期間，催告後經相當期間，仍得逕為解除 (D)因解除而互負回復原狀義務時，債務人不得主張同時履行抗辯權。

8. 解除權之行使方法（民法第 258 條）：解除權之行使，應向他方當事人以意思表示為之。契約當事人之一方有數人者，前項意思表示，應由其全體或向其全體為之。解除契約之意思表示，不得撤銷。

※ 因可歸責債務人之事由致給付不能者，債權人得請求賠償（民法第 226I），例如：甲向乙買一輛車準備作長途旅行，乙在將車賣給甲交付前，因丙願提供更高的車價，於是把車再賣給丙，並及時交車，以致甲在第 2 天取車時，乙無車可交，在此情形乙雖賺到錢但卻造成甲的無法取車，因此甲可依民法第 226 條向乙請求損害賠償，並得依民法第 256 條主張解除契約，且解除權之行使，不妨礙損害賠償之請求。

9. 契約解除後之回復原狀（民法第 259 條）：契約解除時，當事人雙方回復原狀之義務，除法律另有規定或契約另有訂定外，依下列之規定：(1)由他方所受領之給付物，應返還之。(2)受領之給付為金錢者，應附加自受領時起之利息償還之。(3)受領之給付為勞務或為物之使用者，應照受領時之價額，以金錢償還之。(4)受領之給付物生有孳息者，應返還之。(5)就返還之物，已支出必要或有益之費用，得於他方受返還時所得利益之限度內，請求其返還。(6)應返還之物有毀損、滅失或因其他事由，致不能返還者，應償還其價額。

※ 不動產經紀人 106 年選擇題第 38 題

(C) 38. 下列有關契約解除之敘述，何者錯誤　(A)契約解除時，當事人雙方負回復原狀之義務　(B)解除權之行使，不妨礙損害賠償之請求　(C)房屋買賣契約解除時，原買受人已支付之裝潢費用均得請求出賣人返還　(D)解除權之行使，得以送達訴狀繕本予他方當事人之方法為之。

※ 不動產經紀人 93 年申論題第 2 題

二、試分述契約解除之原因及其與契約終止之區別。

解析同下。

※ 地政士 92 年申論題第 2 題

二、契約解除之原因有哪些？並請比較契約解除與契約終止之異同。

解析

（口訣：象、效、果）

異同＼項目		契約解除	契約終止
相同		1. 終止權為形成權，解除權亦為形成權。 2. 終止為一方意思表示，解除亦為一方意思表示。	
異點	對象之不同	主要以雙務契約為對象	以繼續的契約關係為對象
	效力之不同	使契約效力溯及的消滅	使契約關係向將來消滅
	結果之不同	發生回復原狀問題	不發生回復原狀問題

※ 地政士 103 年申論題第 1 題

一、法律行為之撤銷與契約之解除有何不同？在信託關係存續中，受託人違反信託本旨處分信託財產時，受益人得聲請法院撤銷其處分，此項撤銷權之行使，以有何種情形為限，始得為之。

解析

法律行為之撤銷與契約之解除之不同處：

(一) 法律行為之撤銷

法律行為之撤銷乃係指經撤銷權人行使撤銷權後，法律行為之效力溯及的歸於消滅；亦即，法律行為一經撤銷後，則法律關係回復至未為法律行為前之狀態。

(二) 契約之解除

契約之解除乃係指於契約成立後，當事人之一方本於契約之約定或法律之規定，行使解除權，使契約自始歸於消滅之法律行為。

(三) 兩者不同處

    1. 發生原因不同：法律行為之撤銷係因意思表示有瑕疵，經撤銷使已生效之法律行為自始歸於無效；契約之解除係因有某種契約障礙事由存在，例如：契約解除約定事由成就或因有法定解除契約之事由發生。

    2. 發生效力不同：撤銷法律行為之效力原則上得對抗第三人；契約之解除原則上不得對抗第三人。

    3. 處置方式不同：法律行為經撤銷後，若已為給付者，可依不當得利之法律關係請求返還；契約經解除後，除法律另有規定或契約另有訂定外，雙方回復原狀之義務。

    4. 是否須向法院聲請不同：法律行為之撤銷，部分須聲請法院撤銷；契約之解除則無須向法院聲請。

※ 不動產經紀人 107 年選擇題第 12 題

(D) 12. 針對民法有關撤銷權之規範，下列敘述何者正確？　(A)撤銷權僅能對不健全的意思表示為之，不得對法律行為或法律關係為之　(B)任何撤銷權之行使，均只須以意思表示方式為之，即生法律效果　(C)撤銷權因一定期間內不行使而消滅，此期間稱為消滅時效　(D)撤銷權之法律性質與解除權相同，均屬形成權之一種。

※ 地政士 95 年申論題第 3 題

三、甲向乙貸款，以丙所有之 A 房屋設定抵押權於乙作為擔保。請附理由說明下列問題丙將 A 房屋拆毀，而在原地上興建 B 房屋時，乙對於 B 房屋有無抵押權？貸款之清償期屆至，甲無力償還，丙為避免其房屋被查封拍賣，遂代甲清償債務，丙對於甲得主張何種權利？

解析

(一) 乙對於 B 房屋無抵押權

      民法第 881 條：「抵押權除法律另有規定外，因抵押物滅失而消滅。但抵押人因滅失得受賠償或其他利益者，不在此限。」所謂滅失包括法律上滅失例如抵押物之公用徵收與事實上滅失例如抵押物之毀滅。

(二) 丙對於甲主張權利

    1. 物上保證人之求償權：物上保證人對於債務人有無求償權應依內部關係而定。因受委任而為物上保證者，得依委任關係求償;未受委任者，得依無因管理或不當得利之關係求償。

    2. 物上保證人之代位權：民法第 879 條：「為債務人設定抵押權之第三人，代為清償債務，或因抵押權人實行抵押權致失抵押物之所有權時，該第三人於其清償之限度內，承受債權人對於債務人之債權。但不得有害於債權人之利益。」

※ 95 年地政士申論題第 1、2 題

甲欲購屋乙棟，至某市區別墅成屋工地參觀後，經閱覽建築平面圖及現場後，決定購買該別墅社區之 C 單位，但因不小心將圖上之 C 單位看成隔壁有路沖之 D 單位，故告訴建商乙要買 D 單位，雙方當場簽訂 D 單位之買賣契約，並約定翌日給付定金新臺幣 30 萬元及辦理其他相關手續，但因甲即刻要出國，裝潢等交屋後，甲再自力進行。甲返家後發現自己跟建商乙講錯單位，造成買錯房子，甲又很在意風水之事，故立即聯絡建商乙，但 C 單位當天晚一點亦業已賣出，無從替換。

一、本案之契約究竟是否已經締結成功？又甲於此情形下究竟應主張解除契約或是撤銷法律行為？請詳述理由說明之。

解析

(一) 甲乙買賣契約依據民法第 345 條規定成立

甲告訴建商乙要購買別墅社區之 D 單位就標的物及其價金互相同意時，雙方當場簽訂 D 單位之買賣契約，依據民法第 345 條規定：「稱買賣者，謂當事人約定一方移轉財產權於他方，他方支付價金之契約。當事人就標的物及其價金互相同意時，買賣契約即為成立。」

(二) 甲無法主張解除契約或撤銷法律行為

1. 甲無法主張解除契約：

(1) 解除契約乃當事人一方行使解除權，使契約效力溯及歸於消滅。

(2) 契約解除權的發生有二種：法定解除權與約定解除權。

① 法定解除權：如給付遲延（民法第 254 條）、給付不能（民法第 256 條）、債權人不完全給付（民法第 227 條）。

② 約定解除：契約的合意解除，性質上為契約行為，即以第二次契約解除第一次契約，其契約已全部或一部履行者，除有特別約定外，並不當然適用民法第 259 條關於回復原狀之規定。

(3) 本題乙無債務不履行、可歸責事由或約定解除事由，甲無法主張解除契約。

2. 甲無法因動機錯誤而主張撤銷法律行為：

(1) 意思表示錯誤與動機錯誤有別：

民法第 88 條：「意思表示之內容有錯誤，或表意人若知其事情即不為意思表示者，表意人得將其意思表示撤銷之。但以其錯誤或不知事情，非由表意人自己之過失者為限。當事人之資格或物之性質，若交易上認為重要者，其錯誤，視為意思表示內容之錯誤。」所謂錯誤係指意思表示之內容或表示行為有錯誤者而言，與為意思表示之動機有錯誤之情形有別（最高法院 51 年台上字第 3311 號判例參照）。申言之，所謂錯誤，乃指意思表示之人對於構成意

思表示內涵之效果意思，與其表示於外之表示內容，因錯誤或不知而致生齟齬而言。至於形成表意人內心效果意思之原因，則稱為動機，導致表意人內心效果意思之動機十分繁雜，且只存在表意人之內心，不表示於意思表示中，難為相對人所查覺；亦即表意人在其意思形成之過程中，對於就其決定為某特定內容意思表示具有重要性之事實，認識不正確，並非意思表示內容有錯誤；是除當事人之資格或物之性質有誤，且為交易上認為重要者，始可視為意思表示內容之錯誤外，其餘動機錯誤若未表示於意思表示中，且為相對人所明瞭者，不受意思表示錯誤規範之保護，否則法律之安定性及交易之安全無法維護，此觀民法第 88 條第 2 項之規定自明。

(2) 甲不小心將圖上之 C 單位看成隔壁有路沖之 D 單位與風水之事，乃涉及甲之動機錯誤，因動機錯誤存在甲的內心，無從由他人窺知，若任由表意人甲任意撤銷，勢必影響社會交易安全，故不受意思表示錯誤規範之保護，甲不能依據民法第 88 條第 1、2 項規定撤銷其錯誤之意思表示。

二、承前案例事實，若甲返家後並未發現錯誤，並於翌日出國，相關手續交給地政士代辦，並順利完成所有手續。移轉登記完畢後，地政士通知甲已經可以交屋，甲應訊返國後到現場一看才發覺買錯房子。假設甲成功解除或撤銷該屋之買賣契約，問該屋之所有權人究竟為誰？乙對甲又有那些請求權可資主張？請依法理詳述理由說明之。

解析

(一) 不動產物權採登記生效要件主義

1. 民法第 758 條不動產物權之設權登記規定：「不動產物權，依法律行為而取得、設定、喪失及變更者，非經登記，不生效力。前項行為，應以書面為之。」

2. 民法第 759 條之 1 不動產物權登記之變動效力：「不動產物權經登記者，推定登記權利人適法有此權利。因信賴不動產登記之善意第三人，已依法律行為為物權變動之登記者，其變動之效力，不因原登記物權之不實而受影響。」

3. 物權行為具有「獨立性」與「無因性」，縱使甲事後解除契約或撤銷契約，對甲取得房屋所有權並無影響。

(二) 甲成功解除或撤銷該屋之買賣契約，乙對甲可主張權利：

1. 解除買賣契約，乙對甲可主張權利回復原狀、損害賠償、不當得利與所有權返還請求權：(口訣：回、損、不、還)

(1) 回復原狀：民法第 259 條規定：「契約解除時，當事人雙方回復原狀之義務。」

(2) 損害賠償：民法第 260 條規定：「解除權之行使，不妨礙損害賠償之請求。」

(3) 不當得利：民法第 179 條規定：「無法律上之原因而受利益，致他人受損害者，應返還其利益。雖有法律上之原因，而其後已不存在者，亦同。」乙對甲可主張不當得利，請求甲塗銷房屋所有權之登記，並移轉登記給乙。

(4) 所有權返還請求權：民法第 767 條前段規定：「所有人對於無權占有或侵奪其所有物者，得請求返還之。」

2. 撤銷該屋之買賣契約，乙對甲可主張權利：（口訣：損、不、還）

(1) 錯誤表意人之賠償責任：「依第 88 條及第 89 條之規定撤銷意思表示時，表意人對於信其意思表示為有效而受損害之相對人或第三人，應負賠償責任。但其撤銷之原因，受害人明知或可得而知者，不在此限。」

(2) 不當得利：民法第 114 條第 1 項規定：「法律行為經撤銷者，視為自始無效。」，民法第 179 條規定：「無法律上之原因而受利益，致他人受損害者，應返還其利益。雖有法律上之原因，而其後已不存在者，亦同。」乙對甲可主張不當得利，請求甲塗銷房屋所有權之登記，並移轉登記給乙。

(3) 所有權返還請求權：民法第 767 條前段規定：「所有人對於無權占有或侵奪其所有物者，得請求返還之。」

10. 同時履行抗辯（民法第 264 條）：因契約互負債務者，於他方當事人未為對待給付前，得拒絕自己之給付。但自己有先為給付之義務者，不在此限。他方當事人已為部分之給付時，依其情形，如拒絕自己之給付有違背誠實及信用方法者，不得拒絕自己之給付。

※ 不動產經紀人 96 年第 2 次選擇題第 17 題

(D) 17. 甲乙本於同一買賣契約而互負債務，甲於乙未為對待給付前，得主張拒絕給付之權利為何： (A)債務清償請求權 (B)先訴抗辯權 (C)債權保全之請求權 (D)同時履行抗辯權。

※ 不動產經紀人 100 年選擇題第 6 題

(D) 6. 甲向乙買一臺液晶電視，約定一手交錢一手交貨，於乙未交付液晶電視前，當乙向甲請求價金之支付時，甲得主張： (A)撤銷權 (B)解除權 (C)不安抗辯權 (D)同時履行抗辯權。

11. 不安抗辯權（民法第 265 條）：當事人之一方，應向他方先為給付者，如他方之財產，於訂約後顯形減少，有難為對待給付之虞時，如他方未為對待給付或提出擔保前，得拒絕自己之給付。

※ 不動產經紀人 102 年選擇題第 1 題

(D) 1. 甲向乙建設公司購買預售屋一戶，約定甲應依已完成之工程進度所定付款明細表之規定於工程完工後繳款，半年後乙建設公司資金周轉不靈，財產遭法院查封，甲是否應繼續繳納約定的工程款？ (A)資金周轉不靈，屬可歸責於乙建設公司之事由，甲可拒絕繳納已完工的工程款 (B)因甲無過失，可免給付之義務，甲可拒絕繳納已完工的工程款 (C)基於買賣契約，甲得向乙建設公司主張同時履行抗辯，拒絕繳納已完工的工程款 (D)甲可主張在乙建設公司未繼續進行工程或提出擔保前，得拒絕繳納已完工的工程款。

※ 民法第 265 條：當事人之一方，應向他方先為給付者，如他方之財產，於訂約後顯形減少，有難為對待給付之虞時，如他方未為對待給付或提出擔保前，得拒絕自己之給付。

12. 危險負擔－債務人負擔主義（民法第 266 條）：因不可歸責於雙方當事人之事由，致一方之給付全部不能者，他方免為對待給付之義務；如僅一部不能者，應按其比例減少對待給付。前項情形，已為全部或一部之對待給付者，得依關於不當得利之規定，請求返還。

13. 第三人負擔契約（民法第 268 條）：契約當事人之一方，約定由第三人對於他方為給付者，於第三人不為給付時，應負損害賠償責任。

14. 利益第三人契約（民法第 269 條）：以契約訂定向第三人為給付者，要約人得請求債務人向第三人為給付，其第三人對於債務人，亦有直接請求給付之權。第三人對於前項契約，未表示享受其利益之意思前，當事人得變更其契約或撤銷之。第三人對於當事人之一方表示不欲享受其契約之利益者，視為自始未取得其權利。

※ 不動產經紀人 100 年選擇題第 7 題

(B) 7. 甲向大大車行買一臺中古 A 車給其子乙，並約定其子乙得直接向該車行請求交付 A 車，則甲與大大車行間之契約屬於： (A)附負擔之法律行為 (B)第三人利益契約 (C)債權讓與行為 (D)第三人保證契約。

※ 補充

民法第 270 條：前條債務人，得以由契約所生之一切抗辯，對抗受益之第三人。

※ 不動產經紀人 101 年選擇題第 33 題

(B) 33. 甲向乙訂購珍珠項鍊一條，甲與乙並約定由乙直接向第三人丙提出給付，丙對乙有直接請求權，下列敘述何者最正確？ (A)在丙表示享受其利益之意思後，甲與乙仍得隨時撤銷丙所取得之利益 (B)在丙表示享受其利益之意思後，丙得

請求乙向自己提出給付，但乙得以由契約所生之一切抗辯對抗丙　(C)在丙表示享受其利益之意思後，乙得向丙請求給付項鍊之價金　(D)甲與乙所締結之買賣契約為負擔契約，對第三人丙不生效力，丙不得對乙直接請求給付。

五、多數債務人及債權人

(一) 連帶債務（民法第 272 條）

數人負同一債務，明示對於債權人各負全部給付之責任者，為連帶債務。無前項之明示時，連帶債務之成立，以法律有規定者為限。

※ 不動產經紀人 95 年申論題第 1 題

一、何謂連帶債務？其對外效力與對內效力各如何？試析述之。

解析

(一) 對外效力：債權人之權利－對連帶債務人之請求（民法第 273 條）。

(二) 對內效力：連帶債務人相互間之分擔義務（民法第 280 條）。

(二) 債權人之權利－對連帶債務人之請求（民法第 273 條）

連帶債務之債權人，得對於債務人中之一人或數人或其全體，同時或先後請求全部或一部之給付。連帶債務未全部履行前，全體債務人仍負連帶責任。

(三) 連帶債務人相互間之分擔義務（民法第 280 條）

連帶債務人相互間，除法律另有規定或契約另有訂定外，應平均分擔義務。但因債務人中之一人應單獨負責之事由所致之損害及支付之費用，由該債務人負擔。

※ 不動產經紀人 110 年選擇題第 12 題

(C) 12. 關於連帶債務的敘述，下列何者正確？　(A)連帶債務人相互間，縱因債務人中之一人應單獨負責之事由所致之損害及支付之費用，仍應平均分擔義務　(B)連帶債務人中之一人，因清償、代物清償、提存、抵銷或混同，致他債務人同免責任者，得向他債務人請求償還各自分擔之部分，但不得請求利息　(C)連帶債務人中之一人，不能償還其分擔額者，其不能償還之部分，由求償權人與他債務人按照比例分擔之　(D)連帶債務人中之一人，不能償還其分擔額，而他債務人中之一人應分擔之部分已免責者，無須負其責任。

※ 不動產經紀人 108 年選擇題第 17 題

(B) 17. 就甲、乙、丙三人對丁負有平均分擔之 300 萬元連帶債務的情形，下列敘述，何者正確？ (A)甲對丁為債務之承認而中斷時效時，其效力亦及於乙、丙之債務 (B)丁請求甲支付全額獲勝訴判決後，仍未能自甲受償時，得再請求乙支付全額 (C)甲清償全額後，如乙不能償還其分擔額，甲亦僅能向丙求償 100 萬元 (D)甲對丁清償 100 萬元後，丁即不得再次向甲請求支付剩餘之 200 萬元。

※ 不動產經紀人 104 年選擇題第 13 題

(D) 13. 甲、乙、丙三人對丁負有各自分擔比例為三分之一之 300 萬元連帶債務。下列敘述，何者正確？ (A)連帶債務罹於消滅時效後，甲對丁為債務之承認時，該中斷時效之效力及於乙、丙 (B)甲以時價 300 萬元之珠寶對丁為代物清償時，如事前未得乙、丙同意，甲不得向乙、丙求償 (C)甲對丁清償 300 萬元時，如乙無資力，則甲得對丙求償 200 萬元 (D)甲對丁先清償 90 萬元時，甲得對乙、丙分別求償 30 萬元。

(四) 連帶債權（民法第 283 條）

　　數人依法律或法律行為，有同一債權，而各得向債務人為全部給付之請求者，為連帶債權。

🖥 六、債之移轉

(一) 意義：債之主體有所變更。

(二) 類型

1. 債權之讓與性（民法第 294 條）：債權人得將債權讓與於第三人。但下列債權，不在此限：(1)依債權之性質，不得讓與者。(2)依當事人之特約，不得讓與者。(3)債權禁止扣押者。前項第二款不得讓與之特約，不得以之對抗善意第三人。

※ 不動產經紀人 101 年選擇題第 7 題

(B) 7. 甲與乙約定，甲不得將其對乙之非不得讓與的 A 金錢債權讓與予第三人。事後，甲卻違反與乙之約定，將 A 債權讓與予丙。就此情形，下列敘述何者最正確？ (A)甲、乙之約定違反誠信原則，無效。甲、丙間之讓與契約有效 (B)甲、乙之約定有效。但如丙為善意第三人，甲、乙之約定不得對抗丙 (C)無論債權人如何變動，債務人乙皆須清償，故甲、乙間之約定無效 (D)甲、乙之約定效力未定。甲、丙之讓與契約無效。

※ 不動產經紀人 96 年第 2 次選擇題第 35 題

(A) 35. 下列何者為不得讓與之債權： (A)父母對於子女的扶養請求權 (B)違約金請求權 (C)保險金請求權 (D)損害賠償請求權。

※ 不動產經紀人 99 年選擇題第 16 題

(A) 16. 甲使用乙銀行發行之信用卡消費後，共計有 15 萬元卡債無法返還，乙銀行在未知會甲之情形下，將該筆債權出售給丙。下列敘述何者錯誤？ (A)因為甲未受到任何通知，故乙丙之讓與行為無效 (B)甲乙之間如果有設定擔保，該擔保亦隨同由丙取得 (C)甲乙之間如果有特約約定該筆債權不得讓與，丙公司如屬善意時，其讓與仍然有效 (D)甲欲清償債務時，經第 3 人告知，才知乙已將債權讓與丙，乃主動向丙清償債務，此屬有效之行為。

※ 民法第 297 條：「債權之讓與，非經讓與人或受讓人通知債務人，對於債務人不生效力。但法律另有規定者，不在此限。受讓人將讓與人所立之讓與字據提示於債務人者，與通知有同一之效力。」

2. 從權利之隨同移轉（民法第 295 條）：讓與債權時，該債權之擔保及其他從屬之權利，隨同移轉於受讓人。但與讓與人有不可分離之關係者，不在此限。未支付之利息，推定其隨同原本移轉於受讓人。

※ 補充

民法第 296 條：讓與人應將證明債權之文件，交付受讓人，並應告以關於主張該債權所必要之一切情形。

※ 不動產經紀人 101 年選擇題第 28 題

(B) 28. 甲將其對乙之債權讓與給丙，下列敘述何者最正確？ (A)甲若未將債權讓與之事由通知乙，則甲與丙間之債權讓與無效 (B)甲應將證明債權之文件，交付受讓人丙 (C)債權讓與為負擔行為 (D)債權讓與時，該債權擔保之最高限額抵押權亦隨同移轉。

3. 債務承擔：

(1) 免責的債務承擔：第三人與債權人訂立契約承擔債務人之債務者，其債務於契約成立時，移轉於該第三人。（民法第 300 條）

(2) 併存的的債務承擔：原債務人與新債務人共同承擔原來之債務（民法第 305 條、第 306 條）。

七、債之消滅

（口訣：清、存、同、抵、免）

從權利之隨同消滅：債之關係消滅者，其債權之擔保及其他從屬之權利亦同時消滅。（民法第 307 條）負債字據之返還及塗銷：債之全部消滅者，債務人得請求返還或塗銷負債之字據，其僅一部消滅或負債字據上載有債權人他項權利者，債務人得請求將消滅事由，記入字據。負債字據，如債權人主張有不能返還或有不能記入之事情者，債務人得請求給與債務消滅之公認證書。（民法第 308 條）

※ 不動產經紀人 101 年申論題第 1 題

一、父甲、母乙、子丙、女丁 4 人一家和樂，丙創業時向友人戊融資新臺幣（下同）1,000 萬元，由乙提供 A 地設定抵押擔保並由丁為連帶保證人；甲死亡時，留有 2,000 萬元之遺產，但未立有遺囑。試問：戊拋棄債權、抵押權及丁拋棄繼承權，其效力各如何？

解析

戊拋棄債權之效力：

1. 依據民法第 307 條：債之關係消滅者，其債權之擔保及其他從屬之權利亦同時消滅。

2. 戊拋棄債權，戊對丙之債權消滅，對丁之連帶保證債權亦同時消滅。

3. 依據民法第 307 條規定：主債權消滅，抵押權之從屬權利亦同時消滅，戊對 A 地之抵押權亦消滅。

(一) 清償（民法第 309 條～第 325 條）

依債務本旨，向債權人或其他有受領權人為清償，經其受領者，債之關係消滅。持有債權人簽名之收據者，視為有受領權人。但債務人已知或因過失而不知其無權受領者，不在此限。（民法第 309 條）

※ 民法第 320 條（新債清償）

　　因清償債務而對於債權人負擔新債務者，除當事人另有意思表示外，若新債務不履行時，其舊債務仍不消滅。

※ 不動產經紀人 109 年選擇題第 7 題

(D) 7. 甲借給乙 100 萬元，借期屆至，甲請求乙返還 100 萬元借款，乙因此開立 100 萬元之本票交由甲受領。下列敘述，何者正確？ (A)甲所受領乙開立的 100 萬元本票，是債之內容更改 (B)甲所受領乙開立的 100 萬元本票，是抵銷 (C)甲所受領乙開立的 100 萬元本票，是代物清償 (D)甲所受領乙開立的 100 萬元本票，是新債清償。

※ 不動產經紀人 96 年選擇題第 2 次第 7 題

(D) 7. 債權人受領他種給付以代原定給付者，其債之關係消滅，此種情形稱為： (A)間接給付 (B)代位求償 (C)代替給付 (D)代物清償。

※ 不動產經紀人 96 年選擇題第 2 次第 8 題

(C) 8. 甲積欠乙之貨款，遂以自己所開立之銀行支票對乙為清償，此種情形通稱為：(A)代物清償 (B)代位求償 (C)新債清償 (D)代替給付。

（二）提存（民法第 326 條～第 333 條）

1. 提存之要件：債權人受領遲延，或不能確知孰為債權人而難為給付者，清償人得將其給付物，為債權人提存之。（民法第 326 條）

2. 提存之處所：提存應於清償地之法院提存所為之。（民法第 327 條）

※不動產經紀人 98 年選擇題第 11 題

(C) 11. 下列關於提存之論述，何者錯誤？ (A)債權人受領遲延，債務人難為給付時，債務人得將其應給付物，為債權人提存 (B)提存應於清償地之法院提存所為之 (C)提存標的物限於原給付物之提存，債務人不得將給付物出售而提存價金 (D)提存後，給付物毀損滅失之危險，由債權人負擔，所以雙務契約的債務人仍得對債權人要求對待給付。（民 § 331）

（三）抵銷（民法第 334 條～第 342 條）

1. 抵銷之要件（民法第 334 條）：二人互負債務，而其給付種類相同，並均屆清償期者，各得以其債務，與他方之債務，互為抵銷。但依債之性質不能抵銷或依當事人之特約不得抵銷者，不在此限。前項特約，不得對抗善意第三人。

2. 抵銷之方法與效力（民法第 335 條）：抵銷，應以意思表示，向他方為之。其相互間債之關係，溯及最初得為抵銷時，按照抵銷數額而消滅。前項意思表示，附有條件或期限者，無效。

3. 禁止抵銷之債－禁止扣押之債（民法第 338 條）：禁止扣押之債，其債務人不得主張抵銷。（債務人依法領取之社會保險給付）

4. 禁止抵銷之債－因侵權行為而負擔之債（民法第 339 條）：因故意侵權行為而負擔之債，其債務人不得主張抵銷。

5. 禁止抵銷之債－受扣押之債權（民法第 340 條）：受債權扣押命令之第三債務人，於扣押後，始對其債權人取得債權者，不得以其所取得之債權與受扣押之債權為抵銷。

6. 禁止抵銷之債－向第三人為給付之債（民法第 341 條）：約定應向第三人為給付之債務人，不得以其債務，與他方當事人對於自己之債務為抵銷。

※ 不動產經紀人 111 年選擇題第 22 題

(A) 22. 二人互負債務而其給付種類相同，並均屆清償期者，得以其債務與他方之債務互為下列何項主張，以消滅其債務？ (A)抵銷 (B)抵充 (C)免除 (D)混同。

※ 不動產經紀人 104 年選擇題第 17 題

(B) 17. 下列關於抵銷之敘述，何者正確？ (A)甲對乙有金錢債權、乙對甲有因侵權行為而生之損害賠償請求權時，乙不得對甲主張抵銷 (B)甲對乙有金錢債權、乙對甲有禁止扣押之金錢債權時，甲不得對乙主張抵銷 (C)甲對乙之金錢債權及乙對甲之金錢債權的履行地不同時，乙不得對甲主張抵銷 (D)甲對乙之金錢債權及乙對甲之金錢債權的履行地不同時，甲不得對乙主張抵銷。

※ 不動產經紀人 101 年選擇題第 10 題

(B) 10. 甲對乙有於今年（下同）5 月 31 日到期之買賣價金金錢債權，乙對甲有於 6 月 30 日到期之消費借貸金錢債權。甲於 7 月 1 日主張抵銷，乙於 7 月 5 日回覆同意甲之抵銷的主張。試問：因甲主張抵銷而消滅之債之關係，於何時發生效力？ (A)5 月 31 日 (B)6 月 30 日 (C)7 月 1 日 (D)7 月 5 日。

※ 不動產經紀人 101 年選擇題第 19 題

(C) 19. 甲以其對乙尚未屆清償期之金錢債權設定權利質權於丙，以擔保丙對甲之金錢債權，並於設定時即通知乙。下列敘述何者最正確？ (A)該權利質權之設定，未得乙之同意，無效 (B)乙得以於受通知後始對甲取得之金錢債權，對丙主張抵銷 (C)乙得以於受通知時對甲之已屆清償期之金錢債權，對丙主張抵銷 (D)該權利質權之設定，須由甲、丙共同通知乙，始對乙生效力。

(四) 免除（民法第 343 條）

債權人向債務人表示免除其債務之意思者，債之關係消滅。

(五) 混同（民法第 344 條）

債權與其債務同歸一人時，債之關係消滅。但其債權為他人權利之標的或法律另有規定者，不在此限。

※ 不動產經紀人 111 年選擇題第 6 題

(D) 6. 下列何種情形，債務人之原有債務不會發生消滅之效果？ (A)債權人受領債務人以代物清償方式清償原有之債務 (B)債務人對債權人已屆清償期之債權行使抵銷權，彼此間在抵銷數額之債權債務 (C)債權與其債務發生混同之情形 (D)債務人以間接給付之方式清償原有之債務。

案例一：未授權買賣之表見代理

（參考臺灣臺北地方法院民事判決 96 年度訴字第 3090 號）

朱太郎之家人居住使用的房子是朱奶奶買給朱太郎的，所以登記為朱太郎所有，朱奶奶於 95 年 12 月 12 日表示因為朱太郎已經出國所以無法到場，而且未以書面或口頭方式授權朱奶奶出售系爭不動產，也未將權狀正本、印鑑證明、印章等交給朱奶奶辦理，但是朱奶奶卻以朱太郎代理人名義與許芃偉於「雪麟聯合代書事務所」由代書張雪麟承辦，簽定不動產買賣契約書，許芃偉並於 95 年 12 月 12 日及 13 日各支付 303,000 元及 300,000 元予朱奶奶。朱太郎於 95 年 12 月 22 日以臺北古亭郵局存證信函，告知許芃偉及代書張雪麟，其拒絕承認系爭不動產買賣契約，並於 96 年 1 月 2 日將朱奶奶所收取之價金附加利息共計 606,000 元提存於本院提存所。許芃偉主張朱太郎授權其母朱奶奶簽定系爭不動產買賣契約，故請求被告移轉系爭不動產予許芃偉等語；但為朱太郎所否認，試問：朱太郎是否應負表見代理之責任？

分析

當事人分析圖

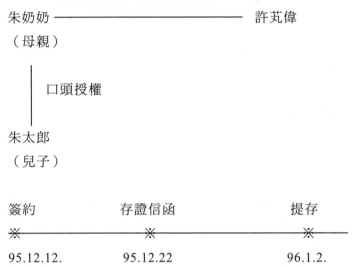

一、 按由自己之行為表示以代理權授與他人，或知他人表示為其代理人而不為反對之表示者，對於第 3 人應負授權人之責任。民法第 169 條本文規定甚明。又民法第 169 條關於由自己之行為表示以代理權授與他人者，對於第 3 人應負授權人之責任之規定，原以本人有使第 3 人信為以代理權授與他人之行為，為保護代理交易之安全起見，有使本人負相當責任之必要而設，故本人就他人以其名義與第 3 人所為之代理行為，應負授權人之責任者，須以他人所為之代理行為，係在其曾經表示授與他人代理權之範圍內為其前提要件（最高法院 40 年台上字第 1281 號判例）。另民法第 169 條所謂知他人表示為其代理人而不為反對之表示者，以本人實際知其事實為前提，其主張本人知此事實者，應負舉證之責（最高法院 68 年台上字第 1081 號判例）。準此可知，主張表見代理之本人應負授權人責任，應舉證證明本人使無權代理人訂約時，有足致他人誤信行為之事實，或本人知他人表示為其代理人而不為反對表示之事實。

二、 本件自許芃偉均未與朱太郎本人接洽，且朱太郎並未交付其印鑑證明、權狀正本予朱奶奶等情，自難認朱太郎有足使他人誤認為授與代理權之行為，又許芃偉亦未舉證證明朱太郎有知朱奶奶為其代理人而不為反對之意思表示，則原告以朱太郎應依表見代理規定，負授權人責任為由，訴請朱太郎履行系爭不動產買賣契約出賣人責任，即有未合。

三、 綜上所述，本件朱太郎並未授權朱奶奶簽訂系爭不動產買賣契約，且已拒絕承認朱奶奶之無權代理行為，又本件亦無表見代理之適用，是以兩造間並無買賣契約存在，許芃偉依買賣契約之法律關係，請求朱太郎移轉系爭不動產所有權予許芃偉，並無理由，應予駁回。

案例二：車禍案件之侵權行為損害賠償

（參考臺灣臺北地方法院民事判決 96 年度訴字第 2641 號）

唐籐木於民國 99 年 12 月 16 日下午 1 時 55 分許，騎乘重型機車，行經臺北縣永和市（今新北市永和區）保福路二段 150 巷口時，竟疏忽未讓幹道車輛先行，貿然闖越巷口，適遇李永澤騎乘輕型機車，沿保福路自北向南行使而駕駛失控，雙方車輛發生碰撞，造成李永澤右脛骨平台及脛骨幹粉碎性骨折，住院 12 天所支出費用共計 36,814 元，

有提出診斷證明書、醫療費用收據為證。車禍造成右腳膝蓋完全喪失效用，難以自理生活，請人看護 45 天支出 45,000 元，受傷後 3 個月無法工作，平均每月薪資 29,000 元。李永澤主張受傷後已減少勞動能力，其於案發前每年收入為 348,000 元，計算至 65 歲退休，尚有 23 年之工作年限，依霍夫曼計算法計算給付一次之金額為 3,552,380 元，法院命李永澤至醫院複查提出證明始終無法提出其符合勞工保險殘廢給付標準表所列殘廢等級之證明文件，且自承其所受傷勢經社會局認定不符合殘障標準。法

院審酌李永澤擔任公司總務，年薪約 34 餘萬元，其因右脛骨平台及脛骨幹粉碎性骨折造成之不便所感受精神痛苦之程度；唐籐木是幫忙人家打掃房屋，年薪約 24 萬元上下等一切情狀，認唐籐木所請求之慰撫金以 15 萬元為適當。又審酌臺北縣區車輛行車事故鑑定委員會（今新北市政府車輛行車事故鑑定委員會）決議系爭車禍之發生，以唐籐木駕車行駛至交叉路口，未暫停讓直行車先行為肇事主因，李永澤雖與有過失，然斟酌雙方原因力強弱與過失之輕重等一切情狀，認為應減輕唐籐木賠償金額 30% 為適當，李永澤因投保機車強制責任險而獲得理賠保險金 60,262 元，試問李永澤可獲得多少損害賠償？

分析

當事人分析圖

騎乘機車發生車禍

唐籐木	———————————————————————	李永澤
（過失 70%）		（過失 30%）

臺北縣區車輛行車事故鑑定委員會決議
（新北市政府車輛行車事故鑑定委員會）

發生車禍	出院	停止看護	開始恢復上班
※	※	※	※
99.12.16.	99.12.28.	100.1.30.	100.3.16.

　　按因故意或過失，不法侵害他人之權利者，負損害賠償責任；不法侵害他人之身體或健康者，對於被害人因此喪失或減少勞動能力，或增加生活上之需要時，應負損害賠償責任；不法侵害他人之身體、健康者，被害人雖非財產上之損害，亦得請求賠償相當之金額，民法第 184 條第 1 項前段、第 193 條第 1 項、第 195 條第 1 項前段分別定有明文。

　　如前所述，唐籐木駕車疏未注意讓幹道車輛先行，貿然闖越巷口，致撞及李永澤，自有過失。李永澤因此受有右脛骨平台及脛骨幹粉碎性骨折，此與唐籐木前開過失行為顯有相當因果關係存在，李永澤依侵權行為法律關係，請求唐籐木賠償，即屬有據。茲就李永澤所受損害，分述如下：

一、醫療費用部分：原告主張此部分支出費用共計 36,814 元乙節，已據提出診斷證明書、醫療費用收據為證，並為唐籐木所不爭執，此部分之請求，應屬有理。

二、看護費用部分：李永澤主張因車禍造成右腳膝蓋完全喪失效用，難以自理生活，請人看護 45 天支出 45,000 元，故其於該範圍內請求，為屬有理。

三、勞動能力減損部分：原告主張受傷後已減少勞動能力，其於案發前每年收入為 348,000 元，計算至 65 歲退休，尚有 23 年之工作年限，依霍夫曼計算法計算給付一次之金額為 3,552,380 元乙節，法院命李永澤至醫院複查提出證明文件，李永澤始終無法提出其符合勞工保險殘廢給付標準表所列殘廢等級之證明文件，且自承其所受傷勢經社會局認定不符合殘障標準等語，準此，李永澤既無法證明其因系爭車禍受傷致有勞動能力減損之事實，則其請求唐籐木賠償此部分之損害，即屬無據。

四、薪資損失部分：李永澤所提出公司請假證明書 3 個月，所提出薪資證明書所載薪資為 21,800 元，準此，李永澤請求 3 個月無法工作所受薪資損失 65,400 元（21,800×3＝65,400），應屬有理。

五、精神慰撫金部分：李永澤因系爭車禍致右脛骨平台及脛骨幹粉碎性骨折，其精神自受有相當之痛苦。而精神上損害賠償之相當金額計算，應參酌加害情形、被害人所受精神上痛苦之程度、賠償權利人之身分地位、經濟能力，並斟酌賠償義務人之經濟狀況、可歸責之程度等定之。本院審酌李永澤擔任公司總務，年薪約 34 餘萬元，其因右脛骨平台及脛骨幹粉碎性骨折造成之不便所感受精神痛苦之程度；唐籐木是幫忙人家打掃房屋，年薪約 24 萬元上下等一切情狀，認原告所請求之慰撫金以 15 萬元為適當。

六、 結論：李永澤所受損害為：醫療費用 36,814 元、看護費用 45,000 元、薪資損失 65,400 元及精神慰撫金 15 萬元，共計 297,214 元。又系爭車禍之發生李永澤與有過失，審酌系爭車禍之發生，以唐籐木駕車行駛至交叉路口，未暫停讓直行車先行為肇事主因，李永澤雖與有過失，然斟酌雙方原因力強弱與過失之輕重等一切情狀，認為應減輕唐籐木賠償金額 30%為適當，準此，李永澤得請求賠償之損害金額為 208,050 元（297,214 元×70%=208,050 元），另李永澤就系爭車禍其已領保險金 60,262 元部分，同意自請求金額中扣除，則經扣除該金額後，李永澤得向唐籐木請求賠償金額為 147,788 元。

車禍處理

一、前言

「車」是每天上班上學或是到任何地方所必備的交通工具，然而，就如同「水能載舟，亦能覆舟」的道理一樣，只要稍有個疏失，就會發生事故。前陣子本署員工亦有因此發生車禍事故者，尤其是尖峰時刻，大車小車爭相搶車道，更不得不加小心留意。不幸發生車禍事故，要如何正確處理，已經成為每位車主必備的知識，否則不僅自身權益不保，在財物上也將招致損失，並減少未來不必要的困擾以及維持冷靜處理車禍的發生，有鑑於此，特別依實務及現行法規提供「車禍八大處理要訣[1]」僅供車主參考。

二、車禍八大處理要訣

(一) 第一要訣－勿破壞現場

首先，車禍發生後，應立即停車以「雙黃燈及三角牌警示後方來車避免追撞」，同時應在車身後方放置三角牌警告標誌，且車主最好要做到「保留現場以利警方採證」，在警方趕到現場時，將依據車輛方位及現場掉落物繪製現場圖，（請於車上放置傻瓜相機及筆、尺、紙）做為未來肇事責任研判的依據，因此為保障車主自我權益請勿任意破壞現場。

(二) 第二要訣－照相技巧

照相要注意的事項：

1. 車子前後左右都要照相。

2. 撞擊點要近照，最好要放比例尺。

3. 煞車痕一定要照。

---

[1] 基隆地方法院檢察署 http://www.klc.moj.gov.tw/ct.asp?xItem=92531&ctNode=13412

4. 底盤要照相，有很多人會問如何照相，第一是要照有異物，不要忘記沒有東西也是一個最有利的證據。

5. 擋泥板要照，可以確定撞擊方向。

6. 最後當在為自己照相時，也要為別人照相。

(三) 第三要訣－驗傷並保留證據

　　要求檢察官或警察照自己以及對方身上的傷，這在日後法律上請求時，或判定違規肇事上有很大的用處。並且告訴檢察官你有照片，你洗一份給他，但記得底片一定要自己留著，不要給檢察官，把證據留在自己身上最安全，最後記得態度要客氣。

(四) 第四要訣－求救及報案之處理

　　如果有人傷亡不論是任何人應迅速打「119」尋求救護車將傷者送醫急救，切記勿使用肇事車輛移送傷患，因為要避免有畏罪潛逃之嫌。救護車離開時記得詢問傷者姓名並記下車號，如消防局應記下單位及送往之醫院。同時也要記得打「110」報警處理，由於保險申請或訴訟將以警方的紀錄為重要參考依據，因此車禍需要由警方到現場處理，對於警方應訊筆錄，現場測繪一定要詳實核對，有任何問題就要在現場一一提出。尤其各相關位置必須檢查無誤後才能簽名確認，同時最好記下警員姓名或代號及所屬單位。

(五) 第五要訣－避免當場爭辯或和解

　　最好「避免當場爭辯或和解」，因為肇事責任的判定較為複雜，一般情況雙方都要負擔一定的責任，一般車主或者是到場的警察並無法做出正確的判斷，所以也不要太相信警察的判斷，一切最好依法處理。同時，為了自己本身的安全，最好避免當街與對方爭辯，而在肇事責任為明確之前，最好不要與對方私下和解，以免影響日後訴訟及保險權益。

(六) 第六要訣－尋找目擊證人

必要時，最好能尋找現場目擊者並記下車號，如在十字路口則要注意「紅綠燈及時間」以作為日後訴訟的保留證人。

(七) 第七要訣－注意和解細節

如果車主雙方要達成和解，請注意和解細節。協調和解事宜時可透過各地調解委員會或警察局進行和解以保安全，和解時建議使用標準和解格式。並清楚載明和解內容，尤其遇有人員傷亡務必清楚載明此和解是否包含強制險理賠金，以及是否同時拋棄刑事及民事的權利，最後應注意與對方所有具賠償請求權的人完成和解手續。

(八) 第八要訣－向保險公司備案

有投保的車主記得要向保險公司報案，依保險法相關規定車主應於事故發生後立即告知保險公司。目前政府已規定強制汽、機車都要投保強制責任險，以保障車禍事故傷者權益。事故發生後車主即可利用強制保險證上各保險公司提供的 0800 電話，向所屬保險公司報案。如果事故非保障範圍，也可尋求保險公司協助。且車主要在 5 日內提出書面理賠申請，根據現行汽車保險條例規定，不論是強制險或其他任意險的理賠申請。都應在事故發生後 5 日內辦理，因此，車主應攜帶駕照及印章到保險公司申請理賠，以免權益受損。

三、肇事者可能涉及到的法條

(一) 殺人罪

肇事者倘係出於故意而撞擊被害人致死時，此時其行為即與刑法第271 條殺人罪之要件相符。又肇事者於肇事後，如因畏懼賠償巨額醫療費用而故意另行將被害人輾壓致死時，亦與殺人罪之構成要件相符。肇事者於上揭情形下，若無阻卻違法事由，且滿 14 歲時，則應成立殺人罪。

(二) 過失致死罪

肇事者因過失撞擊被害人致死時,應成立刑法第 276 條之罪。

(三) 過失傷害罪

肇事者因過失致被害人受傷時,視傷害之程度,分別成立過失傷害罪及過失重傷害罪。(刑法第 284 條)

(四) 遺棄致死罪

肇事者撞擊被害人致被害人受傷後逃逸,如被害人因延誤就醫而死亡時,肇事者可能成立刑法第 294 條第 2 項之遺棄致死罪。

(五) 肇事逃逸罪

駕駛動力交通工具肇事,致人死傷而逃逸者,處 6 個月以上 5 年以下有期徒刑。(刑法第 185 條之 4)

(六) 服用藥物駕駛交通工具罪

刑法第 185 條之 3,該條規定如下:服用毒品、麻醉藥品、酒類或其他相類之物、不能安全駕駛動力交通工具而駕駛者,處 3 年以下有期徒刑、得併科 30 萬元以下罰金。從而,凡服用毒品、麻醉藥、酒類或其他相類之物,已達不能安全駕駛汽機車而仍然駕駛時,不論肇事與否,均屬犯罪行為,民眾宜加注意,切勿以身試法,危害社會大眾之安全。

四、結語

(一) 刑事告訴期限是 6 個月

依刑事訴訟法第 237 條第 1 項規定:「告訴乃論之罪,其告訴應自得為告訴之人知悉犯人之時起,於 6 個月內為之。」所謂「知悉」是指得為告訴之人確知犯人之犯罪行為。

1. 如果發生當事人一方在發生車禍後第 6 個月的最後一天向警方或地方檢察署提出刑事告訴時，另一方卻沒有提告時，就會喪失形式的追訴權。

2. 未來訴訟程序上當事人一方只有刑事與民事上的權利，另一方只有民事上的權利時，不可不慎重處理。

(二)民事損害賠償期限是 2 年

民法第 197 條：「因侵權行為所生之損害賠償請求權，自請求權人知有損害及賠償義務人時起，2 年間不行使而消滅。自有侵權行為時起，逾 10 年者亦同。損害賠償之義務人，因侵權行為受利益，致被害人受損害者，於前項時效完成後，仍應依關於不當得利之規定，返還其所受之利益於被害人。」

(三) 汽、機車發生車禍致他人受傷或死亡者的遺屬可向財團法人汽車交通事故特別補償基金申請補償：

1. 若該肇事的汽、機車肇事逃逸。

2. 沒有投保強制汽車責任保險（包括拼裝車、農用車等）。

3. 雖有投保但未經同意使用（例如失竊車肇事）時，除少數特殊情況外（例如自摔或自撞電桿或酒醉駕車所致）。

其實，駕駛人若能依「路權」規定以及「道路交道安全規則」規定行車，遵守交通規則並禮讓行人才是杜絕交通事故發生根本之道，最好是能行車安全，並不要讓事故發生同時也不是鼓勵大家興訟。最後敬祝大家行車平安。

債編各論

Civil Law

💻 一、買賣

(一) 意義：買賣者，當事人約定一方移轉財產權於他方，他方支付價金的契約（民法第 345 條第 1 項）。

(二) 買賣契約之成立：買賣契約屬於諾成、不要式的契約，故當事人就標的物及其價金互相同意時，買賣契約即為成立（民法第 345 條第 2 項）。

※ 不動產經紀人 106 年選擇題第 8 題

(D) 8. 依民法規定，關於不動產買賣，下列敘述何者正確？ (A)應作成公證書 (B)非經登記，不生效力 (C)非經交付買賣之不動產，不生效力 (D)因當事人就標的物及其價金互相同意而成立。

※ 不動產經紀人 105 年選擇題第 2 題

(B) 2. 依民法之規定，下列何種非屬法定要式行為？ (A)兩願離婚 (B)買賣契約 (C)所有權移轉 (D)社團章程之訂定。

※ 不動產經紀人 102 年選擇題第 4 題

(D) 4. 甲以新臺幣 1,000 萬元向乙購買某特定房屋，買賣契約何時成立？ (A)甲交付新臺幣 1,000 萬元於乙時 (B)乙將該特定房屋交付於甲時 (C)甲、乙完成交屋及付清價金時 (D)甲、乙就房屋及價金互相同意時。

※ 民法第 345 條：稱買賣者，謂當事人約定一方移轉財產權於他方，他方支付價金之契約。當事人就標的物及其價金互相同意時，買賣契約即為成立。

(三) 買賣契約成立後，當事人的義務：物的出賣人：負交付其物於買受人並使其取得該物所有權的義務（民法第 348 條第 1 項）。物的買受人：對於出賣人有交付約定價金及受領標的物的義務（民法第 367 條）。

※ 不動產經紀人 107 年選擇題第 2 題

(D) 2. A 公司董事長甲於 5 月 1 日上午告訴其助理乙致函於丙，表示願以一億元購買其工廠。乙於 5 月 2 日上午發信，信於 5 月 4 日到達丙處。經查，甲於 5 月 2 日晚上心肌梗塞死亡，丙於 5 月 6 日函覆 A 公司為承諾，試問買賣契約是否成立？ (A)買賣契約不成立 (B)買賣契約效力未定，需視 A 公司繼任董事長是否承認決定其效力 (C)買賣契約效力未定，需視甲之繼承人是否承認決定其效力 (D)買賣契約成立。

※ 地政士 106 年申論題第 2 題

二、甲將其所有之 A 屋出售予乙，並已委託代書辦妥所有權移轉登記，詎乙將購買 A 屋之價金交付予甲後，甲仍占有使用 A 屋，請附具理由回答以下問題：(一)甲是否有權占有 A 屋？(二)若是，乙應如何取得 A 屋之使用收益權限？

解析

(一) 甲有權占有 A 屋

1. 甲為 A 屋所有人且將 A 屋出售予乙，依民法第 348 條規定：「物之出賣人負交付其物於買受人，並使其取得該物所有權之義務。」甲出賣人負有 A 屋交付予乙買受人之義務。

2. 甲雖將 A 屋所有權移轉登記給乙，但甲仍占有使用 A 屋，依據民法第 227 條規定：「因可歸責於債務人之事由，致為不完全給付者，債權人得依關於給付遲延或給付不能之規定行使其權利。因不完全給付而生前項以外之損害者，債權人並得請求賠償。」甲出賣人乃為不完全給付之債務不履行，甲出賣人仍屬有權占有，乙買受人得訴請法院判決命出賣人交屋，於得到確定判決後，向法院聲請強制執行並得請求損害賠償。

(二) 乙得主張遲延交屋或訴請法院判決命出賣人交屋，以取得 A 屋之使用收益權

1. 遲延交屋之損害賠償

   (1) 依民法第 231 條規定：「債務人遲延者，債權人得請求其賠償因遲延而生之損害。」因此，乙買受人可對甲出賣人請求賠償因延遲交屋所受的損害。

   (2) 可解除契約，並請求損害賠償

   　　民法第 254 條規定：「契約當事人之一方遲延給付者，他方當事人得定相當期限催告其履行。如於期限內不履行時，得解除其契約。」因此，乙買受人可要求甲出賣人於一定期間內交屋，甲出賣人逾期仍未履行交屋的義務時，乙買受人就可以解除買賣契約，解約後買受人可依民法第 259 條規定請求甲出賣人返還已付之價款，亦可請求甲出賣人賠償因遲延交屋所生之損害賠償（民法第 260 條）。

   (3) 遲延交屋時，乙買受人可以拒絕繼續支付房屋價款（民法第 264 條）。

2. 訴請法院判決命出賣人交屋

   　　依民法第 348 條規定：「物之出賣人負交付其物於買受人，並使其取得該物所有權之義務。」而民法第 227 條亦規定，甲出賣人不為給付者，乙買受人得訴請法院判決命出賣人交屋，於得到確定判決後，向法院聲請強制執行。以取得 A 屋之使用收益權限。

※ 民法第 373 條：買賣標的物之利益及危險，自交付時起，均由買受人承受負擔，但契約另有訂定者，不在此限。

※ 不動產經紀人 109 年選擇題第 3 題

(C)3. 甲與乙訂立買賣契約，將其二手汽車出賣予乙，若當事人間無特別約定者，關於該汽車之利益及危險，下列何者正確？ (A)於甲與乙簽訂汽車買賣契約時起，由乙承受 (B)自該車辦理過戶登記於乙時，由乙承受 (C)自該車交付於乙時起，由乙承受 (D)於乙支付價金完畢時，由乙承受。

※ 不動產經紀人 103 年選擇題第 13 題

(A)13. 甲將房屋出賣於乙並交付之，但尚未完成移轉登記，乙已支付一半價金，其後該屋因地震而全毀。下列敘述，何者正確？ (A)乙仍應支付全部買賣價金 (B)甲應承擔一半損失 (C)乙得解除買賣契約 (D)甲得主張重建後再交屋。

※ 民法第 373 條：買賣標的物之利益及危險，自交付時起，均由買受人承受負擔，但契約另有訂定者，不在此限。

※ 不動產經紀人 102 年選擇題第 27 題

(A)27. 甲向乙購買房屋，雙方簽訂買賣契約後，乙將房屋交付於甲，但尚未辦理所有權移轉登記，突然發生地震致使房屋全毀。下列敘述何者正確？ (A)甲雖未取得房屋所有權，但仍需交付約定之房屋價金 (B)甲因未取得房屋所有權，故毋需交付約定之房屋價金 (C)甲已受領房屋之交付，故需交付約定之房屋價金之一半 (D)甲已受領房屋之交付，僅需給付相當於使用房屋之租金。

※ 民法第 373 條：買賣標的物之利益及危險，自交付時起，均由買受人承受負擔，但契約另有訂定者，不在此限。

(四) 出賣人的瑕疵擔保責任

1. 權利瑕疵擔保責任：出賣人應擔保第 3 人就買賣之標的物，對於買受人不得主張任何權利，債權或其他權利之出賣人，應擔保其權利確係存在，違反之效果，買受人得依債務不履行之相關規定，行使其權利（民法第 349 條、第 350 條、第 353 條）。

※ 不動產經紀人 112 年選擇題第 6 題

(C)6. 甲向乙購買乙對於丙的債權，但丙已於買賣前清償系爭債權而使該債權消滅，請問該買賣契約之效力如何？ (A)債權不得作為買賣之標的所以無效 (B)該買賣標的權利自始不存在，屬於標的不能而無效 (C)該買賣標的權利雖然不存在，但契約仍有效，甲可對乙主張權利瑕疵擔保 (D)甲可依締約上過失向乙請求損害賠償。

※ 不動產經紀人 105 年選擇題第 3 題

(B) 3. 有關財產權之描述，下列敘述何者正確？　(A)債權是請求權，所以只能約定由特定人請求另一特定人為一定作為，但不能約定不作為　(B)債權具有相對性，所以當出賣人一屋先後兩賣時，前後買賣契約皆為有效　(C)基於契約自由原則，當事人可以自由創設物權種類，不受限制　(D)債權給付之內容，以有財產價格者為限。

2. 物之瑕疵擔保責任：物之出賣人對於買受人應擔保其物轉於之規定危險移依第 373 條買受人時，無滅失或減少其價值的瑕疵，亦無滅失或減少其通常效用，或契約預定效用的瑕疵（民法第 354 條第 1 項）。違反之效果，買受人得解除其契約或請求減少其價金（民法第 359 條）；又買賣之物，缺少出賣人所保證之品質者，買受人得不解除契約或請求減少價金，而請求不履行之損害賠償（民法第 360 條）。

※ 民法第 365 條：買受人因物有瑕疵，而得解除契約或請求減少價金者，其解除權或請求權，於買受人依第 356 條規定為通知後 6 個月間不行使或自物之交付時起經過 5 年而消滅。前項關於 6 個月期間之規定，於出賣人故意不告知瑕疵者，不適用之。

※ 預售屋買賣契約書範本第 17 條（保固期限及範圍）：「……結構部分（如：基礎、樑柱、承重牆壁、樓地板、屋頂、樓梯、擋土牆、雜項工作物及結構部分……等）負責保固 15 年，固定建材及設備部分（如：門窗、粉刷、地磚……等）負責保固 1 年。……」

※ 數物併同出賣時之解除契約（民法第 363 條）

為買賣標的之數物中，一物有瑕疵者，買受人僅得就有瑕疵之物為解除。其以總價金將數物同時賣出者，買受人並得請求減少與瑕疵物相當之價額。

前項情形，當事人之任何一方，如因有瑕疵之物，與他物分離而顯受損害者，得解除全部契約。

※ 不動產經紀人 111 年選擇題第 20 題

(C) 20. 特定物買賣，若因物有瑕疵而出賣人依法應負物之瑕疵擔保責任時，下列何者非買受人依法所得主張之權利？　(A)解除買賣契約　(B)請求減少買賣價金　(C)請求另行交付無瑕疵之物　(D)故意不告知瑕疵時，請求損害賠償。

※ 不動產經紀人 110 年選擇題第 15 題

(C) 15. 關於買賣瑕疵擔保的敘述，下列何者正確？　(A)買受人對於由他地送到之物，主張有瑕疵，不願受領者，買受人無暫為保管之責　(B)從物有瑕疵者，買受人

得就主物併同從物，解除全部契約 (C)為買賣標的之數物中，一物有瑕疵者，買受人僅得就有瑕疵之物為解除，但當事人之任何一方，如因有瑕疵之物，與他物分離而顯受損害者，得解除全部契約 (D)買賣之物，僅指定種類者，如其物有瑕疵，買受人得不解除契約或請求減少價金，而即時請求另行交付無瑕疵之物。出賣人就另行交付之物，不負擔保責任。

※ 不動產經紀人106年選擇題第11題

(A) 11. 甲有 A 屋，共 95 坪，登記為 A 屋所有人。乙詢問甲 A 屋坪數，甲告知 A 屋計有 100 坪。甲與乙締結 100 坪之 A 屋買賣契約。試問，下列敘述何者錯誤？ (A)甲侵害乙之 A 屋所有權 (B)乙得解除契約 (C)乙得請求減少價金 (D)乙得以甲詐欺為由，撤銷締結該買賣契約之意思表示。

※ 不動產經紀人105年選擇題第17題

(D) 17. 若買賣標的物為特定物時，買受人不得請求下列那一種物的瑕疵擔保之法定效果？ (A)減價 (B)解約 (C)損害賠償 (D)另行交付他物。

※ 不動產經紀人100年選擇題第9題

(B) 9. 甲出售土地給乙，交付土地後乙發現實際坪數比契約書所載坪數少 5%。下列敘述，何者錯誤？ (A)若無顯失公平之情形，乙可以請求減少價金或解除契約 (B)瑕疵擔保責任自土地交付時起經過 3 年而消滅 (C)此瑕疵若乙於契約成立時知悉而甲不知，甲不負擔保之責 (D)乙若不通知甲坪數短少，視為承認其所受領之物。

※ 民法第 365 條：「買受人因物有瑕疵，而得解除契約或請求減少價金者，其解除權或請求權，於買受人依第 356 條規定為通知後 6 個月間不行使或自物之交付時起經過 5 年而消滅。前項關於 6 個月期間之規定，於出賣人故意不告知瑕疵者，不適用之。」

※ 不動產經紀人102年選擇題第3題

(C) 3. 甲經由乙仲介向丙購得 A 屋，甲於交屋遷入後始得知 A 屋曾發生非自然死亡事件。關於當事人間的權利義務，下列敘述何者正確？ (A)凶宅為不完全給付，甲得向丙請求損害賠償，但不得要求解除契約 (B)A 屋並無滅失或減少其通常效用，甲不得向乙主張物之瑕疵擔保責任 (C)A 屋若符合凶宅之客觀判斷標準，甲得向乙主張 A 屋之價值瑕疵擔保責任，要求解除契約或減少價金 (D)A 屋若符合凶宅之客觀判斷標準，甲得向乙主張權利瑕疵擔保責任，要求解除契約或減少價金。

※ 民法第 365 條：買受人因物有瑕疵，而得解除契約或請求減少價金者，其解除權或請求權，於買受人依第 356 條規定為通知後 6 個月間不行使或自物之交付時起經過 5 年而消滅。

前項關於 6 個月期間之規定，於出賣人故意不告知瑕疵者，不適用之。

※ 物之出賣人的瑕疵擔保：

(一) 權利之瑕疵擔保（民法第 349 條、第 350 條、第 353 條）

(二) 物之瑕疵擔保（口訣：交、回、減、損、除）

　　1. 解除契約（民 § 365）。

　　2. 請求減少價金（民 § 365）。

　　3. 另行交付無瑕疵之物（民 § 364）。

　　4. 請求不履行之損害賠償（民 § 360）。

　　5. 回復原狀（填補損害）（民 § 213）。

※ 不動產經紀人 98 年選擇題第 13 題

(C) 13. 甲向進口家具商乙訂一套高級沙發，價錢 10 萬元，約定在甲處交付沙發。乙讓貨運公司丙運送該沙發，於運輸途中，因運送公司的送貨員丁的疏忽造成車禍而毀損。請問甲乙丙丁的法律關係如何？　(A)沙發因車禍而毀損，已經給付不能，所以乙對甲不負給付沙發之義務　(B)依民法第 374 條（民 § 360）規定，家具商將沙發交付運送商丙運送時，買賣危險已經移轉到買受人，所以買受人必須給付價金　(C)因為沙發尚未給付，所以甲可以要求乙再重新運送一套沙發，否則甲可以拒絕給付價金　(D)由於沙發之毀損，甲可以對丙與丁請求侵權行為法上損害賠償。（民 § 374、§ 373）

※ 不動產經紀人 96 年第 2 次選擇題第 10 題

(B) 10. 買受人發現物有瑕疵，而通知出賣人者，最遲應於何時主張物之瑕疵擔保責任：　(A)通知後 3 個月內　(B)通知後 6 個月內　(C)通知後 1 年內　(D)通知後 2 年內。

※ 房屋交屋後發現瑕疵：[口訣：給付（遲、不、賠）、瑕疵（交、回、減、損、除）、關係（特別、競合 777）]。

※ 不動產經紀人 106 年申論題第 2 題

二、甲現年 18 歲、未婚、富二代，離家赴某市就讀，未經其法定代理人同意，即與乙建設公司簽定買賣契約，購買時價 500 萬元之 A 套房，並辦理移轉登記。問：(二) 乙交屋並辦理移轉登記甲，甲居住其間，逾一年，發現該屋實為海砂屋，可依民法向乙主張和權利？

解析

　　乙交付 A 套房為海砂屋，乃未依債之本旨為給付，屬物之瑕疵，甲可向乙主張之權利如下：

(一) 不完全給付之債務不履行責任

民法第 227 條：「因可歸責於債務人之事由，致為不完全給付者，債權人得依關於給付遲延或給付不能之規定行使其權利。因不完全給付而生前項以外之損害者，債權人並得請求賠償。」

(二) 物之瑕疵擔保責任

1. 解除契約（民法第 359 條）：「買賣因物有瑕疵，而出賣人依前 5 條之規定，應負擔保之責者，買受人得解除其契約或請求減少其價金。但依情形，解除契約顯失公平者，買受人僅得請求減少價金。」

2. 請求減少價金（民法第 359 條）：「買賣因物有瑕疵，而出賣人依前 5 條之規定，應負擔保之責者，買受人得解除其契約或請求減少其價金。但依情形，解除契約顯失公平者，買受人僅得請求減少價金。」

3. 另行交付無瑕疵之物（民法第 364 條指定種類者）：「買賣之物，僅指定種類者，如其物有瑕疵，買受人得不解除契約或請求減少價金，而即時請求另行交付無瑕疵之物。」

4. 請求不履行之損害賠償（民法第 360 條）：「買賣之物，缺少出賣人所保證之品質者，買受人得不解除契約或請求減少價金，而請求不履行之損害賠償；出賣人故意不告知物之瑕疵者亦同。」

5. 回復原狀（填補損害或金錢賠償）（民法第 213 條及第 215 條）：

   (1) 民法第 213 條：「負損害賠償責任者，除法律另有規定或契約另有訂定外，應回復他方損害發生前之原狀。」

   (2) 民法第 215 條：「不能回復原狀或回復顯有重大困難者，應以金錢賠償其損害。」

(三) 兩者之關係

1. 履行說（特別規定說）：買賣標的物有瑕疵，即出賣人違反其從給付義務，因此同時應構成物之瑕疵責任與不完全給付責任，而物之瑕疵擔保責任為不完全給付之特別規定。

2. 擔保說（競合理論說）：出賣人所負之擔保責任，只是一種附加擔保的責任。若當事人不願負物之瑕疵擔保責任，當然可以在交付前補正其瑕疵，但此乃出賣人之權利而非義務，不同於履行說之見解。故物之瑕疵擔保責任與不完全給付乃屬兩種不同之請求權，須依請求權競合理論處理。實務採擔保說（競合理論說）。

最高法院 77 年第 7 次民事庭會議：「出賣人就其交付之買賣標的物有應負擔保責任之瑕疵，而其瑕疵係於契約成立後始發生，且因可歸責於出賣人之事由所致者，則出賣人除負物之瑕疵擔保責任外，同時構成不完全給付之債務不履行責任。

※ 地政士 105 年申論題第 1 題

一、甲向乙賣場購買某品牌之全新的除濕機，嗣後發現該除濕機之部分零件原即有瑕
　　疵，可能導致失火燃燒。問：甲得向乙主張何種權利？

解析

　　甲向乙賣場購買某品牌之全新的除濕機，嗣後發現該除濕機之部分零件原即有瑕
疵，可能導致失火燃燒。屬瑕疵給付，涉及不完全給付之債務不履行責任與物之瑕疵擔
保責任。

(一) 不完全給付之債務不履行責任

　　　　民法第 227 條：「因可歸責於債務人之事由，致為不完全給付者，債權人得依
　　關於給付遲延或給付不能之規定行使其權利。因不完全給付而生前項以外之損害
　　者，債權人並得請求賠償。」

(二) 物之瑕疵擔保責任

　　1. 解除契約（民法第 359 條）：「買賣因物有瑕疵，而出賣人依前 5 條之規定，應
　　　 負擔保之責者，買受人得解除其契約或請求減少其價金。但依情形，解除契約
　　　 顯失公平者，買受人僅得請求減少價金。」

　　2. 請求減少價金（民法第 359 條）：「買賣因物有瑕疵，而出賣人依前 5 條之規
　　　 定，應負擔保之責者，買受人得解除其契約或請求減少其價金。但依情形，解
　　　 除契約顯失公平者，買受人僅得請求減少價金。」

　　3. 另行交付無瑕疵之物（民法第 364 條指定種類者）：「買賣之物，僅指定種類
　　　 者，如其物有瑕疵，買受人得不解除契約或請求減少價金，而即時請求另行交
　　　 付無瑕疵之物。」

　　4. 請求不履行之損害賠償（民法第 360 條）：「買賣之物，缺少出賣人所保證之品
　　　 質者，買受人得不解除契約或請求減少價金，而請求不履行之損害賠償；出賣
　　　 人故意不告知物之瑕疵者亦同。」

　　5. 回復原狀（填補損害或金錢賠償）（民法第 213 條及第 215 條）：

　　　(1) 民法第 213 條：「負損害賠償責任者，除法律另有規定或契約另有訂定外，應
　　　　　回復他方損害發生前之原狀。」

　　　(2) 民法第 215 條：「不能回復原狀或回復顯有重大困難者，應以金錢賠償其損
　　　　　害。」

(三) 兩者之關係

　　1. 履行說（特別規定說）：買賣標的物有瑕疵，即出賣人違反其從給付義務，因此
　　　 同時應負構成物之瑕疵責任與不完全給付責任，而物之瑕疵擔保責任為不完全
　　　 給付之特別規定。

2. 擔保說（競合理論說）：出賣人所負之擔保責任，只是一種附加擔保的責任。若當事人不願負物之瑕疵擔保責任，當然可以在交付前補正其瑕疵，但此乃出賣人之權利而非義務，不同於履行說之見解。故物之瑕疵擔保責任與不完全給付乃屬兩種不同之請求權，須依請求權競合理論處理。實務採擔保說（競合理論說）。

最高法院 77 年第 7 次民事庭會議：「出賣人就其交付之買賣標的物有應負擔保責任之瑕疵，而其瑕疵係於契約成立後始發生，且因可歸責於出賣人之事由所致者，則出賣人除負物之瑕疵擔保責任外，同時構成不完全給付之債務不履行責任。

※ 不動產經紀人 93 年申論題第 3 題

三、甲出售房屋一棟於乙。試問：設甲交屋後，乙遷入居住，發現屋頂漏水，牆壁龜裂，甲對乙應負何法律責任？

解析

甲出售乙的房屋之屋頂漏水及牆壁龜裂，乃未依債之本旨為給付，屬瑕疵給付，涉及不完全給付之債務不履行責任與物之瑕疵擔保責任。

(一) 不完全給付之債務不履行責任

民法第 227 條：「因可歸責於債務人之事由，致為不完全給付者，債權人得依關於給付遲延或給付不能之規定行使其權利。因不完全給付而生前項以外之損害者，債權人並得請求賠償。」

(二) 物之瑕疵擔保責任

1. 解除契約（民法第 359 條）：「買賣因物有瑕疵，而出賣人依前 5 條之規定，應負擔保之責者，買受人得解除其契約或請求減少其價金。但依情形，解除契約顯失公平者，買受人僅得請求減少價金。」

2. 請求減少價金（民法第 359 條）：「買賣因物有瑕疵，而出賣人依前 5 條之規定，應負擔保之責者，買受人得解除其契約或請求減少其價金。但依情形，解除契約顯失公平者，買受人僅得請求減少價金。」

3. 另行交付無瑕疵之物（民法第 364 條指定種類者）：「買賣之物，僅指定種類者，如其物有瑕疵，買受人得不解除契約或請求減少價金，而即時請求另行交付無瑕疵之物。」

4. 請求不履行之損害賠償（民法第 360 條）：「買賣之物，缺少出賣人所保證之品質者，買受人得不解除契約或請求減少價金，而請求不履行之損害賠償；出賣人故意不告知物之瑕疵者亦同。」

5. 回復原狀（填補損害或金錢賠償）（民法第 213 條及第 215 條）：

(1) 民法第 213 條：「負損害賠償責任者，除法律另有規定或契約另有訂定外，應回復他方損害發生前之原狀。」

(2) 民法第 215 條：「不能回復原狀或回復顯有重大困難者，應以金錢賠償其損害。」

(三) 兩者之關係

1. 履行說（特別規定說）：買賣標的物有瑕疵，即出賣人違反其從給付義務，因此同時應負構成物之瑕疵責任與不完全給付責任，而物之瑕疵擔保責任為不完全給付之特別規定。

2. 擔保說（競合理論說）：出賣人所負之擔保責任，只是一種附加擔保的責任。若當事人不願負物之瑕疵擔保責任，當然可以在交付前補正其瑕疵，但此乃出賣人之權利而非義務，不同於履行說之見解。故物之瑕疵擔保責任與不完全給付乃屬兩種不同之請求權，須依請求權競合理論處理。實務採擔保說（競合理論說）。

最高法院 77 年第 7 次民事庭會議：「出賣人就其交付之買賣標的物有應負擔保責任之瑕疵，而其瑕疵係於契約成立後始發生，且因可歸責於出賣人之事由所致者，則出賣人除負物之瑕疵擔保責任外，同時構成不完全給付之債務不履行責任。

二、買回

(一) 買回之要件

出賣人於買賣契約保留買回之權利者，得返還其所受領之價金，而買回其標的物。前項買回之價金，另有特約者，從其特約。原價金之利息，與買受人就標的物所得之利益，視為互相抵銷。（民法第 379 條）

(二) 買回之期限

買回之期限，不得超過五年，如約定之期限較長者，縮短為五年。（民法第 380 條）

三、特種買賣

(一) 試驗買賣之意義

試驗買賣，為以買受人之承認標的物為停止條件而訂立之契約。（民法第 384 條）

(二) 貨樣買賣

按照貨樣約定買賣者，視為出賣人擔保其交付之標的物與貨樣有同一之品質。（民法第 388 條）

(三) 分期付價買賣期限利益喪失約款之限制

分期付價之買賣，如約定買受人有遲延時，出賣人得即請求支付全部價金者，除買受人遲付之價額已達全部價金五分之一外，出賣人仍不得請求支付全部價金。（民法第 389 條）

(四) 拍賣

1. 拍賣之成立：拍賣，因拍賣人拍板或依其他慣用之方法為賣定之表示而成立。（民法第 391 條）

2. 拍賣物之拍定：拍賣人除拍賣之委任人有反對之意思表示外，得將拍賣物拍歸出價最高之應買人。（民法第 393 條）

3. 不按時支付價金之效力－解約再拍賣及賠償差額：拍賣之買受人如不按時支付價金者，拍賣人得解除契約，將其物再為拍賣。再行拍賣所得之價金，如少於原拍賣之價金及再行拍賣之費用者，原買受人應負賠償其差額之責任。（民法第 397 條）

四、互易

當事人雙方約定互相移轉金錢以外之財產權者，準用關於買賣之規定。（民法第 398 條）

※ 不動產經紀人 97 年第 1 次選擇題第 7 題

(C) 7. 下列對於民法「互易」之敘述何者正確？　(A)準用交互計算之規定　(B)雙方互相移轉金錢之財產權　(C)雙方互相移轉金錢以外之財產權　(D)準用借貸之規定。

🖥 五、交互計算

(一) 交互計算之意義

稱交互計算者,謂當事人約定,以其相互間之交易所生之債權、債務為定期計算,互相抵銷,而僅支付其差額之契約。(民法第 400 條)

(二) 交互計算之計算期

交互計算之計算期,如無特別訂定,每六個月計算一次。(民法第 402 條)

🖥 六、贈與

(一) 贈與之意義及成立

稱贈與者,謂當事人約定,一方以自己之財產無償給與他方,他方允受之契約。(民法第 406 條)

※ 不動產經紀人 106 年選擇題第 9 題

(C) 9. 甲有 A 屋,登記為 A 屋所有人。甲將 A 屋贈與乙女。試問,下列敘述何者正確? (A)非經交付 A 屋,該贈與不生效力 (B)該贈與應以書面為之 (C)甲移轉 A 屋所有權予乙前,得撤銷該贈與 (D)甲延遲交付 A 屋予乙時,乙得請求遲延損害賠償。

※ 民法第 408 條贈與物之權利未移轉前,贈與人得撤銷其贈與。其一部已移轉者,得就其未移轉之部分撤銷之。

前項規定,於經公證之贈與,或為履行道德上義務而為贈與者,不適用之。

※ 不動產經紀人 99 年選擇題第 13 題

(B) 13. 甲男與乙女為男女朋友關係,甲同意將其名下之豪宅贈與乙,以下之敘述何者錯誤? (A)甲在未移轉該屋之所有權給乙之前,隨時可以向乙表示反悔,撤銷贈與 (B)贈與為單獨行為 (C)甲在未移轉房屋所有權給乙之前,因為電線走火將該屋燒毀時,除非甲有故意重大過失,否則無庸負給付不能之責任 (D)甲移轉該屋之所有權給乙,乙搬入該屋之後,即使發現該屋漏水嚴重,原則上亦無法請求甲修繕。

(二) 贈與人之責任

贈與人僅就其故意或重大過失，對於受贈人負給付不能之責任。（民法第 410 條）

(三) 瑕疵擔保責任

贈與之物或權利如有瑕疵，贈與人不負擔保責任。但贈與人故意不告知其瑕疵或保證其無瑕疵者，對於受贈人因瑕疵所生之損害，負賠償之義務。（民法第 411 條）（例如日本 AZ 疫苗贈臺、房仲話術：買五樓送六樓違建）

※ 不動產經紀人 107 年選擇題第 14 題

(D) 14. 下列有關贈與之敘述，何者正確？ (A)贈與係單獨行為 (B)贈與以物之交付為要件，於物之交付後，贈與行為才為生效 (C)經公證之贈與，於贈與物之權利未移轉前，贈與人得隨時撤銷其贈與 (D)贈與得附有負擔。

※ 不動產經紀人 105 年選擇題第 17 題

(D) 17. 若買賣標的物為特定物時，買受人不得請求下列哪一種物的瑕疵擔保之法定效果？ (A)減價 (B)解約 (C)損害賠償 (D)另行交付他物。

※ 不動產經紀人 98 年選擇題第 14 題

(B) 14. 甲從小貧窮，國小老師乙對甲，一再鼓勵與照顧，後來甲工作賺錢，因感謝教師乙過去多年的照顧，贈與乙之子丙，一部汽車。惟丙不學無術，經常向乙要錢，若乙不給錢，則對乙施暴力，甲獲知事實後，想撤銷對丙之贈與。下列論述何者錯誤？ (A)甲對丙所贈與之汽車，為無償之贈與，甲在贈與物未移轉交付前，可以隨時撤銷其贈與 (B)由於丙對乙有暴力傷害行為，所以甲可以依民法第 416 條規定，撤銷其贈與 (C)若丙對甲欲撤銷贈與之行為不滿，而開車故意撞傷甲，甲受傷住院，不治死亡，甲的繼承人得撤銷贈與人甲對丙之贈與 (D)贈與之撤銷為單方意思表示行為，所以撤銷權人單方向受贈人為撤銷意思表示即可，不需受贈人同意。（民§416）

※ 民法第 416 條受贈人對於贈與人，有下列情事之一者，贈與人得撤銷其贈與：

一、對於贈與人、其配偶、直系血親、三親等內旁系血親或二親等內姻親，有故意侵害之行為，依刑法有處罰之明文者。

二、對於贈與人有扶養義務而不履行者。

前項撤銷權，自贈與人知有撤銷原因之時起，1 年內不行使而消滅。贈與人對於受贈人已為宥恕之表示者，亦同。

※ 不動產經紀人 100 年選擇題第 1 題

(D) 1. 下列關於贈與契約之敘述何者正確？ (A)贈與契約之贈與人對其贈與之物，有瑕疵時，原則上贈與人應負物之瑕疵擔保責任 (B)贈與契約為無償契約，所以贈與人均可撤銷其贈與 (C)定期給付之贈與，不因贈與人死亡而失其效力 (D)贈與人僅就其故意或重大過失，對於受贈人負給付不能之責任。

※ 民法第 415 條：定期給付之贈與，因贈與人或受贈人之死亡，失其效力。但贈與人有反對之意思表示者，不在此限。

※ 民法第 416 條：受贈人對於贈與人，有下列情事之一者，贈與人得撤銷其贈與：

一、對於贈與人、其配偶、直系血親、三親等內旁系血親或二親等內姻親，有故意侵害之行為，依刑法有處罰之明文者。

二、對於贈與人有扶養義務而不履行者。

前項撤銷權，自贈與人知有撤銷原因之時起，1 年內不行使而消滅。贈與人對於受贈人已為宥恕之表示者，亦同。

※ 不動產經紀人 111 年選擇題第 13 題

(D) 13. 下列何者非屬贈與人或其繼承人，得主張撤銷贈與契約之原因？ (A)附有負擔之贈與，贈與人已為給付而受贈人因過失不履行其負擔者 (B)受贈人對於贈與人有扶養義務而不履行義務者 (C)受贈人因故意不法行為致贈與人死亡者 (D)定期給付之贈與，而受贈人已死亡者。

※ 民法第 417 條：受贈人因故意不法之行為，致贈與人死亡或妨礙其為贈與之撤銷者，贈與人之繼承人，得撤銷其贈與。但其撤銷權自知有撤銷原因之時起，六個月間不行使而消滅。

※ 民法第 418 條：贈與人於贈與約定後，其經濟狀況顯有變更，如因贈與致其生計有重大之影響，或妨礙其扶養義務之履行者，得拒絕贈與之履行。

※ 民法第 419 條：贈與之撤銷，應向受贈人以意思表示為之。

贈與撤銷後，贈與人得依關於不當得利之規定，請求返還贈與物。

※ 民法第 420 條：贈與之撤銷權，因受贈人之死亡而消滅。

七、租賃

(一) 意義

1. 租賃者，謂當事人約定，一方以物租與他方使用、收益，他方支付租金的契約。(民法第 421 條第 1 項)(有償契約、雙務契約、諾成契約)

2. 不動產租賃契約之方式：不動產之租賃契約，其期限逾一年者，應以字據訂立之，未以字據訂立者，視為不定期限之租賃。（民法第 422 條）

※ 不動產經紀人 104 年選擇題第 19 題

(C) 19. 下列關於租賃之敘述，何者錯誤？　(A)租金，得以金錢或租賃物之孳息充之　(B)不動產之租賃契約，其期限逾一年者，應以字據訂立之　(C)未以字據訂立之不動產之租賃契約，無效　(D)租用基地建築房屋者，承租人於契約成立後，得請求出租人為地上權之登記。

※ 不動產經紀人 102 年選擇題第 5 題

(C) 5. 甲與乙訂立租賃契約，向乙承租房屋，雙方約定租賃期限為 2 年，未以書面為之，且甲亦未交付押金。下列敘述何者正確？　(A)租賃契約於甲交付押金後始成立　(B)租賃契約於甲交付押金後始生效　(C)租賃契約未以書面為之，視為不定期限之租賃　(D)租賃契約未以書面為之，出租人得撤銷租賃契約。

※ 民法第 422 條：不動產之租賃契約，其期限逾 1 年者，應以字據訂立之，未以字據訂立者，視為不定期限之租賃。

※ 不動產經紀人 100 年選擇題第 2 題

(B) 2. 關於租賃契約，下列何者錯誤？　(A)出租人不以所有權人為限　(B)未立字據之租約無效　(C)租賃契約之承租人為租賃物之直接占有人，出租人為間接占有人　(D)租賃契約為有償契約。

※ 民法第 422 條：「不動產之租賃契約，其期限逾一年者，應以字據訂立之，未以字據訂立者，視為不定期限之租賃。」

※ 不動產經紀人 97 年第 1 次選擇題第 4 題

(B) 4. 下列對於租賃契約之敘述何者錯誤？　(A)有償契約　(B)要式契約　(C)雙務契約　(D)諾成契約。

※ 不動產經紀人 111 年申論題第 1 題

一、甲出國進修期間將其名下 A 屋委託好友乙打掃照看，但乙卻未經甲同意，私自以自己名義將 A 屋出租給不知情的丙並按月收取租金一萬元，租期五年。三年後甲學成歸國，發現此事非常生氣，主張丙無權占有 A 屋，向丙請求返還 A 屋，並要求丙支付占有使用 A 屋三年之租金 36 萬元作為補償。丙認為自己是合法承租 A 屋且已按時向乙支付租金，斷然拒絕甲之請求。請問丙之主張是否有理由？

解析

(一) 丙對甲主張合法承租 A 屋並無理由

　　1. 租賃契約

　　　　依據民法第 421 條第 1 項規定：「稱租賃者，謂當事人約定，一方以物租與他方使用收益，他方支付租金之契約。」

2. 租賃契約為債權契約

　　租賃契約為債權契約，出租人不以租賃物所有人為限，出租人乙未經甲所有人同意，擅以乙自己名義出租 A 屋給丙，雖然乙丙之間的租約有效，但是丙不得對抗 A 屋所有人甲。

3. 丙不得以乙丙之租賃契約對抗 A 屋所有人甲

　　甲出國進修期間將其名下 A 屋委託好友乙打掃照看，乙未經甲同意私自以自己名義將 A 屋出租給不知情的丙並按月收取租金一萬元。乙乃無權出租 A 屋與丙，基於債權之相對性，丙不得以乙丙之租賃契約對抗 A 屋所有人甲。

(二) 甲依據民法第 767 條第 1 項物上請求權規定對丙主張返還 A 屋

　　甲依據民法第 767 條第 1 項前段規定：「所有人對於無權占有或侵奪其所有物者，得請求返還之。對於妨害其所有權者，得請求除去之。有妨害其所有權之虞者，得請求防止之。」對丙無權占有 A 屋，得請求丙返還 A 屋給甲。

(三) 丙拒絕返還甲 36 萬元之租金為有理由。

1. 最高法院 104 年度台上字第 2252 號判決意旨：「所有人得否依不當得利之法律關係，向承租人請求返還占有使用租賃物之利益，應視承租人是否善意而定，倘承租人為善意，依民法第 952 條規定，得為租賃物之使用及收益，其因此項占有使用所獲利益，對於所有人不負返還之義務，自無不當得利可言。」

2. 本題丙為善意不知乙係無權出租 A 屋，可依民法第 952 條規定得對 A 屋為使用收益，自無不當得利可言」，丙有理由拒絕返還甲 36 萬元之租金。

(二) **出租人的義務：**出租人應以合所約定使用、收益的租賃物，交付承租人，並應於租賃關係存續中保持其合於約定使用、收益的狀態。(民法第 423 條、第 429 條)

※ 不動產經紀人 100 年選擇題第 4 題

(C) 4. 下列何者，非民法所規定關於出租人之義務？ (A)租賃物之交付義務 (B)對租賃物之修繕義務 (C)租賃物為動物時，其飼料費之支出 (D)租賃物為房屋時，該房屋所應繳納之稅金。

(三) **承租人的義務：**承租人除應依約定日期支付租金外，應以善良管理人之注意，保管租賃物。租賃物有生產力者，並應保持其生產力 (民法第 432 條第 1 項)。又承租人非經出租人承諾，不得將租賃物轉租於他人。但租賃物為房屋者，除有反對約定外，承租人得將其一部分轉

租於他人（民法第 443 條第 1 項）。（失火責任：重大過失民法第 434 條）（民法：原則可轉租，例外不得轉租。租賃住宅發展管理條例第 9 條：轉租人應經出租人書面同意，始得轉租其租用之住宅全部或一部。原則不得轉租，例外出租人書面同意可轉租。）（租賃住宅市場發展管理條例：轉租確認書）

(四) 地上權登記之請求：租用基地建築房屋者，承租人於契約成立後，得請求出租人為地上權之登記。（民法第 422 條之 1）

※ 不動產經紀人 111 年選擇題第 21 題

(D)21. 關於租賃法律關係之敘述，下列何者正確？　(A)期限逾一年之不動產租賃契約，應以字據訂立之，否則契約無效　(B)定有期限之不動產租賃，因其價值之昇降，當事人得聲請法院增減其租　(C)不動產之出租人就租金債權，對於承租人之物置於該不動產者，有法定質權　(D)租用基地建築房屋者，承租人於契約成立後，得請求出租人為地上權之登記。

※ 不動產經紀人 109 年選擇題第 8 題

(C)8. 下列關於房屋租賃之敘述，何者正確？　(A)出租人將租賃之房屋交付承租人後，非經承租人同意，不得將其所有權讓與第三人　(B)出租人出賣租賃之房屋時，承租人有依同樣條件優先承買之權利　(C)除有反對之約定外，承租人依法得將其一部分轉租於他人　(D)房屋租賃之租金，當事人得因其價值之昇降，聲請法院增減之，但以定期租賃為限。

※ 不動產經紀人 98 年申論題第 2 題

二、承租人甲向出租人乙承租耕地後，14 年 6 個月間既未請求乙交付耕地且迄未支付租金，並坐令乙在該耕地上建築房屋，種植果樹。嗣後甲發現消滅時效期間即將完成，乃向乙請求拆屋並交付耕地，以供耕作。請問：(一)甲之請求是否有理？(二)理由為何？

解析

(一) 甲之請求權

1. 甲乙依據民法第 421 條第 1 項成立租賃契約：「稱租賃者，謂當事人約定，一方以物租與他方使用、收益，他方支付租金之契約。」

2. 乙依據民法第 423 條第 1 項負有出租人義務：「出租人應以合於所約定使用、收益之租賃物，交付承租人，並應於租賃關係存續中，保持其合於約定使用、收益之狀態。」

3. 承租人甲請求權有 15 年期限依據民法第 125 條：「請求權，因 15 年間不行使而消滅。但法律所定期間較短者，依其規定。」

4. 承租人甲與出租人乙承租耕地，自得請求出租人乙交付該耕地，及保持合於使用收益狀態。

5. 出租人乙在該耕地上建築房屋，種植果樹，對於承租人甲承租耕地之約定狀態有所妨害，交付前租賃物已有瑕疵，其法律效果並非甲可請求拆屋，而係甲得請求乙修繕瑕疵後交付該租賃物，如出租人乙不願修補瑕疵或其瑕疵不能除去時，承租人甲得行使債務不履行之權利，主張解除契約及請求損害賠償（民法第 254 條、第 260 條）。

(二) 甲之請求權屬違反民法第 148 條誠信原則而無理由

1. 依據民法第 148 條規定：「權利之行使，不得違反公共利益，或以損害他人為主要目的。行使權利，履行義務，應依誠實及信用方法。」

2. 權利失效原則：權利人在相當期間內不行使其權利，依特別情事足以使義務人正當信任債權人不欲其履行義務者，基於誠信原則不得再為主張其權利。

3. 97 年度台上字第 950 號判決：按權利固得自由行使，義務本應隨時履行，惟權利人於相當期間內不行使其權利，並因其行為造成特殊之情況，足引起義務人之正當信任，認為權利人已不欲行使其權利，或不欲義務人履行其義務，於此情形，經盱衡該權利之性質、法律行為之種類、當事人之關係、經濟社會狀況、當時之時空背景及其他主、客觀等因素，綜合考量，依一般社會之通念，可認其權利之再為行使有違「誠信原則」者，自得因義務人就該有利於己之事實為舉證，使權利人之權利受到一定之限制而不得行使，此源於「誠信原則」，實為禁止權利濫用，以軟化權利效能而為特殊救濟形態之「權利失效原則」，究與消滅時效之規定未盡相同，審判法院當不得因已有消滅時效之規定即逕予拒斥其適用，且應依職權為必要之調查審認，始不失民法揭櫫「誠信原則」之真諦，並符合訴訟法同受有「誠信原則」規範之適用。

4. 承租人甲向出租人乙承租耕地後，14 年 6 個月間既未請求乙交付耕地且迄未支付租金，並坐令乙在該耕地上建築房屋，種植果樹。即可認甲於相當期間內不行使權利，並容認乙在耕地上建築房屋，種植果樹等與耕地租賃契約目的相衝突而未主張權利，足引起出租人乙之正當信任，認為承租人甲已不欲行使其權利或不欲出租人乙履行其義務。

5. 小結：承租人甲發現消滅時效期間即將完成，乃向乙請求拆屋並交付耕地，以供耕作。此時甲之主張即違反民法第 148 條誠信原則，不得再主張權利，故甲之主張無理由。

※ 承租人之契約終止權：租賃物為房屋或其他供居住之處所者，如有瑕疵，危及承租人或其同居人之安全或健康時，承租人雖於訂約時已知其瑕疵，或已拋棄其終止契約之權利，仍得終止契約。（民法第 424 條）

※ 不動產經紀人 104 年選擇題第 20 題

(C) 20. 甲出租 A 屋給乙。下列敘述，何者正確？　(A)租賃期間內，甲不願修繕 A 屋漏水之水管，乙得不經催告，逕行終止契約　(B)A 屋因乙未盡善良管理人之注意致失火燒毀，乙應負損害賠償責任　(C)若 A 屋是輻射屋，乙雖明知仍承租之，其後乙仍得以其危及健康而終止契約　(D)依民法第 347 條，租賃契約準用買賣契約「物之瑕疵擔保」規定，故甲依法僅擔保 A 屋於交付時無瑕疵即可。

（五）買賣不破租賃

1. 原則：出租人於租賃物交付後，承租人占有中，縱將其所有權讓與第 3 人，其租賃契約，對於受讓人仍繼續存在。（民法第 425 條第 1 項）

2. 例外：前項規定，於未經公證之不動產租賃契約，其期限逾 5 年或未定期限者，不適用之。（民法第 425 條第 2 項）

※ 民法第 866 條：（租賃關係影響實行抵押權得終止）排除民法第 425 條買賣不破租賃 不動產所有人設定抵押權後，於同一不動產上，得設定地上權或其他以使用收益為目的之物權，或成立租賃關係。但其抵押權不因此而受影響。前項情形，抵押權人實行抵押權受有影響者，法院得除去該權利或終止該租賃關係後拍賣之。不動產所有人設定抵押權後，於同一不動產上，成立前項以外之權利者，準用前項之規定。

※ 民法第 839 條地上權消滅時，地上權人得取回其工作物。但應回復土地原狀。地上權人不於地上權消滅後 1 個月內取回其工作物者，工作物歸屬於土地所有人。其有礙於土地之利用者，土地所有人得請求回復原狀。地上權人取回其工作物前，應通知土地所有人。土地所有人願以時價購買者，地上權人非有正當理由，不得拒絕。

※ 民法第 840 條地上權人之工作物為建築物者，如地上權因存續期間屆滿而消滅，地上權人得於期間屆滿前，定 1 個月以上之期間，請求土地所有人按該建築物之時價為補償。但契約另有約定者，從其約定。土地所有人拒絕地上權人前項補償之請求或於期間內不為確答者，地上權之期間應酌量延長之。地上權人不願延長者，不得請求前項之補償。第 1 項之時價不能協議者，地上權人或土地所有人得聲請法院裁定之。土地所有人不願依裁定之時價補償者，適用前項規定。依第 2 項規定延長期間者，其期間由土地所有人與地上權人協議定之；不能協議者，得請求法院斟酌建築物與土地使用之利益，以判決定之。前項期間屆滿後，除經土地所有人與地上權人協議者外，不適用第 1 項及第 2 項規定。

※ 房客積欠租金，房東是否要先扣除押租金後才可以終止契約？

1. 民法第 440 條（定期租賃契約）

「承租人租金支付有遲延者，出租人得定相當期限，催告承租人支付租金，如承租人於其期限內不為支付，出租人得終止契約。租賃物為房屋者，遲付租金之總額，非達二個月之租額，不得依前項之規定，終止契約。其租金約定於每期開始時支付者，並應於遲延給付逾二個月時，始得終止契約。租用建築房屋之基地，遲付租金之總額，達二年之租額時，適用前項之規定。」

2. 土地法第 100 條（不定期租賃契約）

「出租人非因左列情形之一，不得收回房屋……三、承租人積欠租金額，除擔保金抵償外，達二個月以上時。」

3. 結論

實務上認為，土地法第 100 條第 3 款關於擔保抵償租金之規定，雖僅就未定有期限之租賃而設，然有期限之租賃實具有同一之法律理由，自應類推適用。（最高法院 44 年台上字第 516 號判例可資參照）

※ 不動產經紀人 106 年選擇題第 36 題

(B) 36. 下列有關租賃契約之敘述，何者錯誤？　(A)租賃關係存續中，出租人未使租賃物合於約定使用收益狀態，致承租人未達租賃目的者，承租人得拒絕給付租金　(B)出租人將已交付承租人之租賃物的所有權讓與他人，承租人與受讓人間仍需另立租賃契約始發生租賃關係　(C)定有期限之租賃契約，當事人約定得提前終止者，於終止契約前應先期通知　(D)租賃契約經公證附有逕受強制執行條款者，當承租人有不付租金、租期屆滿拒不搬遷，或房東不返還押租金時，當事人可直接申請強制執行。

※ 因買賣不破租賃，故承租人與受讓人間無需另立租賃契約就會發生租賃關係。

※ 不動產經紀人 102 年選擇題第 17 題

(B) 17. 甲房東將其所有 A 屋出租給乙房客，嗣後甲因財務問題將 A 屋出售與丙。下列敘述何者正確？　(A)丙擁有 A 屋的所有權，所以丙可以要求乙房客搬遷　(B)甲、乙之間的房屋租賃契未經公證且超過 5 年者，丙可以要求乙房客搬遷　(C)甲、乙之間的房屋租賃契約未定期限者，丙可主張隨時終止租賃契約，要求乙房客搬遷　(D)租期屆滿後乙得向丙主張返還 2 個月的押租金。

※ 民法第 425 條：出租人於租賃物交付後，承租人占有中，縱將其所有權讓與第三人，其租賃契約，對於受讓人仍繼續存在。

前項規定，於未經公證之不動產租賃契約，其期限逾 5 年或未定期限者，不適用之。

※ 不動產經紀人 101 年選擇題第 25 題

(C) 25. 甲出租房屋給乙，3 天後乙搬入居住，並依約繳交房租，下列敘述何者最正確？
(A)關於房屋租金之請求權，其消滅時效期間為兩年　(B)租賃期間若甲將房屋出賣給丙，甲與乙之租賃關係即消滅　(C)甲若將房屋贈與丁，並移轉房屋所有權給丁，則乙之租賃契約對丁繼續存在　(D)甲若先後將房屋出賣給戊與辛，則基於優先性之考量，僅甲與戊之買賣契約生效。

※ 不動產經紀人 97 年第 1 次選擇題第 8 題

(A) 8. 甲將其屋贈與乙，並完成不動產移轉登記，但因雙方疏忽未經公證人做成公證書，該贈與行為：　(A)有效　(B)無效　(C)效力未定　(D)經補正公證行為即有效。

※ 民法第 166 條之 1：契約以負擔不動產物權之移轉、設定或變更之義務為標的者，應由公證人作成公證書。未依前項規定公證之契約，如當事人已合意為不動產物權之移轉、設定或變更而完成登記者，仍為有效。

※ 民法債編施行法第 36 條第 2 項（施行日）：「中華民國 88 年 4 月 21 日修正公布之民法債編修正條文及本施行法修正條文，自 89 年 5 月 5 日施行。但民法第 166 條之 1 施行日期，由行政院會同司法院另定之。」

※ 不動產經紀人 101 年申論題第 2 題

二、甲將 A 地出租於乙，供乙在其上停放遊覽車 3 年；租賃存續中，甲復將 A 地出典於丙後賣與丁，並完成登記。試問：何人得對乙收取租金？何人應返還乙押租金？

解析

(一) 須視丙有無行使留買權

1. 民法第 919 條：出典人將典物出賣於他人時，典權人有以相同條件留買之權。前項情形，出典人應以書面通知典權人。典權人於收受出賣通知後 10 日內不以書面表示依相同條件留買者，其留買權視為拋棄。出典人違反前項通知之規定而將所有權移轉者，其移轉不得對抗典權人。

2. 甲將 A 地出典給丙後賣給丁，未以書面通知丙行使留買權，縱已完成移轉登記給丁，其移轉不能對抗典權人丙，丙可行使留買權，對丁主張塗銷並回復登記為甲，並請求甲辦理移轉登記為丙所有。

3. 依據民法第 425 條第 1 項：出租人於租賃物交付後，承租人占有中，縱將其所有權讓與第 3 人，其租賃契約，對於受讓人仍繼續存在。

4. 丙行使留買權並取得 A 地所有權，該租賃契約對受讓人丙繼續存在，丙應承受租賃契約成為出租人。對乙主張租金收取權。

5. 甲將 A 地出典給丙後賣給丁，有以書面通知丙，丙 10 天內未主張優先購買權，已完成移轉登記給丁，丁得對乙收取租金。

(二) 押租金返還

1. 最高法院 65 年台上字 156 號判例：民法第 425 條所謂對於受讓人繼續存在之租賃契約，係指民法第 421 條第 1 項所定意義之契約而言，若因擔保承租人之債務而接受押租金，則為別一契約，並不包括在內，此項押租金契約為要物契約，以金錢之交付為其成立要件，押租金債權之移轉，自亦須交付金錢，始生效力，出租人未將押租金交付受讓人時，受讓人既未受押租金債權之移轉，對於承租人自不負返還押租金之義務。

2. 甲若未將押租金交付給丙，甲應對乙負返還責任，若甲已將押租金交付給丙，丙應對乙負返還責任。

※ 不動產經紀人 97 年第 1 次申論題第 2 題

二、甲將其房屋出租交付於乙，乙未徵得甲之同意擅自轉租並交付於丙。其後甲將其房屋出售於丁，惟尚未完成移轉過戶登記。問：甲乙之租賃契約是否存續？本件有無買賣不破租賃之適用？

解析

(一) 甲乙之租賃契約仍為存續

1. 民法第 443 條：「承租人非經出租人承諾，不得將租賃物轉租於他人。但租賃物為房屋者，除有反對之約定外，承租人得將其一部分轉租於他人。承租人違反前項規定，將租賃物轉租於他人者，出租人得終止契約。」

2. 民法第 444 條：「承租人依前條之規定，將租賃物轉租於他人者，其與出租人間之租賃關係，仍為繼續。因次承租人應負責之事由所生之損害，承租人負賠償責任。」

(二) 無買賣不破租賃之適用

1. 買賣不破租賃之適用：

   (1) 原則：出租人於租賃物交付後，承租人占有中，縱將其所有權讓與第 3 人，其租賃契約，對於受讓人仍繼續存在。(民法第 425 條第 1 項)

   (2) 例外：前項規定，於未經公證之不動產租賃契約，其期限逾 5 年或未定期限者，不適用之。(民法第 425 條第 2 項)

2. 設權登記－登記生效要件主義：

   民法第 758 條：「不動產物權，依法律行為而取得、設定、喪失及變更者，非經登記，不生效力。前項行為，應以書面為之。」

3. 乙未經甲同意轉租給丙，甲未移轉所有權過戶給丁，房屋所有權人仍為甲，故無買賣不破租賃之適用。

※ 不動產經紀人 99 年選擇題第 17 題

(C) 17. 以下有關租賃關係之敘述何者正確？　(A)租賃物如有修繕之必要，基於使用者付費之原則，應由承租人負擔修繕之費用　(B)承租人有使用收益租賃物之權利，所以可以自行將房間分租，當二房東　(C)甲將其房屋出租與乙，言明租期 3 年，有訂立契約書但未公證。至第 2 年時甲將房屋所有權讓與丙，乙得向丙主張該租賃契約仍存在　(D)租賃之房屋因電線走火發生火災，房屋因而受損時，因承租人未盡善良管理人之責，應負損害賠償責任。

※ 不動產經紀人 100 年選擇題第 12 題

(D) 12. 乙承租甲所有之土地種植果樹，約定租期 2 年，未訂立字據。關於此案例，下列敘述何者正確？　(A)此為定期租賃契約　(B)乙於契約成立後，得請求甲為地上權之登記　(C)若甲於土地交給乙占有後，將土地所有權移轉給丙，乙仍可主張租賃契約對丙成立　(D)就租賃物應納之一切稅捐，由出租人甲負擔。

(六) 土地所有人與房屋所有人之租賃關係

土地及其土地上之房屋同屬一人所有，而僅將土地或僅將房屋所有權讓與他人，或將土地及房屋同時或先後讓與相異之人時，土地受讓人或房屋受讓人與讓與人間或房屋受讓人與土地受讓人間，推定在房屋得使用期限內，有租賃關係。其期限不受第 449 條第 1 項規定之限制。前項情形，其租金數額當事人不能協議時，得請求法院定之。（民法第 425 條之 1）

※ 不動產經紀人 108 年選擇題第 21 題

(A) 21. 甲將其所有之 A 土地上之 B 建物讓與乙時，在房屋得使用期限內，乙與甲間有何法律關係？　(A)推定有租賃關係　(B)視為有租賃關係　(C)推定有普通地上權關係　(D)視為有普通地上權關係。

(七) 房屋所有權移轉時承租人之效力

租用基地建築房屋，承租人房屋所有權移轉時，其基地租賃契約，對於房屋受讓人，仍繼續存在。（民法第 426 條之 1）

(八) 租用基地建築房屋之優先購買權（補充優先購買權有債權效力例如土地法第 34 條之 1 共有土地或建物之處分、變更及設定，農地重劃條例第 5 條第 2 款及第 3 款，民法物權編施行法第 8 條之 5 第 3 項及第 5 項等。與物權效力例如土地法第 104 條基地之優先購買權、土地法第 107 條承租人優先承買權或承典權、耕地三七五減租條例第 15 條、農地重劃條例第 5 條第 1 款、民法第 919 條典權人之留買權等。）

租用基地建築房屋，出租人出賣基地時，承租人有依同樣條件優先承買之權。承租人出賣房屋時，基地所有人有依同樣條件優先承買之權。前項情形，出賣人應將出賣條件以書面通知優先承買權人。優先承買權人於通知達到後 10 日內未以書面表示承買者，視為放棄。出賣人未以書面通知優先承買權人而為所有權之移轉登記者，不得對抗優先承買權人。（民法第 426 條之 2）

※ 不動產經紀人 101 年選擇題第 13 題

(C) 13. 甲將其所有土地出租予乙建築房屋。下列敘述何者錯誤？　(A)契約成立後，乙得請求甲為地上權之登記　(B)乙將房屋所有權移轉予丙時，原基地租賃契約對於丙仍繼續　(C)乙出賣房屋時，甲無依同樣條件優先承買之權利　(D)甲、乙得約定由乙負擔就土地應納之一切稅捐。

(九) 出租人之修繕義務（租賃住宅市場發展管理條例第 8 條第 2 項：出租人應於簽訂租賃契約前，向承租人說明由出租人負責修繕項目及範圍，並提供有修繕必要時之聯絡方式。）補充出租人負責修繕項目及範圍範例

租賃物之修繕，除契約另有訂定或另有習慣外，由出租人負擔。出租人為保存租賃物所為之必要行為，承租人不得拒絕。（民法第 429 條）

※ 不動產經紀人 101 年選擇題第 29 題

(D) 29. 甲將位於忠孝路的一間公寓出租給乙，租期 3 年，下列敘述何者最正確？　(A)乙若遲繳租金，甲應在 2 年內請求乙繳納，否則租金請求權將罹於消滅時效　(B)甲與乙之租賃契約若未經公證，在乙搬入租賃房屋後，縱使甲將租賃物所有權讓與第三人，甲與乙之租賃契約對於第三人不生效力　(C)乙搬入租賃房屋居住後，縱使甲將租賃物所有權基於贈與之原因讓與第三人丙，租賃契約對於丙

　　不生效力，丙得請求乙搬離租屋處並返還房屋　(D)租賃物之修繕，得因雙方當事人之約定，由承租人負責。

※　出租人修繕義務不履行之效力

　　租賃關係存續中，租賃物如有修繕之必要，應由出租人負擔者，承租人得定相當期限，催告出租人修繕，如出租人於其期限內不為修繕者，承租人得終止契約或自行修繕而請求出租人償還其費用或於租金中扣除之。(民法第 430 條)

※　不動產經紀人 112 年選擇題第 8 題

(A) 9.　依民法之規定，有關租賃契約之效力，下列何者錯誤？　(A)租賃物有修繕之必要時，原則上承租人可直接自行修繕後再請求出租人給付修繕費用　(B)如租賃物是房屋時，倘出租人無反對之約定，承租人可以將房屋一部轉租　(C)租賃物因承租人失火而造成損害，承租人僅就重大過失負賠償責任　(D)租賃物應納之一切稅捐，由出租人負擔。

(十)　承租人之保管義務

　　承租人應以善良管理人之注意，保管租賃物，租賃物有生產力者，並應保持其生產力。承租人違反前項義務，致租賃物毀損、滅失者，負損害賠償責任。但依約定之方法或依物之性質而定之方法為使用、收益，致有變更或毀損者，不在此限。(民法第 432 條)

※　不動產經紀人 96 年第 2 次選擇題第 24 題

(B) 24.　甲向乙承租一透天厝，月租 3 萬元，押租金 6 萬元，租期為民國 96 年 1 月 1 日至民國 98 年 1 月 1 日，請問下列何者為真？　(A)甲乙間之租賃契約，租期逾年，卻未以字據訂立，因此無效　(B)甲於屋內釘掛壁畫及吊飾，不慎造成牆壁破洞，應對乙負賠償責任　(C)甲因母喪需至美國處理後事，將離開臺灣 3 個月，依法得請求免除未使用租賃期間之租金　(D)甲住進透天厝 1 個月後才發現，後陽臺加蓋部分之鐵皮已破損，隨時可能砸傷自己，因此主張撤銷契約，並有法律上之依據。

(十一)　失火責任

　　租賃物因承租人之重大過失，致失火而毀損、滅失者，承租人對於出租人負損害賠償責任。(民法第 434 條)

※ 不動產經紀人 105 年選擇題第 20 題

(A) 20. 依民法之規定，承租人因下列何種情形致失火而使租賃物毀損、滅失者，應對出租人負損害賠償責任？ (A)重大過失 (B)不可抗力 (C)具體輕過失 (D)抽象輕過失。

※ 不動產經紀人 102 年選擇題第 29 題

(C) 29. 甲向乙承租房屋居住，因火災致房屋毀損滅失，乙請求甲損害賠償。下列敘述何者正確？ (A)甲因火災致乙之房屋毀損滅失，構成侵權行為，應負抽象輕過失責任 (B)甲因火災致乙之房屋毀損滅失，構成侵權行為，應負具體輕過失責任 (C)甲因火災致乙之房屋毀損滅失，承租人甲僅負重大過失責任 (D)甲因火災致乙之房屋毀損滅失，承租人甲僅負故意責任。

※ 民法第 434 條：租賃物因承租人之重大過失，致失火而毀損、滅失者，承租人對於出租人負損害賠償責任。

※ 地政士 96 年申論題第 2 題

二、甲向乙承租公寓，因甲之子丙之過失，房屋失火燒毀。試分別依丙失火之過失程度，說明乙對甲之權利。

解析

民法第 433 條：因承租人之同居人或因承租人允許為租賃物之使用、收益之第三人應負責之事由，致租賃物毀損、滅失者，承租人負損害賠償責任。

(一) 基於共同生活之必要範圍內，民法第 434 條之保護應及於該同居人或因承租人允許為租賃物之使用、收益之第三人甲之子丙，丙之重大過失，依民法第 434 條，承租人甲對於出租人乙負損害賠償責任。

丙為無行為能力人或限制行為能力人，依據民法第 187 條：「無行為能力人或限制行為能力人，不法侵害他人之權利者，以行為時有識別能力為限，與其法定代理人連帶負損害賠償責任。行為時無識別能力者，由其法定代理人負損害賠償責任。」

(二) 甲之子丙之具體輕過失或抽象輕過失

承租人之同居人丙類推適用民法第 434 條，乙不得依民法第 433 條請求甲損害賠償責任，丙為無行為能力人或限制行為能力人，乙不得依據民法第 187 條規定請求甲負損害賠償責任。

(十二) 租金支付遲延之效力

承租人租金支付有遲延者，出租人得定相當期限，催告承租人支付租金，如承租人於其期限內不為支付，出租人得終止契約。租賃物為房屋

者，遲付租金之總額，非達 2 個月之租額，不得依前項之規定，終止契約。其租金約定於每期開始時支付者，並應於遲延給付逾 2 個月時，始得終止契約。租用建築房屋之基地，遲付租金之總額，達 2 年之租額時，適用前項之規定。（民法第 440 條）

※ 土地法第 100 條（房屋租賃收回房屋之限制）：

出租人非因下列情形之一，不得收回房屋：一、出租人收回自住或重新建築時。二、承租人違反民法第 443 條第 1 項之規定，轉租於他人時。三、承租人積欠租金額，除擔保金抵償外，達 2 個月以上時。四、承租人以房屋供違反法令之使用時。五、承租人違反租賃契約時。六、承租人損壞出租人之房屋或附著財物，而不為相當之賠償時。

(十三) 轉租之效力

承租人非經出租人承諾，不得將租賃物轉租於他人。但租賃物為房屋者，除有反對之約定外，承租人得將其一部分轉租於他人。承租人違反前項規定，將租賃物轉租於他人者，出租人得終止契約。（民法第 443 條）

※民法第 444 條：「承租人依前條之規定，將租賃物轉租於他人者，其與出租人間之租賃關係，仍為繼續。因次承租人應負責之事由所生之損害，承租人負賠償責任。」

※ 不動產經紀人 94 年申論題第 2 題

二、乙有學生宿舍一棟（共 A、B 及 C 三間），甲向乙承租其中一間，那一間則由乙決定，房租每月 1 萬元。今開學在即，乙遲未決定，甲遂逕自搬入較安靜之 A 號房間，乙以 A 房間已由丙預訂，請求甲遷出，問甲乙之法律關係如何。又甲為能省錢，並未告知乙而將 A 房間分租給丁，甲乙丁間之法律關係如何？

解析

(一) 甲乙成立附有條件的租賃契約之法律關係

1. 民法第 421 條：「稱租賃者，謂當事人約定，一方以物租與他方使用、收益，他方支付租金之契約。」乙有學生宿舍一棟（共 A、B 及 C 三間），甲向乙承租其中一間，甲乙成立租賃契約。

2. 民法第 208 條：（選擇之債）

「於數宗給付中得選定其一者，其選擇權屬於債務人。但法律另有規定或契約另有訂定者，不在此限。」學生宿舍一棟（共 A、B 及 C 三間），那一間則由乙決定，故屬選擇之債。

3. 民法第 210 條：（選擇權之行使期間與移轉）

「選擇權定有行使期間者，如於該期間內不行使時，其選擇權移屬於他方當事人。選擇權未定有行使期間者，債權至清償期時，無選擇權之當事人，得定相當期限催告他方當事人行使其選擇權，如他方當事人不於所定期限內行使選擇權者，其選擇權移屬於為催告之當事人。」

(1) 甲無催告乙行使其選擇權：選擇權屬乙，甲無權占有 A 號房間，乙主張民法第 767 條所有物返還請求權，請求甲遷出 A 號房間。

(2) 甲有催告乙行使其選擇權：選擇權屬甲，給付標的物確定，甲有權占有 A 號房間，乙不得請求甲遷出 A 號房間。

(二) 甲乙丁之法律關係須視有無轉租之約定

民法第 443 條：「承租人非經出租人承諾，不得將租賃物轉租於他人。但租賃物為房屋者，除有反對之約定外，承租人得將其一部分轉租於他人。承租人違反前項規定，將租賃物轉租於他人者，出租人得終止契約。」

1. 有禁止轉租約定：出租人乙得終止甲乙租賃契約。

2. 無禁止轉租約定：承租人甲得將其一部分轉租於他人丁。

(十四) 不動產出租人之留置權

不動產之出租人，就租賃契約所生之債權，對於承租人之物置於該不動產者，有留置權。但禁止扣押之物，不在此限。前項情形，僅於已得請求之損害賠償及本期與以前未交之租金之限度內，得就留置物取償。（民法第 445 條）

※ 不動產經紀人 98 年選擇題第 17 題

(C) 17. 雕刻家甲承租乙的房子為店面，因租賃關係，甲積欠乙 5 萬元租金，對於甲放置於租賃房屋內之物，乙可以行使何種權利，以擔保其租金債權？ (A)抵押權 (B)典權 (C)留置權 (D)動產質權。（民 § 445）

(十五) 租賃之期限

租賃契約之期限，不得逾 20 年。逾 20 年者，縮短為 20 年。前項期限，當事人得更新之。租用基地建築房屋者，不適用第 1 項之規定。（民法第 449 條）

(十六) 租賃之默示更新

租賃期限前滿後，承租人仍為租賃物之使用收益，而出租人不即表示反對之意思者，視為以不定期限繼續契約。（民法第 451 條）

※ 不動產經紀人 98 年選擇題第 16 題

(B) 16. 甲乙訂立 1 年的有效房屋租賃契約，甲為出租人，乙為承租人，租賃期限屆滿之後，承租人乙未搬出，仍繼續對該房屋使用收益，而出租人甲也未立即表示反對，乙繼續給付租金，而甲收取乙所交付之租金，則甲乙間之法律關係為何？ (A)使用借貸 (B)不定期租賃 (C)定期租賃 (D)消費借貸。（民§451）

八、使用借貸

稱使用借貸者，謂當事人一方以物交付他方，而約定他方於無償使用後返還其物之契約。（民法第 464 條）

(一) 依約定方法使用借用物義務：借用人應依約定方法，使用借用物；無約定方法者，應以依借用物之性質而定之方法使用之。借用人非經貸與人之同意，不得允許第三人使用借用物。（民法第 467 條）

(二) 通常保管費之負擔及工作物之取回：借用物之通常保管費用，由借用人負擔。借用物為動物者，其飼養費亦同。借用人就借用物支出有益費用，因而增加該物之價值者，準用第四百三十一條第一項之規定。借用人就借用物所增加之工作物，得取回之。但應回復借用物之原狀。（民法第 469 條）

★ 使用借貸是否有買賣不破租賃之適用？

一、學說

(一) 肯定說

1. 買賣不破租賃規定有保護合法使用人之功用。

2. 後取得所有權之人應可預見標的物早已被合法取得使用權人占有，為符合風險分配，後取得所有權之人應對先合法取得使用權人退讓。

(二) 否定說

1. 買賣不破租賃為債權相對之例外情形，若無明文規定，不宜任意適用。

2. 買賣不破租賃係屬法律強制干預之手段，若德類推適用於使用借貸契約，貸款人或為避免處分權受過度干預，而降低貸與之機會，將導致物之使用率降低，影響經濟活動。

3. 租賃契約是有償契約，使用租賃契約是無償契約，立法者於民法第 466 條降低貸與人之責任與義務，若能類推適用買賣不破租賃，破壞力法者預設之法律價值，不符合對價衡平。

二、實務

(一) 否定說（最高法院 59 年台上 2490 號判例）

　　使用借貸，非如租賃之有民法第四百二十五條之規定，縱令上訴人之前手將房屋及空地，概括允許被上訴人等使用，被上訴人等要不得以上訴人之前手，與其訂有使用借貸契約，主張對現在之房地所有人即上訴人有使用。

該房地之權利。

(二) 折衷說（最高法院 95 年 11 月 14 日之 95 年度第 16 次民事庭會議）

　　原則上是認為新的所有權人可以要求使用人返還標的物，但在例外情形，如果新所有權人係以加害他人為目的，或違反誠信原則或有害於公共利益，仍不得請求使用人返還，所以法院在這類案件，仍須審酌是否有上開例外情事以為判斷。

※ 不動產經紀人 111 年選擇題第 4 題

(B)4. 下列敘述，何者錯誤？　(A)使用借貸契約必須是無償的契約　(B)借用人得主張買賣不破使用借貸之抗辯　(C)借用物為動物時，飼養費原則上應由借用人承擔　(D)借用人對於借用物原則上並無轉租收益之權限。

※ 不動產經紀人 106 年選擇題第 3 題

(D)3. 甲乙是大四同班同學，甲平常騎乘其父丙所贈與之電動機車作為交通工具，某日乙向甲借用該部電動機車，以接送其高中同學到學校所在地之風景名勝地區遊玩。下列有關甲乙間之契約關係的敘述何者錯誤？　(A)甲乙間所訂立之契約為單務契約，乙之返還義務與甲之容忍使用義務間，無同時履行抗辯之適用　(B)甲乙間所訂立之契約為要物契約，以物之交付為契約成立之特別要件，必待借用物之交付，契約始得成立　(C)甲乙間所訂立之契約為使用物借貸契約，乙非經甲之同意，不得允許第三人使用該借用物，否則甲得終止契約　(D)甲乙間所訂立之契約為使用借貸契約，甲對乙不以故意不告知借用物之瑕疵為限，承擔瑕疵擔保的責任，乙因此瑕疵所受之損害，得向甲請求賠償。

※ 民法第 466 條：貸與人故意不告知借用物之瑕疵，致借用人受損害者，負賠償責任。

民法－本土案例式教材

※ 不動產經紀人101年選擇題第37題

(D) 37. 甲向乙借一套百科全書，下列敘述何者最正確　(A)在乙承諾將百科全書借給甲後，甲與乙之借貸契約即成立　(B)甲與乙之借貸契約為弱成契約　(C)甲與乙之借貸契約為消費借貸契約　(D)甲與乙之借貸契約為要物契約，以物之交付作為契約之成立要件。

※ 不動產經紀人101年選擇題第30題

(C) 30. 乙家中的寵物飼料已吃完，向鄰居甲借用一包飼料供家中寵物食用，並約定隔日還給甲一包相同的新飼料，下列敘述何者最正確？　(A)甲與乙之間成立使用借貸　(B)甲與乙之借貸契約於雙方意思合致時即為成立　(C)甲與乙之契約如未約定報償，貸與人甲對於借用物之瑕疵，非因故意而未告知時，對於借用人乙因此所受之損害無須負損害賠償責任　(D)借用人不能以種類、品質、數量相同之物返還時，應以借用時，借用地之價值償還。

※ 民法第466條：貸與人故意不告知借用物之瑕疵，致借用人受損害者，負賠償責任。

※ 不動產經紀人98年選擇題第18題

(B) 18. 甲乙訂立A車使用借貸契約，甲為貸與人，乙為借用人，下列對於甲乙之法律關係之論述，何者錯誤？　(A)貸與人甲不得對借用人乙要求給付使用A車之對價　(B)借用人乙得依個人需要對A車為使用收益　(C)A車有瑕疵，導致乙受有損害，若甲對該瑕疵不知情，則甲不負損害賠償責任　(D)借用人乙不得將A車，再借給其好友丙使用。（民§464）

※ 不動產經紀人97年第1次選擇題第9題

(C) 9. 非使用借貸契約之性質：　(A)無償契約　(B)要物契約　(C)雙務契約　(D)債權契約。

※ 不動產經紀人100年選擇題第3題

(A) 3. 下列何種契約之屬性為無償契約？　(A)使用借貸　(B)僱傭契約　(C)承攬契約　(D)居間契約。

九、消費借貸

　　稱消費借貸者，謂當事人一方移轉金錢或其他代替物之所有權於他方，而約定他方以種類、品質、數量相同之物返還之契約。當事人之一方對他方負金錢或其他代替物之給付義務而約定以之作為消費借貸之標的者，亦成立消費借貸。（民法第474條）

※ 不動產經紀人 112 年選擇題第 8 題

(A) 8. 下列何種契約性質上屬於要物契約？　(A)消費借貸契約　(B)房屋租賃契約　(C)贈與契約　(D)合會契約。

十、僱傭

(一) 僱傭（勞動契約認定指導原則）

當事人約定，一方於一定或不定期限內為他方服勞務，他方給付報酬之契約。（民法第 482 條）

※ 57 年台上字第 1663 號（民國 57 年 06 月 28 日）：「民法第 188 條第 1 項所謂受僱人，並非僅限於僱傭契約所稱之受僱人，凡客觀上被他人使用為之服務勞務而受其監督者均係受僱人。」

(二) 僱用人對受僱人之保護義務

受僱人服勞務，其生命、身體、健康有受危害之虞者，僱用人應按其情形為必要之預防。（民法第 483 條之 1）

(三) 受僱人之請求賠償

受僱人服勞務，因非可歸責於自己之事由，致受損害者，得向僱用人請求賠償。前項損害之發生，如別有應負責任之人時，僱用人對於該應負責者，有求償權。（民法第 487 條之 1）

※ 不動產經紀人 107 年選擇題第 17 題

(A) 17. 關於僱傭契約，下列敘述，何者錯誤？　(A)僱傭契約之專屬性較低，故僱用人得將其勞務請求權讓與第三人，無需受僱人同意　(B)受僱人服勞務，因非可歸責於自己之事由致受損害者，得向僱用人請求賠償　(C)定期之僱傭契約，若當事人之一方遇有重大事由，仍得於期限屆至前終止契約　(D)受僱人因執行職務，不法侵害他人之權利者，原則上係由僱用人與受僱人連帶負損害賠償責任。

※ 勞動契約認定指導原則（勞動部 108 年 11 月 19 日勞動關 2 字第 1080128698 號函）

　　個案事實及整體契約內容具有下列要素之全部或一部，經綜合判斷後，足以認定勞務提供者係在相當程度或一定程度之從屬關係下提供勞務者（請參考：勞動契約從屬性判斷檢核表），其與事業單位間之法律關係應屬勞動契約。（一）具人格從屬性之判斷。（二）具經濟從屬性之判斷。（三）具組織從屬性之判斷。（四）其他判斷參考。

🖥 十一、承攬

(一) 承攬：當事人約定，一方為他方完成一定之工作，他方俟工作完成，給付報酬之契約。（民法第 490 條）

※ 不動產經紀人 106 年選擇題第 12 題

(D) 12. 甲有 A 地，登記為 A 地所有人。甲與乙成立承攬契約，由乙承攬 A 地之整地工作，乙不僅整地有瑕疵，而且還趁整地之餘，將有毒廢棄物掩埋於 A 地之下。試問，下列敘述何者錯誤？　(A)甲得請求乙修補瑕疵　(B)甲依侵權行為法之規定（民法第 184 條第 1 項前半段），得請求乙回復原狀，移除掩埋在 A 地下之有毒廢棄物　(C)甲得以掩埋有毒廢棄物乃違反保護義務為由，解除契約　(D)甲得依民法第 495 條第 1 項規定，請求乙賠償 A 地因掩埋有毒廢棄物所減損之價額。

※ 民法第 495 條

　　因可歸責於承攬人之事由，致工作發生瑕疵者，定作人除依前二條之規定，請求修補或解除契約，或請求減少報酬外，並得請求損害賠償。

　　前項情形，所承攬之工作為建築物或其他土地上之工作物，而其瑕疵重大致不能達使用之目的者，定作人得解除契約。

★ 勞動契約認定指導原則

　　勞動部 108 年 11 月 19 日勞動關 2 字第 1080128698 號函

一、為確立勞動契約之認定標準，使勞務提供者及事業單位對雙方之法律關係有明確認知，以保障勞工權益，特訂定本指導原則。

二、事業單位與勞務提供者雖得本於契約自由原則，約定勞務契約類型，但其法律關係是否為勞動契約，應就個案事實及整體契約內容，依從屬性之高低實質認定，不受契約之形式或名稱拘束。

三、個案事實及整體契約內容具有下列要素之全部或一部，經綜合判斷後，足以認定勞務提供者係在相當程度或一定程度之從屬關係下提供勞務者（請參考附件：勞動契約從屬性判斷檢核表），其與事業單位間之法律關係應屬勞動契約：

(一) 具人格從屬性之判斷

    1. 勞務提供者之工作時間受到事業單位之指揮或管制約束。

    2. 勞務提供者給付勞務之方法須受事業單位之指揮或管制約束。但該方法係提供該勞務所必須者，不在此限。

    3. 勞務提供者給付勞務之地點受到事業單位之指揮或管制約束。但該地點係提供該勞務所必須者，不在此限。

    4. 勞務提供者不得拒絕事業單位指派之工作。

    5. 勞務提供者須接受事業單位考核其給付勞務之品質，或就其給付勞務之表現予以評價。

    6. 勞務提供者須遵守事業單位之服務紀律，並須接受事業單位之懲處。但遵守該服務紀律係提供勞務所必須者，不在此限。

    7. 勞務提供者須親自提供勞務，且未經事業單位同意，不得使用代理人。

    8. 勞務提供者不得以自己名義，提供勞務。

(二) 具經濟從屬性之判斷

    1. 勞務提供者依所提供之勞務，向事業單位領取報酬，而非依勞務成果計酬，無需自行負擔業務風險。

    2. 提供勞務所需之設備、機器、材料或工具等業務成本，非由勞務提供者自行備置、管理或維護。

    3. 勞務提供者並非為自己之營業目的，提供勞務。

    4. 事業單位以事先預定之定型化契約，規範勞務提供者僅能按事業單位所訂立或片面變更之標準獲取報酬。

    5. 事業單位規範勞務提供者，僅得透過事業單位提供勞務，不得與第三人私下交易。

(三) 具組織從屬性之判斷

    勞務提供者納入事業單位之組織體系，而須透過同僚分工始得完成工作。

(四) 其他判斷參考

    1. 事業單位為勞務提供者申請加入勞工保險或為勞務提供者提繳勞工退休金。

    2. 事業單位以薪資所得類別代勞務提供者扣繳稅款，並辦理扣繳憑單申報。

    3. 事業單位其他提供相同勞務者之契約性質為勞動契約。

四、事業單位實際上與勞務提供者間屬勞動契約關係者，應適用勞動基準法等勞動法令，勞務提供者得行使勞工之法定權利，事業單位仍應負擔雇主之法律責任。有違反者，由主管機關依法裁罰。

五、勞務提供者認為事業單位為其雇主時，得循民事訴訟程序請求救濟。

(二) 危險負擔

工作毀損、滅失之危險，於定作人受領前，由承攬人負擔，如定作人受領遲延者，其危險由定作人負擔。定作人所供給之材料，因不可抗力而毀損、滅失者，承攬人不負其責。（民法第 508 條）

※ 不動產經紀人 102 年選擇題第 15 題

(A)15. 甲承攬乙建設公司之營造工程，在執行承攬事項時，因過失致路人丙受到傷害。下列敘述何者正確？　(A)乙建設公司如非於定作或指示有過失，即不負損害賠償責任　(B)乙建設公司雖非於定作或指示有過失，但應與甲連帶負損害賠償責任　(C)乙建設公司賠償丙之損害後，對甲有內部求償　(D)乙建設公司應單獨對丙負損害賠償責任，對甲無內部求償權。

※ 民法第 509 條：於定作人受領工作前，因其所供給材料之瑕疵或其指示不適當，致工作毀損、滅失或不能完成者，承攬人如及時將材料之瑕疵或指示不適當之情事通知定作人時，得請求其已服勞務之報酬及墊款之償還，定作人有過失者，並得請求損害賠償。

(三) 承攬人之法定抵押權

承攬之工作為建築物或其他土地上之工作物，或為此等工作物之重大修繕者，承攬人得就承攬關係報酬額，對於其工作所附之定作人之不動產，請求定作人為抵押權之登記；或對於將來完成之定作人之不動產，請求預為抵押權之登記。前項請求，承攬人於開始工作前亦得為之。前 2 項之抵押權登記，如承攬契約已經公證者，承攬人得單獨申請之。第 1 項及第 2 項就修繕報酬所登記之抵押權，於工作物因修繕所增加之價值限度內，優先於成立在先之抵押權。（民法第 513 條）

※ 不動產經紀人 100 年選擇題第 10 題

(A)10. 甲為定作人，與乙訂立承攬契約，由乙為甲建一房屋。關於此案例，下列敘述何者正確？　(A)乙得就承攬之報酬額，對於將來完成之甲之房屋，請求預為抵押權之登記　(B)工作未完成前，定作人甲不得隨時終止契約　(C)定作人甲所供給之材料，因不可抗力而毀損者，承攬人須負其責　(D)如乙所蓋房屋有瑕疵，甲於房屋交付後 2 年始發見者，不得請求乙修補。

十二、旅遊

(一) 定義

謂安排旅程、提供交通、膳宿、導遊等旅遊服務予旅客為營業而收取旅遊費用之人。(民法第 514 條之 1)

(二) 旅遊書面之規定

旅遊營業人因旅客之請求，應以書面記載下列事項，交付旅客：一、旅遊營業人之名稱及地址。二、旅客名單。三、旅遊地區及旅程。四、旅遊營業人提供之交通、膳宿、導遊或其他有關服務及其品質。五、旅遊保險之種類及其金額。六、其他有關事項。七、填發之年月日。(民法第 514 條之 2)

(三) 第 3 人參加旅遊

旅遊開始前，旅客得變更由第 3 人參加旅遊；旅遊營業人非有正當理由不得拒絕，但得向第 3 人請求因此增加之費用。(民法第 514 條之 4)

(四) 變更旅遊內容

旅遊營業人非有不得已之事由，不得變更旅遊內容。旅遊營業人依前項規定變更旅遊內容時，其因此所減少之費用，應退還於旅客；所增加之費用，不得向旅客收取。旅遊營業人依第一項規定變更旅程時，旅客不同意者，得終止契約。旅客依前項規定終止契約時，得請求旅遊營業人墊付費用將其送回原出發地。於到達後，由旅客附加利息償還之。(民法第 514 條之 5)

(五) 旅客在旅遊途中發生身體或財產上事故之處置

旅客在旅遊中發生身體或財產上之事故時，旅遊營業人應為必要之協助及處理。前項之事故，係因非可歸責於旅遊營業人之事由所致者，其所生之費用，由旅客負擔。(民法第 514 條之 10)

(六) 旅遊營業人協助旅客處理購物瑕疵

旅遊營業人安排旅客在特定場所購物，其所購物品有瑕疵者，旅客得於受領所購物品後 1 個月內，請求旅遊營業人協助其處理。（民法第 514 條之 11）

※ 當您選好了旅行社準備參團出國之前，一定要簽訂「旅遊合約書」！

1. 交通部觀光局為了讓旅客與旅行社之間的權利與義務能夠更明確，已完成了「國內旅遊定型化契約書」或「國外旅遊定型化契約書」範本的修訂，並在 2000 年 5 月開始實施。

2. 檢視旅行社是否有加入中華民國旅行業品質保障協會。

3. 索取代收轉付收據，並確認旅行社已投保履約保證保險及責任保險，如發生糾紛，消費者得檢附代收轉付收據及契約書，向觀光局或品保協會申訴。

4. 帶好護照別遺失，攜帶手機可求救，現金不夠可以信用卡刷卡付費住宿、購買機票等，平安回國最重要。

十三、出版

稱出版者，謂當事人約定，一方以文學、科學、藝術或其他之著作，為出版而交付於他方，他方擔任印刷或以其他方法重製及發行之契約。投稿於新聞紙或雜誌經刊登者，推定成立出版契約。（民法第 515 條）

十四、委任

(一) **委任：**當事人約定，一方委託他方處理事務，他方允為處理。（民法第 528 條）

(二) **委任事務處理權之授與：**為委任事務之處理，須為法律行為，而該法律行為，依法應以文字為之者，其處理權之授與，亦應以文字為之。其授與代理權者，代理權之授與亦同。（民法第 531 條）

※ 不動產經紀人 110 年選擇題第 10 題

(B) 10. 下列何者屬於授與代理權？ (A)甲創作民法總則一書，授權乙出版社於五年間印製出版該書 (B)甲有一 A 車，授權乙以甲本人名義買賣 A 車 (C)甲為知名影星，授權乙週刊使用甲肖像照片 (D)甲有一昆蟲標本，授權乙予以拍攝。

(三) 概括委任：受任人受概括委任者，得為委任人為一切行為。但為下列
行為，須有特別之授權：1.不動產之出賣或設定負擔、2.不動產之租
賃其期限逾 2 年者、3.贈與、4.和解、5.起訴、6.提付仲裁。（民法第
534 條）

※ 三者之區別：

1. 僱傭契約：著重在一定期間勞務之提供。
2. 承攬契約：著重在一定工作物之完成。
3. 委任契約：著重在一定事務之處理。

※ 不動產經紀人 101 年選擇題第 27 題

(C) 27. 甲委任乙處理 A 土地買賣相關事宜，下列敘述何者最正確？ (A)委任人甲得將
對乙之處理委任事務請求權讓與第三人 (B)受任人乙若受有報酬，委任人甲無
須因受任人之請求，預付處理委任事務之必要費用 (C)受任人乙因不可歸責於
自己之事由，不得已須在不利於委任人之時期終止契約者，對於委任人甲因此
所受之損害無須付賠償責任 (D)以上皆為正確。

※ 民法第 543 條：委任人非經受任人之同意，不得將處理委任事務之請求權，讓與第
三人。

※ 民法第 544 條：受任人因處理委任事務有過失，或因逾越權限之行為所生之損害，
對於委任人應負賠償之責。

※ 民法第 548 條（請求報酬之時期）

受任人應受報酬者，除契約另有訂定外，非於委任關係終止及為明確報告顛末後，
不得請求給付。

委任關係，因非可歸責於受任人之事由，於事務處理未完畢前已終止者，受任人得
就其已處理之部分，請求報酬。

※ 不動產經紀人 109 年選擇題第 11 題

(A) 11. 關於委任契約受任人之報酬，下列敘述，何者錯誤？ (A)委任關係因可歸責於
受任人之事由，而於委任事務處理完畢前經終止者，受任人仍得就已經處理之
部分比例請求報酬 (B)受任人受有報酬之注意義務，高於受任人未受報酬之注
意義務 (C)當事人縱未約定報酬，但依交易習慣或委任事務之性質應給與報酬
者，受任人得請求報酬 (D)除契約另有規定外，原則上於委任關係終止時，受
任人須明確報告始末後才能請求報酬。

十五、經理人及代辦商

(一) 經理人之定義及經理權之授與

稱經理人者,謂由商號之授權,為其管理事務及簽名之人。前項經理權之授與,得以明示或默示為之。經理權得限於管理商號事務之一部或商號之一分號或數分號。(民法第 553 條)

(二) 代辦商之意義及其權限

稱代辦商者,謂非經理人而受商號之委託,於一定處所或一定區域內,以該商號之名義,辦理其事務之全部或一部之人。代辦商對於第三人之關係,就其所代辦之事務,視為其有為一切必要行為之權。代辦商除有書面之授權外,不得負擔票據上之義務或為消費借貸或為訴訟。(民法第 558 條)

十六、居間

(一) 居間之定義

稱居間者,謂當事人約定,一方為他方報告訂約之機會或為訂約之媒介,他方給付報酬之契約。(民法第 565 條)

※ 不動產經紀人 106 年選擇題第 1 題

(C) 1. 下列有關不動產買賣之敘述,何者錯誤? (A)不動產仲介公司用與不特定之消費者簽定同類委託銷售不動產而先予擬定之契約屬於定型化契約 (B)不動產買賣除標的物及價金外,該房地之交付時間、所有權移轉登記時期、價金之給付方式等通常亦為契約成立之必要之點 (C)居間人已為報告或媒介而契約不成立者,居間人支出之費用均得請求償還 (D)約定之違約金是否過高,可斟酌當事人所受損害情形,及債務人如能依約履行時債權人可享受之一切利益。

※ 不動產經紀人 103 年選擇題第 17 題

(B) 17. 關於居間人之報酬及支出費用,下列敘述何者正確? (A)契約附有解除條件者,於該條件成就前,居間人不得請求報酬 (B)居間人因媒介應得之報酬,除契約另有訂定或另有習慣外,應由契約當事人雙方平均負擔 (C)約定之報酬,較居間人所任勞務之價值,為數過鉅失其公平者,報酬給付義務人得以意思表

示請求酌減之　(D)居間人違反其對於委託人之義務，而為利於委託人之相對人之行為，或違反誠實及信用方法，由相對人收受利益者，不得向委託人請求報酬，僅得請求償還其支出之必要費用。

※ 民法第 568 條：居間人，以契約因其報告或媒介而成立者為限，得請求報酬。契約附有停止條件者，於該條件成就前，居間人不得請求報酬。

※ 民法第 570 條：居間人因媒介應得之報酬，除契約另有訂定或另有習慣外，由契約當事人雙方平均負擔。(不動產仲介經紀業報酬計收標準規定：一、不動產經紀業或經紀人員經營仲介業務者，其向買賣或租賃之一方或雙方收取報酬之總額合計不得超過該不動產實際成交價金百分之六或一個半月之租金。)

※ 民法第 571 條：居間人違反其對於委託人之義務，而為利於委託人之相對人之行為，或違反誠實及信用方法，由相對人收受利益者，不得向委託人請求報酬及償還費用。

※ 民法第 572 條：約定之報酬，較居間人所任勞務之價值，為數過鉅失其公平者，法院得因報酬給付義務人之請求酌減之。但報酬已給付者，不得請求返還。

※ 不動產經紀人 108 年選擇題第 11 題

(B) 11. 依我國民法之規定，下列關於居間契約之敘述何者錯誤？　(A)稱居間者，謂當事人約定，一方為他方報告訂約之機會或為訂約之媒介，他方給付報酬之契約　(B)約定之報酬，較居間人所任勞務之價值，為數過鉅失其公平者，法院得因報酬給付義務人之請求酌減之。報酬已給付者，得請求返還　(C)因婚姻居間而約定報酬者，就其報酬無請求權　(D)居間人就其媒介所成立之契約，無為當事人給付或受領給付之權。

※ 不動產經紀人 101 年選擇題第 11 題

(D) 11. 甲、乙間約定由甲幫乙為訂約之媒介，並由乙給付報酬予甲。甲、乙所定契約之名稱為下列何者？　(A)承攬契約　(B)代辦契約　(C)僱傭契約　(D)居間契約。

※ 不動產經紀人 97 年選擇題第 5 題

(A) 5. 當事人約定，一方為他方報告訂約之機會，或為訂約之媒介，他方給付報酬之契約是為：　(A)居間　(B)行紀　(C)委任　(D)代辦商。

※ 不動產經紀人 104 年申論題第 1 題

一、A 建地面積 130 坪，乙為 A 地所有權人，於民國（下同）101 年 7 月 26 日委由甲不動產經紀人代為尋找買主，甲乙簽訂專任委託銷售契約約定：「…二、委託底價：每坪 20 萬元（合計 2,600 萬元）；三、服務費：超過每坪 20 萬元以上，均算為『服務費』予甲；四、委託期限：自 101 年 7 月 26 日至 101 年 10 月 25 日止…」甲於 101 年 8 月 26 日找到丙願意以每坪 21 萬元購買，乙丙雙方碰面後，乙

表示要先塗銷 A 地原有的抵押權登記，再與丙約期簽約。之後，一直到 101 年 10 月 25 日前止，乙均以抵押權登記尚未塗銷為理由，拒絕簽約。102 年 2 月 25 日後乙丙雙方合意辦理 A 地所有權移轉登記完畢，而買賣價格即為每坪 21 萬元。甲發現後即起訴，請求乙給付 130 萬元服務費，請問有無理由？

解析

(一) 甲乙成立居間契約：民法第 565 條：「稱居間者，謂當事人約定，一方為他方報告訂約之機會或為訂約之媒介，他方給付報酬之契約。」

(二) 甲乙委託期限：自 101 年 7 月 26 日至 101 年 10 月 25 日止。

(三) 乃可歸責於委託人乙之事由而契約解除乙表示要先塗銷 A 地原有的抵押權登記，再與丙約期簽約，但乙均以抵押權登記尚未塗銷為理由，拒絕簽約。乃可歸責於委託人乙之事由而解除買賣契約者。

(四) 依據不動產委託銷售契約書範本第 11 條規定：受託人已提供委託人曾經仲介之客戶資料，而委託人於委託期間屆滿後 2 個月內，逕與該資料內之客戶成交者。但經其他不動產經紀業仲介成交者，不在此限。

(五) 本題買賣私下成交已經超過委託期間屆滿後 2 個月是否可以主張報酬：

1. 報酬之半數說：依據不動產委託銷售契約書範本第 10 條規定：「本契約非經雙方書面同意，不得單方任意變更之；如尚未仲介成交前因可歸責於委託人之事由而終止時，委託人應支付受託人必要之仲介銷售服務費用，本項費用視已進行之委託期間等實際情形，由受託人檢據向委託人請領之。但最高不得超過第 5 條原約定服務報酬之半數。」甲可主張類推適用不動產委託銷售契約書範本第 10 條規定向乙請求報酬 130 萬之半數為 65 萬。

2. 報酬之全數說：

(1) 民法第 148 條：「權利之行使，不得違反公共利益，或以損害他人為主要目的。行使權利，履行義務，應依誠實及信用方法。」民法第 247 條之 1：「依照當事人一方預定用於同類契約之條款而訂定之契約，為下列各款之約定，按其情形顯失公平者，該部分約定無效：一、免除或減輕預定契約條款之當事人之責任者。二、加重他方當事人之責任者。三、使他方當事人拋棄權利或限制其行使權利者。四、其他於他方當事人有重大不利益者。」

(2) 乙藉故拖延至超過委託期間屆滿後 2 個月再私下與丙成交，顯然有違反民法第 148 條誠實及信用方法及民法第 247 條之 1 顯失公平原則甲可向乙請求全部 130 萬報酬。

3. 否定說：民法第 568 條：「居間人，以契約因其報告或媒介而成立者為限，得請求報酬。契約附有停止條件者，於該條件成就前，居間人不得請求報酬。」乙表示要先塗銷 A 地原有的抵押權登記，再與丙約期簽約之停止條件。於該條件成就前，居間人不得請求報酬，且買賣私下成交已經超過甲乙委託期限屆滿後 2 個月，雙方已經沒有任何法律上的權利義務關係，不得請求報酬。

4. 實務：最高法院 58 年台上字第 2929 號判例：媒介居間人固以契約因其媒介而成立時為限，始得請求報酬，但委託人為避免報酬之支付，故意拒絕訂立該媒介就緒之契約，而再由自己與相對人訂立同一內容之契約者，依誠實信用原則，仍應支付報酬。又委託人雖得隨時終止居間契約，然契約之終止，究不應以使居間人喪失報酬請求權為目的而為之，否則仍應支付報酬。

(二) 居間人據實報告及妥為媒介義務

居間人關於訂約事項，應就其所知，據實報告於各當事人。對於顯無履行能力之人，或知其無訂立該約能力之人，不得為其媒介。以居間為營業者，關於訂約事項及當事人之履行能力或訂立該約之能力，有調查之義務。（民法第 567 條）

(三) 婚姻居間之報酬無請求權

因婚姻居間而約定報酬者，就其報酬無請求權。（民法第 573 條）

★ 民法第 572 條（報酬之酌減）

約定之報酬，較居間人所任勞務之價值，為數過鉅失其公平者，法院得因報酬給付義務人之請求酌減之。但報酬已給付者，不得請求返還。

※ 不動產經紀人 112 年選擇題第 16 題

(C) 16. 甲委託乙代為尋覓對象結婚，並承諾事成後給予乙報酬新臺幣 10 萬元。關於婚姻居間契約，下列何者正確？ (A)甲乙間的契約，無效 (B)乙得對甲請求給付報酬 (C)乙對甲無報酬請求權 (D)婚姻居間契約不得約定報酬。

🖳 十七、行紀

稱行紀者，謂以自己之名義，為他人之計算，為動產之買賣或其他商業上之交易，而受報酬之營業。（民法第 576 條）

🖳 十八、寄託

(一) 稱寄託者

謂當事人一方以物交付他方，他方允為保管之契約。受寄人除契約另有訂定或依情形非受報酬即不為保管者外，不得請求報酬。（民法第 589 條）

(二) 場所主人之責任

旅店或其他供客人住宿為目的之場所主人，對於客人所攜帶物品之毀損、喪失，應負責任。但因不可抗力或因物之性質或因客人自己或其伴侶、隨從或來賓之故意或過失所致者，不在此限。（民法第 606 條）

(三) 飲食店浴堂主人之責任

飲食店、浴堂或其他相類場所之主人，對於客人所攜帶通常物品之毀損、喪失，負其責任。但有前條但書規定之情形時，不在此限。（民法第 607 條）

(四) 貴重物品之責任

客人之金錢、有價證券、珠寶或其他貴重物品，非經報明其物之性質及數量交付保管者，主人不負責任。主人無正當理由拒絕為客人保管前項物品者，對於其毀損、喪失，應負責任。其物品因主人或其使用人之故意或過失而致毀損、喪失者，亦同。（民法第 608 條）

※ 民眾將錢存放銀行之法律關係：消費寄託。

十九、倉庫

稱倉庫營業人者，謂以受報酬而為他人堆藏及保管物品為營業之人。（民法第 613 條）

二十、運送

(一) 稱運送人者

謂以運送物品或旅客為營業而受運費之人。（民法第 622 條）

(二) 短期時效

關於物品之運送，因喪失、毀損或遲到而生之賠償請求權，自運送終了，或應終了之時起，1 年間不行使而消滅。關於旅客之運送，因傷害或遲到而生之賠償請求權，自運送終了，或應終了之時起，2 年間不行使而消滅。（民法第 623 條）

(三) 運送人之責任

運送人對於運送物之喪失、毀損或遲到，應負責任。但運送人能證明其喪失、毀損或遲到，係因不可抗力或因運送物之性質或因託運人或受貨人之過失而致者，不在此限。（民法第 634 條）

(四) 旅客運送人之責任

旅客運送人對於旅客因運送所受之傷害及運送之遲到應負責任。但因旅客之過失，或其傷害係因不可抗力所致者，不在此限。運送之遲到係因不可抗力所致者，旅客運送人之責任，除另有交易習慣者外，以旅客因遲到而增加支出之必要費用為限。（民法第 654 條）

(五) 行李之拍賣

旅客於行李到達後 1 個月內不取回行李時，運送人得定相當期間催告旅客取回，逾期不取回者，運送人得拍賣之。旅客所在不明者，得不經催

告逕予拍賣。行李有易於腐壞之性質者，運送人得於到達後，經過 24 小時，拍賣之。第 652 條之規定，於前 2 項情形準用之。（民法第 656 條）

(六) 承攬運送人之意義

稱承攬運送人者，謂以自己之名義，為他人之計算，使運送人運送物品而受報酬為營業之人。（民法第 606 條）

二十一、合夥

(一) 合夥之意義及合夥人之出資

稱合夥者，謂 2 人以上互約出資以經營共同事業之契約。前項出資，得為金錢或其他財產權，或以勞務、信用或其他利益代之。金錢以外之出資，應估定價額為其出資額。未經估定者，以他合夥人之平均出資額視為其出資額。（民法第 667 條）

(二) 合夥財產之公同共有

各合夥人之出資及其他合夥財產，為合夥人全體之公同共有。（民法第 668 條）

(三) 合夥人不增資權利

合夥人除有特別訂定外，無於約定出資之外增加出資之義務。因損失而致資本減少者，合夥人無補充之義務。（民法第 669 條）

※ 不動產經紀人 110 年選擇題第 14 題

(B) 14. 關於合夥的敘述，下列何者正確？ (A)各合夥人之出資及其他合夥財產，為合夥人全體之分別共有 (B)合夥人除有特別訂定外，無於約定出資之外增加出資之義務。因損失而致資本減少者，合夥人無補充之義務 (C)合夥財產不足清償合夥之債務時，各合夥人對於不足之額，無須負其責任 (D)合夥人退夥後，對於其退夥前合夥所負之債務，無須負其責任。

(四) 合夥人之補充連帶責任

合夥財產不足清償合夥之債務時，各合夥人對於不足之額，連帶負其責任。(民法第 681 條)

※ 不動產經紀人 101 年選擇題第 5 題

(A)5. 甲、乙、丙三人締結合夥契約，並以每月 3 萬元租金租用甲所有之房屋為共同經營事業之場所。惟因合夥事業經營不順致合夥解散，解散後已無合夥財產清償累計 3 個月未支付之租金。就積欠之 9 萬元租金，出租人甲得向乙、丙為如何之主張？ (A)甲僅得分別向乙、丙請求各應支付 3 萬元 (B)甲僅得分別向乙、丙請求各應支付 4 萬 5 千元 (C)甲僅得向乙或丙請求應支付 6 萬元 (D)甲僅得向乙或丙請求應支付 9 萬元。

※ 不動產經紀人 98 年選擇題第 19 題

(D)19. 下列何者非法定退夥事由？ (A)合夥人死亡 (B)合夥人受禁治產宣告 (C)合夥人經開除者 (D)合夥人聲明退夥。 (民§687)

※民法第 687 條：合夥人除依前二條規定退夥外，因下列事項之一而退夥：

一、合夥人死亡者。但契約訂明其繼承人得繼承者，不在此限。

二、合夥人受破產或監護之宣告者。

三、合夥人經開除者。

※ 不動產經紀人 98 年選擇題第 20 題

(B)20. 下列對於合夥人之出資義務之論述，何者錯誤？ (A)合夥人之出資義務不以金錢為限，亦可以其他具有財產價值之物、勞務或信用為出資內容 (B)各合夥人之出資及其他合夥財產，為合夥人全體分別共有 (C)合夥因損失而至資本減少時，除非合夥契約有特別訂立，否則合夥人無補充之增資義務 (D)合夥人之出資額，不以等額為限。

※ 不動產經紀人 97 年選擇題第 38 題

(D)38. 下列對於合夥何者敘述最不正確： (A)合夥人之出資，為合夥人之共同財產 (B)合夥具有團體性，其關係終了即為解散 (C)合夥人原則上全體共同執行合夥事業，並有檢查權及查閱權 (D)合夥人對外非為權利義務主體，且對外無須負連帶損害賠償責任。

※ 合夥人之出資，為合夥人之共同財產、合夥具有團體性，其關係終了即為解散、合夥人原則上全體共同執行合夥事業，並有檢查權及查閱權。

🖥 二十二、隱名合夥

稱隱名合夥者，謂當事人約定，一方對於他方所經營之事業出資，而分受其營業所生之利益，及分擔其所生損失之契約。（民法第 700 條）

🖥 二十三、合會

(一) 意義

謂由會首邀集 2 人以上為會員，互約交付會款及標取合會金之契約。合會金，係指會首及會員應交付之全部會款。會款得為金錢或其他代替物。（民法第 709 條之 1）

(二) 會首及會員之資格限制

會首及會員，均以自然人為限。會首不得兼為同一合會之會員。無行為能力人及限制行為能力人不得為會首，亦不得參加其法定代理人為會首之合會。（民法第 709 條之 2）

※ 不動產經紀人 106 年選擇題第 15 題

(C) 15. 關於合會，下列敘述何者正確？　(A)法人亦得為合會會員　(B)會首得兼為同一合會之會員　(C)限制行為能力人亦得為會員　(D)自然人不得同時為數合會之會首。

(三) 會單之訂立、記載事項及保存方式

合會應訂立會單，記載下列事項：一、會首之姓名、住址及電話號碼。二、全體會員之姓名、住址及電話號碼。三、每一會份會款之種類及基本數額。四、起會日期。五、標會期日。六、標會方法。七、出標金額有約定其最高額或最低額之限制者，其約定。前項會單，應由會首及全體會員簽名，記明年月日，由會首保存並製作繕本，簽名後交每一會員各執 1 份。會員已交付首期會款者，雖未依前 2 項規定訂立會單，其合會契約視為已成立。（民法第 709 條之 3）

(四) 標會之方法

標會由會首主持，依約定之期日及方法為之。其場所由會首決定並應先期通知會員。會首因故不能主持標會時，由會首指定或到場會員推選之會員主持之。（民法第 709 條之 4）

(五) 合會金之歸屬

首期合會金不經投標，由會首取得，其餘各期由得標會員取得。（民法第 709 條之 5）

(六) 標會之方法

每期標會，每一會員僅得出標 1 次，以出標金額最高者為得標。最高金額相同者，以抽籤定之。但另有約定者，依其約定。無人出標時，除另有約定外，以抽籤定其得標人。每一會份限得標 1 次。（民法第 709 條之 6）

(七) 會首及會員交付會款之期限

會員應於每期標會後 3 日內交付會款。會首應於前項期限內，代得標會員收取會款，連同自己之會款，於期滿之翌日前交付得標會員。逾期未收取之會款，會首應代為給付。會首依前項規定收取會款，在未交付得標會員前，對其喪失、毀損，應負責任。但因可歸責於得標會員之事由致喪失、毀損者，不在此限。會首依第 2 項規定代為給付後，得請求未給付之會員附加利息償還之。（民法第 709 條之 7）

(八) 會首及會員轉讓權利之限制

會首非經會員全體之同意，不得將其權利及義務移轉於他人。會員非經會首及會員全體之同意，不得退會，亦不得將自己之會份轉讓於他人。（民法第 709 條之 8）

(九) 合會不能繼續進行之處理

因會首破產、逃匿或有其他事由致合會不能繼續進行時，會首及已得標會員應給付之各期會款，應於每屆標會期日平均交付於未得標之會員。

但另有約定者依其約定。會首就已得標會員依前項規定應給付之各期會款，負連帶責任。會首或已得標會員依第 1 項規定應平均交付於未得標會員之會款遲延給付，其遲付之數額已達兩期之總額時，該未得標會員得請求其給付全部會款。第 1 項情形，得由未得標之會員共同推選 1 人或數人處理相關事宜。（民法第 709 條之 9）

🖥 二十四、指示證券

稱指示證券者，謂指示他人將金錢、有價證券或其他代替物給付第三人之證券。前項為指示之人，稱為指示人，被指示之他人，稱為被指示人，受給付之第三人，稱為領取人。（民法第 710 條）

🖥 二十五、無記名證券

稱無記名證券者，謂持有人對於發行人，得請求其依所記載之內容為給付之證券。（民法第 719 條）

🖥 二十六、終身定期金

稱終身定期金契約者，謂當事人約定，一方於自己或他方或第三人生存期內，定期以金錢給付他方或第三人之契約。（民法第 729 條）

🖥 二十七、和解

稱和解者，謂當事人約定，互相讓步，以終止爭執或防止爭執發生之契約。（民法第 736 條）

🖥 二十八、保證

(一) 意義

保證者，謂當事人約定，一方於他方之債務人不履行債務時，由其代負履行責任的契約（民法第 739 條）。

(二) 保證人之抗辯權

主債務人所有之抗辯，保證人得主張之。主債務人拋棄其抗辯者，保證人仍得主張之。(民法第 742 條)

(三) 保證人之抵銷權

保證人得以主債務人對於債權人之債權，主張抵銷。(民法第 742 條之 1)

※ 不動產經紀人 104 年選擇題第 21 題

(C) 21. 關於民法規定之保證契約。下列敘述，何者正確？ (A)債權人第一次請求清償時，僅得向主債務人請求 (B)保證人不得僅保證主債務人之債務的一部分 (C)保證契約由債權人及保證人口頭約定即可成立 (D)主債務人所有之抗辯，非經其同意，保證人不得主張。

(四) 無效債務之保證

保證人對於因行為能力之欠缺而無效之債務，如知其情事而為保證者，其保證仍為有效。(民法第 743 條)

(五) 保證人之拒絕清償權

主債務人就其債之發生原因之法律行為有撤銷權者，保證人對於債權人，得拒絕清償。(民法第 744 條)

(六) 保證人的先訴抗辯權

保證人於債權人未就主債務人的財產強制執行而無效果前，對於債權人得拒絕清償 (民法第 745 條)；惟保證人得拋棄此權利 (民法第 746 條)。

※ 不動產經紀人 110 年選擇題第 11 題

(D) 11. 民法於保證契約一節中規定，保證人於債權人未就主債務人之財產強制執行而無效果前，對於債權人得拒絕清償，概念上一般稱為？ (A)同時履行抗辯 (B)撤銷訴權 (C)追索權抗辯 (D)先訴抗辯。

※ 99 年 5 月 7 日修正：

民法第 746 條：有下列各款情形之一者，保證人不得主張前條之權利：

一、保證人拋棄前條之權利。

二、主債務人受破產宣告。

三、主債務人之財產不足清償其債務。

理由：刪除原條文第二款「保證契約成立後，主債務人之住所、營業所或居所有變更，致向其請求清償發生困難者。」之規定，但保證人拋棄先訴抗辯權者，不在此限；促使債權人之求償仍應以主債務人為第一順位，以提升保證人權益。

(七) 共同保證

數人保證同一債務者，除契約另有訂定外，應連帶負保證責任（民法第 748 條）。

※ 不動產經紀人 102 年選擇題第 13 題

(A) 13. 甲於民國 102 年 1 月 1 日向乙借新臺幣 10 萬元，約定同年 6 月 30 日清償，並由丙於其期限內擔任保證人。下列敘述何者正確？　(A)清償期屆滿，乙允許甲延期清償時，應得丙之同意，否則丙不負保證責任　(B)丙得隨時通知乙終止保證契約，並於通知到達乙後，不負保證責任　(C)清償期屆滿後，丙應定 1 個月以上之期限催告乙向甲請求，丙始能免責　(D)丙得隨時通知甲終止保證契約，並於通知到達甲後，不負保證責任。

※ 民法第 755 條：就定有期限之債務為保證者，如債權人允許主債務人延期清償時，保證人除對於其延期已為同意外，不負保證責任。

※ 連帶保證與保證連帶：連帶保證即指保證人與債權人約定其與主債務人連帶負債務履行責任之保證，連帶保證屬特殊保證，為保證之一種。按一般保證人之保證債務具有補充性，保證債務人於主債務人不履行債務時，始代負履行責任，亦即保證債務係屬第二次責任，保證人具有先訴抗辯權（民法第 745 條）。惟連帶保證則不然，連帶保證因具連帶債之性質，債權人對於保證人及主債務人，可以任意先後選擇請求清償。保證人不得主張先訴抗辯權而拒絕清償；雖民法就連帶保證無特殊規定，但判例及學說上均承認之。

保證連帶又稱共同保證，即指數人保證同一個債務，而負連帶保證責任之謂。共同保證人，對於債權人應連帶負責，其數人相互間之關係，適用關於連帶債務之規定。共同保證之成立，以數人保證同一債務為足，惟其保證契約卻不以基於一個契約為限，基於多數個別契約同時成立或先後成立，皆無不可；彼此間有無意思聯

絡，亦非所問。共同保證乃保證人間之連帶，並非與主債務人連帶，故其保證債務
除具有從屬性之外，仍具有補充性，因此各保證人對於債權人均得主張先訴抗辯
權。

※ 不動產經紀人106年選擇題第14題

(A) 14. 甲對乙負有1,000萬元借款債務，丙為甲對乙所負該債務之連帶保證人。試問，
下列敘述何者正確？ (A)乙得直接請求丙履行1,000萬元保證債務 (B)乙僅得
同時請求甲與丙履行債務 (C)丙連帶責任之約定無效 (D)丙負最終責任。

※ 不動產經紀人101年申論題第1題

一、父甲、母乙、子丙、女丁四人一家和樂，丙創業時向友人戊融資新臺幣（下同）
1,000萬元，由乙提供A地設定抵押擔保並由丁為連帶保證人；甲死亡時，留有
2,000萬元之遺產，但未立有遺囑。試問：戊拋棄債權、抵押權及丁拋棄繼承權，
其效力各如何？

解析

戊拋棄抵押權之效力。

1. 依據民法第751條：債權人拋棄為其債權擔保之物權者，保證人就債權人所拋棄權
利之限度內，免其責任。

2. 連帶保證人丁就抵押權所擔保之限度內亦免責任。

3. 戊對丙之債權仍然存在。

🖳 二十九、人事保證

(一) **定義**：稱人事保證者，謂當事人約定，一方於他方之受僱人將來因職
務上之行為而應對他方為損害賠償時，由其代負賠償責任之契約。此
種契約應以書面為之（民法第756條之1）。

※ 不動產經紀人105年選擇題第12題

(D) 12. 依現行民法規定，有關違反法定要式規定之法律行為效力，下列何者應為無
效？ (A)會員已交付首期會款，但未訂立會單 (B)不動產買賣之債權契約，未
經書面公證 (C)不動產租賃契約期限約定2年，且未以書面簽訂 (D)人事保證
契約未以書面簽訂。

(二) **人事保證之期間**：人事保證約定之期間不得逾3年。逾3年者，縮短
為3年，但當事人得更新之。又人事保證未定期間者，自成立之日起
有效期間為3年（民法第756條之3），且未定期間之人事保證，保

證人得隨時終止。但應於 3 個月前通知僱用人,當事人約定期間較短者,從其約定(民法第 756 條之 4)。

(三) 人事保證契約之消滅

人事保證關係因下列事由而消滅:1.保證之期間屆滿;2.保證人死亡、破產或喪失行為能力;3.受僱人死亡、破產或喪失行為能力;4.受僱人之僱傭關係消滅(民法第 756 條之 7)。

(四) 請求權之時效:僱用人對保證人之請求權,因 2 年間不行使而消滅(民法第 756 條之 8)。

案例一:買賣不破租賃

(參考臺灣臺北地方法院民事判決 92 年度訴字第 5146 號)

徐英傑於民國 85 年 5 月 20 日出資興建違章建築且未經辦理保存登記之房屋,又於民國 86 年 5 月 22 日將系爭房屋出售予呂美玲,甄前田自民國 90 年 9 月 1 日至 95 年 9 月 1 日向呂美玲承租。徐英傑之債權人李和子於民國 92 年 5 月 20 日聲請拍賣該房屋,侯野口自臺北地方法院民事執行處強制執行事件之拍賣程序中,以 618,000 元買受房屋,並於民國 92 年 6 月 20 日頒發不動產權利移轉證書予侯野口。因此本件之爭點為:

一、 系爭房屋之所有權究為誰屬?

二、 侯野口可否請求呂美玲與甄前田返還系爭房屋?

三、 甄前田是否可以主張買賣不破租賃而繼續承租?

當事人分析圖

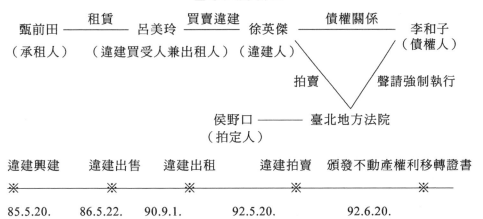

一、 侯野口取得違建所有權

　　按拍賣之不動產，買受人自領得執行法院所發給權利移轉證書之日起，取得該不動產所有權，強制執行法第 98 條第 1 項定有明文。上開強制執行法第 98 條規定未將不能辦理保存登記之違建物排除在外，則縱為不能辦理保存登記之違建物，只要經由法院拍賣並發予權利移轉證書，拍定人仍可即因此取得所有權，僅依民法 759 條規定不得處分該建築物，不能否認所取得之所有權。查原於 92 年 6 月 20 日取得臺北地方法院民事執行處核發之權利移轉證書，侯野口對系爭房屋已取得所有權，因系爭房屋從未辦理保存登記，不符合民法第 759 條之要件，因而無從處分。又呂美玲雖辯稱：於 86 年 5 月 22 日自徐英傑取所有權云云，惟違章建築得為交易之標的，惟按買賣契約僅有債之效力，不得以之對抗契約以外之第 3 人，前買受人呂美玲雖向出賣人徐英傑買受系爭房屋，但系爭房屋既經執行法院查封拍賣，由後買受人侯野口標買而取得所有權，則後買受人侯野口基於所有權請求前買受人呂美玲返還所有物，前買受人呂美玲即不得以其與出賣人徐英傑間之買賣關係，對抗後買受人侯野口（最高法院 72 年度台上字第 938 號判例參照）。

二、 侯野口依據所有權人返還請求權規定，請求呂美玲與甄前田騰空返還
　　系爭房屋有理由

　　　　呂美玲亦無對抗侯野口之合法權利，其係無權占有人呂美玲將系
爭房屋出租予甄前田，是為出租第 3 人之物，亦不得對抗已取得所有
權之侯野口，呂美玲與甄前田 2 人均為無權占有人，故侯野口本於民
法第 767 條之所有權人返還請求權規定，請求呂美玲與甄前田 2 人騰
空返還系爭房屋，應屬有據。

三、 甄前田不能主張買賣不破租賃

　　　　甄前田承租系爭房屋，已有租賃契約關係存在，依買賣不破租賃
原則，得對侯野口主張租賃關係繼續存在。惟按民法第 425 條規定：
「出租人於租賃物交付後承租人占有中，將其所有權讓與第 3 人，其
租賃契約對於受讓仍繼續存在」，係以出租人對租賃物得為處分為前
提，承租人始能對第 3 人主張租賃關係繼續存在，倘出租人係出租第
3 人之物，則出租人對該租賃物無處分權能，其與承租人間之租賃契
約關係，不得對抗嗣後取得所有權之第 3 人。本件呂美玲非系爭房屋
之所有權人，呂美玲係出租非屬其所有之物，其與甄前田間之租賃契
關係，不得對抗侯野口。

案例二：防不孝條款奏效

（參考高雄地方法院 98 年重訴字第 144 號判決）

高雄市美濃區菸葉大老甲育有三子乙、丙、丁與二女戊、己，民國 94 年 11 月 4 日他將三筆共 1,400 坪、市值約 500 萬元的土地，贈與其中兩個兒子丙、丁，均已辦妥所有權移轉登記。民國 96 年又賣地分產，三個兒子各得 500 萬元，兩個女兒僅各得 90 萬元；詎於民國 97 年 8 月 7 日下午 3 時 30 分許，在高雄市美濃區○○路 350 號，乙、丙、丁公然以「短命鬼」、「老短命」、「怎麼不去死算了」等語辱罵甲，經高雄地方法院於民國 98 年 3 月 4 日以刑事簡易判決，各判處拘役 35 日確定。甲依民法第 416 條第 1 項第 1 款、第 419 條第 2 項規定，以起訴狀繕本之送達作為撤銷系爭土地贈與契約之意思表示。為此，爰依民法第 179 條規定，請求丙、丁返還系爭土地。惟丙、丁主張甲於 84 年間以土地設定抵押，向美濃區農會貸款，將其中 500 萬元借予議員參選人，不幸敗選而無力償還，丙、丁幫忙甲種植菸草以為還債，且因其他子女陸續向甲拿取現金，甲因而對丙、丁心生虧欠，始將贈與系爭土地，故甲係履行道德上之義務，依民法第 180 條第 1 款之規定，不得請求返還。試問：

一、 甲依民法第 416 條第 1 項第 1 款規定撤銷贈與契約，有無理由？

二、 甲贈與系爭土地是否為履行道德上之義務？

分析

當事人分析圖

贈與土地	言語辱罵	高雄地院刑事簡易判決	高雄地方法院民事判決
※	※	※	※
94.11.4.	97.8.7.	98.3.4.	98.6.16.

一、甲依民法第 416 條第 1 項第 1 款規定撤銷贈與契約有理由

(一) 按受贈人對於贈與人、其配偶、直系血親、三親等內旁系血親或二親等內姻親，有故意侵害之行為，依刑法有處罰之明文者，贈與人得撤銷其贈與；民法第 416 條第 1 項第 1 款定有明文。又參照上開法文之立法意旨，謂贈與因受贈人之利益而為之，其行為本為加惠行為，受贈人若有加害或忘惠之行為，應使贈與人有撤銷贈與之權。

(二) 乙、丙、丁於 97 年 8 月 7 日下午 3 時 30 分許，在高雄市美濃區○○路 350 號，公然以「短命鬼」、「老短命」、「怎麼不去死算了」等語辱罵原告，既屬故意侵害行為，依刑法第 309 條公然侮辱罪有處罰之明文，則甲依民法第 416 條第 1 項第 1 款規定，撤銷系爭土地贈與行為，即屬有據。

二、甲贈與系爭土地不為履行道德上之義務

(一) 按所謂有無「道德上義務」，應依社會通念，由客觀現實斟酌認定之。查，縱丙、丁所言幫忙甲種植菸草以為還債屬實，然此為子女體恤父母工作負荷及經濟壓力等，依一般社會觀念，父母並無因此有給與系爭土地之道德上義務；又依現行民法精神及現今社會潮流，父母將所有之現金或財產，給與特定子女，此為個人處分所有物之自由，

亦無因此對其他子女負有亦應給與財產之道德上義務。準此，丙、丁主張因伊等幫忙甲種植菸草以為還債，且因其他子女陸續向原告拿取現金，甲因對伊等心生虧欠，為履行道德上之義務而贈與系爭土地云云，應屬無據。

(二) 又按所謂「履行道德上義務而為贈與」與同法第 180 條第 1 款所稱「給付係履行道德上義務」，乃不同之概念，蓋贈與係單純一方之給予行為，而履行道德上義務則係道德上應有義務存在，債務人之給付義務，並非因訂立贈與契約而發生。又「履行道德上義務而為贈與」，受贈人受領給付有法律上原因，不成立不當得利；反之，「給付係履行道德上義務」者，受領人則係本無法律上原因，因民法第 180 條第 1 款之特別規定，使給付者不得請求返還。且「履行道德上義務而為贈與」受贈人對贈與人有民法所規定之不義行為時，贈與人得撤銷其贈與，並得依不當得利規定請求返還贈與物，而在「給付係履行道德上義務」者，則無上開贈與規定之適用。查，甲與丙、丁並無道德上之給付義務存在，已如前述；且本件既為贈與，縱如丙、丁所言，甲係因對丙、丁心生虧欠，而移轉系爭土地所有權予丙、丁，至多僅為「履行道德上義務而為贈與」。依前揭說明，甲仍得於丙、丁對其有故意之侵害行為，依刑法有處罰之明文時，撤銷其贈與，並依民法第 419 條第 1 項規定，依關於不當得利規定請求返還贈與物，並無民法 180 條第 1 款規定之適用。從而，丙、丁主張原告係履行道德上義務而為贈與，依民法第 180 條第 1 款規定不得請求返還云云，於法亦有未合。

綜上所述，甲依民法第 416 條第 1 項第 1 款、第 419 條第 2 項及第 179 條規定，請求丙、丁應將系爭三筆土地之所有權移轉登記予甲，為有理由，應予准許。

案例三：被倒會如何自救

　　鄭語欣因股票被套牢，又積欠銀行及地下錢莊數百萬元，幾乎傾家蕩產，於是起了一個會，以互助會方式籌措資金，不料互助會進行到第五期時，鄭語欣心起歹念，以冒標方式，詐取會款，並在收取會款後，攜家帶眷逃往國外。會腳應該如何保障權益[1]？

分析

一、　成立一個互助會，其中有冒標並倒會情事，其涉及刑事責任如下：

　　　　冒用會員名義偽造標單（冒標），假裝該會員得標卻由會首詐取會款，觸犯刑法「行使」偽造私文書罪。

二、　如果鄭語欣（會首）一開始，是以騙取會員標金的意思而起會，便會構成詐欺罪。

三、　不過本案例，鄭語欣是在會進行到一半才起意捲款潛逃，是否構成詐欺罪，在學說上有很多討論，而實務上，通常會請警察局重新調查是否有具體詐欺罪證，必須有具體證據，檢察官才會據以偵查起訴。而行使偽造私文書罪與詐欺罪之間，有方法與結果牽連關係，應論處刑責比詐欺罪重的行使偽造私文書。

　　　　民事求償及債權保全方面：一發現有倒會情形：

1. 迅速持會單向法院聲請假扣押對方財產，以保全債權，防止脫產。

2. 聲請支付命令。

---

[1]　劉昌崙，「被倒會如何自救」，大紀元，第 116 期，2003 年 6 月 19 日至 25 日 http://news.epochtimes.com.tw/116/3463.htm

3. 提起民事訴訟，請求清償債務。於法院刑事庭審理中提起附帶民事訴訟，請求侵權行為損害賠償（免繳裁判費）。

4. 侵權行為損害賠償請求權時效為 2 年。

四、民間之互助會乃基於彼此信賴關係而成立，然而有心人士卻利用這樣的信賴關係惡性倒會。關於如何避免這樣的情況，主要就是要在起會之前確定會首之信用、資力，例如，是否有不動產及銀行存款。再來就是要求會首提出參加合會所有成員之會單，以及每月得標之會員、金額。

案例四：買到海砂屋該怎麼辦

林小新於 98 年 2 月間透過仲介購買房屋一戶，仲介保證房屋已做過海砂屋檢測，結果正常，然而事後消費者再行申請檢測卻證實為海砂屋，試問：
一、消費者自保之道？
二、林小新買到海砂屋，該怎麼辦？

分析

一個人的一生，根據調查只有 1.7 次買房子的機會，如果消費者這一生唯一一次購買房子，卻買到所謂的海砂屋，教人怎不捶胸頓足、痛不欲生：[2]

一、消費者自保之道

(一) 消費者如要避免購買海砂屋，可以在買房子前委託專業、有認證的實驗室進行檢測，如土木技師公會、財團法人工業技術研究院工業材料

---

[2] 財團法人消費者文教基金會 http://www.consumers.org.tw/unit412.aspx?id=474

研究所等，或是請賣方出具證明表示房子不是海砂屋，並保留解約的權力。

(二) 購買成屋時，可參考行政院消費者保護會的成屋買賣契約書範本，尤其是應記載及不得記載事項規範。

二、 買到海砂屋，怎麼辦？

(一) 建議消費者，若是透過仲介購買成屋，要先請仲介和賣方善盡告知義務，若有告知，依民法第 355 條：買受人於契約成立時，知其物有前條第一項所稱之瑕疵者，出賣人不負擔保之責。

(二) 但若未告知，則依消保法第 7 條，提供服務的企業經營者，應確保該商品或服務，符合當時科技或專業水準可合理期待的安全性，所以，消費者可以向消保官或消基會提出申訴。

(三) 消費者可依民法來追究仲介是否有善盡告知的義務，或是可依消保法對仲介要求懲罰性的賠償，但對於賣方的賠償責任，如果消費者向建設公司購買的成屋經事後調查發現為海砂屋，可依消保法第 7 條請求損害賠償；但若賣方為一般民眾，因為不是企業經營者，就沒有消保法規定之適用，只好依民法相關規定處理。

(四) 一經發現房子為海砂屋，房子的原建商應該要協助居民進行拆遷或是補強的工作。但有可能因為房子建築年代久遠，消費者會找不到當時的建商，也無法追究責任，這時可能只能靠住戶們組成自救委員會來統合進行拆遷及補強工作。

※ 海砂屋檢測單位：

1. 工業技術研究院材料所。　　　2. 土木技師公會。
3. 建築師公會。　　　　　　　　4. 結構技師公會。

物權編

Civil Law

壹、通則

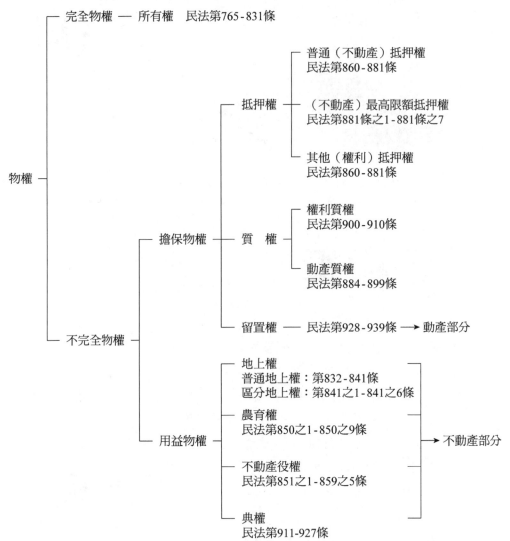

物權
- 完全物權 ── 所有權　民法第765-831條
- 不完全物權
  - 擔保物權
    - 抵押權
      - 普通（不動產）抵押權
        民法第860-881條
      - （不動產）最高限額抵押權
        民法第881條之1-881條之7
      - 其他（權利）抵押權
        民法第860-881條
    - 質　權
      - 權利質權
        民法第900-910條
      - 動產質權
        民法第884-899條
    - 留置權 ── 民法第928-939條 ➝ 動產部分
  - 用益物權
    - 地上權
      普通地上權：第832-841條
      區分地上權：第841之1-841之6條
    - 農育權
      民法第850之1-850之9條
    - 不動產役權
      民法第851之1-859之5條
    - 典權
      民法第911-927條

      ➝ 不動產部分

一、物權之概念

物權，即直接支配管領特定標的物，而享受其利益之具有排他性權利者。依現行民法物權編規定，物權共分所有權、地上權、農育權、不動產役權、典權、抵押權、質權、留置權等 8 種，另設占有，並非權利，僅為受法律保護事實狀態之規定。物權可大致為完全物權及不完全物權，所謂完全物權指的是：可對標的物為永久全面支配之物權，例如所有權。所謂不完全物權或稱定限物權指的是：僅能於特定限度內，對其標的物支配之物權，例如所有權以外之物權。另外若依其對標的物支配之內容，又可再將定限物權分為用益物權與擔保物權，其中以標的物之利用價值為內容之物權，稱為用益物權，如地上權、農育權、不動產役權、典權。以標的物之交換價值為內容之物權，稱擔保物權，如抵押權、質權、留置權。

※ 不動產經紀人 97 年第 1 次選擇題第 16 題

(D) 16. 下列對於典權之敘述何者正確？ (A)典權為動產物權 (B)典權無需支付典價 (C)典權為擔保物權 (D)典權為用益物權。

※ 不動產經紀人 98 年選擇題第 21 題

(C) 21. 下列何者非屬不動產物權？ (A)地上權 (B)典權 (C)留置權 (D)地役權。（民§928）

※ 物權（處分行為）與債權（負擔行為）之比較：

(一) 性質不同

　　1. 物權：物權為支配權。

　　2. 債權：債權為請求權。

(二) 效力不同

　　1. 物權：排他性、優先性、追及性。

　　2. 債權：無前述特性。

(三) 創設不同

　　1. 物權：物權須依物權法定主義（不得任意創設）。

　　2. 債權：債權以自由訂定為原則。

(四) 功能不同

　　1. 物權：物權重在利用、保障靜的安全。

　　2. 債權：債權重在交換、保障動的安全。

(五) 內容不同

　　1. 物權：物權內容在於保持利益。

　　2. 債權：債權內容在於獲得利益。

二、物權法定主義

　　民法為保護交易安全及維持社會經濟制度，對於物權種類及內容採法定主義，不許當事人任意創設，且因物權有對世效力，若容許當事人任意創設複雜分歧之物權，勢必影響交易安全與第三人權益，故應由法律明確規定物權之類型及內容，以建立物權體系並便於公示大眾，這樣一來有可使大眾得以明瞭，又可確保交易之安全與迅速。但又為避免僵化，妨礙社會發展，故若新物權秩序法律未及補充時，自應允許習慣予以填補。所謂習慣，指的是具有法律上效力之習慣法。故在民國 98 年 1 月 23 日物權法修正時，作了相當的調整如下：民法第 757 條：「物權，除依法律或習慣外，不得創設。」乃因修正前的 757 條規定：「物權，除本法或其他法律有規定外，不得創設。」致使物權的種類及權利內容，除了依「民法」及「其他法律」之外，不得任意創設，否則即有違反物權法定主義之嫌；但如此一來，物權的發展空間將受到相當侷限，恐有難以因應快速的經濟發展之慮，因此 98 年修正條文中乃將「習慣」納入，而依修正理由的說明：「本條所稱習慣係指具備慣行之事實及法的確信，即具有法律上效力之習慣法而言」。[1]

※ 不動產經紀人 106 年選擇題第 16 題

(C) 16. 關於物權法定主義，下列敘述何者正確？　(A)僅得依制定法創設物權　(B)僅得依特別法創設物權　(C)得依習慣法創設物權　(D)得依法理創設物權。

※ 不動產經紀人 96 年第 2 次選擇題第 2 題

(D) 2. 物權，除民法或其他法律有規定外，不得創設，通稱為：　(A)物權獨立主義　(B)物權無因主義　(C)物權分離主義　(D)物權法定主義。

---

[1] 李淑明著，民法物權，98 年 7 月 5 版，頁 5。

三、物權變動原則

所謂物權變動原則包括公示原則與公信原則（及推定力）。

(一) 公示原則（表現之法律效果）

1. 意義：為使物權變動之法律關係明確，故物權之變動，必須以一定之公示方法表現，方能發生一定之法律效果，此即物權之公示原則。換句話說，物權之變動，要能從外界可辨認出來的客觀表徵方式，來作為公示方法，使人得知物權變動之內容，此即公示原則。不動產以「登記」為公示方法，動產以「交付」為公示方法。

2. 具體內涵：

   (1) 不動產：「登記」及「書面」。民法第 758 條規定：「不動產物權，依法律行為而取得、設定、喪失及變更者，非經登記，不生效力，前項行為，應以書面為之。」98 年 1 月 23 日修正公布，又民法第 760 條規定已刪除。「登記」與「占有」同為物權公示方法之一，民法就占有既於第 943 條設有權利推定效力之規定，「登記」自亦應有此種效力，爰仿德國民法第 891 條、瑞士民法第 937 條第 1 項規定，增訂民法第 759 條之 1 第 1 項規定：「不動產物權經登記者，推定登記權利人適法有此權利。」以期周延。又此項登記之推定力，乃為登記名義人除不得援以對抗其直接前手之真正權利人外，得對其他任何人主張之。為貫徹登記之效力，此項推定力，應依法定程序塗銷登記，始得推翻。至於土地法第 43 條雖規定依該法所為之登記有絕對效力；惟實務上向認在第三者信賴登記而取得土地權利之前，真正權利人仍得對登記名義人主張登記原因之無效或撤銷（最高法院 40 年台上字第 1892 號判例參照），是該條文所稱絕對效力，其範圍既僅止於保護信賴登記之善意第三人。

※ 夫妻或情侶借名登記買房注意事項：
   1.借名登記契約書。2.公證。3.資金往來證明。4.預告登記。5.抵押權設定。

※ 不動產經紀人 110 年選擇題第 9 題

(C) 9. 依現行民法規定，下列何者須經登記始生法律效力？ (A)遺產之繼承 (B)土地買賣契約 (C)設定抵押權之物權行為 (D)夫妻就共同財產制之約定。

※ 不動產經紀人 104 年選擇題第 26 題

(B) 26. 甲將其單獨所有之土地的特定部分出售予乙後，如該土地無不可分割之限制時，乙得如何請求甲履行其移轉所有權之義務？ (A)請求甲移轉登記按該特定部分計算之土地應有部分，與甲共有該土地 (B)請求甲將該特定部分分割後移轉登記與乙 (C)乙得選擇請求甲為上述(A)或(B)之任一種移轉登記方式 (D)本買賣契約欠缺確定性與可能性而無效，乙不得請求甲為移轉登記。

(2) 動產：「交付」（即移轉占有）。依民法第 761 條規定，包括：現實交付、簡易交付、占有改定、指示交付。

(二) 公信原則（信賴之法律效果）

1. 意義：係指依公示方法所表現之物權，縱令不存在或內容有異，但此對信賴該公示表徵者亦不生任何影響，目的在維護交易之安全。也就是說當當事人因履行「登記」或「交付」之公示方法，使人信賴其物權之存在，縱使其外在的表徵與實質不符，但因為信賴公示原則而為法律行為之人，法律仍須給予其信賴事實相同之法律效果，此即為公信原則。其中「善意受讓」就是公信原則的一大體現；當某一個權利主體具備了公示原則所規範的權利外觀，並進而與他人為交易行為，縱使這個權利主體實際上享有的權利狀態，與權利外觀不符，但只要受讓人是善意地信賴權利外觀，相信這個權利主體即是真正的權利人，該受讓人仍可取得物權，此為「善意受讓」制度。

2. 具體內涵：

   (1) 不動產：依民法第 759 條之 1 規定：「不動產物權經登記者，推定登記權利人適法有此權利。因信賴不動產登記之善意第三人，已依法律行為為物權變動之登記者，其變動之效力，不因原登記物權之不實而受影響。」由此可知不動產物權之登記所表彰之物權如與實際狀態不一致，例如：無所有權登記為有所有權，或土地有地上權

負擔而未登記該地上權等不實情形，而信賴不動產登記之善意第三人因信賴登記與之為交易行為，依法律行為再為物權變動之登記者等情形，為確保善意第三人之權益，以維護交易安全，特增訂第 2 項規定：「因信賴不動產登記之善意第三人，已依法律行為為物權變動之登記者，其變動之效力，不因原登記物權之不實而受影響。」故將「善意受讓」的要件予以明文化。

(2) 動產：依民法第 801 條規定：動產之受讓人占有動產，而受關於占有規定之保護者，縱讓與人無移轉所有權之權利，受讓人仍取得其所有權。而本條適用的前提，必須是受讓人得「受關於占有規定之保護者」；而是否受到占有之保護，端視否符合民法第 948 條規定：以動產所有權或其他物權之移轉或設定為目的，而善意受讓該動產之占有者，縱其讓與人無讓與之權利，其占有仍受法律之保護。其中，所謂「其占有仍受法律之保護」，又是回過頭指上開第 801 條而言。

(三) 推定力

民法第 759 條之 1 規定：「不動產物權經登記者，推定登記權利人適法有此權利。因信賴不動產登記之善意第三人，已依法律行為為物權變動之登記者，其變動之效力，不因原登記物權之不實而受影響。」

※ 不動產經紀人 106 年選擇題第 6 題

(B) 6. 甲有 A 地，且登記為 A 地所有人。甲因乙之脅迫，出賣且交付 A 地於乙，於甲尚未撤銷買賣契約前。試問，下列敘述何者正確？ (A)甲得撤銷交付 A 地於乙之行為 (B)現占有 A 地之乙為有權占有人 (C)乙因此成為 A 地所有人 (D)甲乙間之 A 地的買賣契約，無效。

※ 不動產經紀人 109 年申論題第 1 題

一、甲男、乙女結婚十餘年，未約定夫妻財產制度。婚後甲出資購買 A 屋一棟，登記在乙女名下。嗣後因故，甲、乙雙方乃協議離婚，協議離婚期間甲男未經乙女同意，擅自拿走 A 屋所有權狀與乙的印章，與丙簽訂 A 屋買賣契約，但尚未完成產權移轉登記。試問：(一)A 屋之所有權為何人所有？

解析

(一) A 屋之所有權為乙所有

依據民法第 759-1 條第 1 項規定:「不動產物權經登記者,推定登記權利人適法有此權利。」婚後甲出資購買 A 屋一棟,登記在乙女名下,即為乙女所有。

※ 不動產經紀人 105 年申論題第 2 題

二、甲為 A 公寓 5 樓之區分所有權人,其將該公寓頂樓搭建鐵皮屋並隔成 3 間房間使用(未辦建物所有權第一次登記),長期以來 A 公寓其他區分所有權人並無反對意思,今甲將該 5 樓及頂樓鐵皮屋出售予乙。問:甲於 A 公寓頂樓搭建鐵皮屋之使用權源為何?甲乙間就該鐵皮屋之買賣契約是否有效?

解析

(一) 甲於 A 公寓頂樓搭建鐵皮屋之使用權源

1. 鐵皮屋須符合定著物定義。

依據民法第 66 條第 1 項規定:「稱不動產者,謂土地及其定著物。」定著物須具備「固定」並「附著」於土地,具一定經濟上之目的,不易移動之物,足避風雨而不屬於土地構成之部分。甲對於鐵皮屋不問是否符合建築法規、有無建築執照、是否辦理所有權登記乃係行政法規之問題,不影響甲對於鐵皮屋享有所有權。

2. 甲對 A 公寓之頂樓空間按其應有部分有使用收益之權限。

(1) A 公寓為區分所有建築物,依據民法第 799 條規定:「稱區分所有建築物者,謂數人區分一建築物而各專有其一部,就專有部分有單獨所有權,並就該建築物及其附屬物之共同部分共有之建築物。前項專有部分,指區分所有建築物在構造上及使用上可獨立,且得單獨為所有權之標的者。共有部分,指區分所有建築物專有部分以外之其他部分及不屬於專有部分之附屬物。專有部分得經其所有人之同意,依規約之約定供區分所有建築物之所有人共同使用;共有部分除法律另有規定外,得經規約之約定供區分所有建築物之特定所有人使用。區分所有人就區分所有建築物共有部分及基地之應有部分,依其專有部分面積與專有部分總面積之比例定之。但另有約定者,從其約定。專有部分與其所屬之共有部分及其基地之權利,不得分離而為移轉或設定負擔。」

(2) 甲對 A 公寓之頂樓空間依據民法第 818 條規定按其應有部分有使用收益之權限。

依據民法第 818 條規定:「各共有人,除契約另有約定外,按其應有部分,對於共有物之全部,有使用收益之權。」甲對 A 公寓之頂樓空間搭建之鐵皮屋有有使用收益之權。

(二) 甲乙間就該鐵皮屋之買賣契約有效

1. 違建之定義：依據違章建築處理辦法第 2 條規定：「本辦法所稱之違章建築，為建築法適用地區內，依法應申請當地主管建築機關之審查許可並發給執照方能建築，而擅自建築之建築物。」

2. 違章建築雖然地政機關不許辦理登記，但仍不失為財產權之一，得作為買賣或強制執行之標的物。依據最高法院 67 年第 2 次民事庭總會決定(一)所謂：「違章建築之讓與，雖因不能為移轉登記，而不能為所有權之讓與，但受讓人與讓與人間，如無相反之約定，應認為讓與人已將違章建築之事實處分權讓與受讓人」。因此買方取得的只是事實上的處分權及使用權，並非所有權，因為依民法第 758 條之規定，不動產物權依法律行為而取得設定、喪失及變更者，非經登記，不生效力。

3. 違章建築雖然不能辦理所有權一次總登記（稱為保存登記），故讓與第三人時，亦不能辦理所有權移轉登記與第三人。但是可以將將違章建築之事實處分權讓與受讓人。

※ 違章建築物買受人得否主張民法第 767 條之物上請求權？

實務上有爭議：

1. 肯定說（過去實務）

(1) 臺灣高等法院 98 年度上易字第 918 號民事判決另有見解如下：「系爭房屋並未辦理所有權登記，被上訴人輾轉自系爭房屋之興建人胡勤祥受讓系爭房屋之事實上處分權，已如上述，則被上訴人就系爭房屋實質上所享之權利，與不動產所有權人無異，自得類推適用民法第 767 條規定，排除無權占有，請求返還系爭房屋。」，此判決認為『事實上處分權人』實質上所享之權利，與『所有權人』無異，並透過類推適用之方式，認定事實上處分權人得主張民法第 767 條之物上請求權。

(2) 有學者認為事實上處分權實質上所享之權利，與所有權無異，在法律未明文事實上處分權前，而現實生活上已廣泛運用下，實有必要透過類推適用或擴張解釋來加以因應。

2. 否定說（現在實務）

最高法院 100 年度台上字第 1275 號民事判決仍採否定見解如下：「對未登記之不動產肯認有事實上處分權，乃係實務上之便宜措施，然事實上處分權究非所有權，能否類推適用所有權之物上請求權之規定？或應以代位之法律關係行使其權利？仍待進一步推求。原審未詳予研求，即為上訴人敗訴之判決，亦嫌速斷。」，由該見解可知，最高法院仍對事實上處分權適用所有權之物上請求權有

所疑義,並提出是否以代位之方式處理,而發回該判決。從上面實務見解可知,法院實務上不認為違章建築的買受人可以主張民法第 767 條的物上請求權,是對買受人比較不利的地方。

※ 不動產經紀人 112 年選擇題第 19 題

(C) 19. 甲在其所有 A 地上興建 B 屋,但 B 屋為未辦理建物所有權第一次登記的違章建物,嗣後甲與乙訂立 A 地與 B 屋的買賣契約,下列何者錯誤? (A)B 屋雖為違章建築亦為融通物,得為交易之客體 (B)甲應將 A 地所有權辦妥移轉登記給乙,乙始取得 A 地所有權 (C)興建 B 屋時因未為建物所有權保存登記,故甲未取得 B 屋所有權 (D)甲將 B 屋讓與乙,乙僅取得對 B 屋之事實上處分權。

※ 不動產經紀人 109 年選擇題第 12 題

(B) 12. 甲將自己所有的違章建築 A 屋賣給乙,有關於買賣違章建築之法律關係。下列敘述,依實務見解,何者錯誤? (A)土地與土地上之違章建築同屬於一人所有,嗣將違章建築與土地分別讓與相異之人,仍有民法第 425 條之 1 推定租賃關係規定之適用 (B)違章建築之買受人對於無權占用房屋之人,得行使民法第 767 條之物上請求權 (C)違章建築遭拍賣,拍定人自取得法院權利移轉證書之日起,取得該違章建築之權利 (D)甲、乙買賣違章建築,所讓與的是事實上之處分權。

四、物權行為無因性

物權行為無因性係指物權行為獨立於債權行為之外,並不受其原因(即負擔行為)影響,故若債權行為為無效或被撤銷,其物權行為仍為有效。自十九世紀初歷史法學派大師薩維尼(Savigny),沿襲了來自羅馬法上區分對人權(jusinpersonem)與對物權(jusinrem)的二分法,提出無因性理論後,在德國法學發展下,物權行為無因性已成為日耳曼法系的特色,而同時也是我國學者通說承認的民法基本原則。不過債權與物權二者相互交錯,能否截然二分,學者漸有質疑,德國學者達凱茲(Dulckeit)於 1951 年就提出「債權物權化」理論。我國民法第 425 條之「買賣不破租賃」也說明租賃債權具有物權性。也就是說無因性理論固然能將法律關係明確區分,將有助於法律適用。但若是將社會觀念習慣上的一個法律行為,硬性分為債權行為與物權行為,實在很難。而既然債權與物權二者並非截然兩立,學理上為克服物權之無因性,乃提出條件關連、瑕疵共同、法律行為

一體性等理論，盡量使債權行為與物權行為同一命運，例如民法第 74 條
受暴利行為之表意人聲請法院撤銷時，其撤銷將使債權行為與物權行為同
一命運，均視為自始無效（民法第 114 條）。

五、物權的客體

　　物權者，乃是直接支配特定物的權利，因而物權的客體當然是一個
「物」。每一個特定、獨立的物，即可成為一個所有權的客體；反過來
說，一個所有權的客體，也可以一個物為限。此即著稱的「一物一權主
義」。而「物」的種類，依民法第 66 條以下規定，共分為「動產」與「不
動產」兩種。

六、物權之效力

（口訣：他、先、追、上）

(一) 排他效力：所謂排他效力，指於同一標的物上不容許性質不兩立之二
　　種以上物權同時併存，換言之，在同一標的物上，不能同時併存兩種
　　內容不相容的物權，例如：一個標的物只能成立一個所有權，不能同
　　時併存兩個所有權，若小龍女取得玉女心經之所有權，而郭襄就不能
　　主張擁有玉女心經所有權。又如：用益物權皆須占有始能使用、收
　　益，故不能同時成立。但是內容可以相容的物權，則是可以同時存
　　在，例如：在一個不動產的所有權上，可以因為擔保數個債權，而就
　　同一不動產，設定數抵押權者，其次序就依登記之先後定之（民法第
　　865 條）。

(二) 優先效力

1. 物權相互間：以成立之先後定優先之效力，如民法第 865 條。

2. 物權與債權：同一標的物上有物權與債權併存時，原則上物權之效力優
　　先於債權，例如：抵押權便是優先於普通債權而受清償。但有一例外情
　　形；參閱民法第 425 條第 1 項：「出租人於租賃物交付後，承租人占有
　　中，縱將其所有權讓與第三人，其租賃契約，對於受讓人仍繼續存

在。」稱為「買賣不破租賃」原則,則是債權優先於物權。(債權優先物權:買賣不破租賃、預告登記、分管契約)

3. 物權與物權:同一標的物上,有數個物權併存時,以其成立之先後定其優先順序,又可進一步在性質上區分為:

(1) 不相容之物權

① 所有權與所有權間:同一標的物上不能同時存在兩個所有權,故依成立順序來認定也就是後者主張即不得成立,但一個所有權卻可由二人共有,如甲乙可共有一塊土地。

② 用益物權與用益物權間:原則上二個用益物權間,效力會互相妨礙,故不能同時存在,例如典權與地上權,則成立順序在後者即不得成立。但有一例外情形,即地役權可以同時併存。

(2) 相容之物權

① 所有權與定限物權間:即指所有權與用益物權或擔保物權併存時,因為定限物權有限制所有權的作用,故定限物權之效力優先於所有權,例如地上權與所有權併存時,地上權得優先使用。

② 擔保物權與擔保物權間:原則上可以併存,但依其成立順序定其效力,如民法第 865 條。

③ 擔保物權與用益物權間:原則上可以併存,但依其成立順序定其效力。故可區分以下兩種情形:

　A. 擔保物權成立在先者:依民法第 866 條第 1 項規定:「不動產所有人設定抵押權後,於同一不動產上,得設定地上權或其他以使用收益為目的之物權,或成立租賃關係。但其抵押權不因此而受影響。」即後權利之設定,不得影響成立在先之抵押權。

※ 不動產經紀人 104 年選擇題第 29 題

(C) 29. 甲以其土地設定不動產役權於乙後,復以同一土地之一部分設定普通地上權於丙。丙之普通地上權的效力如何? (A)當然無效 (B)當然有效、且其效力優先於乙之不動產役權 (C)無妨害乙之不動產役權時,當然有效 (D)乙、丙各自之用益物權的優先效力,由所有權人甲決定之。

B. 用益物權成立在先者：用益物權與擔保物權，其性質並非不能相容，民法物權編亦無禁止規定，自應准許，例如不動產所有人於同一不動產設定典權後，在不妨害典權之範圍內，仍得為他人設定抵押權（釋字第 139 號）。惟此抵押權既成立在後，故不得妨害成立在先之典權。

※ 不動產經紀人 105 年選擇題第 21 題

(C) 21. 有關物權之優先性，在同一標的物下，下列敘述何者正確？ (A)當所有權與定限物權併存時，所有權之效力依舊優先於定限物權 (B)當內容或性質相衝突之物權併存時，二者效力均等 (C)先成立用益物權，再設定擔保物權時，該擔保物權不得對抗該已成立之用益物權 (D)先成立擔保物權，再設定用益物權時，該擔保物權人無論如何皆可主張塗銷該用益物權。

(三) 物上請求權：所謂物上請求權，係指物權人於其物權內容的完全實現上，有被侵害或有被侵害之虞時，則可請求除去其侵害或防止其侵害之權利。即民法第 767 條規定：「所有人對於無權占有或侵奪其所有物者，得請求返還之；對於妨害其所有權者，得請求除去之；有妨害其所有權之虞者，得請求防止之。前項規定，於所有權以外之物權，準用之。」（98.1.23 修正公布）其中關於物上請求權，民法另於第 962 條規定：「占有人，其占有被侵奪者，得請求返還其占有物；占有被妨害者，得請求除去其妨害；占有有被妨害之虞者，得請求防止其妨害。」且所有權之物上請求權規定，於所有權以外之物權，準用之（民法第 767 條第 2 項；98.1.23 修正公布）。此係採納學界通說，認為基於物權保護之絕對性，物上請求權應為物權之共同效力。

※ 不動產經紀人 111 年申論題第 1 題

一、甲出國進修期間將其名下 A 屋委託好友乙打掃照看，但乙卻未經甲同意，私自以自己名義將 A 屋出租給不知情的丙並按月收取租金一萬元，租期五年。三年後甲學成歸國，發現此事非常生氣，主張丙無權占有 A 屋，向丙請求返還 A 屋，並要求丙支付占有使用 A 屋三年之租金 36 萬元作為補償。丙認為自己是合法承租 A 屋且已按時向乙支付租金，斷然拒絕甲之請求。請問丙之主張是否有理由？

解析

　　丙無權占有甲之 A 屋，丙之主張並無理由：

(一) 甲可依據民法第 767 條第 1 項所有物返還請求權向丙主張返還 A 屋

　　1. 民法第 767 條第 1 項規定：「所有人對於無權占有或侵奪其所有物者，得請求返還之。對於妨害其所有權者，得請求除去之。有妨害其所有權之虞者，得請求防止之。」甲為 A 屋所有人符合民法第 767 條第 1 項構成要件。

　　2. 民法第 940 條規定：「對於物有事實上管領之力者，為占有人。」丙為現在占有 A 屋之直接占有人符合民法第 940 條構成要件。

　　3. 丙之占有須為無權占有：

　　　　所謂無權占有係指無占有之正當權源而仍占有其物。若占有人對所有人有正當之權利者，即無民法第 767 條之適用。

　　4. 本題乙擅自將甲所有之 A 屋出租丙，因租賃屬債權行為而非物權行為 (處分行為)，雖然乙出租人不必具備處分權，乙與丙之 A 屋租賃契約固然有效，因租賃乃債之關係僅具有相對效力，不得對抗所有權人甲，且丙不符合民法第 425 條買賣不破租賃之規定。故丙占有 A 屋，對甲而言乃是無權占有。

　　5. 小結：丙係無權占有甲之 A 屋，甲得依民法第 767 條所有物返還請求權對丙主張返還 A 屋。

(二) 甲不可依據民法第 179 條不當得利向丙主張返還租金 36 萬元

　　1. 民法第 179 條規定：「無法律上之原因而受利益，致他人受損害者，應返還其利益。雖有法律上之原因，而其後已不存在者，亦同。」

　　2. 甲主張民法第 179 條之 36 萬元租金不當得利，參照最高法院 104 年度台上字第 2252 號判決意旨：「所有人得否依不當得利之法律關係，向承租人請求返還占有使用租賃物之利益，應視承租人是否善意而定，倘承租人為善意，依民法第 952 條規定，得為租賃物之使用及收益，其因此項占有使用所獲利益，對於所有人不負返還之義務，自無不當得利可言。」如丙善意不知乙係無權出租 A 屋，依民法第 952 條規定：「善意占有人於推定其為適法所有之權利範圍內，得為占有物之使用、收益。」得對 A 屋為使用收益，丙對甲應無不當得利可言，其拒絕返還相當於租金之 36 萬元為有理由。

※ 地政士 101 年申論題第 2 題

二、甲、乙共有土地一筆，應有部分甲為五分之四，乙為五分之一。請附理由回答下列問題：該筆共有土地被丙無權占有，乙可否單獨提起請求返還共有物之訴？

解析

※ 民法第 821 條 (共有人對第三人之權利)

　　各共有人對於第三人，得就共有物之全部為本於所有權之請求。但回復共有物之請求，僅得為共有人全體之利益為之。

(四) 追**及效力**：所謂追及效力，指物權之標的物，不論輾轉落入何人之手，權利人均得追及其所在，而主張權利。此乃為貫徹物權的支配力，故即使擁有物權的人於標的物落在他人之手時，仍可追隨標的物而行使其權利。例如：令狐沖在東方不敗所有之 A 地上設定抵押權，嗣後東方不敗將 A 地轉售楊過，令狐沖之抵押權不受影響（民法第 867 條），仍可追隨不動產所有權之移轉，而存在於楊過所有之 A 地上。

七、物權的變動

(一) 意義：物權變動是指物權的發生、變更及消滅，對於物權的權利人而言，即是物權的取得、設定、喪失及變更。物權的取得可分為：

1. 原始取得：是由於自始的原因發生而非繼受他人既存之權利者，稱為原始取得。既然物權並非繼受自他人而來，即與他人之權利無關，故標的物所原存之一切權利，均因原始取得而消滅，如無主物之先占（民法第 802 條）。

2. 繼受取得：是指物權的取得，是由於繼受他人既存的權利者，稱為繼受取得，又分為移轉繼受取得（如因買賣、贈與而取得物權）及創設繼受取得（如在土地上設定抵押權）。

(二) 物權變動之要件：

1. 物權變動之原因，不外乎因「法律行為」而變動，與「非因法律行為」而變動二種情形。所謂的「法律行為」，指的是以發生直接物權變動為目的之法律行為，稱之為物權行為，而這也是物權變動的最主要原因。而「非因法律行為」變動者，指因強制執行、時效、繼承、混同、拋棄、徵收等原因致物權發生變動。

2. 不動產物權變動之要件
   (1) 因法律行為而變動者：參民法第 758 條規定：「不動產物權，依法律行為而取得、設定、喪失及變更者，非經登記，不生效力。前項行為，應以書面為之。」（98.1.23 修正公布）。（口

訣：得、失、變、設）通常此種物權的變動具有創設物權之效力故稱為設權登記，且若不踐行此種登記，物權變動在法律上絕對不生效力，故亦稱絕對的登記。換言之，不動產物權之變動，除了當事人間要有讓與之合意（即指物權契約），並應作成書面（即指要式契約），且須經登記（即指權利轉移），物權行為才能生效。

※ 民法第 758 條：不動產物權，依法律行為而取得、設定、喪失及變更者，非經登記，不生效力。

※ 不動產經紀人 109 年選擇題第 10 題

(C) 10. 甲將其土地出售乙，但因價金給付方式仍有爭議，故甲拒絕交付予乙，亦不辦理登記，乙起訴請求甲履行買賣契約之給付義務，經判決勝訴確定。下列敘述，何者正確？ (A)因甲已將其土地出售乙，故所有權屬於乙 (B)因乙已取得土地買賣契約給付請求權勝訴確定，故所有權屬於乙 (C)因甲尚未辦理土地所有權移轉登記於乙，故所有權仍屬於甲 (D)因該地尚未交付予乙占有，故所有權仍屬於甲

※ 各共有人單獨取得所有權共有物分割後，原共有關係即轉變成單獨所有，各共有人按其應有部分比例，各自取得物於分割後的單獨所有權。惟單獨所有權究於何時生效？立法例上有認定主義（溯及共有之初時生效）與移轉主義（不溯既往於分割完成時生效）之爭議，98 年修法時增訂民法第 824 條之 1，其第 1 項規定：「共有人自共有物分割之效力發生時起，取得分得部分之所有權。」即明示採移轉主義，其效力係向後發生而非溯及既往。所謂「效力發生時」，在協議分割，如分割者為不動產，係指於辦畢分割登記時；如為動產，係指於交付時。至於裁判分割，則指在分割之形成判決確定時。

※ 不動產經紀人 102 年選擇題第 38 題

(A) 38. 19 歲之甲與 20 歲之乙訂定買賣契約，將一宗土地賣給乙，並將土地所有權移轉登記給乙。下列敘述何者正確？ (A)買賣契約及所有權移轉契約，均需得甲之法定代理人書面或非書面之允許，始生效力 (B)買賣契約及所有權移轉契約，均需得甲之法定代理人書面允許，一定要書面允許始生效 (C)買賣契約需得甲之法定代理人書面允許，始生效力；所有權移轉契約則無須書面允許，亦生效力 (D)所有權移轉契約需得甲之法定代理人書面允許，始生效力；買賣契約則無須書面允許，亦生效力。

※ 民法第 758 條：不動產物權，依法律行為而取得、設定、喪失及變更者，非經登記，不生效力。前項行為，應以書面為之。

※ 不動產經紀人 102 年選擇題第 10 題

(B) 10. 甲有一宗土地，與乙訂立買賣契約，將該宗土地賣給乙。雙方訂立買賣契約後，因土地飆漲，甲藉故不願履行契約上之義務。乙起訴請求甲移轉買賣標的物之所有權，法院判決乙勝訴確定。下列敘述何者正確？ (A)乙因法院之判決，取得不動產物權，故於判決確定時，即已取得該土地之所有權 (B)乙必須根據確定判決，辦畢所有權移轉登記後，始能取得該土地之所有權 (C)甲依法院之確定判決，將土地交付於乙時，乙即取得該土地之所有權 (D)甲依法院之確定判決，將土地之所有權狀交付於乙時，乙即取得該土地之所有權。

※ 民法第 758 條：不動產物權，依法律行為而取得、設定、喪失及變更者，非經登記，不生效力。

※ 各共有人單獨取得所有權共有物分割後，原共有關係即轉變成單獨所有，各共有人按其應有部分比例，各自取得物於分割後的單獨所有權。惟單獨所有權究於何時生效？立法例上有認定主義（溯及共有之初時生效）與移轉主義（不溯既往於分割完成時生效）之爭議，98 年修法時增訂民法第 824 條之 1，其第 1 項規定：「共有人自共有物分割之效力發生時起，取得分得部分之所有權。」即明示採移轉主義，其效力係向後發生而非溯及既往。所謂「效力發生時」，在協議分割，如分割者為不動產，係指於辦畢分割登記時；如為動產，係指於交付時。至於裁判分割，則指在分割之形成判決確定時。

※ 不動產經紀人 102 年選擇題第 11 題

(D) 11. 甲有一棟房屋，與乙訂立買賣契約，將該房屋賣給乙。下列敘述何者正確？ (A)買賣契約有效成立時，立刻使乙取得房屋之所有權 (B)甲將房屋交付給乙時，立刻使乙取得房屋之所有權 (C)甲將房屋所有權狀交付給乙前，乙無法取得房屋之所有權 (D)甲將房屋所有權移轉登記給乙前，乙無法取得房屋之所有權。

※ 民法第 758 條：不動產物權，依法律行為而取得、設定、喪失及變更者，非經登記，不生效力。

※ 不動產經紀人 99 年選擇題第 24 題

(B) 24. XYZ 三人共有土地 1 筆，各有應有部分三分之一，三人協議分割該筆土地，於 6 月 2 日達成協議，8 月 20 日完成登記。以下敘述何者錯誤？ (A)在無法令或約定禁止分割之情形下，任何共有人均得隨時請求分割共有物 (B)當事人間於 6 月 2 日即取得各該分得部分之單獨所有權 (C)分割共有物之協議屬債權契約 (D)由於該筆土地面積遼闊，XYZ 三人得約定僅分割其中一半，其餘一半仍繼續共有。

(2) 非因法律行為而變動者：參民法第 759 條規定：「因繼承、強制執行、徵收、法院之判決或其他非因法律行為，於登記前已取得不動產物權者，應經登記，始得處分其物權。」所謂「非因法律行為」的種類已如前述，再如：除斥期間屆滿取得典物所有權（民法第 923 條第 2 項）。換言之，前述五種情形雖可以不用登記而取得不動產物權，但若未經登記則不得為物權處分行為（74 台上 2024 判例參照：「民法第 759 條所謂未經登記不得處分其物權，係指物權處分行為而言。繼承人簡甲、簡乙代表全體繼承人出賣系爭土地，所訂買賣契約僅屬債權行為。訂約時，即令繼承人未辦畢繼承登記亦不生違反民法第 759 條規定，而使債權契約成為無效之問題。」），由於此種登記並無創設物權之效力，僅是將已發生之物權變動宣示於大眾，故稱為宣示登記。但因未踐行此種登記者，則當事人不得處分其物權，故登記僅具有相對效力，又稱相對的登記。不動產物權經登記者，參民法第 759 條之 1 規定：「不動產物權經登記者，推定登記權利人適法有此權利。因信賴不動產登記之善意第三人，已依法律行為為物權變動之登記者，其變動之效力，不因原登記物權之不實而受影響。」（98.1.23 修正公布）

※ 不動產經紀人 111 年選擇題第 5 題

(B) 5. 依現行民法之規定，下列何者非為不動產登記前，即能取得不動產之所有權？ (A)不動產所有權因繼承而取得 (B)不動產所有權之時效取得 (C)不動產所有權因徵收而取得 (D)不動產所有權因強制執行而取得。

※ 不動產經紀人 102 年選擇題第 9 題

(C) 9. 甲因負債，為避免債權人強制執行，故與乙訂立虛偽買賣契約，將甲僅有之一棟房屋賣給乙，並將房屋所有權移轉登記於乙（均為通謀虛偽意思表示）。乙將該屋賣給善意之丙，並將房屋所有權移轉登記於善意之丙。下列敘述何者正確？ (A)乙衹是登記名義人，並非真正所有權人，故丙無法取得房屋之所有權 (B)乙不衹是登記名義人，亦是真正所有權人，故丙可取得房屋之所有權 (C)丙因信賴不動產之登記，並已依法辦理所有權移轉登記，故取得房屋之所有權 (D)丙雖信賴不動產之登記，並已依法辦理所有權移轉登記，但仍然無法取得房屋之所有權。

※ 民法第 87 條：表意人與相對人通謀而為虛偽意思表示者，其意思表示無效。但不得以其無效對抗善意第三人。

※ 民法第 759 條之 1：不動產物權經登記者，推定登記權利人適法有此權利。

因信賴不動產登記之善意第三人，已依法律行為為物權變動之登記者，其變動之效力，不因原登記物權之不實而受影響。

※ 不動產經紀人 102 年選擇題第 12 題

(C) 12. 甲死亡時，遺有子女乙、丙二人為繼承人，及房屋一棟。下列敘述何者正確？ (A)甲對房屋之所有權，並不因甲死亡，而發生所有權之移轉 (B)房屋為不動產，乙丙二人非經登記，無法取得房屋所有權 (C)乙丙二人縱使未辦理登記，仍然因繼承而取得房屋所有權 (D)乙丙二人縱使未辦理登記，仍因繼承而得處分房屋所有權。

※ 民法第 759 條：因繼承、強制執行、徵收、法院之判決或其他非因法律行為，於登記前已取得不動產物權者，應經登記，始得處分其物權。

※ 不動產經紀人 102 年申論題第 2 題

二、甲向乙借款新臺幣 1,000 萬元，並將其所有之 A 地設定抵押權以為擔保。嗣後乙死亡，甲藉故不依約清償該債務。試問：乙之子丙，在未辦繼承登記之下，可否實行抵押權？民法第 759 條所謂非經登記不得處分之意涵為何？請說明之。

解析

(一) 參民法第 759 條規定：「因繼承、強制執行、徵收、法院之判決或其他非因法律行為，於登記前已取得不動產物權者，應經登記，始得處分其物權。」（口訣：非、法、強、徵、繼）所謂「非因法律行為」的種類已如前述，再如：除斥期間屆滿取得典物所有權（民法第 923 條第 2 項）。換言之，前述五種情形雖可以不用登記而取得不動產物權，但若未經登記則不得為物權處分行為（74 台上 2024 判例參照：「民法第 759 條所謂未經登記不得處分其物權，係指物權處分行為而言。不包含債權行為，故訂立買賣、贈與或其他債權契約均無不可。」）

(二) 92 年台上字第 114 號

1. 因繼承、強制執行、公用徵收或法院之判決，於登記前已取得不動產物權者，非經登記，不得處分其物權，民法第 759 條定有明文。法定抵押權之拋棄，乃屬處分，須經登記後，方得為之。

2. 不動產物權，依法律行為而取得、設定、喪失及變更者，非經登記，不生效力，民法第 758 條亦定有明文。法定抵押權之拋棄，係依法律行為而喪失其不動產物權，非經登記，不生效力。

(三) 抵押權之實行是否屬民法第 759 條之處分？通說認為拍賣抵押物係執行機關將抵押物換價之處分行為，所處分者為抵押物所有權而非抵押權，至於抵押權因實行而消滅，則係抵押物拍定之另一法律效果，故因繼承取得之抵押權不待登記得逕予實行，丙於辦理繼承登記前可聲請實行抵押權。

3. 動產物權變動之要件

(1) 因法律行為而變動者：參民法第 761 條第 1 項：「動產物權之讓與，非將動產交付，不生效力。但受讓人已占有動產者，於讓與合意時，即生效力。」也就是說動產物權之變動，除了要有當事人間讓與之合意（即指物權契約），並須將動產交付（即指物權移轉），物權行為才能生效。

其中所謂的交付，包括現實交付與觀念交付（70 台上 4771 號判例：「依民法第 761 條第 1 項前段規定，動產物權之讓與，非將動產交付，不生效力，此之所謂交付，非以現實交付為限，如依同條第 1 項但書及第 2 項、第 3 項規定之簡易交付，占有改定及指示交付，亦發生交付之效力，此項規定於汽車物權之讓與，亦有適用。」參照）。現實交付，就是動產物權讓與人，將其對於動產的直接管領力，現實而且具體的移轉於受讓人。此亦為一般交付之常態。而觀念交付，並沒有真正的將標的物移轉，只是在觀念上的變通，代替真正的交付。依民法規定，觀念交付可分為：（口訣：有、簡、指）

① 簡易交付：參民法第 761 條第 1 項但書：「但受讓人已占有動產者，於讓與合意時，即生效力。」這又稱無形交付，例如：江口楊介借牧村拓哉之車，於江口楊介占有的過程中若江口楊介跟牧村拓哉間彼此有讓與合意時，江口楊介便立即取得物之所有權，就可以免除江口楊介須先返還牧村拓哉，牧村拓哉再行交付這樣繁瑣的程序了。

※ 不動產經紀人 112 年選擇題第 10 題

(C) 10. 為動產物權讓與之交付，倘受讓人已先占有動產，於讓與合意時即生動產所有權取得之效力，學理上稱之為何？ (A)現實交付 (B)占有改定 (C)簡易交付 (D)指示交付。

②　占有改定：參民法第 761 條第 2 項：「讓與動產物權，而讓與人仍繼續占有動產者，讓與人與受讓人間，得訂立契約，使受讓人因此取得間接占有，以代交付。」例如：江口楊介賣車給酒景法子，但雙方約定若有需要短期留用，故江口楊介與酒景法子訂立租賃契約，使江口楊介以承租人地位繼續使用車。

③　指示交付：參民法第 761 條第 3 項：「讓與動產物權，如其動產由第三人占有時，讓與人得以對於第三人之返還請求權，讓與於受讓人，以代交付。」例如：福田吉兆將物寄託給雪子，嗣後福田吉兆將物賣與中村先生，則福田吉兆可將對雪子之請求權讓與中村先生，以代交付。

※ 不動產經紀人 97 年選擇題第 35 題

(D) 35. 下列何者非動產物權之讓與方法？　(A)指示交付　(B)簡易交付　(C)占有改定　(D)登記。

(2) 非因法律行為變動者如徵收、無主物先占、遺失物拾得、取得時效、繼承、強制執行等，則不必履行交付之要件。

🖥 八、物權之消滅

　　物權消滅最主要的原因是由於標的物之滅失，除此之外，民法另有以下之規定：

(一) 混同：參民法第 762 條規定：「同一物之所有權及其他物權，歸屬於一人者，其他物權因混同而消滅。但其他物權之存續，於所有人或第三人有法律上之利益者，不在此限。」又民法第 763 條第 1 項規定：「所有權以外之物權，及以該物權為標的物之權利，歸屬於一人者，其權利因混同而消滅。」

1. 所有人有利益時則不消滅：甲將所有土地先抵押於乙（第一抵押權人），後抵押於丙（第二抵押權人），乙為甲之繼承人而取得所有權，若依混同消滅，使乙之抵押權消滅，乙勢必因丙遞升為第

一抵押權人而遭受不利，故為乙之利益，法律上不使乙之抵押權消滅。

2. 於第三人有利益時則不消滅：甲於乙之土地上有地上權，並將該地上權抵押於丙，甲因購買而取得該土地所有權，則所有權與地上權混同，若依前述原則使甲之地上權消滅，則丙之抵押權即無所附麗，故法律上不使甲之地上權消滅，俾保護第三人丙之利益。

又民法第 763 條規定：「所有權以外之物權，及以該物權為標的物之權利，歸屬於一人者，其權利因混同而消滅。前條但書之規定，於前項情形準用之。」

1. 於權利人有利益時則不消滅：甲丙於乙之地上權均有抵押權，甲為第一抵押權人，丙為第二抵押權人，甲因繼承而取得乙之地上權，係地上權與以該地上權為標的物之抵押權同歸於甲，若依原則，甲之抵押權消滅，但有礙甲之利益，故法律上使之不消滅。

2. 於第三人有利益時則不消滅：甲以農育權抵押於乙，乙復以抵押權設定權利質權於丙，乙取得甲之農育權，則係定限物權（乙取得之農育權），與以該定限物為標的之權利（乙之抵押權）混同，依原則後者應消滅，則丙之權利質權失所依據，故法律上使乙之抵押權不消滅。

(二) 拋棄： 拋棄者，指權利人使其權利消滅之單獨行為。民法第 764 條規定：「物權除法律另有規定外，因拋棄而消滅。前項拋棄，第三人有以該物權為標的物之其他物權或於該物權有其他法律上之利益者，非經該第三人同意，不得為之。拋棄動產物權者，並應拋棄動產之占有。」(98.1.23 修正公布)

※ 不動產經紀人 101 年選擇題第 15 題

(C) 15. 甲以其土地設定地上權於乙後，乙以該地上權設定抵押權於丙。下列敘述何者最正確？ (A)原則上如乙未得甲之同意，丙所設定之抵押權無效 (B)如乙繼承甲之土地，地上權因混同而消滅 (C)非得丙之同意，乙不得拋棄其地上權 (D)甲不須乙、丙同意，得自由拋棄其土地所有權。

※ 不動產經紀人 95 年申論題第 2 題

二、老李於民國 38 年孤身自大陸來臺後，與林小姐結婚，膝下未有一兒半女，老李於
民國 94 年 3 月 8 日過世，遺下土地一筆與建物一棟。嗣後，林小姐於同年 9 月 8
日完成繼承登記，請依據相關法律規定，回答以下問題：老李生前以其土地為林小
姐設定地上權，林小姐向某丁先生借款 500 萬，復以其地上權為丁先生設定抵押
權，其抵押權至今仍然存在。老李死後，林小姐取得土地所有權，其地上權是否因
混同而消滅？

解析

1. 民法第 762 條規定：「同一物之所有權及其他物權，歸屬於一人者，其他物權因混同
而消滅。但其他物權之存續，於所有人或第三人有法律上之利益者，不在此限。」

2. 林小姐取得土地所有權及地上權歸屬於一人者，地上權因混同而消滅，導致地上權
為丁設定抵押權無所附隸，因此地上權不因混同而消滅。

 # 貳、所有權

一、通則

　　參民法第 765 條：「所有人，於法令限制之範圍內，得自由使用、收
益、處分其所有物，並排除他人之干涉。」依照此條規定可觀出以下兩種
權能：

(一) 積極權能：依民法第 765 條規定：所有人，於法令限制之範圍內，得
自由使用、收益、處分其所有物，並排除他人之干涉，由此可知其積
極權能指的是處分、使用收益，此處的「處分」係指最廣義處分，包
含事實上處分與法律上處分。

(二) 消極權能：依民法第 767 條規定：所有人對於無權占有或侵奪其所有
物者，得請求返還之。對於妨害其所有權者，得請求除去之。有妨害
其所有權之虞者，得請求防止之。前項規定，於所有權以外之物權，
準用之。其消極權能指的是物上請求權。而條文中所謂的排除他人干
涉包括：

1. 所有物返還請求權：參民法第 767 條第 1 項前段規定：「所有人對於無權占有或侵奪其所有物者，得請求返還之。」此係對所有物已遭受現實侵害時的保護，例如：田中次郎於租賃契約終止後，卻無權占有赤木剛縣的房屋，所有人赤木剛縣自得向田中次郎主張所有物返還請求權。對於已登記不動產所有人之回復請求權，無民法第 125 條消滅時效規定之適用（釋字第 107 號）。

※ 地政士 103 年申論題第 2 題

二、甲有房屋一棟，先後和乙、丙成立買賣契約，但卻將該屋交付予乙，而將其所有權移轉登記給丙。請附理由說明乙、丙得如何主張權利？

解析

(一) 乙得依債務不履行（給付不能）之規定，請求甲負損害賠償責任，並主張解除買賣契約。茲說明理由如下：

1. 前已敘及，甲、乙間之買賣契約生效後，甲負有交付房屋並移轉其所有權於買受人乙之義務。題示甲雖已交付房屋予乙，惟其將房屋所有權移轉登記於丙，客觀上對乙構成給付不能，且依其情形，應屬可歸責於債務人甲之事由致給付不能，依民法第 226 條第 1 項規定，乙得請求甲負損害賠償責任。

2. 依民法第 256 條規定，因可歸責於債務人之事由致給付不能者，債權人得解除契約；且債權人行使契約解除權時，不妨礙已成立之損害賠償請求權（第 260 條）。準此規定可知，乙得以可歸責於甲之事由致給付不能為由，主張解除買賣契約，並得請求甲賠償因其給付不能所生履行利益之損害。

(二) 1. 丙對甲：甲雖已房屋過戶予丙，未將房屋交付於丙，客觀上對丙構成給付不能，且依其情形，應屬可歸責於債務人甲之事由致給付不能，依民法第 226 條第 1 項規定，丙得請求甲負損害賠償責任。依民法第 256 條規定，因可歸責於債務人之事由致給付不能者，債權人得解除契約；且債權人行使契約解除權時，不妨礙已成立之損害賠償請求權（第 260 條）。

2. 丙對乙：民法第 767 條（物上請求權）：所有人對於無權占有或侵奪其所有物者，得請求返還之。對於妨害其所有權者，得請求除去之。有妨害其所有權之虞者，得請求防止之。前項規定，於所有權以外之物權，準用之。

※ 不動產經紀人 102 年選擇題第 21 題

(A) 21. 甲所有的 A 屋蓋在乙已登記的 B 地上 18 年。下列敘述何者正確？ (A)乙可向甲主張 B 地的所有物返還請求權，請求甲拆屋還地 (B)已經超過 15 年，乙不可向甲主張 B 地的所有物返還請求權，請求甲拆屋還地 (C)甲可主張時效取得 B 地的所有權 (D)甲如為善意占有人，始得主張時效取得 B 地的所有權

※ 民法第 767 條：所有人對於無權占有或侵奪其所有物者，得請求返還之。對於妨害其所有權者，得請求除去之。有妨害其所有權之虞者，得請求防止之。前項規定，於所有權以外之物權，準用之。

※ 民法第 179 條與民法第 767 條第 1 項：

(一) 不當得利之請求權人仍享有標的物所有權

　1. 得利人占有標的物欠缺法律上原因：不當得利之請求權人應依民法第 179 條規定向得利人請求返還標的物或標的物占有。

　2. 得利人取得標的物占有乃出於侵奪：不當得利之受損人得依民法第 179 條或民法第 767 條第 1 項，向得利人請求返還標的物。

(二) 不當得利之請求權人無標的物所有權

　得利人取得標的物所有權卻又欠缺法律上原因，不當得利之請求權人應依民法第 179 條規定向得利人請求返還標的物所有權。

　　2. 所有權妨害除去請求權：參民法第 767 條第 1 項中段規定：「對於妨害其所有權者，得請求除去之。」此係侵害所有權的圓滿狀態，又如：田中次郎在赤木剛縣的土地上建築圍牆及堆置石塊，田中次郎即是妨害赤木剛縣的土地所有權（33 上 1015 參照）。已登記不動產所有人之除去妨害請求權，亦無民法第 125 條消滅時效規定之適用（釋字第 164 號）。

※ 不動產經紀人 109 年選擇題第 2 題

(A) 2. 下列何者非消滅時效適用之客體？　(A)人格權受侵害時之除去妨害請求權　(B)夫妻因離婚所約定之贍養費請求權　(C)繼承權受侵害時之回復請求權　(D)未登記不動產所有權人之返還請求權。

※ 不動產經紀人 98 年選擇題第 22 題

(C) 22. 甲將其土地設定抵押權於乙，其後該抵押權因擔保債權清償而消滅，但乙不塗銷抵押權登記，則甲得對乙行使何種權利以塗銷該抵押權登記？　(A)所有物返還請求權　(B)占有物返還請求權　(C)所有權除去妨害請求權　(D)占有除去妨害請求權。(民法第 767 條)

※ 地政士 99 年申論題第 1 題

一、債務人甲因恐其債權人乙對其財產為強制執行，將其僅有的房屋一棟贈與知情之友人丙，並完成所有權移轉登記。請問甲、丙之間的贈與行為因虛偽表示與真實表示之不同，乙應如何適用法條主張權利？

解析

甲、丙之間的贈與行為因虛偽表示與真實表示。

1. 乙應主張甲丙之贈與契約及所有權移轉行為均屬通謀虛偽意思表示而無效：

   (1) 民法第87條第1項規定：表意人與相對人通謀而為虛偽意思表示者，其意思表示無效。但不得以其無效對抗善意第三人。

   (2) 甲因恐其債權人乙對其財產為強制執行，將其僅有的房屋一棟贈與知情之友人丙，並完成所有權移轉登記。甲丙間均明知甲以脫產為目的，主觀上無贈與及移轉房屋所有權之意思，故其贈與之債權行為及移轉房屋所有權之物權行為均屬通謀而為虛偽意思表示而屬無效。

2. 乙可依民法第184條第1項後段侵權行為，訴請丙塗銷所有權之登記與民法第213條第1項請求丙回復房屋所有權登記給甲、丙。明知甲以侵害債權人乙之目的而為虛偽之贈與契約及移轉房屋所有權，卻與其通謀，屬於民法第184條第1項後段：「故意以背於善良風俗之方法，加損害於他人者亦同。」乙得依侵權行為規定，對丙訴請塗銷房屋所有權登記，並依民法第213條第1項規定：「負損害賠償責任者，除法律另有規定或契約另有訂定外，應回復他方損害發生前之原狀。」請求丙回復原狀，將房屋所有權登記於甲。

3. 乙可依民法第242條債權人代位權，代位甲向丙訴請塗銷所有權登記：

   (1) 民法第242條：「債務人怠於行使其權利時，債權人因保全債權，得以自己之名義，行使其權利。但專屬於債務人本身者，不在此限。」

   (2) 甲丙之債權行為及物權行為均屬無效，甲仍為實質上房屋所有權人，丙為形式上房屋所有權人，甲對丙可主張民法第767條物上請求權規定請求丙塗銷房屋所有權登記，若甲怠於行使者，乙自得以債權人之身分代位甲向丙行使物上請求權，請求丙塗銷房屋所有權登記，將房屋回復登記給甲。

   (3) 最高法院73年台抗字第472號判例：「債務人欲免其財產被強制執行，與第三人通謀而為虛偽意思表示，將其所有不動產為第三人設定抵押權者，債權人可依侵權行為之法則，請求第三人塗銷登記，亦可行使代位權，請求塗銷登記。二者之訴訟標的並不相同。」

3. 所有權妨害預防請求權：參民法第767條第1項後段規定：「有妨害其所有權之虞者，得請求防止之。」此係防範未然，對於可能發生之侵害加以預防的保護措施，例如：田中次郎整理山坡地準備建屋，但因未作好水土保持工作，致山頭土石鬆動，如遇颱

風，便會影響赤木剛縣的房子將有遭侵害之虞，赤木剛縣即可依法請求田中次郎防止之。本項請求權，不論不動產所有人已登記或未登記，皆有民法第 125 條消滅時效之適用。

※ 地政士 94 年申論題第 3 題

三、共有人中之一人，越其應有部分行使所有權時，他共有人對該共有人得否行使物上請求權？

解析

(一) 民法第 817 條規定：數人按其應有部分，對於一物有所有權者，為共有人。所謂應有部分，係指分別共有人得行使權利之比例，而非指共有物之特定部分，因此分別共有之各共有人，得按其應有部分之比例，對於共有物之全部行使權利。至於共有物未分割前，各共有人實際上劃定範圍使用共有物者，乃屬一種分管性質，與共有物之分割不同。這種比例是抽象的存在於共有物的每一個單位分子上，而不是具體的存在於共有物的某一特定部分。因此所謂持有應有部分幾分之幾，只是就所有權作抽象分數之量的分割，並非就具體部分作質的分割。

(二) 民法第 818 條規定：各共有人，除契約另有約定外，按其應有部分，對於共有物之全部，有使用收益之權。

(三) 民法第 767 條第 1 項前段規定：「所有人對於無權占有或侵奪其所有物者，得請求返還之。」

二、所有權之取得時效

(一) **意義**：指無權利人經過一定期間，繼續占有他人之物，而取得其所有權或其他財產權。也就是說因一定的事實狀態，持續達一定期間，而依法可取得權利之制度者，稱為取得時效，因為原權利人長久怠於行使權利，而他人因有一定事實狀態之持續，可使社會信賴其為正當權利人，法律為維持社會秩序的安定，乃對此事實狀態加以承認。

(二) **動產所有權之取得時效**：依民法第 768 條規定：以所有之意思，10 年間和平、公然、繼續占有他人之動產者，取得其所有權。民法第 768 條之 1 規定：以所有之意思，5 年間和平、公然、繼續占有他人之動產，而其占有之始為善意並無過失者，取得其所有權。故可知以

1.所有之意思，2.和平、公然、繼續占有，3.占有達一定的期間，這些都是取得時效的要件。

(三) 不動產所有權之取得時效：依民法第 769 條規定：以所有之意思，20年間和平、公然、繼續占有他人未登記之不動產者，得請求登記為所有人。民法第 770 條規定：以所有之意思，10 年間和平、公然、繼續占有他人未登記之不動產，而其占有之始為善意並無過失者（民法第 769 條；98.1.23 修正）。若以所有之意思，10 年間和平、公然、繼續占有他人未登記之不動產，而其占有之始為善意並無過失者，得請求登記為所有人（民法第 770 條；98.1.23 修正）。但森林以國有為原則，森林所有權除依法登記為公有或私有者外，概屬國有，未依法登記為公有或私有之林地，既概屬國有，則不論國家已否辦理登記，均不適用關於取得時效之規定。

前述取得時效之規定，於所有權以外財產權之取得，準用之。於已登記之不動產，亦同（民法第 772 條；98 年修正），例如因時效取得地役權（不動產役權）（68 台上 2994）。（釋字第 451 號解釋共有人可時效取得地上權登記：時效取得地上權登記審查要點）

※ 不動產經紀人 102 年選擇題第 36 題

(D) 36. 關於不動產所有權取得時效，下列敘述何者錯誤？ (A)應以所有之意思 (B)應和平公然繼續占有 (C)應占有他人未登記之不動產 (D)時效完成即取得部動產所有權。

※ 民法第 769 條：以所有之意思，20 年間和平、公然、繼續占有他人未登記之不動產者，得請求登記為所有人。

※ 民法第 770 條：以所有之意思，10 年間和平、公然、繼續占有他人未登記之不動產，而其占有之始為善意並無過失者，得請求登記為所有人。

※ 最高法院 80 年 6 月 4 日第 2 次民事庭會議決議意旨：占有人因時效而取得地上權登記請求權者，以已具備時效取得之要件，向該管機關為地上權登記，如經地政機關受理，則受訴法院應就占有人是否具備時效取得地上權之要件，為實體上裁判。（法院自為實體裁判不會依地政機關是否受理或登記與否而定）

※ 不動產經紀人 109 年申論題第 2 題

二、甲向乙建設公司購買與丙地主合建之預售房屋 A 屋一棟，乙建設公司以買受人甲為起造人進行蓋造。房屋完工後，甲取得房屋所有權並登記完畢，但土地部分因地

主丙債務問題，導致合建土地遭債權人查封，而無法移轉登記於買受人甲。事隔逾20年，該筆土地經法院強制執行由某丁拍定。試依民法相關規定說明：(二)甲得否主張時效取得地上權？

解析

1. 依據民法第 769 條規定：「以所有之意思，20 年間和平、公然、繼續占有他人未登記之不動產者，得請求登記為所有人。」民法第 770 條規定：「以所有之意思，十年間和平、公然、繼續占有他人未登記之不動產，而其占有之始為善意並無過失者，得請求登記為所有人。」依據民法第 772 條規定：「前五條之規定，於所有權以外財產權之取得，準用之。於已登記之不動產，亦同。」例如因時效取得地上權請求權。

2. 甲占有人和平及公然占有他人之不動產，經民法第 769 條（不動產之一般時效取得）、第 770 條（不動產之特別時效取得）之期間，而符合前述時效取得地上權所應具備之要件後，占有人是否即取得地上權？有兩說：

   (1) 肯定說：於時效完成時即當然取得地上權

   　　　　所有人訴請占有人返還土地時，如占有人主張時效取得地上權，僅須其確已具備取得地上權之要件，即應認占有人非無權占有，不因所有人起訴前，占有人是否已申請登記或因長期、短期取得時效而有異。蓋就所有人與占有人間之利益衡量而言，占有是否無權占有，乃在其已否符合時效取得之事實，登記僅為占有人能否處分其地上權之前提而已。

   (2) 否定說：僅取得請求登記為地上權人之權利

   最高法院之見解：

   ① 最高法院 69 年 3 月 4 日 69 年度第 5 次民事庭會議決議認為因時效而取得地上權登記請求權者，不過有此請求權而已，在未依法登記為地上權人以前，仍不得據以對抗土地所有人而認其並非無權占有。

   ② 80 年 6 月 4 日 80 年度第 2 次民事庭會議：「占有人主張因時效而取得地上權登記請求權者，以已具備時效取得地上權之要件，向該管地政機關請求為地上權登記，地政機關受理後，經土地所有人於土地法第五十五條所定公告期間內提出異議，地政機關乃依同法第五十九條第二項規定予以調處，嗣土地所有人不服調處，於接到調處通知後十五日內提起訴訟，主張占有人為無權占有，請求其拆屋還地，此際占有人占用該地，有無正當權源？」乙節作成決議，補充前開 69 年 3 月 4 日 69 年度第 5 次民事庭會議之決議，認為占有人因時效而取得地上權登記請求權者，以已具備時效取得地上權之要件，向該管地政機關請求為地上權登記，如經地政機關受理，則受訴法院即應就占有人是否具備時效取得地上權之要件，為實體上裁判。

3. 故本題甲依據實務的見解採否定說，僅取得請求登記為地上權人之權利。

三、不動產所有權

(一) 意義：參民法第 773 條規定：「土地所有權，除法令有限制外，於其行使有利益之範圍內，及於土地之上下。如他人之干涉，無礙其所有權之行使者，不得排除之。」其中不動產指的是土地及其定著物，換言之，不動產所有權並非漫無限制，其權利的行使受有法令的限制，例如私有土地內之礦產，仍屬國家所有（礦業法第 1 條）。

(二) 土地相鄰關係

　　每個人所有之土地，為與他人之土地相鄰共存，民法設有以下規定，以調和相鄰土地間的權利衝突：

1. 有關土地所有人與鄰地營建設施關係部分

 (1) 經營事業者：參民法第 774 條規定：「土地所有人經營事業或行使其所有權，應注意防免鄰地之損害。」（98.1.23 修正公布）

 (2) 開掘土地建築者：參民法第 794 條規定：「土地所有人開掘土地或為建築時，不得因此使鄰地之地基動搖或發生危險，或使鄰地之建築物或其他工作物受損害。」（98.1.23 修正公布）民法第 795 條規定：「建築物或其他工作物之全部或一部有傾倒之危險，致鄰地有損害之虞者，鄰地所有人，得請求為必要之預防。」

※ 地政士 105 年申論題第 2 題

二、乙在自有土地上自力建屋，開挖地基，不慎損及鄰地甲所擁有之房屋，致該屋外牆部分龜裂。問：甲得向乙主張何種權利？

解析

　　本題甲得向乙主張之權利如下：

(一) 請求乙停止施工或除去危險或其他必要之措施：（民法第 794 條掘土或建築損害鄰地地基或工作物危險之預防義務）

　　民法第 794 條：「土地所有人開掘土地或為建築時，不得因此使鄰地之地基動搖或發生危險，或使鄰地之建築物或其他工作物受其損害。」乙在自有土地上自行建屋開挖地基，不慎損及鄰地甲之房屋，致該屋外牆部分龜裂，係違反上述義務，鄰地

所有人甲得依據民法第 794 條請求乙停止施工或除去危險或其他必要之措施，以防止損害擴大。（注意民法第 795 條建物或工作物傾倒危險之預防）

(二) 請求乙負侵權行為損害賠償責任：

1. 民法第 184 條規定：「因故意或過失，不法侵害他人之權利者，負損害賠償責任。故意以背於善良風俗之方法，加損害於他人者亦同（第 1 項）。違反保護他人之法律，致生損害於他人者，負賠償責任。但能證明其行為無過失者，不在此限（第 2 項）。」

2. 乙開挖地基不慎損及甲之房屋，係屬因過失不法侵害甲之財產權，符合民法第 184 條第 1 項前段之要件，甲得依本項規定向乙請求損害賠償。又乙之行為違反民法第 794 條防免鄰地危險及損害之義務，致甲發生損害，因該條文係屬保護他人之法律，故甲亦得依民法第 184 條第 2 項規定，無庸舉證證明乙有過失，即得向乙請求損害賠償。

(3) 鄰地之使用權：參民法第 792 條規定：「土地所有人因鄰地所有人在其地界或近旁，營造或修繕建築物或其他工作物有使用其土地之必要，應許鄰地所有人使用其土地。但因而受損害者，得請求償金。」（98.1.23 修正公布）

(4) 越界建屋之即時異議與效果：參民法第 796 條規定：「土地所有人建築房屋非因故意或重大過失逾越地界者，鄰地所有人如知其越界而不即提出異議，不得請求移去或變更其房屋。但土地所有人對於鄰地因此所受之損害，應支付償金。前項情形，鄰地所有人得請求土地所有人，以相當之價額購買越界部分之土地及因此形成之畸零地，其價額由當事人協議定之；不能協議者，得請求法院以判決定之。」（98.1.23 修正公布）若不符前條規定者，應許鄰地所有人請求移去或變更逾越地界之房屋，98 年即新增民法第 796 條之 1 規定：「土地所有人建築房屋逾越地界，鄰地所有人請求移去或變更時，法院得斟酌公共利益及當事人利益，免為全部或一部之移去或變更。但土地所有人故意逾越地界者，不適用之。前條第 1 項但書及第 2 項規定，於前項情形準用之。」（98.1.23 修正公布）且房屋以外之建築物價值亦有超過房屋者，應規範之，98 年並新增民法第

796 條之 2 規定：「前 2 條規定，於具有與房屋價值相當之其他
建築物準用之。」（98.1.23 修正公布）

※ 不動產經紀人 112 年選擇題第 17 題

(D) 17. 土地所有人非因故意或重大過失逾越地界建築房屋，而鄰地所有人知其越界，
卻不即時提出異議者，下列何者正確？ (A)鄰地所有人不為異議，即表示拋棄
所有權利，不得再為主張 (B)土地所有人有權得請求購買越界之土地 (C)鄰地
所有人得請求移去或變更越界建築之房屋，並請求支付償金 (D)鄰地所有人不
得請求移去或變更越界建築之房屋，但得請求所受損害之償金。

※ 不動產經紀人 106 年選擇題第 39 題

(D) 39. 下列有關相鄰關係之敘述，何者錯誤？ (A)聲響之侵入係偶發、輕微或依地方
習慣認為相當者，彼此仍應於合理程度範圍內忍受，不得請求損害賠償 (B)相
鄰關係重在不動產利用人間權利義務關係之調和，不以各該不動產相互緊鄰為
必要 (C)土地所有人拆除舊建物時，致相鄰房發生傾斜、龜裂等，應依民法第
184 條第 2 項負損害賠償責任 (D)土地所有人非因故意或重大過失建築房屋逾
越疆界者，鄰地所有人無論何時均得提出異議，請求移去或變更其建築物。

※ 鄰地所有人如知其越界而不即提出異議，不得請求移去或變更其房屋。

※ 不動產經紀人 105 年選擇題第 22 題

(D) 22. 民法第 796 條規定，土地所有人建築房屋非因故意或重大過失逾越地界者，鄰
地所有人如知其越界而不即提出異議，不得請求移去或變更其房屋。假設甲僅
有抽象輕過失，且乙知其越界未即提出異議，下列敘述何者正確？ (A)甲將自
己之廚廁建於鄰地所有人乙之部分土地上，甲可以主張廚廁亦屬於該條之「建
築房屋」，不得拆除 (B)甲將房屋之全部建築在鄰地所有人乙之土地上，甲可以
主張此符合「越界建築」之規定，不得拆除 (C)甲之立體停車場越界建築在鄰
地所有人乙之土地上，則鄰地所有人乙，可以主張停車場並非是該條之「建築
房屋」而請求拆除 (D)甲所建房屋整體之外，越界加建房屋，則鄰地所有人
乙，可以請求拆除該加建之房屋。

※ 不動產經紀人 102 年選擇題第 8 題

(D) 8. 甲所有的 A 地與乙所有的 B 地相鄰，甲在 A 地上建築房屋及圍牆，其中圍牆有
一部分越界建築在 B 地上。下列敘述何者正確？ (A)乙如果知道甲有越界建築
之情事而不即提出異議者，不得請求甲拆除越界的圍牆 (B)甲對於乙所受之損
害，應支付償金，但得不拆除越界的圍牆 (C)乙得請求甲以相當之價額購買越
界部分的土地，不得請求甲拆除越界的圍牆 (D)乙得請求甲拆除越界的圍牆，
返還被占用的土地。

※ 民法第 796 條：土地所有人建築房屋非因故意或重大過失逾越地界者，鄰地所有人

如知其越界而不即提出異議，不得請求移去或變更其房屋。但土地所有人對於鄰地因此所受之損害，應支付償金。前項情形，鄰地所有人得請求土地所有人，以相當之價額購買越界部分之土地及因此形成之畸零地，其價額由當事人協議定之；不能協議者，得請求法院以判決定之。

※ 不動產經紀人 111 年申論題第 2 題

二、A 地介於 B 地及 C 地中間，甲於其所有之 A 地起造二十層樓高之商辦大樓。大樓進行基礎工程施工期間，僅與 B 地相鄰部分有足夠空間能供工程車迴旋施工，但 B 地所有權人乙認為工程車體巨大影響通行，拒絕工程車停車施工；C 地所有權人丙因久居國外，返國始發現甲起造已進入內部裝潢收尾之大樓有部分建物越過地界至 C 地，丈量後約有 2 平方公尺，丙遂向甲主張拆屋還地。請問甲得如何向乙主張？又甲應如何向丙負責？

解析

(一) 甲得對乙間主張民法第 792 條規定鄰地使用權

1. 民法第 792 條規定：「土地所有人因鄰地所有人在其地界或近旁，營造或修繕建築物或其他工作物有使用其土地之必要，應許鄰地所有人使用其土地。但因而受損害者，得請求償金。」

2. 甲於其所有之 A 地起造二十層樓高之商辦大樓，大樓進行基礎工程施工期間，僅與 B 地相鄰部分有足夠空間能供工程車迴旋施工，因此營造建築物有使用鄰地所有權人乙地 B 地之必要，因此甲於施工期間內可主張依民法第 792 條鄰地使用權規定對 B 地所有權人乙主張應許鄰地所有人甲使用乙的 B 地之權利。但乙因而受有損害者，得請求甲支付償金。

(二) 甲與丙之法律關係

1. 丙得對甲主張民法第 796 條之 1 規定原則上可主張越界建屋之移去或變更，例外得免除移去或變更。

   (1) 民法第 796 條之 1 規定：「土地所有人建築房屋逾越地界，鄰地所有人請求移去或變更時，法院得斟酌公共利益及當事人利益，免為全部或一部之移去或變更。但土地所有人故意逾越地界者，不適用之。前條第一項但書及第二項規定，於前項情形準用之。」

   (2) 甲起造大樓有部分建物若未故意逾越地界至 C 地，越界丈量後約有 2 平方公尺，鄰地所有人丙請求甲移去或變更，但法院得依據民法第 796 條之 1 第 1 項規定，得斟酌拆除二十層樓高之商辦大樓之公共利益與丙約有 2 平方公尺被占有之損害，衡量雙方之利益與損害，判決甲免將大樓全部或一部之移去或變更。

(3) 甲對於丙鄰地因此所受之損害得依據民法第 796 條之 1 第 2 項規定準用民法第 796 條第一項但書規定甲應支付償金。

2. 丙得對甲主張民法第 796 條之 1 第 2 項準用第 796 條第 2 項規定請求購買越界部分之土地及因此形成之畸零地。

依據民法第 796 條之 1 第 2 項準用第 796 條第 2 項規定，土地所有人丙不得請求鄰地所有人甲移去或變更時，土地所有人丙得請求鄰地所有人甲，以相當之價額購買越界部分之土地及因此形成之畸零地，其價額由當事人協議定之：不能協議者，得請求法院以判決定之。

※ 地政士 111 年申論題第 3 題

三、甲、乙為表兄弟，其所有 A、B 兩筆土地相鄰，甲在其所有的 A 地上蓋造立體停車場出租使用，乙因未在當地居住，甲蓋造時亦未申請鑑界。事隔 20 年，乙死亡由丙繼承 B 地並將 B 地售予丁。丁購買後欲建築使用乃申請鑑界，始發現甲的立體停車場有越界 10 平方公尺之情事。試問：丁得否向甲主張其立體停車場越界部分應予拆除並返還該部分土地？抑或丁得否請求甲購買立體停車場越界占用之土地？

解析

立體停車場依據民法第 796 條之 2 規定：「前二條規定，於具有與房屋價值相當之其他建築物準用之。」，即準用民法第 796 條有關越界建築之規定，合先敘明。

(一) 丁得否向甲主張其立體停車場越界部分應予拆除並返還該部分土地，可區分如下：

甲、乙各自所有 A、B 土地相鄰，乙死亡由丙繼承 B 地並將 B 地售予丁。

1. 丁發現甲興建之立體停車場越界後若不即提出異議時，不得向甲主張越界部分應予拆除並返還該部分土地：

(1) 甲興建立體停車場未申請鑑界，非因故意或重大過失逾越地界 10 平方公尺。

(2) 丁申請鑑界，始發現甲的立體停車場有越界 10 平方公尺之情事，如丁發現後不即提出異議，依據民法第 796 條第 1 項規定：「土地所有人建築房屋非因故意或重大過失逾越地界者，鄰地所有人如知其越界而不即提出異議，不得請求移去或變更其房屋，但土地所有人對於鄰地因此所受之損害，應支付償金。」即丁不得向甲主張其立體停車場越界部分應予拆除並返還該部分土地，僅得就其損害請求甲支付償金。

2. 丁發現甲興建之立體停車場後即對甲提出異議時，得向甲主張越界部分應予拆除並返還該部分土地，但法院得斟酌公共利益及當事人利益，免為全部或一部之移去或變更。

(1) 丁依據民法第 796 條第 1 項規定：「土地所有人建築房屋非因故意或重大過失逾越地界者，鄰地所有人如知其越界而不即提出異議，不得請求移去或變更其房屋。」的反面解釋，若丁知其越界而即提出異議，得請求移去或變更其房屋。

(2) 甲依據民法第 796 條之 1 規定：「土地所有人建築房屋逾越地界，鄰地所有人請求移去或變更時，法院得斟酌公共利益及當事人利益，免為全部或一部之移去或變更。但土地所有人故意逾越地界者，不適用之。」即甲可請求法院得斟酌公共利益及當事人利益，免為全部或一部之移去或變更。但法院仍有裁量權之決定。

(二) 丁得請求甲購買立體停車場越界占用之土地：

1. 鄰地所有人丁如知其越界而不即提出異議，得請求甲購買立體停車場越界占用之土地

丁依民法第 796 條第 2 項規定：「前項情形，鄰地所有人得請求土地所有人，以相當之價額購買越界部分之土地及因此形成之畸零地，其價額由當事人協議定之；不能協議者，得請求法院以判決定之。」故丁得請求甲購買立體停車場越界占用之土地。

2. 鄰地所有人丁如知其越界而即提出異議，法院得斟酌公共利益及當事人利益，免為全部或一部之移去或變更時，丁得請求甲購買立體停車場越界占用之土地

丁依民法第 796 條之 1 規定：「土地所有人建築房屋逾越地界，鄰地所有人請求移去或變更時，法院得斟酌公共利益及當事人利益，免為全部或一部之移去或變更。但土地所有人故意逾越地界者，不適用之。前條第一項但書及第二項規定，於前項情形準用之。」故丁得請求甲購買立體停車場越界占用之土地。

(5) 管線安裝權：參民法第 786 條第 1 項規定：「土地所有人非通過他人之土地，不能設置電線、水管、瓦斯管或其他管線，或雖能設置而需費過鉅者，得通過他人土地之上下而設置之。但應擇其損害最少之處所及方法為之，並應支付償金。」（98.1.23 修正公布）

2. 有關土地所有人與鄰地之排水用水關係部分

(1) 自然流水：參民法第 775 條規定：「土地所有人不得妨阻由鄰地自然流至之水。自然流至之水為鄰地所必需者，土地所有人縱因其土地利用之必要，不得妨阻其全部。」（98.1.23 修正公

布）、民法第 778 條並規定：「水流如因事變在鄰地阻塞，土地所有人得以自己之費用，為必要疏通之工事。但鄰地所有人受有利益者，應按其受益之程度，負擔相當之費用。前項費用之負擔，另有習慣者，從其習慣。」（98.1.23 修正公布）

(2) 人工排水：參民法第 779 條規定：「土地所有人因使浸水之地乾涸，或排泄家用或其他用水，以至河渠或溝道，得使其水通過鄰地。但應擇於鄰地損害最少之處所及方法為之。前項情形，有通過權之人對於鄰地所受之損害，應支付償金。前 2 項情形，法令另有規定或另有習慣者，從其規定或習慣。第 1 項但書之情形，鄰地所有人有異議時，有通過權之人或異議人得請求法院以判決定之。」（98.1.23 修正公布）但「土地所有人不得設置屋簷、工作物或其他設備，使雨水或其他液體直注於相鄰之不動產。」（民法第 777 條；98 年修正）。若土地因蓄水、排水、或引水所設之工作物、破潰、阻塞，致損害及於他人之土地，或有致損害之虞者，土地所有人應以自己之費用，為必要之修繕、疏通或預防。但其費用之負擔。另有習慣者，從其習慣（民法第 776 條）。此外「土地所有人因使其土地之水通過，得使用鄰地所有人所設置之工作物。但應按其受益之程度，負擔該工作物設置及保存之費用。」（民法第 780 條；98 年修正）

(3) 水流地所有人之自由用水權：參民法第 781 條規定：「水源地、井、溝渠及其他水流地之所有人得自由使用其水。但法令另有規定或另有習慣者，不在此限。」（98.1.23 修正公布）

(4) 用水權人之保護：參民法第 782 條規定：「水源地或井之所有人對於他人因工事杜絕、減少或汙染其水者，得請求損害賠償。如其水為飲用或利用土地所必要者，並得請求回復原狀；其不能為全部回復者，仍應於可能範圍內回復之。前項情形，損害非因故意或過失所致，或被害人有過失者，法院得減輕賠償金額或免除之。」（98.1.23 修正公布）

(5) 鄰地餘水之用水權：參民法第 783 條規定：「土地所有人因其家用或利用土地所必要，非以過鉅之費用及勞力不能得水者，得支付償金，對鄰地所有人請求給與有餘之水。」

(6) 水流變更之限制：參民法第 784 條規定：「水流地對岸之土地屬於他人時，水流地所有人不得變更其水流或寬度。兩岸之土地均屬於水流地所有人者，其所有人得變更其水流或寬度。但應留下游自然之水路。前 2 項情形，法令另有規定或另有習慣者，從其規定或習慣。」（98.1.23 修正公布）

(7) 堰之設置與利用：參民法第 785 條規定：「水流地所有人有設堰之必要者，得使其堰附著於對岸。但對於因此所生之損害，應支付償金。對岸地所有人於水流地之一部屬於其所有者，得使用前項之堰。但應按其受益之程度，負擔該堰設置及保存之費用。前 2 項情形，法令另有規定或另有習慣者，從其規定或習慣。」（98.1.23 修正公布）

3. 有關土地所有人通行鄰地關係部分

(1) 袋地通行權：參民法第 787 條規定：「土地因與公路無適宜之聯絡，致不能為通常使用時，除因土地所有人之任意行為所生者外，土地所有人得通行周圍地以至公路。前項情形，有通行權人應於通行必要之範圍內，擇其周圍地損害最少之處所及方法為之；對於通行地因此所受之損害，並應支付償金。第 779 條第 4 項規定，於前項情形準用之。」（98.1.23 修正公布）本條立法意旨在於調和土地相鄰之關係，以全其土地之利用，故明定周圍地所有人負有容忍通行之義務。惟如土地嗣後與公路已有適宜之聯絡，而能為通常之使用者，周圍地所有人自無須繼續容忍其通行，土地所有人不得再主張通行周圍地。

※ 不動產經紀人 99 年選擇題第 27 題

(D) 27. 以下關於不動產所有權之敘述何者正確？ (A)甲於 6 月 15 日因其父過世而繼承土地一筆，至 10 月 5 日始辦畢繼承登記，則甲於 10 月 5 日取得該筆土地之所有權 (B)甲於自己所有土地上興建房屋，因與鄰地之境界不明，以致圍牆部分

逾越疆界坐落於乙所有鄰地上，乙雖於興建中即已查知該事，卻待 2 年後整棟房屋完工後，始請求甲返還土地。此時甲可以拒絕，並請求以相當價額購買越界部分土地　(C)區分所有建築物專有部分之所有權人出賣其所有權時，可以保留基地之權利，另為適當之處置　(D)因土地之讓與或一部分割，而形成袋地時，袋地所有權人僅得通行讓與人或他分割人之所有地，且無須支付償金。

(2) 開路通行權：參民法第 788 條規定：「有通行權人於必要時，得開設道路。但對於通行地因此所受之損害，應支付償金。前項情形，如致通行地損害過鉅者，通行地所有人得請求有通行權人以相當之價額購買通行地及因此形成之畸零地，其價額由當事人協議定之；不能協議者，得請求法院以判決定之。」（98.1.23 修正公布）

※ 不動產經紀人 107 年選擇題第 24 題

(A) 24. 關於相鄰地必要通行權，下列敘述何者錯誤？　(A)通行權人必須為土地所有人　(B)土地因與公路無適宜聯絡即可，無須毫無聯絡方法　(C)通行權人有必要時可以開設道路　(D)通行權人對於通行地因此所受之損害，應支付償金。

(3) 通行權之限制：參民法第 789 條規定：「因土地一部之讓與或分割，而與公路無適宜之聯絡，致不能為通常使用者，土地所有人因至公路，僅得通行受讓人或讓與人或他分割人之所有地。數宗土地同屬於一人所有，讓與其一部或同時分別讓與數人，而與公路無適宜之聯絡，致不能為通常使用者，亦同。前項情形，有通行權人，無須支付償金。」（98.1.23 修正公布）

4. 有關土地所有人與侵入者關係部分

(1) 他人侵入之禁止：參民法第 790 條規定：「土地所有人得禁止他人侵入其地內。但有下列情形之一，不在此限：一、他人有通行權者。二、依地方習慣，任他人入其未設圍障之田地、牧場、山林刈取雜草，採取枯枝枯幹，或採集野生物，或放牧牲畜者。」（98.1.23 修正公布）

(2) 侵入之允許：參民法第 791 條規定：「土地所有人，遇他人之物品或動物偶至其地內者，應許該物品或動物之占有人或所有

人入其地內，尋查取回。前項情形，土地所有人受有損害者，得請求賠償。於未受賠償前，得留置其物品或動物。」

(3) 氣響侵入禁止：參民法第 793 條規定：「土地所有人於他人之土地、建築物或其他工作物有瓦斯、蒸氣、臭氣、煙氣、熱氣、灰屑、喧囂、振動及其他與此相類者侵入時，得禁止之。但其侵入輕微，或按土地形狀、地方習慣，認為相當者，不在此限。」（98.1.23 修正公布）

※ 不動產經紀人 96 年選擇題第 21 題

(C) 21. 桃桃園為一有名之川菜餐廳，位於房屋密集之住宅區，其廚房排煙管緊鄰林家窗戶口，每天營業時間排放臭氣油煙於林家屋內，請問以下何者為真？ (A)桃桃園基於其所有權之行使，所為之排煙活動不受他人干預 (B)桃桃園只在違反空氣汙染防制法之規定，方應負擔法律責任 (C)林家人依法有權利禁止桃桃園排放臭氣油煙 (D)林家人屋內種植小麥草，因桃桃園之油煙而枯萎無法出售，林家人無法請求損害賠償。

5. 有關土地所有人與鄰地枝根果實關係部分

(1) 植物枝根越界之刈除與費用償還：民法第 797 條規定：「土地所有人遇鄰地植物之枝根有逾越地界者，得向植物所有人，請求於相當期間內刈除之。植物所有人不於前項期間內刈除者，土地所有人得刈取越界之枝根，並得請求償還因此所生之費用。越界植物之枝根，如於土地之利用無妨害者，不適用前 2 項之規定。」（98.1.23 修正公布）

(2) 果實自落鄰地：民法第 798 條規定：「果實自落於鄰地者，視為屬於鄰地所有人。但鄰地為公用地者，不在此限。」（98.1.23 修正公布）

※ 不動產經紀人 112 年選擇題第 11 題

(C) 11. 果實自落於鄰地者，果實之所有權為鄰地所有權人所有，倘鄰地係公有用地時，該自落之果實為何人所有？ (A)國家所有 (B)該果實為無主物，誰先占即取得所有 (C)為該果實之果樹所有權人所有 (D)由國家及果樹所有權人所共有。

※ 不動產經紀人 110 年選擇題第 16 題

(C) 16. 關於果實自落於鄰地，而鄰地非為公用地者，下列何者正確？ (A)視為遺失物 (B)視為無主物 (C)視為屬於鄰地所有人 (D)視為屬於原土地所有人。

※ 不動產經紀人 101 年選擇題第 39 題

(B) 39. 甲在自己之院子栽種梨樹一棵，結滿果實，一陣大風吹過，將部分果實吹落到鄰居之 A 庭院中；乙為 A 庭院之承租人，丙為 A 庭院之所有權人。問：誰取得吹落到 A 庭院果實之所有權？ (A)甲 (B)乙 (C)丙 (D)乙與丙共同取得。

(三) 建築物相鄰關係

　　建築物，建築物所有權除了「單獨所有」或「共有」的型態外，另有所謂的「區分所有」，即數人各自擁有一個單獨的房屋所有權，各個房屋共同組成一個整體的建築物。此種由數個單獨所有權所組合而成的建築物，稱為「區分所有」建築物，與由數人共有一個建築物之情形不同。當傳統平面的相鄰關係走向立體上下左右的相鄰關係時，產生許多新形態的問題，例如樓板漏水、住戶占有頂樓或地下法定避難室等，為解決新興的建築物立體相鄰關係，我國於 84 年 6 月 28 日公布施行有「公寓大廈管理條例」原已有關「區分所有」之規定，然按公寓大廈管理條例第 1 條之立法目的係為加強公寓大廈之管理維護，提升居住品質，該條例原係為行政機關基於管理之目的所制定，其規範重點在住戶之權利義務、管理組織及管理服務人等，與民法重在建築物各住戶所有權之物權關係有異。又以區分所有建築物之一部為客體之區分所有權乃所有權之特殊型態，民法應設有原則性規範，俾建立所有權制度之完整體系。民法與行政法規兩者於性質、規範範圍及功能有其不同，應屬私法與公法之協力關係，此種雙軌規範體系之建構，應能有效率規範和諧之社會生活，並滿足其不同制定目的之需求。故我國於 98 年 1 月 12 日修正民法物權編「區分所有」規定，要點如下：

1. 區分所有建築物：參民法第 799 條第 1 項規定：「稱區分所有建築物者，謂數人區分一建築物而各專有其一部，就專有部分有單獨

所有權，並就該建築物及其附屬物之共同部分共有之建築物。」
（98.1.23 修正公布）所謂區分所有建築物者，必數人區分一建築
物，各有其專有部分，始足當之，為明確計，爰將現行條文前段
「各有其一部」之規定修正列為第 1 項「各專有其一部」規定，
明定就該部分有單獨所有權，且就該建築物及其附屬物之共同部
分為共有。又本條所稱「就專有部分有單獨所有權」者，係指對
於該專有部分有單一之所有權而言，與該單獨所有權係一人所有
或數人共有者無關。現行條文後段規定移列修正條文第 799 條之
1。公寓大廈管理條例第 4 條第 1 項規定：「區分所有權人除法律
另有限制外，對其專有部分，得自由使用、收益、處分，並排除
他人干涉。」，另就公寓大廈管理條例第 9 條第 1、2 項規定：「各
區分所有權人按其共有之應有部分比例，對建築物之共用部分及
其基地有使用收益之權。但另有約定者從其約定。住戶對共用部
分之使用應依其設置目的及通常使用方法為之。但另有約定者從
其約定。」

2. 專有與共有：參民法第 799 條第 2 項規定：「前項專有部分，指區
分所有建築物在構造上及使用上可獨立，且得單獨為所有權之標
的者。共有部分，指區分所有建築物專有部分以外之其他部分及
不屬於專有部分之附屬物。」（98.1.23 修正公布）第 1 項所定區分
建築物之專有部分與共有部分，宜以明文規定其範圍，俾杜爭
議，爰增訂第 2 項。得為區分所有權客體之專有部分，除須具有
使用之獨立性外，並以具有構造上之獨立性為必要（王澤鑑，民
法物權第一冊第 255、282 頁，2001 年出版；溫豐文，區分所有
權－民法物權編修正草案之評析，臺灣本土法學雜誌 90 期，第
119 至 132 頁；最高法院 89 年度台上字第 1377 號、93 年度台上
字第 2063 號、94 年度台上字第 1636 號民事判決；日本建物區分
所有法第 1 條參照），爰就此予以明定，以符物權客體獨立性之原
則。至建築物經區分之特定部分是否具備構造上之獨立性，其需

求嚴密之程度因客體用途之不同而有差異，隨著未來建築技術之發展，與社會生活之演變亦有寬嚴之不同，併予指明。

構造上之獨立性：係指建築物經區分之特定部分，得與建築物之其他部分區隔，在客觀上足以明確劃分其範圍，而得作為獨立之標的物之程度者。判斷基準有二：其一，「區分之明確性」此項特定部分須有明確之外部範圍。其二，「遮斷性」該特定部分須有與建築物其他部分或外界區隔之構造物。

使用上之獨立性：係指該構造上獨立之部分，依照社會通念得單獨供作經濟上利用者。首要因素在「與外部通行之直接性」；其次不能存在共有部分；其三有專用設備存在。

3. 規約約定：參民法第 799 條第 3 項規定：「專有部分得經其所有人之同意，依規約之約定供區分所有建築物之所有人共同使用；共有部分除法律另有規定外，得經規約之約定供區分所有建築物之特定所有人使用。」（98.1.23 修正公布）區分建築物之專有部分經其所有人同意後，得依規約約定共同使用，共有部分亦得依規約約定由特定所有人使用，俾符物盡其用之旨。惟如其他法律對於共有部分之約定使用有特別規定者，應從其規定，爰增訂第三項。公寓大廈管理條例第 3 條第 6 款亦有類似規範：「約定共用部分：指公寓大廈專有部分經約定供共同使用者」，另公寓大廈管理條例第 3 條第 5 款亦有「約定專有部分」：公寓大廈共用部分經約定供特定區分所有權人使用者」（法定停車位），公寓大廈管理條例第 7 條並列明 5 款之規定，其性質上均屬該建築物本身不可或缺者，因此不得透過規約約定的方式供特定區分所有權人使用：「公寓大廈共用部分不得獨立使用供做專有部分。其為下列各款者，並不得為約定專用部分：一、公寓大廈本身所占之地面。二、連通數個專有部分之走廊或樓梯，及其通往室外之通路或門廳；社區內各巷道、防火巷弄。三、公寓大廈基礎、主要樑柱、承重牆壁、樓地板及屋頂之構造。四、約定專用有違法令使用限

制之規定者。五、其他有固定使用方法，並屬區分所有權人生活利用上不可或缺之共用部分。」

※ 分管契約，係指共有人間，就共有物之使用、收益或管理方法所訂之契約，不以明示為限，默示亦無不可。例如露臺使用或停車位分管契約。

※ 「分管契約」（全體共有人同意有明示或默示 84.6.28 公布）與「約定專用」（區權人會議決議）。

※ 不動產經紀人 106 年選擇題第 17 題

(B) 17. 關於區分所有建築物，下列敘述何者正確？ (A)全體專有部分所有人公同共有區分所有建築物之基地 (B)專有部分可共有或單獨所有 (C)全體專有部分所有人公同共有區分所有建築物之公同部分 (D)頂樓之專有部分所有人得占有區分所有建築物之屋頂，並為使用收益。

※ 各區分所有權人對區分有建物之基地，有各自之應用部分。

※ 區分所有權人對於區分所有建築物的共有部分屬於分別所有（民法第 817 條），而其應有部分（持分），原則上依專有部分面積與專有部分總面積之比例定之；但另有約定者，從其約定（公寓大廈管理條例第 799 條第 4 項）。

※ 頂樓依據民法第 799 條規定，樓頂平台有不可分割的性質，其所有權為全體住戶共有，除有特別約定，樓頂平台的使用權由頂樓使用外，應為全體住戶共同享有。

※ 不動產經紀人 104 年選擇題第 28 題

(C) 28. 關於區分所有建築物，下列敘述，何者錯誤？ (A)稱區分所有建築物者，謂數人區分一建築物而各專有其一部，就專有部分有單獨所有權，並就該建築物及其附屬物之共同部分共有之建築物 (B)區分所有建築物共有部分，指區分所有建築物專有部分以外之其他部分及不屬於專有部分之附屬物 (C)區分所有建築物共有部分除法律另有規定外，不得經規約之約定，供區分所有建築物之特定所有人使用 (D)區分所有建築物專有部分得經其所有人之同意，依規約之約定，供區分所有建築物之所有人共同使用。

4. 建築物共有部分及基地應有部分之比例：參民法第 799 條第 4 項規定：「區分所有人就區分所有建築物共有部分及基地之應有部分，依其專有部分面積與專有部分總面積之比例定之。但另有約定者，從其約定。」（98.1.23 修正公布）關於區分所有建築物之共有部分及基地，各區分所有人應有部分比例究為若干，應有原則性之規範，爰於第四項予以明定，俾供遵循。

※ 公寓大廈管理條例第 3 條　本條例用辭定義如下：

二、區分所有：指數人區分一建築物而各有其專有部分，並就其共用部分按其應有部分有所有權。

三、專有部分：指公寓大廈之一部分，具有使用上之獨立性（民法：構造上及使用上獨立），且為區分所有之標的者。

四、共用部分：指公寓大廈專有部分以外之其他部分及不屬專有之附屬建築物，而供共同使用者。

五、約定專用部分：公寓大廈共用部分經約定供特定區分所有權人使用者。

※ 民法第 799 條第 1 項規定：「稱區分所有建築物者，謂數人區分一建築物而各專有其一部，就專有部分有單獨所有權，並就該建築物及其附屬物之共同部分共有之建築物。」

　　民法第 799 條第 2 項規定：「前項專有部分，指區分所有建築物在構造上及使用上可獨立，且得單獨為所有權之標的者。共有部分，指區分所有建築物專有部分以外之其他部分及不屬於專有部分之附屬物。」

※ 地政士 103 年申論題第 3 題

三、一棟五樓公寓，由甲、乙、丙、丁、戊區分所有，各區分所有權人除有各自之專有部分外，尚有地下室共有部分，作防空避難設備兼法定停車空間使用。請依民法規定回答下列問題：

(一) 何謂專有部分？其成立要件如何？

(二) 各區分所有權人在地下室共有部分之應有部分比例如何定之？若地下室僅有三格停車位，而為甲、乙、丙三人設定專用權時，應如何為之？

解析

(一) 專有部分之意義及其成立要件

　　所謂專有部分，係指建築物中具有構造上及使用上之獨立性，且得單獨為所有權之標的（第 799 條第 2 項前段）。準此規定，專有部分必須具有：(1)構造上之獨立性及(2)使用上之獨立性二項要件，亦即得作為區分所有權客體之部分。又民法第 799 條第 1 項所稱「就專有部分有單獨所有權」，係指對於該專有部分有單一之所有權而言，至於該單獨所有權究係一人所有或數人共有者，並非所問。

　　專有部分既為各區分所有人單獨所有，則其性質與權能自與一般所有權相同。區分所有人於法令限制之範圍內，得自由使用、收益、處分其所有物（所有部分），並排除他人之干涉（第 765 條）。

(二) 各區分所有權人在地下室共有部分之應有部分比例如何定之？若地下室僅有三格停車位，而為甲、乙、丙三人設定專用權時，應如何為之？

1. 依民法第 799 條第 4 項規定，各區分所有人對於區分所有建築物共有部分之應有部分，除區分所有人另有約定外，應依其專有部分面積與專有部分總面積之比例定之。

2. 按區分所有人得按其應有部分，依共有部分之經濟目的使用建築物之共用部分。惟民法第 799 條第 3 項後段規定，除法律另有規定外，共有部分得經規約之約定，供區分所有建築物之特定所有人使用，即特定區分所有人亦得對共有部分享有專用權（約定專用）。準此規定，若地下室僅有三格停車位，區分所有人得經規約之約定，為甲、乙、丙三人設定專用權，供甲、乙、丙三人使用停車位。

※ 不動產經紀人 99 年選擇題第 23 題

(A)23. 甲乙丙丁共有土地 1 筆，應有部分各為四分之一，以下關於分管契約之敘述何者錯誤？　(A)分管契約乃約定特定部分之共有物專歸特定共有人使用之契約，故其成立須得全體共有人同意始可　(B)不動產之分管契約如經登記，可以對抗應有部分之受讓人　(C)分管契約為債權契約　(D)分管契約成立後，因情勢變更難以繼續時，任何共有人均得聲請法院以裁定變更之。

5. 專有部分、共有部分與基地的不可分離：參民法第 799 條第 5 項規定：「專有部分與其所屬之共有部分及其基地之權利，不得分離而為移轉或設定負擔。」（98.1.23 修正公布）專有部分與其所屬對應之共有部分、應有部分及其基地之權利，有不可分離之關係，爰增訂第五項，規定不得分離而為移轉或設定其他負擔。至於所屬之共有部分，僅指區分所有建築物之專有部分所配屬之共有部分，例如游泳池、網球場等公共設施。又公寓大廈管理條例第 4 條第 2 項亦規定：「專有部分不得與其所屬建築物共用部分之應有部分及其基地所有權或地上權之應有部分分離而為移轉或設定負擔。」

※ 不動產經紀人 112 年選擇題第 18 題

(A)18. 關於民法區分所有建築物規定之敘述，下列何者錯誤？　(A)專有部分與其所屬之共有部分及其基地之權利，得分離而為移轉或設定負擔　(B)就區分所有建築物共有部分及基地之應有部分，區分所有人得約定其比例　(C)專有部分得經其所有人之同意，依規約之約定供區分所有建築物之所有人共同使用　(D)共有部分除法律另有規定外，得經規約之約定供區分所有建築物之特定所有人使用。

6. 修繕費及其他負擔：參民法第 799 條之 1 規定：「區分所有建築物共有部分之修繕費及其他負擔，由各所有人按其應有部分分擔之。但規約另有約定者，不在此限。前項規定，於專有部分經依前條第 3 項之約定供區分所有建築物之所有人共同使用者，準用之。規約之內容依區分所有建築物之專有部分、共有部分及其基地之位置、面積、使用目的、利用狀況、區分所有人已否支付對價及其他情事，按其情形顯失公平者，不同意之區分所有人得於規約成立後 3 個月內，請求法院撤銷之。區分所有人間依規約所生之權利義務，繼受人應受拘束；其依其他約定所生之權利義務，特定繼受人對於約定之內容明知或可得而知者，亦同。」（98.1.23 修正公布）

　　民法第 799 條之 1 立法理由：

(1) 按區分所有建築物共有部分之修繕費及其他負擔，立法例上有「按其所有部分之價值」定之者，亦有依應有部分比例定之者，我國因缺乏如奧地利住宅法由法院鑑定專有部分價值之制度，民法第 799 條後段規定形同具文，為期簡便易行，爰仿民法第 822 條修正為原則上由各所有人按其應有部分分擔之，但規約另有約定者，不在此限，俾簡易可行，並維彈性，爰增訂第 1 項。

(2) 區分所有建築物之專有部分經約定供區分所有建築物之所有人共同使用者，該專有部分之修繕費及其他負擔應如何分擔，亦宜明文規定，以期明確，爰增訂第 2 項。

(3) 規約之約定對特定之區分所有人若有顯失公平之情事者，宜有救濟之途徑，爰增訂第 3 項。又規約之約定是否有顯失公平情事，須就各項具體因素及其他相關情形綜合予以斟酌，以為判斷之準據。至所謂不同意之區分所有人包括自始未同意該規約約定或未參與其訂定者在內。

(4) 區分所有建築物之各區分所有人因各專有該建築物之一部或共同居住其內，已形成一共同團體。而規約乃係由區分所有人團

體運作所生，旨在規範區分所有人相互間關於區分所有建築物及其基地之管理、使用等事項，以增進共同利益，確保良好生活環境為目的，故區分所有人及其繼受人就規約所生之權利義務，依團體法法理，無論知悉或同意與否，均應受其拘束，方足以維持區分所有人間所形成團體秩序之安定。至區分所有人依其他約定所生之權利義務，其繼承人固應承受，但因非由團體運作所生，基於交易安全之保護，特定繼受人僅以明知或可得而知者為限，始受其拘束，爰增訂第 4 項。又所謂繼受人包括概括繼受與因法律行為而受讓標的之特定繼受人在內；區分所有人依法令所生之權利義務，繼受人應受拘束乃屬當然，無待明文，均併予指明。

※地政士 109 年申論題第 1 題

一、區分所有建築物是現行都市居住最重要的生活空間之一，請依民法之規定說明：區分所有權、專有部分之定義，並說明共有部分之應有部分計算方式，以及共有部分之修繕費負擔方式。

解析

(一) 區分所有權之定義

依據民法第 799 條第 1 項規定：「稱區分所有建築物者，謂數人區分一建築物而各專有其一部，就專有部分有單獨所有權，並就該建築物及其附屬物之共同部分共有之建築物。」

(二) 專有部分之定義

依據民法第 799 條第 2 項規定：「專有部分，指區分所有建築物在構造上及使用上可獨立，且得單獨為所有權之標的者。」

(三) 共有部分之應有部分計算方式

1. 依據民法第 799 條第 4 項規定：「區分所有人就區分所有建築物共有部分及基地之應有部分，依其專有部分面積與專有部分總面積之比例定之。但另有約定者，從其約定。」

2. 依據民法第 799 條第 5 項規定：「專有部分與其所屬之共有部分及其基地之權利，不得分離而為移轉或設定負擔。」

(四) 共有部分之修繕費負擔方式

依據民法第 799-1 條規定：「區分所有建築物共有部分之修繕費及其他負擔，由各所有人按其應有部分分擔之。但規約另有約定者，不在此限。」

7. 嗣後區分所有的準用：參民法第 799 條之 2 第 1 項明文規定：「同一建築物屬於同一人所有，經區分為數專有部分登記所有權者，準用第 799 條規定。」(98.1.23 修正公布)

8. 正中宅門之使用：參民法第 800 條第 1 項規定：「第 799 條情形，其專有部分之所有人，有使用他專有部分所有人正中宅門之必要者，得使用之。但另有特約或另有習慣者，從其特約或習慣。因前項使用，致他專有部分之所有人受損害者，應支付償金。」(98.1.23 修正公布)

9. 又區分所有人將其專有所有權（含共有（用）部分及基地之應有部分比例）移轉予第三人，繼受人到底要不要受到前手約定（如頂樓加蓋或地下停車場出租、出售）之拘束？

　　雖民法第 826 條之 1 第 1 項前段始規定：「不動產共有人間關於共有物使用、管理、分割或禁止分割之約定或依第 820 條第 1 規定（共有物之多數管理）所為之決定，於登記後，對於應有部分之受讓人或取得物權之人，具有效力。其由法院裁定所定之管理，經登記後，亦同。動產共有人間就共有物為前項之約定、決定或法院所為之裁定，對於應有部分之受讓人或取得物權之人，以受讓或取得時知悉其情事或可得而知者為限，亦具有效力。共有物應有部分讓與時，受讓人對讓與人就共有物因使用、管理或其他情形所生之負擔連帶負清償責任。」

　　民法第 826 條之 1 立法理由：

(1) 共有物之管理或協議分割契約，實務上認為對於應有部分之受讓人仍繼續存在（最高法院 48 年台上字第 1065 號判例參照）。使用、禁止分割之約定或依本法修正條文第 820 條第 1 項所為之決定，亦應做相同之解釋。又上述契約、約定或決定之性質屬債權行為，基於債之相對性原對第三人不生效力，惟為保持原約定或決定之安定性，特賦予物權效力，爰參照司法院釋字第 349 號解釋，並仿外國立法例，於不動產為上述約定

或決定經登記後，即對應有部分之受讓人或取得物權之人，具有效力（德國民法第 746 條、第 1010 第 1 項，瑞士民法第 649 條之 1 參照）。又經由法院依第 820 條第 2 項、第 3 項裁定所定之管理，屬非訟事件，其裁定效力是否及於受讓人，尚有爭議（最高法院 67 年台上字第 4046 號判例參照），且該非訟事件裁定之公示性與判決及登記不同，故宜明定該裁定所定之管理亦經登記後，對於應有部分之受讓人或取得物權之人始具有效力，爰增訂第 1 項，以杜爭議，並期周延。

(2) 共有人間就共有物因為關於第 1 項使用、管理等行為之約定、決定或法院之裁定，在不動產可以登記之公示方法，使受讓人等有知悉之機會，而動產無登記制度，法律上又保護善意受讓人，故以受讓人等於受讓或取得時知悉或可得而知其情事者為限，始對之發生法律上之效力，方為持平，爰增訂第 2 項。

(3) 共有物應有部分讓與時，受讓人對讓與人就共有物因使用、管理或其他情形（例如協議分割或禁止分割約定等）所生之負擔（第 822 條參照），為保障該負擔之共有人，應使受讓人與讓與人連帶負清償責任，惟為免爭議，俾使之明確，爰增訂第 3 項。又所積欠之債務雖明定由讓與人與受讓人連帶負清償責任，則於受讓人清償後，自得依第 280 條規定定其求償額。

惟基於區分所有的特殊性，本條新增規定對區分所有並不當然得以適用，故 98 年 1 月 23 日修正公布增訂之民法第 799 之 1 第 4 項將區分所有人間的「約定」，包括就共有部分使用權的約定，依其性質區分為「規約」及「其他約定」：若屬「規約」者，所謂「規約」，係指公寓大廈區分所有權人為增進共同利益，確保良好生活環境，經區分所有權人會議議決之共同遵守事項（公寓大廈管理條例第 3 條第 5 款），則區分所有之繼受人，無論對於規約內容有無明知或可得而知之情事，亦不論該規約內容是否已經登記，一律應受到拘束，可說是與公寓大廈管理條例第 24 條第 1 項：「區分所有權之繼受人，應於繼受前向管理負責人或管理委員

會請求閱覽或影印第 35 條所定文件，並應於繼受後遵守原區分所有權人依本條例或規約所定之一切權利義務事項。」採取相同的法律效果。至區分所有人依「其他約定」所生之權利義務，其繼承人固應承受，但因非由團體運作所生，基於交易安全之保護，特定繼受人僅以明知或可得而知者為限，始受其拘束，爰增訂第 4 項。又所謂繼受人包括概括繼受與因法律行為而受讓標的之特定繼受人在內；區分所有人依法令所生之權利義務，繼受人應受拘束乃屬當然，無待明文。

分管契約依司法院大法官釋字第 349 號解釋文：「法官釋字第 349 號解釋文：「最高法院 48 年度台上字第 1065 號判例，認為『共有人於與其他共有人訂立共有物分割或分管之特約後，縱將其應有部分讓與第三人，其分割或分管契約，對於受讓人仍繼續存在』，就維持法律秩序之安定性而言，固有其必要，惟應有部分之受讓人若不知悉有分管契約，亦無可得而知之情形，受讓人仍受讓與人所訂分管契約之拘束，有使善意第三人受不測損害之虞，與憲法保障人民財產權之意旨有違，首開判例在此範圍內，嗣後應不再援用。至建築物為區分所有，其法定空地應如何使用，是否共有共用或共有專用，以及該部分讓與之效力如何，應盡速立法加以規範，併此說明。」（補充：增訂民法第 826 條之 1 於登記後，對於應有部分之受讓人或取得物權之人，具有效力。）

※ 民法第 799 條之 1 第 4 項「區分所有建築物」之分管契約和民法第 826 條之 1 第 1 項共有物分管契約的區分

建築物區分所有權自民國 98 年 1 月 23 日民法第 799 條、第 799 條之 1 修訂後，雖有明確規範，但於實際適用上仍有待於釐清之處。於實務上，最受爭議者乃為區分所有權人就建物共有部分使用所訂立之分管契約，究應適用民法第 799 條之 1 認定為團體規章而需經由區分所有權人會議決議定之，或是適用民法第 826 條之 1 關於分管契約的一般規定辦理使用管理登記。

民法第 799 條之 1：「區分所有建築物共有部分之修繕費及其他負擔，由各所有人按其應有部分分擔之。但規約另有約定者，不在此限。前項規定，於專有部分經依前條第 3 項之約定供區分所有建築物之所有人共同使用者，準用之。規約之內容

依區分所有建築物之專有部分、共有部分及其基地之位置、面積、使用目的、利用狀況、區分所有人已否支付對價及其他情事，按其情形顯失公平者，不同意之區分所有人得於規約成立後 3 個月內，請求法院撤銷之。區分所有人間依規約所生之權利義務，繼受人應受拘束；其依其他約定所生之權利義務，特定繼受人對於約定之內容明知或可得而知者，亦同。」

民法第 826 條之 1：不動產共有人間關於共有物使用、管理、分割或禁止分割之約定或依第 820 條第 1 項規定所為之決定，於登記後，對於應有部分之受讓人或取得物權之人，具有效力。其由法院裁定所定之管理，經登記後，亦同。動產共有人間就共有物為前項之約定、決定或法院所為之裁定，對於應有部分之受讓人或取得物權之人，以受讓或取得時知悉其情事或可得而知者為限，亦具有效力。共有物應有部分讓與時，受讓人對讓與人就共有物因使用、管理或其他情形所生之負擔連帶負清償責任。

內政部於中華民國 99 年 8 月 18 日發布內授中辦地字第 0990725118 號與法務部 99 年 7 月 29 日法律字第 0999027946 號函意旨所示，若依民法第 799 條之 1 和第 826 條之 1 所規範之主體、客體及法律效果觀之，民法第 799 條之 1 第 4 項之規範主體為「區分所有人」，規範客體則為「區分所有建築物」之分管契約，並「不需要」經過登記，利害關係人於必要時得依公寓大廈管理條例第 35 條規定請求閱覽，即可對該第三人產生效力；而民法第 826 條之 1 第 1 項關於共有物分管契約之規定，規範主體則為「一般共有人」，規範客體為「一般不動產共有物」之分管契約，且需經登記後始對其他取得物權之人產生效力，二者制度目的顯然迥然相異，民法第 799 條之 1 顯然為針對區分所有權相關權利義務關係之特別規定，是就區分所有建物針對共有或專有部分使用所為團體規約之主體、生效要件及效力，應適用民法第 799 條之 1 之相關規定為是。

10. 公寓大廈管理條例可稱為民法之特別法，茲臚列該條例數個重要的規定如下：

(1) 使用權的限制：該條例第 5 條：「區分所有權人對專有部分之利用，不得有妨害建築物之正常使用及違反區分所有權人共同利益之行為。」

(2) 損害之防免及進入權：該條例第 6 條第 1 項：「住戶應遵守下列事項：一、於維護、修繕專有部分、約定專用部分或行使其權利時，不得妨害其他住戶之安寧、安全及衛生。二、他

住戶因維護、修繕專有部分、約定專用部分或設置管線，必須進入或使用其專有部分或約定專用部分時，不得拒絕。三、管理負責人或管理委員會因維護、修繕共用部分或設置管線，必須進入或使用其專有部分或約定專用部分時，不得拒絕。」不動產所有權之相鄰關係也有類似的規定，如民法第 774、787、788、790、792 條等規定。

(3) 共同壁：該條例第 12 條：「專有部分之共同壁及樓地板或其內之管線，其維修費用由該共同壁雙方或樓地板上下方之區分所有權人共同負擔。但修繕費係因可歸責於區分所有權人之事由所致者，由該區分所有權人負擔。」

(4) 共用部分讓與之限制：該條例第 58 條第 2 項規定：「公寓大廈之起造人或建築業者，不得將共用部分，包含法定空地、法定停車空間及法定防空避難設備，讓售於特定人或為區分所有權人以外之特定人設定專用使用權或為其他有損害區分所有權人權益之行為。」故當建築業者為了謀取額外的利潤，將屬於法定停車空間的地下室停車位予以「保留」，另外出租或出賣予區分所有權人「以外」之人，因違反法律規定而屬無效之行為。

※ 補充觀念：大樓停車位大致區分為三種型態，停車位有三種，包括：法定停車位、增設停車位、獎勵停車位，而因屬性類別的不同，買賣方式也不同，價格也會有所差異。

1. 法定停車位，是按照都市計畫或建築法令規定設置的停車位。過去是做為防空避難設備或停車空間，但也因規範不周全，常變為違規使用或被某一戶給獨占，因此在 89 年 9 月以後，內政部規定這種地下室必須以共同使用方式登記，自此法定車位就歸類成為公共設施內。停車位既是公設並沒有權狀，所以民眾必須在這棟大樓裡要擁有房子，才能擁有車位產權，通常這種停車位基本上只能內賣，即隨原房屋同步售出。

2. 增設停車位是指在都市計畫或建築法規允許下，由建商增加設置的停車位。這種停車位是登記為專有部分，與法定停車位登記為公共設施有所不同，因此購車位的民眾雖能擁有一張權狀，但實際上是屬於共同持分的權狀，可以獨立買賣設定

抵押；但比較需要注意的是在買賣或被法拍時，其他擁有增設停車位者具有優先之購買權。

3. 獎勵停車位是法令允許可以設置的停車位由建商所增設，且受到容積率獎勵的停車位，其主要用意是提供出來給公眾使用，藉以彌補停車位的不足，以私有大樓的地下停車位，替代公有停車位。既然為公眾使用，除了不特定人可停以外大樓的所有權人、住戶，當然都能夠使用，而這種停車位除在「公眾使用」的規範不同外，權利義務大致均相同，即有專有部分也有權狀可以分為內賣或外賣，所以共同持分的人也有優先購買權，買到這種車位時要能有權狀並採持分共有登記，同時要能確認停車位之使用位置。

因停車位的屬性不同，在使用上及未來銷售方面，會出現不同之差異，在決定購買停車位前，至少要先釐清是屬於哪種性質的停車位，在投資上能否出租予他人，將來賣出時會不會產生困擾。在購買車位前最好多做功課，可減少日後不必要的麻煩。

(四) 相鄰關係之準用

　　民法第 774 條至 798 條之土地相鄰關係與第 799 條至第 800 條之建築物相鄰關係等規定，原係規範土地所有人，但為調和相鄰關係之利用與衝突，故地上權人、地役權人、典權人、承租人、其他土地、建築物或其他工作物利用人間，亦宜準用，98 年爰增訂民法第 800 條之 1 規定：「第 774 條至前條規定，於地上權人、地役權人、典權人、承租人、其他土地、建築物或其他工作物利用人準用之。」

四、動產所有權

(一) 意義

　　動產者，指土地及定著物以外之物。以動產為標的物之所有權，稱為動產所有權。

(二) 動產所有權之取得

　　動產所有權之取得，可分為原始取得與繼受取得，本節以下介紹之各種動產所有權取得，皆為原始取得。

1. 善意受讓：所謂善意取得，指動產所有權之移轉，縱讓與人無讓與之權利，而受讓人係以善意受讓其占有者（即受讓人不知讓與人無讓與之權利），仍即時取得其所有權（民法第 801 條）故又稱即時取得。因為受讓人如以善意信賴占有之公信力，為維護交易安全，故法律使其取得所有權。由於此效果係基於法律規定，故為原始取得，且並非不當得利。例如：大雄借一臺休旅車給技安，技安擅自轉賣給善意（即不知技安無讓與該車的權利）之宜靜，則宜靜依善意受讓之規定可取得休旅車所有權，大雄即不得向宜靜追索，僅得向技安請求損害賠償。

2. 無主物之先占：以所有之意思，占有無主之動產者，除法令另有規定外，取得其所有權（民法第 802 條）。係屬物權原始取得之一種。所謂法令另有規定，例如依野生動物保育法第 16 條規定，不得獵捕、持有保育類野生動物；又如文化資產保存法第 83 條規定：不得採摘、砍伐自然紀念物等。

3. 遺失物之拾得：指發現他人遺失之物，而予以占有的一種法律事實。此物既為所有人遺失之物而非無主物，故拾得人並非當然取得物之所有權，其義務與權利分述如下：

   (1) 通知、報告或招領義務：參民法第 803 條第 1 項規定：「拾得遺失物者應從速通知遺失人、所有人、其他有受領權之人或報告警察、自治機關。報告時，應將其物一併交存。但於機關、學校、團體或其他公共場所拾得者，亦得報告於各該場所之管理機關、團體或其負責人、管理人，並將其物交存。」（98.1.23 修正公布）第 2 項規定：「依前條第 1 項為通知或依第 2 項由公共場所之管理機關、團體或其負責人、管理人為招領後，有受領權之人未於相當期間認領時，拾得人或招領人應將拾得物交存於警察或自治機關。」（98.1.23 修正公布）第 3 項規定：「警察或自治機關認原招領之處所或方法不適當時，得再為招領之。」（98.1.23 修正公布）

   (2) 通知保管費用償還求權與報酬請求權：參民法第 805 條第 1 項規定：「遺失物自通知或最後招領之日起 6 個月內，有受領權之人認領時，拾得人、招領人、警察或自治機關，於通知、招領及保管之

費用受償後,應將其物返還之。」第 2 項規定:「有受領權之人認領遺失物時,拾得人得請求報酬。但不得超過其物財產上價值十分之三(舊法)。其不具有財產上價值者,拾得人亦得請求相當之報酬。」第 3 項規定:「前項報酬請求權,因 6 個月間不行使而消滅。」第 4 項規定:「第 1 項費用之支出者或得請求報酬之拾得人,在其費用或報酬未受清償前,就該遺失物有留置權。其權利人有數人時,遺失物占有人視為為全體權利人占有。」(98.1.23 修正公布)但「有下列情形之一者,不得請求前條第 2 項之報酬:一、在公眾得出入場所或供公眾往來之交通設備內,由其管理人或受僱人拾得遺失物。二、拾得人違反通知、報告或交存義務或經查詢仍隱匿其拾得之事實。」(民法第 805 條之 1;98.1.23 修正公布新增)

※ 拾獲遺失物女子潘小姐剛從某大學財經法律學系畢業,拾獲李姓婦人遺失的一只包包,裡面裝有 21,000 元、手機等財物,依民法要求單親李婦支付 21,000 元的十分之三、即 6,300 元謝酬。法律界法官都同感蒙羞,法律系教授除教導法律,也應該教導一些道德觀念。

※ 臺南某大學一名女學生在學校遺失裝有 4 萬元學費的皮包,被一名學姊撿到後,打電話給她要求 3 成報酬,如果不給,就行使「留置權」扣住她的學費。

立法院 2011.11.11 初審通過《民法》部分條文修正草案,不僅將十分之三的報酬修改為「相當之報酬」,更刪除拾獲者對於遺失物的「留置權」,遏止有心人士「假留置之名,行侵占之實。」且拾獲者對於低收入戶、特殊境遇家庭者,不得主張報酬請求權。

※ 修正條文內容

101 年 5 月 29 日修正,101 年 6 月 13 日公布本法之第 805、805 條之 1 條文自公布後 6 個月(101.12.13)施行。

民法第 805 條(認領期限、費用及報酬之請求):遺失物自通知或最後招領之日起 6 個月內,有受領權之人認領時,拾得人、招領人、警察或自治機關,於通知、招領及保管之費用受償後,應將其物返還之。

有受領權之人認領遺失物時,拾得人得請求報酬。但不得超過其物財產上價值十分之一(新法);其不具有財產上價值者,拾得人亦得請求相當之報酬。有受領權人依前項規定給付報酬顯失公平者,得請求法院減少或免除其報酬。第 2 項報酬請求權,因 6 個月間不行使而消滅。第 1 項費用之支出者或得請求報酬之拾得人,在其費用或報酬未

受清償前，就該遺失物有留置權；其權利人有數人時，遺失物占有人視為為全體權利人占有。

※ 民法第 805 條之 1（認領報酬之例外）

有下列情形之一者，不得請求前條第 2 項之報酬：公隱特（例外）

一、在公眾得出入之場所或供公眾往來之交通設備內，由其管理人或受僱人拾得遺失物。二、拾得人未於 7 日內通知、報告或交存拾得物，或經查詢仍隱匿其拾得遺失物之事實。三、有受領權之人為特殊境遇家庭、低收入戶、中低收入戶、依法接受急難救助、災害救助，或有其他急迫情事者。

※ 不動產經紀人 112 年選擇題第 12 題

(B) 12. 有關遺失物拾得之敘述，下列何者錯誤？ (A)遺失物自通知或最後招領日起逾 6 個月，未有受領人認領者，由拾得人取得遺失物之所有權 (B)受領權人認領遺失物時，拾得人原則上可以請求報酬，但不得超過遺失物價值之十分之三 (C)拾得人之報酬請求權因 6 個月不行使而消滅 (D)倘受領權人為低收入戶時，依法可以拒絕拾得人之報酬請求。

(3) 遺失物取得權：參民法第 807 條第 1 項規定：「遺失物自通知或最後招領之日起逾 6 個月，未經有受領權之人認領者，由拾得人取得其所有權。警察或自治機關並應通知其領取遺失物或賣得之價金。其不能通知者，應公告之。」第 2 項規定：「拾得人於受前項通知或公告後 3 個月內未領取者，其物或賣得之價金歸屬於保管地之地方自治團體。」（98.1.23 修正公布）

※ 不動產經紀人 104 年選擇題第 23 題

(B) 23. 甲遺失價值拾萬元之金戒指一只，被大學生乙拾得並依法招領。下列敘述，何者錯誤？ (A)自通知或最後招領之日起逾 6 個月，若甲未認領者，由乙取得該戒指所有權 (B)乙於受領取通知或公告後 6 個月內未領取者，該戒指歸屬於保管地之地方自治團體 (C)甲認領該戒指時，乙可向甲請求壹萬元報酬 (D)乙對甲之報酬請求權，因 6 個月間不行使而消滅。

※ 不動產經紀人 104 年選擇題第 24 題

(D) 24. 承上題，下列何種情形，乙不得向甲請求報酬？ (A)甲為退休教師，依法請領退休金度日 (B)乙在捷運車廂內座椅上撿到甲的戒指 (C)乙在公園座椅上撿到甲的戒指 (D)乙未於 7 日內通知、報告或交存拾得物。

※ 不動產經紀人 97 年第 1 次選擇題第 32 題

(B) 32. 依據民法第 807 條規定，遺失物拾得後多久內所有人未認領者，警署或自治機關應將其物或其拍賣所得之價金，交與拾得人，歸其所有？　(A)3 個月　(B)6 個月　(C)1 年　(D)2 年。

(4) 價值輕微遺失物之特別規定：參民法第 807 條之 1 第 1 項規定：「遺失物價值在新臺幣 500 元以下者，拾得人應從速通知遺失人、所有或其他有受領權之人。其有第 803 條第 1 項但書之情形者，亦得依該條第 1 項但書及第 2 項規定辦理。」第 2 項規定：「前項遺失物於下列期間未經有受領權之人認領者，由拾得人取得其所有權或變賣之價金：一、自通知或招領之日起逾 15 日。二、不能依前項規定辦理，自拾得日起逾 1 個月。」第 3 項規定：「第 805 條至前條規定，於前 2 項情形準用之。」（98 年新增）

(5) 漂流物、沉沒物之準用：參民法第 810 條規定：「拾得漂流物、沉沒物或其他因自然力而脫離他人占有之物者，準用關於拾得遺失物之規定。」（98.1.23 修正公布）

※ 不動產經紀人 107 年選擇題第 19 題

(B) 19. 甲於颱風過後翌日在河邊拾得從國家森林區漂流而下之珍貴紅檜木，乙自甲處竊取之，並將之以低價出售予不知情之丙。下列敘述，何者正確？　(A)甲拾得珍貴漂流木，依民法第 802 條無主物先占規定，原始取得其所有權　(B)甲拾得珍貴漂流木，依民法第 810 條適用關於拾得遺失物規定，負通知及交存該物之義務，無法立即取得該物所有權　(C)因天災致國有珍貴林木漂流至國有林區外時，甲得自由撿拾取得所有權，不受民法關於拾得遺失物規定之限制　(D)甲因丙取得漂流木所有權而受損害時，得依關於不當得利之規定請求償還價額。

4. 埋藏物之發現：發現埋藏物而占有者，取得其所有權。但埋藏物係在他人所有之動產或不動產中發見者，該動產或不動產之所有人與發見人，各取得埋藏物之半（民法第 808 條）。發見之埋藏物，足供學術、藝術、考古或歷史之資料者，其所有權之歸屬，依特別法之規定（民法第 809 條）。

5. 添附：所謂添附是指因增添或附加，以致動產標的物的質或量有所擴張或增加之法律事實。又可分為：

(1) 附合：二個以上不同所有人之物，結合成為一物者，稱為附合，有可再分為：

① 動產與不動產附合：動產因附合而為不動產之重要成分者，不動產所有人，取得動產所有權（民法第 811 條）。

② 動產與動產附合：動產與他人之動產附合，非毀損不能分離，或分離需費過鉅者，各動產所有人，按其動產附合時之價值，共有合成物。前項附合之動產，有可視為主物者，該主物所有人，取得合成物之所有權（民法第 812 條）。

※ 不動產經紀人 111 年選擇題第 19 題

(B) 19. 甲無權占有乙之土地種植果樹，其果實歸屬於何人？ (A)果實在與果樹分離前或分離後，均屬於甲所有 (B)果實在與果樹分離前或分離後，均屬於乙所有 (C)果實在與果樹分離前屬於甲所有，分離後屬於乙所有 (D)果實在與果樹分離前屬於乙所有，分離後屬於甲所有。

※ 不動產經紀人 104 年選擇題第 25 題

(D) 25. 關於添附，下列敘述，何者正確？ (A)動產因附合而為不動產之重要成分者，動產及不動產所有人，共有該動產所有權 (B)動產與他人之動產附合，非毀損不能分離，或分離需費過鉅者，各動產所有人，按其動產附合時之比例，比例高者取得合成物之所有權 (C)動產與他人之動產混合，不能識別，或識別需費過鉅者，拍賣之 (D)附合之動產，有可視為主物者，該主物所有人，取得合成物之所有權。

(2) 混合：動產與他人之動產混合，不能識別，或識別需費過鉅者，準用附合之規定（民法第 813 條）。

　　民法第 816 條：「因前五條之規定而受損害者，得依關於不當得利之規定，請求償還價額。」

※ 不動產經紀人 109 年選擇題第 15 題

(D) 15. 甲現年十七歲，在山中拾獲名貴木材一塊，嗣後該木材遭乙竊取，乙請人雕刻成名貴的佛像，以高價出售於惡意的丙，並交付之。下列敘述，何者正確？ (A)甲因未滿二十歲，不得占有該木材 (B)乙不能取得名貴的佛像所有權 (C)

乙將名貴的佛像讓與並交付予丙，係屬無權處分　(D)甲得向乙請求償還該木材的價額。

※ 不動產經紀人 96 年第 2 次選擇題第 13 題

(B) 13. 咖啡加牛奶屬添附之何種類型？　(A)附合　(B)混合　(C)加工　(D)綜合。

※ 不動產經紀人 99 年選擇題第 19 題

(B) 19. 基於下列何種原因而取得利益，應依關於不當得利之規定，返還其所受利益？
(A)因確定判決取得利益　(B)因添附取得利益　(C)因消滅時效取得利益　(D)因取得時效取得利益。

五、共有

(一) **意義：**依民法第 817 條規定：數人按其應有部分，對於一物有所有權者，為共有人。各共有人之應有部分不明者，推定其為均等。一個所有權由多數權利主體共同擁有，依民法規定，共有可分為分別共有、公同共有及準共有三種型態。

※ 不動產經紀人 95 年選擇題第 18 題

(A) 18. 各共有人之應有部分不明者，其應有部分如何認定？　(A)推定其為均等　(B)視為其為均等　(C)依習慣　(D)法無明文。

(二) 分別共有（狹義的共有）

1. 意義：數人按其應有部分，對於一物有所有權者，為共有人（民法第 817 條第 1 項）。例如佐川、佐井、佐奈三人共有一塊土地，在地政機關的土地登記簿上，可以看到其權利範圍欄中，各記載「持分三分之一」，此即表示佐川、佐井、佐奈每人的應有部分為三分之一，三人各按三分之一的比例，共有該土地之所有權。這種所有權的型態，學理上稱為分別共有，民法逕稱為共有（民法第 817 條參照）。

　　所謂應有部分，是分別共有的重要特徵，係指分別共有人對共有物所有權得行使權利之比例（57 台上 2387 判例：分別共有之各共有人，按其應有部分對於共有物之全部有使用收益之權，所謂應有部分，係指分別共有人得行使權利之比例，而非指共有物

之特定部分，因此分別共有之各共有人，得按其應有部分之比例，對於共有物之全部行使權利。至於共有物未分割前，各共有人實際上劃定範圍使用共有物者，乃屬一種分管性質，與共有物之分割不同。）這種比例是抽象的存在於共有物的每一個單位分子上，而不是具體的存在於共有物的某一特定部分。因此所謂持有應有部分幾分之幾，只是就所有權作抽象分數之量的分割，並非就具體部分作質的分割。例如：田中與杏子共有一匹賽馬，每人應有部分之二之一，則田中或杏子各對賽馬的每一個細胞，均有二分之一的所有權，並不是馬頭屬田中，而馬尾屬杏子。既其應有部分為二分之一，故田中與杏子應按二分之一的比例對賽馬行使權利（民法第 818 條），例如使用時間平分。也依二分之一的比例對賽馬負擔義務（民法第 822 條），例如飼料費平分。各共有人的應有部分多寡，依當事人之約定或法律之規定決之，應有部分不明者，推定其為均等（民法第 817 條第 2 項）。

※ 不動產經紀人 109 年選擇題第 16 題

(C) 16. 甲、乙共有一筆 A 土地，面積 400 坪，應有部分各為二分之一。下列敘述，何者正確？　(A)甲、乙對於共有之 A 土地，各有一個所有權，但其權利之行使應受應有部分之限制　(B)甲、乙對於共有之 A 土地，各有 200 坪所有權　(C)應有部分各為二分之一是甲、乙對於共有土地所有權之比例　(D)對於共有之 A 土地，甲、乙分別享有處分權及管理權。

2. 共有的內部關係

　(1) 使用收益：依民法第 818 條規定：各共有人，除契約另有約定外，按其應有部分，對於共有物之全部，有使用收益之權。（98.1.23 修正公布）。所謂契約另有約定，指各共有人就共有土地訂定各自分別使用收益之分管協議，或稱為「分管契約」。縱使各共有人依該協議實際可為使用或收益之範圍超過或小於應有部分，亦屬契約自由範圍，法律應予尊重。若未經共有人協議分管，則使用收益權應按其應有部分而行使，不得損及他共有人之利益，若有侵害，則與侵害他人之所有權同。

他共有人得本於所有權請求除去其妨害或請求向全體共有人返還占用部分（最高法院 74 年度第 2 次民事庭會議）。該超越其權利範圍而為之使用收益，亦屬不當得利（55 台上 1949）。而分管契約依司法院大法官釋字第 349 號解釋文：「最高法院 48 年度台上字第 1065 號判例，認為『共有人於與其他共有人訂立共有物分割或分管之特約後，縱將其應有部分讓與第三人，其分割或分管契約，對於受讓人仍繼續存在』，就維持法律秩序之安定性而言，固有其必要，惟應有部分之受讓人若不知悉有分管契約，亦無可得而知之情形，受讓人仍受讓與人所訂分管契約之拘束，有使善意第三人受不測損害之虞，與憲法保障人民財產權之意旨有違，首開判例在此範圍內，嗣後應不再援用。至建築物為區分所有，其法定空地應如何使用，是否共有共用或共有專用，以及該部分讓與之效力如何，應盡速立法加以規範，併此說明。」

※ 地政士 113 年申論題第 3 題

三、甲、乙、丙、丁、戊、己 6 人共有 A 地，於民國 36 年 6 月辦理總登記，甲、乙、丙、丁、戊、己每人的應有部分均為 6 分之 1，丙、丁、戊三人在 A 地上各自蓋 B1、B2、B3 房屋，各自使用的基地面積大致符合丙、丁、戊三人各自的應有部分，甲、乙和己都未干涉。甲、乙、丙、丁、戊、己的應有部分之後都由其各自繼承人所繼承，丙、丁、戊三人的繼承人為丙 1、丁 1、戊 1，各自繼承了丙、丁、戊三人在 A 地的應有部分及 B1、B2、B3 房屋所有權，己的 A 地應有部分由其繼承人己 1、己 2、己 3、己 4 所繼承，各繼承應有部分 24 分之 1。民國 107 年 7 月己 1 將其應有部分 24 分之 1 出賣並辦理移轉登記給庚，庚於民國 108 年 6 月以丙 1、丁 1、戊 1 三人為被告，請求法院命被告拆除 B1、B2、B3 房屋，將 A 地返還給全體共有人。請問法院應如何判決？

解析

(一) 甲、乙、丙、丁、戊、己就共有之 A 地具有默示分管契約

　　1. 依據民法第 818 條規定：「各共有人，除契約另有約定外，按其應有部分，對於共有物之全部，有使用收益之權。」所謂應有部分，係指分別共有人得行使權利之比例，而非指共有物之特定部分，因此分別共有之各共有人，得按其應有部分之比例，對於共有物之全部行使權利。至於共有物未分割前，各共有人實

際上劃定範圍使用共有物者，乃屬一種分管性質，與共有物之分割不同。這種比例是抽象的存在於共有物的每一個單位分子上，而不是具體的存在於共有物的某一特定部分。因此所謂持有應有部分幾分之幾，只是就所有權作抽象分數之量的分割，並非就具體部分作質的分割。故共有人間對於共有物之使用必須經由協議分管，共有人如未經協議而擅自使用，即屬無權占有，他共有人得依民法 767 條之物上請求權請求返還土地。

2. 最高法院 107 台上 1789 號判決：「共有物分管之約定，不以書面為必要，倘共有人間實際上劃定使用範圍，對各自占有管領之部分，互相容忍，對於他共有人使用、收益各自占有之土地，未予干涉，已歷有年所，即非不得認有默示分管契約之存在。分管契約係依共有人間之約定所為之管理使用，其占有使用之範圍，不以按應有部分計算者為限，較應有部分換算之面積為多或少，部分共有人有未占有共有物之情形者，均無不可。」

3. 本題甲、乙、丙、丁、戊、己每人的應有部分均為 6 分之 1，丙、丁、戊三人在 A 地上各自蓋 B1、B2、B3 房屋，各自使用的基地面積大致符合丙、丁、戊三人各自的應有部分，甲、乙和己都未干涉。依最高法院 107 台上 1789 號判決，甲、乙、丙、丁、戊、己就共有之 A 地，已經形成默示分管契約之存在。

(二) 默示分管契約之效力是否於拘束受讓人

1. 大法官釋字第 349 號解釋：最高法院 48 年度台上字第 1065 號判例，認為「共有人於與其他共有人訂立共有物分割或分管之特約後，縱將其應有部分讓與第三人，其分割或分管契約，對於受讓人仍繼續存在」，就維持法律秩序之安定性而言，固有其必要，惟應有部分之受讓人若不知悉有分管契約，亦無可得而知之情形，受讓人仍受讓與人所訂分管契約之拘束，有使善意第三人受不測損害之虞，與憲法保障人民財產權之意旨有違，首開判例在此範圍內，嗣後應不再援用。

2. 增訂民法第 826 條之 1 規定：「不動產共有人間關於共有物使用、管理、分割或禁止分割之約定或依第八百二十條第一項規定所為之決定，於登記後，對於應有部分之受讓人或取得物權之人，具有效力。其由法院裁定所定之管理，經登記後，亦同。」採登記對抗原則。

3. 最高法院 107 年度台上字第 70 號民事判決：「在民法第 826 條之 1 規定修正施行前成立之分管契約，對共有物應有部分之受讓人有無效力，應依 349 號解釋意旨，以受讓人是否知悉有分管契約，或有無可得而知之情形為斷。」因此本增修條文係於 98 年 1 月 23 日公布，半年後施行，在本條施行前成立之分管契

約，不適用本條登記對抗之規定，仍應依釋字第 349 號解釋之意旨處理。故早年成立之默示分管契約，雖無從辦理登記，仍可對抗「非」善意之第三人。

(三) 本題甲、乙、丙、丁、戊、己的應有部分之後都由其各自繼承人所繼承，繼承人自應承受默示分管契約，嗣後繼承人己 1 於民國 107 年 7 月將其應有部分 24 分之 1 出賣並辦理移轉登記給庚。因上述默示分管契約係發生於民法第 826 條之 1 規定修正施行前，應不適用民法第 826 條之 1 規定之登記對抗原則，仍依大法官釋字第 349 號解釋處理。

1. 若庚知悉共有人間有默示分管契約，該默示分管契約之效力就及於受讓人庚，丙 1、丁 1、戊 1 使用共有土地即非無權占有，庚不得請求其他共有人拆屋還地。

2. 若庚不知共有人間有默示分管契約存在，則庚得依民法第 767 條第 1 項規定，請求其他共有人拆屋還地。

※ 地政士 94 年申論題第 3 題

三、共有人中之一人，越其應有部分行使所有權時，他共有人對該共有人得否行使物上請求權？

解析

　　分別共有乃數人按其應有部分，而共同享有一物有所有權者。應有部分，是分別共有的重要特徵，係指分別共有人對共有物所有權得行使權利之比例。這種比例是抽象的存在於共有物的每一個單位分子上，而不是具體的存在於共有物的某一特定部分。

　　民法第 818 條規定：「各共有人，除契約另有約定外，按其應有部分，對於共有物之全部，有使用收益之權。」惟未經共有人協議分管之共有物，共有人對於共有物之特定部分占有收益，須徵得他共有人全體之同意，如未經他共有人同意而就共有物之全部或一部任意占有收益，他共有人得本於所有權請求除去其妨礙（民法第 767 條）或請求向全體共有人返還占有部分（民法第 821 條）。

　　依據最高法院 62 年台上字第 1803 號：「各共有人按其應有部分，對於共有物之全部雖有使用收益之權。惟共有人對共有物之特定部分使用收益，仍須徵得他共有人全體之同意，非謂共有人得對共有物之全部或任何一部有自由使用收益之權利。如共有人不顧他共有人之利益，而就共有物之全部或一部任意使用收益，即屬侵害他共有人之權利。」

※ 地政士 97 年申論題第 2 題

二、甲、乙、丙共有建地 100 坪，但甲之應有部分即有 60 坪，甲在未知會乙、丙的情形下，委請 A 在該共有土地約 60 坪之特定地方建屋兩棟，一棟供自己居住，另一棟則售予丁。乙、丙聞訊後，以甲侵害自己之所有權，乃請求甲、丁應拆除房屋，並返還土地於自己（即乙、丙），甲則依民法第 818 條規定，主張自己對共有土地

有全部之使用權。丁則主張自己係與甲訂有買賣契約而合法取得房屋並占用土地之權利等以為抗辯。問本案乙、丙及甲、丁之主張，孰為有理？

解析

乙丙之主張有理由：

(一) 甲為無權占有

1. 分別共有乃數人按其應有部分，而共同享有一物有所有權者。應有部分，是分別共有的重要特徵，係指分別共有人對共有物所有權得行使權利之比例。這種比例是抽象的存在於共有物的每一個單位分子上，而不是具體的存在於共有物的某一特定部分。

2. 民法第 818 條規定：「各共有人，除契約另有約定外，按其應有部分，對於共有物之全部，有使用收益之權。」惟未經共有人協議分管之共有物，共有人對於共有物之特定部分占有收益，須徵得他共有人全體之同意，如未經他共有人同意而就共有物之全部或一部任意占有收益，他共有人得本於所有權請求除去其妨礙（民法第 767 條）或請求向全體共有人返還占有部分（民法第 821 條）。

3. 依據最高法院 62 年台上字第 1803 號：「各共有人按其應有部分，對於共有物之全部雖有使用收益之權。惟共有人對共有物之特定部分使用收益，仍須徵得他共有人全體之同意，非謂共有人得對共有物之全部或任何一部有自由使用收益之權利。如共有人不顧他共有人之利益，而就共有物之全部或一部任意使用收益，即屬侵害他共有人之權利。」

4. 甲片面占用 60 坪土地建築房屋之行為，乃針對共有土地中某一「特定部份」，以排除其他共有人使用收益之意思而單獨占有，並非對全體共有物依其抽象之權利比例行使權利，故甲無權占有共有之土地，乙、丙自得依民法第 821 條（共有人對第三人之權利）：「各共有人對於第三人，得就共有物之全部為本於所有權之請求。但回復共有物之請求，僅得為共有人全體之利益為之。」及第 767 條（物上請求權）：「所有人對於無權占有或侵奪其所有物者，得請求返還之。對於妨害其所有權者，得請求除去之。」請求甲拆屋還地。

(二) 丁為無權占有

1. 丁則主張自己係與甲訂有買賣契約而合法取得房屋並占用土地之權利等以為抗辯。甲丁房屋買賣契約係屬債權契約，具有相對性，故丁只能對甲主張契約之權利，不得向乙丙主張，因此丁對乙丙而言，仍為無權占有土地。

2. 乙、丙自得依民法第 821 條（共有人對第三人之權利）：「各共有人對於第三人，得就共有物之全部為本於所有權之請求。但回復共有物之請求，僅得為共有人全體之利益為之。」及第 767 條（物上請求權）：「所有人對於無權占有或

侵奪其所有物者，得請求返還之。對於妨害其所有權者，得請求除去之。」請求丁拆屋還地。

(2) 處分

① 應有部分之處分：民法第 819 條第 1 項規定：各共有人，得自由處分其應有部分。此所謂處分，僅指廣義的處分，即法律上之處分，不含事實上處分。因為事實上處分可能將共有物毀損或滅失，而有害全體共有人之利益，故不可為之。所謂法律上處分，包括負擔行為（如出賣其應有部分）與處分行為（如以應有部分設定抵押權）。學理上曾對本條所稱之「處分」否包括「設定負擔」有所爭議，關於就應有部分設定抵押權，通說及司法院大法官會議釋字第 141 號解釋：「共有之房地，如非基於公同關係而共有，則各共有人自得就其應有部分設定抵押權。」均採肯定見解。關於設定地上權、典權等用益物權，則有認為因權利人須就具體標的物為使用收益，將有害他共有人之權益，故應有部分無從作為以用益為內容之權利客體。然亦有學者認為近代物權中心已從「所有」轉為「利用」，且應有部分設定用益權實際有其需要，如共有人就共有物之使用收益訂有協議或分管契約時，不妨就應有部分設定用益物權。

※ 民法第 819 條（應有部分及共有物之處分）

　　各共有人，得自由處分其應有部分。

　　共有物之處分、變更、及設定負擔，應得共有人全體之同意。

※ 不動產經紀人 109 年選擇題第 13 題

(C) 13. 甲乙丙共同出資購買一筆 A 土地，應有部分各三分之一。下列何種行為應經甲乙丙三個共有人全體同意，始為有效？　(A)共有人之一將其應有部分移轉予第三人　(B)共有人之一將其應有部分設定抵押權予第三人　(C)共有人之一將 A 土地設定抵押權予第三人　(D)共有人之一將 A 土地設定有償之地上權予第三人。

※ 不動產經紀人 108 年選擇題第 18 題

(D) 18. 甲、乙分別共有 A 地，各有二分之一應有部分。在甲乙未有任何協議之情形下，下列敘述，何者正確？　(A)甲得以其應有部分供丙設定普通地上權　(B)甲不得將其應有部分出賣、並移轉登記予丁　(C)甲僅得於其應有部分種植作物　(D)甲得以其應有部分供戊設定普通抵押權。

(3) 管理

① 多數決管理原則：依民法第 820 條第 2 項規定：「共有物之管理，除契約另有約定外，應以共有人過半數及其應有部分合計過半數之同意行之。但其應有部分合計逾三分之二者，其人數不予計算」(98.1.23 修正公布)，此係就共有物之管理明示採多數決，亦即共有人過半數或應有部分超過三分之二所定之管理。惟若多數決對少數不同意者顯失公平時，則「依前項規定之管理顯失公平者，不同意之共有人得聲請法院以裁定變更之。」(民法第 820 條第 2 項)。「前 2 項所定之管理，因情事變更難以繼續時，法院得因任何共有人之聲請，以裁定變更之。」(民法第 820 條第 3 項)。「共有人依第 1 項規定為管理之決定，有故意或重大過失，致共有人受損害者，對不同意之共有人連帶負賠償責任。」(民法第 820 條第 4 項；98 年新增)，以保護不同意該管理方法之少數共有人權益。(管理顯失公平、情事變更、受損害者)

※ 不動產經紀人 111 年選擇題第 14 題

(B) 14. 關於共有不動產分管契約之敘述，下列何者正確？　(A)分管契約應以共有人半數以上及其應有部分合計過半數，或應有部分合計逾三分之二之同意訂定之　(B)分管契約訂定後，若因情事變更難以繼續時，法院得因任何共有人之聲請，以裁定變更　(C)共有人對於分管契約無法達成協議時，得訴請法院裁判定分管方式　(D)分管契約訂定後，對於應有部分之受讓人於受讓時知悉其情事者，亦具有效力。

※ 不動產經紀人 107 年選擇題第 8 題

(A) 8. 甲乙丙丁共有 A 地，各有應有部分四分之一，甲乙丙三人未經丁之同意即將 A 地出賣給戊並為移轉登記，請問此物權移轉行為之效力為何？　(A)有效　(B)無效　(C)未得共有人全體同意，係屬無權處分效力未定　(D)債權行為效力未定，物權移轉行為亦受其影響而效力未定。

土地法第 34-1 條（共有土地或建物之處分、變更及設定）

共有土地或建築改良物，其處分、變更及設定地上權、農育權、不動產役權或典權，應以共有人過半數及其應有部分合計過半數之同意行之。但其應有部分合計逾三分之二者，其人數不予計算。

共有人依前項規定為處分、變更或設定負擔時，應事先以書面通知他共有人；其不能以書面通知者，應公告之。

第一項共有人，對於他共有人應得之對價或補償，負連帶清償責任。於為權利變更登記時，並應提出他共有人已為受領或為其提存之證明。其因而取得不動產物權者，應代他共有人申請登記。

共有人出賣其應有部分時，他共有人得以同一價格共同或單獨優先承購。

前四項規定，於公同共有準用之。

依法得分割之共有土地或建築改良物，共有人不能自行協議分割者，任何共有人得申請該管直轄市、縣（市）地政機關調處，不服調處者，應於接到調處通知後十五日內向司法機關訴請處理，屆期不起訴者，依原調處結果辦理之。

※ 不動產經紀人 106 年申論題第 1 題

一、甲、乙、丙、丁四人各出資新臺幣 500 萬元，並共同向戊借款 1,000 萬元，購置公寓一棟(以下簡稱 A 屋)，並以 A 屋設定抵押權做為擔保，且約定由甲負責交付每月之利息給戊。問：（一）甲未得其他三人同意將一樓的部分租給戊開設夾娃娃機店，該租賃契約效力如何？（二）乙、丙、丁得否對戊主張權利？（三）若甲、乙、丙、丁屆期未清償借款，戊應如何追討？

解析

(一) 甲依據民法第 820 條（共有物之管理）之規定，未得其他三人同意將一樓的部分租給戊之租賃契約效力屬無權出租

　　1. 甲、乙、丙、丁分別共有 A 屋

　　　　甲、乙、丙、丁四人共同出資所購置之 A 屋，若無另有約定，四人應屬分別共有，其應有部分每人各 1/4。

　　2. 甲將 A 屋一樓分租給戊屬於共有物之管理

　　　　(1) 甲將 A 屋一樓的部分租給戊之行為，屬於對共有物之管理行為，依民法第 820 條第 1 項規定：「共有物之管理，除契約另有約定外，應以共有人過半數及其應有部分合計過半數之同意行之。但其應有部分合計逾三分之二者，其人數不予計算。」

　　　　(2) 甲未得其他三人同意將一樓的部分租給戊，屬於未經共有人過半數及其應有部分合計過半數之同意出租，應屬無權出租，其租賃效力不及於其他共有人乙、丙、丁。

(二) 乙、丙、丁對戊得主張民法第 767 條所有權之物上請求權與民法第 821 條共有人對第三人之權利，向戊行使返還請求權，並為甲、乙、丙、丁共有人全體利益

　　1. 戊占有 A 屋對乙、丙、丁應屬無權占有。

2. 乙、丙、丁可依民法第 767 條第 1 項前段規定：「所有人對於無權占有或侵奪其所有物者，得請求返還之」向無權占有人戊請求返還 A 屋。

3. 乙、丙、丁可依民法第 821 條規定：「各共有人對於第三人，得就共有物之全部為本於所有權之請求。但回復共有物之請求，僅得為共有人全體之利益為之。」故乙、丙、丁均得各自向戊行使返還請求權，僅得為甲、乙、丙、丁共有人全體利益為之。

(三) 戊得依據民法第 873 條（抵押權之實行）規定聲請法院拍賣抵押物就其賣得價金而受清償

1. 甲、乙、丙、丁四人共同向戊借款 1000 萬元購置 A 屋，並以 A 屋設定抵押權做為擔保，四人共同對戊負有 1000 萬元之連帶債務。

2. 若甲、乙、丙、丁屆期未清償借款時，抵押權人戊得依民法第 873 條規定：「抵押權人於債權已屆清償期而未受清償者，得聲請法院拍賣抵押物，就其賣得價金而受清償。」戊得聲請法院拍賣抵押物 A 屋，就其賣得價金優先受清償。

※ 不動產經紀人 102 年申論題第 1 題

一、甲、乙、丙三人共有房屋一棟，應有部分各三分之一，甲將該房屋出租於丁，又甲看見房屋門窗不牢，催工修復後交付丁使用。試問：甲將房屋出租於丁之契約效力為何？乙、丙對丁可否主張所有物返還請求權？甲催工修復房屋門窗是否需事先徵得乙、丙之同意，方得為之？請說明之。

解析

(一) 出租屬於管理行為，依依民法第 820 條第 1 項（多數決管理原則）規定：「共有物之管理，除契約另有約定外，應以共有人過半數及其應有部分合計過半數之同意行之。但其應有部分合計逾三分之二者，其人數不予計算」不得單獨為租賃行為，甲與丁之租賃契約有效，但對乙與丙不生效力。

(二) 如未經他共有人同意而就共有物之全部或一部任意占有收益，他共有人得本於所有權請求除去其妨礙（民法第 767 條）或請求向全體共有人返還占有部分（民法第 821 條）。

民法第 821 條：「各共有人對於第三人，得就共有物之全部，為本於所有權之請求。但回復共有物之請求，僅得為共有人全體之利益為之。」

(三) 催工修復房屋門窗屬於保存行為，依據民法第 820 條第 5 項規定：「共有物之簡易修繕及其他保存行為，得由各共有人單獨為之」，此為前述多數決管理原則之例外。甲可不需經乙與丙同意可單獨為修繕行為。

※ 不動產經紀人97年第1次選擇題第13題

(C) 13. 下列對於分別共有何者敘述錯誤？ (A)各共有人按其應有部分，對於共有物之全部，有使用收益之權 (B)共有物之處分、變更及設定負擔，應得共有人全體同意 (C)共有物由共有人各自管理 (D)分別共有物之管理費及其他負擔，除分別共有人另有特約，按其應有部分比例分擔。

※ 不動產經紀人96年第2次選擇題第28題

(A) 28. 甲乙丙三人合買一臺價值66萬元之汽車，各自出資22萬元。假設某甲覺得該車音響效果不佳，欲更換較佳之5萬元音響，請問甲應得何人之同意方得進行更換？ (A)應得乙或丙至少一人之同意 (B)不須得他人同意，自己決定 (C)乙丙兩人都同意才可 (D)應取得父母同意。

※ 不動產經紀人95年選擇題第17題

(D) 17. 下列有關分別共有之敘述，何者正確？ (A)應有部分之處分、變更及設定負擔，應得共有人全體之同意 (B)共有物之改良，應得共有人全體之同意 (C)共有物之簡易修繕，及其他保存行為，非經共有人過半數，並其應有部分合計已過半數者之同意不得為之 (D)共有物，除契約另有訂定外，由共有人共同管理之。（舊法）

※ 不動產經紀人99年選擇題第22題

(D) 22. 甲乙丙3人因繼承而共有祖傳土地1筆，應有部分各為三分之一，以下關於共有之敘述何者正確？ (A)3人為維持祖傳土地之完整性，乃訂立禁止永世不得分割之契約，該契約如經登記，即可有效 (B)甲如欲以該筆土地設定抵押權，只要再得到乙丙其中1人同意即可 (C)乙欲出賣其應有部分時，應得甲及丙之同意 (D)即使甲反對，只要乙丙同意時，即可針對該筆共有土地訂立分管契約。

　　②保存行為：「共有物之簡易修繕及其他保存行為，得由各共有人單獨為之」（民法第820條第5項；98年修正），此為前述多數決管理原則之例外。

　　③費用之分擔：「共有物之管理費及其他負擔，除契約另有約定外，應由各共有人按其應有部分分擔之。」「共有人中之一人，就共有物之負擔為支付，而逾其所應分擔之部分者，對於其他共有人得按其各應分擔之部分，請求償還。」（民法第822條）

　　④分管、分割等契約對受讓人之物權效力與連帶債務。

A. 不動產分管等契約於登記後對受讓人生效：民法第 826 條之 1 第 1 項規定：「不動產共有人間關於共有物使用、管理、分割或禁止分割之約定或依第 820 條第 1 項規定所為之決定，於登記後，對於應有部分之受讓人或取得物權之人，具有效力。其由法院裁定所定之管理，經登記後，亦同。」（98 年新增）共有物之分管或分割之契約，實務上向認對於應有部分之受讓人仍繼續存在（48 台上 1065 判例參照），98 年修法時，參照釋字第 349 號解釋，並仿德、瑞等國立法例增訂之，且將使用、禁止分割之約定或依民法第 820 條第 1 項所為之決定，與共有物之管理或協議分割契約，皆列入規範。按此等債權行為，原基於債之相對性對於第三人不生效力，惟為保持原約定或決定之安定性，特賦予物權效力，於不動產為上述約定或決定經登記後，即對應有部分之受讓人或取得物權之人具有效力。另為杜爭議，明定由法院裁定所定之管理（民法第 820 條第 2、3 項），經登記後，亦同。故明定該裁定所定之管理，經登記後，對於應有部分之受讓人或取得物權之人亦具有效力，以期周延。

B. 動產分管等契約以知悉其情事或可得而知者對受讓人生效：民法第 826 條之 1 第 2 項規定：「動產共有人間就共有物為前項之約定、決定或法院所為之裁定，對於應有部分之受讓人或取得物權之人，以受讓或取得時知悉其情事或可得而知者為限，亦具有效力。」共有人間就動產之共有物為使用、管理等行為之約定、決定或法院之裁定，因動產無登記制度，法律上又保護善意受讓人，故以受讓人於受讓或取得時知悉或可得而知其情事者為限，始對之發生法律上之效力，方為持平。此與司法院大法官釋字第 349 號解釋意旨相同。

C. 受讓人及讓與人之連帶清償責任：民法第 826 條之 1 第 3 項規定：「共有物應有部分讓與時，受讓人對讓與人就共有物因使用、管理或其他情形所生之負擔連負清償責任。」以保障該負擔之共有人。

3. 共有的外部關係

(1) 對於第三人之權利:「各共有人對於第三人,得就共有物之全部,為本於所有權之請求。但回復共有物之請求,僅得為共有人全體之利益為之」(民法第 821 條)。若共有人中之一人起訴時,在聲明中請求應將共有物返還於共有人全體,即係為共有人全體利益請求,無須表明全體共有人之姓名。

※ 不動產經紀人 109 年選擇題第 17 題

(B) 17. 甲、乙、丙、丁四人共有一筆 A 土地,應有部分各登記為四分之一,甲未經乙、丙、丁之同意,擅自占有 A 土地四分之三面積的土地,在其上興建一 B 屋。下列敘述,何者正確? (A)乙、丙、丁僅得分別請求甲返還占用 A 土地四分之一之土地 (B)乙、丙、丁得分別請求甲返還所占用 A 土地四分之三之土地 (C)乙、丙、丁應共同請求甲返還所占用 A 土地四分之一之土地 (D)乙、丙、丁應共同請求甲返還所占用 A 土地四分之三之土地。

※ 地政士 101 年申論題第 2 題

二、甲、乙共有土地一筆,應有部分甲為五分之四,乙為五分之一。請附理由回答下列問題(一)該筆共有土地被丙無權占有,乙可否單獨提起請求返還共有物之訴?

解析

※ 民法第 821 條:「各共有人對於第三人,得就共有物之全部,為本於所有權之請求。但回復共有物之請求,僅得為共有人全體之利益為之。」

(2) 對於第三人之義務:因共有物所生對於第三人之義務,各共有人應如何負責?民法並無原則性規定,應視其義務之性質為可分之債或不可分之債而定,若義務性質可分,則各按其應有部分之比例負責,例如船舶共有人,對於利用船舶所生之債務,就其應有部分,負比例分擔之責(海商法第 14 條第 1 項)。若義務性質不可分,則各共有人對第三人負連帶責任,例如土地上之建築物,因設置或保管有欠缺,致損害他人之權利者,由工作物之共同所有人負連帶賠償責任(參照民法第 191 條)。

(3) 共有物之分割:共有物之分割是指依各共有人應有部分之比例,將共有物分別劃歸於各共有人單獨所有,而使共有關係消滅之謂。

①分割之請求與限制：民法第 823 條第 1 項規定：「各共有人，除法令另有規定外，得隨時請求分割共有物。但因物之使用目的不能分割或契約訂有不分割之期限者，不在此限。」（98.1.23 修正公布）即採分割自由原則，此項規定，旨在消滅物之共有狀態，以利融通與增進經濟效益（81 台上 2688）。然各共有人得隨時請求分割共有物，固為民法第 823 條第 1 項前段所規定。惟同條項但書又規定，因物之使用目的不能分割者，不在此限。其立法意旨在於增進共有物之經濟效用，並避免不必要之紛爭。區分所有建築物之共同使用部分，為各區分所有人利用該建築物所不可或缺，其性質屬於因物之使用目的不能分割者。內政部中華民國 61 年 11 月 7 日(61)台內地字第 491660 號函，關於太平梯、車道及亭子腳為建築物之一部分，不得分割登記之釋示，符合上開規定之意旨，與憲法尚無牴觸。（釋字第 358）又原則上共有人得隨時主張共有物分割請求權，惟此雖名為請求權，但實則因共有人一方之意思表示，使共有人間發生分割共有物以終止共有之法律關係，故其性質為形成權，不適用消滅時效規定（29 上 1529）。共有物之用益與管理皆較單獨所有物為之複雜，大多不符經濟利益，因此民法第 823 條第 2 項本文規定：「前項約定不分割之期限，不得逾 5 年；逾 5 年者，縮短為 5 年。」98 年修正時，為尊重契約自由，對於已訂有管理約定者，放寬不分割期限，爰增訂但書規定，即「但共有之不動產，其契約訂有管理之約定時，約定不分割之期限，不得逾 30 年；逾 30 年者，縮短為 30 年。」（民法第 823 條第 2 項）「前項情形，如有重大事由，共有人仍得隨時請求分割。」（民法第 823 條第 3 項）

※ 民法第 1165 條第 2 項：「遺囑禁止遺產之分割者，其禁止之效力以十年為限。」

※ 不動產經紀人 104 年選擇題第 27 題

(B) 27. 甲、乙、丙三人各有應有部分三分之一分別共有 A 地。下列敘述，何者正確？
(A)甲得以其應有部分供第三人丁設定不動產役權　(B)三人協議分割達成合意之

履行請求權,有消滅時效之適用 (C)甲須以共有人過半數及應有部分合計過半數之同意,始得請求分割 (D)甲得以共有人過半數及應有部分合計過半數之同意,以 A 地供丁設定抵押權。

※ 不動產經紀人 103 年選擇題第 16 題

(A) 16. 關於共有物分割,下列敘述何者正確? (A)共有物依共有人協議分割時,並不適用多數決原則 (B)共有人以契約訂有不分割之期限者不得逾 10 年;逾 10 年者,縮短為 10 年 (C)共有之不動產,其契約訂有管理之約定時,約定不分割之期限,不得逾 50 年;逾 50 年者,縮短為 50 年 (D)不動產共有人間關於共有物分割或禁止分割之約定,對於應有部分之受讓人或取得物權之人,以受讓或取得時知悉其情事或可得而知者為限,亦具有效力。

※ 不動產經紀人 101 年選擇題第 14 題

(A) 14. 甲、乙、丙三人分別共有一筆 A 土地。三人就 A 地約定各自得使用之特定部分,且於 20 年內不得請求分割。下列敘述何者最正確? (A)如甲使用部分在約定不得請求分割期間內被徵收,甲仍得隨時請求分割 (B)不得分割之約定逾 5 年 (C)無效。三人應重新約定 (D)不得分割之約定逾 5 年,應縮短為 5 年。

　　② 分割之方法:

　　　　❶ 協議分割:共有物之分割,依共有人協議之方法行之(民 824I)。此協議須全體共有人同意才能成立,並不適用多數決原則,只須共有人達成協議,至於用何種方法,並無限制。

　　　　❷ 裁判分割:分割之方法不能協議決定,或於協議決定後因消滅時效完成經共有人拒絕履行者,法院得因任何共有人之請求,命為下列之分配:

　　　　A. 原物分配:以原物分配於各共有人。但各共有人均受原物之分配顯有困難者,得將原物分配於部分共有人(民法第 824 條第 2 項第 1 款)。

　　　　B. 變價分配:原物分配顯有困難時,得變賣共有物,以價金分配於各共有人;或以原物之一部分分配於各共有人,他部分變賣,以價金分配於各共有人(民法第 824 條第 2 項第 2 款)。

C. 原物分配兼金錢補償：以原物為分配時，如共有人中有未受分配，或不能按其應有部分受分配者，得以金錢補償之。（民法第 824 條第 3 項）。

　　法院為裁判分割時，依法可為適用之分配，究竟如何分割為宜？法院有自由裁量之權，不受任何共有人主張之拘束（29 上 1792）。

D. 「以原物為分配時，因共有人之利益或其他必要情形，得就共有物之一部分仍維持共有。」（民法第 824 條第 4 項）亦即賦予法院就特定部分不予分割之裁量權，以符實際。

（101 年地政士民法申論題第 2 題民法第 824 條第 3 項配合民法第 824 條之 1 第 4 項與第 5 項）

※ 實務

1. 裁判上定共有物分割之方法時，分配原物與變賣之而分配價金，孰為適當，法院本有自由裁量之權，不受任何共有人主張之拘束。（29 年渝上字第 1792 號）

2. 分割共有物，究以原物分割，或變價分割為適當，共有人本得提出分割方案，法院則可斟酌共有人之意願，共有物之使用情形，經濟效用及全體共有人之利益等情形而為適當之分割，不受共有人所主張分割方案之拘束。（最高法院 85 年度台上字第 649 號判決、最高法院 87 年度台上字第 1402 號判決）

③ 請求合併分割：

❶ 共有人相同：為避免共有人相同之數筆土地因不能合併分割，致分割方法困難，而致土地細分，有礙社會經濟發展，故「共有人相同之數不動產，除法令另有規定外，共有人得請求合併分割。」（民法第 824 條第 5 項）

❷ 共有人部分相同：同樣為避免土地細分，以促進土地利用，若相鄰各不動產應有部分過半數共有人同意時，亦得請求法院合併分割，亦即「共有人部分相同之相鄰數不動產，各該不動產均具應有部分之共有人，經各不動產應有部分過半數共有人之同意，得適用前項規定，請求合併分割。但法院認合併分割不適當者，仍分別分割之。」（民法第 824 條第 6 項）

❸共有人優先承買權:「變賣共有物時,除買受人為共有人外,共有人有依相同條件優先承買之權,有二人以上願優先承買者,以抽籤定之。」(民法第 824 條第 7 項)(債權效力)

❹分割之效果:各共有人單獨取得所有權:共有物分割後,原共有關係即轉變成單獨所有,各共有人按其應有部分比例,各自取得物於分割後的單獨所有權。惟單獨所有權究於何時生效?立法例上有認定主義(溯及共有之初時生效)與移轉主義(不溯既往於分割完成時生效)之爭議,98 年修法時增訂民法第 824 條之 1,其第 1 項規定:「共有人自共有物分割之效力發生時起,取得分得部分之所有權。」即明示採移轉主義,其效力係向後發生而非溯及既往。所謂「效力發生時」,在協議分割,如分割者為不動產,係指於辦畢分割登記時;如為動產,係指於交付時。至於裁判分割,則指在分割之形成判決確定時。

※ 地政士 109 年申論題第 2 題

二、何謂共有物合併分割?共有人在何種情形下,得請求合併分割?請依民法之規定說明之。

解析

(一) 共有物合併分割,指共有人全部相同或部分相同之數宗共有土地,得於聲請裁判分割時,請求法院將該數宗共有土地合併列為分割標的,並按應有部分分配予各共有人。

(二) 共有人得請求合併分割之情形:

1. 民法第 824 條第 5 項規定:「共有人相同之數不動產,除法令另有規定外,共有人得請求合併分割。」

2. 民法第 824 條第 6 項規定:「共有人部分相同之相鄰數不動產,各該不動產均具應有部分之共有人,經各不動產應有部分過半數共有人之同意,得適用前項規定,請求合併分割。但法院認合併分割為不適當者,仍分別分割之。」

※ 地政士 92 年申論題第 3 題

三、甲、乙、丙三人共有一筆土地,應有部分均等。試問:甲向銀行貸款,以其應有部分為銀行設定抵押權,於共有土地分割時,銀行之抵押權會存在在何宗土地上?共有土地分割時,各共有人於何時取得單獨所有權?請就協議分割與判決分割兩種情形分別說明之。

解析

(一) 依民法第 868 條（抵押物分割）之規定，抵押之不動產如經分割，其抵押權不因此而受影響。亦即抵押之不動產雖經分割成數筆，但抵押權仍存在於分割後之各筆不動產上，不受不動產分割之影響。

98 年 7 月 23 日施行之修正民法第 824 條之 1 第 2 項規定，應有部分有抵押權或質權者，其權利不因共有物之分割而受影響。但有下列情形之一者，其權利移存抵押人或出質人所分得之部分：一、權利人同意分割。二、權利人已參加共有物分割訴訟。三、權利人經共有人告知訴訟而未參加者。另土地登記規則第 107 條規定「分別共有土地，部分共有人就應有部分設定抵押權者，於辦理共有物分割登記時，該抵押權按原應有部分轉載於分割後各宗土地之上。但有下列情形之一者，該抵押權僅轉載於原設定人分割後取得之土地上：一、抵押權人同意分割。二、抵押權人已參加共有物分割訴訟。三、抵押權人經共有人告知訴訟而未參加。」

民法第 824 條之 1（共有物分割）：共有人自共有物分割之效力發生時起，取得分得部分之所有權。

應有部分有抵押權或質權者，其權利不因共有物之分割而受影響。但有下列情形之一者，其權利移存於抵押人或出質人所分得之部分：

一、權利人同意分割。

二、權利人已參加共有物分割訴訟。

三、權利人經共有人告知訴訟而未參加。

前項但書情形，於以價金分配或以金錢補償者，準用第 881 條第 1 項、第 2 項（抵押權之消滅-物上代位性）或第 899 條第 1 項規定（質權之消滅－物上代位性）。

前條第三項之情形[以原物為分配時，如共有人中有未受分配，或不能按其應有部分受分配者，得以金錢補償之。（民法第 824 條第 3 項）]，如為不動產分割者，應受補償之共有人，就其補償金額，對於補償義務人所分得之不動產，有抵押權。

前項抵押權應於辦理共有物分割登記時，一併登記，其次序優先於第 2 項但書之抵押權。

(二) 所謂「效力發生時」，在協議分割，如分割者為不動產，係指於辦畢分割登記時；如為動產，係指於交付時。至於裁判分割，則指在分割之形成判決確定時。

※ 地政士 101 年申論題第 2 題（98 年 7 月 23 日施行之修正民法第 824 條之 1）

二、甲、乙共有土地一筆，應有部分甲為五分之四，乙為五分之一。請附理由回答下列問題：

(二) 甲請求分割共有物，因與乙無法達成協議，遂提起分割共有物之訴，經法院判決，該共有土地分配予甲，並命甲補償新臺幣 100 萬元予乙，乙對於甲之補償金債權，民法設有何種保障機制？

解析

※ 民法第 824 條之 1 對於受金錢補償之共有人，設有下列之保障機制：

1. 如為不動產分割者，應受補償之共有人，就其補償金額，對於補償義務人所分得之不動產，有抵押權。（民法第 824 條之 1 第 4 項）

2. 該項抵押權應於辦理共有物分割登記時，一併登記，其次序優先於第 2 項但書之抵押權。（民法第 824 條之 1 第 5 項）

※ 民法第 824 條之 1 須配合民法第 868 條：「抵押之不動產如經分割，或讓與其一部，或擔保一債權之數不動產而以其一讓與他人者，其抵押權不因此而受影響，即仍擔保債權之全部。」

※ 不動產經紀人 102 年選擇題第 14 題

(D) 14. 甲、乙、丙三人共有一筆 A 地，應有部分各三分之一。下列敘述何者錯誤？ (A)甲、乙二人得在未經丙同意的情況下，將 A 地出售與丁建設公司 (B)甲、乙二人得在未經丙同意的情況下，將 A 地出租與戊使用 (C)甲得在未經乙、丙同意的情況下，將其 A 地的應有部分設定抵押權與庚銀行 (D)甲、乙、丙三人經裁判分割 A 地時，須待分割登記完成時，才各自取得單獨所有權。

※ 98 年修法時增訂民法第 824 條之 1，其第 1 項規定：「共有人自共有物分割之效力發生時起，取得分得部分之所有權。」即明示採移轉主義，其效力係向後發生而非溯及既往。所謂「效力發生時」，在協議分割，如分割者為不動產，係指於辦畢分割登記時；如為動產，係指於交付時。至於裁判分割，則指在分割之形成判決確定時。

★ 各共有人分得物之擔保責任

各共有人，對於他共有人因分割而得之物，按其應有部分，負與出賣人同一之擔保責任。（民法第 825 條）

※ 不動產經紀人 111 年選擇題第 12 題

(D) 12. 下列何者非法律明文規定屬於連帶債務之性質？ (A)合夥財產不足清償合夥債務時，各合夥人對於該不足額之債務 (B)數人共同不法侵害他人權利所生之損害賠償債務 (C)共同繼承人對於被繼承人，於繼承所得遺產限度內之遺產債務 (D)共有人對於他共有人因分割而得之物，所負之擔保責任債務。

(三) 公同共有（98.1.23 修正公布）

1. 意義：依民法第 827 條規定：依法律規定、習慣或法律行為，成一公同關係之數人，基於其公同關係，而共有一物者，為公同共有人。前項依法律行為成立之公同關係，以有法律規定或習慣者為限。各公同共有人之權利，及於公同共有物之全部。

2. 共有人權利義務：公同共有人之權利義務，依其公同關係所由成立之法律、法律行為或習慣。第 820 條、第 821 條及第 826 條之 1 規定，於公同共有準用之。公同共有物之處分及其他之權利行使，除法律另有規定外，應得公同共有人全體之同意（98.1.23 修正公布）。

※ 不動產經紀人 99 年選擇題第 21 題

(B) 21. 下列有關公同共有之情形，何者不能準用分別共有之規定？ (A)公同共有物之分割 (B)公同共有人應有部分之自由處分 (C)公同共有物之管理 (D)公同共有物分割後之權利義務關係。

3. 共有物分割之限制：依民法第 829 條規定：公同關係存續中，各公同共有人，不得請求分割其公同共有物。

※ 不動產經紀人 106 年第選擇題第 22 題

(A) 22. 關於公同共有，下列敘述何者正確？ (A)公同關係存續中，各公同共有人，不得請求分割其公同共有物 (B)各公同共有人，得自由處分其應有部分 (C)公同關係，不以法律規定或習慣者為限 (D)各公同共有人之權利，僅及於公同共有物之應有部分。

4. 消滅：公同共有消滅之原因，依法有：
   ① 公同關係終止：公同共有之關係，自公同關係終止而消滅（民法第 830 條第 1 項前段）。
   ② 公同共有物已讓與：公同共有之關係，因公同共有物之讓與而消滅（民法第 830 條第 1 項後段）。

   公同共有關係終止後，公同共有物即可分割，「公同共有物之分割，除法律另有規定外，準用關於共有物分割之規定。」（民法第 830 條第 2 項）。

※ 不動產經紀人 107 年選擇題第 21 題

(C) 21. 下列何者並非公同共有關係？ (A)祭祀公業之派下員對不具法人資格的祭祀公業財產之關係 (B)合夥人對合夥財產之關係 (C)將一筆土地贈與且移轉登記予數人，受贈人對該贈與物之關係 (D)數人繼承遺產，於分割遺產前，各繼承人對於遺產全部之關係。

※ 不動產經紀人 100 年申論題第 2 題

二、甲、乙是兄弟，共同出資購買 A 地，應有部分各二分之一。嗣後甲、乙之父親死
　亡，二人共同繼承其遺產 B 地及 C 屋，應繼分均等。請問：(一)甲、乙在 A 地上
　之共有關係與在 B 地及 C 屋上之共有關係，其型態有何不同？試比較說明之。(二)
　應有部分與應繼分有何區別？

解析

(一) 1. 分別共有：數人按其應有部分，而共同享有一物有所有權者。「應有部分」，是
　　　分別共有的重要特徵，係指分別共有人對共有物所有權得行使權利之比例，而
　　　非指共有物之特定部分，這種比例是抽象的存在於共有物的每一個單位分子
　　　上，而不是具體的存在於共有物的某一特定部分。

　　2. 公同共有：依法律規定、習慣或法律行為，成一公同關係之數人，基於其公同
　　　關係，而共有一物者。

　　　(1) 法律規定：遺產為繼承人公同共有。民法第 1151 條：「繼承人有數人時，在
　　　　分割遺產前，各繼承人對於遺產全部為公同共有。」

　　　(2) 習慣：祭祀公業之財產，屬其派下所公同共有（最高法院 31 年上字第 149
　　　　號、39 年台上字第 364 號、40 年台上字第 998 號判例）。

　　　(3) 法律行為：民法第 668 條：「各合夥人之出資及其他合夥財產，為合夥人全體
　　　　之公同共有。」

　　　民法第 1031 條：「夫妻之財產及所得，除特有財產外，合併為共同財產，屬於
　　　夫妻公同共有。」

　　3. 甲、乙共同出資購買 A 地，應有部分各二分之一，乃按應有部分而共有一物，
　　　屬分別共有型態。甲、乙共同繼承其遺產 B 地及 C 屋，乃遺產之公同關係而共
　　　有一物，屬公同共有型態。

(二) 應有部分與應繼分有何區別，乃為分別共有與公同共有之區別：（口訣：原、有、
　　處、分、權、消）

　　1. 發生原因不同：

　　　(1) 分別共有：其發生得依當事人之意思任意為之。

　　　(2) 公同共有：其發生須以公同關係為前提，非如分別共有得任意成立。

　　2. 有無應有部分不同：

　　　(1) 分別共有：各共有人按其應有部份共一物。

　　　(2) 公同共有：各共有人依法律或契約成一公同關係。基公同關係而共有一物，
　　　　故無顯在應有部分。

　　3. 處分不同：

　　　(1) 分別共有：得自由處分其應有部分。

　　　(2) 公同共有：不生處分應有部分之問題。

4. 權利之行使方式不同：

(1) 分別共有：共有物之管理除契約另有約定外，應以多數決管理（民法第 820 條第 1 項共有物多數決管理）。共有物之簡易修繕及保存行為，得由各共有人單獨為之。（民法第 820 條第 5 項共有物單獨修繕及保存）

(2) 公同共有：公同共有物之處分及其他之權利行使，除法律另有規定外，應得公同共有人全體之同意。（民法第 828 條第 3 項共有物處分）

※ 祭祀公業可依土地法第 34 條之 1 第 5 項：「前四項規定，於公同共有準用之。」以多數決有權處分規定來處理過去長久無法解決的公同共有須全體公同共有人同意處分之問題。（100 年 6 月 15 日公布）

5. 分割之限制不同：

(1) 分別共有：各共有人，除法令另有規定外，得隨時請求分割共有物。但因物之使用目的不能分割或契約訂有不分割之期限者，不在此限。（民法第 823 條第 1 項共有物分割）

(2) 公同共有：公同關係存續中，各公同共有人，不得請求分割其公同共有物。（民法第 829 條公同共有物分割之限制）

6. 消滅不同：

(1) 分別共有：因共有物之分割或讓與而消滅。

(2) 公同共有：因公同共有物之分割、讓與或公同關係之終止而消滅。（民法第 830 條公同共有關係消滅）

釋字第 408 號耕地者，不得申請時效取得地上權登記：民法第 832 條規定，稱地上權者，謂以在他人土地上有建築物，或其他工作物，或竹木為目的而使用其土地之權。故設定地上權之土地，以適於建築房屋或設置其他工作物或種植竹林者為限。其因時效取得地上權而請求登記者亦同。土地法第 82 條前段規定，凡編為某種使用地之土地，不得供其他用途之使用。占有土地屬農業發展條例第 3 條第 11 款所稱之耕地者，性質上既不適於設定地上權，內政部於中華民國 77 年 8 月 17 日以台內地字第 62146 號函訂頒時效取得地上權登記審查要點第 3 點第 2 款規定占有人占有上開耕地者，不得申請時效取得地上權登記，與憲法保障人民財產權之意旨，尚無牴觸。

※ 不動產經紀人 109 年第選擇題第 14 題

(C) 14. 下列何者非屬公同共有之性質？　(A)繼承人有數人時，其繼承取得之遺產　(B)合夥人之合夥財產　(C)屬於社團法人名下之財產　(D)屬於夫妻共同財產制下之財產。

(四) 準共有

　　數人分別共有或公同共有所有權以外之財產權者，稱為準共有，因為共有之規定是專為所有權而設，故所有權以外之財產權（例如擔保物權。漁業權、礦業權、著作權等），參民法第 831 條規定：「本節規定，於所有權以外之財產權，由數人共有或公同共有者準用之。」

 參、用益物權

　　用益物權係指支配物之利用價值為內容之物權，包括：地上權、永佃權、地役權、典權，故物有設定用益物權者，通常即不得於同一物上再設定用益物權。所有權是個全面性支配標的物的權利，所有權的權能也最為完整，主要的權能包括有：處分、使用及收益等。而當所有權人不自己行使完整的所有權能，卻將部分權能授與第三人，則該第三人所取得者，即為「定限物權」。定限物權，依其權利內容的不同，又可分為用益物權與擔保物權，其中用益物權即是本章所要討論之重點[2]。

一、地上權

第一、普通地上權

(一) 意義： 依民法第 832 條規定：稱地上權者，謂以在他人土地上有建築物，或其他工作物，或竹木為目的而使用其土地之權。

(二) 地上權之取得

1. 基於法律行為取得者
   (1) 當事人合意以契約或因遺囑而設定地上權。
   (2) 因基地租賃而可得聲請為地上權之登記（土地法第 102 條）。
   (3) 地上權之讓與（民法第 838 條）。

---

[2] 謝在全著，民法物權論（中冊），（臺北：自行出版，2004 年 8 月修訂三版），第 49 頁。

2. 基於法律行為以外之原因取得者

(1) 取得時效：參民法第 772 條規定：「前五條之規定（所有權取得時效），於所有權以外財產權之取得，準用之。於已登記之不動產，亦同。」是否符合條件，實務上內政部訂頒有「時效取得地上權登記審查要點」。共有人或公同共有人之一人或數人，亦得就共有土地申請時效取得地上權登記。（釋字第 451 號：時效制度係為公益而設，依取得時效制度取得之財產權應為憲法所保障，業經本院釋字第 291 號解釋釋示在案。地上權係以在他人土地上有建築物，或其他工作物，或竹木為目的而使用其土地之權，故地上權為使用他人土地之權利，屬於用益物權之一種。土地之共有人按其應有部分，本於其所有權之作用，對於共有物之全部雖有使用收益之權，惟共有人對共有物之特定部分使用收益，仍須徵得他共有人全體之同意。共有物亦得因共有人全體之同意而設定負擔，自得為共有人之一人或數人設定地上權。於公同共有之土地上為公同共有人之一人或數人設定地上權者亦同。是共有人或公同共有人之一人或數人以在他人之土地上行使地上權之意思而占有共有或公同共有之土地者，自得依民法第 772 條準用同法第 769 條及第 770 條取得時效之規定，請求登記為地上權人。內政部中華民國 77 年 8 月 17 日台內地字第 621464 號函發布時效取得地上權登記審查要點第 3 點第 5 款規定，共有人不得就共有土地申請時效取得地上權登記，與上開意旨不符，有違憲法保障人民財產權之本旨，應不予適用。）

※ 不動產經紀人 106 年第選擇題第 21 題

(D) 21. 關於地上權，下列敘述何者正確？ (A)以公共建設為目的而成立之地上權，不得定有期限 (B)經設定地上權之土地，不得再設定抵押權 (C)同一土地上，得設定數則內容相同之地上權 (D)地上權亦得為時效取得之客體。

※ 不動產經紀人 97 年第 1 次選擇題第 11 題

(D) 11. 以在他人土地上有建築物，或其他工作物，或竹木為目的而使用其土地之權，是為： (A)地役權 (B)永佃權 (C)所有權 (D)地上權。

※ 不動產經紀人 98 年選擇題第 23 題

(A)23. 關於時效取得地上權，下列敘述何者錯誤？　(A)時效取得地上權之土地，以他
人未登記之土地為限　(B)占有人以建築物為目的而主張時效取得地上權者，不
以該建築物係合法建物者為限　(C)共有人之一人以在他共有人土地行使地上權
之意思而占有共有土地者，亦得主張時效取得地上權　(D)占有人於取得時效完
成後，仍須辦理地上權登記完畢後始取得地上權。（民§832）（**釋字第 291 號不
以合法建物者為限、釋字第 451 號共有人得主張時效取得地上權、民法第 772
條取得時效之準用**）

(2) 繼承：地上權人死亡時，其地上權依法由繼承人取得（民法第 1147
條、第 1148 條）。

(3) 法定地上權：民法第 876 條規定：「設定抵押權時，土地及其土地
上之建築物，同屬於一人所有，而僅以土地或僅以建築物為抵押
者，於抵押物拍賣時，視為已有地上權之設定，其地租、期間及範
圍由當事人協議定之。不能協議者，得聲請法院以判決定之。設定
抵押權時，土地及其土地上之建築物，同屬於一人所有，而以土地
及建築物為抵押者，如經拍賣，其土地與建築物之拍定人各異時，
適用前項之規定。」

※ 地政士 108 年申論題第 3 題

三、甲向乙借款 200 萬元，並以自己所有之 A 地設定抵押權，甲於清償期屆至時無力
償還借款。請附理由分別依下列不同情形回答問題：

(一) 如甲無力清償時，乙應如何實行抵押權？另假設於抵押權設定時，甲於 A 地上已
蓋有 B 屋，但僅就 A 地設定抵押權，則實行抵押權後拍定人可以依法主張何種權
利？

(二) 假設於抵押權設定後，甲另於 A 地上蓋有 B 屋，則乙為便於實行其抵押權，應對
法院為如何之主張？

解析

(一) 1. 乙實行抵押權應向法院聲請拍賣抵押物：依民法第 873 條規定，抵押權人於債
權已屆清償期而未受清償者，得聲請法院拍賣抵押物，就其賣得價金而受清
償。故抵押權之實行方式，原則上應向法院聲請拍賣抵押物，就其賣得價金優
先受清償。

2. 甲之 B 屋對於建築物基地有法定地上權，拍定人得請求甲給付地租：依民法第 876 條規定，設定抵押權時，土地及其土地上之建築物同屬一人所有，而僅以土地或僅以建築物為抵押者，於抵押物拍賣時，或土地及建築物均為抵押物，經拍賣，其所有人各異時，均視為建築物所有人就建築物之基地，有地上權之設定，其地租、期間及範圍由當事人協議定之，不能協議時，得聲請法院以判決定之。

題示於抵押權設定時，甲於 A 地上已蓋有 B 屋但僅就 A 地設定抵押權，A 地經抵押權實行拍賣後，B 屋所有人甲對於建築物之基地，視為有地上權之設定，亦即有法定地上權，拍定人不得請求甲拆屋還地，惟拍定人得請求甲給付地租。

(二) 乙得聲請法院將 B 屋與 A 地併付拍賣但對於 B 屋之價金無優先受清償之權：依民法第 877 條第 1 項規定，土地所有人於設定抵押權後，在抵押之土地上營造建築物者，抵押權人於必要時，得於強制執行程序中聲請法院將其建築物與土地併付拍賣。但對於建築物之價金，無優先受清償之權。題示甲於 A 地設定抵押權後在地上蓋有 B 屋，抵押權人乙於必要時，得於強制執行程序中聲請法院將其 B 屋與 A 地併付拍賣。但對於 B 屋賣得之價金，無優先受清償之權。

※ 地政士 106 年申論題第 3 題

三、甲所有之 A 地上有 B 屋，C 地上有 D 屋。甲將 B 屋出售予乙，並辦妥所有權移轉登記。甲復將 D 屋設定普通抵押權予丙，以擔保對丙之 500 萬元借款債務，甲嗣後因屆期無法清償對丙之借款，丙向法院聲請拍賣 D 屋，並由丁拍定，請問丁之 D 屋對甲之 C 地之法律關係為何？

解析

(一) 法定地上權定義

依據民法第 876 條規定：「設定抵押權時，土地及其土地上之建築物，同屬於一人所有，而僅以土地或僅以建築物為抵押者，於抵押物拍賣時，視為已有地上權之設定，其地租、期間及範圍由當事人協議定之。不能協議者，得聲請法院以判決定之。設定抵押權時，土地及其土地上之建築物，同屬於一人所有，而以土地及建築物為抵押者，如經拍賣，其土地與建築物之拍定人各異時，適用前項之規定。」

(二) 丁之 D 屋對甲之 C 地之法律關係為法定地上權

甲原為 C 土地及 D 屋所有權人，而甲將 D 屋設定普通抵押權予丙，以擔保對丙之 500 萬元借款債務，甲嗣後因屆期無法清償對丙之借款，丙向法院聲請拍賣 D 屋，並由丁拍定，造成土地與建築物所有權人各異之情形，依民法第 876 條規定，丁之 D 屋對甲之 C 地具有法定地上權之法律關係。

(三) 普通地上權之效力

1. 普通地上權人之權利

 (1) 土地之使用：地上權人的主要權利，即是使用土地，故設定地上權之土地，以適用於建築房屋或設置其他工作物者為限，其因時效取得地上權而請求登記者，亦同（釋字第 408 號）。

 (2) 權利處分（民法第 838 條；99 年修正）：地上權人得將其權利讓與他人或設定抵押權。但契約另有約定或另有習慣者，不在此限(I)。前項約定，非經登記不得對抗第三人(II)。地上權與其建築物或其他工作物，不得分離而為讓與或設定其他權利(III)。

※ 不動產經紀人 105 年選擇題第 23 題

(D)23. 有關地上權之敘述，下列何者正確？ (A)地上權乃為債權 (B)地上權人必須支付地租 (C)地上權之存續期間，有法定最長 20 年之限制 (D)地上權人原則上得將其權利讓與他人或設定抵押權。

 (3) 工作物之取回權（民法第 839 條；99 年修正）：地上權消滅時，地上權人得取回其工作物，但應回復土地原狀(I)。地上權人不於地上權消滅後 1 個月內取回其工作物者，工作物歸屬於土地所有人。其有礙於土地之利用者，土地所有人得請求回復原狀(II)。地上權人取回其工作物前，應通知土地所有權人。土地所有人願以時價購買者，地上權人非有正當理由，不得拒絕(III)。

 (4) 建築物之補償（民法第 840 條）：地上權人之工作物為建築物者，如地上權因存續期間屆滿而消滅，地上權人得於期間屆滿前，定 1 個月以上之期間，請求土地所有人按該建築物之時價為補償。但契約另有約定者，從其約定(I)。土地所有人拒絕地上權人前向補償之請求或於期間內不為確答者，地上權之期間應酌量延長之。地上權人不願延長者，不得請求前項之補償(II)。第 1 項之時價不能協議者，地上權人或土地所有人得聲請法院裁定之。土地所有人不願依裁定之時價補償者，是用前項之規定(III)。依第 2 項規定延長期間者，其其間有由土地所有人與地上權人協議定之；不能協議者，得

請求法院斟酌建築物與土地使用之利益，以判決定之(IV)。前項期間屆滿後，除經土地所有人與地上權人協議者外，不適用第 1 項及第 2 項之規定(V)。

(5) 有益費用求償權：地上權人為土地支出之改良費用，得類推適用土地法第 120 條之規定請求之。

(6) 相鄰權：民法第 774~798 條之規定，於地上權人間，或地上權人與土地所有人間，準用之（民法第 800 條之 1）。

(7) 土地之優先購買權：基地出賣時，地上權人有依同樣條件優先購買之權（土地法第 104 條）。

(8) 物上請求權：地上權人既然占有土地，本於占有人的身分，本來就可以行使物上請求權（民法第 962 條、民法第 767 條第 2 項）。

2. 普通地上權人之義務

(1) 支付地租：

① 依約支付地租：地上權人有依約支付地租之義務。且地上權人，縱因不可抗力妨礙其土地之使用，不可請求免除或減少租金（民法第 837 條）。（民法第 850 條之 4 第 1 項後段農育權人因不可抗力致收益減少或全無時，得請求減免其地租）

※ 不動產經紀人 101 年選擇題第 40 題

(C) 40. 甲有 A 地一筆，設定地上權於乙，下列敘述何者最正確？　(A)若乙積欠地租達 1 年之總額時，甲得不經催告終止地上權　(B)乙原則上不得將地上權讓與第三人丙，但地上權之期限逾 20 年者，不在此限　(C)因不可抗力而妨礙 A 地之使用時，乙不得請求甲減少地租　(D)地上權因建築物或其他工作物之滅失而消滅。

② 地租之增減與酌定（民法第 835 條之 1；99 年新增）：地上權設定後，因土地價值之升降，依原定地租給付顯失公平者，當事人得請求法院增減之(I)。未定有地租之地上權，如因土地之負擔增加，非當時所得預料，仍無償使用顯失公平者，土地所有人得請求法院酌定其地租(II)。（補充民法第 227 條之 2 與民法第 442 條得增減租金）

③ 地租登記對抗主義（民法第 836 條之 1；99 年新增）：土地所有權讓與時，已預付之地租，非經登記，不得對抗第三人。

※ 不動產經紀人 109 年選擇題第 18 題

(B) 18. 下列關於地上權之敘述，何者正確？ (A)地上權人若因不可抗力，妨礙其土地之使用，依法即得請求免除或減少租金 (B)土地所有權讓與時，地上權人已預付之地租，非經登記，不得對抗第三人 (C)地上權人須連續積欠地租達二年，土地所有人始得終止地上權 (D)地上權無支付地租之約定者，地上權人應於一年前通知土地所有人，始得拋棄其權利。

(2) 回復土地原狀與返還土地（民法第 839 條第 1 項但書）：地上權消滅時，地上權人應回復土地原狀。自包括返還土地於所有權人。

(3) 依約定方法使用土地（民法第 836 條之 2；99 年新增）：地上權人應依設定之目的及約定之使用方法，為土地之使用收益；未約定使用方法者，應依土地性質為之，並均應保持其得永續利用(I)。前項約定之使用方法，非經登記，不得對抗第三人(II)。

(四) 普通地上權之消滅

1. 存續期間屆滿
   (1) 地上權定有期限者，於期限屆滿時，地上權當然消滅，不當然發生變更為不定期之效果（70 台上 3676）。
   (2) 地上權未定有期限者，存續期間逾 20 年或地上權成立之目的已不存在時，法院得因當事人之請求，斟酌地上權成立之目的，建築物或工作物之種類，性質及利用狀況等情形，定其存續期間或終止其地上權（民法第 833 條之 1；99 年新增）。

※ 不動產經紀人 110 年選擇題第 17 題

(A) 17. 地上權未定有期限者，存續期間逾多少年或地上權成立之目的已不存在時，法院得因當事人之請求，斟酌地上權成立之目的、建築物或工作物之種類、性質及利用狀況等情形，定其存續期間或終止其地上權。下列何者正確？ (A)二十年 (B)十五年 (C)十年 (D)五年。

(3) 以公共建設為目的而成立之地上權，未定有期限者，以該建設使用目的完畢時，視為地上權之存續期限（民法第 833 條之 2；99 年新增）。

2. 地上權之拋棄

(1) 無支付地租之約定者：地上權無支付地租之約定者，地上權人得隨時拋棄其權利（民法第 834 條）。

(2) 定有期限：地上權定有期限，而有支付地租之約定，地上權人得支付未到期之 3 年分地租後，拋棄其權利（民法第 835 條第 1 項）。

(3) 未定期限：地上權未定有期限，而有支付地租之約定者，地上權人拋棄權利時，應於 1 年前通知土地所有人，或支付未到期之 1 年分地租（民法第 835 條第 2 項）。

※ 不動產經紀人 99 年選擇題第 25 題

(D)25. 以下關於地上權之敘述何者錯誤？ (A)地上權可以訂有期限，或為未定期限之地上權 (B)地上權可以為有償，亦可為無償 (C)以在他人土地上下之一定空間範圍內設定之地上權稱為區分地上權 (D)地上權如有支付地租之約定時，地上權人仍可以隨時拋棄其權利。

(4) 土地不能達原來使用之目的：

① 因不可歸責於地上權人之事由，致土地不能達原來使用之目的時，地上權人於支付前 2 項地租二分之一後，得拋棄其權利（民法第 835 條第 3 項前段）。

② 因可歸責於土地所有人之事由。致土地不能達原來使用之目的時。地上權人亦得拋棄其權利，並免支付地租（民法第 835 條第 3 項後段）。

※ 不動產經紀人 90 年第 2 次申論題第 2 題

二、何謂地上權？試回答下列問題：

(二) 地上權人可否任意拋棄地上權？如何為之？（口訣：未、定、租、用）

解析

1. 無支付地租之約定者：隨時拋棄其權利（民§834）。

2. 定有期限：支付未到期之 3 年分地租（民§835I）。

3. 未定期限：應於 1 年前通知土地所有人，或支付未到期之 1 年分地租（民§835 Ⅱ）。

4. 土地不能達原來使用之目的：
　　(1) 不可歸責於地上權人：地上權人於支付前 2 項地租二分之一。
　　(2) 可歸責於土地所有人：地上權人亦得拋棄其權利。

3. 積欠地租被終止
　　(1) 地上權人積欠地租達 2 年之總額，除另有習慣外，土地所有人得定
　　　　相當期限催告地上權人支付地租，如地上權人於期限內不為支付，
　　　　土地所有人得終止地上權。地上權經設定抵押權者，並應同時將該
　　　　催告之事實通知抵押權人（民法第 836 條第 1 項）。

※ 不動產經紀人 108 年選擇題第 8 題
(D) 8. 依我國民法，下列關於地上權之敘述，何者錯誤？　(A)地上權設定後，因土地
　　　價值之昇降，依原定地租給付顯失公平者，當事人得請求法院增減之　(B)地上
　　　權人，縱因不可抗力，妨礙其土地之使用，不得請求免除或減少租金　(C)地上
　　　權人得將其權利讓與他人或設定抵押權。但契約另有約定或另有習慣者，不在
　　　此限　(D)地上權人積欠地租達一年之總額，除另有習慣外，土地所有人得定相
　　　當期限催告地上權人支付地租。

　　(2) 地租之約定經登記者，地上權人讓與時，前地上權人積欠之地租應
　　　　併同計算。受讓人就前地上權人積欠之地租，應與讓與人連帶負清
　　　　償責任（民法第 836 條第 2 項）。
　　(3) 第一項終止，應向地上權人以意思表示為之。

4. 違反約定用益方法被終止：地上權人違反民法第 836 條之 2 第 1 項規
　　定，經土地所有人阻止而仍繼續為之者，土地所有人得終止地上權。地
　　上權經設定抵押權者，並應同時將該阻止之事實通知抵押權人（民法第
　　836 條之 3）。

5. 約定消滅事由發生：當事人如以特約約定消滅事由者，則其事由發生，
　　地上權即因之消滅。例如：約定土地所有權移轉時，則地上權消滅。

6. 標的物滅失或公用徵收：
　　(1) 地上權之標的物為土地，如土地滅失或被國家依法徵收，則地上權
　　　　亦隨之消滅（土地法第 208 條～第 247 條）。

(2) 但地上權，不因建築物或其他工作物之滅失而消滅（民法第 841 條）。因標的物仍存在，此稱為地上權之永續性。

※ 不動產經紀人 101 年選擇題第 16 題

(A) 16. 甲以其土地設定地上權於乙。下列敘述何者最正確？　(A)定有期限之地上權原則上不因建築物於所定期限內滅失而消滅　(B)甲、乙間不得設定未定有期限之地上權　(C)甲、乙間不得設定未定有地租之地上權　(D)因不可抗力致妨礙土地之使用時，乙得請求減免租金。

7. 混同：假設在土地上有地上權，結果又取得所有權，地上權會因混同而消滅，依民法第 762 條規定：「同一物之所有權及其他物權，歸屬於同一人者，其他物權因混同而消滅。」

第二、區分地上權

(一) **意義**：稱區分地上權者，謂以在他人土地上下之一定空間範圍內設定之地上權（民法第 841 條之 1）。例如：500 平方公尺的土地，可以只設 100 平方公尺，看土地所有權人及地上權人的約定，在辦登記時，依土地法第 108 條，提出繪製圖將位置劃好，讓地政機關登記。

(二) **區分地上權之效力**

1. 用益權相鄰關係的調整：區分地上權人得與其設定之土地上下有使用，收益權利之人，約定相互間使用收益之限制。其約定未經土地所有人同意者，於使用收益權消滅時，土地所有人不受該約定之拘束（民法第 841 條之 2 第 1 項）。前項約定非經登記不得對抗第三人（民法第 836 條之 2 第 2 項）。

2. 裁判延長區分地上權期間應斟酌第三人權益：法院依第 840 條第 4 項規定區分地上權之期間，足以影響第三人之權利者，應併斟酌該第三人之利益（民法第 841 條之 3）。

3. 地上權屆期消滅對第三人之補償：區分地上權依第 840 條規定，以時價補償或延長期間，足以影響第三人之權利時，應對該第三人為相當之補償。補償之數額以協議定之；不能協議時，得聲請法院裁定之（民法第 841 條之 4）。

4. 區分地上權與其他用益物權之優先效力：同一土地有區分地上權與以使用收益為目的之物權同時存在者，其後設定物權之權利行使，不得妨害先設定之物權（民法第 841 條之 5）。同一土地設定區分地上權後，宜許其得再設定用益物權。使用收益（用益物權）：地上權、農育權、不動產役權、典權（民法第 841 條之 5）。學理上稱無妨害原則。例如：

(1) 某甲設地上 100 公尺，某乙設地上 100 公尺完全相同，沒有辦法使用。

(2) 某甲設 100~200 公尺，某乙設 200~400 公尺，沒有完全相同，部分有重疊到，不同的地方各自使用，重疊的地方依民法第 841 條之 5，後設定者，不得妨害先設定之物權。(後設定者在睡眠狀態中)

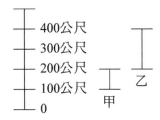

※ 不動產經紀人 105 年選擇題第 24 題

(D)24. 民法規定，區分地上權人得與其設定之土地上下有使用、收益權利之人，約定相互間使用收益之限制。其約定未經土地所有人同意者，於使用收益權消滅時，土地所有人不受該約定之拘束。此之「其設定之土地上下有使用、收益權利之人」不包含下列何種？　(A)普通地上權人　(B)不動產役權人　(C)農育權人　(D)典權人。

(三) 普通地上權規定之準用：區分地上權，除本節另有規定外，準用關於普通地上權之規定（民法第 841 條之 6）。

第三、修法趨勢

　　地上權之目的在促進土地利用，調和土地所有人與地上權人之關係，由於科技與建築技術日新月異，土地之利用趨向立體化之使用，已不限於地面，故現行法之規定已不符當前需求。法務部針對地上權作部分修正將

送立法院審議，本草案分設 2 節規範普通地上權（民法第 832 條至第 841 條）及區分地上權（民法第 841 條之 1 至第 840 條之 6），其中普通地上權部分，較重要者為因情勢變更之租金增減請求權（民法第 835 條之 1），以及已預付之地租、約定之使用方法及地上權不得處分經登記者，發生物權效力之規定（民法第 836 條之 1、第 836 條之 2）。就區分地上權部分，增訂其意義、設定要件、效力及準用普通地上權之規範。舉例而言：近年來，房地產市場價格高漲，買屋不買地的「地上權住宅」，成了熱銷商品，也就是消費者以低於市價購買入住，等到地上權期限（通常 50 年）屆滿時，土地所有權人就能依約取回土地並擁有房屋，或者雙方透過續約方式繼續使用，臺北 101 大樓就是最好的例子。另外也將導入「區分地上權」的概念，只要設定一定空間的地上權，就可完成公共工程，又可避免民怨，木柵貓纜就是經約定設定使用距地表高度 60 公尺以上到 73 公尺的範圍。

🖳 二、農育權

(一) 意義及期限

1. 稱農育權者，謂在他人之土地為農作，森林、養殖、畜牧、種植竹木保育之權（民法第 850 條之 1 第 1 項）。

2. 農育權之期限，不得逾 20 年；逾 20 年者，縮短為 20 年。但以造林、保育為目的或法令另有規定者，不在此限（民法第 850 條之 1 第 2 項）。

※ 不動產經紀人 107 年選擇題第 7 題

(C) 7. 下列有關農育權之敘述，何者錯誤？ (A)農育權係用益物權之一種 (B)農育權有支付地租約定者，農育權人因不可抗力致收益減少，得請求減免其地租 (C)農育權原則上係不定期限 (D)農育權人原則上得將其農育權讓與他人。

(二) 農育權之效力

1. 農育權人之權利：（口訣：改、回、押、租、用）

   (1) 使用收益權：農育權人得在農業生產或土地保育之範圍內，使用收益他人土地（民法第 850 條之 1 第 1 項）。

※ 民法第 850 條之 1 的使用收益要受到民法第 850 條之 6 的限制。

(2) 讓與及設定抵押：

① 農育權人得將其權利讓與他人（民法第 850 條之 3 第 1 項前段）。

② 設定抵押權（民法第 850 條之 3 第 1 項後段；民法第 882 條）。

③ 但契約另有約定或另有習慣者，不在此限（民法第 850 條之 3 第 1 項但書）。

④ 前項約定，非經登記，不得對抗第三人（民法第 850 條之 3 第 2 項）。

⑤ 農育權與其農育工作物不得分離而為讓與或設定其他權利（民法第 850 條之 3 第 3 項）。

※ 農育工作物，例如：水塔、倉庫，為了發揮經濟的功能，所以農育工作物，不得與農育權分離。

(3) 土地改良權：

① 農育權人得為增加土地生產力或使用便利之特別改良（民法第 850 條之 8 第 1 項）。

② 農育權人將前項特別改良事項及費用數額，以書面通知土地所有人，土地所有人於收受通知後，不即為反對之表示者，農育權人於農育權消滅時，得請求土地所有人返還特別改良費用。但以其現存之增價額為限（民法第 850 條之 8 第 2 項）。

③ 前項之請求權，因 2 年間不行使而消滅（民法第 850 條之 8 第 3 項）。

(4) 取回出產物及工作物：

① 農育權消滅時，農育權人得取回其土地上之出產物及農育工作物（民法第 850 條之 7 第 1 項）。

② 如出產物未及收穫而土地所有人又不願以時價購買者，農育權人得請求延長農育權，期間至出產物可收穫時為止，土地所有人不得拒絕。但延長之期間不得逾 6 個月（民法第 850 條之 7 第 3 項）。

(5) 地租調整權：農育權設定後，因土地價值之升降，依原定地租給付顯失公平者，當事人得請求法院增減之（民法第 850 條之 9 準用第 835 條之 1）。

★ 因不動產者之升降請求法院增減

　　1. 不動產租賃租金增減請求權（民法第 442 條）

　　　　租賃物為不動產者，因其價值之昇降，當事人得聲請法院增減其租金。但其租賃定有期限者，不在此限。

　　2. 地上權之地租之增減與酌定（民法第 835 條之 1；99 年新增）

　　　　地上權設定後，因土地價值之升降，依原定地租給付顯失公平者，當事人得請求法院增減之(I)。未定有地租之地上權，如因土地之負擔增加，非當時所得預料，仍無償使用顯失公平者，土地所有人得請求法院酌定其地租(II)。

　　3. 農育權地租之增減（民法第 850 條之 9 準用第 835 條之 1）

　　　　農育權設定後，因土地價值之升降，依原定地租給付顯失公平者，當事人得請求法院增減之。

　　4. 不動產役權之地租增減（民法第 859 條之 2 準用第 835 條之 1）

　　　　地租增減權：地租因不動產價值升降，當事人得請求法院增減之。

2. 農育權人之義務：（口訣：原、租、用）

　(1) 支付地租：

　① 農育權有支付地租之約定者，農育權人有支付地租之義務（民法第 850 之 4 第 1 項前段）。

　② 但農育權人因不可抗力致收益減少或全無時，得請求減免其地租或變更原約定土地使用之目的（民法第 850 條之 4 第 1 項後段）。（民法第 837 條地上權人，縱因不可抗力妨礙其土地之使用，不可請求免除或減少租金）

　③ 土地所有權讓與時，已預付之地租，非經登記，不得對抗第三人（民法第 850 條之 9 準用民法第 836 條之 1）。

　(2) 依設定目的及約定方法為使用收益：

　① 農育權人應依設定之目的及約定之方法，為土地之使用收益（民法第 850 條之 6 第 1 項前段）。

　② 未約定使用方法者，應依土地之性質為之，並均應保持其生產力或得永續利用（民法第 850 條之 6 第 1 項後段）。

(3) 返還土地並回復原狀：農育權消滅時，農育權人取回工作物應回復土地原狀（民法第 850 條之 7 第 2 項準用民法第 839 條）自包括返還土地。

(三) 農育權之消滅（口訣：拋、用、期、欠、租、約）

1. 因違法轉租而終止：農育權人不得將土地或農育工作物出租於他人，違反者，土地所有人得終止農育權（民法第 850 條之 5）。

2. 不能依原約定目的使用而終止：農育權人因不可抗力致不能依原約定目的使用者，當事人得終止之（民法第 850 條之 4 第 2、3 項）。

3. 違反設定目的及約定方法而終止
   (1) 農育權人違反設定目的及約定方法而使用收益，經土地所有人阻止，而繼續為之者，土地所有人得終止農育權（民法第 850 條之 6 第 2 項前段）。
   (2) 農育權經設定抵押權者，並應同時將該阻止之事實通知抵押權人（民法第 850 條之 6 第 2 項後段）。

4. 積欠地租被終止
   (1) 農育權人積欠地租達 2 年之總額，除另有習慣外，土地所有人得定相當期限催告農育權人支付地租，如農育權人於期限內不為支付，土地所有人得終止農育權。（地上權人積欠地租達 2 年之總額催告得終止地上權民法第 836 條第 1 項）
   (2) 農育權經設定抵押權者，並應同時將該催告之事實通知抵押權人（民法第 850 條之 9 準用民法第 836 條）。

5. 未定期限者得隨時終止
   (1) 農育權權未定有期限時，除以造林、保育為目的者外，當事人得隨時終止之（民法第 850 條之 2 第 1 項）。
   (2) 但應於 6 個月前通知他方當事人（民法第 850 條之 2 第 2 項）。

6. 拋棄農育權（與地上權人拋棄地上權一樣）

(1) 無支付地租約定者得隨時拋棄其權利（民法第 850 條之 9 準用民法第 834 條）。

(2) 農育權定有期限，而有支付地租之約定者，農育權人得支付未到期之 3 年分地租後，拋棄其權利（民法第 850 條之 9 準用民法第 835 條第 1 項）。

(3) 農育權未定有期限，而有支付地租之約定者，農育權人拋棄時，應於 1 年前通知土地所有人，或支付未到期之 1 年分地租（民法第 850 條之 9 準用民法第 835 條第 2 項）。

(四) 修法趨勢： 永佃權之設定，將造成土地所有權人與使用權人永久分離，且隨著社會變遷後的農地政策改變，實務上各地政事務所少有永佃權之登記，因此修正將本章刪除，並於民法物權編施行法第 13 條之 2 增訂過渡條款，規範在修正施行前已發生之永佃權，有消滅之機制，以避免其永久存在。刪除永佃權章後，將欠缺以農業使用、收益為內容之用益物權，使用益物權體系的完整性有所欠缺，故草案另創設農育權。農育權之特色係存在於他人土地，以農作、森林、養殖、畜牧、或保育為目的之用益物權，使用上並包括為達成上開目的所設置、維持之相關農業設施。草案之主要架構係以普通地上權為主軸，再依農育權之特質及配合農業發展之需要，增設規定，並特別注重生態保育（民法第 850 條之 1）、增進土地資源之有效利用與其永續性（民法第 850 條之 6），其餘則準用地上權之規定。另創設農育權[3]。

三、不動產役權（過去稱地役權）

(一) 意義： 稱不動產役權者，謂以他人不動產供自己不動產通行、汲水、採光、眺望、電信或其他以特定便宜之用為目的之權（民法第 851 條）。

---

[3] 聯合報，98 年 8 月 6 日，16 版。

※ 不動產經紀人 105 年選擇題第 25 題

(C) 25. 以他人不動產供自己不動產通行、汲水、採光、眺望、電信或以其他特定便宜
之用者，稱為： (A)農育權 (B)抵押權 (C)不動產役權 (D)土地租賃權。

(二) 不動產役權之特性

1. 從屬性：不動產役權不得由需役不動產分離而為讓與，或為其他權利之
標的物（民法第 853 條）。

※ 不動產經紀人 102 年選擇題第 28 題

(B) 28. 甲所有的 A 地因通行之需在乙的 B 地上設定不動產役權。下列敘述何者錯誤？
(A)甲得將 A 地設定抵押權與丙銀行 (B)甲得將 B 地上的不動產役權單獨讓與
給丁 (C)嗣後 A 地分割並讓與，為戊、己所有，戊、己皆享有 B 地上的不動產
役權 (D)嗣後 B 地分割並讓與，為庚、辛所有，甲的不動產役權仍存在庚、辛
受讓的 B 地上。

※ 民法第 853 條：不動產役權不得由需役不動產分離而為讓與，或為其他權利之標的物。

2. 不可分性

(1) 需役不動產之不可分性：

需役不動產經分割者，其不動產役權為各部分之利益仍為存續。但
不動產役權之行使，依其性質祇關於需役不動產之一部分者，僅就
該部分仍為存續（民法第 856 條）。

(2) 供役不動產之不可分性：

供役不動產經分割者，不動產役權就其各部分仍為存續。但不動產
役權之行使，依其性質祇關於供役不動產之一部分者，僅對於該部
分仍為存續（民法第 857 條）。

(三) 不動產役權之取得

1. 基於法律行為：大多因契約設定而來。

※ 不動產經紀人 108 年選擇題第 16 題

(C) 16. 就下列甲、乙間之法律關係，何者為非經登記不生效力的情形？ (A)甲、乙間
締結買賣甲之不動產的契約時 (B)乙繼承被繼承人甲之不動產時 (C)甲以其土
地供乙設定不動產役權時 (D)甲將其有抵押權擔保之債權讓與予乙時。
民法第 859-4 條不動產役權，亦得就自己之不動產設定之。

※ 不動產役權設定登記須知－申請人應備證件（證明文件須繳驗正本）

（一）土地登記申請書。（二）不動產役權設定契約書正副本（依民法第 859 條之 4 規定，以自己之不動產設定之不動產役權，則檢附不動產役權設定清冊）。（三）所有權狀。（四）申請人身分證明。（五）義務人印鑑證明。（六）其他依法律規定應提出之證明文件。

2. 基於法律行為以外之事實：

(1) 主要指取得時效，不動產役權因時效而取得者，以繼續並表見者為限（民法第 852 條第 1 項）。

(2) 前項情形，需役不動產為共有者，共有人中一人之行為，或對於共有人中一人之行為，為他共有人之利益，亦生效力（民法第 852 條第 2 項）。

(3) 向行使不動產役權取得時效之各共有人為中斷時效之行為者，對全體共有人發生效力（民法第 852 條第 3 項）。

※ 不動產經紀人 97 年第 1 次選擇題第 15 題

(B) 15. 以他人之土地供自己土地便宜之用，是為： (A)地上權 (B)地役權 (C)所有權 (D)抵押權。

(四) 不動產役權之效力

1. 不動產役權人之權利：（口訣：取、效、土、地、隨、變、上）

(1) 土地使用：此乃用益物權之本質，不動產役權人自得依不動產役權之內容，使用供役之土地或定著物。

(2) 必要附隨行為權：不動產役權人因行使或維持其權利，得為必要之附隨行為。但應擇於供役不動產損害最少之處所及方法為之（民法第 854 條）。所謂必要之附隨行為指不動產役權人為遂行其權利之目的，於行使其不動產役權或維持其不動產役權，而有另須為之必要行為，如汲水不動產役權於必要時，得為埋設涵管或通行之附隨行為。

(3) 物上請求權：物上請求權之規定，於不動產役權，準用之（民法第 767 條第 2 項）。

(4) 不動產役權處所或方法變更權：供役不動產所有人或不動產役權人因行使不動產役權之處所或方法有變更之必要，而不甚礙不動產役權人或供役不動產所有人權利之行使者，得以自己之費用，請求變更之（民法第 855 條之 1）。

(5) 取回工作物：不動產役權消滅時，不動產役權人所為之設置，準用第 839 條規定取回之（民法第 859 條之 1）。

(6) 不動產役權與其他用益物權間之效力：同一不動產上有不動產役權與以使用收益為目的之物權同時存在者，其後設定物權之權利行使，不得妨害先設定之物權（民法第 851 條之 1）。因不動產役權多不具獨占性，宜不拘泥於用益物權之排他效力，俾使物盡其用。

(7) 地租增減權：地租因不動產價值升降，當事人得請求法院增減之（民法第 859 條之 2 準用第 835 條之 1）。

2. 不動產役權人之義務：（口訣：設、收、回）

(1) 維持設置之義務：

① 不動產役權人因行使權利而為設置者，有維持其設置之義務；其設置由供役不動產所有人提供者，亦同（民法第 855 條第 1 項）。

② 供役不動產所有人於無礙不動產役權行使之範圍內，得使用前項之設置，並應按其受益之程度，分擔維持其設置之費用（民法第 855 條第 2 項）。

(2) 依設定目的及約定方法為使用收益：

① 不動產役權人應依設定之目的及約定之使用方法，為不動產之使用收益。

② 未約定使用方法者，應依不動產之性質為之，並均應保持其得永續利用（民法第 859 條之 2 準用第 836 條之 2）。

(3) 回復原狀：不動產役權消滅時，不動產役權人應回復不動產原狀（民法第 859 條之 1）。

(五) 不動產役權之消滅（口訣：消、失、違、法、棄、租）

1. 不動產役權滅失或不堪使用：

   (1) 不動產役權因需役不動產滅失或不堪使用而消滅（民法第 859 條第 2 項）。

   (2) 供役不動產滅失或不堪使用者，不動產役權自然亦隨之消滅。

2. 法院宣告：不動產役權之全部或一部無存續之必要時，法院因供役不動產所有人之請求，得就其無存續必要之部分，宣告不動產役權消滅（民法第 859 條第 1 項）。

3. 不動產役權人拋棄不動產役權：

   (1) 若無支付地租得隨時拋棄（民法第 859 條之 2 準用第 834 條）。

   (2) 有支付地租者支付未到期 1 年或 3 年分地租後拋棄（民法第 859 條之 2 準用第 835 條）。

4. 約定消滅事由發生：例如當事人設定地上權時，約定當供役土地上建屋時，不動產役權即消滅。

5. 不動產役權積欠地租被終止：不動產役權人積欠地租達 2 年之總額，除另有習慣外，不動產所有人得訂相當期限催告不動產役權人支付地租，如不動產役權人於期限內不為支付，不動產所有人得終止不動產役權（民法第 859 條之 2 準用第 836 條）。

6. 不動產役權人違約使用被終止：不動產役權人違反設定目的及約定方法為使用收益者，經不動產所有人阻止而仍繼續為之者，不動產所有人得終止不動產役權（民法第 859 條之 2 準用第 836 條之 3）。

(六) **修法趨勢：** 地役權之現行規定係以供役地供需役地便宜之用為內容，但隨著社會的進步，現行法僅限於土地之利用關係已難以滿足實際需要，為促進土地及定著物的利用價值，將需役與供役之客體，從土地擴張至其他不動產，修正第 851 條之規定為：「稱不動產役權者，謂以他人不動產供自己不動產通行、汲水、採光、眺望、電信或其他以特定便宜之用為目的之權。」並修改本章章名為「不動產役權」。

四、典權

(一) 意義：稱典權者謂支付典價在他人之不動產為使用，收益於他人不回贖時，取得該不動產所有權之權（民法第 911 條）。

(二) 典權得定期限

1. 典權約定期限不得逾 30 年，逾 30 年者縮短為 30 年（民法第 912 條）。

2. 典權定有期限者，於期限屆滿後，出典人得以原典價回贖典物。出典人於典期屆滿後，經過 2 年，不以原典價回贖者，典權人即取得典物所有權（民法第 923 條）。

3. 若典權未定期限者，出典人得隨時以原典價回贖典物。但自出典後經過 30 年不回贖者，典權人即取得典物所有權（民法第 924 條）。

4. 絕賣條款：
   (1) 典權之約定期限不滿 15 年者，不得附有到期不贖即作絕賣之條款（民法第 913 條第 1 項）。
   (2) 典權附有絕賣條款者，出典人於典期屆滿不以原典價回贖時，典權人即取得典物所有權（民法第 913 條第 2 項）。
   (3) 絕賣條款非經登記，不得對抗第三人（民法第 913 條第 3 項）。

(三) 典權之發生：基於法律行為以外之事實，主要是由於繼承與取得時效。

(四) 典權人的權利義務

1. 典權人的權利（口訣：求、鄰、收、買、建、地、轉、讓、租）
   (1) 使用收益典物：典權人可依典權而對典物為使用收益。亦即典權人除契約另有訂定或另有習慣外，可以出租典物而收取租金（民法第 915 條第 1 項）。
   (2) 轉典權：
   ① 典權存續中，典權人得將典物轉典或出租於他人。但契約另有約定，或另有習慣者，依其約定或習慣（民法第 915 條第 1 項）。

② 典權定有期限者，其轉典或租賃，不得逾原典權之期限，未定期限者，其轉典或租賃，不得定有期限（民法第 915 條第 2 項）。

③ 轉典之典價，不得超過原典價（民法第 915 條第 3 項）。

④ 土地及其土地上之建築物同屬一人所有，而為同一人設定典權者，典權人就該典物不得分離而為轉典或就其典權分離而為處分（民法第 915 條第 4 項）。

⑤ 典權人對於典物因轉典或出租所受之損害，負賠償責任（民法第 916 條）。

⑥ 經轉典之典物，出典人向典權人為回贖之意思表示時，典權人不於相當期間向轉典權人回贖並塗銷轉典權登記者，出典人得於原典價範圍內，以最後轉典價逕向最後轉典權人回贖典物（民法第 924 條第 1 項）。

⑦ 前項情形，轉典價低於原典價者，典權人或轉典權人得向出典人請求原典價與轉典價間之差額。出典人並得為各該請求權人提存其差額（民法第 924 條第 2 項）。

⑧ 前 2 項之規定，於下列情形亦適用之：

A. 典權人預示拒絕塗銷轉典權登記。

B. 典權人行蹤不明或有其他情形致出典人不能為回贖之意思表示（民法第 924 條第 3 項）。

(3) 讓與：

① 典權人得將典權讓與他人或設定抵押權（民法第 917 條第 1 項）。

② 典物為土地，典權人在其上有建築物者，其典權與建築物，不得分離而為讓與或其他處分（民法第 917 條第 2 項）。其立法意旨在避免因建築物與土地之使用權人不同造成法律關係複雜之困擾。

(4) 留買權（**物權效力**）：

① 出典人將典物出賣於他人時，典權人有以相同條件留買之權（民法第 919 條第 1 項）。

② 前項情形出典人以書面通知典權人。典權人於收受出賣通之後 10 日內不以書面表示依相同條件留買者，其留買權視為拋棄（民法第 919 條第 2 項）。

③ 出典人違反前項通知之規定而將所有權移轉者，其移轉不得對抗典權人（民法第 919 條第 3 項）。

(5) 重建修繕權：

① 典權存續中，典物因不可抗力致全部或一部滅失者，除經出典人同意外。典權人僅得於滅失時滅失部分之價值限度內為重建或修繕。原典權對於重建之物，視為繼續存在（民法第 921 條）。（民法第 881 條抵押權除法律另有規定外，因抵押物滅失而消滅。）

② 因典物滅失受賠償而重建者，原典權對於重建之物，視為繼續存在（民法第 922 條之 1）。

(6) 費用求償權：典權人因支付有益費用，使典物價值增加，或依第 921 條規定。重建或修繕者，於典物回贖時，得於現存利益之限度內，請求償還（民法第 927 條第 1 項）。

(7) 相鄰權：第 774 條至第 800 條之規定，於典權人準用之（民法第 800 條之 1）。

(8) 租賃關係的推定：

① 土地及其土地上之建築物同屬一人所有，而僅以土地設定典權者，典權人與建築物所有人間，推定在典權或建築物存續中，有租賃關係存在，其僅以建築物設定典權者，典權人與土地所有人間，推定在典權存續中，有租賃關係存在，其分別設定典價者，典權人相互間，推定在典權均存續中，有租賃關係存在（民法第 924 條之 2 第 1 項）。

② 前項情形其租金數額當事人不能協議時，得請求法院以判決定之（民法第 924 條之 2 第 2 項）。

③ 前述規定中，就建築物典權用益需要所推定之租賃關係，性質上為基地租賃，應適用民法第 422 條之 1，亦有地上權登記請求權。

④ 基於以使用收益為目的之物權或租賃關係而使用需役不動產者，亦得為該不動產設定不動產役權（民法第 859 條之 3）。

(9) 法定地上權：

① 典權人取得典物所有權致土地與建築物各異其所有人時：土地及其土地上之建築物同屬一人所有，而僅以土地或建築物設定典權或分別設定典權者，於典權人依：

A. 第 913 條第 2 項有絕賣條款出典人不回贖。

B. 第 923 條第 2 項典期屆滿 2 年仍不回贖。

C. 第 924 條之 2 第 3 項出典經過 30 年不回贖。

規定取得典物所有權，致土地與建築物各異其所有人時，準用第838 之規定（民法第 924 條之 2 第 3 項）。

② 出典人不願依建築物時價補償：

A. 典物為土地，出典人同意典權人在上營造建築物者，除另有約定外，於典物回贖時，應按該建築物之時價補償之，出典人不願補償者，於回贖時視為已有地上權之設定（民法第 927 條第 3 項）。

B. 出典人願依前項規定為補償而就時價不能協議時，得聲請法院裁定之，其不願依裁定之時價補償者，於回贖時亦視為已有地上權之設定（民法第 927 條第 4 項）。

※ 不動產經紀人 98 年選擇題第 29 題

(B) 29. 下列何者非屬典權人之權利？ (A)轉典權 (B)找貼權 (C)留買權 (D)相鄰權。（相鄰關係之準用）

2. 典權人的義務（口訣：擔、保、物、還、稅）

(1) 保管典物：典權人應妥善保管典物，以便將來出典人回贖時，得以原物返還，若在典權存續中，因典權人之過失，致典物權全部或一部滅失者，典權人於典價額限度內，負其責任。但因故意或重大過失。致減失者，除將典價抵償損害外，如有不足，仍應賠償（民法第 922 條）。

(2) 分擔危險：

① 採危險平均分擔原則，亦即典權存續中，典物因不可抗力至全部或一部滅失者就其滅失之部分，典權與回贖權，均歸消滅（民法第 920 條第 1 項）。

② 前項情形，出典人就典物之餘存部分，為回贖時，得由原典價扣除減失部分之典價。其滅失部分之典價，依減失時滅失部分之價值與減失時典物之價值比例計算之（民法第 920 條第 2 項）。

(3) 依典物性質為使用收益：

① 典權人應依典物之性質為使用收益，並應保持其得永續利用（民法第 917 條之 1 第 1 項）。

② 典權人違反前項規定，經出典人阻止而仍繼續為之者，出典人得回贖其典物。典權經設定抵押權者，並應同時將該阻止之事實通知抵押權人（民法第 917 條之 1 第 2 項）。此係為維護出典人權益及不動產資源之永續性。

(4) 繳納稅捐：設有典權之土地，地價稅由典權人繳納（土地法第 172 條）。

(5) 返還典物：出典人回贖典物後，典權人即應返還之。

(五) 出典人的權利義務

1. 出典人的權利（口訣：**讓、保、物**）

(1) 典物所有權之讓與：

① 出典人設定典權後，得將典物讓與他人。但典權不因此受影響（民法第 918 條）。

② 但典權人有以相同條件留買之權（民法第 919 條第 1 項）。

③ 若出典人於典權存續中，表示讓與典物所有權於典權人者，典權人得按時價找貼，取得典物所有權（民法第 926 條第 1 項）。

④ 找貼者，即找回讓與時典物市價與典價之差額。找貼以一次為限（民法第 926 條第 2 項）。

※ 不動產經紀人 101 年申論題第 2 題

二、甲將 A 地出租於乙，供乙在其上停放遊覽車 3 年；租賃存續中，甲復將 A 地出典於丙後賣與丁，並完成登記。試問：何人得對乙收取租金？何人應返還乙押租金？

解析

(一) 須視丙有無行使留買權

1. 民法第 919 條：出典人將典物出賣於他人時，典權人有以相同條件留買之權。前項情形，出典人應以書面通知典權人。典權人於收受出賣通知後 10 日內不以書面表示依相同條件留買者，其留買權視為拋棄。出典人違反前項通知之規定而將所有權移轉者，其移轉不得對抗典權人。

2. 甲將 A 地出典給丙後賣給丁，未以書面通知丙行使留買權，縱已完成移轉登記給丁，其移轉不能對抗典權人丙，丙可行使留買權，對丁主張塗銷並回復登記為甲，並請求甲辦理移轉登記為丙所有。

3. 依據民法第 425 條第 1 項：出租人於租賃物交付後，承租人占有中，縱將其所有權讓與第 3 人，其租賃契約，對於受讓人仍繼續存在。

4. 丙行使留買權並取得 A 地所有權，該租賃契約對受讓人丙繼續存在，丙應承受租賃契約成為出租人。對乙主張租金收取權。

5. 甲將 A 地出典給丙後賣給丁，有以書面通知丙，丙 10 天內未主張優先購買權，已完成移轉登記給丁，丁得對乙收取租金。

(二) 押租金返還

1. 最高法院 65 年台上字 156 號判例：民法第 425 條所謂對於受讓人繼續存在之租賃契約，係指民法第 421 條第 1 項所定意義之契約而言，若因擔保承租人之債務而接受押租金，則為別一契約，並不包括在內，此項押租金契約為要物契約，以金錢之交付為其成立要件，押租金債權之移轉，自亦須交付金錢，始生效力，出租人未將押租金交付受讓人時，受讓人既未受押租金債權之移轉，對於承租人自不負返還押租金之義務。

2. 甲若未將押租金交付給丙，甲應對乙負返還責任，若甲已將押租金交付給丙，丙應對乙負返還責任。

(2) 擔保物權之設定：出典人將不動產設定典權後，在不妨害典權範圍內，仍得設定抵押權或其他擔保物權（釋字第 139 號）。

(3) 回贖典物：

① 典權定有期限者，於期限屆滿後，出典人得以原典價回贖典物。出典人於典期屆滿後，經過 2 年不以原典價回贖者，典權人即取得典物所有權（民法第 923 條）。

② 若典權未定期限者，出典人得隨時以原典價回贖典物。但自出典後經過 30 年不贖回者，典權人即取得典物所有權（民法第 924 條）。

③ 出典人之回贖，應於 6 個月前通知典權人（民法第 925 條）。

2. 出典人之義務（口訣：保、費）

(1) 費用返還：典權人因支付有益費用，使典物價值增加，或為典物支出之重建或修繕費，於典物回贖時，得於現存利益之限度內請求償還（民法第 927 條第 1 項）。

※ 不動產經紀人 106 年選擇題第 29 題

(C) 29. 依民法規定，就典權者，謂支付典價在他人之不動產為使用、收益，於他人不回贖時，取得該不動產所有權之權。下列關於典權之敘述，何者錯誤？ (A)典權人對於典物因轉典所受之損害，負賠償責任 (B)典權之約定期限超過 15 年時，當事人間得附有到期不贖即作絕賣之條款 (C)典權人為典物支出有益費用，使典物增加價值，不論該增益價值是否仍然存在，得請求出典人償還 (D)未定期限之典物，出典人得隨時以原典價回贖典物，但自出典後經過 30 年不回贖者，典權人即取得典物所有權。

(2) 瑕疵擔保：典權契約係有償契約，應依民法第 347 條，準用買賣之規定使出典人對典權人負典物之瑕疵擔保責任。

(六) 典權的消滅（口訣：找、回）

1. 回贖或逾期不回贖：回贖是指出典人向典權人提出以原典價換回典物，而消滅典權之單獨行為。故一經回贖典權即消滅。但出典人逾越得回贖之期限而不回贖者，則因典權人取得典物之所有權，典權亦歸消滅。

2. 找貼：即在典權存續中，出典人將典物所有權讓與典權人，而再取得典物時價與典價之差額，則典權與所有權混同而消滅。

(七) 修法趨勢： 為了要讓臺商根留臺灣，法務部也將典權作一修正，本次共增修 14 條，較重要者為修正典權之意義、典權處分之一體性及其

得設定抵押權（民法第 915 條與第 917 條）、典權人之留買權（民法第 919 條）等；並增加典權人使用土地之方法及違反效果之規範（民法第 917 條之 1）、出典人於典物轉點時之回贖（民法第 924 條之 1）等，使典權制度更臻完善。將送立法院審議，例如臺商到國外投產缺乏資金，可將在臺閒置不用的廠房出典給第三人使用收益，經過一定期間後，臺商如欲返臺發展，就可贖回廠房繼續經營[4]。

肆、擔保物權

擔保物權的意義係指以支配物之交換價值為內容之物權，而其目的在於取得標的物之交換價值，藉以確保債務之清償，故又稱為價值權，通常同一物可以有多數擔保物權存在。而既然擔保物權的作用是在確保債務清償，故擔保物權之成立，必須以先有債權存在為前提，否則無從顯現擔保之功能。故擔保物權的本質上有從屬性。就擔保之方法而言，可分為人的擔保與物的擔保兩者，前者即保證人制度，後者即擔保物權，由於保證契約僅係從屬於主債權契約之從契約，屆時保證人如未能履行其保證責任，債權人仍須依民事訴訟程序取得勝訴之確定終局判決後（強制執行法第 4 條第 1 項第 1 款），才能對保證人之財產為強制執行，屆時保證人是否有財產足供強制執行，則仍屬未知。但擔保物權已經取得標的物之交換價值，如債務人不能清償，即可經法院裁定迅速取得執行名義（強制執行法第 4 條第 1 項第 5 款），且可優先於普通債權而受清償，由此顯見擔保物權的作用勝於保證人制度，因此社會上在辦理融資時，均會要求債務人提供標的物設定擔保物權，其中又以抵押權最為常用。擔保物權包含抵押權、質權、留置權。

---

4 聯合報，98 年 8 月 6 日，16 版。

一、抵押權

(一) 抵押權之四大特性（口訣：不、追、從、物）

1. 抵押權之從屬性：係指抵押權之發生、移轉及消滅，均應從屬於原擔保之債權。

   (1) 成立之從屬性。抵押權的發生，必定以主債權存在為前提，否則無法發揮擔保的作用。故債權若不存在，抵押權亦不存在。

   (2) 移轉之從屬性：依民法第 870 條規定：抵押權不得由債權分離而為讓與且抵押權不得由債權分離而為其他債權之擔保。因為抵押權既從屬於主債權，故不得與其分離。反之，讓與債權時，該債權之擔保，隨同移轉於受讓人（民法第 295 條第 1 項前段）。

※ 不動產經紀人 105 年選擇題第 26 題

(D) 26. 有關抵押權之特性，下列敘述何者錯誤？　(A)當不動產所有人設定抵押權後，其抵押權不因該不動產之物權讓與而受影響　(B)抵押之不動產如經分割，其抵押權不因該不動產經分割或讓與一部而受影響　(C)以抵押權擔保之債權，其抵押權不因該債權經分割或讓與一部而受影響　(D)抵押權之獨立性在於其得由債權分離而為讓與，或為其他債權之擔保。（辦理抵押權設定登記時須繳納登記費及書狀費，登記費依設定金額千分之一計收，書狀費為每張新臺幣 80 元）

   (3) 消滅之從屬性：依民法第 307 條規定：債之關係消滅者，其債權之擔保及其他從屬之權利亦同時消滅。

2. 抵押權之追及性：不動產所有人設定抵押權後，得將不動產讓與他人。但其抵押權不因此而受影響（民法第 867 條）。

3. 抵押權之不可分性：抵押權擔保之債權於未受全部清償時，抵押權人得就抵押物之全部行使權利。

   (1) 抵押物分割：抵押之不動產如經分割，或讓與其一部，或擔保一債權之數不動產而以其一讓與他人者，其抵押權不因此而受影響，即仍擔保債權之全部（民法第 868 條）。

(2) 債權分割：以抵押權擔保之債權，如經分割或讓與其一部者，其抵押權不因此而受影響，即仍擔保債權之各部（民法第 869 條）。

4. 物上代位性：係指抵押物因滅失、毀損而得受賠償金者，該賠償金則成為抵押物之代替物，抵押權人仍得就該代替物行使抵押權。

(1) 抵押物滅失：抵押權除法律另有規定外，因抵押物滅失而消滅。但抵押人因滅失得受賠償或其他利益者，不在此限。抵押權人對於前述抵押人所得行使之賠償或其他請求權有權利質權，其次序與原抵押權同。給付義務人因故意或重大過失向抵押人為給付者，對於抵押權人不生效力（民法第 881 條第 1、2、3 項）。

※ 典權存續中，典物因不可抗力致全部或一部滅失者，除經出典人同意外，典權人僅得於滅失時滅失部分之價值限度內為重建或修繕。原典權對於重建之物，視為繼續存在。（民法第 921 條）

(2) 抵押物毀損：抵押物因毀損而得受之賠償或其他利益，準用抵押物滅失時之規定（民法第 881 條第 4 項）。

※ 地政士 95 年申論題第 3 題

三、甲向乙貸款，以丙所有之 A 房屋設定抵押權於乙作為擔保。請附理由說明下列問題丙將 A 房屋拆毀，而在原地上興建 B 房屋時，乙對於 B 房屋有無抵押權？貸款之清償期屆至，甲無力償還，丙為避免其房屋被查封拍賣，遂代甲清償債務，丙對於甲得主張何種權利？

解析

(一) 乙對於 B 房屋無抵押權

民法第 881 條：「抵押權除法律另有規定外，因抵押物滅失而消滅。但抵押人因滅失得受賠償或其他利益者，不在此限。」所謂滅失包括法律上滅失例如抵押物之公用徵收與事實上滅失例如抵押物之毀滅。

(二) 丙對於甲主張權利

1. 物上保證人之求償權：物上保證人對於債務人有無求償權應依內部關係而定。因受委任而為物上保證者，得依委任關係求償；未受委任者，得依無因管理或不當得利之關係求償。

2. 物上保證人之代位權：民法第 879 條：「為債務人設定抵押權之第三人，代為清償債務，或因抵押權人實行抵押權致失抵押物之所有權時，該第三人於其清償之限度內，承受債權人對於債務人之債權。但不得有害於債權人之利益。」

※ 不動產經紀人 96 年第 2 次選擇題第 37 題
(C) 37. 下列何者非抵押權之特性？ （A)從屬性 （B)不可分性 （C)時效性 （D)物上代位性。

(二) 抵押權之次序

不動產所有人，因擔保數債權，就同一不動產，設定數抵押權者，其次序依登記之先後定之（民法第 865 條）。

1. 次序權之讓與及拋棄：所謂「按各抵押權成立之次序分配之」，即指抵押之成立有其次序，應依登記之先後定之（民法第 865 條後段）。先次序之抵押權人可優先於後次序之抵押權人受清償，學理上稱為抵押權人之次序權。抵押權人依其次序權所得支配者係抵押物之交換價值，即抵押權人依其次序所得優先受償之分配額。為使抵押權人對此交換價值之利用更具彈性，俾使其投下之金融資本在多數債權人間仍有靈活週轉之餘地，並有相互調整其複雜之利害關係之手段，民國 96 年對於抵押權次序讓與及拋棄，增訂民法第 870 條之 1 第 1 項規定：「同一抵押物有多數抵押權者，抵押權人得以下列方法調整其可優先受償之分配額。但他抵押權人之利益不受影響：一、為特定抵押權人之利益，讓與其抵押權之次序。二、為特定後次序抵押權人之利益，拋棄其抵押權之次序。三、為全體後次序抵押權人之利益，拋棄其抵押權之次序。」其意義析言之，包括：

   (1) 抵押權次序之讓與：次序之讓與，指抵押權人為特定抵押權人之利益，讓與其抵押權之次序，亦即指同一抵押物之先次序或同次序抵押權人，為特定後次序或同次序抵押權人之利益，將其可優先受償之分配額讓與該後次序或同次序抵押權人，並僅於讓與人與受讓人間發生相對效力，其他次序抵押權人不受影響，且非經登記不生效力（民法第 870 條之 1 第 2 項）。此時讓與人與受讓人仍保有原抵押權及次序，並依其原次序受分配，惟依其次序所能獲得分配之合計金額，由受讓人優先受償，如有剩餘，始由讓與人受償。例如債務人宮崎駿在其抵押物上分別有田中、英木、藤原三人設定抵押

權，次序及金額為，田中第 1 次序（180 萬元）、英木第 2 次序（120 萬元）、藤原第三次序（60 萬元），若田中將第 1 優先次序讓與藤原，宮崎駿之抵押物拍賣所得價金為 300 萬元，則藤原先分得 60 萬元，田中分得 120 萬元，英木仍為 120 萬元。若宮崎駿之抵押物拍賣所得價金為 280 萬元，則藤原先分得 60 萬元，田中分得 120 萬元，英木分得 100 萬元。

※ 不動產經紀人 99 年選擇題第 29 題

(C) 29. 債務人甲在其 3,000 萬元之抵押土地上，有乙、丙、丁第一、第二及第三順位依次序為 1,000 萬元、2,000 萬元及 800 萬元之普通抵押權，乙為丁抵押權人之利益，而將其第一順位讓與丁。此稱之為： (A)次序之絕對拋棄 (B)次序之相對拋棄 (C)次序之讓與 (D)次序之互易。

(2) 抵押權次序之拋棄：分為相對拋棄及絕對拋棄。

① 相對拋棄：係指抵押權人為特定後次序抵押權人之利益，拋棄其抵押權之次序，亦即指同一抵押物之先次序抵押權人，為特定後次序抵押權人之利益，拋棄其優先受償利益之謂。此時各抵押權人之抵押權歸屬與次序並無變動，僅係拋棄抵押權次序之人，因拋棄次序之結果，與受拋棄利益之抵押權人成為同一次序，將其所得受分配之金額共同合計後，按各人債權額之比例分配之。例如前例，宮崎駿之抵押物拍賣所得價金為 300 萬元，田中將其第 1 次序之優先受償利益拋棄予藤原，則田中、藤原同列於第 1、3 次序，田中分得 135 萬元，藤原分得 45 萬元，至英木則仍分得 120 萬元，不受影響。又如宮崎駿之抵押物拍賣所得價金為 280 萬元，則田中、藤原所得分配之債權總額為 180 萬元（如田中未為拋棄，則田中之應受分配額為 180 萬元，藤原之應受分配額為零），田中拋棄後，依田中、藤原之債權額比例分配(3:1)，田中分得 135 萬元，藤原分得 45 萬元，英木仍分得 100 萬元不受影響。

※ 不動產經紀人 107 年選擇題第 6 題

(B) 6. 債務人甲所有之抵押物上，設有擔保乙 200 萬元債權之第一次序抵押權、丙 120 萬元債權之第二次序抵押權及丁 50 萬元債權之第三次序抵押權。抵押物拍賣所得價金為 300 萬元。乙將其第一次序之優先受償利益拋棄予丁，則應如何分配拍賣所得之金額？ (A)乙 150 萬元，丙 0 元，丁 50 萬元 (B)乙 160 萬元，丙 100 萬元，丁 40 萬元 (C)乙 0 元，丙 100 萬元，丁 200 萬元 (D)乙 150 萬元，丙 100 萬元，丁 50 萬元。

② 絕對拋棄：係指抵押權人為全體後次序抵押權人之利益，拋棄其抵押權之次序，亦即指先次序抵押權人並非專為某一特定後次序抵押權人之利益，拋棄優先受償利益之謂。此時後次序抵押權人之次序各依次序昇進，而拋棄人退處於最後之地位，但於拋棄後新設定之抵押權，其次序仍列於拋棄者之後。如為普通債權，不論其發生在抵押權次序拋棄前或後，其次序本列於拋棄者之後，乃屬當然。例如前例，宮崎駿之抵押物拍賣所得價金為 300 萬元，田中絕對拋棄其抵押權之第 1 次序，則英木分得 120 萬元，藤原分得 60 萬元、田中僅得 120 萬元。又如宮崎駿之抵押物拍賣所得價金為 480 萬元，又羚木之抵押權 200 萬元成立於田中絕對拋棄其抵押次序之後，則英木分得 120 萬元，藤原分得 60 萬元，田中可分得 180 萬元，羚木分得 120 萬元。

由於不動產物權行為採登記生效要件主義（民法第 758 條），前述可優先受償分配額之調整，既涉及抵押權內容之變更，為貫徹公示原則，自須辦理登記，始生效力。抵押權之債務人或抵押人，本得向抵押權人為債務之清償，若抵押權人調整可優先受償分配額時，債務人或抵押人不知有調整情形仍向原次序在先之押權人清償，自足影響其權益，故民國 96 年增訂民法第 870 條之 1 第 2 項規定：「前項抵押權次序之讓與或拋棄，非經登記，不生效力。並應於登記前，通知債務人、抵押人及共同抵押人。」亦即抵押權次序讓與或拋棄之調整，須登記生效。並以通知作為登記要件，以期周延。

※ 次序權變更：次序權互為交換，如有中間次序抵押權存在，應經該有中間次序之抵押權人同意。例如甲向乙、丙、丁借款 30 萬、20 萬、50 萬，以房地設定一、二、三順位抵押權，房地以 80 萬拍定，如乙與丁變更次序權並徵得丙同意，丁受償 50 萬、丙受償 20 萬、乙受償 10 萬。

※ 土地登記規則第 116 條：同一標的之抵押權因次序變更申請權利變更登記，應符合下列各款規定：一、因次序變更致先次序抵押權擔保債權金額增加時，其有中間次序之他項權利存在者，應經中間次序之他項權利人同意。二、次序變更之先次序抵押權已有民法第 870 條之 1 規定之次序讓與或拋棄登記者，應經該次序受讓或受次序拋棄利益之抵押權人同意。前項登記，應由次序變更之抵押權人會同申請；申請登記時，申請人並應於登記申請書適當欄記明確已通知債務人、抵押人及共同抵押人，並簽名。

※ 二胎優先一胎
  1. 承攬人法定抵押權（民法第 513 條）。
  2. 裁判分割共有物未受分配共有人對補償金額對分配共有人分得不動產有抵押權，次序優先原先應有部分之抵押權（民法第 824 條之 1）。
  3. 抵押權次序讓與（民法第 870 條之 1）。
  4. 抵押權相對拋棄（民法第 870 條之 1）。
  5. 抵押權絕對拋棄（民法第 870 條之 1）。

2. 後次序抵押權人得實行調整前次序在先之抵押權：民法第 870 條之 1 第 3 項規定：「因第一項調整而受利益之抵押權人，亦得實行調整前次序在先之抵押權。」抵押權人間就可優先受償分配額之調整，對各抵押權人之抵押權歸屬並無變動，僅係使因調整而受利益之抵押權人獲得優先分配利益而已，故該受利益之後次序抵押權人亦得實行調整前次序在先之抵押權。惟其相互間之抵押權均須具備實行要件，始得實行抵押權，乃屬當然。又例如前例債務人宮崎駿在其抵押物上分別有田中、英木、藤原第 1、2、3 次序之抵押權，田中將第 1 優先次序讓與藤原，如田中、藤原之抵押權均具備實行要件時，藤原得實行田中之抵押權，聲請拍賣抵押物，故民國 96 年增訂第 3 項規定。

3. 共同抵押人權益之保護：民法第 870 條之 1 第 4 項規定：「調整優先受償分配額時，其次序在先之抵押權所擔保之債權，如有第三人之不動產為同一債權之擔保者，在因調整後增加負擔之限度內，以該不動產為標

的物之抵押權消滅。但經該第三人同意者，不在此限。」為同一債權之擔保，於數不動產上抵押權者，抵押權人本可就各個不動產賣得之價金，受債權全部或一部之清償。如先次序或同次序之抵押權人，因調整可優先受償分配額而喪失其優先受償利益，則必使其他共同抵押人增加負擔，為示公平，除經該第三人即共同抵押人同意外，殊無令其增加負擔之理，故民國 96 年增訂第 4 項明定，在因調整後增加負擔之限度內，以該不動產為標的物之抵押權消滅。

4. 保證人權益之保護：此外，若抵押權所擔保之債權有保證人者，考慮到抵押權關乎保證人之利益甚大，為免因調整可優先受償分配額而使先次序或同次序之抵押權喪失優先受償利益，致使該保證人代負履行債務之機會大增，對保證人有失公平，故於先次序或同次序之抵押權因調整可優先受償分配額而喪失優先受償之利益時，除經該保證人同意調整外，保證人應於喪失優先受償之利益限度內，免其責任，始為平允。故民國 96 年增訂修民法第 870 條之 2 規定：「調整可優先受償分配額時，其次序在先之抵押權所擔保之債權有保證人者，於因調整後所失優先受償之利益限度內，保證人免其責任。但經該保證人同意調整者，不在此限。」

(三) 抵押權之實行

係指抵押權人於其債權已屆清償期，而未受清償時，得處分抵押物，並優先受清償。

※ 不動產經紀人 101 年選擇題第 35 題

(A) 35. 甲向乙借款 500 萬元，並將所有之 A 地設定普通抵押權給乙，下列敘述何者最正確？ (A)乙就 A 地賣得之價金有優先受償之權 (B)乙得僅將抵押權讓與給第三人丙，而保留對甲之借款返還債權 (C)抵押權不因登記之先後定其次序，具有平等性 (D)甲若將 A 地讓與給丁，則乙之抵押權消滅。

實行抵押權之方法為：

1. 拍賣抵押物：「抵押權人，於債權已屆清償期，而未受清償者，得聲請法院，拍賣抵押物，就其賣得價金而受清償。」（民法第 873 條），如拍賣之抵押物為土地或建築物，則法律設有下列特別規定：

   (1) 拍賣標的物之擴張

   ① 建築物與土地併付拍賣：依民法第 877 條第 1 項規定：「土地所有人於設定抵押後，在抵押之土地上營造建築物者，抵押權人於必要時，得於強制執行程序中聲請法院將其建築物與土地併付拍賣。但對於建築物之價金，無優先受清償之權。」按舊法僅謂「得將其建築物與土地併付拍賣」，但究竟如何併付拍賣？易滋疑義，乃修法予以明定由抵押權人聲請執行法院決定之。惟若於土地抵押後，非土地所有人於土地上營造建築物，於抵押權實行時，該建築物若與抵押之土地已歸一人所有，則為貫徹保護抵押權人之立法目的，宜解為有該條之適用，得於必要時，將土地抵押後，在其上營造之建築物，與該土地併付拍賣（89 年台抗字第 352 號）。

※ 不動產經紀人 112 年選擇題第 13 題

(D) 13. 抵押權人僅就土地設定抵押權，因債權已屆清償期而未清償而實行抵押權，下列何者錯誤？ (A)於設定抵押權時，該土地上已存在房屋，實行抵押權之範圍僅限於土地本身，不得就房屋併付拍賣 (B)於設定抵押權時，土地上並無房屋，於實行抵押權時土地所有人已營造房屋，抵押權人必要時得聲請併付拍賣 (C)抵押權人聲請併付拍賣時，如房屋有存在他人之租賃權，抵押權得聲請法院除去房屋之租賃權後再執行拍賣 (D)抵押權人將土地與房屋併付拍賣後，對於土地及房屋賣得之價金，抵押權人均有優先受償之權利。

※ 不動產經紀人 105 年選擇題 27 題

(A) 27. 有關抵押權之實行，下列敘述何者正確？ (A)土地所有人於設定抵押權後，在抵押之土地上營造建築物者，抵押權人於必要時，得於強制執行程序中聲請法院將其建築物與土地併付拍賣，對於建築物之價金，無優先受清償之權 (B)以建築物設定抵押權者，於法院拍賣抵押物時，其抵押物存在所必要之權利得讓與者，應併付拍賣。但抵押權人對於該權利賣得之價金，有優先受清償之權 (C)設定抵押權時，土地及其土地上之建築物，同屬一人所有，而僅以土地為抵押者，於抵押物拍賣時，得聲請併付拍賣，就土地賣得之價金，有優先受清償

之權　(D)設定抵押權時，土地及其土地上之建築物，同屬一人所有，而以土地及建築物為抵押者，如經拍賣，其土地與建築物之拍定人各異時，視為已有地上權之設定，其地租法院須逕以判決定之。

② 用益物權人之建築物併付拍賣：依民法第 877 條第 2 項規定：「前項規定，於第 866 條第 2 項及第 3 項之情形，如抵押之不動產上，有該權利人或經其同意使用之人之建築物者，準用之。」不動產抵押後，在該不動產上有用益物權人或經其同意使用之人之建築物者，該權利人使用不動產之權利雖得先依第 866 條第 2 項規定予以除去，惟為兼顧社會經濟及土地用益權人利益，該建築物應併付拍賣為宜，但建築物拍賣所得價金，抵押權人無優先受償權，故民國 96 年增訂之。

③ 抵押物存在所必要之權利併付拍賣：依民法第 877 條之 1 規定：「以建築物設定抵押權者，於法院拍賣抵押物時，其抵押物存在所必要之權利得讓與者，應併付拍賣。但抵押權人對於該權利賣得之價金，無優先受清償之權。」因建築物性質上不能與土地使用權分離而存在，故以建築物設定抵押權，於抵押物拍賣時，其抵押物對土地存在所必要之權利得讓與者，例如地上權、租賃權等是，應併付拍賣，始無害於社會經濟利益。但該權利非抵押權之標的物，抵押權人對其賣得之價金，無優先受清償權，始為平允，故民國 96 年增訂之。

※ 不動產經紀人 111 年選擇題第 18 題

(B) 18. 甲將其 A 地設定地上權予乙，乙於 A 土地上興建 B 屋一棟。其後甲為貸款擔保而將其 A 地設定抵押權予丙，乙亦因其貸款擔保而將 B 屋設定抵押權予丁。下列敘述何者正確？　(A)一若丁實行抵押權拍賣 B 屋時，A 地所有權應併付拍賣之　(B)若丁實行抵押權拍賣 B 屋時，地上權應併付拍賣之　(C)若丙實行抵押權拍賣 A 地所有權時，B 屋應併付拍賣之　(D)若丙實行抵押權拍賣 A 地所有權時，地上權應併付拍賣之。

(2) 法定地上權：「設定抵押權時，土地及其土地上之建築物，同屬於一人所有，而僅以土地或僅以建築物為抵押者，於抵押物拍賣時，視為已有地上權之設定，其地租、期間及範圍由當事人協議定之。不能協議者，得聲請法院以判決定之。」「設定抵押權時，土地及其土地上之建築物，同屬於一人所有，而以土地及建築物為抵押者，如經拍賣，其土地與建築物之拍定人各異時，適用前項之規定。」（民法第 876 條）。惟應注意民法第 876 條第 1 項規定之法定地上權，係為維護土地上建築物之存在而設，則於該建築物滅失時，其法定地上權即應隨之消滅，此與民法第 832 條所定之地上權，得以約定其存續期限，於約定之地上權存續期限未屆至前，縱地上之工作物或竹木滅失，依同法第 841 條規定其地上權仍不因而消滅者不同。

2. 拍賣以外之方法：

(1) 訂立抵押物所有權移轉契約：抵押權人於債權清償期屆滿後，為受清償，得訂立契約，取得抵押物之所有權，但不得有害於其他抵押權人之利益（民法第 878 條前段）。

(2) 流抵契約：若在抵押權設定時即預先約定，如債權已屆清償期，而未為清償時，抵押物之所有權移屬於抵押權人者，此種預約在學理上稱為流抵契約或流質契約。舊法為避免抵押權人利用債務人之急迫而獲利，乃規定流抵契約無效，惟有鑑於流抵契約未必當然對債務人不利，宜採流抵契約自由原則。故修法增訂民法第 873 條之 1 第 1 項規定：「約定於債權已屆清償期而未為清償時，抵押物之所有權移屬於抵押權人者，非經登記，不得對抗第三人。」即抵押人與抵押權人之間可就抵押物約定流抵契約，並採登記對抗主義，登記僅係對抗要件，並非流抵契約成立或生效之要件，縱使未為登記，於當事人之間仍為有效。若經登記，則具有對抗第三人之效力。增訂民法第 873 條之 1 第 2 項規定：「抵押權人請求抵押人為抵押物所有權之移轉時，抵押物價值超過擔保債權部分，應返還抵押人；不足清償擔保債權者，仍得請求債務人清償。」即實行流抵

契約時，抵押權人有清算義務，亦即抵押權人應計算抵押物價值，抵押物價值超過擔保債權部分者，應返還抵押人；如不足清償擔保債權者，仍得請求債務人清償，以避免抵押權人因此獲得債權清償以外之利益。至於抵押物價值估算之基準時點，則明定為抵押權人請求抵押人為抵押物所有權之移轉時，以杜抵押物價值變動之爭議。增訂民法第 873 條之 1 第 3 項規定：「抵押人在抵押物所有權移轉於抵押權人前，得清償抵押權擔保之債權，以消滅該抵押權。」即規定在擔保債權清償期屆至之後，抵押物所有權移轉於抵押權人之前，抵押權及其擔保債權尚未消滅，債務人或抵押人仍得清償債務，以消滅抵押權，以免除其移轉抵押物所有權之義務。

※ 不動產經紀人 99 年選擇題第 28 題

(A) 28. 約定於債權已屆清償期而未為清償時，抵押物之所有權移屬於抵押權人者，此一約定之效力為何？ (A)非經登記，不得對抗第三人 (B)非經登記，不生效力 (C)效力未定 (D)得撤銷。

(3) 其他方法：抵押權人於債權清償期屆滿後，未受清償，得用拍賣以外之方法處分抵押物，但有害於其他抵押權人之利益者，不在此限（民法第 878 條後段）。例如不經拍賣，改以通常買賣方式。

(四) 普通抵押權

稱普通抵押權者，謂債權人對於債務人或第三人不移轉占有而供其債權擔保之不動產，得就該不動產賣得價金優先受償之權（民法第 860 條）。此次修法，因考量最高限額抵押權及民法第 882 條、883 條規定之抵押權，其性質與普通抵押權有別，為求體系完整，爰分設三節規範普通抵押權、最高限額抵押權及其他抵押權。

1. 抵押權擔保債權之範圍：抵押權所擔保者為原債權、利息、遲延利息、違約金及實行抵押權之費用。但契約另有約定者，不在此限。得優先受償之利息、遲延利息、1 年或不及 1 年定期給付之違約金債權，以於抵押權人實行抵押權聲請強制執行前 5 年內發生及於強制執行程序中發生者為限（民法第 861 條）。(口訣：遲、利、違、實、債)

※ 不動產經紀人110年選擇題第8題

(B) 8. 關於抵押權所擔保而得優先受償之利息，以於抵押權人實行抵押權聲請強制執行前幾年內發生及於強制執行程序中發生者為限？ (A)二年 (B)五年 (C)十年 (D)十五年。

※ 不動產經紀人97年選擇題第14題

(B) 14. 下列何者非抵押權所擔保債權之範圍？ (A)約定之違約金 (B)抵押權之保全費用 (C)實行抵押權之費用 (D)約定利息。

2. 抵押權之效力範圍：抵押權之效力，及於抵押物之從物與從權利。第三人於抵押權設定前，就從物取得之權利，不受前項規定之影響。以建築物為抵押者，其附加於該建築物而不具獨立性之部分，亦為抵押權效力所及。抵押物滅失之殘餘物，仍為抵押權效力所及。抵押物之成分非依物之通常用法而分離成為獨立之動產者，亦同。前項情形，抵押權人得請求占有該殘餘物或動產，並依質權之規定，行使其權利（民法第862條、第862條之1）。且抵押權之效力，及於抵押物扣押後自抵押物分離，而得由抵押人收取之天然孳息（民法第863條），亦及於抵押物扣押後抵押人就抵押物得收取法定孳息。但抵押權人，非以扣押抵押物之事情，通知應清償法定孳息之義務人，不得與之對抗（民法第864條）。

※ 不動產經紀人108年選擇題第7題

(C) 7. 依我國民法的規定，下列關於抵押權之敘述，何者錯誤？ (A)稱普通抵押權者，謂債權人對於債務人或第三人不移轉占有而供其債權擔保之不動產，得就該不動產賣得價金優先受償之權 (B)抵押權所擔保者為原債權、利息、遲延利息、違約金及實行抵押權之費用。但契約另有約定者，不在此限 (C)抵押權之效力，及於抵押物之從物而不及於從權利 (D)不動產所有人設定抵押權後，得將不動產讓與他人。但其抵押權不因此而受影響。

※ 不動產經紀人107年選擇題第5題

(D) 5. 甲向乙貸款新臺幣500萬元，以其所有之A地及其上之B屋設定抵押權給乙作擔保。試問下列何者非屬抵押權效力所及？ (A)B屋抵押權設定後，甲於B屋上增建無獨立出入口之頂樓 (B)B屋抵押權設定前，甲於B屋旁增建有獨立出入口之車庫 (C)A地抵押權設定前，甲於A地栽種之果樹 (D)A地扣押前，自甲於A地栽種果樹所分離之果實。

※ 地政士 98 年申論題第 3 題

三、試述抵押權標的物之範圍。設甲向乙貸款新臺幣 200 萬元，以其二層樓房一棟設定抵
　　押權給乙作擔保。嗣後，甲在樓頂增建三樓，該增建之三樓部分是否為抵押權效力之
　　所及？請就民法物權編新修正條文之相關規定說明之。抵押權標的物之範圍如下：

1. 抵押物本身。
2. 抵押物之從物與從權利。
3. 附加於抵押建築物而不具獨立性之部分。
4. 抵押物滅失後之殘餘物。
5. 抵押物之分離物。
6. 抵押物扣押後，得由抵押人收取之天然孳息。
7. 抵押物扣押後，抵押人就抵押物得收取之法定孳息。
8. 抵押物滅失的代位物。

解析

　　民法物權編：

1. 新修正民法物權編第 862 條第 3 項規定：「以建築物為抵押者，其附加於該建築
　　物而不具獨立性之部分，亦為抵押權效力所及。但其附加部分為獨立之物，如
　　係於抵押權設定後附加者，準用第 877 條之規定。」

2. 依本題題示，債務人甲係設定抵押後始在抵押物上增建三樓，如該增建部分
　　係屬不具獨立性之附屬物，為抵押權效力所及，得聲請拍賣並優先受償。惟如
　　該增建部分係屬具獨立性之另一不動產，則非在同一抵押物範圍，又因係設定
　　抵押權後始在抵押物上增建，抵押權人於必要時，得聲請法院將該建築物及其
　　附加物併付拍賣，但就附加物賣得價金，無優先受清償之權。

　　　　立法理由：社會上常有建物上增建、擴建或為其他之附加使成為一物而不
　　具獨立性之情形，如以該建築物為抵押，抵押權是否及於該附加部分？原法尚
　　無明文規定，易滋疑義。為杜絕爭議，並解決於實行抵押權時法院強制執行程
　　序之困擾，爰增訂第 3 項，明定無論於抵押權設定前後，附加於該為抵押之建
　　築物之部分而不具獨立性者，均為抵押權效力所及。如其附加部分為獨立之
　　物，且係於抵押權設定後附加者，準用第 877 條之規定。即抵押權人於必要
　　時，得聲請法院將該建築物及其附加物併付拍賣，但就附加物賣得價金，無優
　　先受清償之權，以保障抵押權人、抵押人與第三人之權益，並維護社會整體經
　　濟利益。

3. 設定其他權利之範圍與效力：不動產所有人設定抵押權後，於同一不動產上，得設定地上權或其他以使用收益為目的之物權，或成立租賃關係。但其抵押權不因此而受影響。前項情形，抵押權人實行抵押權受有影響者，法院得除去該權利或終止該租賃關係後拍賣之。不動產所有人設定抵押權後，於同一不動產上，成立前項以外之權利者，準用前項之規定（民法第 866 條）。VS：民法第 425 條買賣不破租賃規定。

※ 不動產經紀人 109 年選擇題第 19 題

(B) 19. 以建築物設定抵押權者，下列何者非抵押權效力所及之標的物範圍？　(A)抵押物扣押後，抵押人就抵押物所得收取之租金　(B)抵押之建築物存在所必要且性質上得讓與之權利　(C)設定抵押權後所增建附加於該建築物，而不具獨立性之部分　(D)抵押之建築物滅失後殘餘之鋼筋。

※ 不動產經紀人 104 年選擇題第 30 題

(A) 30. 甲以 A 地設定抵押權於乙，擔保其對乙所負債務後，復將 A 地設定地上權於丙，由丙於 A 地上建築房屋。甲屆期無力清償債務，乙實行對 A 地之抵押權時，抵押權人實行抵押權受有影響者。下列敘述，何者正確？　(A)法院得除去丙之地上權，乙於必要時並得聲請法院將建築物與土地併付拍賣　(B)法院得除去丙之地上權，但乙僅得聲請法院拍賣土地　(C)法院不得除去丙之地上權，但乙於必要時，得聲請法院將地上權及建築物與土地併付拍賣　(D)法院不得除去丙之地上權，乙僅得聲請法院拍賣土地。

※ 不動產經紀人 104 年申論題第 2 題

二、乙企業向甲銀行申請企業貸款 5,000 萬元，乙提供其所有的 A 素地為擔保，設定抵押權給甲，甲同意貸款，但要求乙同意將 A 素地同時設定地上權給甲，然而就設定地上權的契約，並未約定權利金或地租的給付。請問雙方設定抵押權與地上權的效力？

解析

(一) 民法第 860 條規定：「稱普通抵押權者，謂債權人對於債務人或第三人不移轉占有而供其債權擔保之不動產，得就該不動產賣得價金優先受償之權。」民法第 832 條規定：「稱普通地上權者，謂以在他人土地之上下有建築物或其他工作物為目的而使用其土地之權。」

(二) 乙企業向甲銀行申請企業貸款 5,000 萬元，乙提供其所有的 A 素地為擔保，設定抵押權給甲，甲同意貸款，但要求乙同意將 A 素地同時設定地上權給甲，然而就設定地上權的契約，並未約定權利金或地租的給付。

(三) 民法第 866 條規定：不動產所有人設定抵押權後，於同一不動產上，得設定地上權或其他以使用收益為目的之物權，或成立租賃關係。但其抵押權不因此而受影響。前項情形，抵押權人實行抵押權受有影響者，法院得除去該權利或終止該租賃關係後拍賣之。不動產所有人設定抵押權後，於同一不動產上，成立前項以外之權利者，準用前項之規定

(四) 民法第 834 條規定：地上權無支付地租之約定者，地上權人得隨時拋棄其權利。

(五) 系爭 A 地之抵押權及地上權雖均歸屬於甲銀行依據民法第 866 條規定，從而其效力均屬有效。

※ 不動產經紀人 102 年選擇題第 7 題

(B) 7. 甲為 A 地的所有權人，乙為 A 地的抵押權人，丙為 A 地的地上權人。關於當事人間的權利義務，下列敘述何者錯誤？ (A)乙的抵押權設定後，甲仍得將 A 地設定地上權給丙 (B)若乙的抵押權設定在地上權之後，日後乙實行抵押權受有影響時，法院得除去丙的地上權後拍賣 A 地 (C)若乙的抵押權設定後，甲在 A 地上蓋造 B 屋，日後乙實行抵押權受有影響時，得聲請法院將 B 屋與 A 地併付拍賣 (D)乙的抵押權設定後，擔保債權未受清償前，甲得將 A 地售予丁。

※ 民法第 866 條：不動產所有人設定抵押權後，於同一不動產上，得設定地上權或其他以使用收益為目的之物權，或成立租賃關係。但其抵押權不因此而受影響。前項情形，抵押權人實行抵押權受有影響者，法院得除去該權利或終止該租賃關係後拍賣之。

※ 不動產所有人設定抵押權後，於同一不動產上，成立第 1 項以外之權利者，準用前項之規定。

※ 地政士 102 年申論題第 3 題

三、甲向好友乙商量借 1,000 萬元，乙正好有現金 1,000 萬元準備購屋自住，甲表示他所有 A 屋目前閒置，不想賣，可以讓乙使用，雙方簽訂抵押權設定契約書，將 A 屋設定抵押權給乙，以擔保乙對甲的債權 1,000 萬元，簽約日起屆滿 10 年為清償期，並約定 A 屋交付乙使用，以乙使用 A 屋應給付的租金，抵銷甲原應給付給乙的利息，並由乙負擔稅捐。之後租金大漲，甲覺得乙使用 A 屋以抵借款利息此一條款，對其不利，因而主張此一條款違反民法第 860 條規定抵押權是「不移轉占有」的擔保物權而無效，問此一主張有無理由？

解析

　　本題抵押人甲與抵押權人乙間所為將抵押物 A 屋交付乙使用之約定，雖不生物權效力惟可發生債權效力，甲主張該約定違反民法第 860 條規定而無效為無理由。茲說明如下：

355

(一) 按甲與乙間所為將抵押物 A 屋交付乙使用之約定，固違反民法第 860 條抵押權之權利內容「不移轉占有」之規定，依物權法定原則（民法第 757 條）雖不發生物權效力，抵押權人乙不得以此約定對第三人主張有使用權，惟就甲乙間仍可成立債權關係，甲仍應為給付。

(二) 依民法第 866 條第 1 項規定，不動產所有人設定抵押權後，於同一不動產上，得設定地上權或其他以使用收益為目的之物權，或成立租賃關係，但其抵押權不因此而受影響。題示甲乙約定 A 屋交付乙使用，乙應給付租金，雙方之真意應係成立租賃契約（民法第 421 條）；又依民法第 866 條規定抵押人甲本有將抵押物出租之權利，故乙基於租賃關係就 A 屋有合法使用權。

※ 不動產經紀人 92 年申論題第 3 題

三、土地所有權人可否將一筆土地先設定地上權予他人後，再以之設定抵押權予另一人；或先設定抵押權予他人後，再以同一筆土地又設定地上權予另一人？此二種設定先後之不同，對日後抵押權人之實行抵押權，是否會發生不同之影響？

解析

(一) 土地所有權人先設定地上權予他人後，再以之設定抵押權，地上權成立在先者，抵押權成立在後，兩者性質並非不能相容，民法物權編亦無禁止規定，自應准許，惟此抵押權既成立在後，故不得妨害成立在先之地上權。例如不動產所有人於同一不動產設定典權後，在不妨害典權之範圍內，仍得為他人設定抵押權（釋 139）。

(二) 民法第 866 條：不動產所有人設定抵押權後，於同一不動產上，得設定地上權或其他以使用收益為目的之物權，或成立租賃關係。但其抵押權不因此而受影響。前項情形，抵押權人實行抵押權受有影響者，法院得除去該權利或終止該租賃關係後拍賣之。不動產所有人設定抵押權後，於同一不動產上，成立第一項以外之權利者，準用前項之規定。

※ 不動產經紀人 90 年第 2 次申論題第 2 題

二、何謂地上權？試回答下列問題：地上權人可否將其地上權設定抵押權？如何為之？

解析

　　土地所有權人先設定地上權予他人後，再以之設定抵押權，地上權成立在先者，抵押權成立在後，兩者性質並非不能相容，民法物權編亦無禁止規定，自應准許，惟此抵押權既成立在後，故不得妨害成立在先之地上權。例如不動產所有人於同一不動產設定典權後，在不妨害典權之範圍內，仍得為他人設定抵押權（釋字第 139 號）。

4. 抵押權之實行與流抵約款：抵押權人，於債權已屆清償期，而未受清償者，得聲請法院，拍賣抵押物，就其賣得價金而受清償（民法第 873 條）。約定於債權已屆清償期而未為清償時，抵押物之所有權移屬於抵

押權人者，非經登記，不得對抗第三人。抵押權人請求抵押人為抵押物所有權之移轉時，抵押物價值超過擔保債權部分，應返還抵押人；不足清償擔保債權者，仍得請求債務人清償。抵押人在抵押物所有權移轉於抵押權人前，得清償抵押權擔保之債權，以消滅該抵押權（民法第 873 條之 1）。

5. 價金之分配次序：抵押物賣得之價金，除法律另有規定外，按各抵押權成立之次序分配之。其次序相同者，依債權額比例分配之（民法第 874 條）。

※ 不動產經紀人 97 年第 1 次選擇題第 33 題

(C) 33. 甲以其土地一筆設定三次抵押權，第一次抵押權擔保之債權額為 300 萬元，第二次抵押權擔保之債權額為 600 萬元，第三次抵押權擔保之債權額為 900 萬元，該土地拍賣後所得價金 1,200 萬元，請問第三次抵押權能夠獲得多少清償？ (A)400 萬元　(B)600 萬元　(C)300 萬元　(D)900 萬元。

6. 法定地上權：設定抵押權時，土地及其土地上之建築物，同屬於一人所有，而僅以土地或僅以建築物為抵押者，於抵押物拍賣時，視為已有地上權之設定，其地租、期間及範圍由當事人協議定之。不能協議者，得聲請法院以判決定之。設定抵押權時，土地及其土地上之建築物，同屬於一人所有，而以土地及建築物為抵押者，如經拍賣，其土地與建築物之拍定人各異時，適用前項之規定（民法第 876 條）。

※ 不動產經紀人 104 年選擇題第 31 題

(A) 31. 乙所有 A 地及建造於 A 地上之 B 屋。甲因其對乙之債權屆期未獲清償，乃向法院聲請拍賣 A 地，並由丙拍定。乙之 B 屋與丙取得之 A 地間的法律關係如何？ (A)視為已有地上權之設定　(B)視為在 B 屋得使用期限內，有租賃關係　(C)推定在 B 屋得使用期限內，有租賃關係　(D)丙得請求乙拆除 B 屋。

※ 不動產經紀人 96 年選擇題第 5 題

(D) 5. 土地及其土地上之建築物，同屬於一人所有，而僅以建築物為抵押者，於抵押物拍賣時，拍定人與土地所有權人間之關係為：　(A)拍定人視為取得抵押權 (B)拍定人視為取得租賃權　(C)拍定人視為取得使用借貸權　(D)拍定人視為取得地上權。

7. 代位物不以賠償金為限：抵押權除法律另有規定外，因抵押物滅失而消滅。但抵押人因滅失得受賠償或其他利益者，不在此限（民法第 881條）。

※ 不動產經紀人 96 年第 2 次申論題第 2 題

二、甲以土地為抵押，向乙借款 1,000 萬元，並為設立抵押權之登記，試問，乙因該抵押權而擁有何種的權利？

解析

（口訣：分、次、代、拍、保、實）

普通抵押權之權利：

(一) 實行抵押權（民法第 873 條、民法第 861 條）。

(二) 保全抵押權（民法第 871 條、民法第 872 條）。

(三) 處分抵押權（民法第 758 條）。

(四) 抵押權次序讓與及拋棄（民法第 870 條）。

(五) 對抵押物之代位物主張權（民法第 877 條）。

(六) 建築物併付拍賣權（民法第 881 條）。

(五) 最高限額抵押權

1. 意義：稱最高限額抵押權者，謂債務人或第三人提供其不動產為擔保，就債權人對債務人一定範圍內之不特定債權，在最高限額內設定之抵押權。最高限額抵押權所擔保之債權，以由一定法律關係所生之債權或基於票據所生之權利為限。基於票據所生之權利，除本於與債務人間依前項一定法律關係取得者外，如抵押權人係於債務人已停止支付、開始清算程序，或依破產法有和解、破產之聲請或有公司重整之聲請，而仍受讓票據者，不屬最高限額抵押權所擔保之債權。但抵押權人不知其情事而受讓者，不在此限（民法第 881 條之 1）。

※ 不動產經紀人 107 年選擇題第 22 題

(D) 22. 下列關於物權規定之敘述，何者正確？ (A)用益物權包括地上權、農育權、不動產役權、典權與質權 (B)違章建築物不能辦理移轉登記，故於建造完成時，建造人無法取得所有權 (C)基於公同關係而共有之房地，各共有人得就其應有部分設定抵押權 (D)稱最高限額抵押權者，謂債務人或第三人提供其不動產為擔保就債權人對債務人一定範圍內之不特定債權，在最高限額內設定之抵押權。

※ 地政士 93 年申論題第 4 題

四、何謂最高限額抵押權？試舉例說明之。

解析同下。

※ 地政士 100 年申論題第 2 題

二、最高限額抵押權所擔保之債權有何特性？所謂「最高限額」，其範圍包括哪些？

解析

(一) 最高限額抵押權所擔保之債權特性

　　1. 從屬性

　　　　(1) 成立的從屬性之緩和：最高限額抵押權所擔保者乃「不特定債權」，即最高限額抵押權之成立，非以債權存在為必要。

　　　　(2) 移轉的從屬性之緩和：依據民法第 881-6 條規定：「最高限額抵押權所擔保之債權，於原債權確定前讓與他人者，其最高限額抵押權不隨同移轉。第三人為債務人清償債務者，亦同。」

　　　　(3) 消滅的從屬性之緩和：最高限額抵押權係擔保不特定債權，在最高限額抵押權設定時或之後所發生之債權，在確定之前，因清償、免除或抵銷等原因而消滅，最高限額抵押權並不會因此而受影響，仍繼續為擔保將來發生債權而存在。

　　2. 不可分性

　　　　民法第 881-17 條規定：「最高限額抵押權，除第八百六十一條第二項、第八百六十九條第一項、第八百七十條、第八百七十條之一、第八百七十條之二、第八百八十條之規定外，準用關於普通抵押權之規定。」即最高限額抵押權所準用民法第 868 條（不可分性－抵押物分割）：「抵押之不動產，如經分割或讓與其一部，或擔保一債權之數不動產而以其一讓與他人者，其抵押權不因此而受影響。」最高限額抵押權仍具有不可分性。

　　3. 物上代位性

　　　　民法第 881-17 條規定：「最高限額抵押權，除第八百六十一條第二項、第八百六十九條第一項、第八百七十條、第八百七十條之一、第八百七十條之二、第八百八十條之規定外，準用關於普通抵押權之規定。」即最高限額抵押權所準用民法第 881 條（抵押權之消滅）：「抵押權除法律另有規定外，因抵押物滅失而消滅。但抵押人因減失得受賠償或其他利益者，不在此限。抵押權人對於前項抵押人所得行使之賠償或其他請求權有權利質權，其次序與原抵押權同。給付義務人因故意或重大過失向抵押人為給付者，對於抵押權人不生效力。抵

押物因毀損而得受之賠償或其他利益，準用前三項之規定。」最高限額抵押權
仍具有物上代位性。

(二) 最高限額抵押權最高限額範圍

依據民法第 881 條之 2 規定：「最高限額抵押權人就已確定之原債權，僅得於
其約定之最高限額範圍內，行使其權利。前項債權之利息、遲延利息、違約金，與
前項債權合計不逾最高限額範圍者，亦同。」及民法第 881-17 條規定：「最高限額
抵押權，除第八百六十一條第二項、第八百六十九條第一項、第八百七十條、第八
百七十條之一、第八百七十條之二、第八百八十條之規定外，準用關於普通抵押權
之規定。」

1. 約定之最高限額。

2. 利息、遲延利息、違約金。

3. 實行抵押權之費用。

※ 不動產經紀人 99 年選擇題第 30 題

(A) 30. 以下關於最高限額抵押權之敘述何者正確？ (A)最高限額抵押權所擔保之債
權，包含因一定關係所生之不特定債權或基於票據所生之權利 (B)我國最高限
額抵押權係採本金最高限額 (C)基於抵押權之從屬性，最高限額抵押權所擔保
之任何 1 筆債權一旦讓與他人，最高限額抵押權亦隨之移轉 (D)最高限額抵押
權僅對原債權有擔保之效力。

2. 擔保範圍：最高限額抵押權人就已確定之原債權，僅得於其約定之最高
限額範圍內，行使其權利。前項債權之利息、遲延利息、違約金，與前
項債權合計不逾最高限額範圍者，亦同（民法第 881 條之 2）。

3. 原債權確定之時點：最高限額抵押權得約定其所擔保原債權應確定之期
日，並得於確定之期日前，約定變更之。前項確定之期日，自抵押權設
定時起，不得逾 30 年。逾 30 年者，縮短為 30 年。前項期限，當事人
得更新之（民法第 881 條之 4）。最高限額抵押權所擔保之原債權，未
約定確定之期日者，抵押人或抵押權人得隨時請求確定其所擔保之原債
權。前揭情形，除抵押人與抵押權人另有約定外，自請求之日起，經
15 日為其確定期日（民法第 881 條之 5）。

※ 不動產經紀人 108 年選擇題第 4 題

(D) 4. 依我國民法的規定，下列關於最高限額抵押權之敘述，何者錯誤？ (A)稱最高限額抵押權者，謂債務人或第三人提供其不動產為擔保，就債權人對債務人一定範圍內之不特定債權，在最高限額內設定之抵押權 (B)最高限額抵押權人就已確定之原債權，僅得於其約定之最高限額範圍內，行使其權利 (C)最高限額抵押權所擔保之原債權，未約定確定之期日者，抵押人或抵押權人得隨時請求確定其所擔保之原債權 (D)最高限額抵押權得約定其所擔保原債權應確定之期日，並得於確定之期日後，不待變更登記即變更之。

※ 不動產經紀人 108 年申論題第 4 題

二、甲有 A 屋，因向乙貸款 1,000 萬元（新台幣，下同），乃設定最高限額 1,200 萬元之最高限額抵押權予以擔保。試問：最高限額抵押權擔保的債權範圍如何？A 屋如發生毀損或滅失，乙本於代位性得如何行使權利？

解析

(一) 最高限額抵押權擔保的意義與債權範圍

1. 最高限額抵押權的意義：依據民法第 881-1 條第 1 項規定：「稱最高限額抵押權者，謂債務人或第三人提供其不動產為擔保，就債權人對債務人一定範圍內之不特定債權，在最高限額內設定之抵押權。」

2. 最高限額抵押權擔保的債權範圍：依據民法第 881 條之 2 規定：「最高限額抵押權人就已確定之原債權，僅得於其約定之最高限額範圍內，行使其權利。前項債權之利息、遲延利息、違約金，與前項債權合計不逾最高限額範圍者，亦同。」及民法第 881-17 條規定：「最高限額抵押權，除第八百六十一條第二項、第八百六十九條第一項、第八百七十條、第八百七十條之一、第八百七十條之二、第八百八十條之規定外，準用關於普通抵押權之規定。」

(1) 約定之最高限額。

(2) 利息、遲延利息、違約金。

(3) 實行抵押權之費用。

(二) A 屋如發生毀損或滅失，乙本於代位性得行使權利質權

1. 依據民法第 881 條規定（抵押權之消滅）：「抵押權除法律另有規定外，因抵押物滅失而消滅。但抵押人因滅失得受賠償或其他利益者，不在此限。抵押權人對於前項抵押人所得行使之賠償或其他請求權有權利質權，其次序與原抵押權同。給付義務人因故意或重大過失向抵押人為給付者，對於抵押權人不生效力。抵押物因毀損而得受之賠償或其他利益，準用前三項之規定。」

2. 甲以 A 屋向乙貸款 1,000 萬元，並設定最高限額 1,200 萬元之最高限額抵押權予以擔保。A 屋如發生毀損或滅失，乙本於上開代位性之規定，依據民法第 881

條規定對於甲因 A 屋滅失所得行使之賠償或其他請求權有權利質權（例如：損害賠償或保險理賠等），有權利質權，其次序與原抵押權同。

※ 不動產經紀人 106 年選擇題第 23 題

(A) 23. 關於最高限額抵押權，下列敘述何者正確？　(A)當事人得約定其所擔保原債權之應有確定之期日　(B)最高限額抵押權擔保之債權，不以由一定法律關係所生之權利為限　(C)最高限額抵押權擔保之債權，不得將其分離而為讓與　(D)同一不動產上，僅得設定一項最高限額抵押權。

※ 不動產經紀人 104 年選擇題第 32 題

(B) 32. 下列關於最高限額抵押權之敘述，何者正確？　(A)為避免法律關係複雜，最高限額抵押權不得共有　(B)原債權確定前，抵押權人與抵押人得約定變更其債務人　(C)最高限額抵押權人得讓與其抵押權次序與後次序抵押權人　(D)原債權確定前，抵押權人得任意分割最高限額抵押權之一部與他人。

4. 最高限額抵押權之共有：原債權確定前，抵押權人經抵押人之同意，得將最高限額抵押權之全部或分割其一部讓與他人。原債權確定前，抵押權人經抵押人之同意，得使他人成為最高限額抵押權之共有人（民法第 881 條之 8）。此因最高限額抵押權具有一定獨立之經濟價值，且為因應金融資產證券化及債權管理之實務需求，仿日本民法之規定。

5. 時效完成後最高限額抵押權之實行：最高限額抵押權所擔保之債權，其請求權已因時效而消滅，如抵押權人於消滅時效完成後，5 年間不實行其抵押權者，該債權不再屬於最高限額抵押權擔保之範圍（民法第 881 條之 15）。

※ 比較請求權時效完成抵押權之實行

　1. 民法第 145 條第 1 項：（附有擔保物權之請求權時效完成之效力）
　　以抵押權、質權或留置權擔保之請求權，雖經時效消滅，債權人仍得就其抵押物、質物或留置物取償。

　2. 民法第 880 條：（時效完成後抵押權之實行）
　　以抵押權擔保之債權，其請求權已因時效而消滅，如抵押權人，於消滅時效完成後，5 年間不實行其抵押權者，其抵押權消滅。

※ 不動產經紀人 110 年選擇題第 18 題

(D) 18. 依民法第 880 條規定，實行抵押權期間以抵押權擔保之債權，其請求權已因時效而消滅，如抵押權人，於消滅時效完成後，幾年間不實行其抵押權者，其抵押權消滅？　(A)一　(B)二　(C)三　(D)五。

3. 民法第 881 條之 15：（最高限額抵押權擔保債權之請求權消滅後之效力）最高限額抵押權所擔保之債權，其請求權已因時效而消滅，如抵押權人於消滅時效完成後，5 年間不實行其抵押權者，該債權不再屬於最高限額抵押權擔保之範圍。

※ 不動產經紀人106 年選擇題第 37 題

(A)37. 下列有關抵押權之敘述，何者正確？　(A)以抵押權擔保之債權請求權，雖經時效消滅，債權人仍得於時效完成後 5 年內實行抵押權　(B)以建築物為抵押者，其附加部分亦為抵押權效力所及，應一律並付拍賣　(C)抵押權人聲請查封抵押物，惟該執行名義嗣後經抗告法院裁定予以廢棄確定時，抵押人可依法請求財產上及非財產上損害賠償　(D)抵押權人於債權清償期屆滿後，為受清償，不得訂立契約取得抵押物之所有權。

※ 不動產經紀人105 年申論題第 1 題

一、甲乙為多年好友，甲於民國（下同）85 年 1 月 1 日向乙借款 500 萬元，未約定清償期，並於同日以 A 地設定 500 萬元普通抵押權予乙。詎甲於 104 年 10 月 31 日死亡，甲的唯一繼承人丙於 105 年 1 月 20 日為辦理遺產稅申報而調取 A 地土地謄本，始發現 A 地上有乙之 500 萬元普通抵押權，丙以該借款債權已逾消滅時效，且該抵押權亦已消滅為由，向乙起訴請求塗銷抵押權。問：丙之起訴有無理由？

解析

1. 乙對甲之借款返還請求權依據民法第 125 條規定請求權之消滅時效已經完成民法第 125 條請求權，因 15 年間不行使而消滅。甲於民國 85 年 1 月 1 日向乙借款 500 萬元，乙之借款返還請求權至 105 年 1 月 1 日止。甲的唯一繼承人丙於 105 年 1 月 20 日為辦理遺產稅申報時，始發現 A 地上有乙之 500 萬元普通抵押權，丙以該借款債權已逾民法第 125 條 15 年消滅時效。

2. 乙對 A 地之普通抵押權之請求權依據民法第 145 條第 1 項與民法第 880 條規定消滅時效已經完成。

   (1) 乙對甲之借款返還請求權雖然已經罹於 15 年之消滅時效，但是依據民法第 145 條第 1 項：以抵押權、質權或留置權擔保之請求權，雖經時效消滅，債權人仍得就其抵押物、質物或留置物取償。民法第 880 條：以抵押權擔保之債權，其請求權已因時效而消滅，如抵押權人，於消滅時效完成後，5 年間不實行其抵押權者，其抵押權消滅。因此乙對甲之抵押權於民國 105 年 1 月 1 日前可以主張。

   (2) 結論：丙於 105 年 1 月 20 日為辦理遺產稅申報而調取 A 地土地謄本，始發現 A 地上有乙之 500 萬元普通抵押權，丙以該借款債權已逾 20 年之消滅時效，且該抵押權亦已消滅為由，向乙起訴請求塗銷抵押權應屬有理由。

※ 不動產經紀人 101 年選擇題第 18 題

(B) 18. 甲分別於乙、丙所有之不動產設定普通抵押權，以擔保甲對乙之債權。下列敘述何者最正確？ (A)甲向丙請求清償債務時，丙得主張先訴抗辯權 (B)即使甲對乙之債權已因時效而消滅，甲仍得於消滅時效完成後五年內實行對丙之抵押權 (C)甲僅得先對乙之不動產實行抵押權 (D)甲實行對丙之抵押權後，丙不得向乙求償。

※ 不動產經紀人 96 年選擇題第 19 題

(B) 19. 最高限額抵押權所擔保之債權，其請求權已因時效而消滅，則抵押權人應於消滅時效完成幾年內實行其抵押權，否則該債權則不再屬於最高限額抵押權擔保之範圍？ (A)10 年 (B)5 年 (C)15 年 (D)20 年。

6. 最高限額抵押權消滅之原因：原則上與普通抵押權相同，如擔保債權消滅、除斥期間經過、抵押物滅失、最高限額實行等。惟應注意：

(1) 擔保債權消滅：最高限額抵押權在確定前，縱然擔保債權不存在，但最高限額抵押權並不消滅，須於確定後，擔保債權消滅，抵押權始消滅。

(2) 除斥期間經過：民法第 881 條之 15 規定：「最高限額抵押權所擔保之債權，其請求權已因時效而消滅，如抵押權人於消滅時效完成後，五年間不實行其抵押權者，該債權不再屬於最高限額抵押權擔保之範圍。」最高限額抵押權所擔保之不特定債權，如其中一個或數個債權罹於時效消滅者，因有民法第 145 條第 1 項之規定，仍為最高限額抵押權擔保之範圍，該債權倘罹於時效消滅後 5 年間不實行時，因最高限額抵押權所擔保之債權在確定之前尚有繼續發生之可能，故最高限額抵押權仍應繼續存在，應無民法第 880 條之適用，然為貫徹該條規範意旨，亦不宜任由抵押權人不行使其權利，而有害抵押人之利益，故明定該債權不屬於最高限額抵押權擔保之範圍，爰設本條規定。

7. 最高限額抵押權與普通抵押權之比較

(1) 從屬性之最大緩和化：

① 成立之從屬性：普通抵押權從屬於擔保債權，須以被擔保債權存在為前提；但最高限額抵押權係擔保債權人對債務人一定範圍內之不特定債權（民法第 881 條之 1），則最高限額抵押權設定後至確定前並無特定債權存在，亦即確定前並不具從屬性，其成立的從屬性係後推至實行最高限額抵押權時，只須實行時有擔保債權存在即可。

② 移轉之從屬性（處分從屬性）：普通抵押權從屬於擔保債權，故不得由債權分離而為讓與（民法第 870 條前段），且抵押權不得由債權分離而為其他債權之擔保（民法第 870 條後段）。最高限額抵押權則在原債權確定前，可將最高限額抵押權之全部或分割其一部讓與他人（民法第 881 條之 8）。故最高限額抵押權並無移轉從屬性。

③ 消滅的從屬性：普通抵押權如於擔保債權消滅，抵押權亦隨同消滅。但最高限額抵押權在債權確定前，縱使債權額為零，仍為擔保將來可能發生的不特定債權而存在（60 台上 1097 參照），故無消滅的從屬性。

　　綜上可知，最高限額抵押權的從屬性並不明顯，學者稱此現象為「從屬性的最大緩和化」。

(2) 擔保債權之不特定性：此為最高限額抵押權最重要的性質，因為最高限額抵押權係擔保債權人對債務人一定範圍內之不特定債權（民法第 881 條之 1 第 1 項），與普通抵押權係擔保現在已特定之債權二者顯著不同。

(3) 擔保債權資格之限制：

① 質的限制：擔保債權之資格採限制說，限於以由一定法律關係所生之債權或基於票據所生之權利為限（民法第 881 條之 1 第 2 項）。

② 量的限制：指擔保債權僅得於其約定之最高限額範圍內，行使其權利（民法第 881 條之 2 第 1 項）。

(六) 其他抵押權

社會日趨繁榮，經濟生活亦呈現多元化，抵押權為配合多樣的經濟需要，遂發展出許多新的態樣，由於其發生原因與效力不同於前述之普通抵押權，故歸類其他抵押權。茲簡述如下：

1. 法定抵押權：指基於法律規定而生之抵押權，有不待登記，即可生效者。有須登記，方可生效者，如承攬人得請求登記之法定抵押權（民法第 513 條）。

2. 動產抵押權：為便利融資，以活潑資金融通，另有動產擔保交易法，規範動產抵押權。稱動產抵押者，謂抵押權人對於債務人或第三人不移轉占有而就供擔保債權人之動產設定動產抵押權，於債務人不履行契約時，抵押權人得占有抵押物，並得出賣，就其賣得價金優先於其他債權而受清償之交易（動產擔保交易法第 15 條）。

3. 共同抵押權：指數個不動產上設定數個抵押權，共同擔保一個債權。由於數個抵押權係擔保同一債權，故又稱總括抵押權。

(七) 權利抵押權

依民法第 882 條規定：地上權、農育權及典權，均得為抵押權之標的物。可知以上這些權利都可以作為抵押權之標的物。

特別法上所定之抵押權（例如：礦業權抵押權、漁業權抵押權），為使此類特殊抵押權準用時有依據，故民法第 883 條規定：普通抵押權及最高限額抵押權之規定，於前條抵押權及其他抵押權準用之。

※ 不動產經紀人 108 年選擇題第 19 題

(A) 19. 下列何者不得為抵押權之標的物？　(A)不動產役權　(B)地上權　(C)農育權　(D)典權。

※ 不動產經紀人 107 年選擇題第 20 題

(A) 20. 下列何種權利，得為抵押權之標的物？　(A)地上權　(B)不動產役權　(C)著作權　(D)租賃權。

🖥 二、質權

(一) 意義：依民法第 884 條規定：稱動產質權者，謂債權人對於債務人或第三人移轉占有而供其債權擔保之動產，得就該動產賣得價金優先受償之權。例如：張無忌跟郭靖借錢，為擔保張無忌屆期清償，張無忌於是拿出屠龍刀作為設定質權之用，並將屠龍刀移交郭靖占有，若屆期郭靖未受清償，郭靖得拍賣屠龍刀這個質物，就其賣得價金優先於其他普通債權人而受清償。本例中占有質物之債權人郭靖，稱為質權人。提供質物之債務人，稱為出質人。如出質人係第三人，則此提供屠龍刀（質物）為債務人擔保債務之第三人，稱為物上保證人。

※ 不動產經紀人 90 年第 2 次選擇題第 12 題

(D) 12. 債權人占有由債務人或第三人移交之動產，得就其賣得價金受清償之權利，稱之為： (A)抵押權 (B)留置權 (C)權利質權 (D)動產質權。

(二) 動產質權的特性（口訣：從、不、代）

有動產擔保交易法之特別規定，例如車貸。

1. 從屬性：動產質權成立的前提是先有被擔保債權存在，動產質權始得有效成立，故是屬於價值權的一種，為了擔保某特定債權而存在，此乃「成立之從屬性」。

2. 不可分性：只要被擔保債權尚未完全受清償，動產質權人仍得就質物的全部取償，即便是質物經分割或讓與其一部，或者被擔保債權讓與一部予他人，動產質權均不因此而受影響，此乃動產質權之不可分性。

3. 物上代位性：當質物不幸發生毀損、滅失等情事時，原本動產質權會因為失其標的物而消滅。但若出質人因質物之毀損、滅失而得受賠償金或取得損害賠償請求權者，基於動產質權之物上代位性，動產質權會轉而存在於該賠償金或賠償請求權上，動產質權得就此等代位物行使權利。

(三) 動產質權的設定：動產質權同屬於動產物權之一種，故其設定方式（成立要件）當然須依民法第 761 條第 1 項規定；動產物權之讓與，非將動產交付，不生效力。但受讓人已占有動產者，於讓與合意時，

即生效力。亦即雙方當事人之間必須具備設定動產質權的讓與合意，同時並應將質物交付予質權人占有。

(四) 擔保債權之範圍：依民法第 887 條規定：質權所擔保者為原債權、利息、遲延利息、違約金、保存質物之費用、實行質權之費用及因質物隱有瑕疵而生之損害賠償。但契約另有約定者，不在此限。前項保存質物之費用，以避免質物價值減損所必要者為限。

(五) 質物的保管：依民法第 888 條規定：質權人應以善良管理人之注意，保管質物。質權人非經出質人之同意，不得使用或出租其質物。但為保存其物之必要而使用者，不在此限。

(六) 孳息收取權：依民法第 890 條規定：質權人有收取質物所生孳息之權利者，應以對於自己財產同一之注意收取孳息，並為計算。前項孳息，先抵充費用，次抵原債權之利息，次抵原債權。孳息如須變價始得抵充者，其變價方法準用實行質權之規定。

(七) 動產質權的實行：與普通債權相同，當被擔保債權已屆清償期而未受清償，依民法第 893 條規定：質權人於債權已屆清償期，而未受清償者，得拍賣質物，就其賣得價金而受清償。約定於債權已屆清償期而未為清償時，質物之所有權移屬於質權人者，準用第 873 條之 1 之規定。

(八) 喪失質物之占有：依民法第 898 條規定：質權人喪失其質物之占有，於 2 年內未請求返還者，其動產質權消滅。

※ 不動產經紀人 105 年選擇題第 28 題

(D) 28. 乙將其所有汽車為甲設定動產質權，以為其對甲借款債務之擔保。該車並已交付甲之占有。下列那種情形，甲之動產質權並不消滅？ (A)丙仗義相助幫乙清償該債務 (B)甲將該車返還給乙 (C)甲喪失對該車之占有，於第 3 年始請求返還 (D)該車被盜後，隔年再讓與給善意第三人，甲對該第三人行使回復請求權時。

※ 動產質權消滅原因

1. 民法第 897 條返還質物：動產質權，因質權人將質物返還於出質人或交付於債務人而消滅。返還或交付質物時，為質權繼續存在之保留者，其保留無效。

2. 民法第 898 條喪失質物之占有：質權人喪失其質物之占有，於 2 年內未請求返還者，其動產質權消滅。

3. 民法第 899 條物上代位性：動產質權，因質物滅失而消滅。但出質人因滅失得受賠償或其他利益者，不在此限。質權人對於前項出質人所得行使之賠償或其他請求權仍有質權，其次序與原質權同。給付義務人因故意或重大過失向出質人為給付者，對於質權人不生效力。前項情形，質權人得請求出質人交付其給付物或提存其給付之金錢。質物因毀損而得受之賠償或其他利益，準用前 4 項之規定。

(九) 最高限額質權： 債務人或第三人得提供其動產為擔保，就債權人對債務人一定範圍內之不特定債權，在最高限額內，設定最高限額質權。前項質權之設定，除移轉動產之占有外，並應以書面為之。關於最高限額抵押權及第 884 條至前條之規定，於最高限額質權準用之（民法第 899 條之 1）。

(十) 營業質權： 質權人係經許可以受質為營業者，僅得就質物行使其權利。出質人未於取贖期間屆滿後 5 日內取贖其質物時，質權人取得質物之所有權，其所擔保之債權同時消滅。前項質權，不適用民法第 889 至第 895 條、第 899 條、第 899 條之 1 規定（民法第 899 條之 2）。

(十一) 權利質權： 依民法第 900 條規定：稱權利質權者，謂以可讓與之債權或其他權利為標的物之質權。可知所謂可讓與之債權，指並非因債權的性質或當事人的特約，而不得讓與之債權；亦非禁止扣押之債權（民法第 294 條）。如未記載禁止轉讓的票據、定期存單、公債票、股票等。所謂可讓與之其他權利，指適合質權性質且可讓與的財產權，如著作權、專利權、電話機使用權（45 台上 517）等。不動產物權因與質權性質不符，人格權及身分權因非屬財產權，故皆不得為權利質權之標的物。依民法第 901 條規定：權利質權，除本節有規定外，準用關於動產質權之規定。因為動

產質權其實是以動產之所有權為標的物，則所有權以外之權利亦應可為質權之標的物，故以可讓與之債權及其他權利，作為質權標的物者，得準用關於動產質權之規定。質權制度雖始於動產質權，但近年來由於財產權逐漸證券化，無體財產權也日趨發達，權利質權因能符合社會需求，故反較動產質權為重要。

(十二) **當鋪質**：關於當鋪質，民法原無規定，過去僅有「當鋪業管理規則」規範之，實務上即曾發生其與民法是否牴觸之疑義（釋字第 26 號），後於民國 90 年 6 月 6 日制定「當鋪業法」，民國 96 年民法物權編並增訂當鋪質的明文規定，而將其納入質權體系。當鋪或其他以受質為營業者所設定之質權，通稱為「營業質」，為一般民眾籌措小額金錢之簡便方法，有其存在之價值。惟民法對於營業質權人與出質人間之權利義務關係，尚無規定，為期周延明確，96 年修法時就營業質部分，爰參酌當鋪業法第 4 條、第 21 條之精神，增訂民法第 899 條之 2 第 1 項規定；質權人係經許可以受質為營業者，僅得就質物行使其權利。出質人未於取贖期間屆滿後五日內取贖其質物時，質權人取得質物之所有權，其所擔保之債權同時消滅。另為便於行政管理，減少流弊，以受質為營業之質權人以經主管機關許可者為限。（當鋪業法第 11 條：年率最高不得超過百分之三十。）

🖥 三、留置權

(一) **意義**：依民法第 928 條規定：稱留置權者，謂債權人占有他人之動產，而其債權之發生與該動產有牽連關係，於債權已屆清償期未受清償時，得留置該動產之權。債權人因侵權行為或其他不法之原因而占有動產者，不適用前項之規定。其占有之始明知或因重大過失而不知該動產非為債務人所有者，亦同。而留置權雖為擔保物權，但留置權係因具備法定要件而成立，並非基於當事人之意思而設定，故與其他擔保物權有所不同。

(二) 不可分性原則之適用：債權人於其債權未受全部清償前，得就留置物之全部，行使其留置權。但留置物為可分者，僅得依其債權與留置物價值之比例行使之（民法第 932 條）。

(三) 留置物存有所有權以外之物權：留置物存有所有權以外之物權者，該物權人不得以之對抗善意之留置權人。（民法第 932 條之物權之優先效力，雖本依其成立之先後次序定之，惟留置權人在債權發生前已占有留置物，如其為善意者，應獲更周延之保障，該留置權宜優先於其上之其他物權。）

(四) 保管義務：留置權人就留置物而言可否使用收益留置物？依民法第 933 條規定：第 888 條至第 890 條及第 892 條之規定，於留置權準用之。也就是說留置權人不但非經留置物所有人之同意，否則不得使用或出租留置物外，留置權人更應以善良管理人之注意，保管質物。

(五) 孳息收取權：依民法第 933 條規定：第 888 條至第 890 條及第 892 條之規定，於留置權準用之。但並非留置權人可將收取之孳息，直接放入自己口袋，而是依照民法第 933 條準用民法第 890 條規定：質權人有收取質物所生孳息之權利者，應以對於自己財產同一之注意收取孳息，並為計算。前項孳息，先抵充費用，次抵原債權之利息，次抵原債權。孳息如須變價始得抵充者，其變價方法準用實行質權之規定，換言之，留置權人所收取之孳息，應該用以抵充收取孳息之費用及債務人之債務，所以實際上該孳息真正的權利人還是債務人，只不過因為留置物在留置權人的占有中，故由留置權人收取罷了。

(六) 費用償還請求權：基於留置權人對留置物負有一定之保管義務，因而當留置權就留置物支出必要費用時，得向留置物之所有權人請求償還，依民法第 934 條規定：債權人因保管留置物所支出之必要費用，得向其物之所有人，請求償還。

(七) 留置權之實行：債權人主張留置權的前提，當然是被擔保債權已屆清償期，而債務人未按時清償者，始足當之；依民法第 936 條規定：債

權人於其債權已屆清償期而未受清償者，得定 1 個月以上之相當期限，通知債務人，聲明如不於其期限內為清償時，即就其留置物取償；留置物為第三人所有或存有其他物權而為債權人所知者，應併通知之。債務人或留置物所有人不於前項期限內為清償者，債權人得準用關於實行質權之規定，就留置物賣得之價金優先受償，或取得其所有權。不能為第 1 項之通知者，於債權清償期屆至後，經過 6 個月仍未受清償時，債權人亦得行使前項所定之權利。

(八) **請求權時效：** 債權人喪失其留置物之占有，於 2 年內未請求返還者，其留置權消滅（民法第 937 條第 2 項準用第 898 條）。

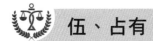 **伍、占有**

一、意義

依民法第 940 條規定：對於物有事實上管領之力者，為占有人。足見，占有的概念即表現在「對物有事實上管領力」。

※ 不動產經紀人 97 年第 1 次選擇題第 10 題

(C) 10. 甲即將出國遊學，將其古董花瓶寄放好朋友乙之住處，請問乙對於該古董花瓶為何種關係？ (A)所有權人 (B)留置權人 (C)占有人 (D)典權人。

二、占有的種類

(一) **有權占有與無權占有：** 占有以其是否具有占有之本權而言，可分為有權占有與無權占有。基於權利而占有者，稱為有權占有，例如基於所有權、質權或留置權而占有者。無權利而占有者，稱為無權占有，例竊盜占有盜贓物。

※ 不動產經紀人 106 年選擇題第 20 題

(D) 20. 甲、乙與丙 3 人共有 A 車，應有部分個 3 分之 1，約定 A 車由丙占有，使用及收益（分管契約）。占有 A 車之丙未經甲與乙同意，出賣 A 車於丁。試問，下列敘述何者正確？ (A)丁若不知丙非單獨所有人，且就其不知無過失，則善意取得 A 車所有權 (B)丁若明知甲、乙與丙間之 A 車分管契約，則得占有使用收益 A 車 (C)甲與乙若未同意，丙與丁間之 A 車的買賣，效力未定 (D)丁對甲與乙乃有權占有。

(二) **善意占有與惡意占有：**前述的無權占有，又可再分為善意占有與惡意占有。占有人不知其無占有權利者，稱為善意占有。占有人若知其無占有權利，而仍予占有者，稱為惡意占有。但善意占有可能被視為惡意占有，即善意占有人，於本權訴訟敗訴時，自其訴訟拘束發生之日起，視為惡意占有人（民法第 959 條）。

1. 善意占有人

(1) 有關於善意占有的效力，依民法第 952 條規定：善意占有人，依推定其為適法所有之權利，得為占有物之使用及收益。其中有關：為適法所有之權利，指的是民法第 943 條規定：占有人於占有物上行使之權利，推定其適法有此權利。這其中要分成三大類說明：

① 所有權：鑑於動產所有權的舉證困難，因而透過民法占有的狀態，只要占有人對該占有物行使之權利為所有權，即推定其適法並享有所有權。

② 擔保物權：在三種擔保物權中，以動產質權是可以適用民法第 943 條，以占有的方式，行使其權利，法律並就其享有動產質權予以推定。

③ 用益物權：用益物權原則上皆是以占有為其行使權利的方法，但若是已經登記的不動產，則無本條適用。

(2) 善意占有人之使用收益權：當善意占有人依民法第 943 條推定享有某項權利時，再依民法第 952 條規定享有使用收益權，即使真正權利人出面主張權利，其至多只能依據所有物返還請求

權，請求返還占有物，而不得向善意占有人主張，就其無權占有的這段期間享有使用收益權，係屬不當得利，因此，該善意占有人享有使用收益之利益本身，係以民法第 952 條規定。

另占有人若有占的事實得否主張依此登記為所有權人？依最高法院 29 年上字第 378 號判例，乃是實務上一貫的見解。其認為，當占有人提起確認所有權存在之訴時，可依民法第 943 條規定：免除其舉證的責任。因此除非被告能提出相反的證據推翻該推定，否則原告的主張應可成立，法院應判決原告勝訴。這樣的結果形同於一占有人，可透過占有的方式，積極的取得所有權。

2. 惡意占有人

不管是善意占有人或是惡意占有人，其共同基礎都在於其為無權占有人，只是善意占有人誤信自己有占有的權源。

(1) 惡意占有人的損害賠償責任：依民法第 956 條規定：惡意占有人，或無所有意思之占有人，因可歸責於自己之事由，致占有物滅失或毀損者，對於回復請求人，負損害賠償之責。

(2) 惡意占有人的必要費用償還權：依民法第 957 條規定：惡意占有人，因保存占有物所支出之必要費用，對於回復請求人，得依關於無因管理之規定，請求償還。

(3) 直接占有與間接占有：對於物有事實上管領之力者，稱為占有人（民法第 940 條）。由於此種占有是直接將物納入管領支配，故又稱為直接占有人。所有人原則上應是直接占有人，但若所有人為擔保債權或使用收益之必要，而將標的物交由他人占有，此時基於其法律關係而實際占有之人，即為直接占有人，而原所有人因喪失對於物的事實占有，故稱為間接占有人。民法第 941 條規定：「質權人、承租人、受寄人、或基於其他類似之法律關係，對於他人之物為占有者，該他人為間接占有人。」即明示此旨。

直接占有人對於物的占有，未必須由自己親自為之，亦可利用他人輔助為之。因此若受僱人、學徒、或基於其他類似之關

係，受他人之指示，而對於物有管領之力者，僅該他人為占有人（民法第 942 條）。此等受僱人、學徒則稱為占有輔助人。

※ 不動產經紀人 112 年選擇題第 20 題

(A) 20. 關於善意占有人之敘述，下列何者錯誤？ (A)善意占有人於本權訴訟敗訴時，自判決確定之日起，視為惡意占有人 (B)善意占有人自確知其無占有本權時起，為惡意占有人 (C)善意占有人因保存占有物所支出之必要費用，得向回復請求人請求償還 (D)善意占有人，因改良占有物所支出之有益費用，於其占有物現存之增加價值限度內，得向回復請求人，請求償還。

※ 不動產經紀人 105 年選擇題第 29 題

(C) 29. 有關惡意占有人與善意占有人，在損害賠償請求方面，下列敘述何者正確？ (A)善意占有人就占有物之滅失或毀損，如係不可歸責於自己之事由所致者，對於回復請求人僅以滅失或毀損所受之利益為限，負賠償之責 (B)惡意占有人或無所有意思之占有人，就占有物之滅失或毀損，如係不可歸責於自己之事由所致者，對於回復請求人，負賠償之責 (C)善意占有人因保存占有物所支出之必要費用，得向回復請求人請求償還。但已就占有物取得孳息者，不得請求償還通常必要費用 (D)惡意占有人，因保存占有物所支出之必要費用，對於回復請求人，得依關於不當得利之規定，請求償還。

(三) 自主占有與他主占有：以自己所有之意思而占有者，稱為自主占有，例如為取得時效而占有他人之動產（民法第 768 條）。不以自己所有之意思而占有者，稱為他主占有，例如承租人以租賃之意思占有房屋。

　　但他主占有可能轉變為自主占有，即占有，依其所由發生之事實之性質，無所有之意思者，其占有人對於使其占有之人表示所有之意思時起，為以所有之意思而占有。其因新事實變為以所有之意思占有者，亦同（民法第 945 條）。如前例中之承租人，嗣後否認租賃關係，而對出租人表示以所有的意思而為占有。

📖 三、占有的效力

(一) 占有的推定

1. 權利的推定：占有人於占有物上行使之權利，推定其適法有此權利（民法第 943 條）。因為事實與權利常相隨，故因占有人有占有之事實，則推定其應有其占有之權利。

※ 地政士 96 年申論題第 3 題

三、何謂占有權利之推定？該推定有何限制？

解析

(一) 占有人於占有物上行使之權利，推定其適法有此權利（民法第 943 條）。

(二) 推定之限制

    1. 善意受讓：(1)受讓人係善意；(2)讓與人有權利外觀；(3)須「受讓」。

    2. 善意受讓的例外：占有物如係盜贓遺失物，其被害人或遺失人，自被盜或遺失之時起，二年以內，得向占有人請求回復其物（民法第 949 條）。

    3. 善意受讓例外的例外：

      (1) 須償還價金。

      (2) 特定物品不得回復。

      (3) 不適用於不動產的善意受讓。

※ 不動產經紀人 105 年選擇題第 30 題

(D) 30. 有關動產善意受讓要件之說明，下列敘述何者正確？ (A)讓與人與受讓人須完成讓與動產之交付行為，此之交付不包含觀念交付 (B)受讓人出於善意且有抽象輕過失者，不受占有之保護 (C)讓與人必須是無權代理 (D)盜贓物為金錢時，被害人不得向善意占有人請求回復。

2. 占有態樣的推定：占有人，推定其為以所有之意思，善意、和平、公然及無過失占有。經證明前後兩時為占有者，推定前後兩時之間，繼續占有（民法第 944 條）。

※ 不動產經紀人 106 年選擇題第 24 題

(D) 24. 關於占有之推定，下列敘述何者正確？ (A)占有已登記之不動產而行使物權者，推定有該物權 (B)行使所有權以外之權利者，對使其占有之人，推定有該權利 (C)占有人推定其為他主占有 (D)占有人推定其為無過失占有。

(二) 權利的取得

1. 善意受讓：因占有可取得權利之制度有二，一為取得時效，如前所述，於此不贅。另一則為善意受讓，所謂善意受讓，乃以動產所有權，或其他物權之移轉或設定為目的，而善意受讓該動產之占有者，縱其讓與人無讓與之權利，其占有仍受法律之保護（民法第 948 條）的制度。簡要分析善意受讓之要件，所謂「善意」，在受讓人與讓與人間必須：

   (1) 受讓人係善意，即受讓人之占有係不知讓與人無讓與之權利。

   (2) 讓與人有權利外觀，足以使受讓人不知其係無讓與權利，亦即讓與人係動產之「占有」人，或不動產之「登記」所有人，因其行為既符物權法之「公示原則」，故賦與「公信力」。

   (3) 須「受讓」，亦即須以動產所有權，或其他物權之移轉或設定為目的。例如租賃，僅有移轉收用收益權，係債權，並無物權移轉，故無善意受讓之適用。且所謂移轉或設定，係指須以法律行為（買賣、贈與等）為之者，始符保護交易安全之目的。故若因繼承之事實行為而取得占有者，即無善意受讓之適用。

      故善意受讓制度之目的，是為了避免善意受讓人因無權處分受有損害，基於保護交易安全，而承認善意受讓人的占有狀態，亦即法律承認占有的公信力，而使善意受讓人取得權利，故善意受讓乃是無權處分的特別規定。按處分行為之作成須行為人有處分權，否則即為無權處分，無權處分行為若權利人不承認即為無效（民法第118 條第 1 項參照），例如：阿加之 BMW 跑車借與友子，友子卻逕將 BMW 跑車轉售善意之茂柏，友子移轉 BMW 跑車之行為，即為無權處分，若阿加不承認，該行為即為無效。但此時法律在甲之所有權與丙之交易安全間，選擇保護交易安全，而以善意受讓制度使茂柏不受無權處分之影響。

      又善意受讓制度著重占有的狀態，此種占有不須經過一定期間，只要符合善意受讓之要件，一經占有，立即可取得權利，故又稱即時取得或善意取得。善意受讓制度除於占有章規定外（民法第948 條），另於動產所有權節（民法第 801 條）及動產質權節（民法第 886 條），亦有規定，於此不再多述。

2. 善意受讓的例外：善意受讓制度下，善意占有人的占有可受法律保護，但如占有物係盜贓或遺失物，則有例外規定。即占有物如係盜贓遺失物，其被害人或遺失人，自被盜或遺失之時起，2 年以內，得向占有人請求回復其物（民法第 949 條）。因為權利人喪失對物之占有，並非基於其真正意思，故法律以例外規定保護之。（口訣：**盜、物**）

3. 善意受讓例外的例外：（口訣：**拍、共、同**）

(1) 須償還價金：盜贓或遺失物，如占有人由拍賣或公共市場，或由販賣與其物同種之物之商人，以善意買得者，非償還其支出之價金，不得回復其物（民法第 950 條）。因為自此等情形買受占有物，依社會一般觀念，對於占有物之來源，具有正當信賴，不能強求購買者對物之來源，須另為深入調查，故法律特別保護之。

※ 不動產經紀人96年第2次選擇題第3題

(A)3. 盜贓或遺失物，如占有人由拍賣或公共市場，或由販賣與其物同種之物之商人，以善意買得者，其被害人或遺失人如何回復其物： (A)償還占有人支出之全部價金 (B)償還占有人支出之一半價金 (C)依該物之折舊比例償還價金 (D)償還該物之現存價額。

※ 不動產經紀人99年選擇題第26題

(A)26. 以下關於占有之敘述何者錯誤？ (A)寵物店之店員甲照顧顧客乙寄放之寵物狗，帶該隻寵物狗出外散步時，咬傷在公園遊玩之幼童，此時甲應負損害賠償責任 (B)動產善意受讓人必須善意且無重大過失始可 (C)占有人由拍賣或公共市場以善意買得盜贓遺失物時，真正權利人得於 2 年內，償還支出之價金後，請求回復其物 (D)占有人之占有被侵奪者，占有人之返還請求權自侵奪時起，1 年間不行使而消滅。

(2) 特定物品不得回復：盜贓或遺失物，如係金錢或無記名證券；不得向其善意占有人，請求回復（民法第 951 條）。因為金錢或無記名證券，如脫離原主即難辨認，故民法特設例外規定，以免有礙金錢或無記名證券之流通功能。以上二者皆為善意受讓例外之例外，亦即回歸原則。

(3) 不動產的善意受讓：民法僅規定動產的善意受讓，重在保護善意受讓人的占有（民法第 948 條參照），故民法之規定不適用於不動

產。關於不動產善意受讓係適用土地法，土地法第 43 條規定：「依本法規定所為之登記有絕對效力。」所謂登記有絕對效力，係為保護第三人起見，將登記事項賦與絕對真實之公信力，故第三人信賴登記，而取得土地權利時，不因登記原因之無效或撤銷，而被追奪（院 1919）。在第三者信賴登記而取得土地權利之前，真正權利人仍得對登記名義人主張登記原因之無效或撤銷，提起塗銷登記之訴（39 台上 1109）。

4. 占有人與回復請求人的關係：無權占有人與回復請求人間的權利義務關係，主要是指占有物的返還，包括占有物、孳息及費用等問題。然其權利義務又因占有人之善意或惡意而有不同，茲分述如下：

   (1) 占有物：無權占有人應將占有物返還回復請求人，如該占有物滅失或毀損時，占有人即應負賠償責任。

   ① 善意占有人的賠償責任：善意占有人，因可歸責於自己之事由，致占有物滅失或毀損者，對於回復請求人，僅以因滅失或毀損所受之利益為限，負陪償之責（民法第 953 條）。

   ② 惡意占有人的賠償責任：惡意占有人，或無所有意思之占有人，因可歸責於自己之事由，致占有物滅失或毀損者，對於回復請求人，負損害賠償之責（民法第 956 條）。

5. 占有物的孳息：

   (1) 善意占有人得收取孳息：善意占有人，依推定其為適法所有之權利，得為占有物之使用及收益（民法第 952 條）。亦即除得使用占用物外，並得收取占有物之孳息（包括天然孳息及法定孳息），而無須返還。

   (2) 惡意占有人的孳息返還義務：惡意占有人，負返還孳息之義務，其孳息如已消費，或因其過失而毀損，或怠於收取者，負償還其孳息價金之義務（民法第 958 條）。

6. 費用的償還：回復請求人固可向占有人請求回復占有物，但占有人為占有物所支出之費用，得向回復請求人請求償還。

(1) 善意占有人的費用求償權：善意占有人得求償之費用包括：

① 必要費用：善意占有人，因保存占有物所支出之必要費用，得向回復請求人請求償還。但已就占有物取得孳息者，不得請求償還（民法第 954 條）。

② 有益費用：善意占有人，因改良占有物所支出之有益費用，於其占有物現存之增加價值限度內，得向回復請求人，請求償還（民法第 955 條）。

(2) 惡意占有人的費用求償權：惡意占有人僅有必要費用求償權，即惡意占有人，因保存占有物所支出之必要費用，對於回復請求人，得依關於無因管理之規定，請求償還（民法第 957 條）。所謂依關於無因管理之規定請求償還，指其所支出之必要費用須有利於回復請求人，並不違反回復請求人明示或可得推知之意思者，始得全部請求償還（民法第 176 條第 1 項）。

※ 不動產經紀人 106 年選擇題第 28 題

(A)28. 依民法規定，無權占有人返還占有物於回復請求人時，其得向回復請求人主張之權利及應負擔之義務，下列敘述何者正確？ (A)善意占有人對於占有物支出之必要費用，於扣除其所收取孳息之餘額，皆得請求償還 (B)善意占有人對於占有物因改良占有物支出之有益費用，於扣除其所首曲孳息之餘額，皆得請求償還 (C)惡意占有人對於占有物孳息之收取，無須返還 (D)惡意占有人，就占有物之滅失或毀損，縱使非因可歸責於自己之事由所致者，負損害賠償之責任。

四、占有的物上請求權

依民法第 962 條規定：「占有人，其占有被侵奪者，得請求返還其占有物；占有被妨害者，得請求除去其妨害；占有有被妨害之虞者，得請求防止其妨害。」由此可知占有人的物上請求權，包括下列三種：（VS：民法第 767 條規定物上請求權）

1. 占有物返還請求權：占有人，其占有被侵奪者，得請求返還其占有物（民法第 962 條前段）。

2. 占有物妨害排除請求權：占有被妨害者，得請求除去其妨害（民法第 962 條中段）。

3. 占有妨害預防請求權：占有有被妨害之虞者，得請求防止其妨害（民法第 962 後段）。

　　前述之請求權，自侵奪或妨害占有，或危險發生後，1 年間不行使而消滅（民法第 963 條）。

※ 不動產經紀人 108 年選擇題第 9 題

(B) 9. 依我國民法之規定，下列關於租賃契約之敘述何者正確？　(A)甲將自己所有之 A 屋租予乙後，又將 A 屋租予丙並交付占有予丙，乙得知後可向丙主張交付 A 屋　(B)甲將自己所有之 A 屋租予乙，並交付占有予乙後，A 屋竟遭丙無權占有。此時，乙可對丙主張占有物返還請求權　(C)甲將自己所有之 A 屋租予乙供居住之用，乙雖於訂約時已知 A 屋為輻射屋，但因輻射屋會危及乙的健康，故乙仍得主張減少價金　(D)甲將自己所有之 A 屋租予乙，約定由甲負修繕義務。按民法規定，乙得自行修繕再請求出租人償還費用。

※ 不動產估價師 101 年申論題第 1 題

一、甲、乙共有一筆土地，應有部分甲為四分之三，乙為四分之一。設甲依民法第 820 條第 1 項規定，擅將該地以較低租金出租給丙使用。請問：

(二) 乙若同意出租，而丁在該地上傾倒廢土時，甲、乙與丙對丁得主張物權法上之權利有何不同？試比較說明之。

解析

(二) 甲、乙與丙對丁主張權利如下：

　　1. 請求權基礎不同：

　　　　(1) 甲、乙對丁主張民法第 767 條第 1 項所有人之除去妨害請求權與民法第 821 條共有人對第三人權利，請求丁除去廢土。

　　　　① 民法第 767 條第 1 項物上請求權：「所有人對於無權占有或侵奪其所有物者，得請求返還之。對於妨害其所有權者，得請求除去之。有妨害其所有權之虞者，得請求防止之。」

　　　　② 民法第 821 條共有人對第三人權利：「各共有人對於第三人，得就共有物之全部為本於所有權之請求。但回復共有物之請求，僅得為共有人全體之利益為之。」

(2) 丙對丁主張民法第 962 條第 1 項占有人之除去妨害請求權，請求丁除去廢土。

民法第 962 條第 1 項：「占有人，其占有被侵奪者，得請求返還其占有物；占有被妨害者，得請求除去其妨害；占有有被妨害之虞者，得請求防止其妨害。」

2. 請求權適用消滅時效不同：

(1) 所有權之物上請求權原適用消滅時效規定，但大法官釋字第 107 號：「已登記不動產所有人之回復請求權，無民法第 125 條消滅時效規定之適用。」及第 164 號：「已登記不動產所有人之除去妨害請求權，不在本院釋字第 107 號解釋範圍之內，但依其性質，亦無民法第 125 條消滅時效規定之適用。」甲、乙共有土地乃為已登記之不動產，對丁行使之除去妨害請求權無消滅時效之問題。

(2) 丙對丁主張占有人之除去妨害請求權，依民法第 963 條規定：「前條請求權，自侵奪或妨害占有或危險發生後，1 年間不行使而消滅。」

五、準占有

依民法第 966 條規定：「財產權，不因物之占有而成立者，行使其財產權之人，為準占有人。本章關於占有之規定，於前項準占有準用之。」

六、修法趨勢

增訂占有權利推定之例外及推定占有態樣包括「無過失」（民法第 943 條及 944 條），修正占有變更之通知義務（民法第 945 條）、修正動產善意取得規範（民法第 948 條 2 項排除依占有改定方式交付時，得主張善意受讓）、修正惡意占有人賠償責任規定（民法第 956 條）等。

案例一：共有土地之優先購買權

　　王大和他兄弟四人共有建地一筆，應有部分各為四分之一。王二、王三、王四未得王大同意，亦未知會王大，即將該地全部出賣於朱太郎。請附具理由說明下列問題。

一、設依買賣契約，王二、王三、王四應該辦理該土地之所有權移轉登記於朱太郎，但兄弟三人卻遲不辦理，朱太郎乃訴請王二、王三、王四依約辦理該土地之所有權全部移轉登記於朱太郎。法院應否准許？

二、王大就該土地之買賣有無優先購買權？

三、設王大請求王二、王三、王四協議分割該共有土地，王二等三人以共有地已出售於朱太郎，彼等已無權分割而拒絕之。王大乃以王二、王三、王四為被告，訴請分割該共有土地，法院應否准許？

分析

一、依民法第 819 條規定：「各共有人，得自由處分其應有部分。共有物之處分、變更、及設定負擔，應得共有人全體之同意。」此項規定所謂處分，包括事實上處分及法律上處分，而法律上處分，依通說，不包括債權行為（負擔行為）在內。故共有人中之一人或數人未得全體共有人的同意出賣（或出租）共有物時，係屬債權行為，因債權行為不以對標的物有處分權為必要，其買賣契約（或租賃契約）當然有效，但契約對於未同意（出賣或出租）之他共有人無拘束力。

　　又依土地法第 34 條之 1 第 1 項規定：「共有土地或建築改良物，其處分、變更及設定地上權、永佃權、地役權或典權，應以共有人過半數及其應有部分合計過半數之同意行之。但其應有部分合計逾三分

之二者，其人數不予計算。」有關此一規定：最高法院認為，部分共有人依土地法第 34 條之 1 第 1 項規定，將共有土地之全部出賣於人，就同意出賣之共有人言，係出賣其自有之應有部分，並有權一併出賣未同意出賣之共有人之應有部分，此種處分權乃係基於實體法規定而發生，同意出賣之共有人並非代理未同意出賣之共有人與買受人訂立買賣契約，未同意出賣之共有人與買受人間，自不發生何等法律關係。另依內政部頒訂之土地法第 34 條之 1 執行要點（民國 95 年 03 月 29 日修正）第 3 點規定：「本法條第一項所稱處分，指法律上及事實上之處分。但不包括贈與等無償之處分、信託行為及共有物分割。」司法實務亦認為強調未同意出售之共有人不能因其應有部分一併出賣並移轉與買受人，且得領取價金，而謂與買受人間有買賣契約關係存在（參 87 年台上字第 866 號判決）。因此共有人依土地法第 34 條之 1，移轉共有物的所有權或設定物權時，得由同意處分之共有人協同其相對人（如買受人），訂立書面契約與辦理物權變動登記，無須不同意處分之他共有人出面訂立契約和會同辦理。

　　本題王大和他兄弟四人共有其建地，但王二和王三、王四等人之應有部分已有四分之三（超過三分之二），當兄弟三人同意出售該地給朱太郎時，其表示依土地法第 34 條之 1 第 1 項規定，王二、王三、王四對該建地有處分權，得有效移轉該地所有權，但兄弟等卻遲未給付時，朱太郎訴請王二、王三、王四依約辦理該土地所有權全部移轉登記於朱太郎，法院應予准許。

二、依土地法第 34 條之 1 第 4 項規定：「共有人出賣其應有部分時，他共有人得以同一價格共同或單獨優先承購。前 4 項規定，於公同共有準用之。」本項乃共有人「優先承購權」之規定，參最高法院 78 年 5 月 23 日 78 年度第 12 次民事庭會議決議：共有人甲、乙二人依土地法第 34 條之 1 第 1 項，將共有土地之全部，出賣於丁，他共有人丙得依同條第 4 項規定，對之主張優先承購權。蓋共有人甲、乙二人依同條第 1 項出賣共有土地之全部，然就各該共有人言，仍為出賣其應

有部分，不過對於丙之應有部分，有權代為處分而已，並非以此剝奪丙優先承購之權利。

　　故本題王二、王三、王四係民法出賣共有物之「全部」，而非出賣其應有部分，而依前述決議結論。故本題之王大就該土地之買賣有優先承購權。至於該優先承購權，依通說僅具有債權之效力。

三、　依民法第 823 條規定：「各共有人，除法令另有規定外，得隨時請求分割共有物。但因物之使用目的不能分割或契約訂有不分割之期限者，不在此限。前項約定不分割之期限，不得逾五年；逾 5 年者，縮短為 5 年。但共有之不動產，其契約訂有管理之約定時，約定不分割之期限，不得逾 30 年；逾 30 年者，縮短為 30 年。前項情形，如有重大事由，共有人仍得隨時請求分割。」故各共有人原則上得隨時請求分割共有物，又依民法第 824 條第 1 項、第 2 項規定：共有物之分割，依共有人協議之方法行之。分割之方法不能協議決定，或於協議決定後因消滅時效完成經共有人拒絕履行者，法院得因任何共有人之請求，命為下列之分配：一、以原物分配於各共有人。但各共有人均受原物之分配顯有困難者，得將原物分配於部分共有人。二、原物分配顯有困難時，得變賣共有物，以價金分配於各共有人；或以原物之一部分分配於各共有人，他部分變賣，以價金分配於各共有人。故知共有物分割之方法包含「協議分割」與「裁判分割」。而法院得因任何共有人之聲請，命為「原物分配」或「變價分配」，亦得命為「原物分配兼金錢補償」（同條第 2、3 項參照）。如要聲請法院裁判分割，也須以共有人不能協議分割為要件，未經協議前，不得遽行起訴（18 年上字 2199 號判例及 29 年上字 472 號判例）。所謂不能協議分割，包括共有人間根本不願分割在內。

　　共有之土地及建築改良物不能協議分割者，得依土地法第 34 條之 1 第 6 項聲請各該管縣、市之政府調處，亦得依前述民法規定聲請法院裁判分割。縱使部分共有人已依土地法第 34 條之 1 第 1 項與相對人訂立債權契約同意處分共有物予相對人在同意處分共有人於依民

法第 758 條規定辦理所有權移轉（物權行為）於相對人（如買受人）前，未同意的他共有人仍得依前述規定訴請分割共有物。

而本題在王二、王三、王四尚未移轉該地所有權於買受人朱太郎之前，王大請求王二、王三、王四協議分割該地被拒絕，王大自可依民法第 824 條第 2 項訴請法院裁判分割所共有之土地。

案例二：無權處分

阿杰將筆記型電腦借敏敏使用，若敏敏未經阿杰之同意，將該電腦出賣與娟娟並交付之，就敏敏與娟娟間之行為，若敏敏係以自己之名義所為，當事人間之權利義務關係如何？

分析

若敏敏以自己名義將電腦出賣於娟娟是出賣他人之物，是無權處分，依民法第 118 條規定：「無權利人就權利標的物所為之處分，經有權利人之承認始生效力。無權利人就權利標的物為處分後，取得其權利者，其處分自始有效。但原權利人或第三人已取得之利益，不因此而受影響。前項情形，若數處分相牴觸時，以其最初之處分為有效。」首先，關於該電腦之買賣契約與物權移轉行為係存於敏敏與娟娟之間，倘若阿杰不願承認敏敏依前開規定之無權處分之物權行為，且娟娟又為「善意第三人」，娟娟會依民法第 801 條、第 948 條規定善意受讓取得電腦所有權，此時阿杰即不得依民法第 767 條請求娟娟返還電腦。換句話說，阿杰若欲依民法第 767 條請求娟娟返還電腦，須阿杰為電腦之所有權人，且娟娟就該電腦係無權占有。阿杰無讓與電腦所有權之意思，且敏敏亦無受讓所有權之意

思，既無讓與合意，縱阿杰將電腦交付於敏敏，阿杰仍為電腦所有權人。故敏敏、娟娟間關於該電腦之物權移轉行為依第 118 條係屬效力未定。惟此時娟娟善意信賴敏敏之占有外觀而信其為電腦所有權人，故娟娟得主張依民法第 801 條、第 948 條善意取得電腦所有權。故敏敏主張其為電腦所有權人，此主張為無理由。而敏敏受有的利益並無法律上原因，從而阿杰得依民法第 179 條向敏敏請求返還該價金。

但若娟娟明知敏敏無電腦之處分權，卻仍與敏敏為物權的移轉行為，因娟娟為惡意第三人，故不得依民法第 801 條、948 條善意取得電腦所有權，故該本為效力未定之物權行為，因阿杰之拒絕承認而確定不生效力，阿杰為電腦所有權人。此時娟娟不得以敏敏、娟娟間之買賣契約對抗阿杰，因娟娟係無權占有。且娟娟不得依民法第 353 條請求損害賠償。而敏敏為無權利人卻仍與娟娟訂立該電腦之買賣契約，應依民法第 349 條負起權利瑕疵擔保責任。惟娟娟於契約成立時，知有權利之瑕疵，故依民法第 351 條出賣人敏敏不負擔保責任。此時阿杰也可以選擇承認敏敏、娟娟間關於電腦之物權移轉行為，娟娟將因此取得電腦所有權，阿杰就不是所有權人。同前述，阿杰得依民法第 179 條，請求敏敏應返還自娟娟處受領之於權利歸屬內容上本應屬阿杰之價金。

案例三：分割該共有之土地

衫蔡、杉林共有土地一筆。衫蔡死亡時，繼承人有無不明，而由親屬會議選定唐泰為遺產管理人，試問杉林得否對唐泰訴請分割該共有之土地？

分析

　　按分割共有物係對於物之權利有所變動，性質上屬處分行為之一種，依民法第 759 條規定，自非先經繼承登記，不得為之。因此不動產之共有人中有人死亡時於其繼承人尚未為繼承登記前，尚不得分割共有物（最高法院 68 年度第 13 次民事庭庭推總會議決議（二）參照）。惟為求訴訟經濟起見，實務上允許原告就請求「繼承登記」及「分割共有物」之訴合併提起，即以一訴請求該死亡之共有人之繼承人辦理繼承登記並請求該繼承人於辦理繼承登記後，與原告及其餘共有人分割共有之不動產（69 年台上字第 1012 號、最高法院 70 年度第 2 次民事庭會議決定（二）參照）。

　　然而於本例中，衫蔡死亡時其繼承人有無不明，而由親屬會議選定唐泰為遺產管理人，遺產管理人之職務依民法第 1179 條規定觀之，主要係編製遺產清冊、為保存遺產必要之處置、對繼承債權人及受遺贈人為公告通知、其後清償債權或交付遺贈物、如嗣後有繼承人承認繼承，遺產管理人即應為遺產之移交；如公告期限屆滿，尚無繼承人承認繼承時，其遺產於清償債權並交付遺贈物後，如有賸餘，遺產管理人應將剩餘之財產移交於國庫。然共有人杉林得否對唐泰訴請分割該共有之土地，理論上分割共有物之訴，應以其他公同共有人全體為被告，其訴訟之性質為固有必要共同訴訟、且為形成之訴。此時，遺產管理人是否具有分割共有物之訴之當事人適格？法條並無明文規定，然依目前之實務見解認為，在共有人死亡而其繼承人有無不明，依法選定遺產管理人之情形下，遺產管理人亦得成為分割共有物之當事人，以利其他共有人分割該共有物。因此本例中，杉林即得以遺產管理人唐泰為被告提起分割共有物之訴。

案例四：屋頂尚未完全完工之房屋所有權

　　朱爺爺在其所有之土地上建築房屋，二樓結構業已完成，惟屋頂尚未完全完工，卻因為朱爺爺一家想移民國外而不得已想將該土地及房屋出賣於田中一，變更房屋起造人名義後，並將該屋交付於田中一。試問田中一是否取得該土地及房屋所有權？

分析

　　本題涉及動產及不動產之所有權變動方式，及最高法院 63 年第 6 次民庭決議對於未完工之房屋是否成為不動產之判斷標準：「足避風雨，可達經濟上使用目的」，依該決議，民法第 66 條第 1 項所謂定著物，係指非土地之構成部分，繼續附著於土地，而達一定經濟上目的，不易移動其所在之物而言。凡屋頂尚未完全完工之房屋，其已足避風雨，可達經濟上使用之目的者，即屬土地之定著物。若該屋已足避風雨依前揭最高法院意旨，買受此種房屋之人，乃係基於法律行為，自須辦理移轉登記，始能取得所有權。故此時田中一是否取得土地所有權，以登記為斷土地所有權之變動，依民法第 758 條規定：「不動產物權，依法律行為而取得、設定、喪失及變更者，非經登記，不生效力。前項行為，應以書面為之。」故可知不動產物權需先登記始發生效力，朱爺爺和田中一之間買賣土地如已完成登記，則田中一取得該地所有權。

　　然屋頂尚未完全完工之房屋，仍不足避風雨，未達經濟上使用之目的者，如買受人係基於變更建築執照起造人名義之方法，而完成保存登記時，在未有正當權利人表示異議，訴經塗銷登記前，買受人登記為該房屋之所有權人，應受法律之保護，但僅變更起造人名義，而未辦理保存或移

轉登記時，當不能因此項行政上之權宜措施，而變更原起造人建築之事實，遽認該買受人為原始所有權人，故此時田中一尚未取得房屋所有權。但因該屋未足避風雨依民法第 66 條規定，該屋僅屬土地之成分，在交付後或和田中一取得該土地所有權後，即取得房屋所有權，不待另行登記。

案例五：無權占有他人已登記之土地

查坐落臺北市萬華區古亭段三小段 9156 地號土地為朱奶奶所有，林穗波未經朱奶奶同意，於民國 66 年 5 月 5 日在系爭土地上搭建地上物占用面積為 15 平方公尺，居住於系爭土地上至今已超過 30 年，朱奶奶從未提出任何異議，林穗波已於民國 96 年 6 月 5 日委託黃地政士向臺北市萬華地政事務所申請地上權登記，經該所受理後於 96 年 6 月 22 日會同兩造，在系爭土地辦理地上權權利範圍複丈，然因未依補正事項完全補正，而遭臺北市萬華地政事務所土地登記案件駁回等情，試問：林穗波是否構成無權占有？

分析

按以無權占有為原因，請求返還土地者，占有人對土地所有權存在之事實無爭執，而僅以非無權占有為抗辯者，土地所有權人對其土地被無權占有之事實無舉證責任，占有人自應就其取得占有係有正當權源之事實證明之（最高法院 85 年度台上字 1120 號判決意旨參照）。

林穗波既不否認系爭土地為原告所有之事實，僅爭執非無權占有，依上開說明林穗波自應就此負舉證之責。而林穗波辯稱其為有權占有之依據，無非係以其已時效取得地上權云云置辯，然按因時效完成而取得地上權或地上權登記請求權者，必須以行使地上權之意思而占有他人之土地為其成立要件之一；又因地上權取得時效完成而得主張時效利益，依民法第 772 條準用第 769 條及第 770 條之規定，亦僅得請求登記為地上權人而

已，並非即取得地上權，在其未依法登記為地上權人之前，自不能本於地上權之法律關係，向土地所有人有所主張而認其非無權占有。且按占有人因時效取得地上權登記請求權，向該管地政機關請求為地上權登記，經地政機關受理，受訴法院應就占有人是否具備時效取得地上權之要件為實體上裁判者，須以占有人於土地所有權人請求拆屋還地前，以具備時效取得地上權之要件為由，向地政機關請求登記為地上權人為前提（最高法院 89年度台上字第 1370 號判決意旨參照）。

本件林穗波雖於 96 年 6 月 23 日朱奶奶提起本件訴訟前，即於 96 年 6月 5 日委託地政士向臺北市萬華地政事務所申請地上權登記，經該所受理後於 96 年 6 月 22 日會同兩造複丈，然因未依補正事項完全補正，而遭臺北市萬華地政事務所駁回等情，有臺北市萬華地政事務所土地登記案件駁回通知書附卷可參，且為兩造所不爭，足見林穗波所提出時效取得地上權之要件尚未完足，自非於林穗波提起本件訴訟前即已合法向地政機關提出聲請，法院自無須實體審酌上訴人等是否具備時效取得地上權之要件。而林穗波既尚未依法登記為地上權人，揆諸上開說明自不得本於地上權之法律關係向朱奶奶主張為有權占有，是以林穗波上開置辯委無足採，其無權占有系爭土地之事實應堪認定。

案例六：設定地上權

派大鑫想建築一座大型停車場，派大鑫與松本閗於 94 年 7 月 1 日約定在松本閗所有之 A 地設定地上權，地租每月 30 萬元，為期 15 年，並口頭約定於三週後協同辦理地上權登記。8 月 1 日，派大鑫請求松本閗辦理地上權登記。松本閗以 7 月 1 日設定地上權的約定，並未訂定書面而拒絕協同辦理登記，有無理由？倘若派大鑫與松本閗遵照期限登記地上權在案，15 年過後，如尚未辦理地上權塗銷登記前，派大鑫繼續利用土地，對外提供停車服務，此時地上權之效力如何？設若該建築停車場所需之土地，跨越 A、B 與 C 三筆土地，派大鑫與松本閗可否就該三筆土地合一設定一個地上權？試分別論述之。

分析

一、 關於「地上權之設定約定」與「地上權之設定行為」乃屬不同之法律行為，前者為「債權契約」，其內容是使債權契約之雙方當事人發生必須一起辦理地上權登記之義務；後者為「物權契約」，其內容係直接發生設定地上權之效力，所以二者並不相同。而「地上權之設定行為」是一種不動產物權行為，依民法第 758 條規定：「不動產物權，依法律行為而取得、設定、喪失及變更者，非經登記，不生效力。前項行為，應以書面為之。」故得知「地上權之設定行為」乃法定要式行為。且「地上權之設定約定」僅為不動產債權行為，而民法並無不動產債權行為應以書面等要式性要求之規定，故「地上權之設定約定」為不要式行為，亦即雙方當事人合意即發生效力。而本題中派大鑫與松本閗既已於 7 月 1 日口頭約定設定 A 地之地上權，依前面說明該債權契約即已發生效力，也就是松本閗負有依約定與派大鑫協同

辦理地上權登記之義務，松本閨不得以該設定地上權之約定未訂定書面為由拒絕之。

二、 定有存續期間之地上權，於期間屆滿後，土地所有人對於地上權人繼續使用土地，未即表示反對之意思，有無民法第 451 條規定：「租賃期限屆滿後，承租人仍為租賃物之使用收益，而出租人不即表示反對之意思者，視為以不定期限繼續契約。」我國學說與實務通說如下：法律關係定有存續期間者，於期間屆滿時消滅，期滿後，除法律有更新規定，得發生不定期限外，並不當然發生更新之效果。地上權也是如此，本題中於 15 年過後，尚未辦理地上權塗銷登記前，派大鑫雖繼續利用土地，對外提供停車服務，並無如民法第 451 條之規定，故該地上權仍於 15 年存續期間屆滿時即已消滅，並不發生法定更新之效果。

三、 依我國現行法規定，並無得於數宗土地設定一個地上權之明文規定，故地上權應於各宗土地分別設定之。本題中派大鑫與松本閨只可以就 A、B 及 C 土地個別設定地上權，不得將該三筆土地合一設定一個地上權。

案例七：地上權之取得時效

龍族中有一塊三百坪的建地一筆分別由沸希佛、倪德法、溫豺共有，應有部分為沸希佛三分之二，倪德法、溫豺各為六分之一，倪德法同意將其中特定部分約一百坪土地設定有償之地上權於沸希佛，期限為六十年。沸希佛於依約支付租金於倪德法，倪德法遂將該部分土地交沸希佛使用。沸希佛於是向地政機關申請為地上權之設定登記，但地政機關卻以沸希佛不得在自己共有之土地

設定地上權而駁回其申請。此時沸希佛已建屋完成，有屋可住，於是便不以為意。二十年後，倪德法死亡，其繼承人卡耳辦理繼承登記時，發現共有土地上的沸希佛並無辦理地上權之登記，乃以沸希佛無權占有共有土地為由，請求其拆屋，並將占用之共有地交還共有人全體。沸希佛主張其非無權占有，且再請求卡耳協同辦理地上權之設定登記，卡耳以該請求權已經時效消滅，而予以拒絕。沸希佛另主張其亦已完成地上權取得時效，具有地上權登記請求權存在。請附具理由回答下列問題：

一、沸希佛可否在自己共有之土地上設定地上權？

二、卡耳如訴請沸希佛拆除房屋，將占有之共有地交還共有人全體，法院應否准許？

三、沸希佛主張就占有之共有地已完成地上權取得時效，具有地上權登記請求權，是否有理？

分析

一、沸希佛想要在自己土地上建屋，勢必透過與其他共有人間設定地上權或約定其他土地利用關係之方式，以保其建物之存續。但本題中倪德法同意將其中特定部分約一百坪土地設定有償之地上權給沸希佛，無疑是超出其應有部分使用收益之範圍，且於未締結分管契約之前提下，將其應有部分設定地上權於他人，即有疑問。依民法第819條規定：各共有人，得自由處分其應有部分。共有物之處分、變更、及設定負擔，應得共有人全體之同意。另依土地法第34條之1規定：共有土地或建築改良物，其處分、變更及設定地上權、農育權、不動產役權或典權，應以共有人過半數及其應有部分合計過半數之同意行之。但其應有部分合計逾三分之二者，其人數不予計算。

　　本件中，倪德法同意將特定部分一百坪設定地上權，不但超出其應有部分使用收益之範圍，且於未締結分管契約之前提下，將其應有部分設定地上權於沸希佛，在未得全體共有人同意之前，應為法所不許。

二、 沸希佛與倪德法間設定地上權之債權契約，於民法 166 條之 1 施行前，無須經公證即為有效成立，沸希佛自得依契約請求倪德法或其繼承人卡耳辦理地上權登記，而該請求權法無特別規定，依民法 125 條定其權利行使期間，罹於時效後，債務人自得依民法 144 條第 1 項作時效抗辯，拒絕給付。惟按最高法院 69 年第 4 次民事庭會議決議之意旨：「甲向乙購買土地並已付清價款，乙亦將土地交付甲管有，惟未辦理所有權移轉登記，嗣乙死亡，由其繼承人丙、丁辦妥繼承登記。甲之所有權移轉登記請求權之消滅時效雖已完成，惟其占有之土地，係乙本於買賣之法律關係所交付，具有正當權源，所有人丙、丁（乙之繼承人）自不得認係無權占有而請求返還。何況時效完成後，債務人僅得拒絕給付，其原有之買賣關係則依然存在，基於公平法則，亦不得請求返還土地。（同甲說）」故倪德法本於該地上權設定契約交付土地占有，時效完成後僅得拒絕給付，不得請求返還土地，蓋實則該債權契約可作為沸希佛占有土地之權源並可用以拘束契約當事人倪德法及其繼承人卡耳。

三、 按實務上之時效取得地上權登記審查要點第 5 款規定，共有人本不得就共有土地申請時效取得地上權登記，惟司法院大法官釋字 451 號解釋肯定共有人得以地上權人之意思占有共有土地，而依民法第 772 條準用第 769 條、第 770 條之規定，請求登記為地上權人，蓋時效取得制度係為公益而設，而時效取得之財產權應為憲法所保障。從而，甲得主張時效取得地上權，而享有地上權登記請求權。

案例八：拆屋還地

　　茂牧夏樹以行使地上權之意思，占有平井間已登記之土地，建築房屋，開始占有 5 年後，茂牧夏樹因故死亡，其子建二在該地繼續居住占有 15 年。試問：

一、 在建二向地政機關申請時效取得地上權登記前，平井間依民法第 767 條規定向法院訴請建二拆屋還地，有無理由？

二、 若平井間在健二向地政機關申請時效取得地上權登記後，辦妥登記前，始提起拆屋還地之訴，應如何處理？

分析

一、 參民法第 769 條規定：以所有之意思，20 年間和平、公然、繼續占有他人未登記之不動產者，得請求登記為所有人。及參民法第 770 條規定：以所有之意思，10 年間和平、公然、繼續占有他人未登記之不動產，而其占有之始為善意並無過失者，得請求登記為所有人。及參民法第 772 條規定：前 5 條之規定，於所有權以外財產權之取得，準用之。於已登記之不動產，亦同。由此可知依民法第 769 及第 770 條主張依時效而取得地上權時，顯然不以占有他人未登記之土地為必要。苟以行使地上權之意思，20 年間和平繼續公然在他人地上有建築物或其他工作物或竹木者，無論該他人土地已否登記，均得請求登記為地上權人。為最高法院 60 年台上字第 4195 號判例著有明文。是就時效取得地上權，以占有人 20 年間和平、公然、繼續出於行使地上權之意思，而占有土地後，即得向地政機關申請登記為地上權人。

　　但「因時效而取得地上權登記請求權者，不過有此請求權而已，在未依法登記為地上權人以前，仍不得據以對抗土地所有人而認其並非無權占有。」「有人因時效而取得地上權登記請求權者，以已具備

時效取得地上權之要件，向該管地政機關請求為地上權登記，如經地政機關受理，則受訴法院即應就占有人是否具備時效取得地上權之要件，為實體上裁判。本院 69 年度第 5 次民事庭會議決議應予補充。」為最高法院 69 年第 5 次民事庭會議決議及 80 年第 2 次民事庭會議決議可資參照。也就是說如占有人主張因時效取得地上權登記請求權，向該管地政機關申請為地上權登記，並經地政機關受理後，土地所有人始起訴請求占有人返還土地之情形時，受訴法院始應就占有人是否具備時效取得之要件，為實體上之裁判。從而占有人如果確實可以主張時效取得地上權，即屬有權占有土地，因此土地所有人依民法第 767 條規定：所有人對於無權占有或侵奪其所有物者，得請求返還之。對於妨害其所有權者，得請求除去之。有妨害其所有權之虞者，得請求防止之。前項規定，於所有權以外之物權，準用之主張拆屋還地，均屬無理由。

　　另依民法第 947 條規定：占有之繼承人或受讓人，得就自己之占有或將自己之占有與其前占有人之占有合併，而為主張。合併前占有人之占有而為主張者，並應承繼其瑕疵。故占有期間之計算，得合併占有之繼承人與被繼承人間之占有計算。

　　故本題中茂牧夏樹以行使地上權之意思，占有平井間已登記之土地興建房屋，5 年後死亡由其子健二繼承，也同樣基於公然、繼續、和平占有該土地達 15 年，合計共占有期間為 20 年以上，即符合第 772 條、第 770 條之要件，健二得向地政機關申請登記地上權。但就在健二未向地政機關辦理登記前，平井間即基於土地所有人之身分，向法院訴請健二拆屋還地。則依前開最高法院 80 年第 2 次民事庭會議決議見解，健二尚不得主張其為有權占有。從而平井間得依第 767 條中段規定請求健二拆除房屋，再依第 767 條前段請求健二返還土地。

二、但若平井間在健二已向地政機關申請時效取得地上權登記後才要求健二請求拆屋還地，依前述，因健二之占有已符合第 772 條、第 770 條及上開最高法院之見解，並已向地政機關辦理登記，則健二始可主張有權占有，故平井間即不得向健二請求拆屋還地。

案例九：設定抵押權

　　英木花道想要日月潭附近的土地上蓋一別墅供度假休閒用，為此便看中了赤木岡現在鄰近日月潭的土地上，雙方協議讓英木花道在其土地上設定地上權，並且建築別墅一棟（市價約值 800 萬元）。後因英木花道建築時向流釧風借款 600 萬元，為擔保其清償，英木花道、流釧風同意以該別墅設定抵押權，且依該約定之抵押權內容，英木花道並應將抵押物即別墅交由流釧風占有。英木花道、流釧風均依約履行。但擔保債權已經到期，英木花道卻因周轉不靈而未能依約償還，經洽商後，雙方同意英木花道得延期 6 個月清償，然若屆期不能履行時，別墅即歸流釧風取得。請附具理由解析下列問題：

一、 本件可否僅以別墅設定抵押權？

二、 本件抵押權之設定，除「一、」之情形外，是否有其他無效事由？

三、 若英木花道屆期仍未能清償債務，流釧風乃請求英木花道將別墅所有權移轉登記於其所有。法院可否准許？

分析

一、 本件可否僅以別墅設定抵押權？

　　此建築物乃是獨立於土地之外，另一獨立的不動產。且英木花道就該土地享有地上權，而該地上權乃是支持該別墅合法座落於赤木岡現之土地上的權源，乃屬別墅之從權利，依民法第 862 條第 1 項規定：抵押權之效力，及於抵押物之從物與從權利。因而於英木花道將該別墅設定抵押權予第三人時，抵押權之效力自然及於該地上權，不待當事人另行約定，亦不待登記。

二、 本件抵押權之設定，除「一、」之情形外，是否有其他無效事由？

(一) 按抵押權者，乃是支持抵押物經濟價值之權利的一種，故而依民法第
    860 條之定義性規定，抵押權乃是債務人或第三人（物上保證人）在
    不移轉標的物占有的前提下，提供標的物之經濟價值支配權予債權人
    （抵押權人），以擔保債權實現之權利。又，物權具有對世性，對於
    當事人之權義影響至鉅，因而舊法之民法物權編乃有「物權法定主
    義」之設，任何人不得自由創設物權之種類，亦不得任意變更物權之
    權利內容，否則當屬違反物權編之強行規定而屬當然無效。如今 98
    年 1 月 23 日新法修正後，民法第 757 條：「物權，除依法律或習慣
    外，不得創設。」將「習慣」納入，依修正理由說明：「本條所稱習
    慣係指具備慣行之事實及法之確信，即具有法律上效力之習慣法而
    言。」

(二) 於本題中，英木花道將自己所有別墅設定抵押權予債權人流釧風，英
    木花道就自己所有標的物加以處分，本得自由為之；然而依英木花
    道、流釧風所約定「抵押權」之內容，英木花道應將抵押物（即別
    墅）交由流釧風占有，惟觀諸民法第 860 條之規定，此項約定之內容
    已然違反民法物權編就抵押權所設之定義性規定，依「物權法定主
    義」，該規定應屬無效。

(三) 惟應探討者，英木花道、流釧風間關於「移轉抵押物占有」之約定，
    雖然違反民法第 860 條之規定，應屬無效；然而若英木花道、流釧風
    間關於抵押權內容之其他約定，並無任何牴觸民法規範之處，再加上
    如雙方當事人已依民法第 758 條等規定完成書面契約與登記等要件，
    是否得認為：除去該「移轉抵押物占有」約定之部分，其餘部分仍可
    生抵押權設定之效力？按依民法第 111 條規定，法律行為之一部分無
    效者，原則上全部無效。但若除去部分亦可成立者，則其他部分，仍
    為有效。本文以為，英木花道、流釧風間雖然關於「移轉抵押物占
    有」部分違反法律規定，但其程度尚不及違反公序良俗等，同時其餘
    部分若再無任何違反法律之處，不妨認為英木花道、流釧風間之抵押
    權設定仍可有效成立，以適度顧及債權人流釧風之利益。

三、 若英木花道屆期仍未能清償債務，流釧風乃請求英木花道將別墅所有權移轉登記於其所有。法院可否准許？

(一) 按抵押權者，本為擔保抵押權人債權之實現而設定。但為了避免抵押人為了取得融資而被迫接受對其極為不利的約定，舊法就「流抵契約」設有禁止規定，此即民法第 873 條第 2 項之規定。然應注意者，本條項規定僅禁止當事人在債權尚未屆清償期之前，即約定將來於債權已屆清償期而抵押權人未及時受清償者，即可取得抵押物所有權以抵償之；但本條項規定所禁止的範圍，並不及於當事人於債權已屆清償期後，再透過約定的方式，將抵押物之所有權移轉予抵押權人以抵充其債權額。因此民法第 878 條始規定，於債權清償期屆至後，雙方當事人得以訂立契約的方式，使抵押權人取得抵押物之所有權。

(二) 而今英木花道就其所有之別墅設定抵押權，以擔保流釧風之債權，承上所述，除去該「移轉占有」之約定外，該抵押權仍可有效成立。英木花道於被擔保債權已屆清償期，未能按時清償，惟經英木花道、流釧風雙方同意將清償期延後 6 個月，此種約定之性質乃屬「債之更改」，當事人可透過雙方合意的方式，有效為之，同時在英木花道、流釧風雙方意思表示一致時，新的清償期即已取代原來清償期之約定。

(三) 惟英木花道、流釧風雙除了更改清償期外，又約定如英木花道、未能於新更改之清償期按時清償者，即應將別墅所有權移轉予流釧風。此項約定即為「流抵契約」之約定，而此種約定依 98 年修正之新法第 873 條之 1 第 1 項規定：「約定於債權已屆清償期而未為清償時，抵押物之所有權移屬於抵押權人者，非經登記，不得對抗第三人。」故英木花道、流釧風間關於流釧風取得別墅所有權之約定，應屬有效，但非經登記，不得對抗第三人。

案例十：併付拍賣

　　田中先生將其 A 地設定抵押權於斐永俊後，復將 A 地設定地上權於濱崎步，供濱崎步在其上興建啤酒屋營業。嗣後因經營不善濱崎步遂將啤酒屋設定抵押權給宮澤以資擔保，並向宮澤融資借款。在地上權及抵押權存續中，濱崎步為擴大營業增加利潤在啤酒屋上增建一層卡拉 OK 室，試問：

一、斐永俊實行抵押權時，得否將啤酒屋併付拍賣優先受償？

二、宮澤實行抵押權時，得否將卡拉 OK 室及 A 地之地上權併付拍賣優先受償？

分析

一、斐永俊實行抵押權時，得否將啤酒屋併付拍賣優先受償？

　　參民法第 866 條規定：「不動產所有人設定抵押權後，於同一不動產上，得設定地上權或其他以使用收益為目的之物權，或成立租賃關係。但其抵押權不因此而受影響。前項情形，抵押權人實行抵押權受有影響者，法院得除去該權利或終止該租賃關係後拍賣之。不動產所有人設定抵押權後，於同一不動產上，成立第 1 項以外之權利者，準用前項之規定。」及參民法第 877 條規定：「土地所有權人於設定抵押權後，在抵押之土地上營造建築物者，抵押權人於必要時，得於強制執行程序中聲請法院將其建築物與土地併付拍賣。但對於建築物之價金，無優先受清償之權。前項規定，於第 866 條第 2 項及第 3 項之情形，如抵押之不動產上，有該權利人或經其同意使用之人之建築物者，準用之。」故斐永俊擁有的對 A 地的抵押權既先於濱崎步之地上權的設定，基於物權優先性原則，斐永俊得依民法第 866 條規定先除去濱崎步的地上權設定，再依民法第 877 條規定：併

付拍賣濱崎步於 A 地上興建的啤酒屋，但關於啤酒屋的拍得之價金，斐永俊並無優先受償之權，以兼顧用益物權人之利益。

二、 宮澤實行抵押權時，得否將卡拉 OK 室及 A 地之地上權併付拍賣優先受償？

（一）首先就宮澤得否將卡拉 OK 室併付拍賣並優先受償，須視卡拉 OK 室是否具備獨立性而定：

參民法第 862 條規定：抵押權之效力，及於抵押物之從物與從權利。第三人於抵押權設定前，就從物取得之權利，不受前項規定之影響。以建築物為抵押者，其附加於該建築物而不具獨立性之部分，亦為抵押權效力所及。但其附加部分為獨立之物，如係於抵押權設定後附加者，準用第 877 條之規定。依此規定，若增建部分不具獨立性，則為抵押權效力所及，抵押權人自得拍賣之並優先受償；倘增建部分為獨立之物，則抵押權人僅得準用民法 877 條之規定併付拍賣該增建部分，但就拍得之價金無優先受償權。

本件若卡拉 OK 室與啤酒屋間並無獨立性，例如彼此並無獨立出入門戶而欠缺使用上獨立性，則依民法第 862 條規定：得拍賣卡拉 OK 室屋並優先受償拍得價金；倘若增建之卡拉 OK 室為獨立之物，但係啤酒屋之從物，常助啤酒屋之效用，則宮澤也可以依民法第 862 條規定拍賣卡拉 OK 室並優先受償；惟倘若增建之卡拉 OK 室屋為獨立之物且非啤酒屋之從物，則宮澤僅得依民法第 862 條第 3 項準用第 877 條規定：土地所有人於設定抵押權後，在抵押之土地上營造建築物者，抵押權人於必要時，得於強制執行程序中聲請法院將其建築物與土地併付拍賣。但對於建築物之價金，無優先受清償之權。前項規定，於第 866 條第 2 項及第 3 項之情形，如抵押之不動產上，有該權利人或經其同意使用之人之建築物者，準用之。併付拍賣卡拉 OK 室屋，且就拍得之價金不得優先受償。

(二) 有關宮澤得併付拍賣 A 地之地上權，並就拍賣所得之價金能否優先
受償？

　　參民法第 877 條之 1 規定：以建築物設定抵押權者，於法院拍賣
抵押物時，其抵押物存在所必要之權利得讓與者，應併付拍賣。但抵
押權人對於該權利賣得之價金，無優先受清償之權。故可知基地使用
權非屬須從屬於抵押物始能成立之權利，但為了肯定併付拍賣以追求
社會經濟效用，故本題中宮澤於實行抵押權時，為確保啤酒屋對基地
有使用權，得依民法第 877 條之 1 規定，併付拍賣啤酒屋對 A 地之
地上權，惟就拍得之價金無優先受償權。

案例十一：拍賣所得之分配各抵押權人

　　小釘當想要建造一座樂園，於是將
其 A 地先後設定第一、二、三、四次序
之抵押權於朱星一、朱星二、朱星三、
朱星四等四人，擔保債權額依序為新臺
幣（下同）100 萬元、100 萬元、200 萬
元、400 萬元。各抵押權存續中，朱星一
將其第一次序讓與朱星三，其後朱星二
於經朱星一、朱星三同意後將其第二次
序與朱星四之第四次序變更。試問：

一、 A 地拍賣所得價金 600 萬元，應如何分配各抵押權人？
二、 若朱星一、朱星二、朱星三、朱星四為次序讓與及變更後，朱星四復
為朱星二之利益拋棄其抵押權之次序，則 A 地拍賣所得之 600 萬元
價金，應如何分配各抵押權人？

分析

一、 A 地拍賣所得價金 600 萬元，應如何分配各抵押權人？

(一) 本題中，朱星二、朱星四互換次序後，朱星四成為第二次序抵押權人，原第二次序抵押所擔保者乃朱星二之債權 100 萬，因而變更為朱星四之債權 400 萬，影響朱星一、朱星三受償額度（朱星三從 200 萬變成只能受償 100 萬，朱星一讓與朱星三之受償額亦受影響，容後詳述），故該變更依上開規定應經朱星一、朱星三同意始得為之。今該互換次序既經朱星一、朱星三同意，對朱星一、朱星三發生效力。是受償額度應重新調整為朱星一 100 萬、朱星四 400 萬、朱星三 100 萬，而無剩餘額度可讓朱星二受償。而本題朱星二、朱星四將第二與第四次序互換，此乃抵押權次序之變更應符合下列各款規定：(1)因次序變更致先次序抵押權擔保債權金額增加時，其有中間次序之他項權利存在者，應經中間次序之他項權利人同意。(2)次序變更之先次序抵押權已有民法第 870 條之 1 規定之次序讓與或拋棄登記者，應經該次序受讓或受次序拋棄利益之抵押權人同意，土地登記規則第 116 條第 1 項有明文規定。

(二) 參民法第 870 條之 1 規定：同一抵押物有多數抵押權者，抵押權人得以下列方法調整其可優先受償之分配額。但他抵押權人之利益不受影響：(1)為特定抵押權人之利益，讓與其抵押權之次序。(2)為特定後次序抵押權人之利益，拋棄其抵押權之次序。(3)為全體後次序抵押權人之利益，拋棄其抵押權之次序。前項抵押權次序之讓與或拋棄，非經登記，不生效力。並應於登記前，通知債務人、抵押人及共同抵押人。因第一項調整而受利益之抵押權人，亦得實行調整前次序在先之抵押權。調整優先受償分配額時，其次序在先之抵押權所擔保之債權，如有第三人之不動產為同一債權之擔保者，在因調整後增加負擔之限度內，以該不動產為標的物之抵押權消滅。但經該第三人同意者，不在此限。故本題中 A 地拍賣所得 600 萬元，依變更後之次序分配，朱星一、朱星四、朱星三、朱星二應各分別可受償 100 萬、

400 萬、100 萬、0 萬，惟朱星一讓與次序權給朱星三，依上開法條之規定，朱星一、朱星三仍保有原抵押權之次序，而依其原次序受分配後合計所得金額，由受讓人朱星三優先受償，如有贅餘再由讓與人朱星一受償。是朱星一、朱星三所得金額合計為 200 萬元(100+100)，則先由朱星三受償 200 萬，而無剩餘額度可讓朱星一受償。又依前開說明，次序權之讓與不影響其他抵押權人，則朱星四、朱星二分別可受償之 400 萬與 0 萬均無影響。

三、 若朱星一、朱星二、朱星三、朱星四為次序讓與及變更後，朱星四復為朱星二之利益拋棄其抵押權之次序，則 A 地拍賣所得之 600 萬元價金，應如何分配各抵押權人？

(一) 經次序權之讓與及變更後，朱星一、朱星四、朱星三、朱星二共分別取得 0 萬、400 萬、200 萬、0 萬之受償額度已如前述，合先敘明。

(二) 參民法第 870 條之 1 第 1 項規定：同一抵押物有多數抵押權者，抵押權人得以下列方法調整其可優先受償之分配額。但他抵押權人之利益不受影響：(1)為特定抵押權人之利益，讓與其抵押權之次序。(2)為特定後次序抵押權人之利益，拋棄其抵押權之次序。(3)為全體後次序抵押權人之利益，拋棄其抵押權之次序。此乃抵押權次序權之「相對拋棄」，其拋棄亦僅具相對效力，不因拋棄次序權而使他抵押權人權益受影響。故本題中，A 地拍賣所得 600 萬元，經次序讓與變更後分配，朱星一、朱星四、朱星三、朱星二原應各可得 0 萬、400 萬、200 萬、0 萬。惟於朱星四乃為朱星二之利益拋棄次序權，亦即相對拋棄次序權給朱星二後，朱星四因拋棄抵押權次序之結果，使得朱星二與朱星四處於同一次序之上。依其原次序受分配後合計所得金額，由朱星四、朱星二依其債權額比例分配受償，是朱星四、朱星二所得金額合計為 400 萬，而兩人債權額比例為 4 比 1，則朱星四受償 320 萬（4/5×400 萬），朱星二受償 80 萬（1/5×400 萬）。而朱星一、朱星三原先之分配額並無影響。

 MEMO

親屬編

Civil Law

🖥 一、親屬之意義

　　基於血統或婚姻關係所發生一定身分之人，其相互間謂之親屬。民法親屬編所規定者為親屬身分關係之發生、變更、消滅以及此等身分所生之權利義務，共分為 6 章，條文規定自第 967 條至第 1137 條。

🖥 二、親屬的種類

(一) 配偶：夫妻彼此間互為配偶，為人倫之始，為最基本之親屬。

(二) 血親：血親乃有血統關係之親屬，可分天然血親與擬制血親兩種。

(三) 姻親：乃因婚姻關係而產生之親屬關係，可分為下列三種：1.血親之配偶；2.配偶之血親；3.配偶之血親之配偶。

🖥 三、血親

(一) 直系血親及旁系血親（民法第 967 條）

1. 直系血親：直系血親乃己身之所從出，或從己身所出之血親（民法第 967 條第 1 項）。所謂「己身之所從出」，指自己的生命來源的血緣，故稱為直系血親尊親屬。如父母、祖父母等。所謂「從己身所出」，指的是自己的子孫輩，故稱為直系血親卑親屬。

2. 旁系血親：旁系血親乃非直系血親，而與己身出於同源之血親（民法第 967 條第 2 項）。如叔伯祖父、叔父伯父、兄弟姊妹、侄子女、侄孫子女。

※ 不動產經紀人 104 年選擇題第 33 題

(D)33. 甲之兄長乙與丙結婚，丙有兄長丁。關於四人之親系及親等關係，下列敘述，何者錯誤？ (A)甲與乙為旁系血親二親等 (B)乙與丁為旁系姻親二親等 (C)甲與丙為旁系姻親二親等 (D)甲與丁為旁系姻親二親等。

(二) 自然血親與法定血親

1. 自然血親：指源於同一祖先，有血統聯絡者。

2. 法定血親：指無血統關係存在，但經由法律規定而為有血統聯絡者，又稱「擬制」血親，例如：透過收養發生之父母子女關係。

※ 司法院大法官會議釋字第 28 號：養子女與本生父母及其兄弟姊妹原屬民法第 967 條所定之直系血親與旁系血親。其與養父母之關係，縱因民法第 1077 條所定，除法律另有規定外，與婚生子女同，而成為擬制血親，惟其與本生父母方面之天然血親仍屬存在。同法第 1083 條所稱養子女自收養關係終止時起，回復其與本生父母之關係。所謂回復者，係指回復其相互間之權利義務，其固有之天然血親自無待於回復。當養父母與養子女利害相反涉及訴訟時，依民事訴訟法第 582 條規定，其本生父母得代為訴訟行為，可見雖在收養期間，本生父母對於養子女之利益，仍得依法加以保護。就本件而論，刑事訴訟法第 214 條後段所稱被害人之血親得獨立告訴，尤無排斥其天然血親之理由。本院院字第 2747 號及院解字第 3004 號解釋，僅就養父母方面之親屬關係立論，初未涉及其與本生父母方面之法律關係，應予補充解釋。

四、姻親

指因婚姻而發生一定親屬關係者，依民法第 969 條規定有列舉之以下三種：

(一) 血親之配偶

血親之配偶，從其配偶之親系（民法第 970 條第 1 款），如子為血親，則媳為直系姻親；兄為旁系血親，則嫂為旁系姻親。如兒媳、女婿、兄弟之妻、姊妹之夫、伯母、嬸母、姑父、姨父等。

(二) 配偶之血親

配偶之血親從其與配偶之親系（民法第 970 條第 2 款），妻之父母為妻之直系血親，則己身與妻之父母即為直系姻親。妻之兄弟為妻之旁系血親，則己身與妻之兄弟即為旁系姻親。如夫之父母（翁姑），妻之父母（岳父岳母），夫之前妻之子等。

(三) 配偶之血親之配偶

配偶之血親之配偶，從其與配偶之親系（同條第 3 款），如妻之兄弟之妻為妻之旁系姻親，亦為夫之旁系姻親；夫之侄媳為夫之旁系姻親，亦為妻之旁系姻親。如連襟（姐妹之夫之關係）、妯娌（兄弟之妻之關係）。

※ 姻親範圍不包括血親之配偶之血親：惟為了避免過於擴大姻親的範圍，血親之配偶之血親並不屬於姻親之親系。例如夫之父母與妻之父母，即俗稱的「親家」，並無親屬關係。

※不動產經紀人 108 年選擇題第 20 題

(C) 20. 甲育有子女乙，丙育有子女丁、戊，乙男與丁女結婚後育有子女己。就此情形，下列敘述何者錯誤？ (A)甲、丁為直系姻親 (B)乙、戊為旁系姻親 (C)甲、丙為旁系姻親 (D)己、戊為旁系血親。

五、親等之計算

計算方法有羅馬法與寺院法，我國民法採羅馬法計算法：

(一) 直系血親： 直系血親，從己身上下數，以一世代為一親等，如父與子為一親等，祖與孫為二親等。

(二) 旁系血親： 從己身數至同源之直系血親，再由同源之直系血親，數至與之計算親等之血親，以其總世數為親等之數。如己身與兄計算親等時，則數至同源之父（一世），再由父數至兄（一世），共計為二世，則己身與兄為二親等。

※ 不動產經紀人 90 年選擇題第 18 題

(D) 18. 假設您有一位堂哥，請問您跟他之間的親系與親等關係為何？ (A)直系血親二親等 (B)旁系血親二親等 (C)直系血親四親等 (D)旁系血親四親等。

(三) 姻親

1. 血親之配偶：從其配偶之親系、親等，如兄弟之妻與自己，從其兄弟與自己之親等，故為旁系二親等之姻親。

2. 配偶之血親：從其與配偶之親系親等。如妻之父母與自己，從其妻與父母之親等，故為直系一親等之姻親。

3. 配偶之血親之配偶：從其與配偶之親系親等。如連襟與自己之親等，為旁系二親等之姻親。

※ 不動產經紀人 102 年選擇題第 34 題

(D) 34. 關於姻親關係，下列敘述何者正確？　(A)甲之兒子乙與丙女結婚，甲與丙無姻親關係　(B)甲之配偶乙，乙有一個哥哥丙，甲與丙無姻親關係　(C)甲之配偶乙，乙有一個哥哥丙，丙有配偶丁，甲與丁無姻親關係　(D)甲之兒子乙與丙女結婚，丙女之父親為丁，甲與丁無姻親關係。

※ 民法 970 條：姻親之親系及親等之計算如下：

一、血親之配偶，從其配偶之親系及親等。

二、配偶之血親，從其與配偶之親系及親等。

三、配偶之血親之配偶，從其與配偶之親系及親等。

※ 不動產經紀人 97 年第 2 次申論題第 2 題

二、甲女與乙男育有一子 A，然其於婚姻關係存續中，另與丙男同居，生下一女 B。乙因甲離家，遂將 A 委由甲的嫂嫂丁代為照顧。請問：乙與丁之親屬關係與親等為何？

解析

　　乙與丁之親屬關係為旁系姻親二親等：

1. 民法第 968 條：血親親等之計算，直系血親，從己身上下數，以一世為一親等；旁系血親，從己身數至同源之直系血親，再由同源之直系血親，數至與之計算親等之血親，以其總世數為親等之數。

2. 民法第 969 條：稱姻親者，謂血親之配偶、配偶之血親及配偶之血親之配偶。

3. 甲乙為配偶，甲與甲兄為旁系血親二親等，丁為甲之嫂嫂，其關係為旁系血親之配偶，為姻親關係，其親等從配偶之親系與親等，故甲丁為旁系姻親二親等；乙丁之關係為配偶之血親之配偶，為姻親關係，其親等從其配偶之親系及親等，乙與丁之親屬關係為旁系姻親二親等。

六、親屬關係之發生與消滅

(一) 血　親

天然血親因出生、準正（民法第 1064 條）、認領（民法第 1065 條）而發生，因死亡而消滅。擬制血親則因收養（民法第 1072 條）而發生。因死亡、終止收養關係而消滅。

(二) 姻　親

姻親關係因結婚而發生，因離婚而消滅（民法第 971 條）。

七、婚姻

(一) 婚　約

1. 婚約之意義：婚約乃男女雙方預定將來結婚之契約，習慣上稱為訂婚。婚約為結婚之預約，但結婚不以先有預約為必要。婚約因男女雙方互相表示意思之一致而成立，有無書面均無不可，故為不要式契約。

2. 婚約之成立：婚約因男女雙方互相表示意思之一致而成立，但婚約為一身專屬性行為，因此不得代理訂定。且婚約之訂立為法律行為，應具備下列要件：

   (1) 當事人須有訂婚能力：即男未滿 17 歲，女未滿 15 歲，不得訂定婚約（民法第 973 條）。（2023 年 1 月 1 日男女未滿十七歲者，不得訂定婚約。）

   (2) 須法定代理人之同意：而未成年人訂定婚約時，應得法定代理人之同意（民法第 974 條）。未成年人未經法定代理人之同意而訂立婚約者，法定代理人得撤銷其婚約（民法第 990 條）。

3. 婚約之效力：

   (1) 婚約無強制性：婚約雖為契約，但不得請求強迫履行（民法第 975 條）。

(2) 違背婚約之損害賠償：婚約雖不得請求強迫履行，亦非法律規範社會秩序之道。除有民法第 976 條所定之事由外，如無故違背婚約致他方受有損害者，依民法第 978 條規定：「婚約當事人之一方，無第 976 條之理由而違反婚約者，對於他方因此所受之損害，應負賠償之責。」

4. 婚約之解除：

(1) 解除之種類：

① 合意解除：婚約因當事人合意解除。

② 法定事由之解除（民國 108 年 4 月 24 日公布）：依民法第 976 條第 1 項規定，婚約當事人之一方，有下列情形之一時，他方得解除婚約：

❶ 婚約訂定後再與他人訂定婚約或結婚。

❷ 故違結婚期約者。

❸ 生死不明已滿 1 年者。

❹ 有重大不治之病者。

❺ 婚約訂定後與他人合意性交。

❻ 婚約訂定後受徒刑之宣告。

❼ 有其他重大事由。

　　依前項規定解除婚約者，如事實上不能向他方為解除之意思表示時，無須為意思表示，自得為解除時起，不受婚約之拘束。

理由

一、依現行法制用語，將第一項序文「左列」修正為「下列」，並將各款之「者」字刪除。

二、第一項第五款所稱「花柳病」係指透過性行為而感染的傳染病，俗稱性病。考量此非現代醫學用語，且性病之嚴重程度有輕重之別，不宜於一方得病時即賦予他方解除婚約之權，倘該性病係屬重大不治時，可適用第四款「有重大不治之病」之解除婚姻事由，爰將本款花柳病部分刪除；至本款「其他惡疾」之定義並不明確，爰併予刪除。

三、第一項第六款因有「殘廢」之不當、歧視性文字，經行政院身心障礙者權益推動小組列為身心障礙者權利公約優先檢視法規，爰依身心障礙者權利公約施行法第十條規定，予以刪除。

四、第一項第七款「與人通姦」，參酌第一千零五十二條第一項第二款，修正為「與他人合意性交」，並移列為第五款。

(2) 解除之方法：婚約之解除，應向他方以意思表示為之。但如事實上不能向他方為解除的意思表示時，無須為意思表示，自得為解除時起，不受婚約之拘束（民法第 976 條第 2 項）。

(3) 解除之效果：婚約解除，是消滅婚約的事由之一，其效力有三：

① 婚約喪失效力：雙方當事人自婚約解除時起，不受婚約的拘束，男婚女嫁，互不相干。

② 損害賠償：婚約解除時，無過失的一方，得向有過失之他方，請求賠償其因此所受之損害（民法第 977 條）。例如因信賴婚約準備結婚而為的支出。前項情形，非財產上之損害，受害人（限無過失者）亦得請求賠償相當之金額。此項請求權，因 2 年間不行使而消滅（民法第 979 條之 2）。

③ 贈與物之返還：因訂定婚約而為贈與者，婚約無效、解除或撤銷時，當事人之一方，得請求他方返還贈與物。（民法第 979 條之 1）。

※ 不動產經紀人 106 年選擇題第 18 題

(D) 18. 關於婚約下列敘述何者正確？　(A)婚約，得由未成年人之法定代理人代理為之　(B)未成年人訂定婚約，無須經法定代理人之同意　(C)婚約，得請求強迫履行　(D)因訂定婚約而為贈與者，婚約解除時，當事人之一方，得請求他方返還贈與物。

(二) 結婚（須寫形式要件與實質要件才完整）

1. 形式要件（民法第 982 條）：民法第 982 條就結婚之形式要件原採「儀式婚」，民國 96 年修正時，乃改採「登記婚」，依民法第 982 條規定：「結婚，應以書面為之，有 2 人以上證人之簽名，並應由雙方當事人向

戶政機關為結婚之登記。」本條之規定自公布後 1 年施行（民法親屬編施行法第 4 條之 1 第 1 項）。已於 97 年 5 月 23 日後實施。

※ 結婚應備證件及注意事項

1. 結婚書約：

   (1) 依民法第 982 條規定：自民國 97 年 5 月 23 日起，結婚應以書面為之，有 2 人以上證人之簽名，並應由雙方當事人向戶政機關為結婚之登記。書約應載有結婚雙方當事人之姓名、出生日期、國民身分證統一編號（護照號碼或居留證號碼）、戶籍住址（國外居住地址）等相關資料，及 2 人以上證人簽名或蓋章等相關資料。

   (2) 未成年人結婚者，另提法定代理人之同意書。

2. 在國內結婚者，應附繳結婚當事人雙方之國民身分證、印章（或簽名）、戶口名簿、最近 2 年內所攝符合新式身分證規格彩色相片 1 張。

3. 申請結婚證明書（新臺幣 100 元），換發國民身分證規費，每張新臺幣 50 元，換發戶口名簿規費 30 元／份。

※ 不動產經紀人 104 年選擇題第 34 題

(D)34. 甲男婚外情，甲妻丁得知忿而與甲離婚，並完成登記。甲旋即與乙女於教堂牧師見證下，宣布結為夫妻，並請鄰近攤販丙、戊於結婚證書上簽名。下列敘述，何者正確？　(A)甲、乙婚姻有效成立，因甲、乙有公開之儀式及二人以上之證人　(B)甲、乙婚姻有效成立，因甲、丁已離婚，且甲、乙有結婚證書　(C)甲、乙婚姻不成立，因甲不得同時與二人結婚　(D)甲、乙婚姻不成立，因甲、乙未辦理結婚登記。

※ 不動產經紀人 97 年第 1 次申論題第 1 題

一、周瑜和女友小喬因偷嚐禁果致小喬懷有身孕，雙方之父母於 97 年 6 月 1 日在圓山飯店為倆人舉辦婚禮並宴請賓客。翌日，小倆口出發至峇里島蜜月旅行，預計回國後再辦理結婚登記，但周瑜在該島潛水時不幸溺斃，遺下存款 600 萬元。本案周瑜所遺之 600 萬元應由何人繼承？各可繼得多少數額？請依相關法律規定回答。

解析

1. 不符合結婚成立要件：

   民法第 982 條：「結婚應以書面為之，有 2 人以上證人之簽名，並應由雙方當事人向戶政機關為結婚之登記。」自 97 年 5 月 23 日開始，適用結婚登記新制。

2. 為非婚生子女無繼承權

   小喬懷有身孕，為非婚生子女無繼承權，周瑜所遺之 600 萬元，依據民法第 1138 條：「遺產繼承人，除配偶外，依下列順序定之：一、直系血親卑親

屬。二、父母。三、兄弟姊妹。四、祖父母。」及民法第 1141 條:「同一順序之繼承人有數人時,按人數平均繼承。但法律另有規定者,不在此限。」由周瑜之父母平均繼承,每人 300 萬。

3. 提起認領之訴後享有繼承權:

(1) 依據民法第 1067 條:「有事實足認其為非婚生子女之生父者,非婚生子女或其生母或其他法定代理人,得向生父提起認領之訴。前項認領之訴,於生父死亡後,得向生父之繼承人為之。生父無繼承人者,得向社會福利主管機關為之。」向周瑜之父母提起認領之訴。

(2) 依據民法第 1065 條:「非婚生子女經生父認領者,視為婚生子女。其經生父撫育者,視為認領。非婚生子女與其生母之關係,視為婚生子女,無須認領。」

(3) 民法第 7 條:「胎兒以將來非死產者為限,關於其個人利益之保護,視為既已出生。」

※ 民法第 1166 條:「胎兒為繼承人時,非保留其應繼分,他繼承人不得分割遺產。胎兒關於遺產之分割,以其母為代理人。」

(4) 依據民法第 1138 條:「遺產繼承人,除配偶外,依下列順序定之:一、直系血親卑親屬。二、父母。三、兄弟姊妹。四、祖父母。」及民法第 1141 條:「同一順序之繼承人有數人時,按人數平均繼承。但法律另有規定者,不在此限。」由周瑜之胎兒繼承,600 萬。

2. 實質要件:

(1) 須有結婚能力:「男女未滿十八歲者,不得結婚。(民法第 980 條)。刪除「未成年結婚者,應得法定代理人之同意。」(民法第 981 條)。(民國 112 年 1 月 1 日實施)

※ 司法院釋字第七四八號解釋施行法 (民國 108 年 05 月 17 日)

第 1 條 (立法目的)

為落實司法院釋字第七四八號解釋之施行,特制定本法。

第 2 條 (同性婚姻關係之定義)

相同性別之二人,得為經營共同生活之目的,成立具有親密性及排他性之永久結合關係。

第 3 條 (成立同性婚姻關係之最低年齡)

未滿十八歲者,不得成立前條關係。

未成年人成立前條關係,應得法定代理人之同意。

※ 不動產經紀人 100 年選擇題第 32 題

(A)32. 依民法關於結婚之規定,下列敘述何者錯誤? (A)未成年人結婚,應由法定代理人代為意思表示 (B)表兄妹結婚者,無效 (C)有配偶者再與他人結婚時,後婚無效 (D)原則上結婚後夫妻各保其本姓。

(2) 須未違反結婚之限制:

① 親屬關係之限制:民法第 983 條第 1 項規定:「與下列親屬,不得結婚:一、直系血親及直系姻親。二、旁系血親在六親等以內者。但因收養而成立之四親等及六親等旁系血親,輩分相同者,不在此限。三、旁系姻親在五親等以內,輩分不相同者。」

② 監護關係之限制:監護人與受監護人,於監護關係存續中,不得結婚。但經受監護人父母之同意者,不在此限(民法第 984 條)。

③ 重婚之禁止:民法第 985 條規定:「有配偶者,不得重婚。一人不得同時與二人以上結婚。」

※ 釋字第 242 號:「中華民國七十四年六月三日修正公布前之民法親屬編,其第九百八十五條規定:「有配偶者,不得重婚」;第九百九十二條規定:「結婚違反第九百八十五條之規定者,利害關係人得向法院請求撤銷之。但在前婚姻關係消滅後,不得請求撤銷」,乃維持一夫一妻婚姻制度之社會秩序所必要,與憲法並無牴觸。惟國家遭遇重大變故,在夫妻隔離,相聚無期之情況下所發生之重婚事件,與一般重婚事件究有不同,對於此種有長期實際共同生活事實之後婚姻關係,仍得適用上開第九百九十二條之規定予以撤銷,嚴重影響其家庭生活及人倫關係,反足妨害社會秩序,就此而言,自與憲法第二十二條保障人民自由及權利之規定有所牴觸。」

(3) 結婚意思:因男女雙方以永久共同生活為目的而有結婚意思表示一致。

※ 釋字第 748 號:民法第 4 編親屬第 2 章婚姻規定,未使相同性別二人,得為經營共同生活之目的,成立具有親密性及排他性之永久結合關係,於此範圍內,與憲法第 22 條保障人民婚姻自由及第 7 條保障人民平等權之意旨有違。有關機關應於本解釋公布之日起 2 年內,依本解釋意旨完成相關法律之修正或制定。

※ 不動產經紀人 100 年選擇題第 34 題

(AC) 34. 甲男乙女欲結婚,請問下列何種情形,甲乙不得結婚? (A)甲男曾與乙女之母親結婚,後因不孕而離婚 (B)甲 18 歲,乙 17 歲 (C)甲之祖母與乙之祖母

為二親等之親姊妹　(D)甲之父母為丙、丁，乙之父母為戊、己，丙、己各自與前配偶離婚後，丙、己結婚。

※ 地政士 93 年申論題第 5 題

五、A 男與 B 女、C 女同居，同居後半年，A 與 B、C 同時舉行公開的結婚典禮。婚後一年，A 男在一場車禍中死亡，死後留有新臺幣 100 萬元遺產。A 男尚有父 D、母 E、弟弟 F。問：(一)A、B、C 之結婚效力如何？(二)A 之遺產由何人繼承？各繼承多少元？

解析

(一) A、B、C 之結婚無效，民法第 985 條規定：有配偶者，不得重婚。一人不得同時與二人以上結婚。

(二) A 之遺產由父 D、母 E 繼承，各繼承 50 萬元。

　民法第 1138 條：遺產繼承人，除配偶外，依下列順序定之：一、直系血親卑親屬。二、父母。三、兄弟姊妹。四、祖父母。

※ 民法第 1141 條：同一順序之繼承人有數人時，按人數平均繼承。但法律另有規定者，不在此限。

(三) 結婚之效力

1. 夫妻之冠姓：夫妻各保有其本姓。但得書面約定以其本姓冠以配偶之姓，並向戶政機關登記（民法第 1000 條第 1 項）。冠姓之一方得隨時回復其本姓，但於同一婚姻關係存續中以一次為限（民法第 1000 條第 2 項）。

2. 夫妻之同居：夫妻互負同居之義務，但有不能同居之正當事由者（如納妾、一方與人通姦、在外求學或工作、服兵役），不在此限（民法第 1001 條）。

3. 夫妻之住所：夫妻之住所，由雙方共同協議之；未為協議或協議不成時，得聲請法院定之（民法第 1002 條）。

　法院為前項裁定前，以夫妻共同戶籍地推定為其住所（民法第 1002 條第 2 項）。

※ 釋字第 452 號：民法第 1002 條規定，妻以夫之住所為住所，贅夫以妻之住所為住
所。但約定夫以妻之住所為住所，或妻以贅夫之住所為住所者，從其約定。本條但書
規定，雖賦予夫妻雙方約定住所之機會，惟如夫或贅夫之妻拒絕為約定或雙方協議不
成時，即須以其一方設定之住所為住所。上開法律未能兼顧他方選擇住所及其體個案
之特殊情況，與憲法上平等及比例原則尚有未符，應自本解釋公布之日起，至遲於屆
滿 1 年時失其效力。又夫妻住所之設定與夫妻應履行同居之義務尚有不同，住所乃決
定各項法律效力之中心地，非民法所定履行同居義務之唯一處所。夫妻縱未設定住
所，仍應以永久共同生活為目的，而互負履行同居之義務，要屬當然。

4. 夫妻之代理：夫妻於日常家務，互為代理人。夫妻之一方濫用前項代理
權時，他方得限制之。但不得對抗善意第三者（民法第 1003 條）。

　　所謂「日常家務」，通常指食、衣、住、行、育、樂及醫療等一切
家庭生活所必要的事項及因此所生之法律行為。其範圍因夫妻共同生活
之社會地位、職業、資產、收入及所在地區之習慣等而有不同。

5. 家庭生活費用之分擔：家庭生活費用，由夫妻各依其經濟能力、家事勞
動或其他情事分擔之。因費用所生之債務，由夫妻負連帶責任（民法第
1003 條之 1）。

※ 甲男與乙女為夫妻關係，某日瓦斯行老闆丙送來乙所訂購瓦斯一桶，因乙有事外出，
丙隨即以甲為乙之代理人而請求付款。請問丙之請求是否有理？

　　夫妻於日常家務，互為代理人。夫妻之一方濫用前項代理權時，他方得限制之。
但不得對抗善意第三者（民法第 1003 條）。所謂「日常家務」，通常指食、衣、
住、行、育、樂及醫療等一切家庭生活所必要的事項及因此所生之法律行為。其範圍
因夫妻共同生活之社會地位、職業、資產、收入及所在地區之習慣等而有不同。本案
例的情形中，訂購瓦斯屬於日常生活中所必須處理的事務，屬於日常家務的一種，依
照民法第 1003 條第 1 項規定甲、乙互為代理人。丙可向甲請求給付瓦斯款。

(四) 結婚之無效及撤銷

1. 結婚之無效：民法第 988 條

(1) 結婚不具備法定方式者：民法第 982 條規定：「結婚應以書面為
之，有二人以上證人之簽名、並由雙方當事人向戶政機關為結婚之
登記。」

   (2) 違反近親結婚之禁止規定者：違反第 983 條之規定：「與下列親屬，不得結婚：一、直系血親及直系姻親。二、旁系血親在六親等以內者。但因收養而成立之四親等及六親等旁系血親，輩分相同者，不在此限。三、旁系姻親在五親等以內，輩分不相同者。前項直系姻親結婚之限制，於姻親關係消滅後，亦適用之。第 1 項直系血親及直系姻親結婚之限制，於因收養而成立之直系親屬間，在收養關係終止後，亦適用之。」

※ 不動產經紀人 111 年選擇題第 2 題

(A) 2. 下列何種情況是非屬於近親禁止結婚之規範範圍？　(A)與離婚後無依無靠之前小姨子結婚　(B)與終止收養後之前養女結婚　(C)與自己兒子離婚後之前媳婦結婚　(D)與叔叔死亡後孤苦守寡之叔母結婚。

※ 不動產經紀人 105 年選擇題第 31 題

(A) 31. 下列何者違反近親禁婚範圍之規定？　(A)甲先收養丙男，再收養丁女，丙與丁之結婚　(B)甲有一子乙，再收養一女丙，之後乙育有一子丁，丙育有一女戊，丁與戊之結婚　(C)乙有一女丙，另外收養一女丁，戊有一子己，另外收養一子庚。未久，甲收養乙與戊，丙與己之結婚，丁與庚之結婚　(D)甲與前妻育有一子乙，丙與前夫育有一女丁，甲與丙後來結婚，未久，乙與丁欲結婚。

   (3) 重婚者：違反民法第 985 條規定：「有配偶者，不得重婚。一人不得同時與二人以上結婚。」但重婚之雙方當事人因善意且無過失信賴一方前婚姻消滅之兩願離婚登記或離婚確定判決而結婚者，不在此限。（民法第 988 條第 3 款）

       民法第 988 條之 1：「前條第 3 款但書之情形，前婚姻自後婚姻成立之日起視為消滅。前婚姻視為消滅之效力，除法律另有規定外，準用離婚之效力。但剩餘財產已為分配或協議者，仍依原分配或協議定之，不得另行主張。依第 1 項規定前婚姻視為消滅者，其剩餘財產差額之分配請求權，自請求權人知有剩餘財產之差額時起，2 年間不行使而消滅。自撤銷兩願離婚登記或廢棄離婚判決確定時起，逾 5 年者，亦同。前婚姻依第 1 項規定視為消滅者，無過失之前婚配偶得向他方請求賠償。前項情形，雖非財產上之損害，

前婚配偶亦得請求賠償相當之金額。前項請求權，不得讓與或繼承。但已依契約承諾或已起訴者，不在此限。」

※ 地政士 107 年申論題第 1 題

一、甲、乙結婚後，因甲沉迷網路，爭吵不斷，甲請鄰居丙、丁於其預擬之離婚協議書上簽名後，才與乙協議離婚，隨後即至戶政事務所辦理離婚登記完畢。甲、乙結婚時並未登記夫妻財產制，試述甲婚後用其薪資貸款購買，惟登記於乙名下，共同居住之 A 屋，所有權為誰所有？如半年後，甲即與網友戊結婚並辦理登記，該婚姻效力如何？

解析

(二) 甲與戊之重婚為無效

1. 甲、乙離婚登記因非適格之證人瑕疵而不生離婚之效力

　　(1) 依據民法第 1050 條規定：「兩願離婚，應以書面為之，有二人以上證人之簽名並應向戶政機關為離婚之登記。」

　　(2) 甲請鄰居丙、丁於其預擬之離婚協議書上簽名後，才與乙協議離婚，是否發生協議離婚之效力？依據最高法院 69 年度第 10 次民事庭會議決議。有甲、乙二說：

① 甲說

　　　　民法第一千零五十條（舊法）所定兩願離婚，祗須以書面為之，並應有二人以上證人之簽名即可，且證人之簽名，亦無須與該書據作成時同時為之（本院四十二年台上字第一○○一號判例參照），從而本問題所示之情形，認為已合兩願離婚之條件，應認離婚有效。

② 乙說

　　　　按證人在兩願離婚之證書上簽名，固無須於該證書作成時同時為之（本院四十二年台上字第一○○一號判例）。惟既稱證人，自須對於離婚之協議在場聞見，或知悉當事人間有離婚之協議，始足當之。本件配偶之一方持協議離婚書向證人請求簽名時，他方既尚未表示同意離婚，證人自不知他方之意思，如何能予證明雙方已有離婚之協議。是證人縱已簽名，仍不能謂已備法定要件而生離婚之效力。

③ 決議

　　　　按證人在兩願離婚之證書上簽名，固無須於該證書作成時同時為之（本院四十二年台上字第一○○一號判例）。惟既稱證人，自須對於離婚之協議在場聞見，或知悉當事人間有離婚之協議，始足當之。如配偶之一方持協議離婚書向證人請求簽名時，他方尚未表示同意離婚，證人自不知他方之意思，即不能證明雙方已有離婚之協議。是證人縱已簽名，仍不能謂已備法定要件而生離婚之效力。（同乙說）

2. 甲請鄰居丙、丁於其預擬之離婚協議書上簽名後，才與乙協議離婚，應認為丙、丁並未親聞乙確有離婚之真意，故丙、丁非適格之證人。縱使甲、乙已經辦理離婚登記，其協議離婚仍不生效力，亦即二人之婚姻關係仍繼續存在。

3. 甲與戊嗣後雖依法登記結婚，但因甲與乙之婚姻關係仍繼續存在，故甲與戊之婚姻依據民法第第985條第1項規定：「有配偶者，不得重婚。」再依據民法第988條第3款規定：「結婚有下列情形之一者，無效：三、違反第985條規定。但重婚之雙方當事人因善意且無過失信賴一方前婚姻消滅之兩願離婚登記或離婚確定判決而結婚者，不在此限。」甲與戊之婚姻應屬無效。

4. 依據民法第988條第3款但書規定：「重婚之雙方當事人因善意且無過失信賴一方前婚姻消滅之兩願離婚登記或離婚確定判決而結婚者，不在此限。」

   (1) 本題重婚之甲與戊雙方因善意且無過失，信賴甲與乙之兩願離婚登記者，此時雙方的結婚是有效的。

(2) 本題甲以預擬之離婚協議書請丙與丁簽名，兩證人並未親聞乙確有離婚之真意，應認為甲應有過失而非善意，重婚之甲與戊，僅戊一方有善意無過失，應不值得保護，故甲與戊之婚姻應屬無效。

2. 結婚之撤銷：婚姻之撤銷，是使已成立的婚姻，其成立因違反實質要件，而由有權行使撤銷之當事人行使撤銷權後，對於未來不溯既往的失其效力。依民法的規定，婚姻的撤銷原因有：

   (1) 未達法定年齡：未達結婚年齡結婚者，當事人或其法定代理人，得向法院請求撤銷之；但當事人已達該條所定年齡或已懷胎者，不得請求撤銷（民法第989條）。

※ 不動產經紀人102年選擇題第33題

(C) 33. 甲男20歲，乙女15歲，二人一見鍾情，決定廝守終身，於是結婚。乙女尚未滿適婚年齡，亦尚未懷孕。下列敘述何者正確？ (A)乙女未滿適婚年齡，其結婚無效 (B)乙女未滿適婚年齡，乙女得不經法院逕行撤銷結婚 (C)乙女未滿適婚年齡，乙女得向法院請求撤銷結婚 (D)乙女未滿適婚年齡，需經法定代理人同意始得撤銷。

※ 民法第980條：男未滿18歲，女未滿16歲者，不得結婚。

※ 民法第989條：結婚違反第980條之規定者，當事人或其法定代理人得向法院請求撤銷之。但當事人已達該條所定年齡或已懷胎者，不得請求撤銷。

(2) 違反法定代理人之同意：未成年人未得法定代理人之同意而結婚者，法定代理人得向法院請求撤銷之；但自知悉其事實之日起，已逾六個月，或結婚後已逾 1 年，或已懷胎者，不得請求撤銷（民法第 990 條）。（民國 112 年 1 月 1 日刪除）

(3) 違反監護關係之結婚：監護人與受監護人結婚者，受監護人或其最近親屬，得向法院請求撤銷之；但結婚已逾 1 年者，不得請求撤銷（民法第 991 條）。

(4) 一方因不能人道：當事人之一方於結婚時不能人道而不能治者，他方得向法院請求撤銷之；但自知悉其不能治之時起已逾 3 年者，不得請求撤銷（民法第 995 條）。

※ 不動產經紀人 106 年選擇題第 19 題

(D) 19. 關於結婚，下列敘述何者正確？ (A)男未滿 17 歲，女未滿 15 歲者，不得結婚 (B)結婚應以公開儀式為之 (C)直系血親及直系姻親在 6 親等以內者，不得結婚 (D)當事人之一方，於結婚時不能人道而不能治者，他方得向法院請求撤銷之。

(5) 無意識或精神錯亂者：當事人之一方於結婚時係在無意識或精神錯亂中者，得於常態回復後 6 個月內向法院請求撤銷之（民法第 996 條）。

(6) 因被詐欺或脅迫之結婚：被詐欺或被脅迫而結婚者，得於發見詐欺或脅迫終止後，6 個月內向法院請求撤銷（民法第 997 條）。

(五) 結婚無效或撤銷之效果

結婚無效，當然係自始無效；但結婚經撤銷者，其效力則不溯及既往（民法第 998 條）。當事人之一方因結婚無效或被撤銷而受有損害者，得向他方請求賠償；但他方無過失者，不在此限（民法第 999 條）。前項情形，雖非財產上之損害，受害人亦得請求賠償相當之金額，但以受害人無過失者為限（民法第 999 條第 2 項）。此項請求權，不得讓與或繼承。但已依契約承諾，或已起訴者，不在此限（民法第 999 條第 3 項）。

🖳 八、夫妻財產制

(一) 夫妻財產制之意義及種類

夫妻財產制，乃夫妻關係存續中，相互間就其財產關係，應發生何種效果之制度。我民法對夫妻財產制，分約定財產制與法定財產制兩種：

1. 約定財產制：依民法 1004 條規定：「夫妻得於結婚前或結婚後，以契約就本法所定之約定財產制中，選擇其一，為其夫妻財產制。」所謂本法所定之約定財產制，即共同財產制與分別財產制。目前實務來看，夫妻如採約定財產制，都選擇分別財產制。

※ 不動產經紀人 109 年選擇題第 20 題

(A) 20. 下列關於夫妻財產制契約之訂立，何者正確？ (A)夫妻於結婚前或結婚後，均得以書面約定夫妻財產制契約 (B)夫妻財產制契約之訂立應經登記，否則不生效力 (C)夫妻財產制契約之訂立，當事人如為未成年人時，應得其法定代理人之同意始為有效 (D)夫妻於婚姻關係存續中，得以契約廢止其財產制契約，或改用他種約定財產制，但以一次為限。

※ 不動產經紀人 105 年選擇題第 32 題

(A) 32. 下列何者非屬我國現行民法中所規定之約定財產制？ (A)統一財產制 (B)分別財產制 (C)一般共同財產制 (D)勞力所得共同財產制。

2. 法定財產制：夫妻財產制度之適用，由法律直接規定者，稱為法定財產制。法定財產制，又可分為「通常法定財產制」以及「特別法定財產制」。

   (1) 通常法定財產制：所謂通常法定財產制，係指夫妻未依民法第 1004 條所規定的財產類型訂定契約，即夫妻間如無約定財產制時，則適用通常法定財產制（民法第 1005 條）。

※ 不動產經紀人 110 年選擇題第 19 題

(D) 19. 關於夫妻財產制契約的敘述，下列何者正確？ (A)夫妻得於結婚前以契約就民法所定之約定財產制中，選擇其一，為其夫妻財產。結婚後則不行 (B)夫妻未以契約訂立夫妻財產制者，除民法另有規定外，以聯合財產制，為其夫妻財產制 (C)夫妻財產制契約之訂立、變更或廢止，非經登記，不生效力 (D)夫妻財產制契約之登記，不影響依其他法律所為財產權登記之效力。

※ 不動產經紀人 108 年選擇題第 5 題

(A) 5. 依我國民法之規定，下列關於夫妻財產制之敘述，何者錯誤？ (A)夫妻未以契約訂立夫妻財產制者，除民法另有規定外，以共同財產制，為其夫妻財產制 (B)夫妻財產制契約之訂立、變更或廢止，應以書面為之 (C)夫妻財產制契約之訂立、變更或廢止，非經登記，不得以之對抗第三人 (D)夫妻於婚姻關係存續中，得以契約廢止其財產契約，或改用他種約定財產制。

(2) 特別法定財產制：所謂特別法定財產制，乃夫妻於婚姻關係存續中，因其中一方之財產或財產行為發生特殊情事，以致於約定財產制或通常法定財產制難以繼續維持時，依照民法第 1009 條以下的規定，改用特別法定財產制。故夫妻於婚姻關係存續中，發生下列事由時，得改用特別法定財產制。【口訣：他（家、事、拒、管、剩、債）、產、債】

① 受破產宣告時：夫妻之一方受破產宣告時，其夫妻財產制，當然成為分別財產制（民法第 1009 條）。

② 他方之請求：夫妻之一方有民法第 1010 條第 1 項第❶款至第❻款規定情形之一時，法院因他方之請求，得宣告改用分別財產制。

❶ 依法應給付家庭生活費用而不給付時。

❷ 夫或妻之財產，不足清償其債務時。

❸ 依法應得他方同意所為之財產處分，他方無正當理由拒絕同意時。

❹ 有管理權之一方對於共同財產之管理顯有不當，經他方請求改善而不改善時。

❺ 因不當減少其婚後財產，而對他方剩餘財產分配請求權有侵害之虞時。

❻ 有其他重大事由時。

夫妻之總財產不足清償總債務或夫妻難於維持共同生活，不同居已達 6 個月以上時（民法第 1010 條第 2 項）。

③ 債權人之聲請：債權人對於夫妻一方之財產已為扣押，而未得受清償時，法院因債權人之聲請，得宣告改用分別財產制（民法第 1011條）。

※ 不動產經紀人 107 年選擇題第 9 題

(C) 9. 下列有關夫妻分別財產制之規定，下列何者錯誤？ (A)分別財產制為約定財產制之一種 (B)夫妻各自保有財產之所有權，並各自為管理、使用、收益及處分 (C)夫妻之一方得因他方有花柳病或其他惡疾，向法院請求宣告改用分別財產制 (D)夫妻各自對其債務負清償之責，但夫妻之一方以自己財產清償他方債務時，得請求返還。

※ 不動產經紀人 107 年選擇題第 23 題

(D) 23. 甲與乙於民國 100 年結婚，雙方並未約定夫妻財產制，嗣於 105 年乙因外遇而雙方離婚。關於婚後財產，下列敘述何者正確？ (A)甲於民國 103 年因其父親過世所獲得的遺產 300 萬元是婚後財產 (B)乙於民國 102 年因車禍所獲 50 萬元慰撫金之非財產上損害賠償屬於婚後財產 (C)甲於民國 100 年將婚前所投資之股票出售，獲利 30 萬元，屬於婚後財產 (D)乙於民國 101 年所購入之房屋屬於婚後財產。

(二) 法定財產制

1. 法定財產制之效力：

(1) 婚前財產與婚後財產及其歸屬：夫或妻之財產分為婚前財產與婚後財產，由夫妻各自所有。不能證明為婚前或婚後財產者，推定為婚後財產；不能證明為夫或妻所有之財產，推定為夫妻共有（民法第 1017 條第 1 項）。

※ 不動產經紀人 112 年選擇題第 21 題

(B) 21. 就法定夫妻財產制之敘述，下列何者錯誤？ (A)夫或妻婚前財產，於婚姻關係存續中所生之孳息，視為婚後財產 (B)不能證明為夫或妻所有之財產，視為夫妻共有 (C)夫或妻之財產分為婚前財產與婚後財產，由夫妻各自所有 (D)夫妻各自對其債務負清償之責。

※ 不動產經紀人 107 年選擇題第 10 題

(B) 10. 下列有關夫妻法定財產制之敘述，下列何者正確？　(A)婚前財產由夫妻各自所有，婚後財產由夫妻公同共有　(B)婚前財產及婚後財產均由夫妻各自所有　(C)婚前財產由夫妻各自所有，婚後財產由夫妻分別共有　(D)婚前財產及婚後財產均由夫妻公同共有，且夫妻對其結婚而公同共有之財產均有管理、使用、收益、處分之權利，若將來離婚對他方有請求分割之權利。

※ 不動產經紀人 101 年選擇題第 20 題

(B) 20. 關於法定夫妻財產制，下列敘述何者錯誤？　(A)無論是婚前財產或婚後財產，由夫妻各自所有　(B)夫或妻婚前財產，於婚姻關係存續中所生之孳息，推定為婚後財產　(C)夫或妻各自管理、使用、收益及處分其財產　(D)夫妻因判決而離婚者，其現存婚後財產之價值的計算，以起訴時為準。

※ 民法第 1017 條（婚前財產與婚後財產）

夫或妻之財產分為婚前財產與婚後財產，由夫妻各自所有。不能證明為婚前或婚後財產者，推定為婚後財產；不能證明為夫或妻所有之財產，推定為夫妻共有。

夫或妻婚前財產，於婚姻關係存續中所生之孳息，視為婚後財產。

夫妻以契約訂立夫妻財產制後，於婚姻關係存續中改用法定財產制者，其改用前之財產視為婚前財產。

※ 不動產經紀人 109 年選擇題第 22 題

(B) 22. 下列關於夫妻法定財產制之敘述，何者正確？　(A)於法定財產制下，夫或妻之財產分為婚前財產與婚後財產，婚前財產由夫妻各自所有，婚後財產則由夫妻共有　(B)於法定財產制下，夫或妻之婚前及婚後財產，於婚姻關係存續中所生之孳息，均屬於婚後財產之範圍　(C)無論採何種約定財產，當夫或妻其財產不足清償其債務時，法院得因他方之請求，宣告改用法定財產制　(D)夫或妻各自管理、使用、收益其婚前財產與婚後財產，但對於婚後財產為處分時，應得他方之同意。

※ 不動產經紀人 97 年第 2 次申論題第 2 題

二、甲女與乙男育有一子 A，然其於婚姻關係存續中，另與丙男同居，生下一女 B。乙因甲離家，遂將 A 委由甲的嫂嫂丁代為照顧。請問：甲婚前購置一透天厝，登記於自己名下，甲乙未訂定夫妻財產制契約，則該屋所有權歸屬情形為何？

解析

甲婚前購置一透天厝，登記於自己名下，所有權歸屬甲。

1. 民法第 1005 條規定：夫妻未以契約訂立夫妻財產制者，除本法另有規定外，以法定財產制，為其夫妻財產制。

2. 民法第 1017 條第 1 項規定：夫或妻之財產分為婚前財產與婚後財產，由夫妻各自所有。

3. 甲乙未訂定夫妻財產制契約，故以法定財產制為其夫妻財產制，甲婚前購置一透天厝，登記於自己名下，所有權歸屬甲。

※ 地政士 107 年申論題第 1 題

一、甲、乙結婚後，因甲沉迷網路，爭吵不斷，甲請鄰居丙、丁於其預擬之離婚協議書上簽名後，才與乙協議離婚，隨後即至戶政事務所辦理離婚登記完畢。甲、乙結婚時並未登記夫妻財產制，試述甲婚後用其薪資貸款購買，惟登記於乙名下，共同居住之 A 屋，所有權為誰所有？如半年後，甲即與網友戊結婚並辦理登記，該婚姻效力如何？

解析

　A 屋之所有權為乙所有。

1. 甲、乙適用法定財產制

　　甲、乙結婚時未以契約訂立夫妻財產制，依民法第 1005 條規定：「夫妻未以契約訂立夫妻財產制者，除本法另有規定外，以法定財產制，為其夫妻財產制。」故甲、乙適用法定財產制。

2. 婚後登記於乙妻名下之 A 屋所有權歸乙妻所有

　　依據民法第 759-1 條第 1 項規定：「不動產物權經登記者，推定登記權利人適法有此權利。」甲婚後用其薪資貸款購買，惟登記於乙名下，共同居住之 A 屋，不動產所有權之歸屬，以登記為準，登記為乙妻名義之不動產，所有權歸乙妻所有。

(2) 財產之管理、使用、收益及處分：夫或妻各自管理、使用、收益及處分其財產（民法第 1018 條）。

(3) 自由處分金：夫妻於家庭生活費用外，得協議一定數額之金錢，供夫或妻自由處分（民法第 1018 條之 1）。

　　立法理由：傳統夫對妻支配服從關係，有違男女平等原則，不符潮流，故本於夫妻類似合夥關係之精神，以及家務有價之觀念，爰增訂本條。（民國 91 年 6 月 4 日）

(4) 剩餘財產分配請求權之保全：夫或妻於婚姻關係存續中就其婚後財產所為之無償行為，有害及法定財產制關係消滅後他方之剩餘財產分配請求權者，他方得聲請法院撤銷之。但為履行道德上義務所為之相當贈與，不在此限（民法第 1020 條之 1）。

※ 民法第 1020 條之 1：夫或妻於婚姻關係存續中就其婚後財產所為之無償行為，有害及法定財產制關係消滅後他方之剩餘財產分配請求權者，他方得聲請法院撤銷之。但為履行道德上義務所為之相當贈與，不在此限。

　　夫或妻於婚姻關係存續中就其婚後財產所為之有償行為，於行為時明知有損於法定財產制關係消滅後他方之剩餘財產分配請求權者，以受益人受益時亦知其情事者為限，他方得聲請法院撤銷之。

※ 民法第 1020 條之 2：前條撤銷權，自夫或妻之一方知有撤銷原因時起，6 個月間不行使，或自行為時起經過 1 年而消滅。

※ 不動產經紀人 105 年選擇題第 34 題

(B) 34. 有關法定夫妻財產制之敘述，下列何者錯誤？　(A)夫或妻各自管理、使用、收益及處分其財產　(B)夫妻就其婚前財產及婚後財產，互負報告之義務　(C)不論夫或妻之婚前財產或婚後財產，均屬夫或妻各自所有　(D)夫或妻之婚前財產，於婚姻關係存續中所生之孳息，視為婚後財產。

※ 民法第 1022 條：夫妻就其婚後財產，互負報告之義務。

(5) 債務之清償：民法第 1023 條第 1 項規定，夫妻各自對其債務負清償之責。第 2 項規定，夫妻之一方以自己財產清償他方之債務時，雖於婚姻關係存續中，亦得請求償還。

※ 不動產經紀人 111 年選擇題第 17 題

(C) 17. 關於夫妻法定財產制之規定，下列敘述何者正確？　(A)夫或妻之財產分為婚前財產與婚後財產，婚前財產由夫妻各自所有，婚後財產則由夫妻共有　(B)夫或妻於婚姻關係存續中就其婚後財產所為之無償行為，應將該財產追加計算，視為現存之婚後財產　(C)夫或妻各自管理、使用、收益及處分其婚前及婚後財產，並各自對其債務負清償之責　(D)剩餘財產差額分配請求權屬一身專屬性之權利，請求權人自法定財產制關係消滅時起，二年間不行使而消滅。

※ 不動產經紀人 110 年選擇題第 20 題

(D) 20. 分別財產制有關夫妻債務的敘述，下列何者正確？　(A)夫妻於行為時明知有損於婚姻關係消滅後他方之剩餘財產分配請求權者，以受益人受益時亦知其情事者為限，他方得聲請法院撤銷之　(B)夫妻之一方以自己財產清償他方之債務時，於婚姻關係存續中，不得請求償還。但於婚姻關係消滅時，夫或妻現存之婚後財產，扣除婚姻關係存續所負債務後，如有剩餘，其雙方剩餘財產之差額，應平均分配　(C)夫妻之一方以自己財產清償他方之債務時，於婚姻關係存續中，不得請求償還。但於婚姻關係消滅時，應分別納入現存之婚後財產或婚姻關係存續中所負債務計算　(D)夫妻各自對其債務負清償之責。

2. 法定財產制之消滅：

  (1) 剩餘財產差額之分配：依民法第 1030 條之 1 規定：「法定財產制關係消滅時，夫或妻現存之婚後財產，扣除婚姻關係存續所負債務後，如有剩餘，其雙方剩餘財產之差額，應平均分配。但下列財產不在此限：一、因繼承或其他無償取得之財產。二、慰撫金。依前項規定，平均分配顯失公平者，法院得調整或免除其分配額。第一項剩餘財產差額之分配請求權，自請求權人知有剩餘財產之差額時起，2 年間不行使而消滅。自法定財產制關係消滅時起，逾 5 年者，亦同。」

※ 民法第 1030 條之 1（民國 110 年 1 月 20 日公布施行）

    法定財產制關係消滅時，夫或妻現存之婚後財產，扣除婚姻關係存續所負債務後，如有剩餘，其雙方剩餘財產之差額，應平均分配。但下列財產不在此限：

一、因繼承或其他無償取得之財產。

二、慰撫金。

    <u>夫妻之一方對於婚姻生活無貢獻或協力，或有其他情事，致平均分配有失公平者，法院得調整或免除其分配額。</u>

    <u>法院為前項裁判時，應綜合衡酌夫妻婚姻存續期間之家事勞動、子女照顧養育、對家庭付出之整體協力狀況、共同生活及分居時間之久暫、婚後財產取得時間、雙方之經濟能力等因素。</u>

    第一項請求權，不得讓與或繼承。但已依契約承諾，或已起訴者，不在此限。

    第一項剩餘財產差額之分配請求權，自請求權人知有剩餘財產之差額時起，二年間不行使而消滅。自法定財產制關係消滅時起，逾五年者，亦同。

    （離婚協議書上不能只寫互不請求財產，應寫雙方放棄夫妻剩餘財產分配請求權）

※ 地政士 111 年申論題第 4 題

四、甲男、乙女經友人介紹後結婚並育有一子，婚後甲男購買 A 屋一棟，登記在乙女名下，頭期款、房屋貸款皆由甲男繳納，兩人並未約定登記任何婚姻財產制。嗣後甲男因工作調派至大陸，長期分隔兩地感情漸淡並與大陸女同事發生婚外情，甲、乙兩人遂決意離婚。假設兩人離婚時除 A 屋外別無其他財產，A 屋價值 1200 萬元，但尚有貸款 600 萬元。離婚時甲男請求乙女返還他總共出資購買 A 屋的資金 600 萬元；乙女則主張，婚後她辭去工作以家庭為重，全心照顧在臺灣的公婆及小孩，甲購買 A 屋以她的名義登記為房屋所有人，他出資購買 A 屋的資金是屬於「贈與」，無須返還。試問：甲、乙之主張有無理由？

解析

(一) 甲於婚後出資購買並登記在乙名下 A 屋，依據民法第 759 條之 1 第 1 項規定推定乙為 A 屋登記權利人

乙依據民法第 759 條之 1 第 1 項規定：「不動產物權經登記者，推定登記權利人適法有此權利。」即乙推定為 A 屋登記權利人。

(二) 甲乙夫妻財產依據民法第 1005 條規定為法定財產制

甲乙夫妻並未約定登記任何婚姻財產制，依據民法第 1005 條規定：「夫妻未以契約訂立夫妻財產制者，除本法另有規定外，以法定財產制，為其夫妻財產制。」即甲乙夫妻財產依據為法定財產制。

(三) A 屋所有權屬乙婚後經夫無償贈與所取得之財產，不列入夫妻剩餘財產計算範圍：

1. 乙依民法第 1030 條之 1 第 1 項規定：「法定財產制關係消滅時，夫或妻現存之婚後財產，扣除婚姻關係存續所負債務後，如有剩餘，其雙方剩餘財產之差額，應平均分配，但下列財產不在此限：一、因繼承或其他無償取得之財產。二、慰撫金。」即乙因婚後取得 A 屋所有權屬於無償取得之財產，故不列入夫妻剩餘財產計算範圍。

2. 甲男請求乙女返還他總共出資購買 A 屋的資金 600 萬元。乙女則主張，婚後她辭去工作以家庭為重，全心照顧在臺灣的公婆及小孩，他出資購買 A 屋的資金是屬於「贈與」，無須返還。關於夫妻婚後贈與財產，受贈方究為「婚後有償取得」或「婚後無償取得」財產之問題，有三種學說：

(1) 婚後無償取得財產說：

夫妻間之財產贈與在本質上乃屬贈與行為，不可因嗣後反悔而變相否定其原為贈與之本意而造成法律的不安定性，通說及實務均採此見解，認為婚後無償取得財產，不須列入剩餘財產計算範圍。例如台灣高等法院 101 年度重家上字第 4 號判決認為：「按民法第 1030 條之 1 第 1 項之其他無償取得之財產，應包含夫或妻受妻或夫贈與之財產在內，係因其他無償取得之財產無區分其係由何處受贈與而有所不同。若夫妻間贈與之財產原本已經無償贈送他方，日後因法定財產關係消滅，反而須改變原先無償贈與之性質，而成為贈與人可向受贈人請求扣減之財產，變相否定其原為贈與之本意，顯背離法意」；而最高法院 86 年度台上字第 3601 號判決亦認定：「民法第 1030 條之 1 第 1 項…所稱『其他無償取得之財產』，應包含夫或妻受妻或夫贈與之財產在內」。

(2) 婚後有償取得財產說：

夫妻間之贈與應解為「婚姻共同生活犧牲與貢獻所得之代價」，性質屬於有償取得財產，所以不適用民法第 1030 條之 1 第 1 項但書的規定，在夫妻剩餘財產分配時，夫妻贈與之財產仍屬於應列入分配計算之婚後財產。

(3) 推定為婚後有償財產說：

原則推定為為婚後有償財產，惟如受贈之一方能提出反證，證明受贈與時夫妻已合意排除列入剩餘財產計算標的，則屬婚後無償取得財產。

3. 結論：依實務見解夫妻間贈與財產，係受贈方婚後無償取得財產，不必列入剩餘財產計算標的。故甲於婚後出資購買並登記在乙名下之 A 屋，屬乙婚後無償取得之財產，不必列入夫妻剩餘財產計算標的，故甲不得請求返還購買 A 屋所出資之 600 萬元。

※ 不動產經紀人 105 年選擇題第 35 題

(B) 35. 下列何者屬於剩餘財產分配請求權之標的財產？ (A)婚前財產 (B)婚後之薪資所得 (C)婚後因繼承所得之財產 (D)婚後所取得之慰撫金。

※ 不動產經紀人 100 年選擇題第 35 題

(B) 35. 關於法定夫妻財產制，下列敘述，何者正確？ (A)夫妻之一方以自己財產清償他方之債務時，於婚姻關係存續中，不得請求償還 (B)因繼承而得之財產，不計入夫或妻現存之婚後財產 (C)夫或妻於婚姻關係存續中，就其婚後財產所為履行道德上義務之贈與，他方得聲請法院撤銷之 (D)剩餘財產分配請求權專屬夫或妻享有，不得由繼承人主張之。

(2) 夫妻債務之清償：夫或妻之一方以其婚後財產清償其婚前所負債務，或以其婚前財產清償婚姻關係存續中所負債務，除已補償者外，於法定財產制關係消滅時，應分別納入現存之婚後財產或婚姻關係存續中所負債務計算（民法第 1030 條之 2）。

(3) 財產之追加計算：夫或妻為減少他方對於剩餘財產之分配，而於法定財產制關係消滅前五年內處分其婚後財產者，應將該財產追加計算，視為現存之婚後財產（民法第 1030 條之 3）。

(4) 婚後財產計算基準：夫妻現存之婚後財產，其價值計算以法定財產制關係消滅時為準。但夫妻因判決離婚者，以起訴時為準。依前條應追加計算之婚後財產，其價值計算以處分時為準（民法第 1030 條之 4）。

(三) 約定財產制

1. 共同財產制之意義：夫妻之財產及所得，除特有財產外（民法第 1031 條之 1），合併為共同財產，而屬於夫妻公同共有之謂（民法第 1031 條）。

　　所謂特有財產。依民法第 1031 條之 1 規定如下：

   (1) 專供夫或妻個人使用之物。

   (2) 夫或妻職業上必需之物。

   (3) 夫或妻所受之贈物，經贈與人以書面聲明為其特有財產。前項所定之特有財產，適用關於分別財產制之規定。

2. 共同財產制之成立：共同財產制之成立，須以書面為之，並須經登記，始能對抗第三人。

3. 共同財產制之管理：共同財產制之財產，屬於夫妻公同共有。由夫妻共同管理；但約定由一方管理者，從其約定（民法第 1032 條）。

4. 夫妻債務的清償：夫或妻結婚前或婚姻關係存續中所負之債務，應由共同財產，並各就其特有財產負清償責任（民法第 1034 條）。

5. 共同財產之補償請求權（民法第 1038 條）

　　共同財產所負之債務，而以共同財產清償者，不生補償請求權。

　　共同財產之債務，而以特有財產清償，或特有財產之債務，而以共同財產清償者，有補償請求權，雖於婚姻關係存續中，亦得請求。

※ 不動產經紀人 112 年選擇題第 22 題

(D) 22. 關於民法第 1031 條之 1 夫妻財產制中之特有財產之敘述，下列何者錯誤？　(A)甲在婚前取得之受贈物 A 屋，若贈與人甲父以書面聲明甲日後結婚時，該 A 屋為特有財產，則該 A 屋亦屬特有財產　(B)夫或妻在家中共同使用的茶杯、桌椅等動產，非特有財產　(C)夫是音樂家，則其演奏時所需之樂器為特有財產　(D)夫或妻雖以受贈之特有財產之金錢購買不動產一筆，惟該受贈物狀態已變更，則該不動產非特有財產。

※ 不動產經紀人 110 年選擇題第 21 題

(A) 21. 關於共同財產所負之債務，而以共同財產清償者，下列何者正確？　(A)不生補償請求權　(B)不生補償請求權，但於共同財產制關係消滅時，應分別納入現存

之婚後財產或婚姻關係存續中所負債務計算　(C)有補償請求權，但於婚姻關係存續中，不得請求　(D)有補償請求權，雖於婚姻關係存續中，亦得請求。

6. 夫妻一方死亡時，財產之歸屬：夫妻之一方死亡時，共同財產制消滅，此時共同財產之半數，歸屬於死亡者之繼承人，其他半數，歸屬於生存之他方（民法第 1039 條）。

7. 共同財產關係消滅時其財產之分割：共同財產關係消滅時，除去法律有特別規定，夫妻各取回其訂立共同財產制契約時之財產。共同財產關係存續中取得之共同財產，由夫妻各得其半數。但另有約定者，從其約定（民法第 1040 條）。

※ 不動產經紀人 109 年選擇題第 21 題

(B) 21. 甲、乙結婚並約定共同財產制為夫妻財產制，共同財產制關係存續中二人之共同財產為 2000 萬元，若甲、乙離婚而無特別約定時，則乙可分得若干共同財產？　(A)2000 萬元　(B)1000 萬元　(C)1500 萬元　(D)500 萬元。

※ 不動產經紀人 100 年選擇題第 31 題

(D) 31. 關於離婚之敘述，下列何者錯誤？　(A)兩願離婚，雙方當事人須以書面為之　(B)兩願離婚時，不得請求贍養費及損害賠償　(C)判決離婚時，因判決離婚而受有損害者，得向有過失之他方請求損害賠償　(D)離婚時，採分別財產制者，各自取回其結婚時之財產。

(四) 分別財產制

1. 分別財產制之意義及成立：分別財產制，乃夫妻各保有其財產之所有權、管理權、使用收益權及處分權之財產制（民法第 1044 條）。

2. 分別財產制之效力：
   (1) 財產之所有、管理、使用、收益及處分：分別財產，夫妻各保有其財產之所有權，各自管理、使用、收益及處分。
   (2) 債務之清償：夫妻各自對其債務負清償之責；夫妻之一方以自己財產清償他方之債務時，雖於婚姻關係存續中，亦得請求償還（民法第 1023 條之適用）。

※ 民法第 1030 條之 3：夫或妻為減少他方對於剩餘財產之分配，而於法定財產制關係消滅前 5 年內處分其婚後財產者，應將該財產追加計算，視為現存之婚後財產。但為履行道德上義務所為之相當贈與，不在此限。前項情形，分配權利人於義務人不足清償其應得之分配額時，得就其不足額，對受領之第三人於其所受利益內請求返還。但受領為有償者，以顯不相當對價取得者為限。前項對第三人之請求權，於知悉其分配權利受侵害時起 2 年間不行使而消滅。自法定財產制關係消滅時起，逾 5 年者，亦同。

※ 地政士 108 年申論題第 4 題

四、甲男乙女結婚，未約定夫妻財產制。甲男結婚前因工作存款 400 萬元，結婚後持續在外工作，賺得 1000 萬元工作所得，另因甲男父親車禍死亡，繼承獲得遺產 600 萬元，並向加害人請求獲得 100 萬元慰撫金。乙女結婚前工作存款 600 萬元，結婚後靠寫作補貼家用，賺得稿費 200 萬元，另因母親恭賀女兒結婚，給與市價 500 萬元房屋一棟。兩人結婚 30 年後，雙方欲協議結束婚姻關係。試問：甲、乙兩人所採取之夫妻財產制為何？又甲、乙兩人離婚後，依民法之規定，原則上要如何分配前述財產？

解析

(一) 甲、乙係以法定財產制為其夫妻財產制

    依民法第 1005 條規定，夫妻未以契約訂立夫妻財產制者，除本法另有規定外，以法定財產制，為其夫妻財產制。題示甲男乙女結婚，未約定夫妻財產制，故依法應以法定財產制為其夫妻財產制。

(二) 乙得向甲請求夫妻剩餘財產差額平均分配400萬元

  1. 依民法第 1030 條之 1 規定，法定財產制關係消滅時，夫或妻現存之婚後財產，扣除婚姻關係存續中所負債務及因繼承或其他無償取得之財產與慰撫金後，如有剩餘，其雙方剩餘財產之差額，由剩餘財產較少之一方向剩餘財產較多之他方請求平均分配其差額，謂之夫妻剩餘財產分配請求權。

  2. 甲、乙兩人離婚係屬法定財產制關係消滅情形，應適用夫妻剩餘財產分配請求權之規定。有關甲、乙各自之剩餘財產如下：

    (1) 甲之剩餘財產為 1000 萬元：甲結婚前之工作存款 400 萬元不計入剩餘財產。現存婚後財產總計 1700 萬元（1000 萬元工作所得加 600 萬元遺產加 100 萬元慰撫金），扣除不計入剩餘財產之財產 700 萬元（600 萬元遺產加 100 萬元慰撫金），其剩餘財產為 1000 萬元。

    (2) 乙之剩餘財產為 200 萬元：乙結婚前之工作存款 600 萬元不計入剩餘財產。現存婚後財產總計 700 萬元（200 萬元稿費加母親贈與市價 500 萬元房屋），

扣除不計入剩餘財產之財產 500 萬元（受贈無償取得之房屋），其剩餘財產為 200 萬元。

(3) 結論：甲、乙兩人剩餘財產之差額為 800 萬元，乙得向甲請求夫妻剩餘財產差額平均分配 400 萬元。

※ 不動產經紀人 97 年第 1 次選擇題第 21 題

(C) 21. 夫或妻為減少他方對於剩餘財產之分配，而於法定財產制關係消滅前幾年內處分其婚後財產者，應將該財產追加計算，視為現存之婚後財產？ (A)1 年 (B)3 年 (C)5 年 (D)10 年。

※ 民法第 1030 條之 3：夫或妻為減少他方對於剩餘財產之分配，而於法定財產制關係消滅前 5 年內處分其婚後財產者，應將該財產追加計算，視為現存之婚後財產。但為履行道德上義務所為之相當贈與，不在此限。前項情形，分配權利人於義務人不足清償其應得之分配額時，得就其不足額，對受領之第三人於其所受利益內請求返還。但受領為有償者，以顯不相當對價取得者為限。前項對第三人之請求權，於知悉其分配權利受侵害時起 2 年間不行使而消滅。自法定財產制關係消滅時起，逾 5 年者，亦同。

※ 法定財產制關係消滅的原因有以下五種：（口訣：死、財、無、撤、離）
一、夫或妻一方死亡。二、離婚。三、婚姻關係撤銷。四、婚姻無效。五、改用其他財產制。

※ 不動產經紀人 105 年選擇題第 33 題

(C) 33. 有關夫妻財產制的規定，下列敘述何者正確？ (A)依民法規定，夫妻除可以選擇分別財產制及共同財產制外，亦得基於契約自由原則，選擇其他分配方式 (B)夫妻選擇分別財產制，將來離婚時仍有剩餘財產分配請求權之適用 (C)夫妻選擇共同財產制後，可以再變更為分別財產制，互相轉換並無次數上的限制 (D)夫妻因未約定夫妻財產制而採用法定財產制時，將來就不得任意再變更。

※ 不動產經紀人 99 年選擇題第 33 題

(B) 33. 甲（男）乙（女）於民國 94 年 3 月結婚，甲乙依法約定分別財產制為其夫妻財產制。下列敘述，何者正確？ (A)甲乙就其婚後財產，互負報告之義務 (B)甲乙各自保有其財產之所有權 (C)甲乙之債務，應由甲乙共同清償 (D)家庭生活費用由甲負擔，甲得請求乙為相當之負擔。

九、離婚

(一) 離婚之意義

離婚乃夫妻脫離夫妻身分，以消滅婚姻關係之謂。

(二) 離婚之種類

1. 兩願離婚：民法第 1050 條規定，兩願離婚，應以書面為之，有二人以上證人之簽名，並應向戶政機關為離婚之登記。兩願離婚，出自雙方自願，由雙方協議離婚，且事涉重大，不可過於草率，須具備下列實質要件與形式要件：

   (1) 實質要件：民法第 1049 條規定，夫妻兩願離婚，得自行離婚。但未成年人，應得法定代理人之同意。（民國 112 年 1 月 1 日刪除但未成年人，應得法定代理人之同意。）

   (2) 形式要件：兩願離婚，應以書面為之，有二人以上證人之簽名並應向戶政機關為離婚之登記（民法第 1050 條）。

2. 判決離婚：判決離婚乃當事人協議離婚不成，夫或妻之一方，依據法定事由，訴請法院判決宣告離婚。法定事由分有列舉事由及概括事由兩種。

   (1) 列舉理由：依民法第 1052 條第 1 項規定：「夫妻之一方，有下列情形之一者，他方得向法院請求離婚：一、重婚。二、與配偶以外之人合意性交。三、夫妻之一方對他方為不堪同居之虐待。四、夫妻之一方對他方之直系親屬為虐待，或夫妻一方之直系親屬對他方為虐待，致不堪為共同生活。五、夫妻之一方以惡意遺棄他方在繼續狀態中。六、夫妻之一方意圖殺害他方。七、有不治之惡疾。八、有重大不治之精神病。九、生死不明已逾 3 年。十、因故意犯罪，經判處有期徒刑逾 6 個月確定。」

   (2) 概括事由：有上述列舉以外之重大事由，難以維持婚姻者，夫妻之一方得請求離婚。但其事由應由夫妻之一方負責者，僅他方得請求離婚（民法第 1052 條第 2 項規定）。

★ 最高法院 95 年第 5 次民事庭會議

　　婚姻如有難以維持之重大事由，於夫妻雙方就該事由均須負責時，應比較衡量雙方之有責程度，僅責任較輕之一方得向責任較重之他方請求離婚，如雙方之有責程度相同，則雙方均得請求離婚，始符民法第一千零五十二條第二項規定之立法本旨。

★ 憲法法庭 112 年憲判字第 4 號判決 112 年 3 月 24 日

　　民法第 1052 條第 2 項規定，有同條第 1 項規定以外之重大事由，難以維持婚姻者，夫妻之一方得請求離婚；但其事由應由夫妻之一方負責者，僅他方得請求離婚。其中但書規定限制有責配偶請求裁判離婚，原則上與憲法第 22 條保障婚姻自由之意旨尚屬無違。惟其規定不分難以維持婚姻之重大事由發生後，是否已逾相當期間，或該事由是否已持續相當期間，一律不許唯一有責之配偶一方請求裁判離婚，完全剝奪其離婚之機會，而可能導致個案顯然過苛之情事，於此範圍內，與憲法保障婚姻自由之意旨不符。相關機關應自本判決宣示之日起 2 年內，依本判決意旨妥適修正之。逾期未完成修法，法院就此等個案，應依本判決意旨裁判之。

　　第一，限制有責的配偶請求判離婚這件事情，合憲。

　　第二，但這個規定沒有區分難以維持婚姻重大事由發生後，是否超過相當期間，或事由有沒有持續相當期間，完全剝奪「唯一有責」配偶請求裁判離婚的機會，可能會導致個案過苛的情況，這邊違憲。

　　第三，這個違憲情形，讓有關機關兩年時間的修法，如果期限屆滿而沒有修法，法院遇到上述的過苛個案，就依照這個憲法判決的意旨來裁判。

※ 98 年 4 月 14 日第 1052 條之 1（增訂）：「離婚經法院調解或法院和解成立者，婚姻關係消滅。法院應依職權通知該管戶政機關。」

　　　　立法理由：賦予法院調解離婚或法院和解離婚成立者一定之法律效果；並避免因當事人未至戶政機關作離婚登記而影響其本人及相關者之權益。

※ 地政士 105 年申論題第 3 題

三、民法規定請求判決離婚之事由，並分別於第 1053 條及第 1054 條規定離婚請求權之消滅事由。請說明上述離婚請求權之消滅事由為何？

解析

1. 民法第 1053 條：「對於第 1052 條第 1 款（重婚）、第 2 款（與配偶以外之人合意性交）之情事，有請求權之一方，於事前同意或事後宥恕，或知悉後已逾 6 個月，或自其情事發生後已逾 2 年者，不得請求離婚。」

2. 民法第 1054 條：「對於第 1052 條第 6 款（夫妻之一方意圖殺害他方）及第 10 款（因故意犯罪，經判處有期徒刑逾 6 個月確定）之情事，有請求權之一方，自知悉後已逾 1 年，或自其情事發生後已逾 5 年者，不得請求離婚。」

(三) 離婚之效力

1. 對於子女之監護：

(1) 離婚未成年子女保護教養之權義及變更（民法第 1055 條）：不論兩願離婚或裁判離婚，對於未成年子女權利義務之行使或負擔，依協議由一方或雙方共同任之。未為協議或協議不成者，法院得依夫妻之一方、主管機關、社會福利機構或其他利害關係人之請求或依職權酌定之（民法第 1055 條第 1 項）。協議不利於子女者，法院得依主管機關、社會福利機構或其他利害關係人之請求或依職權為子女之利益改定之（民法第 1055 條第 2 項）。行使、負擔權利義務之一方未盡保護教養之義務或對未成年子女有不利之情事者，他方、未成年子女、主管機關、社會福利機構或其他利害關係人得為子女之利益，請求法院改定之（民法第 1055 條第 3 項）。

※ 不動產經紀人 104 年選擇題第 35 題

(A) 35. 關於子女之監護，下列敘述，何者錯誤？ (A)夫妻離婚者，對於未成年子女權利義務之行使或負擔，原則上由夫任之 (B)夫妻未為協議或協議不成者，法院得依夫妻之一方、主管機關、社會福利機構或其他利害關係人之請求或依職權酌定之 (C)協議不利於子女者，法院得依主管機關、社會福利機構或其他利害關係人之請求或依職權為子女之利益改定之 (D)行使、負擔權利義務之一方未盡保護教養之義務或對未成年子女有不利之情事者，他方、未成年子女、主管機關、社會福利機構或其他利害關係人得為子女之利益，請求法院改定之。

(2) 裁判離婚子女之監護：

① 民法第 1055 條之 1：「法院為前條裁判時，應依子女之最佳利益，審酌一切情狀，參考社工人員之訪視報告，尤應注意下列事項：（口訣：齡、意、生、態、感）

❶ 子女之年齡、性別、人數及健康情形。

❷ 子女之意願及人格發展之需要。

❸ 父母之年齡、職業、品行、健康情形、經濟能力及生活狀況。

❹ 父母保護教養子女之意願及態度。

❺ 父母子女間或未成年子女與其他共同生活之人間之感情狀況。」

② 父母均不適合行使權利時，法院應依子女之最佳利益並審酌前條各款事項，選定適當之人為子女之監護人，並指定監護之方法、命其父母負擔扶養費用及其方式（民法第 1055 條之 2）。

※ 不動產經紀人 106 年選擇題第 32 題

(D)32. 下列有關夫妻離婚後所生身分及財產上效力之說明，何者正確？ (A)夫妻離婚後，其子女對為享有親權之父母一方，喪失原本享有之法定繼承權 (B)夫妻離婚後，為享有親權之父母一方與其子女間，互相不負扶養之義務 (C)兩願離婚之場合，關於子女之親權，由夫任之 (D)夫妻無過失之一方，因判決離婚而限於生活困難者，他方縱無過失，亦應給予贍養費。

※ 民法第 1057 條：「夫妻無過失之一方，因判決離婚而陷於生活困難者，他方縱無過失，亦應給與相當之贍養費。」

2. 對於財產上之效力：夫妻離婚時，除採用分別財產制者外，各自取回其結婚或變更夫妻財產制時之財產，如有剩餘，各依其夫妻財產制之規定分配之（民法第 1058 條）。

十、父母子女

(一) 子女之姓氏及住所

1. 子女之姓氏：

(1) 婚生子女之姓：民法第 1059 條規定：「父母於子女出生登記前，應以書面約定子女從父姓或母姓。子女經出生登記後，於未成年前，得由父母以書面約定變更為父姓或母姓。子女已成年者，得變更為父姓或母姓。前 2 項之變更，各以 1 次為限。有下列各款情形之一，且有事實足認子女之姓氏對其有不利之影響時，父母之一方或子女得請求法院宣告變更子女之姓氏為父姓或母姓：一、父母離婚者。二、父母之一方或雙方死亡者。三、父母之一方或雙方生死不明滿 3 年者。四、父母之一方曾有或現有未盡扶養義務滿 2 年者。」（口訣：離、養、不、死）

★ 姓名條例第 9 條

有下列情事之一者，得申請改名：

一、同時在一公民營事業機構、機關（構）、團體或學校服務或肄業，姓名完全相同。

二、與三親等以內直系尊親屬名字完全相同。

三、同時在一直轄市、縣（市）設立戶籍六個月以上，姓名完全相同。

四、與經通緝有案之人犯姓名完全相同。

五、被認領、撤銷認領、被收養、撤銷收養或終止收養。

六、字義粗俗不雅、音譯過長或有特殊原因。

七、臺灣原住民族基於文化慣俗。

依前項第六款申請改名，以三次為限。但未成年人第二次改名，應於成年後始得為之。

※ 不動產經紀人 102 年選擇題第 32 題

(C) 32. 趙男與錢女結婚，婚後產下一子登記姓名為趙大富。下列敘述何者錯誤？ (A)趙大富未成年前，得由父母以書面約定變更為錢大富 (B)嗣後趙男與錢女離婚，法院得依錢女之請求，為子女之利益，宣告變更趙大富為錢大富 (C)趙大富 20 歲後，經父母同意得申請變更姓氏為錢大富 (D)已成年子女姓氏的變更其次數以一次為限。

※ 民法第 1059 條：父母於子女出生登記前，應以書面約定子女從父姓或母姓。未約定或約定不成者，於戶政事務所抽籤決定之。子女經出生登記後，於未成年前，得由父母以書面約定變更為父姓或母姓。子女已成年者，得變更為父姓或母姓。

(2) 非婚生子女之姓：民法第 1059 條之 1：「非婚生子女從母姓。經生父認領者，適用前條第 2 項至第 4 項之規定。非婚生子女經生父認領，而有下列各款情形之一，且有事實足認子女之姓氏對其有不利之影響時，父母之一方或子女得請求法院宣告變更子女之姓氏為父姓或母姓：一、父母之一方或雙方死亡者。二、父母之一方或雙方生死不明滿 3 年者。三、非婚生子女由生母任權利義務之行使或負擔者。四、父母之一方曾有或現有未盡扶養義務滿 2 年者。」（口訣：母、養、不、死）

※ 不動產經紀人 108 年選擇題第 24 題

(D) 24. 依我國民法之規定，下列關於子女姓氏之敘述，何者錯誤？ (A)父母於子女出生登記前，應以書面約定子女從父姓或母姓。未約定或約定不成者，於戶政事務所抽籤決定之 (B)子女經出生登記後，於未成年前，得由父母以書面約定變

更為父姓或母姓　(C)子女已成年者，得變更為父姓或母姓　(D)非婚生子女從母姓。經生父認領者，從父姓。

2. 子女之住所：民法第 1060 條規定：「未成年之子女，以其父母之住所為住所。」是均為法定住所。

(二) 婚生子女

1. 婚生子女要件：婚生子女乃由婚姻關係受胎而生之子女（民法第 1061 條）。因此，婚生子女須具備下列要件：

   (1) 須其父母有婚姻關係存在。

   (2) 須為其父之妻所分娩。

   (3) 須其受胎係在婚姻關係存續中。

   (4) 須為其母之夫之血統。

2. 婚生的推定：民法第 1062 條第 1 項規定：「從子女出生日回溯第 181 日起至第 302 日止為受胎期間。能證明受胎回溯在前項第 181 日以內或 302 日以前者，以其期間為受胎期間（第 2 項）。」又民法第 1063 條第 1 項規定：「妻之受胎，係在婚姻關係存續中者，推定其所生之子女為婚生子女。」換言之，在此期間內受胎，而此期間有 1 日在婚姻關係存續中，其所生之子女即為婚生子女。

※ 不動產經紀人102 年選擇題第 31 題

(A) 31. 甲男乙女為夫妻，乙生下孩子丙。下列關於受胎期間之推定何者錯誤？　(A)甲乙於民國 100 年 2 月 1 日結婚，丙於同年 7 月 1 日出生，丙為甲乙在婚姻關係存續中所生的孩子，丙推定為甲乙的婚生子女　(B)甲乙於民國 100 年 2 月 1 日結婚，丙於同年 12 月 1 日出生，丙為甲乙在婚姻關係存續中所生的孩子，丙推定為甲乙的婚生子女　(C)甲乙於民國 100 年 3 月 1 日離婚，丙於同年 7 月 1 日出生，丙雖非甲乙在婚姻關係存續中所生的孩子，但丙推定為甲乙的婚生子女　(D)甲乙於民國 100 年 3 月 1 日離婚，丙於同年 11 月 1 日出生，丙雖非甲乙在婚姻關係存續中所生的孩子，但丙推定為甲乙的婚生子女。

※ 民法 1061 條：稱婚生子女者，謂由婚姻關係受胎而生之子女。

※ 民法 1062 條：從子女出生日回溯第 181 日（6 個月）起至第 302（10 個月）日止，為受胎期間。能證明受胎回溯在前項第 181 日以內或第 302 日以前者，以其期間為受胎期間。

※ 不動產經紀人 97 年第 2 次申論題第 2 題

二、甲女與乙男育有一子 A，然其於婚姻關係存續中，另與丙男同居，生下一女 B。乙因甲離家，遂將 A 委由甲的嫂嫂丁代為照顧。請問：乙猝死，遺有 600 萬存款，B 是否有繼承權？理由為何？

解析

乙猝死，遺有 600 萬存款，B 有繼承權理由如下：

1. 民法第 1138 條：遺產繼承人，除配偶外，依下列順序定之：一、直系血親卑親屬。二、父母。三、兄弟姊妹。四、祖父母。

2. 民法第 1063 條：妻之受胎，係在婚姻關係存續中者，推定其所生子女為婚生子女。前項推定，夫妻之一方或子女能證明子女非為婚生子女者，得提起否認之訴。前項否認之訴，夫妻之一方自知悉該子女非為婚生子女，或子女自知悉其非為婚生子女之時起 2 年內為之。但子女於未成年時知悉者，仍得於成年後 2 年內為之。

3. 甲女與乙男育有一子 A，然其於婚姻關係存續中，另與丙男同居，生下一女 B。B 女非甲乙所生，惟其出生在甲乙婚姻關係存續中，除依法提出婚生否認之訴，其受婚生推定不受影響。

4. 故乙猝死，B 與甲未於法定期間內提出婚生否認之訴，B 仍受婚生推定，依據民法第 1138 條為遺產繼承人，而得繼承乙之遺產。

3. 婚生的否認：新修訂民法第 1063 條第 2 項規定：「前項推定，夫妻之一方或子女能證明子女非為婚生子女者，得提起否認之訴。」換言之，只要夫妻之一方能證明子女的出生雖然在婚姻關係存續中，但並非來自夫之受胎，即得提起否認之訴。又第 3 項規定：「前項否認之訴，夫妻之一方自知悉該子女非為婚生子女，或子女自知悉其非為婚生子女之時起 2 年內為之。但子女於未成年時知悉者，仍得於成年後 2 年內為之。」

※ 民法親屬編施行法第 8 條之 1 規定：「夫妻已逾中華民國 96 年 5 月 4 日修正前之民法第 1063 條第 2 項規定所定期間，而不得提起否認之訴者，得於修正施行後 2 年內提起之。」在民國 96 年 5 月 23 日公布，96 年 5 月 24 日前已不能提起婚生否認之訴者，得於 98 年 5 月 24 日前提起訴訟。

※ 不動產經紀人 110 年選擇題第 22 題

(A) 22. 民法關於非婚生子女之規定，下列何者錯誤？ (A)如有受推定為婚生子女情形，夫妻之一方或子女能證明子女非為婚生子女者，得提起認領之訴 (B)非婚生子女，其生父與生母結婚者，視為婚生子女 (C)非婚生子女經生父認領者，視為婚生子女 (D)非婚生子女或其生母，對於生父之認領，得否認之。

※ 不動產經紀人 105 年選擇題第 36 題

(C) 36. 隱瞞已婚之乙女與甲同居數年後，某日生下丙隨即離甲而去，甲獨力扶養丙，俟丙 19 歲生日，甲對丙告知其生母為乙，當日丙因思母心切隨即趕赴乙家要求相認，相認時刻被乙女丈夫丁撞見，一切東窗事發，乙丁大吵。過了 2 年後，上述相關人等決心為此事作一了結。試問此刻以下何人有資格提起婚生否認之訴？　(A)甲　(B)乙　(C)丙　(D)丁。

(三) 非婚生子女

　　非婚生子女，俗稱私生子，即非由於婚姻關係受胎而生之子女是也，但與其生父則須經下列程序，法律上始發生父子關係：（口訣：認、正）

1. 準正：非婚生子女，其生父與生母結婚者，視為婚生子女（民法第 1064 條）。

2. 認領：認領者，乃生父承認與非婚生子女有父子（女）關係之意思表示。依據民法第 1065 條第 1 項規定：「非婚生子女經生父認領者，視為婚生子女；其經生父撫育者，視為認領。」非婚生子女與生母間，並無認領之問題（民法第 1065 條第 2 項規定參照）。認領又可分為任意認領與強制認領兩種，茲分述如下：

   (1) 任意認領：任意認領可分明示之意思表示與默示之扶養事實。前者係以生父單方意思表示而發生認領效力之行為。後者係非婚生子女經生父撫育者，視為認領（民法第 1065 條第 1 項後段）。

   (2) 強制認領：所謂強制認領，依據民法第 1067 條第 1 項規定：有事實足認其為非婚生子女之生父者，非婚生子女或其生母或其他法定代理人，得向生父提起認領之訴。前項認領之訴，於生父死亡後，得向生父之繼承人為之。生父無繼承人者，得向社會福利主管機關為之（民法第 1067 條第 2 項）。

   　　非婚生子女認領，經生父認領者，視為婚生子女，且認領之效力，溯及於出生時；但第三人已得之權利，不因此而受影響（民法第 1069 條）。又生父認領非婚生子女後，不得撤銷其認領。但有事實足認其非生父者，不在此限（民法第 1070 條）。

※ 不動產經紀人 102 年選擇題第 35 題

(C) 35. 甲男與乙女未結婚，但生下丙。下列敘述何者正確？ (A)乙女必須認領丙，丙才視為乙之婚生子女 (B)縱使甲與乙嗣後結婚，丙仍是非婚生子女 (C)甲死後，丙得向甲之繼承人提起認領之訴 (D)甲認領丙後，無論如何絕對不得撤銷認領。

※ 民法第 1067 條：有事實足認其為非婚生子女之生父者，非婚生子女或其生母或其他法定代理人，得向生父提起認領之訴。

前項認領之訴，於生父死亡後，得向生父之繼承人為之。生父無繼承人者，得向社會福利主管機關為之。

3. 認領之否認：民法第 1066 條：「非婚生子女或其生母，對於生父之認領，得否認之。」

※ 認領應備證件：

一般認領：認領同意書。

判決認領：法院判決書及判決確定證明書。

撫育認領：生父撫育證明文件。

申請人國民身分證、印章（或簽名）暨被認領人之戶口名簿、國民身分證（未領證者免附）。

被認領人如已領證，應備 2 年內拍攝彩色相片 1 張及規費 50 元換發國民身分證。

※ 地政士 96 年申論題第 4 題

四、試說明民國 96 年 5 月 23 日修正公布之民法親屬編關於非婚生子女認領之修正內容。

解析

民法第 1067 條、民法第 1070 條：

1. 民法第 1070 條規定：「生父認領非婚生子女後，不得撤銷其認領。」但民訴第 589 條卻有撤銷認領之訴的規定。依民訴規定認為沒有真實血統之認領可訴請撤銷，造成實體法與程序法的規定相互衝突。本條立法目的基於保護非婚生子女及符合自然倫常之關係，對於因認領錯誤或經詐欺、脅迫等意思表示瑕疵之情形，亦不得撤銷其認領。爰增設但書規定，准許有事實足認其非生父時，可撤銷認領；以兼顧血統真實原則及人倫親情之維護。民法第 1070 條規定：「生父認領非婚生子女後，不得撤銷其認領。但有事實足認其非生父者，不在此限。」

2. 修正民法第 1067 條：有事實足認其為非婚生子女之生父者，非婚生子女或其生母或其他法定代理人，得向生父提起認領之訴。前項認領之訴，於生父死亡後，得向生父之繼承人為之。生父無繼承人者，得向社會福利主管機關為之。

立法理由：

一、原條文第 1 項規定所設有關強制認領原因之規定，係採取列舉主義，即須具有列舉原因之一者，始有認領請求權存在始得請求認領。惟按諸外國立法例，認領已趨向客觀事實主義，故認領請求，悉任法院發現事實，以判斷有無親子關係之存在，不宜再予期間限制，爰修正本條第 1 項規定，由法院依事實認定親子關係之存在，並刪除第 2 項期間限制規定。

二、原條文第 1 項有關得請求其生父認領為生父之子女之規定，為避免誤認為有認領請求權存在始得請求認領，故參酌本條修正條文之意旨及民事訴訟法第 589 條及第 596 條第 1 項但書等規定，修正為得向生父提起認領之訴之規定。

三、有關生父死後強制認領子女之問題，原法未有規定，爰參酌外國立法例，明列該規定，以保護子女之權益及血統之真實，並配合我國國情及生父之繼承人較能了解及辨別相關書證之真實性，爰增訂生父死亡時，得向生父之繼承人提起認領之訴；無繼承人者，得向社會福利主管機關為之。

3. 刪除民法第 1068 條不貞抗辯之規定。

4. 承認死後認領民法第 1067 條。

(四) 養子女

1. 養子女之意義：民法第 1072 條規定：「收養他人之子女為子女時，其收養者為養父或養母；被收養者為養子或養女。」

2. 收養之要件：

(1) 形式要件：收養應以書面為之，並向法院聲請認可。

(2) 實質要件：

① 收養者方面：收養者之年齡，應長於被收養者 20 歲以上。但夫妻共同收養時，夫妻之一方長於被收養者 20 歲以上，而他方僅長於被收養者 16 歲以上，亦得收養。夫妻一方收養他方子女時，應長於被收養者 16 歲以上。（民法第 1073 條）

② 被收養者方面：除夫妻共同收養外，一人不得同時為二人之養子女。（民法第 1075 條）

※ 不動產經紀人 110 年選擇題第 6 題

(B) 6. 下列何種法律行為屬法定書面要式行為？　(A)動產所有權之拋棄　(B)子女之收養　(C)贈與契約　(D)演藝經紀契約。

※ 不動產經紀人 100 年選擇題第 30 題

(A) 30. 關於收養之敘述，下列何者錯誤？　(A)限於未成年人，方得被收養　(B)養父母死亡後，養子女得聲請法院許可終止收養　(C)夫妻應共同收養子女　(D)養子女從收養者之姓或維持原來之姓。

3. 收養之無效及撤銷：

   (1) 無效：違反年齡之差距、違反直系親屬間及輩分不相當之親屬間不得收養及違反同時不得為二人之養子女之規定、未得父母之同意、未由法定代理人代理、欠缺書面及法院認可，即屬無效。（民法第 1079 條之 4）

   (2) 得撤銷：收養子女，違反第 1074 條之規定者，收養者之配偶得請求法院撤銷之。違反第 1076 條或第 1076 條之 2 第 2 項之規定者，被收養者之配偶或法定代理人得請求法院撤銷。（民法第 1079 條之 5）

4. 子女被收養應得父母之同意（民法第 1076 條之 1）：子女被收養時，應得其父母之同意。但有下列各款情形之一者，不在此限：一、父母之一方或雙方對子女未盡保護教養義務或有其他顯然不利子女之情事而拒絕同意。二、父母之一方或雙方事實上不能為意思表示。前項同意應作成書面並經公證。但已向法院聲請收養認可者，得以言詞向法院表示並記明筆錄代之。第一項之同意，不得附條件或期限。

5. 未滿 7 歲及滿 7 歲之被收養者應得其法定代理人之同意（民法第 1076 條之 2）：被收養者未滿 7 歲時，應由其法定代理人代為並代受意思表示。滿 7 歲以上之未成年人被收養時，應得其法定代理人之同意。被收養者之父母已依前 2 項規定以法定代理人之身分代為並代受意思表示或為同意時，得免依前條規定為同意。

6. 收養之效力：

(1) 養父母子女之關係（民法第 1077 條）：養子女與養父母及其親屬間之關係，除法律另有規定外，與婚生子女同。養子女與本生父母及其親屬間之權利義務，於收養關係存續中停止之。但夫妻之一方收養他方之子女時，他方與其子女之權利義務，不因收養而受影響。收養者收養子女後，與養子女之本生父或母結婚時，養子女回復與本生父或母及其親屬間之權利義務。但第 3 人已取得之權利，不受影響。養子女於收養認可時已有直系血親卑親屬者，收養之效力僅及於其未成年且未結婚之直系血親卑親屬。（民國 112 年 1 月 1 日實施：收養之效力僅及於其未成年之直系血親卑親屬。）但收養認可前，其已成年或已結婚之直系血親卑親屬表示同意者，不在此限。前項同意，準用第 1076 條之 1 第 2 項及第 3 項之規定。

(2) 養子女之姓氏（民法第 1078 條）：養子女從收養者之姓或維持原來之姓。夫妻共同收養子女時，於收養登記前，應以書面約定養子女從養父姓、養母姓或維持原來之姓。第 1059 條第 2 項至第 5 項之規定，於收養之情形準用之。

7. 收養之方法（民法第 1079 條）：收養應以書面為之，並向法院聲請認可。收養有無效、得撤銷之原因或違反其他法律規定者，法院應不予認可。

8. 收養之無效（民法第 1079 條之 1）：法院為未成年人被收養之認可時，應依養子女最佳利益為之。

9. 收養之生效時點（民法第 1079 條之 3）：收養自法院認可裁定確定時，溯及於收養契約成立時發生效力。但第三人已取得之權利，不受影響。

10. 收養之終止－合意終止（民法第 1080 條）：養父母與養子女之關係，得由雙方合意終止之。前項終止，應以書面為之。養子女為未成年人者，並應向法院聲請認可。法院依前項規定為認可時，應依養子女最佳利益為之。養子女為未成年人者，終止收養自法院認可裁定確定時發生效力。養子女未滿 7 歲者，其終止收養關係之意思表示，由收養

終止後為其法定代理人之人為之。養子女為滿 7 歲以上之未成年人者，其終止收養關係，應得收養終止後為其法定代理人之人之同意。夫妻共同收養子女者，其合意終止收養應共同為之。但有下列情形之一者，得單獨終止：一、夫妻之一方不能為意思表示或生死不明已逾 3 年。二、夫妻之一方於收養後死亡。三、夫妻離婚。夫妻之一方依前項但書規定單獨終止收養者，其效力不及於他方。（**口訣：死、不、離**）

11. 收養之終止－聲請法院許可（民法第 1080 條之 1）：養父母死亡後，養子女得聲請法院許可終止收養。養子女未滿 7 歲者，由收養終止後為其法定代理人之人向法院聲請許可。養子女為滿 7 歲以上之未成年人者，其終止收養之聲請，應得收養終止後為其法定代理人之人之同意。法院認終止收養顯失公平者，得不許可之。

12. 收養之終止－無效（民法第 1080 條之 2）：終止收養，違反第 1080 條第 2 項、第 5 項或第 1080 條之 1 第 2 項規定者，無效。

13. 收養之終止－撤銷（民法第 1080 條之 3）：終止收養，違反第 1080 條第 7 項之規定者，終止收養者之配偶得請求法院撤銷之。但自知悉其事實之日起，已逾 6 個月，或自法院認可之日起已逾 1 年者，不得請求撤銷。終止收養，違反第 1080 條第 6 項或第 1080 條之 1 第 3 項之規定者，終止收養後被收養者之法定代理人得請求法院撤銷之。但自知悉其事實之日起，已逾 6 個月，或自法院許可之日起已逾 1 年者，不得請求撤銷。

14. 收養之終止：

    (1) 終止之方法：

    ① 合意終止：養父母與養子女之關係，得由雙方同意終止之；此項終止，應以書面為之。養子女為未成年人者，並應向法院聲請認可。

    ② 宣告終止（民法第 1081 條）：「養父母、養子女之一方，有下列各款情形之一者，法院得依他方、主管機關或利害關係人之請求，宣告終止其收養關係：一、對於他方為虐待或重大侮辱。二、遺棄

他方。三、因故意犯罪，受 2 年有期徒刑以上之刑之裁判確定而未受緩刑宣告。四、有其他重大事由難以維持收養關係。養子女為未成年人者，法院宣告終止收養關係時，應依養子女最佳利益為之。」（口訣：**遺、待、犯、維**）

(2) 終止之效果：因收養關係經終止而生活陷於困難者，得請求他方給與相當之金額。（口訣：**給、權、姓**）

　　養子女及收養效力所及之直系血親卑親屬，自收養關係終止時起，回復其本姓，並回復其與本生父母及其親屬間之權利義務。

15. 終止之效果－給與金額之請求（民法第 1082 條）：因收養關係終止而生活陷於困難者，得請求他方給與相當之金額。但其請求顯失公平者，得減輕或免除之。

16. 終止之效果－復姓（民法第 1083 條）：養子女及收養效力所及之直系血親卑親屬，白收養關係終止時起，回復其本姓，並回復其與本生父母及其親屬間之權利義務。但第 3 人已取得之權利，不受影響。

※ 甲男與乙女結婚，多年未能生育。乙女中意其表妹丙五歲之子 A，欲收養為其養子，以傳其後。試問：甲男與乙女可否收養 A？

　　依民法第 1073 條之 1 規定：「下列親屬不得收養為養子女：一、直系血親。二、直系姻親。但夫妻之一方，收養他方之子女者，不在此限。三、旁系血親在六親等以內及旁系姻親在五親等以內，輩分不相當者。」又民法第 1079 條之 4 規定：「收養子女，違反……、第 1073 條之 1……之規定，無效。」在本題中，A 為乙女之表妹丙之子，A 與乙女間就親屬關係而言，為輩分相當之旁系親屬。故甲男與乙女，得共同收養 A 子。

十一、父母子女之權利與義務

(一) 權利義務之種類（口訣：保、養、管、戒、代）

1. 保護及教養之義務：子女應孝敬父母，父母對於未成年之子女，有保護及教養之權利義務（民法第 1084 條）。

2. 懲戒權：父母於必要範圍內懲戒其子女（民法第 1085 條）。

3. 代理權：父母為其未成年子女之法定代理人。父母之行為與未成年子女之利益相反，依法不得代理時，法院得依父母、未成年子女、主管機關、社會福利機構或其他利害關係人之聲請或依職權為子女選任特別代理人（民法第 1086 條）。

4. 財產之管理用益：未成年子女，因繼承贈與或其他無償取得之財產，為其特有財產（民法第 1087 條）。未成年子女之特有財產，由父母共同管理。父母對未成年子女之特有財產，有使用、收益之權，但非為子女之利益，不得處分（民法第 1088 條）。

※ 不動產經紀人 104 年選擇題第 36 題

(C) 36. 年甫 16 歲之乙受第三人甲贈與房屋一間，乙之父母丙、丁均健在。下列敘述，何者正確？ (A)丙、丁各得單獨管理該房屋 (B)非得乙之同意，丙、丁不得使用該房屋 (C)丙、丁得共同將該房屋出租收取租金 (D)丙為清償自身之債務，得將該房屋出售並移轉所有權。

(二) 權利義務之行使及負擔

1. 父母對於子女權義之行使及負擔（民法第 1089 條）：
   (1) 對於未成年子女之權利義務，除法律另有規定外，由父母共同行使或負擔之。父母之一方不能行使權利時，由他方行使之。父母不能共同負擔義務時，由有能力者負擔之。
   (2) 父母對於未成年子女重大事項權利之行使意思不一致時，得請求法院依子女之最佳利益酌定之。

2. 未成年子女權義之行使或負擔準用規定（民法第 1089 條之 1）：父母不繼續共同生活達 6 個月以上時，關於未成年子女權利義務之行使或負擔準用第 1055 條（判決離婚子女之監護）、第 1055 條之 1（最佳利益之提示性規定）及第 1055 條之 2（監護人之選定）之規定。但父母不能同居之正當理由或法律另有規定者，不在此限。（口訣：佳、監、定）

(三) 權利濫用之制裁

父母之一方濫用其對於子女之權利時，法院得依他方、未成年子女、主管機關、社會福利機構或其他利害關係人之請求或依職權，為子女之利益，宣告停止其權利之全部或一部（民法第 1090 條）。

十二、監護

※未成年人之監護及輔助：（民法第 1091-1109 條之 2）

(一) 監護人之設置

依民法第 1091 條：未成年人無父母，或父母均不能行使、負擔對於其未成年子女之權利義務時，應置監護人。但未成年人已結婚時，不在此限。（民國 112 年 1 月 1 日實施：民法第 1091 條：未成年人無父母，或父母均不能行使、負擔對於其未成年子女之權利義務時，應置監護人。）

(二) 監護人之產生（口訣：改、選、託、指、法）

1. 委託監護人：父母對其未成年之子女，得因特定事項，於一定期限內，委託他人行使監護之職務（民法第 1092 條）。97 年 5 月 23 日修正時，委託他人行使所委託之事務時，改採必須以書面委託之。新修正民法第 1092 條規定：「父母對其未成年之子女得因特定事項，於一定期限內，以書面委託他人行使監護之職務。」本條之規定自公布後 1 年 6 個月施行（親屬編施行法增訂第 14 條之 3）。因此在 98 年 11 月 23 日起，父母對其未成年之子女得因特定事項（如在外求學或就醫），委託他人監護的時候，需以書面委託且有一定期限之限制。

2. 指定監護人：父母死亡時，後死之父或母，得以遺囑指定監護人（民法第 1093 條）。民國 97 年 5 月 23 日公布修正，依新修正民法第 1093 條規定：「最後行使、負擔對於未成年子女權利、義務之父或母，得以遺囑指定監護人。」本條之規定自公布後 1 年 6 個月施行（親屬編施行法增訂第 14 條之 3）。因此在 98 年 11 月 22 日以前，仍適用舊法。亦即，後死之父或母不論是否被剝奪或停止親權之行使，均可以遺囑指定

監護人；但在 98 年 11 月 23 日起，後死之父或母若已經被剝奪或停止
親權之行使時，就不具有以遺囑指定監護人之權利。

3. 法定監護人（民法第 1094 條第 1 項）：父母均不能行使、負擔對於未成
   年子女之權利義務或父母死亡而無遺囑指定監護人，或遺囑指定之監護
   人拒絕就職時，依下列順序定其監護人：(1)與未成年人同居之祖父
   母。(2)與未成年人同居之兄姊。(3)不與未成年人同居之祖父母。

4. 選定監護人（民法第 1094 條第 2 項）：前項監護人，應於知悉其為監護
   人後 15 日內，將姓名、住所報告法院，並應申請當地直轄市、縣
   （市）政府指派人員會同開具財產清冊。未能依第一項之順序定其監護
   人時，法院得依未成年子女、四親等內之親屬、檢察官、主管機關或其
   他利害關係人之聲請，為未成年子女之最佳利益，就其三親等旁系血親
   尊親屬、主管機關、社會福利機構或其他適當之人選定為監護人，並得
   指定監護之方法。

※ 法院選定或改定監護人應注意事項：
    法院選定或改定監護人時，應依受監護人之最佳利益，審酌一切情狀，尤應注
意下列事項：一、受監護人之年齡、性別、意願、健康情形及人格發展需要。二、
監護人之年齡、職業、品行、意願、態度、健康情形、經濟能力、生活狀況及有無
犯罪前科紀錄。三、監護人與受監護人間或受監護人與其他共同生活之人間之情感
及利害關係。四、法人為監護人時，其事業之種類與內容，法人及其代表人與受監
護人之利害關係。（民法第 1094 條之 1）

5. 改定監護人：有事實足認監護人不符受監護人之最佳利益，或有顯不適
   任之情事者，法院得依 1106 條第 1 項聲請權人之聲請，改定適當之監
   護人，不受第 1094 條第 1 項規定之限制（民法第 1106 條之 1）。本條
   條文於民國 97 年 5 月 23 日公布新增，自公布後 1 年 6 個月施行（親屬
   編施行法增訂第 14 條之 3）。本次增訂主要考慮到監護人執行職務後，
   如有不適任之情行，應該有退場機制，以保護受監護人的利益。

※ 單親之甲男因工作因素，長期派調國外，10 歲之女兒乙被安排前往親戚家寄住，此時乙之監護人應如何設置？

　　民法第 1091 條：未成年人無父母，或父母均不能行使、負擔對於其未成年子女之權利義務時，應置監護人。甲男因工作因素，長期派調國外，對於其未成年之女兒乙暫時無法行使、負擔其監護的權利義務。故依 1092 條之規定，甲得因特定事項，於一定期限內，委託他人行使監護之職務。但如此項委託是在 97 年 5 月 23 日以後委託他人行使所委託之事務時，必須以書面委託之。

(三) 監護人資格之限制

　　監護人於監護權限內，為受監護人之法定代理人。監護人之行為與受監護人之利益有密切關連。因此，依民法第 1096 條之規定，具有下列情形之一者，不得為監護人：一、未成年。二、受監護或輔助宣告尚未撤銷。三、受破產宣告尚未復權。四、失蹤。

(四) 監護人之職務

　　監護人為受監護人之法定代理人。監護人於保護，增進受監護人利益之範圍內，行使、負擔父母對於未成年子女之權利義務；但由父母暫時委託者，以所委託之職務為限（民法第 1097 條）。

※ 不動產經紀人 90 年選擇題第 40 題

(A) 40. 離婚後子女之監護，不論兩願離婚或是裁判離婚，對於未成年子女權利義務之行使或負擔，可以由協議定之，倘無協議或是協議不成時： (A)由法院依職權酌定之 (B)由夫擔任 (C)由妻擔任 (D)由公設監護人擔任

(五) 監護人之法定代理權

　　監護人於監護權限內，為受監護人之法定代理人。監護人之行為與受監護人之利益相反或依法不得代理時，法院得因監護人、受監護人、主管機關、社會福利機構或其他利害關係人之聲請或依職權，為受監護人選任特別代理人。（民法第 1098 條）

(六) 監護人對受監護人財產之權義－開具財產清冊

監護開始時，監護人對於受監護人之財產，應依規定會同遺囑指定、當地直轄市、縣（市）政府指派或法院指定之人，於 2 個月內開具財產清冊，並陳報法院。前項期間，法院得依監護人之聲請，於必要時延長之。（民法第 1099 條）

(七) 監護人對受監護人之財產僅得為管理上必要行為

於前條之財產清冊開具完成並陳報法院前，監護人對於受監護人之財產，僅得為管理上必要之行為。（民法第 1099 條之 1）

(八) 監護人對受監護人財產之權義－管理權及注意義務

監護人應以善良管理人之注意，執行監護職務。（民法第 1100 條）

(九) 監護人對受監護人財產之權義－限制

監護人對於受監護人之財產，非為受監護人之利益，不得使用、代為或同意處分監護人為下列行為，非經法院許可，不生效力：一、代理受監護人購置或處分不動產。二、代理受監護人，就供其居住之建築物或其基地出租、供他人使用或終止租賃。監護人不得以受監護人之財產為投資。但購買公債、國庫券、中央銀行儲蓄券、金融債券、可轉讓定期存單、金融機構承兌匯票或保證商業本票，不在此限。（民法第 1101 條）

※ 地政士 100 年申論題第 1 題

一、監護宣告應具備什麼要件？設甲為已成年而受監護宣告之人，有一筆土地，乙欲購買之。乙應如何為意思表示，始得成立有效之買賣契約？

解析

(一) 監護之宣告（民法第 14 條）（民國 108 年 6 月 19 日修正公布）

對於因精神障礙或其他心智缺陷，致不能為意思表示或受意思表示，或不能辨識其意思表示之效果者，法院得因本人、配偶、四親等內之親屬、最近 1 年有同居事實之其他親屬、檢察官、主管機關或社會福利機構、輔助人、意定監護受任人或其他利害關係人之聲請，為監護之宣告。

(二) 監護人對於受監護人之財產，非為受監護人之利益，不得使用、代為或同意處分監護人為下列行為，非經法院許可，不生效力：一、代理受監護人購置或處分不動產。（民法第 1101 條）

(十) 監護人對受監護人財產之權義－受讓之禁止

監護人不得受讓受監護人之財產。(民法第 1102 條)

(十一) 監護人對受監護人財產之權義－財產狀況之報告

受監護人之財產,由監護人管理。執行監護職務之必要費用,由受監護人之財產負擔。法院於必要時,得命監護人提出監護事務之報告、財產清冊或結算書,檢查監護事務或受監護人之財產狀況。(民法第 1103 條)

(十二) 監護人之報酬請求權

監護人得請求報酬,其數額由法院按其勞力及受監護人之資力酌定之。(民法第 1104 條)

(十三) 監護人之撤退

監護人有下列情形之一,且受監護人無第 1094 條第 1 項之監護人者,法院得依受監護人、第 1094 條第三項聲請權人之聲請或依職權,另行選定適當之監護人:一、死亡。二、經法院許可辭任。三、有第 1096 條各款情形之一。法院另行選定監護人確定前,由當地社會福利主管機關為其監護人。(民法第 1106 條)

(十四) 改定監護人之聲請

有事實足認監護人不符受監護人之最佳利益,或有顯不適任之情事者,法院得依前條第 1 項聲請權人之聲請,改定適當之監護人,不受第 1094 條第 1 項規定之限制。法院於改定監護人確定前,得先行宣告停止原監護人之監護權,並由當地社會福利主管機關為其監護人。(民法第 1106 條之 1)

(十五) 監護終止時受監護人財產之清算

監護人變更時,原監護人應即將受監護人之財產移交於新監護人。受監護之原因消滅時,原監護人應即將受監護人之財產交還於受監護人;如受監護人死亡時,交還於其繼承人。前 2 項情形,原監護人應於監護關係

終止時起 2 個月內，為受監護人財產之結算，作成結算書，送交新監護人、受監護人或其繼承人。新監護人、受監護人或其繼承人對於前項結算書未為承認前，原監護人不得免其責任。（民法第 1107 條）

(十六) 清算義務之繼承

監護人死亡時，前條移交及結算，由其繼承人為之；其無繼承人或繼承人有無不明者，由新監護人逕行辦理結算，連同依第 1099 條規定開具之財產清冊陳報法院。（民法第 1108 條）

(十七) 監護人賠償責任之短期時效

監護人於執行監護職務時，因故意或過失，致生損害於受監護人者，應負賠償之責。前項賠償請求權，自監護關係消滅之日起，5 年間不行使而消滅；如有新監護人者，其期間自新監護人就職之日起算。（民法第 1109 條）

(十八) 監護事件依職權囑託戶政機關登記

法院於選定監護人、許可監護人辭任及另行選定或改定監護人時，應依職權囑託該管戶政機關登記。（民法第 1109 條之 1）

(十九) 未成年人受監護宣告之適用規定

未成年人依第 14 條受監護之宣告者，適用本章第二節成年人監護之規定。（民法第 1109 條之 2）

※ 成人之監護及輔助：（民法第 1110-1113 條之 10）

(一) 監護人之設置

受監護宣告之人應置監護人。（民法第 1110 條）

(二) 監護人之順序及選定（口訣：社、四、同、配、主、他）

法院為監護之宣告時，應依職權就配偶、四親等內之親屬、最近 1 年有同居事實之其他親屬、主管機關、社會福利機構或其他適當之人選定 1 人或數人為監護人，並同時指定會同開具財產清冊之人。法院為前項選定及指定前，得命主管機關或社會福利機構進行訪視，提出調查報告及建議。監護之聲請人或利害關係人亦得提出相關資料或證據，供法院斟酌。（民法第 1111 條）

(三) 選定監護人之注意事項

法院選定監護人時，應依受監護宣告之人之最佳利益，優先考量受監護宣告之人之意見，審酌一切情狀，並注意下列事項：一、受監護宣告之人之身心狀態與生活及財產狀況。二、受監護宣告之人與其配偶、子女或其他共同生活之人間之情感狀況。三、監護人之職業、經歷、意見及其與受監護宣告之人之利害關係。四、法人為監護人時，其事業之種類與內容，法人及其代表人與受監護宣告之人之利害關係。(民法第 1111 條之 1)

(四) 監護人之資格限制

照護受監護宣告之人之法人或機構及其代表人、負責人，或與該法人或機構有僱傭、委任或其他類似關係之人，不得為該受監護宣告之人之監護人。(民法第 1111 條之 2)

(五) 監護人之職務

監護人於執行有關受監護人之生活、護養療治及財產管理之職務時，應尊重受監護人之意思，並考量其身心狀態與生活狀況。(民法第 1112 條)

(六) 成年監護之監護人為數人時執行監護職務之方式

法院選定數人為監護人時，得依職權指定其共同或分別執行職務之範圍。法院得因監護人、受監護人、第 14 條第 1 項聲請權人之聲請，撤銷或變更前項之指定。(民法第 1112 條之 1)

(七) 監護事件依職權囑託戶政機關登記

法院為監護之宣告、撤銷監護之宣告、選定監護人、許可監護人辭任及另行選定或改定監護人時，應依職權囑託該管戶政機關登記。(民法第 1112 條之 2)

(八) 未成年人監護規定之準用

成年人之監護，除本節有規定者外，準用關於未成年人監護之規定。(民法第 1113 條)

(九) 輔助人之設置 (民國 104 年 1 月 14 日公布)

受輔助宣告之人，應置輔助人。輔助人及有關輔助之職務，準用第一千零九十五條、第一千零九十六條、第一千零九十八條第二項、第一千一百條、第一千一百零二條、第一千一百零三條第二項、第一千一百零四條、第一千一百零六條、第一千一百零六條之一、第一千一百零九條、第一千一百十一條至第一千一百十一條之二、第一千一百十二條之一及第一千一百十二條之二之規定。(民法第 1113 條之 1)

(十) **意定監護契約之定義**（民國 108 年 6 月 19 日公布）

　　稱意定監護者，謂本人與受任人約定，於本人受監護宣告時，受任人允為擔任監護
人之契約。前項受任人得為一人或數人；其為數人者，除約定為分別執行職務外，
應共同執行職務。（民法第 1113 條之 2）

(十一) **意定監護契約之成立及發生效力**（民國 108 年 6 月 19 日公布）

　　意定監護契約之訂立或變更，應由公證人作成公證書始為成立。公證人作成公
證書後七日內，以書面通知本人住所地之法院。前項公證，應有本人及受任人
在場，向公證人表明其合意，始得為之。意定監護契約於本人受監護宣告時，
發生效力。（民法第 1113 條之 3）

(十二) **法院為監護宣告時，於本人事前定有意定監護契約約定，應以意定監護優先為**
原則（民國 108 年 6 月 19 日公布）

　　法院為監護之宣告時，受監護宣告之人已訂有意定監護契約者，應以意定監護
契約所定之受任人為監護人，同時指定會同開具財產清冊之人。其意定監護契
約已載明會同開具財產清冊之人者，法院應依契約所定者指定之，但意定監護
契約未載明會同開具財產清冊之人或所載明之人顯不利本人利益者，法院得依
職權指定之。

　　法院為前項監護之宣告時，有事實足認意定監護受任人不利於本人或有顯不適
任之情事者，法院得依職權就第一千一百十一條第一項所列之人選定為監護
人。（民法第 1113 條之 4）

(十三) **意定監護契約之撤回或終止**（民國 108 年 6 月 19 日公布）

　　法院為監護之宣告前，意定監護契約之本人或受任人得隨時撤回之。

　　意定監護契約之撤回，應以書面先向他方為之，並由公證人作成公證書後，始
生撤回之效力。公證人作成公證書後七日內，以書面通知本人住所地之法院。
契約經一部撤回者，視為全部撤回。

　　法院為監護之宣告後，本人有正當理由者，得聲請法院許可終止意定監護契
約。受任人有正當理由者，得聲請法院許可辭任其職務。

　　法院依前項許可終止意定監護契約時，應依職權就第一千一百十一條第一項所
列之人選定為監護人。（民法第 1113 條之 5）

(十四) **監護宣告後法院得另行選定或改定監護人**（民國 108 年 6 月 19 日公布）

　　法院為監護之宣告後，監護人共同執行職務時，監護人全體有第一千一百零六
條第一項或第一千一百零六條之一第一項之情形者，法院得依第十四條第一項
所定聲請權人之聲請或依職權，就第一千一百十一條第一項所列之人另行選定
或改定為監護人。

法院為監護之宣告後，意定監護契約約定監護人數人分別執行職務時，執行同
一職務之監護人全體有第一千一百零六條第一項或第一千一百零六條之一第一
項之情形者，法院得依前項規定另行選定或改定全體監護人。但執行其他職務
之監護人無不適任之情形者，法院應優先選定或改定其為監護人。

法院為監護之宣告後，前二項所定執行職務之監護人中之一人或數人有第一千
一百零六條第一項之情形者，由其他監護人執行職務。

法院為監護之宣告後，第一項及第二項所定執行職務之監護人中之一人或數人
有第一千一百零六條之一第一項之情形者，法院得依第十四條第一項所定聲請
權人之聲請或依職權解任之，由其他監護人執行職務。（民法第 1113 條之 6）

(十五) 意定監護人之報酬（民國 108 年 6 月 19 日公布）

意定監護契約已約定報酬或約定不給付報酬者，從其約定；未約定者，監護人
得請求法院按其勞力及受監護人之資力酌定之。（民法第 1113 條之 7）

(十六) 前後意定監護契約有相牴觸者，視為本人撤回前意定監護契約（民國 108 年 6 月 19 日公布）

前後意定監護契約有相牴觸者，視為本人撤回前意定監護契約。（民法第 1113 條
之 8）

(十七) 意定監護契約約定受任人代理受監護人購置、處分不動產或得以受監護人財產為投資者，應優先落實當事人意思自主原則（民國 108 年 6 月 19 日公布）

意定監護契約約定受任人執行監護職務不受第一千一百零一條第二項、第三項
規定限制者，從其約定。（民法第 1113 條之 9）

(十八) 意定監護契約準用成年人監護之規定（民國 108 年 6 月 19 日公布）

意定監護，除本節有規定者外，準用關於成年人監護之規定。（民法第 1113 條之
10）

※ 地政士 112 年申論題第 3 題

三、甲母與長子乙同至 A 公證人事務所辦理意定監護契約公證，約定甲受監護宣告
時，乙允為擔任監護人。後次子丙知悉此事，乃偕同甲母至 B 公證人事務所辦理
甲受監護宣告時，由丙擔任監護人的契約公證，A、B 兩公證人分別辦理公證完成
後 5 日、10 日以書面通知甲住所地的法院。當甲受監護宣告時，請問法院應指定
何人擔任監護人？

解析

(一) 甲依據民法第 1113 條之 2 規定得指定乙、丙擔任意定監護人

1. 甲得指定乙、丙擔任意定監護人

依據民法第 1113 條之 2 規定：「稱意定監護者，謂本人與受任人約定，於本人受監護宣告時，受任人允為擔任監護人之契約。前項受任人得為一人或數人；其為數人者，除約定為分別執行職務外，應共同執行職務。」本題甲得先後與乙、丙訂立意定監護契約。

2. B 公證人雖於公證後 10 日以書面通知法院仍為有效

依據民法第 1113 條之 3 規定：「意定監護契約之訂立或變更，應由公證人作成公證書始為成立。公證人作成公證書後七日內，以書面通知本人住所地之法院。前項公證，應有本人及受任人在場，向公證人表明其合意，始得為之。意定監護契約於本人受監護宣告時，發生效力。」依立法理由：「通知法院之目的，在使法院知悉意定監護契約之存在，此項通知及期間之規定，乃為訓示規定，倘公證人漏未或遲誤七日期間始通知法院，並不影響意定監護契約有效成立，附此敘明。」本題 B 公證人雖在辦理公證完成後 10 日通知法院，亦不影響意定監護契約之效力。

(二) 法院應指定乙、丙為甲之意定監護人

1. 甲乙、甲丙之意定監護契約於甲受監護宣告時生效

依民法第 1113 條之 3 第 3 項規定：「意定監護契約於本人受監護宣告時，發生效力」，本題甲乙與甲丙訂立之意定監護契約，於甲受監護宣告時，發生效力。

2. 法院應指定乙與丙兩人為意定監護人

依民法第 1113 條之 4 第 1 項前段規定：「法院為監護之宣告時，受監護宣告之人已訂有意定監護契約者，應以意定監護契約所定之受任人為監護人，同時指定會同開具財產清冊之人。」本題甲乙與甲丙訂立之意定監護契約均為有效，乙與丙依據民法第 1113 條之 2 第 2 項，除有約定分別執行職務外，應共同執行職務。依據民法第 1113 條之 4 第 2 項規定：「法院為前項監護之宣告時，有事實足認意定監護受任人不利於本人或有顯不適任之情事者，法院得依職權就第一千一百十一條第一項所列之人選定為監護人。」

※地政士 109 年申論題第 3 題

三、民國 108 年民法增訂成年人之意定監護，請問：何謂意定監護？會同開具財產清冊之人應如何確認？

解析

(一) 意定監護之意義

民法第 1113-2 條:「稱意定監護者,謂本人與受任人約定,於本人受監護宣告時,受任人允為擔任監護人之契約。前項受任人得為一人或數人;其為數人者,除約定為分別執行職務外,應共同執行職務。」

(二) 會同開具財產清冊之人應如何確認

民法第 1113-4 條第 1 項規定:「法院為監護之宣告時,受監護宣告之人已訂有意定監護契約者,應以意定監護契約所定之受任人為監護人,同時指定會同開具財產清冊之人。其意定監護契約已載明會同開具財產清冊之人者,法院應依契約所定者指定之,但意定監護契約未載明會同開具財產清冊之人或所載明之人顯不利本人利益者,法院得依職權指定之。」

十三、扶養

(一) 扶養之意義

特定人對不能維持生活而無謀生能力之特定人予以經濟上的扶助及養育。

(二) 扶養義務之範圍 (口訣:親、家、姊、夫)

1. 民法對負有扶養義務之親屬,依民法第 1114 條之規定:下列親屬互負扶養之義務:一、直系血親相互間。二、夫妻之一方,與他方之父母同居者,其相互間。三、兄弟姊妹相互間。四、家長家屬相互間。

※ 不動產經紀人 100 年選擇題第 36 題

(D) 36. 下列親屬若未同居一處,何者不互負扶養義務? (A)父母子女間 (B)夫妻之間 (C)兄弟姊妹相互間 (D)直系姻親相互間。

(三) 負扶養義務者之順序

依民法第 1115 條之規定,負扶養義務者有數人時,應依下列順序定其履行義務之人:一、直系血親卑親屬。二、直系血尊親屬。三、家長。四、兄弟姊妹。五、家屬。六、子婦、女婿。七、夫妻之父母。同係直系

尊親屬或直系卑親屬者，以親等近者為先。負扶養義務者有數人，而其親等同一時，應各依其經濟能力，分擔義務。

※ 50 歲之甲男有 80 歲高齡之父乙、兒子 A 及女兒 B，四人均同居生活在一起，某日甲因車禍受重傷，無法繼續在職場工作，導致不能維持自己之生活，此時應由誰對甲負擔扶養義務？

　　具有互負扶養義務的身分若有多人時，就依照民法第 1115 條規定之順序，負扶養義務。如果直系血尊親屬、直系血親卑親屬同一順序的扶養義務人有多人時，以親等近的人為優先。例如：父母與子女、祖父母與孫子女都互負扶養義務，但是子女與父母的親等近，所以優先由子女負扶養父母的義務。因此，甲的兒子、女兒依本條第 1 項第 1 款之規定，應對甲負擔扶養義務，每人各負擔二分之一。

(四) 受扶養權利者之順序

依民法第 1116 條之規定，受扶養權利者有數人，而負扶養義務者之經濟能力，不足扶養其全體時，依下列順序，定其受扶養之人：一、直系血親尊親屬。二、直系血親卑親屬。三、家屬。四、兄弟姊妹。五、家長。六、夫妻之父母。七、子婦、女婿。同係直系尊親屬或直系卑親屬者，以親等近者為先。主張受扶養權利，須符合一定之要件。民法第 1117 條第 1 項之規定，受扶養權利者，以不能維持生活而無謀生能力者為限。惟應注意的是，無謀生能力之限制，於直系血親尊親屬不適用之（民法第 1117 條第 2 項）。

(五) 扶養之程度及方法

扶養之程度，應按受扶養權利者之需要，與負扶養義務者之經濟能力及身分定之（民法第 1119 條）。扶養費之給付，當事人不能協議時，由法院定之（民法第 1120 條但書）。

(六) 扶養義務之免除

我國扶養範圍較外國為大，為免淪為有名無實，特規定「因負擔扶養義務而不能維持自己生活者，免除其義務。但扶養權利者為直系血親尊親屬或配偶時，減輕其義務」（民法第 1118 條）。

※ 民法第1118條之1：

受扶養權利者有下列情形之一，由負扶養義務者負擔扶養義務顯失公平，負扶養義務者得請求法院減輕其扶養義務：

一、對負扶養義務者、其配偶或直系血親故意為虐待、重大侮辱或其他身體、精神上之不法侵害行為。

二、對負扶養義務者無正當理由未盡扶養義務。

受扶養權利者對負扶養義務者有前項各款行為之一，且情節重大者，法院得免除其扶養義務。

前2項規定，受扶養權利者為負扶養義務者之未成年直系血親卑親屬者，不適用之。

※ 生活扶助義務，例如兄弟姊妹之扶養是；此義務為偶然的例外現象，為親屬關係之補助要素之一，須因一方有特殊情形不能維持生活時，他方始負扶助之義務。

生活扶助義務，以扶養供給者之扶養能力為前提，須扶養供給者為身分相當之生活尚有餘資時，始以餘資予以扶養。又民法第1116條第1項規定扶養義務人經濟能力不足，定其扶養順序，其第2款之「直系血親卑親屬」，並不包括未成年而未結婚之子女，因父母對於未成年子女有保護及教養之權利義務，此充分表現親權之本質（民法第1084條）。

※ 生活保持義務，為父母子女、夫妻間之扶養義務；此義務為父母子女或夫妻身分關係之本質的要素之一，若無此義務，則不可稱為父母子女或夫妻，保持對方即是保持自己。生活保持義務，無須斟酌扶養供給者之給付能力，亦即雖無餘力，亦須犧牲自己而扶養他人。足見父母對未成年子女不能視為生活扶助義務，而應視為生活保持義務；換言之，父母對未成年子女之扶養不適用民法第1116條之規定，應適用民法第1084條父母對於未成年子女，有保護及教養之權利義務之規定。

十四、家

(一) 家之意義

稱家者，謂以永久共同生活為目的而同居之親屬團體（民法第 1122條）。

(二) 家之組成

家置家長。同家之人，除家長外，均為家屬。雖非親屬而以永久共同生活為目的同居一家者，視為家屬（民法第1123條）。

家長由親屬團體中推定之。無推定時，以家中之最尊輩者為之。尊輩同者以年長者為之。最尊或最長者不能或不願管理家務時，由其指定家屬一人代理之（民法第 1124 條）。

(三) 家務之管理

家務由家長管理，但家長得以家務之一部，委託家屬處理（民法第 1125 條）。家長管理家務，應注意於家屬全體之利益。

(四) 成員之分離

家屬已成年或雖未成年而已結婚者，得請求由家分離。又家長對於已成年或雖未成年而已結婚之家屬，得令其由家分離，但以有正當理由時為限（民法第 1127 條、第 1128 條）。（2023 年 1 月 1 日實施：民法第 1127 條：「家屬已成年者，得請求由家分離。」、民法第 1128 條：「家長對於已成年之家屬，得令其由家分離。但以有正當理由時為限。」）

📖 十五、親屬會議

(一) 親屬會議

親屬會議，係一定親屬間之集合體，用以共商家族大事之會議。依本法之規定應開親屬會議時，由當事人、法定代理人、或其他利害關係人召集之（民法第 1129 條）。

(二) 親屬會議之組織

1. 會員人數：親屬會議，以會員五人組織之（民法第 1130 條）。

2. 會員之產生：

　　(1) 法定會員：依民法第 1131 條第 1 項之規定，親屬會議會員，應就未成年人、禁治產人或被繼承人之下列親屬與順序定之：一、直系血親尊親屬。二、三親等內旁系血親尊親屬。三、四親等內之同輩血親。前項同一順序之人，以親等近者為先；親等同者，以同居親

屬為先，無同居親屬者，以年長者為先。依前 2 項順序所定之親屬會議會員，不能出席會議或難於出席時，由次順序之親屬充任之。

(2) 指定會員：依民法第 1132 條之規定，依法應經親屬會議處理之事項，而有下列情形之一者，得由有召集權人或利害關係人聲請法院處理之：一、無前條規定之親屬或親屬不足法定人數。二、親屬會議不能或難以召開。三、親屬會議經召開而不為或不能決議。惟監護人、未成年人及受監護宣告之人，不得為親屬會議會員，又依法應為親屬會議會員之人，非有正當理由，不得辭其職務（民法第 1133、1134 條）。

3. 親屬會議之議決方法：親屬會議，非有三人以上之出席，不得開會，非有出席會員過半數之同意，不得為決議（民法第 1135 條），親屬會議會員，於所議事件有個人利害關係者，不得加入決議（民法第 1136 條），當事人、法定代理人、或其他利害關係人對於親屬會議之決議，有不服者，得於 3 個月內向法院聲訴（民法第 1137 條）。

案例一：登記婚新制

阿吉與美琪相戀多年，預計民國 97 年 12 月 7 日在臺北凱薩大飯店寶島廳結婚。阿吉向美琪說民國 97 年 5 月 23 日開始，要實施結婚登記新制囉！過去結婚只要有公開儀式與 2 個以上證人之儀式婚模式已走入歷史；現在結婚雙方當事人須向戶政事務所辦理結婚登記，始生效力。試問：

一、結婚舊制與新制之區別？

二、結婚之申請人、結婚應繳附書件及注意事項為何？

分析

當事人分析圖

```
              結婚
  阿吉 ——————————— 美琪
  結婚形式修正      結婚形式生效    阿吉與美琪結婚
  ※————————————※————————————※
  96.5.23.          97.5.23.          97.12.7.
```

一、結婚舊制與新制之區別

因民國 96 年 5 月 23 日修正公布之民法第 982 條規定：「結婚應以書面為之，有 2 人以上證人之簽名，並應由雙方當事人向戶政機關為結婚之登記。」又民法親屬編施行法第 4 條之 1 規定：「中華民國 96 年 5 月 4 日修正之民法第 982 條之規定，自公布後 1 年施行。」故結婚效力自民國 97 年 5 月 23 日起由儀式婚改為登記婚了！過去民法第 982 條規定：「結婚，應有公開之儀式及 2 人以上之證人。經依戶籍法為結婚之登記者，推定其已結婚。」已經不再適用。

❯ 表五：結婚舊制與新制之區別

項目	形式要件	實質要件	效力
儀式婚制（舊制）	1. 公開儀式。 2. 2 人以上證人。	結婚當事人須達法定年齡、非近親結婚、非監護關係存續中、非重婚。	結婚當事人舉行公開儀式，使 2 人以上之不特定人得以共聞共見認識其為結婚者，即具效力。
登記婚制（新制）	1. 結婚應以書面為之。 2. 須有 2 人以上證人之簽名。 3. 應由雙方向戶政機關為結婚之登記。	結婚當事人須達法定年齡、非近親結婚、非監護關係存續中、非重婚。	當事人辦理結婚登記即生效力，有無宴客或舉行公開儀式都沒有關係。

二、 結婚之申請人、結婚應繳附書件及注意事項

(一) 申請人

1. 結婚當事人雙方。

2. 民國 97 年 5 月 22 日以前（包括 97 年 5 月 22 日當日）結婚，或其結婚已生效者，得以當事人之一方為申請人。

3. 受委託人（有正當理由，經戶政機關核准者為限）。

(二) 應繳附書件及注意事項

1. 身分證明文件：

(1) 結婚當事人為國內現有戶籍者，應備妥國民身分證、印章（或簽名）、戶口名簿、最近 1 年內所攝正面半身彩色相片 1 張。國外授權委託他人辦理者，應備妥經駐外館處或行政院於香港、澳門設立或指定之機構或委託之民間團體驗證之授權委託書、受委託人之國民身分證、簽名或蓋章。

(2) 結婚當事人為國內曾有或未曾設戶籍者，應備妥護照或內政部入出國及移民署依法核發之居留證明文件。

2. 結婚證明文件：

(1) 在國內結婚者，備妥結婚證書或結婚書約。書約應載有結婚雙方當事人之姓名、出生日期、國民身分證統一編號、戶籍住址等相關資料，及 2 人以上證人簽名或蓋章、國民身分證統一編號、戶籍住址等相關資料。

(2) 在國外結婚已生效者，備妥經駐外館處或行政院於香港、澳門設立或指定之機構或委託之民間團體驗證之結婚證明或已向當地政府辦妥結婚登記（或結婚註冊）之證明文件及中文譯本，加蓋「符合行為地法」之章戳，並得免附婚姻狀況證明文件。

(3) 結婚當事人一方為外國籍者，另應備妥外籍配偶取用中文姓名聲明書，經駐外館處驗證之婚姻狀況證明文件及中文譯本。

(4) 在國外作成之結婚證明文件之中文譯本，應由駐外館處驗證或國內公證人認證之。

(5) 與大陸地區人民辦理結婚登記者，應備妥結婚證明文件及經內政部入出國及移民署發給加蓋「通過面談，請憑辦理結婚登記」章戳之臺灣地區入出境許可證。在大陸地區或香港、澳門作成之文書，應經行政院設立或指定之機構或委託之民間團體驗證。

3. 未成年人結婚者，應備妥法定代理人之同意書。

4. 民國 97 年 5 月 23 日起，結婚當事人辦理結婚登記，得於繳納規費後，同時核發結婚證明書。但結婚當事人嗣後申請結婚證明書者，任一戶政事務所均得核發之。

5. 民國 97 年 5 月 23 日起，辦理結婚登記地點：
   (1) 雙方或一方在國內現有或曾有戶籍者，在國內結婚，由結婚當事人之一方現戶籍地或最後遷出戶籍地之戶政事務所辦理。
   (2) 雙方在國內未曾設戶籍者，在國內結婚，其結婚登記，得向任一戶政事務所為之。
   (3) 雙方或一方在國內現有或曾有戶籍者，在國外結婚，得檢具相關文件，向我國駐外使領館、代表處、辦事處、其他外交部授權機構（以下簡稱駐外館處）或行政院於香港、澳門設立或指定之機構或委託之民間團體申請，經驗證後函轉或授權委託他人至戶籍地或最後遷出戶籍地戶政事務所辦理結婚登記。
   (4) 雙方在國內未曾設戶籍者，在國外結婚，得檢具相關文件，向駐外館處或行政院於香港、澳門設立或指定之機構或委託之民間團體申請，經驗證後函轉中央主管機關指定之中央政府所在地戶政事務所辦理結婚登記。

6. 結婚當事人除於結婚登記當日親自到戶政事務所辦理者外，並得於辦理結婚登記 3 日前，於行政院人事行政局規定之辦公日，向本所預定結婚登記日；結婚登記日得不限辦公日。

7. 結婚當事人如有重病住院醫療、在家療養或矯正機關收容之特殊情事，無法親自至戶政事務所辦理結婚登記者，得向戶籍地戶政事務所預約申請登記期日，戶政事務所將派員查實辦理。

8. 欲冠配偶之姓者，另附冠姓之約定書（在結婚證書影本空白處寫明，並加蓋雙方當事人印章亦可）。

9. 換發國民身分證規費每張新臺幣 50 元整。

10. 中英文結婚證明書規費張新臺幣 100 元整。

11. 97 年 5 月 23 日（含當日）以後國內申請結婚登記自登記日生效外，餘結婚案件應於確定後 30 日內申報。

§ 表六：結婚書約

結婚書約

（　　年　　月　　日出生）

與　　　　　　　　　（　　年　　月　　日出生）

合意結婚，依民法第 982 條規定由雙方當事人向戶政事務所為結婚之登記。

結婚人：（簽名或蓋章）　　　　　　結婚人：（簽名或蓋章）

國民身分證統一編號：　　　　　　　國民身分證統一編號：

（護照號碼、居留證號碼）　　　　　（護照號碼、居留證號碼）

戶籍住址：　　　　　　　　　　　　戶籍住址：

（國外居住地址）　　　　　　　　　（國外居住地址）

證人：　　　　　（簽名或蓋章）　　證人：　　　　　（簽名或蓋章）

國民身分證統一編號：　　　　　　　國民身分證統一編號：

（護照號碼、居留證號碼）　　　　　（護照號碼、居留證號碼）

戶籍住址：　　　　　　　　　　　　戶籍住址：

（國外居住地址）　　　　　　　　　（國外居住地址）

中華民國年月日

備註：結婚不得違反民法第 983 條相關規定。

§ 表七：新北市○○（區里）戶政事務所受理「預約結婚登記」申請表

編號：

一、 申請預約人姓名：

二、 預約事項：民國年月日上午時分至貴所辦理結婚登記。

三、 預約方式：□電話□網路□臨櫃□傳真

四、 填寫說明：

(一) 請依照國民身分證所載填寫戶籍地址。

(二) 結婚當事人如為未成年人請加填結婚人欄位下方法定代理人資料。

(三) 外籍配偶請填寫護照號碼或居留證統一證號。

身分別	姓名	身分證統一編號 出生年月日	戶籍地址	電話 住家/辦公室/手機
男方				（宅） （公） （手機）
未成年男方之法定代理人（監護人）				電話： 電話：
女方				（宅） （公） （手機）
未成年女方之法定代理人（監護人）				電話： 電話：
證人 1				（宅） （公） （手機）
證人 2				（宅） （公） （手機）

五、 證明文件：

(一) 結婚人男女雙方及 2 位成年（年滿 20 歲以上）證人之國民身分證影本附卷。

(二) 男方已滿 18 歲，女方已滿 16 歲，但未滿 20 歲者，並應提出其法定代理人（父母 2 人或監護人）之同意書及國民身分證影本附卷。

六、 本所得斟酌結婚當事人之意願後，指定結婚登記日及時間，<u>凡超過預約時間 30 分鐘以上，取消預約。</u>

七、 於國外（含大陸地區）結婚者，已符合行為地法之結婚案件，及民國 97 年 5 月 22 日以前已生效之儀式婚不列入本預約範圍。

八、 辦理結婚登記約需 1 個小時，請自行斟酌預約登記之時間。

九、 同一時段有 2 組以上預約，以預約之先後依序辦理。

受理預約日期：年月日、受理預約承辦人：

案例二：不堪同居之虐待

（參考臺灣士林地方法院民事判決 96 年度婚字第 259 號）

郭丸尾與劉綠子兩造於民國 75 年 12 月 14 日結婚。劉綠子在婚姻關係存續期間曾經與第三者發生精神外遇，但雙方之關係僅止於互有好感，但並無通姦情事。孰料自此之後，郭丸尾就完全不信任劉綠子，動輒對劉綠子加以猜疑，動輒以各種不堪入耳之言詞羞辱、恐嚇原告，甚至動手毆打劉綠子，造成劉綠子精神上及身體上之重大傷害，被告經常對原告惡言相向：「所以我說你比妓女還不如」、「我最後一次警告你，要講話大聲我失手打死你，你不要後悔，今天不是我造成，如果今天打死你，是你自己造成」等語恐嚇劉綠子。郭丸尾確對劉綠子實施家庭暴力行為，經本院於民國 96 年 6 月 23 日核發通常保護令在案，試問：

一、 何謂不堪同居之虐待？

二、 劉綠子可以主張什麼理由向法院訴請離婚？

分析

當事人分析圖

不堪同居虐待

劉綠子 ——————————— 郭丸尾

結婚　　　　　　　　核發通常保護令
——※————————————————※——
75.12.14.　　　　　　　　96.6.23.

一、 所謂不堪同居虐待，係指與以身體上或精神上不可忍受之痛苦，致無法繼續同居者而言；又慣行毆打，即為不堪同居之虐待，足以構成離婚之原因，最高法院著有 23 年上字第 678 號、20 年上字第 371 號判例可資參照。蓋婚姻係以夫妻之共同生活為目的，夫妻應以誠摯相愛為基礎，相互尊重、忍讓與諒解，且應互相協力保持其共同生活之圓滿、安全及幸福，因而夫妻應互相尊重以增進情感之和諧，防止家庭暴力之發生，此為維繫婚姻所必要。故夫妻一方之行為，凡有礙於他方配偶之人格尊嚴與人身安全（含肉體與精神上之痛苦），致夫妻無法繼續共同生活者，均應認符合民法第 1052 條第 1 項第 3 款規定「受他方不堪同居之虐待」。司法院大法官會議釋字第 372 號解釋亦謂：民法第 1052 條第 1 項第 3 款所謂「不堪同居之虐待」，應就具體事件，衡量夫妻之一方受他方虐待所受傷害之嚴重性，斟酌當事人之教育程度、社會地位及其他情事，是否已危及婚姻關係之維繫以為斷，若受他方虐待已逾夫妻通常所能忍受之程度而有侵害人格尊嚴與人身安全者，即不得謂非受不堪同居之虐待。

二、 郭丸尾因疑心劉綠子在外行為不檢，與其他男子有染，致動輒以不堪之言詞辱罵劉綠子，甚至毆打成傷，致其身心受創甚鉅，並經劉綠子聲請法院核發通常保護令在案，顯見郭丸尾對原告全無信賴基礎，其所為嚴重侵害劉綠子之人身安全及人格尊嚴，兩造間婚姻生活之安

全、幸福及圓滿，已不存在，審酌劉綠子所受身心傷害情節、程度及其社會地位等一切情事，認郭丸尾前揭行為已嚴重侵害劉綠子人格尊嚴與身體安全，並逾夫妻通常所能忍受之程度，客觀上任何人處於同一處境，均難以忍受此等虐待，而無法繼續共同生活，足徵劉綠子主張郭丸尾之行為已造成其身體上及精神上之莫大痛苦，已達不堪同居虐待之程度，而無法繼續與郭丸尾共同生活等情，堪予採信，從而，劉綠子得依據民法第 1052 條第 1 項第 3 款規定，夫妻之一方受他方不堪同居之虐待得向法院請求離婚。

案例三：移情別戀後解除婚約之損害賠償

甲男與乙女訂婚一年後，又與丙女熱戀隨即同居在一起。某日甲向乙告知與丙相戀同居之事實，並提出解除婚約之要求，乙因不堪精神打擊，遂向甲請求損害賠償。請問乙的請求是否有理？

分析

　　基於婚姻自主及個人主義的立場，婚姻不得強迫固為法理所允許，唯婚約為契約行為的一種，基於契約必須嚴守的原則，婚約當事人之一方，如無正當理由違反婚約（無民法 976 條第 1 項各款之情形），造成他方受有損害者，應負損害賠償責任（民法第 978 條）；若受害人無過失者，非財產上的損害（精神上損害），也得請求賠償相當的金額（民法第 979 條第 1 項）。甲無正當理由違反婚約，無過失的乙，得向有過失的甲請求賠償其因此所受的損害（民法第 978 條）及精神上的損害賠償（民法第 979 條第 1 項），惟應注意的事，此項請求權，因 2 年間不行使而消滅（民法第 979 條之 2）。

案例四：違背近親結婚

甲男與乙女為夫妻，育有一女 A，後因乙女無法生育，求子心切，遂共同收養一子 B（年 6 歲），20 年後，A 女 B 男因暗生情愫，思欲結婚。試問：

一、A、B 可否結婚？

二、是否因 B 終止收養而有無不同？

分析

一、 養子女和養父母之親生子女間，是否亦發生親屬關係？我民法上並無明文規定，但解釋上亦應發生才妥當。又依民法第 983 條第 1 項第 3 款之規定，旁系血親之輩分相同，而在八親等以內者，除六親等及八親等之表兄弟姊妹外，不得結婚（民法第 983 條參照）。是故，A、B 間既有親屬關係，依第 983 條規定，不得結婚。

二、 但 B 若已終止與甲、乙間之收養關係，則與 A 間之親屬關係自亦消滅。故大法官會議釋字第 32 號解釋後段：「……至被收養為子女後，另行與養父母之婚生子女結婚者，自應先行終止收養關係。」故如 B 已終止收養，即可與 A 結婚。

案例五：夫妻離婚後之剩餘財產分配

　　甲夫與乙妻離婚時，妻有銀行存款 400 萬，但有 40 萬欠債待還，夫名下有一間房子值 1,000 萬，但有銀行 400 萬貸款未還。某日兩人細故大吵之後，協議離婚。試問：財產該如何分配？

一、 甲與乙離婚之後，財產該如何分配？

二、 如離婚之前，甲將名下房子贈送給女友丙，乙又該如何？

分析

一、 大妻在婚前或婚後未以契約約定夫妻財產制時，視為法定財產制。因此在法定財產制關係消滅時，依民法 1030 條之 1 規定，夫或妻現存的婚後財產制，扣除婚姻關係存續中所負債務後，如有剩餘，其雙方剩餘財產之差額，應平均分配。現甲的剩餘財產為 600 萬（1,000 萬－400 萬）乙的剩餘財產為 360 萬（400 萬－40 萬）兩人剩餘財產的差額是 240 萬（600 萬－360 萬）差額的半數就是 120 萬（240 萬÷2）。因此，妻是剩餘財產較少的一方，也就是有分配請求權之人，所以妻可向夫請求分配剩餘財產的 120 萬差額，夫不肯時，妻可以訴請法院判結決，命夫給付剩餘財產的差額半數。

二、 依據民法 1030 條之 3 規定，夫或妻為減少他方對於剩餘財產之分配，而於法定財產制關係消滅前 5 年內處分其婚後財產者，應將該財產追加計算，視為現存之婚後財產。甲將名下房子贈送給女友丙的無償贈與行為，而使乙減少剩餘財產的分配，這部分婚後財產的處分，應將追加計算，除非是為履行道德上義務所為之相當贈與，則不在此限。

案例六：反悔簽下離婚協議書

甲男、乙女結婚後，感情不合、爭吵不斷，某日兩人又大打出手，憤怒之餘，甲、乙請來鄰居丙、丁，在丙、丁面前簽下離婚協議書，並由丙、丁見證簽名。惟乙又反悔不與甲前往戶政單位辦理離婚登記。1 個月後，甲隨即與戊結婚，問甲、戊之婚姻是否有效？

分析

按民法第 985 條第 1 項規定：「有配偶者不得重婚。」又第 988 條第 2 款規定，違反第 985 條之規定者，結婚無效（民法第 988 條參照）。

故甲、戊間之婚姻是否因重婚而無效，應視甲、乙是否已離婚為斷。再依民法第 1050 條規定：「兩願離婚，應以書面為之，有二人以上證人之簽名，並應向戶政機關為離婚之登記。」

本例中，甲、乙簽有離婚協議書，並有丙、丁之簽名，惟尚未向戶政機關辦理離婚登記。故離婚尚未生效，甲、乙間仍有婚姻關係。因而甲嗣後與戊結婚為重婚，依第 988 條規定，應為無效。

案例七：否認生父之訴

　　甲男於大學同學會中，遇到昔日之女友乙女，舊情復燃 1 個月後就舉行婚禮。婚後剛滿半年乙女生下一子丙。試問：

一、甲男可否對乙女及丙提起否認婚生子女之訴？

二、甲男若欲否認丙為婚生子女而提否認之訴，有無時間上限制？

三、丙成年之後，可否對甲男提起否認生父之訴？

分析

一、依據民法第 1063 條第 1 項之規定，丙係在甲男與乙女婚姻關係存續中所生之子，推定為甲男之婚生子女。但甲男如能證明所生之子為「非自夫受胎」者（民法第 1063 條第 2 項之規定），即得提起否認婚生子女之訴。

二、甲男若欲否認丙為婚生子女，依據民法第 1063 條第 3 項規定，夫妻之一方自知悉該子女非為婚生子女時起 2 年內為之。即甲男若欲否認丙為婚生子女，應於知悉該子女出生之日起 2 年內為之。

三、依據大法官釋字第 587 號解釋，認定真實父子關係，攸關子女的人格權，因此，新修定民法第 1063 條第 3 項規定：「子女自知悉其非為婚生子女之時起 2 年內為之。但子女於未成年時知悉者，仍得於成年後 2 年內為之。」故丙成年之後 2 年內，可提起「否認生父之訴」。

案例八：認祖歸宗

　　甲男與乙女熱戀，逐賦同居，且生下一女丙，因故未能結婚。試問：

一、丙是否為甲男與乙女之婚生子女？

二、如生下丙半年後甲男才與乙女結婚，關於丙是否婚生子女之認定，民法又如何規定？

三、甲男曾扶養丙 3 年，10 年後甲男預將其丙女帶回認祖歸宗？有何方式？

分析

一、依據民法第 1061 條規定：「婚生子女乃由婚姻關係受胎而生之子女」。若丙的出生只是在甲男與乙女同居下所生，非在婚姻關係存續中所生，雖然丙與甲、乙有血統上之連接，也非民法所稱之婚生子女，故丙的出生即為非婚生子女。

二、民法第 1064 條規定：「非婚生子女，其生父與生母結婚者，視為婚生子女」。此即學說上所謂「準正」。如乙女生下丙之後又與甲男結婚，基於甲男為丙之生父有血統上之連接，故其生父與生母結婚者，視為婚生子女。

三、認領為一種無須有相對人的單方行為，且為不要式行為，因此只要符合認領的實質要件，就會產生認領的效力。因此，甲想要認領丙，僅須為認領的意思表示即可。甲對丙為認領之後，依據民法第 1065 條第 1 項之規定，非婚生子女經生父認領者，視為婚生子女。又依據民法第 1065 條第 1 項後段之規定，其經生父撫育者，視為認領。因此，甲對丙的扶養行為，就會造成視為認領的結果產生。甲男無須對丙特別為意思表示，認領效力即已發生，丙會因而視為甲的婚生子女。

 MEMO

繼承編

Civil Law

規範因人之死亡而由一定親屬或關係之人承繼遺產所生之法律關係，民法繼承編共分為三章，自民法第 1138 條至第 1225 條。

※ 不動產經紀人 96 年第 2 次選擇題第 25 題

(C) 25. 以下何者為真？ (A)被繼承人死亡時，繼承人尚生存，始有繼承權，此為同時繼承原則 (B)繼承人應於知悉其得繼承之時起 6 個月內通知法院為拋棄繼承之意思表示 (C)二人如同時死亡，其相互間並無繼承權 (D)未出生之胎兒無法享有繼承權，也就是繼承人為遺腹子，無法分配遺產。

一、繼承時點

因被繼承人死亡而開始（民法第 1147 條）。

(一) 自然死亡

死亡為自然人生命的絕對消滅，死亡的定義如何認定，最近二、三十年來逐漸引起爭論，依據傳統的定義，以心跳停止、呼吸停止及瞳孔放大三項要件，確定死亡的時期。近年來已有放棄傳統定義的趨勢，各國學說認為宜以腦波無反應，即腦波完全停止作為死亡的時期，此項標準在醫學界雖尚有爭論，已漸為多數人所接受[1]。我國已於民國 76 年 6 月 19 日制定公布「人體器官移植條例」，該條例第 4 條第 2 項規定，「死亡以腦死判定」。

(二) 死亡宣告

一個人失蹤後，其法律關係即陷於不確定狀態，無法進行或結束。失蹤後由於生死不明，不論對於身分上的法律關係如婚姻關係或財產上的法律關係如繼承等，均無法確定。此種狀態長期繼續，對於利害關係人及社會秩序均有不良影響。因此法律特別設立之死亡宣告制度，由法院宣告死亡，使遺產得以開始繼承，其他法律關係得以終結[2]。

---

[1] 關於死亡定義的演變，請參照劉得寬著，〈死為腦死〉，臺大法律學刊，六期，第 90 頁，轉引施啟揚著，《民法總則》（臺北：三民書局，1987 年 4 月校定 4 版），第 69 頁。

[2] 施啟揚著，《民法總則》（臺北：三民書局，1987 年 4 月校訂 4 版），第 74 頁。

※ 同時死亡不具備同時存在原則，相互無遺產繼承權民法第 11 條規定：「二人以上同時遇難，不能證明其死亡之先後時，推定其為同時死亡。」學者通說認為原有相互繼承權之人同時遇難，經推定同時死亡，不具備同時存在原則，故彼此間相互無遺產繼承權。

二、繼承開始之處所

所謂繼承開始之處所，乃繼承開始時，繼承人承受被繼承人財產上權利義務之觀念上的中心地[3]。在世界上，對於繼承開始的處所，有下列四種不同的主張，有以死者本籍地為繼承開始的處所，也有以死者住所地為繼承開始的處所，還有以死者死亡地為繼承開始的處所，或者以死者的財產所在地為繼承開始的處所[4]。繼承開始處所之決定，在我國民法雖無明文規定，但徵之民事訴訟法第 18 條第 1 項規定：「因遺產之繼承、分割、特留分或因遺贈或其他因死亡而生效力之行為涉訟者，得由繼承開始時被繼承人住所地之法院管轄。」則顯然採取住所地主義[5]。

三、遺產繼承人

(一) 配偶之為繼承人：並不居於一定之順序，乃立於特別之地位。

我國現行民法參酌德國民法第 1931 條、瑞士民法第 462 條而規定：生存配偶對其死亡配偶之遺產，如有民法第 1138 條所列各順序之繼承人時，得與此等人共同繼承，若無上述之繼承人時，且得為單獨繼承人，而繼承全部遺產（民法第 1144 條）[6]。

---

[3] 陳棋炎，黃宗樂，郭振恭合著，《民法繼承新論》（臺北：三民書局，1990 年 9 月再版），第 33 頁。

[4] 劉春茂主編，《中國民法學·財產繼承》（北京：中國人民公安大學出版社，1990 年 6 月第 1 版），第 519 頁。

[5] 戴炎輝，戴東雄合著，《中國繼承法》（臺北：三民書局，1987 年 8 月修訂版第二版），第 27 頁。

[6] 戴炎輝等著，前揭書，第 49 頁。

民法第 1144 條：「配偶有相互繼承遺產之權，其應繼分，依下列各款定之：一、與第 1138 條所定第一順序之繼承人同為繼承時，其應繼分與他繼承人平均。二、與第 1138 條所定第二順序或第三順序之繼承人同為繼承時，其應繼分為遺產二分之一。三、與第 1138 條所定第四順序之繼承人同為繼承時，其應繼分為遺產三分之二。四、無第 1138 條所定第一順序至第四順序之繼承人時，其應繼分為遺產全部。」（口訣：均、二、三、全）

※ 不動產經紀人 112 年選擇題第 23 題

(C) 23. 關於遺產繼承之敘述，下列何者錯誤？ (A)非婚生子女非經生父認領或準正，不得繼承其生父之遺產 (B)遺產繼承人，除配偶外，其繼承順序為直系血親卑親屬、父母、兄弟姊妹、祖父母 (C)配偶與被繼承人直系血親尊親屬同為繼承時，其應繼分為遺產之三分之一 (D)特留分之規定，係為保障法定繼承人之權利免受侵害。

※ 不動產經紀人 104 年選擇題第 38 題

(C) 38. 甲、乙夫婦因重大車禍入院，夫甲於入院當日死亡、妻乙於次日死亡。甲有弟一人丙、乙有母丁及妹一人戊。甲之遺產總額為 720 萬元時，丙、丁、戊三人如何分配？ (A)丙 240 萬元、丁 240 萬元、戊 240 萬元 (B)丙 240 萬元、丁 300 萬元、戊 180 萬元 (C)丙 360 萬元、丁 360 萬元、戊 0 元 (D)丙 360 萬元、丁 180 萬元、戊 180 萬元。

※ 地政士 99 年申論題第 3 題

三、甲男乙女是夫妻，育有丙男丁女。丙男長大後與戊女結婚生下 A、B 二子，又與己女同居生下 C 女，之後丙男因故死亡。丁女與庚男結婚生下 D 女。嗣甲男乙女感情不睦而訂立離婚協議書，並經二位證人簽名證明，但未前往戶政機關辦理離婚登記。若甲死亡，未立遺囑，請附理由說明其遺產由何人繼承？應繼分各若干？

解析

1. 婚生子女：婚生子女，是指有合法婚姻關係的男女所生育的子女，即謂由婚姻關係受胎而生之子女。在確認婚生子女的繼承權時，兩岸均採男女平等繼承主義，女子不問其已嫁或未嫁，皆有繼承權，與男子同為繼承人，例如我民法繼承編施行後，所謂直系血親卑親屬，包含女子在內（司法院 20 年院字第 550 號解釋），開始繼承在民法繼承編施行後者，已嫁女子同為遺產之法定繼承人，並不因出嫁年限之遠近，及當時已否取得財產繼承權而生差異（司法院 21 年院字第 747 號解釋）。

2. 非婚生子女：非婚生子女是指沒有合法婚姻關係的男女所生育的子女，即謂非由婚姻關係受胎而生之子女。我民法第 1065 條規定：「非婚生子女經生父認領者，視為婚生子女，其經生父撫育者，視為認領。非婚生子與其生母之關係視為婚生子女，無須認領。」即謂非婚生子女取得與婚生子女同一之身分，從而其對生父之權利義務以及其他關係，均與婚生子女同，故因生父死亡而繼承開始時，非婚生子女已為生父之準婚生子女而享有繼承權。

※ 不動產經紀人 96 年第 2 次選擇題第 27 題

(B) 27. 甲乙結婚膝下無子，甲死亡後乙單獨繼承甲之房屋，請問以下何者為真？ (A) 乙於辦妥繼承登記後，取得甲之房屋所有權 (B)乙於甲死亡時，取得甲之房屋所有權 (C)乙於取得房屋所有權時，即得處分該房屋 (D)乙須占有該房屋之後，方得處分該屋。

1. 配偶，以於繼承開始時為合法夫妻為已足，繼承開始而已取得遺產時，其後即使夫再娶或妻再嫁，於其遺產之繼承，不生任何影響（司法院 21 年院字第 820 號解釋，22 年院字第 851 號解釋、最高法院 29 年上字第 702 號判例、30 年上字第 2014 號判例）[7]。

※ 不動產經紀人 95 年申論題第 2 題

二、老李於民國 38 年孤身自大陸來臺後，與林小姐結婚，膝下未有一兒半女，老李於民國 94 年 3 月 8 日過世，遺下土地一筆與建物一棟。嗣後，林小姐於同年 9 月 8 日完成繼承登記，請依據相關法律規定，回答以下問題：林小姐何時取得老李之不動產之所有權？

解析

　　林小姐在老李民國 94 年 3 月 8 日死亡時，取得老李之房屋所有權。

2. 我民法親屬編修正前，重婚並非無效，而是僅得撤銷（舊民法第 992 條），在未依法撤銷前，其婚姻關係仍屬存在（司法院 24 年院字第 1210 號解釋），其後婚配偶仍取得法律上配偶之身分（司法院 24 年院字第 1213 號），任何人不得否認之（最高法院 27 年上字第 1709 號判例）。在海峽兩岸阻絕，夫妻相聚無期之情況下所發生之重婚，利害關

---

[7] 黃宗樂，〈法定繼承－海峽兩岸法制之比較研究〉，《中國大陸法制研究》（臺北：司法院祕書處，1994 年 6 月出版），第 260-261 頁。

係人不得請求撤銷（司法院大法官會議釋字第 242 號解釋），《臺灣地區與大陸地區人民關係條例》（以下簡稱《兩岸人民關係條例》）第 64 條明定：「夫妻因一方在臺灣地區，一方在大陸地區，不能同居，而一方於民國 74 年 6 月 4 日以前重婚者，利害關係人不得聲請撤銷；其於 74 年 6 月 5 日以後 76 年 11 月 1 日以前重婚者，該後婚視為有效。前項情形，如夫妻雙方均重婚者，於後婚者重婚之日起，原婚姻關係消滅。」重婚未經撤銷或不得撤銷或視為有效，後妻亦不失為配偶，有與前妻一同繼承遺產之權，惟其應繼分，應與前妻各為民法第 1144 條所定配偶應繼分之二分之一（參照司法院 29 年院字第 1989 號解釋、最高法院 28 年上字第 631 號判例）。倘重婚（後婚）不具備有效要件，而該後妻由夫生前繼續扶養者，應由親屬會議依其所受扶養之程度及其他關係，酌給遺產（司法院 36 年院解字第 3762 號解釋）[8]。

3. 事實上之夫妻（參照司法院 36 年院解字第 3762 號解釋）或夫妾（最高法院 39 年上字第 1571 號判例）間無相互繼承權。但事實上之妻或妾，由夫生前繼續扶養者，應由親屬會議依其所受扶養之程度及其他關係，酌給遺產[9]。惟，妾受酌給遺產時，其酌給數額應為多少，法無明文。從「酌給」之字義觀之，似不應比應繼分多。依最高法院 22 年上字第 919 號判決謂：「繼承開始在民法繼承編施行法第 2 條所列日期前者，女子對於其直系血親尊親屬之遺產固無繼承權，惟依繼承編施行前之法例，親女為親所喜悅者，得酌給遺產，其數額由父在少於應分人數均分額之範圍內酌定之」。此之「應分人數均分額」，似指繼承人實際所得之額，而非法定之應繼承。若屬法定應繼分，則會造成不合理之結果。茲舉一例說明之，甲男乙女為夫妻，有子女丙、丁，並置一妾戊，甲死亡時遺產為 300 萬元。依法定應繼分之比例，乙、丙、丁各為 100 萬元之應繼分。若妾之酌給遺產為 90 萬元，少於乙、丙、丁法定應繼分，但實際分配結果，妾為 90 萬元，乙、丙、丁僅得 70 萬元。因此，受酌給

---

[8] 同前註。

[9] 戴炎輝等著，前揭書，第 49 頁。

遺產之數應不得超過繼承人之實際所得之數額。依前例,妾至多可得 75 萬元。惟如此又會產生一矛盾結果。詳言之,依司法院 36 年院解字第 3762 號解釋謂:「甲在萬隆重婚,如別無無效原因,則在未撤銷結婚前,該後妻仍有配偶之身分;惟其應繼分,應與前妻各為法律所定配偶應繼分之二分之一,倘其結婚不具備有效要件,而該後妻由甲生前繼續扶養者,應由親屬會議,依其所受扶養之程度及其他關係,酌給遺產」。若戊為後娶之妻,具備婚姻之要件,於民法修正前,即為合法之配偶,則乙、戊之應繼分為法律所定配偶應繼分之二分之一,即乙、戊各得 50 萬元之遺產。如此,戊為合法之妻時,其應繼分至多為 50 萬元,若為妾時,至多可得 75 萬元。從遺產分配額觀之,又是一「妻不如妾」之現象。此豈不鼓勵婦女為人妾而不為人妻。表面上,妾制度雖然消失於我民法上,但實質上仍存在於立法者或司法者之心中。有幾千年歷史之妾制度,雖不被現行法所採用,但畢竟已深入民間習慣,事實上仍繼續存在。實務上或許將妾當做社會中之弱者,加以保護,賦與種種權利,但於一夫一妻制之原則下,妾之存在,確實有違一夫一妻制之婚姻道德,甚至侵害合法配偶之權益。妾之保護與婚姻制度之尊重,在理念上是相互衝突的,實務上在處理妾制度所衍生之法律問題時,如何調和二者之矛盾,實值得注意[10]。

(二) 血親繼承人:

有四種,其繼承順序依序為:

1. 直系血親卑親屬:依據我民法第 1138 條第 1 款之規定,遺產繼承人,除配偶外,以直系血親卑親屬為第一順序繼承人;所謂直系血親卑親屬,即我民法第 967 條第 1 項後段所謂「從己身所出之血親」。除自然之血親關係外,擬制血親之養子女在身分上既亦屬養父母之直系血親卑親屬,自得為繼承人[11]。

---

[10] 林秀雄著,《家族法論集(三)》(臺北:漢興書局,1994 年 10 月初版),第 239-241 頁。

[11] 我國舊民法第 1142 條規定:「養子女之繼承順序,與婚生子女同。養子女之應繼分,為婚生子女之二分之一。但養父母無直系血親卑親屬為繼承人時,其應繼分與婚生子女同。」

※ 不動產經紀人 107 年選擇題第 25 題

(B) 25. 甲有子女乙丙二人,乙與丁結婚後育有一女戊,丙收養一女己;然乙卻因工時過長,過勞而亡。甲於乙死亡後兩年亦病逝。有關甲遺產之繼承,下列敘述何者正確? (A)戊、己得以代位繼承 (B)丙、戊為甲的遺產繼承人 (C)丙、戊、己為甲的遺產繼承人 (D)丙、丁、戊、己均為甲的遺產繼承人。

※ 不動產經紀人 96 年第 2 次選擇題第 30 題

(D) 30. 甲乙婚後育有三子 ABC,共同經營一家工廠,一日甲與 A 前去香港洽談生意,回程時飛機漏油爆炸,甲與 A 同時遇難,無法證明何人先死。甲遺下 2,000 萬元遺產,A 遺下 300 萬元遺產,請問以下敘述何者為真? (A)甲死亡後,乙得繼承甲之遺產 500 萬元 (B)設 A 死亡後遺有一妻一女,則乙得繼承 A 之遺產 100 萬元 (C)設 A 死亡時未娶妻生子,則 B、C 各得繼承 100 萬元 (D)設 A 死亡後遺有一妻一女,則 B、C 無繼承權。

甲死亡後,乙得繼承甲之遺產 2,000/3 萬元。

A 死亡後遺有一妻一女,則乙無法得繼承 A 之遺產,因有第 1 順序繼承人,第 2 順序繼承人無繼承權。

(1) 婚生子女:婚生子女,是指有合法婚姻關係的男女所生育的子女,即謂由婚姻關係受胎而生之子女。在確認婚生子女的繼承權時,兩岸均採男女平等繼承主義,女子不問其已嫁或未嫁,皆有繼承權,與男子同為繼承人,例如我民法繼承編施行後,所謂直系血親卑親屬,包含女子在內(司法院 20 年院字第 550 號解釋),開始繼承在民法繼承編施行後者,已嫁女子同為遺產之法定繼承人,並不因出嫁年限之遠近,及當時已否取得財產繼承權而生差異(司法院 21 年院字第 747 號解釋)[12]。

民國 76 年 6 月 3 日新法予以刪除,其理由為:「舊民法親屬編規定養子女在身分上既與婚生子女同為一親等之直系血親卑親屬,自不發生繼承順序之疑問,且基於平等原則,在繼承法上其應繼分亦不應與婚生子女有所軒輊,況養子女一旦為人收養後,其與本生父母關係,已告停止,喪失其互相繼承之權利,若於養親間之繼承關係中,復遭受不平等之待遇,顯失法律之平,爰將本條予以刪除,使養子女之繼承順序及應繼分,均與婚生子女適用同一法則。」(司法院第一廳編,《民法親屬繼承編及其施行法修正條文暨說明》,臺北:司法院祕書處,民國 74 年 6 月出版,第 153 頁。)

[12] 我國女子之與男子有同等財產繼承權,起自中國國民黨第二次全國代表大會之婦女運動決議案,早在民國 15 年 10 月間,前司法行政委員會即已將議案通令隸屬國民政府各省施行,而民法繼承編則係自民國 20 年 5 月 5 日施行,參見司法院 18 年院字第 174 號解釋。

(2) 非婚生子女：非婚生子女是指沒有合法婚姻關係的男女所生育的子女，即謂非由婚姻關係受胎而生之子女。我民法第 1065 條規定：「非婚生子女經生父認領者，視為婚生子女，其經生父撫育者，視為認領。非婚生子與其生母之關係視為婚生子女，無須認領。」即謂非婚生子女取得與婚生子女同一之身分，從而其對生父之權利義務以及其他關係，均與婚生子女同，故因生父死亡而繼承開始時，非婚生子女已為生父之準婚生子女[13]而享有繼承權。

※ 不動產經紀人 111 年選擇題第 3 題

(D) 3. 下列何者得為被繼承人親屬中之法定繼承人？ (A)被繼承人兄弟之配偶 (B)被繼承人父親之兄弟 (C)被繼承人母親之兄弟之配偶 (D)被繼承人所認領之非婚生子女。

※ 不動產經紀人 94 年申論題第 4 題

四、甲有妻乙與子丙、女丁，丙有二女己、庚。甲死亡，遺有財產 1,000 萬元。甲生前因丙常虐待、毆打他，最嚴重時，甚至致重傷，故曾明白表示以後不准丙繼承其遺產。繼承開始時，一女戊出現，表示其為甲之非婚生子女，且有甲從小撫育之證據。試問上述何人有繼承權，且其繼承之金額各為多少？

解析

1. 乙：民法第 1144 條配偶之應繼分。

2. 丁女：民法第 1138 條法定繼承人。

3. 丙之二女己、庚：代位繼承。

　　丙依民法第 1145 條第 1 項第 5 款規定喪失繼承權。

　　民法第 1140 條：「第 1138 條所定第一順序之繼承人，有於繼承開始前死亡或喪失繼承權者，由其直系血親卑親屬代位繼承其應繼分。」

4. 戊女：視為認領。

　　民法第 1065 條：「非婚生子女經生父認領者，視為婚生子女。其經生父撫育者，視為認領。非婚生子女與其生母之關係，視為婚生子女，無須認領。」

※ 不動產經紀人 92 年申論題第 4 題

四、非婚生子女在何種情形下，可繼承其生父、母死之後所遺留之財產？

---

[13] 戴東雄，戴炎輝合著，《中國親屬法》（臺北：三民書局，1987 年 8 月修訂第一版），第 316-317 頁。

解析

　　民法第 1064 條：「非婚生子女，其生父與生母結婚者，視為婚生子女。」

　　民法第 1065 條：「非婚生子女經生父認領者，視為婚生子女。其經生父撫育者，視為認領。非婚生子女與其生母之關係，視為婚生子女，無須認領。」

(3) 養子女：養子女對養父母的遺產，兩岸在其繼承順序，亦是在第一順序。依我舊民法第 1142 條規定，其應繼分為親生子女二分之一，如無親生子女時，養子女之應繼分則與親生子女同。但養子女一旦為人收養後，其與本生父母之權利義務即行停止，而喪失其相互繼承之權利。倘在養親間之繼承關係上，養子女須受不平等之待遇，顯失公平，本法在民國 74 年 6 月 3 日修正公布後，已經刪除該不平等之規定，使養子女的應繼分與婚生子女完全相同。子女、孫子女之被人收養者，於收養關係尚未終止以前，對本生父母、祖父母或兄弟姊妹之繼承權被停止（依我民法第 1083 條，司法院 21 年院字第 780 號）[14]。

(4) 繼子女：在臺灣方面，繼父母子女之間，為直系姻親而非直系血親關係，因此繼父死後，繼子女對其遺產並無繼承權，繼母死後，亦僅繼母所生之子女對其母有繼承權[15]。

2. 父母：依我民法第 1138 條第 2 款之規定，以父母為第二順序繼承人，即被繼承人於無第一順序之直系血親卑親屬為繼承人時，其父母始得為遺產繼承人。所謂父母，係指民法第 967 條第 1 項所謂「己身所從出」而為親等最近之直系血親尊親屬。此之所謂父母，依法應包括養父母而言，但本生父母則不在內；詳言之，養父母對於其養子女有繼承權，在其未終止收養關係前，本生父母對於出於養子女之遺產，並無繼承權（參照民法第 1083 條）。父死亡而母再婚者，與母死亡而父再婚者無異，子女之死亡如在民法繼承權施行之後，依民法第 1138 條第 2 款之規定，母對於子女之遺產繼承權，並不因其已經再婚而受影響（參見最高法院 32 年上字第 1067 號判例）。至於繼母對於夫之前妻所生之子

---

[14] 戴炎輝等著，前揭書，第 39-40 頁。

[15] 陳棋炎等著，前揭書，第 42 頁。

女，或繼父對於妻之前夫所生之子女，因其僅屬直系姻親關係，皆無繼
承權（26 年渝上字第 608 號判例：「父所娶之後妻，舊時雖稱為繼母，
而在民法上則不認有母與子女之關係，民法第 1138 條第 2 款所稱之
母，自不包父所娶之後妻在內，可資參考。」）復次，如夫妻同時遇難
死亡，而無第一順序之繼承人時，則所謂父母者，夫有夫之父母，妻有
妻之父母，各自為其繼承人，互不相混。又如夫妻之一方先於他方死
亡，則除後死者仍有配偶之繼承權外，其應繼承人之順序為父母者，亦
各自為其繼承人[16]。

3. 兄弟姊妹：依我民法第 1138 條第 3 款之規定，以兄弟姊妹為第三順序
   繼承人。所謂兄弟姊妹，除全血緣之兄弟姊妹（同父同母之兄弟姊妹）
   外，因我民法採男女平等主義，則半血緣之兄弟姊妹（同父異母或同母
   異父之兄弟姊妹），同為出於同源之旁系血親，自應包括在內（司法院
   21 年院字第 735 號解釋、36 年院解字第 3762 號解釋）。養子女與養父
   母之婚生子女，及養子女相互間，亦屬兄弟姊妹，相互有繼承權（參照
   司法院 32 年院字第 2560 號解釋，最高法院 32 年上字第 3409 號判
   例）。至同祖父母之堂兄弟姊妹，自不在此所謂兄弟姊妹之內（司法院
   22 年院字第 898 號解釋）。

4. 祖父母：依我民法第 1138 條第 4 款之規定，以祖父母為第四順序繼承
   人，即被繼承人於無第一順序之直系血親卑親屬、第二順序之父母及第
   三順序之兄弟姊妹時，其祖父母始得為遺產繼承人。所謂祖父母包括外
   祖父母在內（司法院 22 年院字第 899 號解釋）。祖父母與其孫子女之血
   親關係，並不因其改嫁而消滅，仍有繼承其孫子女遺產之權（司法院
   34 年院字第 2824 號解釋）。養父母之父母，亦為本條所稱之祖父母
   （司法院 32 年院字第 2560 號解釋）。按收養後所出生之養子女之直系
   血親卑親屬，及收養後之養子女之養子女，均與養父母及其親屬間，發
   生親屬關係，於此情形，養父母之父母既為祖父母，自得為養孫子女之
   遺產繼承人。惟收養時已存在之養子女之直系血親卑親屬，於養父母及

---

[16] 陳棋炎等著，前揭書，第 42-44 頁。

其親屬,是否發生親屬關係?其相互間有無繼承權?不無疑問。在我民法上,養子女與養父母發生婚生親子關係(民法第 1077 條),而養子女與本生父母之關係,於收養關係存續中,又停止其效力(民法第 1083 條之反面解釋),足見其係採完全收養制,基於完全收養之精神,除當事人另有約定外,應解為收養時已存在之養子女之直系血親卑親屬,與養父母及其親屬間,亦發生親屬關係。換言之,養子女之直系血親卑親屬(子女),於收養以前出生者,如無特別訂定留在本生父母家之孫、孫女者,仍發生血親關係,而互相為繼承人[17]。

※ 不動產經紀人 102 年選擇題第 30 題

(B) 30. 甲早年喪偶,育有子女三人乙、丙、丁,嗣後與戊女結婚,並生有二子女 A、B,戊女與前夫育有二女 C、D。關於這家人將來的繼承關係,下列敘述何者正確? (A)若甲死亡,甲的遺產由乙、丙、丁、戊及 A、B、C、D 共同繼承 (B)若戊死亡,戊的遺產由甲和 A、B、C、D 共同繼承 (C)若乙未婚,因意外事故死亡,乙的遺產由甲、戊共同繼承 (D)若戊與 C 出遊,二人因意外事故死亡,C 未婚,C 的遺產由甲與 D 共同繼承。

※ 民法第 1138 條:遺產繼承人,除配偶外,依下列順序定之:
一、直系血親卑親屬。二、父母。三、兄弟姊妹。四、祖父母。

※ 不動產經紀人 100 年選擇題第 37 題

(A) 37. 下列之人:①直系血親卑親屬②祖父母③兄弟姊妹④父母;其正確之法定遺產繼承順序為何? (A)①④③② (B)①④②③ (C)④①②③ (D)④③①②。

※ 地政士 106 年申論題第 4 題

四、甲、乙為夫妻,育有子女丙、丁,戊為甲之父。甲於婚前之銀行存款已有 300 萬元,乙於婚前則無財產,然甲於婚後因經商有成,於死亡前銀行存款已有 1,000 萬元,乙婚後負責打理居家生活並照顧丙、丁而無收入,請問:(一)何人有繼承權?

解析

(一) 乙、丙、丁為甲之繼承人:

1. 丙、丁為甲乙夫妻之子女,依據民法第 1138 條規定:「遺產繼承人,除配偶外,依下列順序定之:一、直系血親卑親屬。二、父母。三、兄弟姊妹。四、祖父母。」丙、丁屬於甲之直系血親卑親屬之遺產繼承人。

---

[17] 戴炎輝等著,前揭書,第 38 頁。

2. 甲、乙為夫妻，依據民法第 1144 條第 1 項第 1 款規定：「配偶有相互繼承遺產之權，其應繼分，依下列各款定之：一、與第 1138 條所定第一順序之繼承人同為繼承時，其應繼分與他繼承人平均。」乙屬於甲之配偶之遺產繼承人。

3. 戊為甲之父，依據民法第 1138 條規定，乃屬第二順序之繼承人，因已經有第一順序之乙、丙、丁繼承人存在，故第二順序之戊無繼承權。

※ 地政士 103 年申論題第 4 題

四、甲男、乙女為夫妻，生有丙女、丁男，均已成年。丙女與戊男同居生己男後，丙人始結婚，婚後又生庚女。某日，甲、乙、丙一起出外旅行，因所乘客輪翻覆，甲、丙同時溺水死亡，乙僅受嗆傷。設甲留有遺產 1,800 萬元，應由何人繼承？其應繼分如何？若翻船事故發生後，甲、丙被分別送到醫院，甲先死亡，丙後死亡時，甲之繼承人與應繼分為何？與上述情形是否相同？

解析

(一) 甲死亡時之遺產繼承人為乙、丁、己、庚四人。而甲之遺產由乙、丁各分配 600 萬元，己、庚各分配 300 萬元之理由如下：

1. 乙為甲之配偶，且於甲死亡時尚生存，乙依據民法第 1138 條規定為甲死亡時之遺產繼承人。丙、丁為甲之婚生子女，己、庚為甲之孫子女，四人均為甲之直系血親卑親屬，因丙、丁與甲之親等較近，依民法第 1138 條第 1 款、第 1139 條規定，丙、丁應為甲死亡時之第一順序血親繼承人。

2. 通說認為，民法第 11 條：「二人以上同時遇難，不能證明其死亡之先後時，推定其為同時死亡。」題示甲、丙同時溺水死亡，因不具備同時存在原則，故彼此間相互無繼承權。故甲死亡時丙無繼承人之資格。

3. 庚為丙、戊婚後所生，故庚為丙之婚生子女，至於己為丙、戊未婚同居所生，故己應為丙、戊之非婚生子女。丙為己之生母，依民法第 1065 條第 2 項規定，己視為丙之婚生子女。按民法第 1140 條規定，第一順序之血親繼承人，有於繼承開始前死亡或喪失繼承權者，由其直系血親卑親屬代位繼承其應繼分。準此規定可知，甲死亡時丙雖無繼承人之資格，但其直系血親卑親屬己、庚得依代位繼承之規定，承襲丙之繼承順序，直接繼承甲之遺產。

4. 綜上所述，甲死亡時之遺產繼承人為乙、丁、己、庚共四人。至其應繼分，依民法第 1144 條第 1 款規定，乙、丁各為甲遺產之三分之一，己、庚則共同代位丙之應繼分，各為甲遺產之六分之一（民法第 1141 條）。題示甲留有遺產 1,800 萬元，故乙、丁各分配 600 萬元，己、庚各分配 300 萬元。

(二) 甲先死亡，丙後死亡時，則甲死亡時之遺產繼承人為乙、丙、丁三人。甲之遺產由乙、丙、丁各分配 600 萬元。理由如下：

1. 若甲先死亡,丙後死亡,則因甲死亡時丙尚生存,具備同時存在原則,故丙得為甲死亡時之遺產繼承人。

2. 甲之遺產繼承人為乙、丙、丁三人,至其應繼分各為甲遺產之三分之一,即甲之遺產由乙、丙、丁各分配600萬元。

※ 地政士102年申論題第4題

四、甲男於民國80年購買取得A屋,民國85年與乙女結婚,民國87年與乙共同收養丙為養子,民國89年乙懷孕順利生產丁男,甲於民國102年5月1日死亡,除了A屋尚遺留銀行存款1,000萬元,乙女則除有銀行存款200萬元外,並無其他財產,問甲的遺產為乙、丙、丁分別繼承的數額?

解析

(一) 甲之繼承人為乙、丙、丁:

遺產繼承人,除配偶為當然繼承人外,其順序如下:(1)直系血親卑親屬,(2)父母,(3)兄弟姊妹,(4)祖父母(民法第1138條)。本題甲死亡,配偶乙為當然繼承人,養子丙為法定血親及婚生子女丁均為第一順序之血親繼承人。

(二) 乙、丙、丁之應繼分各三分之一:

依民法第1144條規定,配偶與其他繼承人共同繼承時其應繼分如下:(1)與直系血親卑親屬共同繼承時與他繼承人平均繼承,(2)與父母或兄弟姊妹共同繼承時為二分之一,(3)與祖父母共同繼承時為三分之二。本題配偶乙與子女丙、丁共同繼承,其應繼分平均分配各為三分之一。

(三) 甲之應繼遺產為A屋及存款600萬元:

1. 甲、乙夫妻未約定夫妻財產制,應以法定財產制為其夫妻財產制(民法第1005條)。

法定財產制關係消滅時,夫或妻現存之婚後財產,扣除婚姻關係存續中所負債務及因繼承或其他無償取得之財產與慰撫金後,如有剩餘,其雙方剩餘財產之差額,由剩餘財產較少之一方向剩餘財產較多之他方請求平均分配其差額,謂之剩餘財產分配請求權(民法第1030條之1)。

2. 甲死亡時,係法定財產制關係消滅原因,即發生夫妻剩餘財產分配請求權問題,乙可取回平均分配之差額,其餘始列為遺產。題示甲遺留之A屋為甲之婚前財產,不列入差額分配範圍,其他甲所遺留1,000萬存款及乙之200萬存款,如均為婚後有償取得之財產,其差額800萬元,乙可請求平均分配,故乙取回400萬元後,甲之應繼遺產為A屋及存款600萬元。

(四) 繼承人乙、丙、丁按其應繼分分配遺產如下:

1. A屋由乙、丙、丁按其應繼分各三分之一共同繼承。

2. 存款部分：

   (1) 丙、丁之應繼分各三分之一，各可分配 200 萬元。

   (2) 乙之應繼分亦三分之一，可分配遺產 200 萬元，另因乙可主張剩餘財產分配請求權取回 400 萬元，故乙共分得 600 萬元。

🖥 四、代位繼承

(一) 意義：指繼承人中之有於繼承開始前死亡或喪失繼承權時，由其直系血親卑親屬代其繼承順序之位，而繼承被繼承人之遺產之謂。民法第 1140 條規定：「第 1138 條所定第一順序之繼承人，有於繼承開始前死亡或喪失繼承權者，由其直系血親卑親屬代位繼承其應繼分。」

※ 不動產經紀人 108 年選擇題第 22 題

(D)22. 甲、乙婚後生育有子女丙、丁、戊。戊與己結婚生育有子女庚、辛後，不幸早於其父母去世。就甲高齡過世後遺下之財產，下列法定繼承人之應繼分比例，何者正確？ (A)乙二分之一、丙四分之一、丁四分之一 (B)乙三分之一、丙三分之一、丁三分之一 (C)乙四分之一、丙四分之一、丁四分之一、己四分之一 (D)乙四分之一、丙四分之一、丁四分之一、庚八分之一、辛八分之一。

※ 地政士 99 年申論題第 3 題

三、甲男乙女是夫妻，育有丙男丁女。丙男長大後與戊女結婚生下 A、B 二子，又與己女同居生下 C 女，之後丙男因故死亡。丁女與庚男結婚生下 D 女。嗣甲男乙女感情不睦而訂立離婚協議書，並經二位證人簽名證明，但未前往戶政機關辦理離婚登記。若甲死亡，未立遺囑，請附理由說明其遺產由何人繼承？應繼分各若干？

解析

(一) 甲之繼承人為乙、A、B、C（須經認領或撫育）及丁：

   1. 乙為配偶依民法第 1138 條規定為甲之法定繼承人：

     (1) 甲乙離婚無效：民法第 1150 條規定：「兩願離婚，應以書面為之，有二人以上證人之簽名並應向戶政機關為離婚之登記。」甲乙離婚未向戶政機關辦理登記，未具備法定離婚之要件，故不生離婚之效力。

     (2) 乙為甲之配偶：乙依民法第 1138 條規定：「遺產繼承人，除配偶外，依下列順序定之：一、直系血親卑親屬。二、父母。三、兄弟姊妹。四、祖父母。」為甲之法定繼承人。

2. A、B 為代位繼承人：民法第 1140 條規定：「第 1138 條所定第一順序之繼承人，有於繼承開始前死亡或喪失繼承權者，由其直系血親卑親屬代位繼承其應繼分。」故丙先於甲死亡，由其直系血親卑親屬 A、B 為代位丙繼承甲之遺產。

3. C 須經認領或撫育始得代位繼承：C 為丙己同居所生之非婚生子女，如依民法第 1065 條第 1 項規定：「非婚生子女經生父認領者，視為婚生子女。其經生父撫育者，視為認領。」C 在法律上成為婚生子女，可依民法第 1140 條代位繼承規定，成為甲之代位繼承人。

4. 丁為甲之直系血親卑親屬依民法第 1138 條規定為甲之法定繼承人：丁女為甲之婚生子女，為第一順序直系血親卑親屬，依民法第 1138 條第 1 項第 1 款規定，為甲之法定繼承人。

(二) 乙妻及丁女各分得遺產之三分之一的應繼分；A、B、C 各得遺產之九分之一的應繼分：

1. 乙妻及丁女依民法第 1144 條第 1 項第 1 款規定：「配偶有相互繼承遺產之權，其應繼分，依下列各款定之：一、與第 1138 條所定第一順序之繼承人同為繼承時，其應繼分與他繼承人平均。」各分得遺產之三分之一的應繼分。

2. A、B、C 各得遺產之九分之一：丙子 A、B、C 依據民法第 1140 條：「第 1138 條所定第一順序之繼承人，有於繼承開始前死亡或喪失繼承權者，由其直系血親卑親屬代位繼承其應繼分。」各得遺產之九分之一。

※ 不動產經紀人 99 年申論題第 2 題

二、甲男、乙女是夫妻，育有子女丙、丁，並共同收養戊為養女。戊與己男結婚，婚後生有子女 A、B。某日，甲、乙、戊同車旅行，發生車禍，3 人同時死亡。請問甲留有遺產 600 萬元，應由何人繼承？其應繼分如何？

解析

(一) 遺產繼承人為丙、丁、A、B：

1. 甲男、乙女、養女戊同時死亡，依民法第 11 條：「二人以上同時遇難，不能證明其死亡之先後時，推定其為同時死亡。」學者通說認為原有相互繼承權之人同時遇難，經推定同時死亡，不具備同時存在原則，故彼此間相互無遺產繼承權。

2. 養女戊之子女 A、B 主張代位繼承：

(1) 民法第 1077 條第 1 項：「養子女與養父母及其親屬間之關係，除法律另有規定外，與婚生子女同。」

(2) 民法第 1140 條：第 1138 條所定第一順序之繼承人，有於繼承開始前死亡或喪失繼承權者，由其直系血親卑親屬代位繼承其應繼分。

(3) 甲死亡時戊無繼承人之資格，由其直系血親卑親屬 A、B 本於固有權利代位戊繼承甲之遺產。

3. 丙、丁為甲之第一順序之直系血親卑親屬，且於甲死亡時同時存在，故依民法第 1128 條第 1 款規定：「遺產繼承人，除配偶外，依下列順序定之：一、直系血親卑親屬。」丙、丁為甲之遺產繼承人。

4. 甲遺產繼承人為丙、丁、A、B。

(二) 丙、丁各得遺產 200 萬，A、B 各得遺產 100 萬

1. 民法第 1141 條：「同一順序之繼承人有數人時，按人數平均繼承。但法律另有規定者，不在此限。」

2. 甲留有遺產 600 萬元，丙、丁法定應繼分為甲遺產之三分之一，各得遺產 200 萬。

3. A、B 代位繼承戊之法定應繼分，每人各繼承甲之遺產之六分之一，各得遺產 100 萬。

※ 不動產經紀人 99 年選擇題第 31 題

(C) 31. 甲之配偶早亡，有乙丙丁 3 名子女，其中乙與 A 結婚，有兩子 X 及 Y，丙丁則尚未結婚，甲有財產 3,000 萬元。以下敘述何者錯誤？ (A)甲死亡時，其子丙已先死亡時，則甲之遺產由乙丁繼承 (B)甲死亡後，其子乙因悲傷過度亦於 1 個月後死亡，則甲之 3,000 萬元遺產，由丙、丁各繼承 1,000 萬元，剩餘 1,000 萬元由 A 及 X、Y 共同繼承 (C)甲死亡前，其子乙已先死亡時，則甲之 3,000 萬元遺產，由丙、丁各繼承 1,000 萬元，剩餘 1,000 萬元由 A 及 X、Y 共同繼承 (D)甲得以遺囑自由處分其財產，但不得侵害繼承人之特留分。

(二) **性質：** 在法學上，對於代位繼承的性質有兩種說法：

1. 代位權說（代表權說）：代位繼承即代位繼承人代表被代位繼承人的權利而繼承。如法國民法典所規定的代位繼承是使代位繼承人取代被代位繼承人的地位、親等和權利，如同被代位繼承人未死而繼承。也就是說，被代位繼承人的直系卑親屬可以繼承被代位繼承人的繼承順序而取得其應繼份額。因此，當被代位繼承人拒絕繼承或喪失繼承權時，其直系血親卑親屬應當沒有代位繼承的

權利（見法國民法典第 730 條、第 787 條）[18]。我國早期實務採代位權說，參見司法院 21 年院字第 754 號解釋：「已嫁女子死亡時，依法尚無繼承權，則繼承開始時之法律雖許女子有繼承權，而已死亡之女子究無從享受此權利，其直系卑親屬，自不得主張代位繼承。」即女子之死亡在繼承編施行前，但被繼承人之死亡卻在繼承編施行後者，先認為不可代位繼承[19]。

2. 固有權說：代位繼承係代位繼承人本於其固有之權利直接繼承被繼承人，僅於繼承順序上代襲被代位人之位置而已[20]。我國採固有權說，即代位繼承人本於自已固有之權利而直接繼承被繼承人之財產。

德國、義大利、日本、奧地利、保加利亞等國民法典採取此種說法。義大利民法第 467 條規定，代位繼承人因其父或其母不能繼承或不想繼承時，仍允許代位繼承。日本民法第 887 條第 2 項本文規定：「被繼承人之子女於繼承開始前死亡，或因符合繼承人之失格事由，或因廢除而喪失其繼承權時，其子女代位繼承之。」[21]而我國現在實務，依司法院 23 年院字第 1051 號解釋，變更其解釋，謂：「凡繼承開始，在民法繼承編施行後，民法第 1138 條所定第一順序之繼承人，有於繼承開始前死亡者，不問其死亡在於何時，其直系血親卑親屬，均得依同法第 1140 條，代位繼承其應繼分。」故應採取固有權說[22]。

---

[18] 劉春茂主編，前揭書，第 302-303 頁。

[19] 蕭長青，吳壬棠著，《民法實務問題（繼承編）》（臺北：三民書局，1989 年 11 月出版），第 39 頁。

[20] 戴炎輝等著，前揭書，第 55-56 頁。

[21] 王書江，曹為合譯，《日本民法》（臺北：五南圖書公司，1992 年 8 月初版），第 170 頁。

[22] 戴炎輝等著，前揭書，第 56-57 頁。

※ 不動產經紀人 96 年第 2 次選擇題第 22 題

(C) 22. 某甲與乙小姐結婚，育有子丙與丁。丙與戊小姐結婚，但丙英年早逝，遺下子
　　　女 A、B。丁與己先生結婚，膝下僅有女 C。後甲死亡，遺產共計 1,200 萬元
　　　整，請問下列何者為真？ (A)乙小姐可分配 1,000 萬元之遺產 (B)丁小姐應
　　　可分得 300 萬元遺產 (C)A 分得 200 萬元之遺產 (D)C 分得 200 萬元之遺產。

※ 司法院大法官會議釋字第 70 號：養子女與養父母之關係為擬制血親，本院釋字第
　　28 號解釋已予說明。關於繼承人在繼承開始前死亡時之繼承問題，與釋字第 57 號
　　解釋繼承人拋棄繼承之情形有別。來文所稱養子女之婚生子女、養子女之養子女、
　　以及婚生子女之養子女，均得代位繼承。至民法第 1077 條所謂法律另有規定者，係
　　指法律對於擬制血親定有例外之情形而言，例如同法第 1142 條第 2 項之規定是。

※ 司法院大法官會議釋字第 57 號：民法第 1140 條所謂代位繼承，係以繼承人於繼承
　　開始前死亡或喪失繼承權者為限。來文所稱某甲之養女乙拋棄繼承，並不發生代位
　　繼承問題。惟該養女乙及其出嫁之女如合法拋棄其繼承權時，其子既為民法第 1138
　　條第 1 款之同一順序繼承人，依同法第 1176 條第 1 項前段規定，自得繼承某甲之遺
　　產。

五、繼承權喪失之規定

　　民法中關於繼承權喪失的規定，與羅馬法中關於繼承權的缺格大體相
當，但因為重大虐待或侮辱，基於被繼承人的意思表示而缺格的，又包含
有羅馬法中關於繼承廢除的性質，當繼承人對於被繼承人或其他繼承人有
違法；嚴重的不道德行為以及就遺囑有詐欺行為時，施以民事制裁措施，
對該繼承人的繼承權給予剝奪，以維護倫理道德的尊嚴，保持正常的生活
秩序[23]。

(一) 繼承權喪失的事由

　　依我民法第 1145 條第 1 項規定有五款喪失繼承權之原因，分別說明
如下[24]：1.故意致被繼承人或應繼承人於死，或雖未致死，因而受刑之宣

---

[23] 王光儀主編，《海峽兩岸婚姻家庭繼承制度的法律比較》（福州：鷺江出版社，1993 年 5 月
　　第一版），第 100-101 頁。

[24] 陳棋炎等著，前揭書，第 80-85 頁。

告者：依本條第 1 項第 1 款之規定，其情事有四，即：(1)故意致被繼承人於死，因而受刑之宣告者；(2)故意致應繼承人於死，因而受刑之宣告者；(3)雖未致被繼承人於死，因而受刑之宣告者；(4)雖未致應繼承人於死，因而受刑之宣告者。

※ 不動產經紀人 112 年選擇題第 24 題

(A) 24. 關於回復喪失繼承權之敘述，下列何者錯誤？　(A)子女為了遺產而謀殺父親，即喪失對父親之繼承權，因被繼承人原諒繼承人之行為而回復繼承權　(B)偽造、變造、隱匿、湮滅被繼承人關於繼承之遺囑者，喪失繼承權，得因被繼承人原諒繼承人之行為而回復其繼承權　(C)對於被繼承人有重大之虐待或侮辱情事，經被繼承人表示其不得繼承時，喪失繼承權，但之後仍可因獲得被繼承人之原諒而回復繼承權　(D)以詐欺或脅迫妨害被繼承人為關於繼承之遺囑，或妨害其撤回或變更者，喪失繼承權，得因被繼承人原諒繼承人之行為而回復其繼承權。

※ 不動產經紀人 110 年選擇題第 24 題

(A) 24. 關於喪失繼承權情事的敘述，下列何者正確？　(A)故意致被繼承人或應繼承人於死，或雖未致死因而受刑之宣告者　(B)以詐欺或脅迫使被繼承人為關於繼承之遺囑，或使其撤回或變更之，因而受刑之宣告者　(C)以詐欺或脅迫妨害被繼承人為關於繼承之遺囑，或妨害其撤回或變更之，因而受刑之宣告者　(D)偽造、變造、隱匿或湮滅被繼承人關於繼承之遺囑，因而受刑之宣告，但經被繼承人宥恕者。

※ 不動產經紀人 108 年選擇題第 10 題

(D) 10. 甲未婚生有乙、丙、丁三子，某日甲因細故與乙口角，乙遂憤而毆打甲成傷，當時丙雖在場，然畏懼乙身強體壯，並未勸阻。甲心灰意冷，當場表示自己百年後，乙不得繼承其財產；事後更逢人便訴說丙也不孝，未挺身護甲。丙得知此事甚為憤怒，認為自己僅求自保並沒有錯，遂於某日憤而持刀殺甲，經丁阻止而未得逞，但日後仍經法院判決殺人未遂而受刑之宣告確定。不久甲因年老體衰而去世，請問下列敘述，何者正確？　(A)甲僅表示乙不得繼承其財產，未表示丙不得繼承，故丙仍可繼承其財產　(B)甲雖表示乙不得繼承其財產，但並未追訴乙之傷害罪，乙既未受刑之宣告，故乙仍得繼承甲的財產　(C)甲若宥恕丙之行為，則乙、丙、丁三人可以一起繼承甲的財產　(D)僅有丁可以繼承甲的財產。

※ 不動產經紀人 105 年選擇題第 38 題

(D)38. 甲乙為夫妻育有二女丙與丁，甲為傳香火認識已婚之戊女，同居一年後生下己男，甲把己接回家中同住將其養育成人，但丙與己相處極為不睦，丙亦曾對己口出穢言且被判刑確定，某日丙與己再起爭執，己一時失手將丙刺成重傷，丁見狀，起身亦把己刺成重傷，丁與己嗣後雙雙被判重刑確定，乙為此人倫悲劇在眾人前以不堪字眼侮辱甲，甲亦默默承受，但隔日即因傷心過度辭世。試問本案中，何人對甲無繼承權？ (A)乙 (B)丙 (C)丁 (D)己。

※ 不動產經紀人 99 年選擇題第 32 題

(A)32. 繼承人於下列何者情形，並不喪失繼承權？ (A)乙酒駕騎乘機車，不小心於家門口將其父甲撞死因而受刑之宣告 (B)乙為獨占全部遺產，欺騙其父甲其他兄弟丙丁與外人勾結圖謀財產，其父甲因此作成遺囑，將財產全部遺留給乙 (C)乙為獨占全部遺產，私下塗改父甲之遺囑 (D)乙與其父甲素來相處不洽，屢次於大庭廣眾之下辱罵父甲豬狗不如，令父甲心灰意冷，向其友人 A 表示遺產絕不留給乙。

2. 以詐欺或脅迫使被繼承人為關於繼承之遺囑，或使其撤回或變更之者：依本條第 1 項第 2 款之規定，其情事有六，即：(1)以詐欺使被繼承人為關於繼承之遺囑者；(2)以詐欺使被繼承人撤回其關於繼承之遺囑者；(3)以詐欺使被繼承人變更其關於繼承之遺囑者；(4)以脅迫使被繼承人為關於繼承之遺囑者；(5)以脅迫使被繼承人撤回其關於繼承之遺囑者；(6)以脅迫使被繼承人變更其關於繼承之遺囑者。

3. 以詐欺或脅迫妨害被繼承人為關於繼承之遺囑，或妨害其撤回或變更之者：本項第 3 款與第 2 款所不同者，乃第 2 款係對關於繼承之遺囑有積極的行為，本款則為消極的有所妨害；易言之，本款乃使被繼承人對於關於繼承之遺囑不作為。

4. 偽造、變造、隱匿或湮滅被繼承人關於繼承之遺囑者：依本條第 1 項第 4 款之規定，其情事有四，即：(1)偽造被繼承人關於繼承之遺囑；(2)變造被繼承人關於繼承之遺囑；(3)隱匿被繼承人關於繼承之遺囑；(4)湮滅被繼承人關於繼承之遺囑。

5. 對於被繼承人有重大之虐待或侮辱情事，經被繼承人表示其不得繼承：依本條第 1 項第 5 款之規定，其情事有二，即：(1)對於被繼承人有重大之虐待，經被繼承人表示其不得繼承者；(2)對於被繼承人有重大之侮辱，經被繼承人表示其不得繼承者。

※ 不動產經紀人 111 年選擇題第 15 題

(A)15. 甲與乙結婚，生有三個女兒丙、丁、戊。丙因未婚生有二子庚及辛，曾與其母乙發生重大爭吵及言語侮辱情事，而遭甲表示剝奪其繼承權。丁則於甲生前即已向甲表示，當甲百年後將拋棄繼承權。設甲死亡時留有遺產現金 600 萬元，並未立有遺囑。問：甲之遺產依法應如何分配？ (A)乙、丙、丁、戊各 150 萬元 (B)乙、戊各 200 萬元，庚、辛各 100 萬元 (C)乙、丁、戊各 150 萬元，庚、辛各 75 萬元 (D)乙、戊各 300 萬元。

※ 不動產經紀人 94 年申論題第 4 題

四、甲有妻乙與子丙、女丁，丙有二女己、庚。甲死亡，遺有財產 1,000 萬元。甲生前因丙常虐待、毆打他，最嚴重時，甚至致重傷，故曾明白表示以後不准丙繼承其遺產。繼承開始時，一女戊出現，表示其為甲之非婚生子女，且有甲從小撫育之證據。試問上述何人有繼承權，且其繼承之金額各為多少？

解析

1. 乙：民法第 1144 條配偶之應繼分。
2. 丁女：民法第 1138 條法定繼承人。
3. 丙之二女己、庚：代位繼承。

   丙依民法第 1145 條第 1 項第 5 款規定喪失繼承權。

   民法第 1140 條：「第 1138 條所定第一順序之繼承人，有於繼承開始前死亡或喪失繼承權者，由其直系血親卑親屬代位繼承其應繼分。」

4. 戊女：視為認領。

   民法第 1065 條：「非婚生子女經生父認領者，視為婚生子女。其經生父撫育者，視為認領。非婚生子女與其生母之關係，視為婚生子女，無須認領。」

六、繼承回復請求權

　　繼承回復請求權(Erbschaftsanspruch)，是指合法繼承人的繼承權因他人非法占有遺產而受到侵害時，請求回復其繼承權[25]。我國之繼承回復請

---

[25] 信春鷹，李湘如編著，《臺灣親屬和繼承法》（北京：中國對外經濟貿易出版社，1991 年 4 月第一版），第 102 頁。

求權淵源於羅馬法上的繼承回復請求權制度，而與日本法相似但與德國法有相當大的距離。

依我國民法第 1146 條規定：「繼承權被侵害者，被害人或其法定代理人得請求回復之。前項回復請求權，自知悉被侵害之時起，2 年間不行使而消滅，自繼承開始起逾 10 年者，亦同。」繼承回復請求權行使的當事人如下規定[26]：

※ 不動產經紀人 96 年第 2 次選擇題第 23 題

(A) 23. 下列何者為繼承回復請求權行使之期間？ (A)自繼承權被侵害之人知悉被侵害時起 2 年內行使之 (B)自繼承權被侵害之人未知悉侵害之事實者，繼承開始時起算 5 年 (C)自繼承權被侵害之人被侵害時起 1 年內行使之 (D)自繼承權被侵害之人未知悉侵害之事實者，繼承開始時起算 3 年。

(一) 繼承回復請求權之主體為真正繼承人，即民法所謂被害人也（民法第 1146 條第 10 項）：

1. 回復請求權，係專屬於繼承人一身之權利，須本人始得行使。

2. 如非其本人，縱令為其親屬，亦不得行使此權利[27]。

3. 繼承人之繼承人，應解釋為：基於其本人之繼承關係，行使繼承回復請求權[28]。

4. 繼承人如係無行為能力人或胎兒時，其回復請求權則應由其法定代理人代理行使之（民法第 1146 條第 1 項、第 1166 條第 2 項）。

(二) 回復請求權行使之相對人，為自命繼承人或否認繼承人地位之其他共同繼承人：

1. 該人死亡後，真正繼承人即得對該人之繼承人行使之。

2. 對自命繼承人以外之繼承財產占有人或受讓人，原則上仍得對之行使繼承回復請求權或個別物上返還請求權，二者選擇其一。如

---

26 戴炎輝等著，前揭書，第 91 頁。

27 羅鼎著，《民法繼承論》（上海：會文堂新記書局，1949 年 1 月（新）一版），第 59 頁。

28 羅鼎著，前揭書，第 60 頁。

該第三人善意取得或受讓時，能即時取得所有權（民法第 801 條），而使真正繼承人兩權均落空，但能向表現繼承人請求損害賠償。如該第三人為惡意占有或受讓遺產標的物而對真正繼承人的繼承地位不爭執，卻只爭執該所有權之權源時，真正繼承人僅本於自己之繼承地位，行使物權上之個別返還請求權（參見司法院 37 年院解字第 3856 號）。

繼承權回復，宜早行使，以維護社會交易安全，我民法第 1146 條第 2 項設有特別時效規定[29]：

（一）自知悉被侵害之時起，2 年間不行使而消滅

此 2 年即為民法第 125 條但書所謂之短期時效，何時知悉，為事實問題，應依證據認定之，如知悉超過出 2 年，相對人自得提出時效之抗辯。

（二）自繼承開始時起逾 10 年不行使而消滅

1. 此規定自繼承開始時起算，如逾 10 年，不問回復請求權人，自何時知悉其繼承權被侵害，其請求權因罹於時效而消滅，繼承財產占有人因而得據以抗辯，作為拒絕返還之理由，此時即由表見繼承人取得繼承權，回復請求權人亦無不當得利規定之適用（參考司法院 37 年院解字第 3997 號解釋）。最高法院判例認為「繼承回復請求權，原係包括請求確認繼承人資格及回復繼承標的之一切權利。此項請求權，如因時效完成而消滅，其原有繼承權，即全部喪失，自應由表現繼承人取得其繼承權」（40 年台上字第 730 號）。自命繼承人既因時效完成而取得繼承權，則自應負擔被繼承人之債務。反之，真正繼承人已因時效完成而喪失繼承權，則自得拒絕清償債務。惟此判例雖可解決物上返還請求權之消滅時效為 15 年而繼承回復請求權有 2 年及 10 年之時效期間因採不同學說而產生的競合問題卻又造出更多之矛盾。例如繼承權是否因時

---

[29]周金芳著，《兩岸繼承法之比較研究》（臺北：文笙書局，1993 年 4 月出版），第 54-55 頁。

間之經過而取得或喪失？消滅時效完成之效果，僅生拒絕返還之抗辯權，繼承回復請求權未因時效完成而消滅，卻生繼承權喪失之效果，其理論根據何在？退一步言，若承認繼承權得因時間之經過而喪失，則此失權之效力，是否向著將來失權或溯及於繼承開始時？若有溯及效力則真正繼承人當償還被繼承人之債務時，自命繼承人是否為不當得利？真正繼承人若現占有遺產時，是否應返還於自命繼承人？又，若真正繼承人被數個自命繼承人侵害時，適用此判例，則有不當[30]。

※ 民國 107 年 12 月 14 日司法院大法官會議釋字第 771 號對於繼承回復請求權採取 15 年時效規定：

司法院大法官會議釋字第 771 號【繼承回復請求權時效完成之效果案】

　　繼承回復請求權與個別物上請求權係屬真正繼承人分別獨立而併存之權利。繼承回復請求權於時效完成後，真正繼承人不因此喪失其已合法取得之繼承權；其繼承財產如受侵害，真正繼承人仍得依民法相關規定排除侵害並請求返還。然為兼顧法安定性，真正繼承人依民法第 767 條規定行使物上請求權時，仍應有民法第 125 條等有關時效規定之適用。於此範圍內，本院釋字第 107 號及第 164 號解釋，應予補充。

　　最高法院 40 年台上字第 730 號民事判例：「繼承回復請求權，……如因時效完成而消滅，其原有繼承權即已全部喪失，自應由表見繼承人取得其繼承權。」有關真正繼承人之「原有繼承權即已全部喪失，自應由表見繼承人取得其繼承權」部分，及本院 37 年院解字第 3997 號解釋：「自命為繼承人之人於民法 1146 條第 2 項之消滅時效完成後行使其抗辯權者，其與繼承權被侵害人之關係即與正當繼承人無異，被繼承人財產上之權利，應認為繼承開始時已為該自命為繼承人之人所承受。……」關於被繼承人財產上之權利由自命為繼承人之人承受部分，均與憲法第 15 條保障人民財產權之意旨有違，於此範圍內，應自本解釋公布之日起，不再援用。

　　本院院字及院解字解釋，係本院依當時法令，以最高司法機關地位，就相關法令之統一解釋，所發布之命令，並非由大法官依憲法所作成。於現行憲政體制下，法官於審判案件時，固可予以引用，但仍得依據法律，表示適當之不同見解，並不受其拘束。本院釋字第 108 號及第 174 號解釋，於此範圍內，應予變更。

---

[30] 林秀雄，〈繼承回復請求權與物上返還請求權之關係〉，月旦法學雜誌（臺北），1995 年 8 月第 47 頁。

2. 時效進行中（含 2 年及 10 年），如有時效中斷事由，自應從中斷事由終止時重新起算（民法第 129 條至 139 條）。

3. 時效之期間終止時，因天災或其他不可避免之事變，致不能中斷其時效者，自其妨礙事由消滅時起，1 個月內時效不完成（民法第 139 條），此乃純因客觀環境之阻礙，並非由於回復繼承權人怠於行使權利，為求公平，自有其適用。

4. 回復繼承權人為無行為能力人或限制行為能力人時，為保護其利益，於時效期間終止前 6 個月內，若無法定代理人者，自其成為行為能力人或其法定代理人就職時起，6 個月內，其時效不完成（民法第 141 條）[31]。

七、繼承之標的

　　民國 98 年 5 月 22 日修正民法第 1148 條限定繼承之有限責任規定：「繼承人自繼承開始時，除本法另有規定外，承受被繼承人財產上之一切權利義務；但權利義務專屬於被繼承人本身者，不在此限。繼承人對於被繼承人之債務，以因繼承所得遺產為限，負清償責任。」此僅因地位之承繼所生效果而已，不但財產上之一切權利義務，而且其財產上之一切法律關係，皆因繼承之開始，當然移轉於繼承人；但專屬於被繼承人本身者，則例外的不為繼承之標的物[32]。遺產繼承的標的，又稱遺產繼承的客體或對象，是指被繼承人死亡時在財產上的一切權利義務，不問其種類如何，如動產、不動產、債權、債務以及其他財產權利等均在其內。但屬於被繼承人身分的權利義務不在其內，例如，被繼承人個人的人格權、親屬的身分權，不列入繼承的標的範圍，因為這些屬於個人身分權利義務，因被繼

---

[31] 民法第 1146 條第 2 項所定繼承回復請求權之時效期間，係第 125 條但書所定時效期間之短期時效。（胡開誠，〈關於繼承回復請求權之消滅時效〉，法令月刊（臺北），第 39 卷 9 期，第 6 頁）。

[32] 戴炎輝等著，前揭書，第 109 頁。

承人的死亡而消滅。此外，法律上禁止讓與的權利義務，繼承人也不得繼承。可見，繼承人繼承的遺產具有如下特點：

1. 遺產的確定以被繼承人死亡時為準。被繼承人活著的時候，其財產不是遺產，即使他在遺囑中預先處分的財產也不是遺產。被繼承人死亡時，其財產才轉化為遺產。但應注意的是[33]，民法上，把被繼承人生前贈與繼承人某些特定財產，也包括在遺產內。

2. 遺產包括財產權利（即積極遺產）和財產義務（即消極遺產），但被繼承人的身分權利義務不屬於遺產。例如，被繼承人的姓名權、名譽權、榮譽權等人身權不屬於遺產，不得繼承[34]。

3. 遺產必須具有可轉讓性，能夠移轉歸繼承人所有，專屬於被繼承人個人的財產權利義務，不具有可轉讓性，不屬於遺產。例如，被繼承人生前所享有的扶養請求權、所承擔的保證責任，均與被繼承人不可分離，不能作為遺產由繼承人繼承[35]。

4. 鑑於社會上時有繼承人因不知法律而未於法定期間內辦理限定繼承或拋棄繼承，以致背負繼承債務，影響其生計，為解決此種不合理之現象，明定繼承人原則上承受被繼承人財產上之一切權利、義務，惟對於被繼承人之債務，僅須以因繼承所得遺產為限，負清償責任，以避免繼承人因概括承受被繼承人之生前債務而桎梏終生。

※ 補充民法第 1148 條修正理由

四、繼承人依本條規定仍為概括繼承，故繼承債務仍然存在且為繼承之標的，僅係繼承人對於繼承債務僅以所得遺產為限負清償責任，故繼承人如仍以其固有財產清償繼承債務時，該債權人於其債權範圍內受清償，並非無法律上之原因，故無不當得利可言，繼承人自不得再向債權人請求返還。併予敘明。

---

[33] 胡大展主編，《臺灣民法研究》（廈門：廈門大學出版社，1993 年 7 月第一版），第 490-491 頁。

[34] 李景禧主編，《臺灣親屬法和繼承法》（廈門：廈門大學出版社，1991 年 7 月第一版），第 109 頁。

[35] 同前註。

※ 不動產經紀人 101 年選擇題第 21 題

(A) 21. 甲死亡時有遺族配偶乙，子女丙及丁，丙之子女戊。下列敘述何者最正確？
(A)如繼承財產不足清償繼承債務，乙以其固有財產清償繼承債務後，不得向債權人主張不當得利返還請求權　(B)丙未表示是否繼承前即死亡，戊得於甲死亡後一年內，拋棄對甲之繼承　(C)即使丁於拋棄繼承時尚未成年，亦不得於事後撤銷拋棄之意思表示　(D)如丙已先於甲死亡，且丙於生前即表示拋棄繼承，則戊不得繼承甲之財產。

5. 為避免被繼承人於生前將遺產贈與繼承人，以減少繼承開始時之繼承人所得遺產，致影響被繼承人債權人之權益，故 98 年 5 月 22 日增訂民法第 1148 條之 1 規定：「繼承人在繼承開始前 2 年內，從被繼承人受有財產之贈與者，該財產視為其所得遺產。前項財產如已移轉或滅失，依贈與時之價值計算。」

繼承人可以繼承的財產（即遺產）通常包括如下幾項[36]：

(一) 權利的繼承

除以權利人死亡為解除條件或期滿、或依法律規定或依當事人的約定，禁止處分或扣押的財產外，被繼承人的財產權利，均可繼承。主要的權利有如下幾種：

1. 物權：所有權、各種限制物權，不管該物的所在地在何處，均可繼承。至於礦業權、漁業權等準物權，原則上亦得繼承。臺灣民法第 947 條第 1 項還明文規定，占有權也可以繼承。占有，因繼承開始，當然移轉於繼承人，無庸繼承人現實管領其物，亦無庸知悉繼承之開始。繼承人承繼被繼承人之占有時，如其占有有瑕疵者，亦應一併承繼之（民法第 947 條第 2 項）[37]。

2. 無體財產權：被繼承人所有的專利權、商標權、著作權均可繼承，但其中的身分權不得繼承。被繼承人的姓名權雖不得繼承，但如果姓名作為營業的商號，成為商號權，則可以繼承。

---

[36] 胡大展主編，前揭書，第 491-492 頁。
[37] 戴炎輝等著，前揭書，第 110 頁。

3. 債權：其於契約關係而產生權利，但他人侵權行為所得到的財產權利，均屬於遺產範圍，可以繼承。例如，被害人因傷致死，其生前因傷害所支出之醫藥費，被害人之繼承人得依繼承關係，主張被繼承人之損害賠償請求權，由全體繼承人向加害人請求賠償（參見最高法院 67 年度 12 月 5 日民事庭庭推總會決議）[38]。

4. 身分關係或行為而發生的請求權：某些因身分關係或行為而發生的請求權，本來不得繼承，但如已依契約承認或已起訴的，仍可繼承。臺灣民法規定，被繼承人因其身分、健康、名譽或自由受到侵害或因解除婚約、婚姻無效或離婚而享有精神損害賠償請求權，如已經契約確認或已經起訴的，也可以成為遺產，由繼承人繼承（見民法第 195 條、第 999 條、第 1056 條）。例如，被害人之精神上損害賠償請求權不問其當場死亡與否，均為被害人之一身專屬權，即須有被害人請求賠償之意思表示始可，並無由其繼承人繼承之性質[39]。即慰撫金不得繼承之原則，旨在避免違反被繼承之意思，因其痛苦而受利，固有所據，惟不在不法侵害致人於死之情形，身體健康受侵害與死亡之間時間短暫，或因加害人逃逸，或因忙於醫治，被害人縱欲起訴，亦有困難，欲得加害人承諾，實際上殆不可能，因此慰撫金之「不繼承性」(Unvererblichkeit des schmerzensgeldansprachs)，在法論上是否妥適，不無疑問，最近德國學者主張修正此項原則，備受重視，自值參考[40]。在我國實務上，其繼承人仍得依民法第 194 條向加害人請求其固有的精神上損害賠償（最高法院 49 年台上字第 625 號）。

(二) 債務的繼承

　　民國 98 年 5 月 22 日修正民法第 1153 條規定：「繼承人對於被繼承人之債務，以因繼承所得遺產為限，負連帶責任。繼承人相互間對於被繼承

---

[38] 戴炎輝等著，前揭書，第 110-112 頁。

[39] 陳棋炎等著，前揭書，第 123 頁。

[40] Medicus, Schuldrecht s I, Allgemeiner Teil, 1981, S. 269，轉引王澤鑑著，《民法學說與判例研究》（臺北：三民書局，1993 年 9 月八版），第四冊，第 280 頁。

人之債務，除法律另有規定或另有約定外，按其應繼分比例負擔之。」乃配合民法第 1148 條第 2 項明定繼承人對於被繼承人之債務，僅因繼承所得遺產，負清償責任而修正。

(三) 法律關係的繼承

不是以被繼承人的地位、身分、人格為基礎的財產方面的法律關係，亦應由繼承人繼承。例如被繼承人設立的租賃關係，其出租人的地位或承租人的地位、被繼承人在買賣關係中，其出賣人的地位或買受人的地位，皆由繼承人繼承，又如被繼承人生前處分不動產尚未履行登記地位、所有權移轉的登記義務，亦應由繼承人繼承。

(四) 訴訟權利義務是否可以繼承，應根據訴訟的性質決定

如果訴訟標的之權利義務或法律關係，可以移轉給繼承人的，訴訟程序因被繼承人死亡而中斷，繼承人必須承受其訴訟程序（見民事訴訟法第 168 條）。

(五) 繼承開始時不得為繼承之標的

民法第 1148 條對繼承標的規定中有個「但書」說：「但權利、義務專屬於被繼承人本身者，不在此限。」說明不得繼承之客體是專屬於被繼承人本身的權利、義務[41]。雖原為被繼承人之權利，但於繼承開始後，因下列之情形不得為繼承之標的[42]：

1. 以被繼承人之死亡為終期或為解除條件之權利。因被繼承人之死亡而消滅，應排除於遺產之外。

2. 基於被繼承人生前之法律地位，表示其由該繼承除外時，亦不得為繼承之標的，例如：

---

[41]丘金峰編著，《中國繼承法》（廣州：華南理工大學出版社，1993 年 1 月第一版），第 75 頁。
[42] 周金芳著，前揭書，第 84 頁。

(1) 被繼承人就一定之財產權，於生前表示應於其死亡時消滅者，此權利則應隨被繼承人之死亡而消滅，例如，專利權、著作權、商標權等是。

(2) 被繼承人與特定人間特約，以被繼承人死亡為停止條件，而使該特定人取得該特定財產權之契約，其財產權應由遺產除外，不得為繼承之標的。

(3) 以遺囑為財產之信託者，其財產非屬繼承財產，但繼承人享有之受益權，或當信託消滅時，其歸屬權，則屬繼承財產，此為信託性質上當然之解釋。

八、遺產之酌給

被繼承人於生前，不唯與繼承人共營共同生活，又有繼承人以外之第三人，倚賴被繼承人圖以生活。如被繼承人一旦死亡，繼承人固可繼承被繼承人之遺產，以謀日後生計，惟依賴被繼承人生存之第三人，則因被繼承人之死亡，其日後生活自無著落，值得同情[43]。（民法第 1149 條）遵循舊律，又參酌外國之法（德國民法第 1606 條及瑞士民法第 329 條上之扶養權利人順序大體上與法定繼承人順序相同），而有「被繼承人生前繼續扶養之人，應由親屬會議，依其所受扶養之程度及其他關係，酌給遺產」之規定[44]。

民法第 1149 條規定，遺產受酌給權之要件如下[45]：

(一) 須係被繼承人生前繼續扶養之人

何謂被繼承人生前繼續扶養之人？關於此點，有兩種學說：

1. 須係被繼承人生前負擔法律上扶養義務之人：此說在法律上，注重「扶養」用語，謂：「繼承編本規定（民法第 1149 條），係承親屬編之扶養

---

[43] 陳棋炎等著，前揭書，第 131 頁。

[44] 陳棋炎等著，前揭書，第 130-132 頁。

[45] 戴炎輝等著，前引書，第 119-120 頁。

義務而設，故如無特別情事，其意義內容應一致」。而所謂繼續扶養者似無妨以法律上負有扶養義務為其前提。被繼承人仁厚為懷，對於其貧寒戚友或疏遠族人，生前既不斷的給予以生活之資，如慮其於自己身故之後失為憑依，未始不可以遺囑贈以相當之財產而預為之地。今並無此項遺囑而使繼承人負分給遺產之義務，是過於優待此等貧窮戚友或疏遠族人矣[46]。

2. 凡被繼承人於生前對某人有繼續扶養之事實：此說在法律上，置於「繼續」扶養之文字，謂：「法律上對此受酌給權人，既不限制須係親屬或家屬，自毋庸與親屬編（民法第 1114 條以下），同其意義內容」。而實際上，「如就扶養文字，採取與親屬編關於扶養規定相同之解釋，則未受生父認領之非婚生子女或事實上之夫妻或妾（因未具備形式要件或實質要件），則不能受遺產酌給，於人情殊有未合」[47]。依我國實務與通說，當採取後說為妥。

(二) 須被繼承人未為相當之遺贈

依最高法院 26 年渝上字第 59 號判例：「被繼承人已以遺囑，依其生前繼續扶養之人所受扶養之程度及其他關係，遺贈相當財產者，毋庸再由親屬會議酌給遺產。」

(三) 須受酌給權利人不能維持生活而無謀生能力

民法上扶養權利人，除直系尊親屬外，須以不能維持其生活而無謀生能力者，始能請求受扶養（民法第 1117 條）。遺產酌給請求權人，既為曾受被繼承人繼續扶養之人，自有人主張：這些請求權人理應受此等條件之限制無待論[48]。惟尚有人主張：民法既無限制明文，而且民法第 1149 條原

---

[46] 羅鼎著，前揭書，第 76 頁。

[47] 胡長清著，《中國民法繼承論》（臺北：商務印書館，1971 年 9 月台三版），第 85 頁；司法院 36 年院解字第 3762 號（四）；最高法院 39 年台上字第 1571 號判例。

[48] 羅鼎著，前揭書，第 78 頁。

為推定被繼承人之情感而設，故毋庸以之為要件者[49]。故如被繼承人有意安排被扶養人日後生活，則可依遺贈方式妥為設法，然既無此項遺囑，則應限制於不能維持生活而無謀生能力之人，始可准其請求酌給遺產，較為妥當[50]。遺產酌給請求權之行使，由被繼承人生前繼續扶養之人（即推定權利人），向親屬會議請求之（民法第 1149 條），但不得逕向法院請求遺產之酌給（最高法院 23 年上字第 2053 號判例、37 年上字第 7137 號判例、40 年台上字第 937 號判例）。惟如繼承人與推定權利人間成立之協議，則似不必向親屬會議為之。且鑑於我國當今情況，親屬會議不能成立或不作成決議者有之[51]，是時則可請求法院裁判酌給，又如對親屬會議決議不服者，依民法第 1137 條自得向法院聲訴不服。親屬會議會員，由被繼承人之親屬組織（民法第 1131 條），而由推定權利人召集（最高法院 23 年上字第 2246 號判例）。惟如推定權利人係無行為能力人時，則由其法定代理人代理召集（民法第 1129 條）。如親屬會議不予決議時，則可向法院請求酌給（民法第 1132 條第 2 項）。遺產酌給之標準，應依請求權人曾受扶養之程度及其他關係決定之（民法第 1149 條）。

九、應繼分

(一) 法定應繼分（民法第 1144 條）

1. 配偶與直系卑親屬共同繼承時，與他繼承人平均繼承。

2. 配偶與父母共同繼承時：其應繼分為遺產二分之一。

3. 配偶與兄弟姐妹共同繼承時，其應繼分為遺產二分之一。

---

[49] 胡長清著，前揭書，第 85 頁。

[50] 陳棋炎著，《民法繼承》，（臺北：三民書局，1957 年 2 月初版），第 105 頁。

[51] 在現今工商業社會，人民遷徙頻仍，親屬會議召開不易，縱能召開，但不為決議，或因利害關係之會員不參加決議，致使決議不成立之情況，勢非必無；且又鑑於親屬會議決議事項繁多，故如外國立法例，准由國家以公權力干預國民私生活更為合適（陳棋炎，〈從民法上「親屬會議」論及家事糾紛之解決途徑〉，臺大法學論叢（臺北），一四卷一、二期，第 162-163 頁）。

4. 配偶與祖父母共同繼承時，其應繼分為遺產三分之二。

5. 無第 1138 條之血親繼承人時，配偶之應繼分為遺產全部。

※ 不動產經紀人 109 年選擇題第 24 題

(A)24. 甲、乙為夫妻，並無子女。丙、丁為甲之父母。甲死亡時留有 350 萬元之現金及對丙有 50 萬元之債權。試問，於遺產分割時，丙可以分得多少遺產？ (A)50 萬元 (B)100 萬元 (C)200 萬元 (D)350 萬元。

※ 不動產經紀人 102 年選擇題第 40 題

(A)40. 甲與乙結婚，並無子女，甲死亡時，甲之父母丙、丁尚健在；設甲遺有財產新臺幣 1,200 萬元，並無任何債務。請問如何繼承？ (A)乙得新臺幣 600 萬元，丙、丁各得新臺幣 300 萬元 (B)乙得新臺幣 800 萬元，丙、丁各得新臺幣 200 萬元 (C)乙得新臺幣 1,200 萬元，丙、丁各得新臺幣 0 元 (D)乙、丙、丁各得新臺幣 400 萬元。

※ 民法第 1144 條：配偶有相互繼承遺產之權，其應繼分，依下列各款定之：

一、與第 1138 條所定第一順序之繼承人同為繼承時，其應繼分與他繼承人平均。

二、與第 1138 條所定第二順序或第三順序之繼承人同為繼承時，其應繼分為遺產二分之一。

※ 不動產經紀人 97 年第 1 次選擇題第 20 題

(B)20. 配偶與被繼承人之父母同為繼承時，配偶之應繼分為遺產多少？ (A)與被繼承人之父母平均繼承 (B)遺產二分之一 (C)遺產全部 (D)遺產三分之二。

※ 地政士 106 年申論題第 4 題

四、甲、乙為夫妻，育有子女丙、丁，戊為甲之父。甲於婚前之銀行存款已有 300 萬元，乙於婚前則無財產，然甲於婚後因經商有成，於死亡前銀行存款已有 1,000 萬元，乙婚後負責打理居家生活並照顧丙、丁而無收入，請問：(二)應繼分比例各為若干？

解析

(二) 應繼分比例區分為乙配偶有無主張夫妻剩餘財產分配請求權

　　1. 乙配偶無主張夫妻剩餘財產分配請求權

　　　(1) 依據民法第 1144 條第 1 項第 1 款規定：「配偶有相互繼承遺產之權，其應繼分，依下列各款定之：一、與第 1138 條所定第一順序之繼承人同為繼承時，其應繼分與他繼承人平均。」依據民法第 1141 條規定：「同一順序之繼承人有數人時，按人數平均繼承。但法律另有規定者，不在此限。」

　　　(2) 本題甲死亡後由配偶乙與丙、丁第一順序之繼承人共同繼承銀行 1,000 萬遺產，其應繼分應平均，故乙、丙、丁之應繼分各三分之一，即每人 1,000/3 萬。

2. 乙配偶有主張夫妻剩餘財產分配請求權

    (1) 依據民法第 1030 條之 1 第 1 項本文規定:「法定財產制關係消滅時,夫或妻現存之婚後財產,扣除婚姻關係存續所負債務後,如有剩餘,其雙方剩餘財產之差額,應平均分配。」

    (2) 甲與乙依題意應以法定財產制為其夫妻財產制。甲死亡後乃屬法定財產制關係消滅,所謂法定財產制關係消滅情形係指夫或妻之一方死亡、離婚、改用其他財產制及婚姻撤銷等。

    (3) 甲死亡後有銀行存款 1,000 萬元之遺產,甲之婚前財產 300 萬元依據民法第 1030 條之 1 第 1 項本文規定,婚前財產 300 萬元不列入婚後財產計算差額,因乙婚後無財產,故甲乙雙方婚後剩餘財產之差額為 1,000 萬元減 300 萬為 700 萬元,乙得請求平均分配其差額 350 萬元,其餘財產始列為甲之遺產,故甲之遺產數額為 650 萬元,由法定繼承人乙、丙、丁依據民法第 1138 條規定、民法第 1141 條規定與民法第 1144 條第 1 項第 1 款規定,按其法定應繼分各三分之一予以分配。每人分得 650/3 萬。

※ 不動產經紀人 95 年申論題第 2 題

二、老李於民國 38 年孤身自大陸來臺後,與林小姐結婚,膝下未有一兒半女,老李於民國 94 年 3 月 8 日過世,遺下土地一筆與建物一棟。嗣後,林小姐於同年 9 月 8 日完成繼承登記,請依據相關法律規定,回答以下問題林小姐單獨繼承老李之遺產是否有理由?

解析

※ 依據民法第 1144 條,有理由。

(二) 指定應繼分:被繼承人於不違反特留分規定下,得以遺囑指定繼承人之應繼分(民法第 1187 條)。

※ 地政士 94 年申論題第 4 題

四、甲男乙女為夫妻,有丙、丁二子。甲生前立遺囑指定應繼分,乙為四分之三,丙為八分之一,丁為八分之一。甲死亡時留有遺產 360 萬元,問甲之遺產應如何繼承?

解析

丙特留分為 1/6 即 60 萬,丁特留分為 1/6 即 60 萬,乙為 240 萬。

📖 十、繼承之方式

(一) 單純繼承： 繼承人自繼承開始時，除本法另有規定外，承受被繼承人財產上之一切權利、義務。但權利、義務專屬於被繼承人本身者，不在此限。（民法第 1148 條第 1 項）

(二) 限定繼承：

1. 原則上繼承人對於被繼承人之債務負限定責任：

(I) 繼承人對於被繼承人之債務，以因繼承所得遺產為限，負清償責任。（民法第 1148 條第 2 項）（98 年 5 月 22 日修正）

※ 不動產經紀人 106 年選擇題第 34 題

(D) 34. 下列有關繼承之敘述，何者錯誤？ (A)奠儀於繼承發生時並不存在，非屬被繼承人所遺財產 (B)繼承人對於被繼承人之債務，以因繼承所得遺產為限，負清償責任 (C)債權人得單獨向法院聲請命繼承人於 3 個月內提出遺產清冊 (D)繼承人對於遺產全部為公同共有關係，無應有部分，故若逾越應繼分比例享有（行使）權利，毋須負返還義務。

※ 按繼承人在分割遺產前，依民法第 1151 條規定，各繼承人對於遺產全部為公同共有關係，固無應有部分。繼承人就繼承財產權利義務，應以應繼分（潛在的應有部分）比例來行使與分擔。若繼承人逾越其比例，自構成不當得利，其他繼承人得請求返還。

※ 不動產經紀人 108 年第選擇題第 25 題

(C) 25. 甲乙為夫妻，育有一子丙，並共同收養丁為養子。某日甲因交通意外去世，未留有遺囑，請問依我國民法的規定，下列敘述，何者錯誤？ (A)乙、丙、丁三人得以繼承 (B)乙、丙、丁三人之應繼分各為三分之一 (C)在分割遺產前，乙、丙、丁三人對於遺產全部按其應繼分為分別共有 (D)繼承人對於甲之債務，以因繼承所得遺產為限，負清償責任。

※ 不動產經紀人 100 年選擇題第 38 題

(C) 38. 甲死亡時遺留存款 300 萬元以及債務五百萬元，無配偶，有子乙與孫丙各一人。下列敘述何者正確？ (A)若乙未依法辦理拋棄繼承，乙必須全部清償所繼承之五百萬元債務 (B)若乙拋棄繼承，丙亦同受拋棄效力所及，無須繼承 (C)乙所繼承之債務，以因繼承所得遺產為限，負連帶責任 (D)乙欲拋棄繼承，應於知悉其得繼承之時起 3 個月內，以書面向甲之債權人與債務人為之。

(2) 繼承人在繼承開始前 2 年內，從被繼承人受有財產之贈與者，該財產視為其所得遺產。前項財產如已移轉或滅失，其價額，依贈與時之價值計算。（民法第 1148 條）（98 年 5 月 22 日增訂）

(3) 繼承人對於被繼承人之債務，以因繼承所得遺產為限，負連帶責任。繼承人相互間對於被繼承人之債務，除法律另有規定或另有約定外，按其應繼分比例負擔之。（民法第 1153 條）（98 年 5 月 22 日修正）

(4) 繼承人對於被繼承人之權利、義務，不因繼承而消滅。（民法第 1154 條）（98 年 5 月 22 日修正）

(5) 繼承人於知悉其得繼承之時起 3 個月內開具遺產清冊陳報法院。前項 3 個月期間，法院因繼承人之聲請，認為必要時，得延展之。繼承人有數人時，其中一人已依第 1 項開具遺產清冊陳報法院者，其他繼承人視為已陳報。（民法第 1156 條）（98 年 5 月 22 日修正）

※ 不動產經紀人 97 年第 1 次選擇題第 17 題

(C) 17. 民法第 1156 條規定，繼承人如要主張限定繼承，應該在得知有繼承權當天起幾個月內，向法院呈報？ (A)1 個月 (B)2 個月 (C)3 個月 (D)6 個月。

※ 不動產經紀人 96 年第 2 次申論題第 1 題

一、被繼承人甲有乙丙丁三子，乙丙丁三兄弟在父親甲逝世之後，依法向法院表示限定繼承。試問，何謂限定繼承？繼承人乙丙丁因主張限定繼承而擁有何種的權利？

解析

繼承人對於被繼承人之債務，以因繼承所得遺產為限，負清償責任。（民法第 1148 條第 2 項）

(6) 債權人得向法院聲請命繼承人於 3 個月內提出遺產清冊。法院於知悉債權人以訴訟程序或非訟程序向繼承人請求清償繼承債務時，得依職權命繼承人於 3 個月內提出遺產清冊。前條第 2 項及第 3 項規定，於第 1 項及第 2 項情形，準用之。（民法第 1156 條之 1）（98 年 5 月 22 日增訂）

(7) 繼承人依前 2 條規定陳報法院時，法院應依公示催告程序公告，命被繼承人之債權人於一定期限內報明其債權。前項一定期限，不得在 3 個月以下。（民法第 1157 條）（98 年 5 月 22 日修正）

(8) 繼承人在前條所定之一定期限內，不得對於被繼承人之任何債權人償還債務。（民法第 1158 條）

(9) 在第 1157 條所定之一定期限屆滿後，繼承人對於在該一定期限內報明之債權及繼承人所已知之債權，均應按其數額，比例計算，以遺產分別償還。但不得害及有優先權人之利益。繼承人對於繼承開始時未屆清償期之債權，亦應依第 1 項規定予以清償。前項未屆清償期之債權，於繼承開始時，視為已到期。其無利息者，其債權額應扣除自第 1157 條所定之一定期限屆滿時起至到期時止之法定利息。（民法第 1159 條）（98 年 5 月 22 日修正）

(10) 繼承人非依前條規定償還債務後，不得對受遺贈人交付遺贈。（民法第 1160 條）

(11) 繼承人違反第 1158 條至第 1160 條之規定，致被繼承人之債權人受有損害者，應負賠償之責。前項受有損害之人，對於不當受領之債權人或受遺贈人，得請求返還其不當受領之數額。繼承人對於不當受領之債權人或受遺贈人，不得請求返還其不當受領之數額。（民法第 1161 條）（98 年 5 月 22 日修正）

(12) 被繼承人之債權人，不於第 1157 條所定之一定期限內報明其債權，而又為繼承人所不知者，僅得就賸餘遺產，行使其權利。（民法第 1162 條）

(13) 繼承人未依第 1156 條、第 1156 條之 1 開具遺產清冊陳報法院者，對於被繼承人債權人之全部債權，仍應按其數額，比例計算，以遺產分別償還。但不得害及有優先權人之利益。前項繼承人，非依前項規定償還債務後，不得對受遺贈人交付遺贈。繼承人對於繼承開始時未屆清償期之債權，亦應依

第一項規定予以清償。前項未屆清償期之債權，於繼承開始時，視為已到期。其無利息者，其債權額應扣除自清償時起至到期時止之法定利息。（民法第 1162 條之 1）（98 年 5 月 22 日增訂）

(14) 限定繼承之例外原則：繼承人違反第 1162 條之 1 規定，被繼承人之債權人得就應受清償而未受償之部分，對該繼承人行使權利。繼承人對於前項債權人應受清償而未受償部分之清償責任，不以所得遺產為限。但繼承人為無行為能力人或限制行為能力人，不在此限。繼承人違反第 1162 條之 1 規定，致被繼承人之債權人受有損害者，亦應負賠償之責。前項受有損害之人，對於不當受領之債權人或受遺贈人，得請求返還其不當受領之數額。繼承人對於不當受領之債權人或受遺贈人，不得請求返還其不當受領之數額。（民法第 1162 條之 2）（98 年 5 月 22 日增訂）

(15) 限定繼承利益之喪失：繼承人中有下列各款情事之一者，不得主張第 1148 條第 2 項所定之利益：
① 隱匿遺產情節重大。
② 在遺產清冊為虛偽之記載情節重大。
③ 意圖詐害被繼承人之債權人之權利而為遺產之處分。
（民法第 1163 條）（98 年 5 月 22 日修正）（口訣：隱、虛、詐）

2. 繼承人對於被繼承人之債務可溯及既往主張限定責任（民法繼承編施行法第一條之三）（98 年 5 月 22 日增訂）：
（口訣：代、保、同、歸）
(1) 繼承人對繼承開始以前已發生代負履行責任之保證契約債務。
(2) 繼承人已依民法規定代位繼承。
(3) 繼承人因不可歸責於己之事由或未同居共財者，於繼承開始時無法知悉繼承債務之存在，致未能於修正施行前之法定期間為限定或拋棄繼承。

※ 民法繼承編施行法修訂：

1. 民法繼承編施行法第 1 條之 1（法律適用範圍）（98 年 5 月 22 日修正）：「繼承在民法繼承編中華民國 96 年 12 月 14 日修正施行前開始且未逾修正施行前為拋棄繼承之法定期間者，自修正施行之日起，適用修正後拋棄繼承之規定。繼承在民法繼承編中華民國 96 年 12 月 14 日修正施行前開始，繼承人於繼承開始時為無行為能力人或限制行為能力人，未能於修正施行前之法定期間為限定或拋棄繼承，由其繼續履行繼承債務顯失公平者，於修正施行後，以所得遺產為限，負清償責任。前項繼承人依修正施行前之規定已清償之債務，不得請求返還。」

2. 民法繼承編施行法第 1 條之 3（法律適用範圍）（98 年 5 月 22 日增訂）：「繼承在民法繼承編中華民國 98 年 5 月 22 日修正施行前開始，繼承人未逾修正施行前為限定繼承之法定期間且未為概括繼承之表示或拋棄繼承者，自修正施行之日起，適用修正後民法第 1148 條、第 1153 條至第 1163 條之規定。繼承在民法繼承編中華民國 98 年 5 月 22 日修正施行前開始，繼承人對於繼承開始以前已發生代負履行責任之保證契約債務，由其繼續履行債務顯失公平者，以所得遺產為限，負清償責任。繼承在民法繼承編中華民國 98 年 5 月 22 日修正施行前開始，繼承人已依民法第 1140 條之規定代位繼承，由其繼續履行繼承債務顯失公平者，以所得遺產為限，負清償責任。繼承在民法繼承編中華民國 98 年 5 月 22 日修正施行前開始，繼承人因不可歸責於己之事由或未同居共財者，於繼承開始時無法知悉繼承債務之存在，致未能於修正施行前之法定期間為限定或拋棄繼承，且由其繼續履行繼承債務顯失公平者，於修正施行後，以所得遺產為限，負清償責任。前 3 項繼承人依修正施行前之規定已清償之債務，不得請求返還。」

3. 民法繼承編施行法第 1 條之 2（繼承人之保證契約債務）（97 年 4 月 22 日增訂）：繼承在民法繼承編中華民國 97 年 1 月 4 日前開始，繼承人對於繼承開始後，始發生代負履行責任之保證契約債務，由其繼續履行債務顯失公平者，得以所得遺產為限，負清償責任。前項繼承人依中華民國 97 年 4 月 22 日修正施行前之規定已清償之保證契約債務，不得請求返還。

4. 民法繼承編施行法第 1 條之 1（法律適用範圍）（民國 96 年 12 月 14 日增訂）：繼承在民法繼承編中華民國 96 年 12 月 14 日修正施行前開始且未逾修正施行前為拋棄繼承之法定期間者，自修正施行之日起，適用修正後拋棄繼承之規定。繼承在民法繼承編中華民國 96 年 12 月 14 日修正施行前開始，繼承人於繼承開始時為無行為能力人或限制行為能力人，未能於修正施行前之法定期間為限定或拋棄繼承，由其繼續履行繼承債務顯失公平者，於修正施行後，以所得遺產為限，負清償責任。前項繼承人依修正施行前之規定已清償之債務，不得請求返還。

※ 不動產經紀人 96 年第 2 次申論題第 1 題

一、被繼承人甲有乙丙丁三子，乙丙丁三兄弟在父親甲逝世之後，依法向法院表示限定繼承。試問，何謂限定繼承？繼承人乙丙丁因主張限定繼承而擁有何種的權利？

解析

(一) 限定繼承之意義：繼承人對於被繼承人之債務，以因繼承所得遺產為限，負清償責任。(現行民法第 1148 條第 2 項)；(修正前民法第 1154 條第 1 項規定，繼承人得限定以因繼承人所得之遺產，償還被繼承人之債務。)

(二) 乙丙丁因主張限定繼承的權利

    1. 繼承人之有限責任

        依據修正前民法第 1154 條第 1 項規定，繼承人為限定繼承後，雖仍繼承被繼承人之全部債務，但僅以遺產限度內，負有限責任。

    2. 財產之分擔

        權利、義務，不因繼承而消滅。繼承人為限定繼承後，其固有財產與遺產各自獨立，不因混同而消滅。

(三) 乙丙丁喪失繼承利益之事由

    依據修正前民法第 1163 條規定，繼承人中有下列各款情事之一者，不得主張限定繼承所定之利益：

    1. 隱匿遺產情節重大。

    2. 在遺產清冊為虛偽之記載情節重大。

    3. 意圖詐害被繼承人之債權人之權利而為遺產之處分。

※ 不動產經紀人 98 年申論題第 1 題

一、有關「繼承人對於被繼承人債務，負法定限定責任」，請依民國 97 年 1 月 2 日、5 月 7 日及 98 年 6 月 10 日修正公布之民法繼承編，說明其內容及 98 年 6 月 10 日之修正理由。

解析

(一) 各期修正公布內容如下

    1. 97 年 1 月 2 日修正公布 (96 年 12 月 14 日增訂)

        (1) 新增民法第 1148 條第 2 項：(代負履行之保證債務之有限責任)

            「繼承人對於繼承開始後，始發生代負履行責任之保證契約債務，以因繼承所得之遺產為限，負清償責任。」

        (2) 修正民法第 1153 條第 2 項：(無行為能力人或限制行為能力人之有限責任)：

            「繼承人為無行為能力人或限制行為能力人對於被繼承人之債務，以所得遺產為限，負清償責任。」

(3) 新增民法繼承編施行法第 1 條之 1：（法律適用範圍）

「繼承在民法繼承編中華民國 96 年 12 月 14 日修正施行前開始且未逾修正施行前為限定或拋棄繼承之法定期間者，自修正施行之日起，適用修正後限定或拋棄繼承之規定。繼承在民法繼承編中華民國 96 年 12 月 14 日修正施行前開始，繼承人於繼承開始時為無行為能力人或限制行為能力人，未能於修正施行前之法定期間為限定或拋棄繼承，由其繼續履行繼承債務顯失公平者，於修正施行後，得以所得遺產為限，負清償責任。前項繼承人依修正施行前之規定已清償之債務，不得請求返還。」

2. 97 年 5 月 7 日修正公布（97 年 4 月 22 日增訂）

新增民法繼承編施行法第 1 條之 2：（繼承人之保證契約債務）

「繼承在民法繼承編中華民國 97 年 1 月 4 日前開始，繼承人對於繼承開始後，始發生代負履行責任之保證契約債務，由其繼續履行債務顯失公平者，得以所得遺產為限，負清償責任。前項繼承人依中華民國 97 年 4 月 22 日修正施行前之規定已清償之保證契約債務，不得請求返還。」

3. 98 年 6 月 10 日修正公布（98 年 5 月 22 日修訂）

(1) 修正民法第 1148 條第 2 項：（限定繼承之有限責任）

「繼承人對於被繼承人之債務，以因繼承所得遺產為限，負清償責任。」

(2) 修正民法繼承編施行法第 1 條之 1 第 1 項：（刪除「限定繼承」）

繼承在民法繼承編中華民國 96 年 12 月 14 日修正施行前開始且未逾修正施行前為拋棄繼承之法定期間者，自修正施行之日起，適用修正後拋棄繼承之規定。

(3) 增訂民法繼承編施行法第 1 條之 3：（法律適用範圍）

「繼承在民法繼承編中華民國 98 年 5 月 22 日修正施行前開始，繼承人未逾修正施行前為限定繼承之法定期間且未為概括繼承之表示或拋棄繼承者，自修正施行之日起，適用修正後民法第 1148 條、第 1153 條至第 1163 條之規定。

繼承在民法繼承編中華民國 98 年 5 月 22 日修正施行前開始，繼承人對於繼承開始以前已發生代負履行責任之保證契約債務，由其繼續履行債務顯失公平者，以所得遺產為限，負清償責任。

繼承在民法繼承編中華民國 98 年 5 月 22 二日修正施行前開始，繼承人已依民法第 1140 條之規定代位繼承，由其繼續履行繼承債務顯失公平者，以所得遺產為限，負清償責任。

繼承在民法繼承編中華民國 98 年 5 月 22 日修正施行前開始，繼承人因不可歸責於己之事由或未同居共財者，於繼承開始時無法知悉繼承債務之存在，

致未能於修正施行前之法定期間為限定或拋棄繼承，且由其繼續履行繼承債務顯失公平者，於修正施行後，以所得遺產為限，負清償責任。

前 3 項繼承人依修正施行前之規定已清償之債務，不得請求返還。」

(二) 98 年 6 月 10 日之修正理由

1. 現行民法繼承編係以概括繼承為原則，並另設限定繼承及拋棄繼承制度。97 年 1 月 2 日修正公布之第 1153 條第 2 項復增訂法定限定責任之規定，惟僅適用於繼承人為無行為能力人或限制行為能力人之情形，故繼承人如為完全行為能力人，若不清楚被繼承人生前之債權債務情形，或不欲繼承時，必須於知悉得繼承之時起 3 個月內向法院辦理限定繼承或拋棄繼承，否則將概括承受被繼承人之財產上一切權利、義務。鑑於社會上時有繼承人因不知法律而未於法定期間內辦理限定繼承或拋棄繼承，以致背負繼承債務，影響其生計，為解決此種不合理之現象，爰增訂第 2 項規定，明定繼承人原則上依第 1 項規定承受被繼承人財產上之一切權利、義務，惟對於被繼承人之債務，僅須以因繼承所得遺產為限，負清償責任，以避免繼承人因概括承受被繼承人之生前債務而桎梏終生。

2. 原條文第 2 項有關繼承人對於繼承開始後，始發生代負履行責任之保證契約債務僅負有限責任之規定，已為本次修正條文第 2 項繼承人均僅負有限責任之規定所涵括，爰予刪除。

3. 繼承人依本條規定仍為概括繼承，故繼承債務仍然存在且為繼承之標的，僅係繼承人對於繼承債務僅以所得遺產為限負清償責任，故繼承人如仍以其固有財產清償繼承債務時，該債權人於其債權範圍內受清償，並非無法律上之原因，故無不當得利可言，繼承人自不得再向債權人請求返還。併予敘明。

※ 立院三讀─全面限定繼承─有條件回溯

立法院 98 年 5 月 22 日三讀修正通過民法繼承編及施行法部分條文，未來我國將採行全面限定繼承，但明定有條件回溯，若違反隱匿遺產等情節重大之情況，無法主張限定繼承，除此之外，父母所留之債務，不分成年與否，子女只需負擔有限清償責任。

立法院院會也通過附帶決議，「民法繼承編修正改為全面限定繼承制度，為讓民眾知悉修法之良好美意，法務部應於本法通過後加強宣導，以利新制度之推行」，相較民國 96 年 12 月之修法，讓無行為能力人或限制行為能力人，以所得遺產為限，負清償責任，並可溯及既往；此次修法擴及中華民國全體國民，採「全面限定繼承」，未來父母所留債務，不分成年與否，子女只需負擔有限清償責任。即以所得遺產為限，負清償責任。

立法院表示，修法後雖然修法採全面限定繼承，但也有例外原則，民法第 1163 條規定，若有「隱匿遺產情節重大」、「在遺產清冊為虛偽之記載情節重大」，及「意

圖詐害被繼承人之債權人之權利而為遺產之處分」三種情況，不得主張限定繼承。

此外，繼承人若未依民法規定開具遺產清冊陳報法院，又未依法負擔償還債權責任時，繼承人此時「不以所得遺產為限」，負清償債權人責任；但排除無行為能力人或限制行為能力人。

立法院指出，繼承人對繼承開始以前已發生代負履行責任之保證契約債務」、「繼承人已依民法規定代位繼承」，及「繼承人因不可歸責於己之事由或未同居共財者，於繼承開始時無法知悉繼承債務之存在，致未能於修正施行前之法定期間為限定或拋棄繼承」等，以所得遺產為限，負清償責任且溯及既往，但這三類繼承人依修正施行前之規定已清償之債務，不得請求返還。

※ 繼承人欲限定以因繼承所得之遺產，償還被繼承人的債務（即限定繼承），應向哪個法院辦理？有無期限？應備哪些文件？應繳多少費用？

1. 管轄法院：由繼承開始時，被繼承人住所地之法院管轄。（非訟事件法第 141 條第 1 項）

2. 辦理期限：應於繼承開始時起，3 個月內為之，前開期限法院因繼承人之聲請，認為必要時，得延展之。（民法第 1156 條）

3. 應備文件：

   (1) 限定繼承聲請書。（宜載明聲請人聯絡電話）

   (2) 被繼承人除戶戶籍謄本。

   (3) 聲請人戶籍謄本。

   (4) 繼承系統表。

   (5) 遺產清冊。

4. 費用：應繳納新臺幣 1,000 元（非訟事件法第 14 條第 1 項）。

   （相關法條：非訟事件法第 141 條第 1 項）

※ 不動產經紀人 111 年選擇題第 16 題

(B) 16. 關於限定繼承之敘述，下列何者正確？　(A)限定繼承係指繼承人自繼承開始時，僅承受被繼承人財產上之權利，而不繼承其債務　(B)繼承人縱未依法開具遺產清冊陳報法院，並不當然喪失限定繼承之利益　(C)繼承人隱匿被繼承人之遺產而情節重大者，仍可主張限定繼承之利益　(D)繼承人應先對受遺贈人交付遺贈，其次償還優先權之債務，再清償普通債務。

(三) 拋棄繼承

1. 繼承權拋棄之自由及方法：繼承人得拋棄其繼承權。(民法第 1174 條第 1 項) 前項拋棄，應於知悉其得繼承之時起 3 個月內，以書面向法院為之。(民法第 1174 條第 2 項) 拋棄繼承後，應以書面通知因其拋棄而應為繼承之人。但不能通知者，不在此限。(民法第 1174 條第 3 項)

※ 不動產經紀人 112 年選擇題第 25 題

(B) 25. 關於拋棄繼承之敘述，下列何者錯誤？　(A)應於知悉其得繼承之時起三個月內，以書面向法院為之　(B)拋棄繼承後，應通知因其拋棄而應為繼承之人。未為通知者，不生拋棄繼承之效力　(C)配偶拋棄繼承權者，其應繼分歸屬於與其同為繼承之人　(D)繼承之拋棄，溯及於繼承開始時發生效力。

※ 不動產經紀人 109 年選擇題第 23 題

(B) 23. 甲乙夫妻育有丙、丁二子及戊女。丙與己女結婚，婚後育有一子庚，戊女未婚生下一子辛。多年後甲死亡，而戊早於甲死亡，丙則拋棄繼承。設甲留有遺產 900 萬元，則甲之遺產應如何繼承？　(A)乙、丁、庚各繼承 300 萬元　(B)乙、丁、辛各繼承 300 萬元　(C)乙、丁各繼承 450 萬元　(D)乙、丁、庚、辛各繼承 225 萬元。

※ 不動產經紀人 97 年第 1 次選擇題第 34 題

(A) 34. 下列對於拋棄繼承之敘述何者正確？　(A)於知悉得繼承時起 3 個月內為之　(B)於知悉得繼承時起 2 個月內為之　(C)以言詞或書面為之　(D)向戶政機關為之。

※ 不動產經紀人 99 年選擇題第 34 題

(C) 34. 因他人拋棄繼承而為繼承人者，其主張拋棄繼承之法定期間為何？　(A)於知悉其得繼承之日起 2 個月內　(B)自繼承開始時起 3 個月內，必要時得向法院聲請延展　(C)於知悉其得繼承之日起 3 個月內　(D)自繼承開始時起 2 個月內，必要時得向法院聲請延展。

2. 繼承拋棄之效力：繼承之拋棄，溯及於繼承開始時發生效力。(民法第 1175 條)

※ 不動產經紀人 105 年選擇題第 39 題

(D) 39. 有關拋棄繼承之敘述，下列何者正確？　(A)向戶政機關為之　(B)得以言詞或書面為之　(C)於被繼承人死亡之時起 3 個月內為之　(D)繼承之拋棄，溯及於繼承開始時發生效力。

3. 拋棄繼承權人應繼分之歸屬：第 1138 條所定第一順序之繼承人中有拋棄繼承權者，其應繼分歸屬於其他同為繼承之人。第二順序至第四順序之繼承人中，有拋棄繼承權者，其應繼分歸屬於其他同一順序之繼承人。與配偶同為繼承之同一順序繼承人均拋棄繼承權，而無後順序之繼承人時，其應繼分歸屬於配偶。配偶拋棄繼承權者，其應繼分歸屬於與其同為繼承之人。第一順序之繼承人，其親等近者均拋棄繼承權時，由次親等之直系血親卑親屬繼承。先順序繼承人均拋棄其繼承權時，由次順序之繼承人繼承。其次順序繼承人有無不明或第四順序之繼承人均拋棄其繼承權者，準用關於無人承認繼承之規定。因他人拋棄繼承而應為繼承之人，為拋棄繼承時，應於知悉其得繼承之日起 3 個月內為之。（民法第 1176 條）（民國 98 年 5 月 22 日修正）

※ 不動產經紀人 110 年選擇題第 23 題

(C) 23. 甲早年父母雙亡，僅有一兄長乙，甲與配偶離異後獨自養育一子丙。某日甲死亡，於丙拋棄繼承前，乙亦不幸意外死亡，留下乙之配偶丁。下列何者錯誤？ (A)甲之遺產繼承人順序，丙優先於乙　(B)配偶丁與乙有相互繼承遺產之權 (C)就甲之遺產，既然丙已拋棄繼承，應由次順序之乙繼承，雖然乙早於丙拋棄繼承前死亡，仍應由丁繼承乙所繼承自甲之遺產　(D)拋棄繼承權，應於知悉其得繼承之時起三個月內，以書面向法院為之。

4. 拋棄繼承權者繼續管理遺產之義務：拋棄繼承權者，就其所管理之遺產，於其他繼承人或遺產管理人開始管理前，應與處理自己事務為同一之注意，繼續管理之。（民法第 1176 條之 1）

※ 繼承人不想繼承，要向哪個法院聲明拋棄繼承？有無期限？應備哪些文件？須繳多少費用？

1. 管轄法院：由繼承開始時，被繼承人住所地之法院管轄。（非訟事件法第 144 條第 1 項）

2. 辦理期限：應於知悉其得繼承之時起 3 個月內為之。（民法第 1174 條第 2 項）

3. 應備文件：

(1) 拋棄繼承聲請書。（宜載明聲請人聯絡電話）

(2) 被繼承人除戶戶籍謄本。（如戶籍謄本尚無死亡記載，應同時提出死亡證明書）

(3) 拋棄人戶籍謄本、印鑑證明,聲請書蓋印鑑章。(如拋棄人住居國外,得將其
　　拋棄之意思及委任代理人作成書面〈拋棄繼承權聲明書及授權書〉持至我國
　　駐該外國使領館或相當機構公證或認證)

(4) 繼承系統表。(被繼承人之配偶、直系血親卑親屬〈子女、孫子女、曾孫子
　　女〉、父母、兄弟姊妹生存或死亡及是否拋棄等情形,均應載明)

(5) 拋棄通知書收據。(已通知因其拋棄繼承而應為繼承之人之證明)

4. 費用:應繳納新臺幣 1,000 元。(非訟事件法第 14 條第 1 項)

　(相關法條:非訟事件法第 144 條第 1 項)

十一、無人承認繼承

(一) 無人承認繼承之意義

　　無人承認之繼承,乃有無各順位血親繼承人及配偶繼承人不明之謂[52]。
我民法第 1177 條規定:「繼承開始時,繼承人之有無不明」為無人承認之
繼承規定。無人承認繼承之狀態,有因繼承開始而直接發生,有因先順序
繼承人均拋棄繼承,其次順序繼承人有無不明而發生者。繼承人既有無不
明,如被繼承人遺產無人管理,自不免有毀損滅失之虞,日後繼承人出
現,其固受不利,即令繼承人終未出現,對繼承債權人及受遺贈人亦有所
損害,不寧唯是,無人承認繼承之遺產,如有賸餘,最後即歸諸國庫,若
不加以管理,亦對國庫不利。是故,民法特就無人承認之繼承,設有縝密
規定,為此遺產設置管理人(民法第 1177 條),依法定程序,一方面為遺
產之管理及清算,他方面並為繼承人之搜索,以保護各利害關係人[53]。

(二) 無人承認繼承之遺產管理及清算

1. 管理人之選任與遺產之保存:依吾國民法,管理人之選任,委於親屬自
　治。(1)由親屬會議,選定管理人(民法第 1177 條)。(2)選定管理人之
　後,親屬會議則應將繼承開始及選定管理人之事由,報明法院(民法第

---

[52] 戴炎輝等著,前揭書,第 215 頁。
[53] 陳棋炎等著,前揭書,第 280 頁。

1177 條）。(3)親屬會議之召集，除親屬外，利害關係人，例如債權人、債務人、受遺贈人及國庫等，亦得為之（參見司法院 30 年院字第 2213 號解釋）。(4)無親屬會議或親屬會議未於 1 個月內選定遺產管理人者，利害關係人或檢察官，得聲請法院選任遺產管理人（民法第 1178 條第 2 項）[54]。(5)又繼承開始時，繼承人之有無不明者，在遺產管理人選定前，如無妥適措施，被繼承人之遺產易致散失，因而影響被繼承人之債權人及社會經濟之利益。有鑑於此，法院得因利害關係人或檢察官之聲請，為保存遺產必要之處置（民法第 1178 條之 1）。(6)親屬會議，亦得撤退管理人[55]。(7)吾國舊民法，關於召集親屬會議，選定管理人、報明法院等，均無期間之限制，似為立法上的疏漏[56]。現行法則明文規定親屬會議應於一個月內為之[57]。

2. 遺產管理人之職務：遺產管理人之職務，依民法第 1179 條第 1 項之規定為：(1)編製遺產清冊。(2)為保存遺產必要之處置。(3)聲請法院依公示催告程序，限定 1 年以上之期間，公告被繼承人之債權人及受遺贈人，命其於該期間內報明債權，及為願受遺贈與否之聲明。被繼承人之債權人及受遺贈人為管理人所已知者，應分別通知之。(4)清償債權或交付遺贈物。(5)有繼承人承認繼承或遺產歸國庫時，為遺產之移交。前項第一款所定之遺產清冊，管理人應於就職後 3 個月內編製之。第 4 款所定債權之清償，應先於遺贈物之交付。為清償債務或交付遺贈物之必要，管理人經親屬會議之同意，得變賣遺產（民法第 1179 條第 2 項）。而遺產管理人，因親屬會議，被繼承人之債權人或受遺贈人之請求，應報告或說明遺產之狀況（民法第 1180 條）。其次遺產管理人得請求報酬，其數額由親屬會議按其勞力及其與被繼承人之關係酌定之（民法第 1183 條）。應注意者，被繼承人之債權人或受遺贈人非於民法第 1179 條第 1 項第 3 款所定期間屆滿後，不得對被繼承人之任何債權人

---

[54] 司法院 23 年院字第 1107 號解釋：「應由親屬會議選定管理人時，如無親屬，得由利害關係人聲請法院指定之」。

[55] 大理院 4 年上字第 1457 號：「遺產之管理人，既係由親屬公同選任，自得由親屬公同撤換」。

[56] 胡長清著，前揭書，第 163 頁。

[57] 戴炎輝等著，前揭書，第 219 頁。

或受遺贈人償還債務，或交付遺贈物（民法第 1181 條）。又被繼承人之債權人或受遺贈人，不於第 1179 條第 1 項第 3 款所定期間內為報明或聲明者，僅得就賸餘遺產，行使其權利（民法第 1182 條）[58]。

(三) 繼承人之搜索

親屬會議依前條規定為報明後，法院應依公示催告程序，定 6 個月以上之期限，公告繼承人，命其於期限內承認繼承。無親屬會議或親屬會議未於前條所定期限內選定遺產管理人者，利害關係人或檢察官，得聲請法院選任遺產管理人，並由法院依前項規定為公示催告（民法第 1178 條）。繼承開始時繼承人之有無不明者，在遺產管理人選定前，法院得因利害關係人或檢察官之聲請，為保存遺產之必要處置（民法第 1178 條之 1）[59]。

(四) 遺產之歸屬

法院搜尋繼承人之公告期限內，有繼承人承認繼承時，遺產管理人在繼承人承認繼承前所為之職務上行為視為繼承人之代理（民法第 1184 條）。若前述期限屆滿，無繼承人承認繼承時，其遺產於清償債權，並交付遺產贈物後，如有賸餘，歸屬國庫（民法第 1185 條）[60]。

(五) 無人承認繼承遺產在實務上應行注意之事項與利害關係人之規定

親屬會議選定遺產管理人之事由，必須向法院報明；而法院於受理有關無人承認繼承遺產管理時，實務上應注意之事項如下[61]：

1. 受理聲請選任遺產管理人事件，應注意審查聲請人有無檢附被繼承人之除戶戶籍資料及遺產清冊，並於裁定後將該項資料連同裁定正本送達遺產管理人，以利其執行管理職務。

---

[58] 鄭玉波著，《民法概要》（臺北：三民書局，1989 年 8 月再修訂五版），第 391-393 頁。

[59] 鄭玉波著，前揭書，第 393 頁。

[60] 同前註。

[61] 司法院第一廳編輯，《民法親屬繼承編及其施行法修正條文暨說明》（臺北：司法院祕書處，民國 1985 年 6 月出版），第 181 頁。

2. 先順序繼承人均拋棄繼承，其次順序繼承人有無不明而應準用關於無人承認繼承之規定時，應先審核可否依民法第 1177 條規定選定遺產管理人。如無法選定遺產管理人者，因此類拋棄繼承事件，多屬遺債大於遺產，形同破產，盡量避免選任國有財產局為遺產管理人。

3. 被繼承人屬退除役榮民身分者，依行政院頒「國軍退除役官兵暨死亡遺留財產處理辦法」規定，應由國軍退除役官兵輔導委員會辦理，勿選任國有財產局為遺產管理人。

4. 依民法第 1211 條規定指定遺囑執行人事件，盡量避免指定國有財產局為遺囑執行人。

5. 法院選任遺產管理人，管理無人承認繼承遺產所代墊各項費用及所請求報酬，屬遺產債權，依民法第 1150 條之規定，由遺產中支付之。

※ 大陸隻身來臺人士之遺產，於裁定公示催告時，應顧及大陸合法繼承人之正當權益（參見司法院 74 年 10 月 15 日(74)院台廳一字第 5786 號）。

　　大陸來臺人士死亡，在臺無親屬，而在大陸，遺有妻、子、女，其服務機關墊支喪葬費，或其他債權人，可否以利害關係人身分，請求法院，指定遺產管理人？（本問曾經 1.民國 44 年司法行政部 44.12.24 台(44)公參第 6888 號函指示。2.57 年第一次法律座談會提案：嘉臨字第一號討論。3.59 年行政院 59.7.14 台(59)第 294 號令亦有指示。4.65 年法律座談會 53 號亦曾討論。5.66 年法律座談會提案第 19 號亦予討論。6.68 年 10 月 10 日臺灣高等法院家抗字第 21 號裁定亦表示意見。）可以。按繼承開始，繼承人有無不明，而不能依民法第 1177 條選定遺產管理人，依非訟事件法第 78 條第 1 項規定，固得由利害關係人聲請法院指定之，遺產管理人並應依民法第 1179 條以下之規定執行其職務。如係有繼承人，因故不能管理遺者，依同法第 79 條第 1 項規定準用第 78 條之結果，雖亦得由利害關係人聲請法院指定遺產管理人，惟此項遺產管理人僅能依同條第 2 項之規定執行其職務，並無民法第 1179 條以下各條之適用。本件大陸來臺人士死亡，在臺無親屬，如在大陸確實遺有妻、子、女時，自屬非訟事件法第 79 條規定「繼承人因故不能管理」之情形，其服務機關既為之墊支喪葬費或其他債權人，自均得以利害關係人身分，依非訟事件法第 79 條之規定，聲請法院指定遺產管理人，此項遺產管理人應依同條第二項規定，於六個月內清償債權，並交付遺贈，如有剩餘應提存之，其性質不適於提存者得於拍賣後提存其價金，殊無再適用民法第 1179 條第 1 項第 3 款規定聲請法院依公示催告程序，限定 1 年以上之期間，公告被繼承人之債權人及受遺贈人，命其於該期間內報

明債權及為願受遺贈與否聲明之餘地（參見司法院第一廳 70 年 9 月 4 日(70)廳民一字第 649 號函復台高院）[62]。

※ 原則被繼承人在臺灣地區之遺產，由大陸地區人依法繼承者，其所得財產總額，每人不得逾新臺幣 200 萬元，例外大陸配偶繼承或受遺贈不適用總額不得逾新臺幣 200 萬之限制。

1. 民國 81 年 7 月 16 日制定《臺灣地區與大陸地區人民關係條例》：我國認為國家統一，前為確保臺灣地區安全與民眾福祉，規範臺灣地區與大陸地區人民之往來，並處理衍生之法律事件，特制定《臺灣地區與大陸地區人民關係條例》，該條例第 67 條第 1、2 項規定：「被繼承人在臺灣地區之遺產，由大陸地區人依法繼承者，其所得財產總額，每人不得逾新臺幣 200 萬元。超過部分，歸屬臺灣地區同為繼承之人；臺灣地區無同為繼承之人者，歸屬臺灣地區後順序之繼承人；臺灣地區無繼承人者，歸屬國庫。前項遺產，在本條例施行前已依法歸國庫者，不適用本條例之規定。其依法令以保管款專戶暫為存儲者，仍依本條例之規定辦理」、第 68 條規定：「現役軍人或退除役官兵死亡而無繼承人，繼承人之有無不明或繼承人因故不能管理遺產者，由主管機關管理其遺產。前項遺產事件，在本條例施行前，已由主管機關處理者，依其處理。第 1 項遺產管理辦法，由國防部及行政院國軍退除役官兵輔導委員會分別擬訂，報請行政院核定後發布之。本條例修正施行前，大陸地區人民未於第 66 條所定期限內完成繼承之第 1 項、第 2 項遺產，由主管機關逕行捐助設置財團法人榮民榮眷基金會，辦理下列業務，不受前條第 1 項歸屬國庫規定之限制：(1)亡故現役軍人或退除役官兵在大陸地區繼承人申請遺產之核發事項。(2)榮民重大災害救助事項。(3)清寒榮民子女教育獎助學金及教育補助事項。(4)其他有關榮民、榮眷福利及服務事項。依前項第 1 款申請遺產核發者，以其亡故現役軍人或退除役官兵遺產，已納入財團法人榮民榮眷基金會為限。財團法人榮民榮眷基金會章程，由行政院國軍退除役官兵輔導委員會擬訂，報請行政院核定之。」

2. 民國 98 年 6 月 9 日修正《臺灣地區與大陸地區人民關係條例》第 67 條：「被繼承人在臺灣地區之遺產，由大陸地區人民依法繼承者，其所得財產總額，每人不得逾新臺幣 200 萬元。超過部分，歸屬臺灣地區同為繼承之人；臺灣地區無同為繼承之人者，歸屬臺灣地區後順序之繼承人；臺灣地區無繼承人者，歸屬國庫。前項遺產，在本條例施行前已依法歸屬國庫者，不適用本條例之規定。其依法令以保管款專戶暫為存儲者，仍依本條例之規定辦理。遺囑人以其在臺灣地區之財

---

[62] 蕭長青等著，第 205-206 頁。

產遺贈大陸地區人民、法人、團體或其他機構者，其總額不得逾新臺幣 200 萬元。第 1 項遺產中，有以不動產為標的者，應將大陸地區繼承人之繼承權利折算為價額。但其為臺灣地區繼承人賴以居住之不動產者，大陸地區繼承人不得繼承之，於定大陸地區繼承人應得部分時，其價額不計入遺產總額。大陸地區人民為臺灣地區人民配偶，其繼承在臺灣地區之遺產或受遺贈者，依下列規定辦理：(1)不適用第 1 項及第 3 項總額不得逾新臺幣 200 萬元之限制規定。(2)其經許可長期居留者，得繼承以不動產為標的之遺產，不適用前項有關繼承權利應折算為價額之規定。但不動產為臺灣地區繼承人賴以居住者，不得繼承之，於定大陸地區繼承人應得部分時，其價額不計入遺產總額。(3)前款繼承之不動產，如為土地法第 17 條第 1 項各款所列土地，準用同條第 2 項但書規定辦理。」

3. 大陸配偶基於婚姻關係與臺灣配偶共營生活，與臺灣社會及家庭建立緊密連帶關係，有別於一般大陸地區人民。為維護大陸配偶本於婚姻關係之生活及財產權益，其繼承權應進一步予以保障，明定大陸配偶繼承或遺贈，不適用有關總額不得逾新臺幣 200 萬之限制；經許可長期居留之大陸配偶，得繼承不動產。

※ 不動產經紀人 96 年第 2 次選擇題第 40 題

(C) 40. 下列何者非遺產分割之方法？　(A)遺囑指定　(B)法院裁判分割　(C)家長分割　(D)繼承人協議。

※ 遺產之分割：

1. 民法第 1164 條：「繼承人得隨時請求分割遺產。但法律另有規定或契約另有訂定者，不在此限。」

2. 民法第 1165 條：「被繼承人之遺囑，定有分割遺產之方法，或託他人代定者，從其所定。遺囑禁止遺產之分割者，其禁止之效力以 10 年為限。」

3. 民法第 1166 條：「胎兒為繼承人時，非保留其應繼分，他繼承人不得分割遺產。胎兒關於遺產之分割，以其母為代理人。」

※ 不動產經紀人 105 年選擇題第 37 題

(B) 37. 依我國民法之規定，當胎兒為繼承人時，他繼承人如未保留胎兒之應繼分而分割遺產者，其分割行為之效力如何？　(A)有效　(B)無效　(C)得撤銷　(D)效力未定。

4. 民法第 1168 條：「遺產分割後，各繼承人按其所得部分，對於他繼承人因分割而得之遺產，負與出賣人同一之擔保責任。」

5. 民法第 1169 條：「遺產分割後，各繼承人按其所得部分，對於他繼承人因分割而得之債權，就遺產分割時債務人之支付能力，負擔保之責。前項債權，附有停止條件或未屆清償期者，各繼承人就應清償時債務人之支付能力，負擔保之責。」

※ 不動產經紀人 102 年選擇題第 39 題

(A)39. 甲死亡後，其子女乙、丙二人為繼承人。甲留有房屋一棟市值新臺幣 500 萬元，且甲對丁有新臺幣 500 萬元債權，已屆清償期。遺產分割時，乙分得房屋，丙分得債權。乙對丁何時之支付能力應負擔保責任？　(A)乙就遺產分割時丁之支付能力負擔保之責　(B)乙就債務實際清償時丁之支付能力負擔保之責　(C)乙就清償期屆滿時丁之支付能力負擔保之責　(D)乙就甲死亡時丁之支付能力負擔保之責。

※ 民法第 1169 條：遺產分割後，各繼承人按其所得部分，對於他繼承人因分割而得之債權，就遺產分割時債務人之支付能力，負擔保之責。

前項債權，附有停止條件或未屆清償期者，各繼承人就應清償時債務人之支付能力，負擔保之責。

※ 民法第 824 條第 3 項：以原物為分配時，如共有人中有未受分配，或不能按其應有部分受分配者，得以金錢補償之。

※ 民法第 824 條之 1：共有人自共有物分割之效力發生時起，取得分得部分之所有權。

應有部分有抵押權或質權者，其權利不因共有物之分割而受影響。但有下列情形之一者，其權利移存於抵押人或出質人所分得之部分：

一、權利人同意分割。

二、權利人已參加共有物分割訴訟。

三、權利人經共有人告知訴訟而未參加。

前項但書情形，於以價金分配或以金錢補償者，準用第 881 條第 1 項、第 2 項或第 899 條第 1 項規定。

前條第 3 項之情形，如為不動產分割者，應受補償之共有人，就其補償金額，對於補償義務人所分得之不動產，有抵押權。

6. 民法第 1170 條：「依前 2 條規定負擔保責任之繼承人中，有無支付能力不能償還其分擔額者，其不能償還之部分，由有請求權之繼承人與他繼承人，按其所得部分比例分擔之。但其不能償還，係由有請求權人之過失所致者，不得對於他繼承人請求分擔。」

7. 民法第 1171 條：「遺產分割後，其未清償之被繼承人之債務，移歸一定之人承受，或劃歸各繼承人分擔，如經債權人同意者，各繼承人免除連帶責任。繼承人之連帶責任，自遺產分割時起，如債權清償期在遺產分割後者，自清償期屆滿時起，經過 5 年而免除。」

※ 不動產經紀人 110 年選擇題第 25 題

(D) 25. 關於遺產分割的敘述，下列何者正確？　(A)繼承人於服喪三年後得隨時請求分割遺產　(B)遺囑禁止遺產之分割者，其禁止之效力以二十年為限　(C)遺產分割後，各繼承人按其所得部分，對於他繼承人因分割而得之債權，就應清償時債務人之支付能力，負擔保之責　(D)繼承人之連帶責任，自遺產分割時起，如債權清償期在遺產分割後者，自清償期屆滿時起，經過五年而免除。

※ 不動產經紀人 106 年選擇題第 33 題

(C) 33. 下列有關遺產分割之敘述，何者錯誤？　(A)繼承人請求分割遺產之不動產，性質上為處分行為，依民法第 759 條規定，於未辦妥繼承登記前不得為之　(B)被繼承人之遺囑，定有分割遺產之方法，或託他人代定者，從其所定　(C)繼承人對被繼承人已屆清償期之債務，自遺產分割時起 15 年內仍負連帶責任　(D)繼承人之一所分得之土地持分短少，得向其他繼承人請求賠償短少分配之同額價金。

8. 民法第 1172 條：「繼承人中如對於被繼承人負有債務者，於遺產分割時，應按其債務數額，由該繼承人之應繼分內扣還。」

9. 民法第 1173 條：「繼承人中有在繼承開始前因結婚、分居或營業，已從被繼承人受有財產之贈與者，應將該贈與價額加入繼承開始時被繼承人所有之財產中，為應繼遺產。但被繼承人於贈與時有反對之意思表示者，不在此限。前項贈與價額，應於遺產分割時，由該繼承分中扣除。贈與價額，依贈與時之價值計算。」

※ 不動產經紀人 111 年民法選擇題第 1 題

(B) 1. 依我國民法第 1173 條有關歸扣之規定，下列何種被繼承人生前將財產贈與某特定繼承人，無須將該贈與價額，於遺產分割時，由該繼承人之應繼分中扣除？　(A)因該特定繼承人結婚時之贈與　(B)因該特定繼承人重大災難生還時之贈與　(C)因該特定繼承人從家裡決定分居時之贈與　(D)因該特定繼承人決定經營事業時之贈與。

※ 不動產經紀人 95 年選擇題第 8 題

(B) 8. 遺囑禁止遺產之分割者，其禁止之效力以多少年為限？　(A)5 年　(B)10 年　(C)15 年　(D)20 年。

※ 民法第 1165 條：被繼承人之遺囑，定有分割遺產之方法，或託他人代定者，從其所定。遺囑禁止遺產之分割者，其禁止之效力以 10 年為限。

十二、遺囑[63]

(一) 意義： 生前依法定方式處分其死後遺產，而於死後發生效力之單獨行為。

遺囑係遺囑人為其於死後發生效力為目的，依法定方式所為的單獨行為[64]或謂公民按照法律規定的方式處分遺產或其他事務並於其死亡時發生效力的一種法律行為[65]。茲分析遺囑之法律特徵如下：

1. 遺囑為無相對人之單獨行為（單方法律行為）。

2. 遺囑須依法定方式為之。

3. 遺囑係以遺囑人死後發生效力為目的。

※ 地政士 97 年申論題第 4 題

四、甲有 X、Y、Z 三房地，甲妻乙早已去世。民國 90 年，一場大病之後，自覺人生無常，乃召來子女 A、B、C，正式表明其所有財產，X 房地贈予 C，Y 及 Z 之房地，則分別由 A、B 繼承，但 C 則應表明拋棄繼承權。A、B、C 對甲之表示均加以同意，C 並於次日開始辦理 X 房地產權之移轉。半年後甲死亡，其子女在清理遺產中，發現甲尚遺有大量現款、古董及股票。C 以拋棄繼承損失慘重，乃否認拋棄繼承，另外，甲出殯之日，突有 D 前來奔喪，並表示自己為甲生前扶養之子，應與 A、B、C 共同繼承甲之遺產。問：甲與 A、B、C 間就甲之財產處分之意思表示，可否生遺囑之效力？C 否認其拋棄繼承，D 表示有權與 A、B、C 共同繼承，是否均於法有理？

解析

(一) 意義

1. 遺囑意義：生前依法定方式處分其死後遺產，而於死後發生效力之單獨行為。

2. 遺囑方式：自書遺囑、公證遺囑、密封遺囑、代筆遺囑、口授遺囑（筆記口授、錄音口授）。

「遺願」僅是社交上遺孤的付託，並非民法上遺囑之監護人之指定。不符合五種遺囑方式，故不生任何遺囑之效力。

---

63 王國治，《民法系列—遺囑》（臺北：三民書局，2006 年 5 月初版），第 31-110 頁。

64 戴東雄，劉得寬編著，《民法親屬與繼承》（臺北：五南圖書公司，1993 年 5 月二版五刷），第 336 頁。

65 劉春茂主編，前揭書，第 323 頁。

(二) 拋棄繼承之成立要件：

1. 知悉其得繼承之時起 3 個月內。

2. 以書面向法院為之。

3. 應以書面通知因其拋棄而應為繼承之人。

　　繼承權之拋棄不得預先於繼承開始為之，否則其拋棄為無效，為我國通說與實務最高法院 22 年上字第 2652 號判例。甲在生前表明 X 房地贈予 C 並於次日開始辦理 X 房地產權之移轉。僅為生前贈與之行為，C 口頭表明願意拋棄繼承權，因其拋棄繼承不具備拋棄繼承之效果，故 C 以拋棄繼承損失慘重，在甲死亡後未辦理拋棄繼承者，仍可主張繼承權。

※ 拋棄繼承應備文件：(口訣：通、除、印、書、表)

1. 應備文件：

(1) 拋棄繼承聲請書。(宜載明聲請人聯絡電話)

(2) 被繼承人除戶戶籍謄本。(如戶籍謄本尚無死亡記載，應同時提出死亡證明書)

(3) 拋棄人戶籍謄本、印鑑證明，聲請書蓋印鑑章。(如拋棄人住居國外，得將其拋棄之意思及委任代理人作成書面〈拋棄繼承權聲明書及授權書〉持至我國駐該外國使領館或相當機構公證或認證)

(4) 繼承系統表。(被繼承人之配偶、直系血親卑親屬〈子女、孫子女、曾孫子女〉、父母、兄弟姊妹生存或死亡及是否拋棄等情形，均應載明)

(5) 拋棄通知書收據。(已通知因其拋棄繼承而應為繼承之人之證明)

2. 費用：應繳納新臺幣 1,000 元。(非訟事件法第 14 條第 1 項)

(三) 生前扶養之子

1. 非婚生子女須提起強制認領之訴後享有繼承權

(1) 有血緣聯繫：

① 依據民法第 1067 條：「有事實足認其為非婚生子女之生父者，非婚生子女或其生母或其他法定代理人，得向生父提起認領之訴。前項認領之訴，於生父死亡後，得向生父之繼承人為之。生父無繼承人者，得向社會福利主管機關為之。」本題 D 須向生父之繼承人 A、B、C 提起強制認領之訴，確認後即視為婚生子女，才享有繼承權。

② 視為認領：依據民法第 1065 條：「非婚生子女經生父認領者，視為婚生子女。其經生父撫育者，視為認領。」

　　本題 D 須證明有經生父撫育之事實，才能視為認領，非婚生子女經生父認領者，視為婚生子女，D 才享有繼承權。

(2) 無血緣聯繫：無法為甲之婚生子女而與 ABC 共同繼承，但若符合民法第
　　 1065 條：「被繼承人生前繼續扶養之人，應由親屬會議依其所受扶養之程度
　　 及其他關係，酌給遺產。」仍可請求親屬會議酌給遺產。

（二）遺囑之內容

　　遺囑之內容，是否僅限於法律所明定之事項？抑或一切法律行
為，只要不違反強行規定或公序良俗者，均得以遺囑為之？有謂：遺
囑為屬於法律特定之行為，並非一切行為皆可以遺囑出之；有謂：舉
凡生前所能為之法律行為，皆不妨以遺囑為之，惟遺囑既為法律行
為，自不能違反強行規定或公序良俗。後說為我國之通說[66]。實務上
亦認遺囑之內容，不以法律所明定者為限（例如最高法院 18 年上字
2715 號），22 年上字 1250 號、司法院 35 年院解字 3120 號）[67]依吾國
民法及特別法之明文規定，得為遺囑之內容者，再分為僅得以遺囑為
之者，及亦得以生前行為為之者[68]：

1. 僅得以遺囑為之者：
　 (1) 監護人之指定（民法第 1093 條、第 1111 條第 1 項第 5 款）。
　 (2) 遺產分割方法之指定或其指定之委託（民法第 1165 條第 1
　　　 項）。
　 (3) 遺產分割之禁止（民法第 1165 條第 2 項）。
　 (4) 遺囑之撤回（民法第 1219 條）。
　 (5) 遺囑執行人之指定或其指定之委託（民法第 1209 條）。

2. 得以生前行為為之者：
　 (1) 捐助行為（民法第 60 條）。
　 (2) 贈與（遺贈，民法第 1200 條以下）。
　 (3) 非婚生子女之認領（戶籍法第 41 條後段）。

---

[66] 羅鼎著，前揭書，第 169 頁；戴炎輝著，前揭書，第 210 頁；陳棋炎著，前揭書，209
　 頁；史尚寬著，前揭書，第 367 頁。
[67] 陳棋炎等著，前揭書，295 頁。
[68] 戴炎輝等著，前揭書，第 239 頁。

※ 在臺灣，縱使有錢的狗主人在遺囑中載明要愛犬繼承遺產，依法是不具效力的，所以臺灣的狗，只能後悔生錯地方咯！那麼臺灣的狗主人該如何設計，死後有人可以幫忙照顧狗呢？其實有兩種方法[69]：

第一、在遺囑中保留一筆錢，贈給愛狗人士或愛狗協會，但附帶註明須照顧愛犬直到牠升天。例如在遺囑寫明：「遺贈 5,000 萬元給愛狗協會，但該協會須照顧愛犬，每照顧 1 年可領 100 萬；如果未滿 50 年愛犬卻歸天，餘額則改捐公益團體。」那麼協會人員一定會將牠奉為上賓，並期望牠長命百歲。

第二、化小愛為大愛，直接成立專門照顧自己愛犬或其他流浪狗的公益團體。例如在遺囑寫明：「遺贈 5,000 萬以成立『狗狗博愛會』。博愛會第一宗旨，照顧自己的愛犬。第二宗旨照顧其他流浪狗。」這麼一來，全臺灣的狗都有人照顧，就算將來有一天愛犬歸天，也算嘉惠流浪狗，狗主人也可以流芳百世。

※ 不動產經紀人 104 年選擇題第 37 題

(B) 37. 某富婆在其遺囑中載明將遺產全部留給自己之愛狗繼承。依我國法律規定，狗可否取得該遺產？　(A)可以　(B)不可以　(C)由繼承人決定　(D)由法院決定。

(三) 遺囑能力

　　民法的規定，自然人的遺囑能力與行為能力不完全一致，有遺囑能力的人不一定具有完全行為能力；限制行為能力的人，其遺囑能力並不一定受到限制。但是，只有具備遺囑能力的人所立的遺囑，方能力效；不具備遺囑能力的人所立的遺囑，當然無效[70]。依據民法第 1186 條規定：「無行為能力人，不得為遺囑。限制行為能力人，無須經法定代理人之允許，得為遺囑。但未滿 16 歲者，不得為遺囑。」

1. 有遺囑能力人：凡滿 16 歲以上之自然人，而未受監護宣告者為有遺囑能力人。茲分析如下[71]：

   (1) 已滿 16 歲而未受監護宣告之人，即有完全之遺囑能力，縱係為未滿 20 歲之限制行為能力人，亦得單獨為遺囑（民法第

---

[69] 廖頌熙，繼承富婆遺產　真是好「狗」命，
http://www.mdnkids.com/law/detail.asp?sn=753（最後瀏覽日期：105 年 7 月 20 日）

[70] 胡大展主編，前揭書，第 516-517 頁。

[71] 陳棋炎等者，前揭書，第 302-303 頁。

1186 條第 2 項）。民法總則編關於行為能力之規定，對於遺囑能力無適用之餘地。

(2) 雖滿 16 歲，並未受監護之宣告，然係在無意識或精神錯亂中所為之遺囑，通說主張應適用民法第 75 條後段之規定，解釋為無效[72]。惟須進一步言者，我民法雖未若多數外國立法例（法國民法第 901 條，義大利民法第 591 條第 2 項第 3 款，德國民法第 2229 條第 4 項、瑞士民法第 467 條）設有遺囑人須有健全意識能力旨趣之規定，然如無「能理解自己所為意思表示之意義」之意思能力者，自宜解為無遺囑能力。

※不動產經紀人 105 年選擇題第 40 題

(D)40. 下列那種情形，甲所立的遺囑為有效？ (A)甲 6 歲，經由其父母之代理而立之遺囑 (B)甲 15 歲，預立遺囑後，得其父母之追認 (C)甲 10 歲，但已得其父母之同意而立之遺囑 (D)甲 17 歲，未得其父母之允許或承認而立之遺囑。

※ 不動產經紀人 104 年選擇題第 39 題

(C)39. 甲為 18 歲之人，未得法定代理人之允許，自書遺囑一份，寫明將所有財產全部捐給某公益團體。該遺囑之效力如何？ (A)效力未定，因為未得法定代理人之允許 (B)無效，因為未得法定代理人之允許 (C)有效，因為無須法定代理人之允許 (D)無效，因為內容違反特留分之規定。

2. 無遺囑能力人：

(1) 無行為能力人不得為遺囑（民法第 1186 條第 1 項）。無行為能力人，即①未滿 7 歲之人（民法第 13 條第 1 項）及②受監護宣告之人（民法第 14、15 條）。

(2) 未滿 16 歲之限制行為能力人，亦不得為遺囑（民法第 1186 條第 2 項但書），縱得法定代理人之同意或承認，其所為之遺囑仍為無效。

(3) 受監護宣告之人於回復正常狀態時，是否得為遺囑？我民法未設明文，外國立法例為避免舉證困難，多明定受監護宣告之人

---

[72] 陳棋炎著，前揭書，第 212 頁；戴炎輝者，前揭書，第 212 頁；史尚寬著，前揭書，第 374-375 頁。

不得為遺囑（法國民法第 504 第 1 項，義大利民法第 591 條第 2 款，德國民法第 2229 條第 3 項），但亦有認經醫師一人（韓國民法第 1063 條）或二人以上（日本民法第 963 條）在場證明得為遺囑者。在我民法解釋上，受監護宣告之人無行為能力（民法第 15 條），絕對不得為遺囑，縱令回復常態，亦不得為之，通說採行[73]。當然，在立法論上，對於精神回復常態而有識別能力之受監護宣告之人，應否許其自為遺囑，非無研究之餘地[74]。

(4) 無遺囑能力人所為遺囑無效[75]。

3. 決定遺囑能力之時期：

(1) 遺產成立之時與其效力發生之時有一段距離，從而遺囑能力之有無，究應以遺囑人為遺囑時為準？抑應以遺囑發生效力時為準？立法例上有明文規定以遺囑時為準者（例如，日本民法第 963 條，瑞士民法第 467 條、第 519 條，奧地利民法第 575 條），我民法雖無明文規定，解釋上亦應以遺囑作成之時為準，定其遺囑能力之有無，蓋在遺囑發生效力以前，遺囑人得隨時撤回或變更其遺囑故也[76]。

(2) 有遺囑能力人作成遺囑後，縱令喪失遺囑能力，其所為遺囑之效力仍不受任何影響，但可否撤回或變更遺囑，則不無疑問，為保護遺囑人，宜為否定之解釋。

---

[73] 戴炎輝著，前揭書，第 212 頁；陳棋炎著，前揭書，第 212 頁；史尚寬著，前揭書，第 374 頁。

[74] 羅鼎著，前揭書，第 172 頁。

[75] 胡長清著，前揭書，第 10 頁；戴炎輝著，前揭書，第 211-212 頁；陳棋炎著，前揭書，第 211 頁；史尚著，前揭書，第 377 頁。

[76] 胡長清著，前揭書，第 177 頁；戴炎輝著，前揭書，第 214 頁；陳棋炎著，前揭書，第 213 頁；史尚寬著，前揭書，第 376 頁。

(3) 無遺囑能力人作成遺囑後，縱令取得遺囑能力，其所為之遺囑仍屬無效，亦不因事後承認而成為有效[77]。然如於取得遺囑能力以後，變更其遺囑者，則可認為重新為遺囑，其遺囑應為有效[78]。

(四) 遺囑之撤回

1. 自由撤回：得隨時依遺囑方式，撤回其全部或一部（民法第 1219 條）。

2. 視為撤回：前後遺囑牴觸之部分之前遺囑或所為行為與其遺囑牴觸或故意破毀、塗銷，註明廢棄遺囑。

(五) 遺囑方式：自書遺囑、公證遺囑、密封遺囑、代筆遺囑、口授遺囑（筆記口授、錄音口授）。（口訣：口、代、封、證、書）遺囑必須符合法定方式，違反者，無效。方式如下：

1. 自書遺囑（民法第 1190 條）：其要件包括：自書遺囑全文；記明年、月、日；親自簽名。

    依民法第 1190 條前段規定：「自書遺囑者，應自書遺囑全文，說明年、月、日，並親自簽名。」此為自書遺囑之方式，必須具備如下條件[79]：

    (1) 遺囑人必須自書遺囑全文：至於使用何種語言文字，何種書寫工具和紙張，則在所不問。但是，遺囑人僅自書遺囑部分內容，其餘由他人記錄、或者以打字機或排版鉛印製作的遺囑則是無效。

    (2) 遺囑人必須記明年、月、日：記明年、月、日是判斷遺囑人作成遺囑時有無遺囑能力的依據。如有二個以上的遺囑，遺囑所

---

[77] 胡長清著，前揭書，第 180 頁；羅鼎著，前揭書，第 173 頁以下；戴炎輝著，前揭書，第 214 頁；史尚寬著，前揭書，第 376 頁。

[78] 戴炎輝著，前揭書，第 214 頁；陳棋炎著，前揭書，第 213-214 頁；史尚寬著，前揭書，第 376 頁。

[79] 胡大展主編，前揭書，第 518-519 頁。

記載的年、月、日還是判斷哪個是最後遺囑的依據（前後兩個遺囑內容相牴觸，日期在後的遺囑使日期在前的遺囑無效）。同時，遺囑完成後追加新遺囑時，亦應記載追加新遺囑的日期，否則其追加新遺囑部分為無效。

　　(3) 遺囑人必須親自簽名：須親自簽名者，以便知其係出於遺囑人真意，可供對筆跡之用。因此，苟依其記載，能表示遺囑人為何人，均應認為遺囑為有效[80]。

※ 不動產經紀人 100 年選擇題第 39 題

(B) 39. 下列關於遺囑之敘述何者正確？　(A)未滿 18 歲者不得為遺囑　(B)自書遺囑必須親筆自書，不得自行電腦打字列印後，親自簽名為之　(C)18 歲以上之人得為遺囑見證人　(D)口授遺囑，自遺囑人能依其他方式為遺囑之時起，經過 2 個月而失其效力。

※ 增減及塗改：民法第 1190 條後段規定：「如有增減、塗改，應註明增減、塗改之處所及字數，另行簽名。」遺囑如有增減塗改，遺囑人應當註明增減塗改的處所及字數，並另行簽名，這才能確定遺囑人為何人，遺囑內容或增減塗改是否遺囑人真實意思表示。如果遺囑人未依法定方式對遺囑進行增減塗改，其遺囑視為無變更[81]。

※ 自書遺囑之得失：自書遺囑既可祕密為之（因不須有見證人），又可節省費用，此為其長處。但其方式太過簡單，一般人民既缺乏法律知識，故其內容未免有矛盾、曖昧或不適法等情；其所要求方式雖已甚簡單，仍常有因方式不完備而無效者；且因無見證人，故與公證遺囑比較時，易發生偽造或變造情事，此等為其短處。由上可知，自書遺囑之得失利弊參半。惟一般人民，因此可以簡便之方式定立遺囑，其利益仍不可抹殺。故各國民法，大率亦承認其為普通方式遺囑之一種[82]。

　2. 公證遺囑（民法第 1191 條）：公證遺囑是指按公證程序制作的遺囑。依據我民法第 1191 條第 1 項規定：「公證遺囑，應指定二人以上之見證人，在公證人前口述遺囑意旨，由公證人筆記、宣讀、講解，經遺囑人認可後，記明年、月、日，由公證人、見證人及遺囑人同行簽名，遺囑人不能簽名者，由公證人將其事由記明，使按指印代之。」

---

[80] 陳棋炎等者，前揭書，第 316 頁。

[81] 胡大展主編，前揭書，第 518-519 頁。

[82] 戴炎輝等著，前揭書，第 249 頁。

(1) 公證遺囑應具備如下條件[83]：

① 必須有二人以上的見證人在場見證：見證人由遺囑人指定，須具備見證人資格。見證人的任務是證明遺囑的真實性和監督公證人公正地執行其職務，因此，見證人應親自參與遺囑制作的全部過程。

② 必須由遺囑人在公證人面前口述遺囑內容：不得由他人代為口述也不得以筆記代替口述。口述應以言語為之，不得以其他舉動表達，故不能口述者（啞者或有語言障礙者），自不能為公證遺囑[84]。

③ 須由公證人筆記、宣讀、講解：必須由公證人根據遺囑人的口述，作成筆記，然後就遺囑全文向遺囑人宣讀、講解，使遺囑人明白了解遺囑的內容。如果遺囑人對遺囑的內容有修改或者補充，公證人也應就遺囑全文向遺囑人讀講解。

④ 須遺囑人認可後，記明年月日，由公證人、見證人及遺囑人同行簽名：遺囑人於公證人宣讀講解後，如對於筆記予以認可，即認為與其意旨相符，則公證人應記明年月日，由公證人、見證人及遺囑人同行簽名。遺囑人如不能簽名，由公證人將其事由記明，使按指印代之[85]。通常以指印代簽名時，尚須有二人簽名證明（民法第 3 條第 3 項）；然在公證遺囑，因已有公證人及見證人，與遺囑人同行簽名，自無須另覓證明人。見證人須簽名，不能以指印代之。

(2) 公證人職務之代行：公證遺囑須在公證人前為之，故須有公證人行使職務始能作成之。如遺囑人所在地無公證人者，民法特別規定公證人職務之代行（民法第 1191 條第 2 項），以便利遺囑人。作成公證遺囑之公證人職務，在無公證人之地，得由法

---

[83] 胡大展主編，前揭書，第 518-519 頁。

[84] 羅鼎著，前揭書，第 186 頁。

[85] 陳棋炎等著，前揭書，第 323 頁。

院書記官代行。僑民在中華民國領事駐在地為遺囑時，得由領事行之。中華民國人民在外國所為遺囑仍應適用中華民國法律（涉外民事法律適用法第 60 條第 1 項），僑民自得依民法規定方式為遺囑。為便利僑民，僑民在領事駐在地為公證遺囑時，得由領事執行公證人職務。僑民無須在領事駐在地住所或居所，一時的於領事駐在地訪問或旅行時，領事亦不妨為其執行公證遺囑職務[86]。民法並未以外國人為見證人之缺格者，故以外國人為見證人所為之遺囑亦屬有效[87]。

※ 公證遺囑之得失：公證遺囑，不如自書遺囑之可以嚴守祕密，且關於費用及作成之便利，亦有短處（因公證處或其分處，非各地均有之）。惟文盲或不熟習法律之人，亦得藉以定立遺囑，且其所在明確，方式之遵守，內容之真實以及證據力之強大，遠勝於自書遺囑。是以，諸外國亦概予採取。惟在現在吾國，須推進發展公證事務，輕減利用者之負擔，提高公證人之資質，以期圖善運用[88]。

※ 地政士 113 年申論題第 4 題

四、甲喪偶，於民國 113 年 5 月 10 日召集子女乙丙丁三人商議並告知遺產分配，所有人皆無異議，隨後當場自立一紙未記載日期之遺囑，為求慎重，一行人隔日至公證人處請求公證，公證人認證時註記認證日期為民國 113 年 5 月 11 日，數日後甲死亡，乙因當時分配較少遺產心生不滿，主張該遺囑無效，是否有道理？

解析

(一) 甲依據民法第 1190 條規定作成自書遺囑

1. 所謂遺囑係指生前依法定方式處分其死後遺產，而於死後發生效力之單獨行為。依據民法第 1190 條規定：「自書遺囑者，應自書遺囑全文，記明年、月、日，並親自簽名；如有增減、塗改，應註明增減、塗改之處所及字數，另行簽名。」依據民法第 1191 條第 1 項規定：「公證遺囑，應指定二人以上之見證人，在公證人前口述遺囑意旨，由公證人筆記、宣讀、講解，經遺囑人認可後，記明年、月、日，由公證人、見證人及遺囑人同行簽名，遺囑人不能簽名者，由公證人將其事由記明，使按指印代之」。

---

[86] 史尚寬著，前揭書，第 410 頁同旨。

[87] 陳棋炎等著，前揭書，第 324 頁。

[88] 戴炎輝等著，前揭書，第 252 頁。

2. 本題甲自立一紙未記載日期之遺囑，隔日至公證人處請求公證，公證人「認證」時註記認證日期為民國 113 年 5 月 11 日。甲雖請求公證，但公證人所為者為「認證」，故甲所作成之遺囑並非公證遺囑，而屬自書遺囑。

(二) 自書遺囑未記明日期，嗣後公證人認證時註記認證日期，其遺囑是否可視為補正日期而有效？

1. 民法第 1190 條規定：「自書遺囑者，應自書遺囑全文，記明年、月、日，並親自簽名；如有增減、塗改，應註明增減、塗改之處所及字數，另行簽名。」

2. 本題自書遺囑未記明日期，嗣後公證人認證時註記認證日期，其遺囑是否可視為補正日期而有效？依據最高法院 108 年度台上字第 444 號判決：「自書遺囑以自書為要件，倘遺囑人未自行記明日期，除得由遺囑人自書其他部分為其日期之補充外，倘不得由第三人代記日期補充之。自書之系爭遺囑未記明年、月、日，係法院公證人認證時註記認證日期，為原審合法認定之事實。依前開說明，系爭遺囑未註記日期，法院公證人註記之日期乃認證日期，並非遺囑之一部，無從以之補正系爭遺囑之日期，系爭遺囑即屬無效。」

3. 本題甲於 113 年 5 月 10 日自立一紙未記載日期之遺囑，因未記明遺囑完成日期，此時自書遺囑尚未成立，雖隔日甲至公證人處，經公證人認證時已註記認證日期為 113 年 5 月 11 日，惟依上述最高法院 108 年度台上字第 444 號判決見解，認證日期並非遺囑之一部，無從以之補正遺囑之日期，其遺囑仍屬無效。故乙主張該遺囑無效，應屬有理。

3. 密封遺囑（民法第 1192 條）：依民法第 1192 條第 1 項規定：「密封遺囑，應於遺囑上簽名後，將其密封，於封縫處簽名，指定二人以上之見證人，向公證人提出，陳述其為自己之遺囑，如非本人自寫，並陳述繕寫人之姓名，住所，由公證人對於封面記明該遺囑提出之年、月日及遺囑人所為之陳述，與遺囑人及見證人同行簽名。」密封遺囑的成立條件是[89]：

(1) 須由遺囑人在遺囑上簽名：至於遺囑書是由遺囑人自書、或由他人代筆或使用打字機等作成，均無不可。而且，只要遺囑人在遺囑上簽名即可，不必記明年、月、日。因為密封遺囑的作

---

[89] 李景禧主編，前揭書，第 142-143 頁。

成時間是以公證人所記載的遺囑人提出遺囑的年、月、日為準，而不以遺囑書上記明的年、月、日為準。

(2) 須由遺囑人將遺囑書密封，並在密封處簽名，以防止他啟視：密封遺囑也可以由他人在遺囑人面前進行，但只能由遺囑人自己簽名。

(3) 須有遺囑人指定的二人以上的見證人在場見證，由遺囑人向公證人提出遺囑，陳述該遺囑是自己所立的遺囑：如遺囑不是本人自書的，遺囑人還應陳述繕寫人的姓名和住所。遺囑人向公證人陳述時，無須陳述遺囑內容，只要說明該遺囑是自己所立的遺囑即可。

(4) 須由公證人在遺囑封面上說明該遺囑提出的年、月、日以及遺囑人所作的陳述：公證人所記明提出遺囑的年、月、日即是遺囑作成的時間。即使遺囑書上有年、月、日記載，也以公證人所記明的年、月、日為遺囑作成的時間。

(5) 須由公證人、見證人和遺囑人在遺囑封面上同時簽名：此時遺囑人簽名是為證明已經履行密封遺囑的手續，與為了保密而在密封處簽名的作用不同。

※ 密封遺囑之轉換：各種遺囑各有其特殊之方式，原則上不許代用，我民法第 1193 條對此原則設有例外。即「密封遺囑不具備前條所定之方式而具備第 1190 條所定自書遺囑之方式者有自書遺囑之效力。」此因密封遺囑原可分為兩部以觀察之。即公證人封面之附記與遺囑內容之記載是也。如其遺囑內容出於遺囑人之自書，不但與自書遺囑完全相同，且許其為自書遺囑之代用與遺囑人之真意相符故也[90]。故雖不能為密封遺囑而有效，仍不妨為自書遺囑而有效（民法第 1193 條），即所謂無效行為之轉換（參閱民法第 73 條）。此為法律行為合理解釋之適例也[91]。

※ 密封遺囑之得失：密封遺囑因有見證人及公證人證明，故其存在甚為確實；而其內容，如係本人自書，又可保守祕密，似兼有自書遺囑及公證遺囑之長處。且可不必自書，而得使他代筆，故苟自己能簽名，即可使代筆人作為遺囑。又，在無公證人之地，亦得由法院書記官；在外國僑民，得由領事，代行公證人之職務（民法第

---

[90] 羅鼎著，前揭書，等 192-193 頁。

[91] 戴炎輝等著，前揭書，第 254 頁。

1192 條第 2 項、第 1191 條第 2 項），作成密封遺囑。但自書之密封遺囑，則仍有如自書遺囑之缺點。

4. 代筆遺囑（民法第 1194 條）：「代筆遺囑，由遺囑人指定三人以上之見證人，由遺囑人口述遺囑意旨，使見證人中之一人筆記、宣讀、講解、經遺囑人認可後，記明年、月、日，及代筆人之姓名，由見證人全體及遺囑人同行簽名，遺囑人不能簽名者，應按指印代之。」此為代筆遺囑之方式[92]，與公證遺囑之方式大致相同，茲說明如次[93]：

   (1) 須由遺囑人指定三人以上之見證人：在公證遺囑、密封遺囑，見證人只須二人，但在代筆遺囑，因無公證人參與，故須有三人以上，以昭慎重，而防作偽。

   (2) 須由遺囑人口述遺囑意旨：啞者及其他言語障礙之人，不能依代筆為遺囑，此點與公證遺囑同。遺囑人不通中國語言，而以外國語言口述遺囑意旨時，應指定通曉外國語言之見證人三人，其遺囑不妨以外國文字作之[94]。

   (3) 須由見證人中之一人筆記、宣讀、講解：此點與公證遺囑同。不過，此時見證人必須親自筆記，不得使他人為之[95]。

   (4) 須經遺囑人認可，記明年月日及代筆人之姓名：關於此點，除應記明代筆人姓名外，與公證遺囑同。

   (5) 須由見證人全體及遺囑人同行簽名，遺囑人不能簽名者，應按指印代之：遺囑人不能簽名者，應按指印代之，不適用民法第 3 條第 2 項以印章代替簽名之規定（前司法行政部 63 年 10 月

---

[92] 代筆遺囑符合民法第 1194 條所定要件，但不以經法院公證為必要（參照前司法行政部 58 年 5 月 30 日台 58 函民決字 4191 號），無須經親屬會議認定其真偽（同 61 年 3 月 6 日台 61 函決字 1783 號）。

[93] 陳棋炎等著，前揭書，第 332-333 頁。

[94] 史尚寬著，前揭書，第 414-415 頁。

[95] 戴炎輝著，前揭書，第 226 頁：陳棋炎著，前揭書，第 230 頁；史尚寬著，前揭書，第 415 頁。

26 日台 63 函民字 9255 號函），如遺囑人僅蓋印章，自屬有違
法定方式而歸無效（58 年台上字 219 號判決）。遺囑人不能簽
名而以指印代之者，不必由代筆人記明不能簽名之事由，因代
筆遺囑大都不識字者所採用，無庸贅及也。此點與公證遺囑有
異。但見證人必須親自簽名，所謂見證人全體，代筆人自亦包
括在內。見證人如有五人，則五人均須簽名，但代筆遺囑之成
立以有三人為已足，如五人中縱有二人漏未簽名，遺囑仍為有
效[96]。※代筆遺囑之得失：代筆遺囑制度，在外國法制上尚未
多見。因不由公證人作成，故不能完全保持遺囑人之自由意
思。見證人尤其代筆見證人，左右囑人之意思，概可預見。然
因吾國國情，公證制度尚未普遍實施，教育又未十分普及，不
識文字者尚多，故特設此種方式，俾求其簡便易行也[97]。

※ 不動產經紀人 106 年選擇題第 26 題

(C) 26. 依民法之規定，法定要式行為有使用文字之必要時，下述情形何者錯誤？ (A)
不動產物權之移轉或設定，當事人得以蓋章代替簽名 (B)兩願離婚之協議書，
夫妻雙方得以蓋章代替簽名 (C)在代筆遺囑之情形，遺囑人得以蓋章代替簽名
(D)應以書面方式訂立之人事保證契約，雙方得以蓋章代替簽名。

5. 口授遺囑（民法第 1195 條）─筆記口授；錄音口授：依民法第
　　1195 條規定，得作成口授遺囑之要件，為遺囑人因生命危急，或
　　因其他特殊情況，不能依其他方式為遺囑。此係採取概括主義者
　　（參閱瑞士民法第 506 條）。生命危急，例如：因重病急病，生命
　　有危險；從軍中，因病或傷，致生命有危險；乘船艦在海中，遭
　　遇危難等是。其他特殊情形，例如：在傳染病地帶，因行政處
　　分，以致交通斷絕；航海或從軍等是[98]。口授遺囑方式有下列
　　兩種[99]：

---

[96] 羅鼎著，前揭書，第 195 頁；史尚寬著，前揭書，第 415 頁。
[97] 羅鼎著，前揭書，第 195 頁；史尚寬著，前揭書，第 415 頁。
[98] 戴炎輝等著，前揭書，第 257 頁。
[99] 戴炎輝等著，前揭書，第 257-258 頁。

(1) 筆記口授遺囑（民法第 1195 條第 1 款）：

① 須指定二人以上見證人。此與代筆遺囑比較時，減少一人。

② 須遺囑人口授遺囑之意旨。此要件，與代筆遺囑之口述同，須以言語口述之。故對方之詢問，遺囑人點首或搖首，或啞者以手勢表示等舉動，均不得謂為口授[100]。因倘不作如此解釋，不足以防止流弊也。

③ 須由見證人中之一人，將該遺囑意旨，據實作成筆記。在代筆遺囑，須代筆見證人為筆記、宣讀、講解，並須經遺囑人之認可；而在口授遺囑，只見證代筆人據實作成筆記即可[101]。

④ 須記明年月日，由執筆見證人與其他見證人等同行簽名。在代筆遺囑，除代筆人、見證人簽名外，尚須遺囑人簽名或按指印；而在口授遺囑則否。因此，口授遺囑能否確保其真實，尚屬疑問[102]。

(2) 錄音口授遺囑（民法第 1195 條第 2 款）：錄音為現代生活中常用之記錄方式，以錄音記錄口授遺囑最為便捷，且在遺囑人臨危之際，尤有必要，故本法修正時特增設錄音口授遺囑一款。惟須具備下列要件[103]：

① 須指定二人以上見證人。此與筆記口授遺囑同。

② 須遺囑人口授遺囑之意旨，遺囑人姓名及年、月、日。遺囑人口授遺囑意旨，與前述筆記口授遺囑同。至口授遺囑人之姓名及年月日，為辨別何人何時口授也。蓋錄音口授遺囑，遺囑人不能亦不須簽名之故。

③ 由見證人全體口述遺囑之為真正及見證人姓名。錄下見證人之聲音，以證明有見證人在場。

---

[100] 中川善之助著，《註釋相續法》（東京：有斐閣，昭和 31 年 2 月初版第一刷），上冊，第 258 頁。

[101] 胡長清著，前揭書，第 201 頁。

[102] 羅鼎著，前揭書，第 197 頁；胡長清著，前揭書，第 201 頁。

[103] 戴炎輝等著，前揭書，第 258-259 頁。

④ 全部予以錄音。錄音口授遺囑之方式，自以錄音方式為之，此與筆記口授遺囑，由代筆見證人筆記者不同。至錄音之方式，同條僅言錄音帶，但解釋上，無論以錄音帶或其他留聲片，均無不可。

⑤ 將錄音帶當場密封並記名年、月、日。此乃防止錄音帶內容為他人增略竄改。

⑥ 由見證人全體在封縫處同行簽名。由見證人全體簽名，以示該錄音遺囑為立遺囑人所立之無誤。

※ 口授遺囑之有效期間：口授遺囑，自遺囑人能依其他方式為遺囑之時起，經過三個月而失其效力（民法第 1196 條）。口授遺囑，乃出於不得已之情事，遺囑人不能依其他方式為遺囑時所認許之略式遺囑，然因情況危急或特殊，方式取其簡便易行，能否確保遺囑之真正確實，不無疑問。因此各國法例大都設有口授遺囑之有效期間（法國民法第 984 條：6 個月；德國民法第 2252 條第 1 項：3 個月；瑞士民法第 508 條：14 日；日本民法第 983 條：6 個月）。因 3 個月期間之經過，口授遺囑在法律上當然失其效力，無須經遺囑人撤回。遺囑人依特別方式為遺囑後，或因疏忽或因無法律知識，而未再依普通方式另為遺囑者，經過 3 個月之期間，即一律無條件的失其效力，在立法論上是否妥當，似有待商榷[104]。在得為口授遺囑之情形下，仍依普通方式為遺囑者，則無有效期間之限制，固不待言。

※ 不動產經紀人 108 年選擇題第 23 題

(C) 23. 下列關於遺囑之敘述，何者正確？ (A)十八歲之限制行為能力人所為之遺囑，當然無效 (B)受輔助宣告之成年人所為之遺囑，當然無效 (C)口授遺囑，自遺囑人能依其他方式為遺囑之時起，經過三個月而失其效力 (D)公證人的受僱人得為公證遺囑之見證人。

※ 口授遺囑之認定：口授遺囑，應由見證人中之一人或利害關係人，於為遺囑人死亡後 3 個月內，提經親屬會議認定其真偽。對於親屬會議之認定如有異議，得聲請法院判定之（民法第 1197 條）。

(一) 認定制度之立法理由

口授遺囑，因成立於倉猝之間，而其方式又簡略，一方面難保遺囑人之真意；他方面，恐事後勾串作弊，民法為確保遺囑之真實，乃仿日本法之立法例（日本民法第 976 條第 2 項、第 979 條第 2 項），設口授遺囑之認定制度。其與日本民法不

---

[104] 戴炎輝著，前揭書，第 229 頁；陳棋炎著，前揭書，第 234 頁；史尚寬著，前揭書，第 426 頁同旨。

同者,在日本民法將認定之權委於法院,而我民法則以之付於親屬會議。在日本民法於作成遺囑後一定期間內不論遺囑人是否死亡均應即請求認定,而在我民法則惟於遺囑人死亡後始得為之[105]。

(二) 認定之意義及性質

認定,謂初步的確定遺囑究竟是否出於遺囑人之真意,而非終局的確定遺囑之效力。

1. 認定為口授遺囑之有效要件,如未經認定,則原已有效成立之遺囑,亦不生效力,然不因認定而使原應無效之遺囑成為有效[106]。

2. 親屬會議得該遺囑係出於遺囑人真意之心證時,即得為遺囑真實之認定。

3. 口授遺囑之認定,與遺囑之提示(民法第 1212 條),其性質不同[107]:

   (1) 提示,係確定遺囑之形式及其他狀態,以防止日後之偽造或變造,確實加以保存為其目的;反之,認定,係確定遺囑之真偽。

   (2) 認定,係關於遺囑之內容;而提示,則關於遺囑之外形。

(三) 口授遺囑認定之程序

1. 認定程序如次:由見證人中之一人(不問其為代筆見證人與否),或利害關係人(例如遺產酌給請求權人,繼承人或受遺贈人等),於立遺囑人死亡後 3 個月內,提經親屬會議認定。

2. 對親屬會議之認定,如有異議時,得聲請法院予以判定。其得聲請異議之期間,為親屬會議決議後 3 個月內(民法第 1137 條)。

3. 管轄法院,應參閱民事訴訟法第 18 條第 1 項規定。此項聲請判決之程序,應解為通常民事訴訟之一種,不屬於非訟事件[108]。

---

[105] 陳棋炎等著,前揭書,第 342 頁。

[106] 胡長清著,前揭書,第 203 頁;羅鼎著,前揭書,第 200 頁;陳棋炎著,前揭書,第 235 頁;史尚寬著,前揭書,第 428 頁。

[107] 戴炎輝等著,前揭書,第 260 頁。

[108] 戴炎輝著,前揭書,第 230 頁;陳棋炎著,前揭書,第 235 頁;史尚寬著,前揭書,第 430 頁。以上學者採訴訟事件說。胡長清著,前揭書,第 102 頁,採非訟事件說。

§ 表八：我國遺囑種類一覽表

遺囑方式	法定要式行為	公證人	見證人	簽名或按指印	無效遺囑	備註及分析
自書遺囑	1. 遺囑人需親自書寫遺囑全文。 2. 載明立遺囑時之年月日。 3. 遺囑人親自簽名。 4. 若有增減塗改，需註明增減塗改處所及字數，另行簽名。	O	O	1. 務需親筆簽名。 2. 不能使用蓋章或按指印代替之。	1. 採用印刷排版、自書再影印、電腦打字或請人用毛筆代謄後，再親自簽名者，都無效。 2. 沒有年月日或使用圖章、按指印也是無效遺囑。	1. 深具隱私性，完全不需借用外力，自主性很高。 2. 雖有筆跡認、鑑定之顧慮，但科學鑑定之精確性倒可放心。 3. 若有增修改之遺囑，最好是重新寫過，以免有紛爭疑慮。 4. 若有牴觸時新立遺囑，自然就淘汰舊立遺囑，故而遺囑是採取最新、最近訂立遺囑為依歸。

§ 表八：我國遺囑種類一覽表（續）

遺囑方式	法定要式行為	公證人	見證人	簽名或按指印	無效遺囑	備註及分析
公證遺囑	1. 指定二人以上見證人。 2. 在公證人前遺囑人口述遺囑意旨。 3. 由公證人筆記、宣讀、講解。 4. 經遺囑人認可後，載明年月日。 5. 公證人、見證人、遺囑人於封面同行簽名。	1	2	1. 遺囑人不能簽名，由公證人記明事由，按指印代替之。 2. 民法第三條印章代簽名之規定不適用，故不能使用印章。	1. 遺囑人需用口述，不能以手語或書面表示遺囑意旨，否則遺囑無效。 2. 公證人需宣讀、講解，不能用閱讀代替之，不然此公證遺囑亦無效。	1. 無隱密性，需繳納公證費用。 2. 遺囑人、見證人偕同到地方法院公證處辦理。 3. 無公證人之地，得請法院書記官行之或僑民得在領事館請領事做公證人，請求公證遺囑。 4. 他國法院作成遺囑視為代筆或自書遺囑，而非公證遺囑。

§ 表八：我國遺囑種類一覽表（續）

遺囑方式	法定要式行為	公證人	見證人	簽名或按指印	無效遺囑	備註及分析
密封遺囑	1. 遺囑人於遺囑上簽名後，將其密封。 2. 於封縫處簽名，指定二人以上見證人。 3. 向公證人提出，陳述其為自己遺囑。 4. 由公證人於封面記載遺囑提出之年月日及遺囑人所為之陳述（含非自己書寫應載繕寫人姓名住所）。 5. 公證人、見證人、遺囑人於封面同行簽名。	1	2	1. 遺囑人需在遺囑上、封縫處及封面等三處簽名。 2. 不能使用印章或按指印代替之。	1. 遺囑人需在三處簽名，若缺少一處簽名，則遺囑無效。 2. 若非自己書寫遺囑，務需陳述繕寫人姓名住所，並請公證人記明於封面上，否則無效。	1. 無隱密性，需繳納公證費用。 2. 遺囑人、見證人偕同到地方法院公證處辦理。 3. 無公證人之地，得請法院書記官行之或僑民得在領事館請領事做公證人。 4. 若不具備密封遺囑之要件，但具有自書遺囑之方式者，具自書遺囑之效力。 5. 注意密封遺囑，開視之法定要件。

§ 表八：我國遺囑種類一覽表（續）

遺囑方式	法定要式行為	公證人	見證人	簽名或按指印	無效遺囑	備註及分析
代筆遺囑	1. 指定三人以上之見證人。 2. 遺囑人口述遺囑要旨。 3. 見證人中一人筆記、宣讀、講解。 4. 遺囑人認可記明年月日及代筆人之姓名。 5. 見證人全體及遺囑人同行簽名。	0	3	1. 遺囑人不能簽名，可按指印代替之。 2. 民法第三條印章代簽名之規定不適用，故不能使用印章。	1. 代筆人非見證人中之一人此遺囑無效。 2. 代筆人需見證人中之一人，且具備筆記、宣讀、講解之任務。若代筆人與宣讀、講解的人非同一人，其遺囑亦為無效。 3. 代筆人非親筆書寫，亦無效。	1. 完全公開，毫無隱私性。 2. 遺囑人只需口述其意旨，並在最後簽名或按指印，交由專業代理人或律師代勞，應該是較輕鬆、方便。 3. 需付費給專業代理人或律師之代筆費用（5000-10000不含見證人）。 4. 不需自己動筆更不必擔憂核對筆跡之麻煩。

§ 表八：我國遺囑種類一覽表（續）

遺囑 方式		法定要式 行為	公證 人	見證 人	簽名或 按指印	無效遺囑	備註及分析
口授遺囑	筆記口授遺囑	1. 指定二人以上之見證人。 2. 遺囑人口授遺囑意旨。 3. 見證人中一人將意旨據實作成筆記載明年月日。 4. 見證人同行簽名。	0	2	1. 遺囑人不需簽名或按指印。 2. 筆記口述遺囑之見證人需在遺囑上簽名。 3. 錄音口授遺囑之全體見證人需在密封的密縫處簽名。	1. 口授遺囑需遺囑人經有口授意旨之行為，不能由見證人或對方詢問而以點頭或搖頭表示，此遺囑係屬無效。 2. 筆記口授遺囑不需經由見證人宣讀、講解或遺囑人認可才生效力。除非筆記口授遺囑欠缺年月日或簽名，或是錄音口授遺囑之錄音帶沒有當場密封簽名，才會失其效力。 3. 言語障礙不能發聲者，自不能有口述程序，故上述之口授、代筆、公證遺囑均為無效。	1. 當生命危急或其他特殊情形（如山難、航海……等）不能依其他方式為遺囑者，才用口授遺囑。 2. 口授遺囑，自遺囑人能依其他方式為遺囑時起，經過三個月失其效力。 3. 口授遺囑應由見證人中之一人或利害關係人，於遺囑人死亡後三個月內，提經親屬會議認其真偽。 4. 攝影機具備有錄音及錄影雙重功能，更具有其真實性，故具備其效力。 5. 筆記口授、公證、代筆遺囑，為求謹慎起見，可以複寫或影印給各見證人一份，正本交給當事人。且每一份皆請親自簽名（加上圖章更佳）或按指印。

§ 表八：我國遺囑種類一覽表（續）

遺囑 方式		法定要式 行為	公證 人	見證 人	簽名或 按指印	無效遺囑	備註及分析
口授遺囑	錄音口授遺囑	1. 指定二人以上之見證人。 2. 遺囑人口授遺囑姓名、遺囑意旨及年月日。 3. 見證人全體口述遺囑之為真正及見證人姓名全部予以錄音。 4. 將錄音帶當場密封，記明年月日，由見證人全體在封縫處同行簽名。	0	2			6. 筆記係指由見證人之一親自執筆，不得使他人為之。

資料來源：何兆龍著，《尊嚴與心願—遺囑》，（臺北：基準企業管理顧問股份有限公司，1998 年 8 月初版），p.54。

十三、遺贈

(一) 意義： 指遺囑人以遺囑對於他人無償給予財產之行為。

(二) 性質： 單獨行為。且須以一定方式為之，須遺囑人死亡始生效力。

※ 58 年台上字第 1279 號（民國 58 年 05 月 08 日）：民法第 1225 條，僅規定應得特留分之人，如因被繼承人所為之遺贈，致其應得之數不足者，得按其不足之數由遺贈財產扣減之，並未認侵害特留分之遺贈為無效。

※ 遺贈與死因贈與

一、「死因贈與」：因贈與人死亡而發生效力之贈與，學者有認為屬附停止條件之贈與，亦有認為屬附不確定期限之贈與。「遺贈」：遺囑人在遺囑中指明將某部分遺產贈與特定人。

二、相異之處：

　　1. 行為：「死因贈與」為契約行為；「遺贈」為遺囑行為。

2. 能力：「死因贈與」贈與人須有完全行為能力；「遺贈」16 歲以上之未成年人亦得為之。

3. 方式：「死因贈與」為不要式行為；「遺贈」須以遺囑為之，未依法定方式之遺囑無效

4. 生效：「死因贈與」生效係基於當事人約定；「遺贈」生效係基於民法第 1199 條規定：遺囑自遺囑人死亡時發生效力。

5. 物：「死因贈與」之物於贈與人死亡時不屬於遺產者，贈與契約不因此無效；「遺贈」之物於遺囑人死亡時不屬於遺產者，遺贈無效。

三、相同之處：

1. 均為死後無償給與財產利益之處分行為。

2. 受贈人於死因贈與契約生效前死亡，類推適用民法第 1201 條，其贈與不生效力。

3. 死因贈與侵害特留分時，學界通說認為亦得類推適用「扣減」之規定。

十四、特留分

(一) **制度目的**：被繼承人以遺囑處分遺產時，應為其法定繼承人，特留一部之財產為應繼財產，而不能全部處分，以保護法定繼承人之繼承權。

(二) **特留分之比例額**（民法第 1223 條）

1. 為應繼分之二分之一者有：

   (1) 直系血親卑親屬。

   (2) 父母。

   (3) 配偶。

2. 為應繼分三分之一者：

   (1) 兄弟姐妹。

   (2) 祖父母。

※ 不動產經紀人 104 年選擇題第 40 題

(B) 40. 甲死亡後，其法定繼承人為其妻乙及兄丙、妹丁，計算法定繼承人特留分之基礎財產額為 480 萬元。丁之特留分金額為何？ (A)60 萬元 (B)40 萬元 (C)30 萬元 (D)20 萬元。

※ 不動產經紀人 100 年選擇題第 40 題

(D) 40. 下列何種繼承人之繼承特留分，為其應繼分三分之一？　(A)直系血親卑親屬　(B)父母　(C)配偶　(D)祖父母。

3. 特留分扣減權（民法第 1225 條）：

(1) 意義：指因被繼承人所為之處分行為，致繼承人應得之特留分數額被侵害時，得由遺贈財產中按其不足之數扣減之權利（民法第 1225 條）。

(2) 性質：形成權。

※ 不動產經紀人 109 年選擇題第 25 題

(B) 25. 甲乙夫妻婚後育有一子丙，三人與甲寡居之母親丁同住。甲乙兩人因感情不睦，故協議離婚，惟某日前往辦理離婚登記途中，甲不幸發生事故身亡。甲生前曾預立有效遺囑一份，記載將來所有遺產均由獨子丙繼承。甲身後遺有現金 600 萬元。若繼承人主張特留分扣減權時，甲之遺產應如何分配？　(A)乙繼承 300 萬元，丙繼承 300 萬元　(B)乙繼承 150 萬元，丙繼承 450 萬元　(C)乙繼承 200 萬元，丁繼承 200 萬元，丙繼承 200 萬元　(D)乙繼承 100 萬元，丁繼承 100 萬元，丙繼承 400 萬元。

※ 不動產經紀人 97 年第 1 次選擇題第 19 題

(A) 19. 下列何者非生前特種贈與之歸扣原因？　(A)留學　(B)結婚　(C)分居　(D)營業。

※ 不動產經紀人 91 年申論題第 4 題

四、遺產分割實行時，有所謂的債務之扣還及特種贈與之歸扣，試分別敘述其意思。

解析

(一) 扣還：民法第 1172 條：「繼承人中如對於被繼承人負有債務者，於遺產分割時，應按其債務數額，由該繼承人之應繼分內扣還。」

(二) 歸扣：民法第 1173 條：「繼承人中有在繼承開始前因結婚、分居或營業，已從被繼承人受有財產之贈與者，應將該贈與價額加入繼承開始時被繼承人所有之財產中，為應繼遺產。但被繼承人於贈與時有反對之意思表示者，不在此限。前項贈與價額，應於遺產分割時，由該繼承人之應繼分中扣除。贈與價額，依贈與時之價值計算。」

※ 不動產經紀人 106 年選擇題第 4 題

(D) 4. 關於繼承之效力，下列敘述何者錯誤？　(A)繼承人對於被繼承人之債務，以因繼承所得遺產為限，負清償責任　(B)繼承，因被繼承人死亡而開始　(C)繼承人

有數人時，在分割遺產前，各繼承人對於遺產全部為公同共有　(D)繼承人從被繼承人生前所受贈之全部財產，視為其所得遺產。

※ 地政士 98 年申論題第 4 題

四、甲男與乙女同居，生子丙後始結婚，結婚後又生一子丁。丙、丁均已成年，丙與戊女結婚生下 A 男，丁未婚。甲因丙之結婚曾贈與新臺幣（以下同）60 萬元，為 A 男之出生曾贈送 15 萬元禮物，為丁之營業曾贈送 30 萬元之設備。甲死亡，留下財產 300 萬元時，應由何人繼承？各繼承若干？

解析

(一) 甲死亡留下之財產應由下列法定繼承人繼承：

1. 依民法第 1138 條規定，法定繼承人如下，除配偶為當然繼承人外，依下列順序定之：

 (1) 直系血親卑親屬。

 (2) 父母。

 (3) 兄弟姊妹。

 (4) 祖父母。（民法第 1138 條）

2. 本題甲死亡後，其配偶乙當然享有繼承權。丁為甲之婚生子女，屬 1 親等直系血親卑親屬，為第一順序之繼承人。其次，丙雖原為甲之非婚生子女，惟因嗣後丙之生父甲及生母乙結婚，依民法第 1064 條規定，「非婚生子女其生父與生母結婚者，視為婚生子女。」因此丙亦為甲之婚生子女，故丙亦屬第一順序之繼承人。

3. 甲之法定繼承人應為乙、丙、丁等三人。

(二) 乙、丙、丁等三人各繼承如下：

1. 依民法第 1144 條第 1 項第 1 款規定，配偶有相互繼承遺產之權，其應繼分，與第 1138 條所定第一順序之繼承人同為繼承時，其應繼分與他繼承人平均。另同一順序之繼承人有數人時，按人數平均繼承（民法 1141 條）。本題甲死亡後，其遺留財產應由配偶乙與第一順序之繼承人丙、丁共同繼承，其應繼分應平均。故乙、丙、丁之法定應繼分各三分之一。

2. 甲之遺留財產為 390 萬元：

 (1) 依民法第 1173 條規定，繼承人中有在繼承開始前，因結婚、分居或營業，已從被繼承人受有財產之贈與者，應將該贈與價額加入繼承開始時被繼承人所有之財產中，為應繼遺產。該項贈與價額，應於遺產分割時，由該繼承人之應繼分中扣除。此即為生前特種贈與之歸扣。

(2) 本題甲生前曾因丙結婚贈與 60 萬元，因丁營業贈與 30 萬元設備，依上述規定，應加入繼承開始時甲所有之遺產中，為應繼遺產。至於甲生前曾因 A 出生贈與丙 15 萬元禮物，則非屬生前特種贈與。故甲之應繼遺產為 300 萬元加 60 萬元加 30 萬元，等於 390 萬元。

3. 乙、丙、丁等三人各繼承結果如下：

綜合前述，甲之法定繼承人為乙、丙、丁，應按其法定應繼分分配遺產，其受有生前特種贈與者，於分配遺產時應由其繼分中扣除。其遺產之分配結果如下：

(1) 乙：按其法定應繼分 390 萬元×1/3＝130 萬元。

(2) 丙：按其法定應繼分 390 萬元×1/3＝130 萬元。但扣除生前特種贈與 60 萬元，實際分得 70 萬元。

(3) 丁：按其法定應繼分 390 萬元×1/3＝130 萬元。但扣除生前特種贈與 30 萬元，實際分得 100 萬元。

※ 地政士 91 年申論題第 4 題

四、甲中年喪妻，有子女乙、丙、丁三人。甲曾因乙結婚而給與 30 萬元，因丙營業而給與 60 萬元，因丁出國旅行而給與 10 萬元。甲死亡時留有財產 150 萬元。試問乙、丙、丁於分割遺產時應如何處理？

解析

※ 扣還：

民法第 1172 條：「繼承人中如對於被繼承人負有債務者，於遺產分割時，應按其債務數額，由該繼承人之應繼分內扣還。」

當繼承人對被繼承人生前負有債務時（扣還），此時此債權因繼承而為全體繼承人所準共有，不發生混同效力而消滅。此時應自該負債繼承人之應繼分中扣還之：

1. 將債務之數額加入現存遺產中。

2. 算出應繼財產總額後，以此總額計算各繼承人所得之應繼分。

3. 於該負債繼承人之應繼分中扣除債務之數額，即為其所能繼承的具體數額。

例如，甲（被繼承人）喪妻，有三子乙、丙、丁，現存遺產 300 萬元，無債務。乙對甲負債 30 萬元，甲死亡。

此時：甲現存之遺產加上乙之債務數額等於 330 萬，即為應繼財產。

（300+30=330）

以應繼財產 330 萬算出每人應繼分為 110 萬。（330/3=110）

乙之應繼分扣除所負債務數額後即為具體所得之數額 80 萬。（110-30=80）

※ 扣減：

　　民法第 1225 條：「應得特留分之人，如因被繼承人所為之遺贈，致其應得之數不足者，得按其不足之數由遺贈財產扣減之。受遺贈人有數人時，應按其所得遺贈價額比例扣減。」

　　扣減指的是當繼承人的特留分受到侵害時，得行使回復到特留分數額的一種權利。扣減權的主要目地是排除例如遺贈、死因贈與等行為侵害到特留分的部分，使繼承人得享有繼承特留分數額之遺產的權利。

※ 地政士 112 年申論題第 2 題

二、甲無配偶，有一子丙及一女丁，因認為女兒丁出嫁自有人照顧，丙年紀較小怕其學壞，乃自書遺囑，內容為甲死亡後將其名下唯一財產 A 地信託予其弟乙，乙為受託人並得管理處分該地，信託受益人為丙，信託期間為 20 年，信託關係消滅後信託財產歸屬於丙，請問丁對此遺囑有何權利得以主張？

解析

(一) 在甲遺囑生效前丁不得對遺囑主張任何權利

1. 信託法第 2 條規定：「信託除法律另有規定外，應以契約或遺囑為之。」所謂遺囑信託係指信託關係係由委託人以預立遺囑方式成立，故立遺囑人死亡時即為遺囑信託發生效力。

2. 本題甲以自書遺囑方式成立信託，遺囑信託關係須以甲死亡始發生效力。在遺囑生效前，丁不得對甲遺囑主張任何權利。

(二) 甲死亡後其遺囑信託侵害丁之特留分時，丁得依據民法第 1225 條行使扣減權

1. 特留分係指被繼承人以遺囑處分遺產時，應為其法定繼承人，特留一部之財產為應繼財產，而不能全部處分，以保護法定繼承人之繼承權。

2. 甲無配偶，有一子丙及一女丁，丙丁為甲之直系血親卑親屬，依據民法第 1138 條法定繼承人及其順序第 1 項第 1 款規定為第一順序的遺產繼承人，依據民法第 1141 條同順序繼承人之應繼分規定：「同一順序之繼承人有數人時，按人數平均繼承。但法律另有規定者，不在此限。」丙丁應繼分為甲之遺產 A 地的 1/2。

3. 丁之特留分比例依據民法第 1223 條第 1 款規定：「繼承人之特留分，依左列各款之規定：一、直系血親卑親屬之特留分，為其應繼分二分之一。」故丁對 A 地的特留分為四分之一所有權。

4. 甲自書遺囑內容為甲死亡後將其名下唯一財產 A 地信託予其弟乙，乙為受託人並得管理處分該地，信託受益人為丙，信託期間為 20 年，信託關係消滅後信託財產歸屬於丙，即將甲所有之遺產遺贈給丙。

5. 繼承人依民法第 1225 條行使扣減權之標的是否包括遺囑信託之財產？通說認為，遺囑信託將使受益人於委託人死亡後取得信託財產受益權，具有遺贈財產之性質，仍應適用民法第 1225 條行使扣減權之標的。

6. 甲死亡後其遺囑信託內容如侵害丁之特留分，丁得行使民法第 1225 條扣減權規定：「應得特留分之人，如因被繼承人所為之遺贈，致其應得之數不足者，得按其不足之數由遺贈財產扣減之。受遺贈人有數人時，應按其所得遺贈價額比例扣減。」

※ 地政士 101 年申論題第 3 題

三、甲死亡後，留有財產新臺幣（下同）500 萬元，但也負有債務 300 萬元，其繼承人有子女乙、丙兩人。設甲生前曾因乙之分居贈與 60 萬元，並立有遺囑對丁遺贈 200 萬元。請問乙、丙若以遺贈侵害其特留分行使扣減權時，乙、丙與丁就甲之遺產各得若干數額？

解析

(一) 甲之繼承人為乙、丙，理由明如下：

1. 依民法第 1138 條之規定，法定遺產繼承人，除配偶外，依下列順序定之：

(1) 第一順序：直系血親卑親屬，以親等近者為先（民§1139）。

(2) 第二順序：父母：包括本生父母及養父母，但不包括繼父母。

(3) 第三順序：兄弟姊妹：包括半血緣之兄弟姊妹（同父異母或同母異父）。

(4) 第四順序：祖父母。（民§1138）

2. 依上述之法定繼承人之規定及題示乙、丙係甲之子女，為甲之直系血親卑親屬，屬第一順序之繼承人，因此由乙、丙共同繼承甲之遺產。

(二) 乙、丙之法定應繼分各為二分之一：

依民法第 1141 條規定，同一順序之繼承人有數人時，按人數平均繼承。但法律另有規定者，不在此限。由題示乙、丙係甲之之直系血親卑親屬，且屬第一順序之繼承人，其法定應繼分應平均，因此由乙、丙各應繼分為二分之一。

(三) 甲之應繼遺產為 260 萬元，乙、丙如按應繼分分配各得 70 萬元及 130 萬元：

1. 依民法第 1173 條規定，繼承人中有在繼承開始前因結婚、分居或營業，已從被繼承人受有財產之贈與者，應將該贈與價額加入繼承開始時被繼承人所有之財產中，為應繼遺產。但被繼承人於贈與時有反對之意思表示者，不在此限。前項贈與價額，應於遺產分割時，由該繼承人之應繼分中扣除。贈與價額，依贈與時之價值計算。

2. 本題中甲生前曾因乙之分居贈與 60 萬元，應將該贈與價額加入繼承開始時被繼承人所有之財產中，為應繼遺產。故甲之遺產為 500 萬元減掉 300 萬元之負債

加上乙因分居獲贈之 60 萬元，等於 260 萬元。又因乙、丙之法定應繼分為各二分之一，如按法定應繼分分配遺產，乙於歸扣甲生前特種贈與 60 萬元後應取得 70 萬元之遺產；丙則取得 130 萬元遺產。

(四) 甲生前立遺囑對丁遺贈 200 萬元，侵害乙、丙之特留分，乙、丙得行使扣減權：

1. 被繼承人須為繼承人保留，而不得以遺囑處分之一部分遺產，稱為特留分。依民法第 1223 條規定，繼承人應得特留分比例為：直系血親卑親屬、父母及配偶之特留分為其應繼分之二分之一。兄弟姊妹、祖父母之特留分為其應繼分之三分之一。另依民法第 1225 條規定，指應得特留分之人，如因繼承人所為之遺贈（或指定應繼分），致其應得之數不足者，得按其不足之數，由遺贈財產扣減之。受遺贈人有數人時，應按其所得遺贈價額，比例扣減。

2. 經前項規定先計算乙、丙之特留分如下：
   (1) 乙之特留分＝應繼分 70 萬元×特留分比例 1/2＝35 萬元。
   (2) 丙之特留分＝應繼分 130 萬元×特留分比例 1/2＝65 萬元。

3. 甲之遺產計 200 萬元，經乙、丙主張特留分行使扣減權後各得遺產或遺贈數額如下：
   (1) 題示甲生前立有遺囑對丁遺贈 200 萬元後，即影響乙、丙之特留分。
   (2) 由乙、丙以遺贈侵害其特留分行使扣減權後，甲之遺產計 200 萬元，分由乙繼承取得 35 萬元，丙繼承取得 65 萬元，剩餘 100 萬元納為遺贈由丁獲得。

案例一：拋棄繼承

　　徐川田有 45 歲之林穗波妻及 10 歲之子徐城治與 8 歲之女徐吉川，徐川田之兄徐木茂開設之釜墩投資有限公司因周轉不靈，遂請徐川田擔任連帶保證人於民國 97 年 5 月 6 日向台新銀行借貸 1 億元，但是徐川田於民國 97 年 5 月 10 日過世後留有 6,000 萬遺產，徐木茂知悉徐川田過世後因無力挽回公司財務狀況而在民國 97 年 5 月 12 日逃往海外不知去向，台新銀行得知徐木茂逃往海外且徐川田過世消息，準備向林穗波、徐城治與徐吉川求償 1 億元，試問：

一、林穗波、徐城治與徐吉川知到徐川田生前有擔任徐木茂之連帶保證
人，為避免遭遇台新銀行求償 1 億元之連帶保證之責任，可主張什
麼權利？
二、林穗波、徐城治與徐吉川因不知徐川田生前有擔任徐木茂之連帶保證
人，在民國 98 年 6 月 11 日後遭到台新銀行通知林穗波、徐城治與
徐吉川要概括繼承甲之 1 億元債務是否有理？

分析

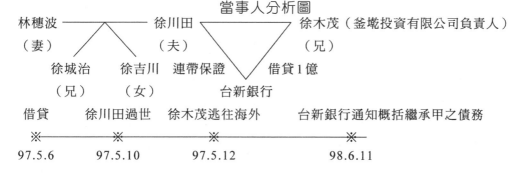

一、拋棄繼承：

(一) 林穗波、徐城治與徐吉川知到徐川田生前有擔任徐木茂之連帶保證
人，為避免遭遇台新銀行求償 1 億元之連帶保證之責任，可主張民法
第 1174 條拋棄繼承規定：「繼承人得拋棄其繼承權。前項拋棄，應
於知悉其得繼承之時起 3 個月內，以書面向法院為之。拋棄繼承後，
應以書面通知因其拋棄而應為繼承之人。但不能通知者，不在此
限。」

(二) 辦理期限：應於知悉其得繼承之時起 3 個月內為之。所謂知悉得繼承
之時，指知悉被繼承人死亡事實之時；後順序之繼承人因先順序之繼
承人拋棄繼承，而得為繼承人者，則於知悉先順序繼承人拋棄繼承之
事實起算。

(三) 辦理方式：須以書面向法院為之，並以書面通知因其拋棄而應為繼承之人。但不能通知者，不在此限，可載明「被繼承人雖有其他應為繼承之人，但因不知其住所而不能通知。

(四) 應備文件：

1. 拋棄繼承聲請書：請載明聲請人聯絡電話。

2. 被繼承人除戶戶籍謄本（如戶籍尚無死亡記載，應同時提出死亡證明書）。

3. 拋棄人戶籍謄本、印鑑證明、印鑑章。

4. 繼承系統表。

5. 拋棄通知書收據（已通知因其拋棄應為繼承之人之證明）。

二、林穗波、徐城治與徐吉川繼承徐川田之 6,000 萬遺產為限負清償責任：

(一) 林穗波、徐城治與徐吉川因不知徐川田生前有擔任徐木茂之連帶保證人，台新銀行 3 個月後得知林穗波、徐城治與徐吉川並未辦理拋棄繼承與限定繼承，遂在 98 年 6 月 11 日通知林穗波、徐城治與徐吉川要依據民法第 1148 條第 1 項概括繼承規定：「繼承人自繼承開始時，除本法另有規定外，承受被繼承人財產上之一切權利、義務。但權利、義務專屬於被繼承人本身者，不在此限。」概括繼承徐川田之 1 億元債務。

(二) 依民法第 1148 條第 1 項前段，繼承人自繼承時起承受被繼承人一切財產上的權利義務，故其承受範圍亦包含基於保證契約之義務。凡被繼承人於死亡前所簽立的保證契約則有兩種事由：

1. 被繼承人生前已發生他方之債務人不履行債務時，由被繼承人負擔保證債務，故適用一般債務繼承原則。

2. 被繼承人死亡後，方才發生他方之債務人不履行債務的情形，經常在實務上發生繼承人不知被繼承人在生前有為他人作保之情事，日後莫名奇妙的承受鉅額債務，宛如天上掉下來的債務，對繼承人相當不公平。民國 97 年 1 月 2 日修正公布民法第 1148 條第 2 項規定：「繼承人對於繼承開始後，始發生代負履行責任之保證契約債務，以因繼承所得之遺產為限，負清償責任。」修正重

點在於使繼承人（無論成年與否）就被繼承人死亡後，方發生他
方之債務人不履行之保證債務，得以因繼承所得之遺產為限，負
清償責任。

(三) 無行為能力人或限制行為能力人對於被繼承人之債務負限定繼承責
任：由於過去民法採當然繼承制度，使無行為能力或限制行為能力人
有直接因被繼承人死亡而負擔其債務之危險，為避免此種危險影響無
行為能力或限制行為能力人之人格及發展，民國 97 年 1 月 2 日公布
增訂第 1153 條第 2 項規定：「繼承人為無行為能力人或限制行為能
力人對於被繼承人之債務，以所得遺產為限，負清償責任。」不負清
償責任部分，即無連帶責任。至於與前項無行為能力人或限制行為能
力人共同繼承之人，如未依第 1154 條以下規定主張限定繼承時，則
仍為概括繼承，故應概括承受被繼承人之債務，並負連帶責任。

(四) 民國 98 年 6 月 10 日公布增訂民法第 1148 條：繼承人自繼承開始
時，除本法另有規定外，承受被繼承人財產上之一切權利、義務。但
權利、義務專屬於被繼承人本身者，不在此限。繼承人對於被繼承人
之債務，以因繼承所得遺產為限，負清償責任。

　　過去民法繼承編係以概括繼承為原則，並另設限定繼承及拋棄繼
承制度。97 年 1 月 2 日修正公布之第 1153 條第 2 項復增訂法定限定
責任之規定，惟僅適用於繼承人為無行為能力人或限制行為能力人之
情形，故繼承人如為完全行為能力人，若不清楚被繼承人生前之債權
債務情形，或不欲繼承時，必須於知悉得繼承之時起 3 個月內向法院
辦理限定繼承或拋棄繼承，否則將概括承受被繼承人之財產上一切權
利、義務。鑑於社會上時有繼承人因不知法律而未於法定期間內辦理
限定繼承或拋棄繼承，以致背負繼承債務，影響其生計，為解決此種
不合理之現象，98 年 6 月 10 日公布爰增訂民法第 1148 條第 2 項規
定：「繼承人對於被繼承人之債務，以因繼承所得遺產為限，負清償
責任。」明定繼承人原則上依第 1 項規定承受被繼承人財產上之一切
權利、義務，惟對於被繼承人之債務，僅須以因繼承所得遺產為限，
負清償責任，以避免繼承人因概括承受被繼承人之生前債務而桎梏終
生。

(五) 綜上所述，林穗波、徐城治與徐吉川依據民法第 1148 條第 2 項規定，以繼承徐川田之 6,000 萬遺產為限對台新銀行負清償責任，而非概括繼承徐川田之 1 億元債務。台新銀行要林穗波、徐城治與徐吉川概括繼承徐川田之 1 億元債務實屬無理。

 案例二：父債子不還

　　現年 23 歲的中正大學何姓碩士生，父親民國 97 年 2 月過世，祖父也在民國 98 年 4 月過世，留下 10 萬元的「手尾錢」。他從小就不清楚祖父的事，更不知道祖父已過世，且過去曾向銀行貸款 3,000 萬元的債務，所以錯過 3 個月聲明放棄繼承的申辦期限，也就「隔代」繼承祖父的債務。而且 3,000 萬元債務拖了近 10 年，連本帶息已經飆到 7,000 多萬元。他與兄妹 3 人就算從 23 歲到 65 歲工作，每月扣抵 1 萬元，一輩子也只能還 1,500 多萬元。何同學隔代繼承祖父 7,000 多萬元債務，到底該怎麼辦？

分析

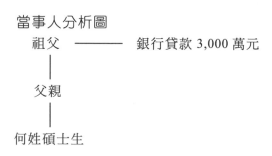

當事人分析圖

祖父 ——— 銀行貸款 3,000 萬元

父親

何姓碩士生

97.2	98.4	98.7.
※	※	※
父親過世	祖父過世	未辦理放棄繼承

　　過去民法繼承編採「當然繼承主義」，除「限制行為人」、「無行為能力人」採限定繼承外，繼承人若未在法定期限 3 個月內，辦理限定繼承或拋棄繼承，即須承受被繼承人財產上的一切權利義務，因此造成一些不了解法律或對被繼承人財務不了解的民眾，莫名其妙背上大筆債務生活。

　　立法院在民國 98 年 5 月 22 日三讀通過「民法繼承編暨施行法部分條文修正案」，將現行民法「概括繼承原則」，改為「全面限定繼承」。未來繼承人僅須以繼承所得遺產，負有限清償責任，傳統「父債子償」走入歷史。

　　至於引發爭議的「法律回溯適用」，經法務部與朝野立委協商後，確定有條件回溯，只有「保證債務」、代位繼承（孫子繼承祖父），及「出嫁、未分得遺產的女兒等其他不可歸責於己事項者」。

　　為預防部分債務人鑽法律漏洞，增訂民法第 1148 條條文之 1，明訂繼承人在繼承之日前 2 年內，若從被繼承人處得到財產贈與，亦視為所得遺產一部分。

　　繼承人若隱匿遺產，虛偽登陸遺產清冊，情節重大或意圖詐害「債權人權利」者，將不得主張限定責任。並增訂 1156 條之 1 條文，明訂債權人得向法院聲請，要求繼承人在 3 個月內提出遺產清冊，啟動清算程序。

　　此外，依據民法繼承編施行法第 1 條之 3 規定，只有下述三種情況可回溯適用限定繼承。包括「保證債務」，即替人作保而遺留給繼承人的債務。此外，「代位繼承」亦可回溯適用。第 3 種可回溯者則為「繼承人繼承開始時，因不可歸責於己的事由，或未同居共財者，於繼承開始時，不知道債務存在卻需繼續清償，有失公平者」。但在修正案三讀前，已經清償的債務，繼承人不得要求返還，以維持法律秩序。

　　所謂的「不可歸責於己的事由或未同居共財者」需視個案而定，例如出嫁的女兒沒有與娘家同居、共用財物，或父母離異、小孩未與有債務的那方共住，久無聯繫，不了解債務存在者皆是。債權人為確保債權，將會循司法途徑釐清繼承人是否確實「不可歸責於己」，因此，要爭取回溯適

用，繼承人恐要有上法院替自己舉證的心理準備[109]。本題何同學可依據民法繼承編施行法第 1 條之 3 規定，主張代位繼承（孫子繼承祖父）的限定繼承「法律回溯適用」之新規定，得以其繼承之 10 萬元的「手尾錢」償還銀行貸款 7,000 萬元的負債。因此，銀行借錢給人家時會更謹慎，不要把錢借給沒有能力償還的人，將來無法再向他的小孩催討債務。

案例三：代筆遺囑

一、 被繼承人林○振有配偶林○桃，子女共有八人林○生、林○平、林○助、林○霖、林○花、林○澤、林○慧、林○娟，於 74 年 3 月 29 日所立代筆遺囑，由陳○助、林○港、陳○送三人為見證人，並由陳○助為代筆人，惟該遺囑除由林○振簽名蓋章，陳○助簽名於代筆人及見證人欄，陳○送簽名於見證人欄外，另見證人林○港姓名為陳○助所代簽，林○港僅於其名下畫圈及於左側捺指印，並未親自簽名，請問該代筆遺囑是否發生效力？

二、 因林○港已死亡，由見證人陳○助、陳○送立具證明書為補正，並提出其二人於 84 年 11 月 6 日所立證明書為證，請問該代筆遺囑可否因事後補正而發生效力？

三、 雖然遺囑內容中表示將土地遺贈予林○生，但嗣後即被政府徵收土地並發補償費九百萬給林○桃、林○生、林○平、林○助、林○霖、林○花、林○澤、林○慧、林○娟。林○生可否對其他八位法定繼承人主張取得各該土地補償金部分為不當得利？（最高法院 86 年台上字第 921 號民事裁判）

---

[109] 薛孟杰，「父債子還消失 3 情況可回溯 包括保證債務、代位繼承，及不可歸責於己事項者，才可回溯適用」，工商時報，2009 年 5 月 23 日，第 11 版。

分析

一、 遺囑之內容通常均涉及重要事項，利害關係人每易產生爭執，為確保遺囑人之真意，並防止事後之糾紛，民法乃規定遺囑為要式行為，必須依一定方式為之，始生效力（我國民法第 1189 條參照）。關於代筆遺囑依我國民法第 1194 條規定應由見證人全體及遺囑人同行簽名，遺囑人不能簽名者，應按指印代之，見證人則特別規定須以簽名為之，排除我國民法第 3 條第 2 項蓋章代簽名、第 3 項以指印、十字或其他符號代簽名，在文件上經二人簽名證明等方式之使用。本件系爭代筆遺囑三名見證人之一林○港未在遺囑文件上簽名，自不生見證效力。林○港所為畫圈、按指印自難認與簽名生同等之效力，該代筆遺囑欠缺見證人全體與遺囑人同行簽名之要件，依法不生效力。

二、 林○港及遺囑人均已死亡，已無從為同行簽名之補正，系爭遺囑自屬無效，無從再於代筆遺囑同行簽名，此項要式行為之欠缺，尚非可由見證人陳○助、陳○送嗣後出具證明書補正。

三、 繼承人自繼承開始時，承受被繼承人財產上一切權利義務，各繼承人對於遺產全部取得公同共有之物權（我國民法第 1148 條、第 1151 條參照），亦即當然發生物權變動之效力；而遺贈固亦於繼承開始時生效，惟受贈人僅取得請求交付遺贈物之債權，尚不當然發生物權變動之效力（我國民法第 1202 條、第 1208 條參照）。本件遺囑人縱有將財產遺贈於林○生，林○生僅得依法向其他法定繼承人請求交付遺贈物，其他八位法定繼承人不生不當得利之問題。而政府徵收土地所發補償費，本應歸屬土地所有人取得，其他八位法定繼承人本於土地所有人之地位領取地價補償金，亦非不當得利。

案例四：口授遺囑

　　陳○南為榮民，於 87 年 1 月返回大陸青田老家探親，因心臟病發，自知可能將一病不起，即於 87 年 1 月 25 日口授遺囑內容，由胞兄陳○南、胞姐陳○娥及青田縣台聯會夏○中為見證人，馬○寶為在場之紀錄人，並請臺北市青田縣同鄉會總幹事李○榮為遺囑執行人等情，當場由馬○寶作「遺囑書紀錄」但未列為見證人，其遺產除支用喪葬費一百五十萬元，及胞兄陳○南、胞姐陳○娥依法限額繼承外，其餘捐贈臺北市青田縣同鄉會，設置「文教基金會」，作為文化教育之用。陳○南於 87 年 1 月 28 日死亡，並於同年 2 月 12 日召開親屬會議審認口授遺囑為真正無異。口授遺囑列有利害關係之繼承人陳○南、陳○娥為見證人，及依此召開親屬會議之成員，因有不符我國《民法》規定之瑕疵，經輾轉通知補正，復於 90 年 2 月 20 日由合法之親屬會議成員，召開親屬會議補正追認陳○南之口授遺囑，將口授遺囑中之見證人，除剔除陳○南及陳○娥二人外，原已列夏○中為見證人，馬○寶雖口授遺囑在場之紀錄人，縱未明載馬○寶為見證人，實因不明我國民法規定之所致，解釋上應認口授遺囑紀錄人之馬○寶，亦為該遺囑之見證人。（臺灣南投地方法院 91 年度訴字第 520 號民事判決）

一、馬○寶作「遺囑書紀錄」是否符合口授遺囑之法定要件？

二、親屬會議補正口授遺囑之法定要件是否有效？

分析

一、直系血親不得為遺囑見證人

　　依據民法第 1195 條規定，該口授遺囑意旨，應由見證人中之一人，將該遺囑意旨，據實作成筆記，並記明年、月、日，與其他見證人同行簽名，以資證明有該口述遺囑存在。且遺囑見證人之陳○南、陳○娥係受遺贈人即原告之直系血親，依民法第 1198 條第 4 款規定

不得為遺囑見證人。縱使有此口授遺囑存在，因本件陳○南之口授遺囑之見證人僅餘夏○中一人，與民法第 1195 規定口授遺囑之法定要件不合，前揭陳○南於 87 年 1 月 25 日所立之口授遺囑應為無效。

二、 後親屬會議無從函癒前會議瑕疵

　　口授遺囑依民法第 1197 條規定，應由見證人中之一人或利害關係人於為遺囑人死亡後 3 個月，提經親屬會議認定其真偽，對於親屬會議之認定如有異議，得聲請法院判定之。因陳○南於 87 年 1 月 28 日死亡，該遺囑至遲應於 87 年 4 月 28 日前提經親屬會議認定真偽，惟至遲至 90 年 2 月 20 日始由親屬會議加以認定，遠逾民法第 1197 條之法定 3 個月之不變期間，該遺囑應失其效力，再 90 年 2 月 20 日所召開之親屬會議之係「補正」87 年 2 月 12 日前次親屬會議之瑕疵，後親屬會議無從函癒前會議瑕疵。

※ 不動產經紀人 106 年選擇題第 13 題

(D) 13. 關於遺囑，下列敘述何者正確？ (A)遺囑乃非要式行為 (B)無行為能力人，僅得為公證遺囑 (C)代筆遺囑，應由遺囑人指定二人以上之見證人 (D)繼承人及其配偶或其直系血親，不得為遺囑見證人。

※ 民法第 1198 條下列之人，不得為遺囑見證人：一、未成年人。二、受監護或輔助宣告之人。三、繼承人及其配偶或其直系血親。四、受遺贈人及其配偶或其直系血親。五、為公證人或代行公證職務人之同居人助理人或受僱人。

案例五：子女不孝如何自保

　　父母遇子女不孝、毆打、虐待或侮辱等，除可聲請保護令或提告追究刑、民事責任，若不想死後財產留給不孝子女，另可存留子女不孝證據，在遺囑中表明不分產給該子女，死亡後法官會依遺囑審酌，裁定該子女喪失繼承權。若立遺囑後子女才不孝，可另立遺囑重新分配財產；而年老沒錢，子女卻不扶養，還可控告遺棄罪，並提民事訴訟要求子女給扶養費。換言之，當父母遇見子女不孝時應如何自保？[110]

分析

一、　若自己無生活能力，可控告子女遺棄罪。

二、　可提民事訴訟要求子女給付扶養費。

三、　若財產已贈與子女，可撤銷贈與拿回。

四、　若已訂立遺囑，可廢除再立，重新分配財產。

五、　向當地社會局申請安置、照護及法律諮詢。

---

[110] 「子女不孝如何自保」，蘋果日報，2009 年 7 月 10 日，A1 版。

參|考|書|目

1. 王國治，《民法系列—遺囑》，（臺北：三民書局，2006 年 5 月初版）。

2. 王國治、徐名駒編著，《法學概論－本土案例式教材》，（新北：新文京開發出版股份有限公司，2008 年 9 月初版）。

3. 王國治，海峽兩岸繼承之法律規範與實務，中國文化大學中山學術研究所碩士論文，1996 年 6 月。

4. 王澤鑑，《民法物權（一）通則、所有權》，（臺北：自行出版，2004 年 8 月修訂三版。）

5. 王澤鑑，《民法學說與判例研究（一）》，（臺北：自行出版，1991 年 10 月 12 版）。

6. 王光儀主編，《海峽兩岸婚姻家庭繼承制度的法律比較》，（福州：鷺江出版社，1993 年 5 月第一版）。

7. 王書江，曹為合譯，《日本民法》，（臺北：五南圖書公司，1992 年 8 月初版）。

8. 中川善之助著，《註釋相續法》，（東京：有斐閣，昭和 31 年 2 月初版第一刷）。

9. 丘金峰編著，《中國繼承法》，（廣州：華南理工大學出版社，1993 年 1 月第一版）

10. 李景禧主編，《台灣親屬法和繼承法》，（廈門：廈門大學出版社，1991 年 7 月第一版）。

11. 李淑明，《民法物權》，（臺北：元照出版公司，2009 年 7 月 5 版）。

12. 林秀雄著，《家族法論集（三）》，（臺北：漢興書局，1994 年 10 月初版）。

13. 胡大展主編，《台灣民法研究》，（廈門：廈門大學出版社，1993 年 7 月第一版）。

14. 胡長清著，《中國民法繼承論》，（臺北：商務印書館，1971 年 9 月台三版）。

15. 周金芳著，《兩岸繼承法之比較研究》，（臺北：文笙書局，1993 年 4月出版）。

16. 施啟揚著，《民法總則》，（臺北：三民書局，1987 年 4 月校定 4 版）。

17. 信春鷹，李湘如編著，《台灣親屬和繼承法》，（北京：中國對外經濟貿易出版社，1991 年 4 月第一版）。

18. 徐英智，《法學大意》，（臺北：高點文化事業有限公司，2009 年 5 月 4版）。

19. 陳棋炎，黃宗樂，郭振恭合著，《民法繼承新論》，（臺北：三民書局，1990 年 9 月再版）。

20. 陳棋炎著，《民法繼承》，（臺北：三民書局，1957 年 2 月初版）。

21. 劉春茂主編，《中國民法學‧財產繼承》，（北京：中國人民公安大學出版社，1990 年 6 月第 1 版）。

22. 劉振鯤，《實用民法概要》，（臺北：元照出版公司，2006 年 5 月初版）。

23. 鄭玉波著，黃宗樂修訂，《民法總則》，（臺北：三民書局，2003 年 9月修訂 9 版）。

24. 鄭玉波著，黃宗樂修訂，《民法概要》，（臺北：三民書局，2007 年 9月修訂 9 版）。

New Wun Ching Developmental Publishing Co., Ltd.

New Age · New Choice · The Best Selected Educational Publications — NEW WCDP

新文京開發出版股份有限公司

NEW WCDP

新世紀‧新視野‧新文京 ─ 精選教科書‧考試用書‧專業參考書